P9-DEL-373

TEMAS

AP® Spanish Language and Culture

Parthena Draggett | Cole Conlin | Max Ehrsam | Elizabeth Millán

Boston, Massachusetts

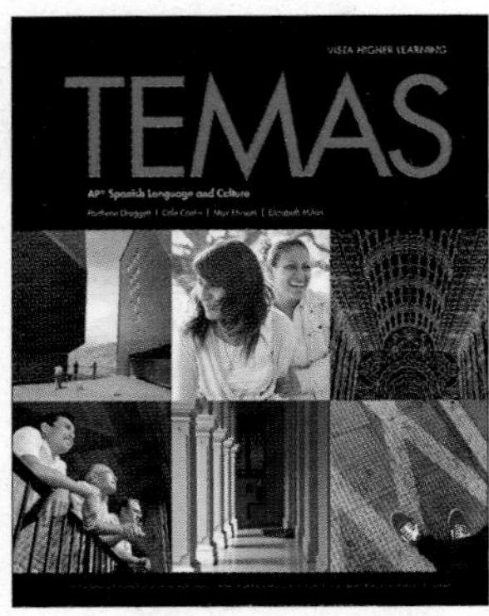

Publisher: José A. Blanco

President: Janet Dracksdorf

Vice President, Editorial Director: Amy Baron

Senior National Language Consultant: Norah Lulich Jones

Executive Editor: Sharla Zwirek

Editorial Development: Diego García, Erica Solari

Project Management: Maria Rosa Alcaraz, Elvira Ortiz

Technology Editorial: Lauren Krolick, Paola Ríos Schaaf

Art Director: Robin Herr

Senior Creative Designer, Print & Web/Interactive: Susan Prentiss

Production Manager: Oscar Díez

Design and Production Team: Liliana Bobadilla, Michelle Groper, Mauricio Henao, Jhoany Jiménez, Jennifer López Gallo, Erik Restrepo, Andrés Felipe Vanegas García, Nick Ventullo

TEMAS Student Edition ISBN: 978-1-61857-222-6

Library of Congress Control Number: 2013934210

10 WC 18 17

Printed in the United States of America.

THE VISTA HIGHER LEARNING STORY

Your Specialized Foreign Language Publisher

Independent, specialized, and privately owned, Vista Higher Learning was founded in 2000 with one mission: to raise the teaching and learning of world languages to a higher level. This mission is based on the following beliefs:

- It is essential to prepare students for a world in which learning another language is a necessity, not a luxury.
- Language learning should be fun and rewarding, and all students should have the tools they need to achieve success.
- Students who experience success learning a language will be more likely to continue their language studies both inside and outside the classroom.

With this in mind, we decided to take a fresh look at all aspects of language instructional materials. Because we are specialized, we dedicate 100 percent of our resources to this goal and base every decision on how well it supports language learning.

That is where you come in. Since our founding, we have relied on the invaluable feedback of language instructors and students nationwide. This partnership has proved to be the cornerstone of our success, allowing us to constantly improve our programs to meet your instructional needs.

The result? Programs that make language learning exciting, relevant, and effective through:

- unprecedented access to resources
- a wide variety of contemporary, authentic materials
- the integration of text, technology, and media
- a bold and engaging textbook design

By focusing on our singular passion, we let you focus on yours.

The Vista Higher Learning Team

500 Boylston Street, Suite 620, Boston, MA 02116-3736 TOLL-FREE: 800-618-7375
TELEPHONE: 617-426-4910 FAX: 617-426-5209 www.vistahigherlearning.com

ABOUT THE AUTHORS

Parthena Draggett

Parthena Draggett is an experienced teacher and College Board Consultant for AP® Spanish and Pre-AP®. She co-authored a curriculum module for the new AP® Spanish Language and Culture course, and she is currently an item writer for the revised exam. Parthena is also a Praxis II Spanish Language Chief Scoring Leader for ETS.

In the past, Parthena has been a reviewer and contributing author of several AP® Spanish publications, including the *Quick Study Guide* for Bar Charts, Inc., published in January 2011 and revised in 2014. She participates regularly in the AP® Spanish Language and Culture reading sessions and was a member of the 2008 AP® Spanish standard-setting panel. She was named Ohio Teacher of the Year for 2015 by the Ohio Foreign Language Association. Parthena has been teaching Spanish and French for 30 years.

Cole Conlin

Cole has been teaching Spanish for almost 20 years. He received his M.A. in Spanish from Middlebury College in 2004 and an M.A. in Critical and Creative Thinking at UMass Boston in 2005, where the focus of his studies was second language acquisition and content development for Spanish language instruction. Cole has worked as an editor on high school and college-level Spanish materials for Pearson Prentice Hall and Vista Higher Learning. In addition to his passion for Spanish, Cole has taught high school philosophy courses and has published several children's books.

Max Ehrsam

A native of Mexico, Max is currently a lecturer in Spanish at the Massachusetts Institute of Technology. Max received his B.A. in Latin American Literature from the Universidad Iberoamericana in Mexico in 1994 and his M.A. in Hispanic Studies from the University of Rhode Island in 1999. He has taught Latin American literature and Spanish in Mexico and the U.S. for a combined 12 years. Additionally, Max has extensive experience writing and editing Spanish educational materials; he has contributed to the development of more than 30 Spanish textbooks throughout his career.

Elizabeth Millán

Elizabeth has written a variety of Spanish language instructional materials, including differentiated instruction notes, heritage language-learner assessments, and vocabulary development strategies. Elizabeth has also contributed original poems and short stories to reading anthologies. As an editor, she has worked on elementary, middle school, high school, and college programs. Before working in publishing, Elizabeth received an M.A. from the University of Madrid and taught Spanish for several years.

¡BIENVENIDOS!

Dear Students,

¡Felicidades! Through hard work and dedication, you have reached an exciting stage in your language-learning career: the AP® Spanish Language and Culture course. This curriculum can take you beyond the high level of linguistic and cultural competency you have already achieved to help you succeed on the AP® Exam and communicate with people in and from Spanish-speaking countries and cultures. Congratulations on taking this critical step in the lifelong process of 21st century global citizenship!

With *Temas*, your proficiency in Spanish language and culture is our goal. *Temas* incorporates the requirements of the AP® Spanish Language and Culture Curriculum and Exam, focusing on six overarching themes that are at the heart of real-world communication. You'll see how *Temas* will allow you to use your Spanish in realistic, contemporary settings that prepare you to speak with and write to Spanish-speakers in real-life situations.

As AP® Spanish teachers, we know how important it is for you to use materials that bring Spanish to life in the classroom. *Temas* lets you experience authentic language and culture through engaging texts and multimedia materials from all over the Spanish-speaking world. Activities are designed to help you understand challenging language and concepts and to communicate using a rich, varied vocabulary. And, you can practice your speaking and writing skills using digital activities and tools on the *Temas* Supersite. With this invaluable program, your success in AP® Spanish is guaranteed!

Now, *¡Manos a la obra!*

Parthena Draggett
Cole Conlin
Max Ehrsam
Elizabeth Millán

TEMA 1

LAS FAMILIAS Y LAS COMUNIDADES

LA CIENCIA Y LA TECNOLOGÍA

TEMA 3

LA BELLEZA Y LA ESTÉTICA

TEMA 4

LA VIDA CONTEMPORÁNEA

TEMA 5

LOS DESAFÍOS MUNDIALES

TEMA 6

LAS IDENTIDADES PERSONALES Y PÚBLICAS

SUCCESS IN ADVANCED SPANISH COURSES

Temas is designed to help students in upper-level Spanish succeed in the language classroom and, in particular, on the AP® Spanish Language and Culture Examination. As defined by the College Board, successful students in the advanced language course should:

> “demonstrate an understanding of the culture(s), incorporate interdisciplinary topics (Connections), make comparisons between the native language and the target language and between cultures (Comparisons), and use the target language in real-life settings (Communities).”[1]

How does *Temas* help you reach this goal?

Thematic organization *Temas* contains authentic readings, audio, and films organized around the themes of the AP® Spanish Language and Culture Examination:[2]

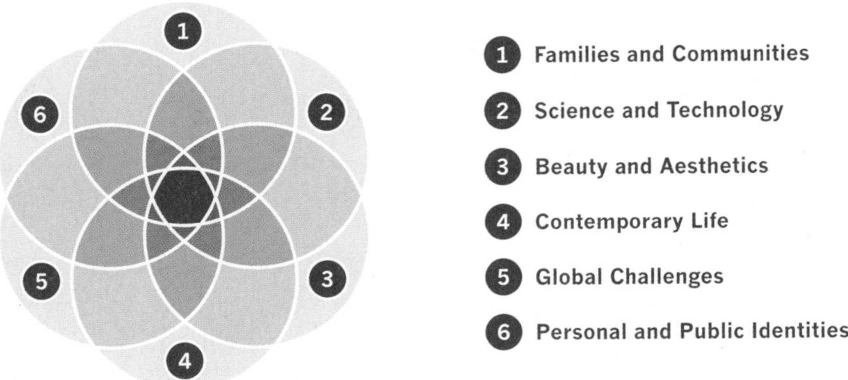

The College Board's recommended contexts provide the framework for communicating about real-world issues and your own life experiences.

Authentic sources Selections offer an extraordinary wealth of material for study and discussion. Pre- and post-reading and listening activities guide classroom discussion to develop communication skills and promote a deeper understanding of culture.

Vocabulary development *Temas* employs a discovery approach to vocabulary development, encouraging each student to generate and maintain his or her own list of vocabulary. Rather than prescribing words for memorization, *Temas* allows students to develop their own tools for communication through reading and listening to authentic sources.

Communication In addition to providing opportunities for success within the Spanish-language classroom, *Temas* creates a broad base to prepare students to effectively communicate in Spanish for travel, study, work, or to achieve proficiency on standardized exams.

---

1 AP® Spanish Langauge and Culture Exam Curriculum Framework 2013–2014, p. 3. © 2012 by The College Board. NB: The authors and developers of *Temas* used this document as a guide for instruction. We encourage all students and teachers to review the Curriculum Framework on their own for complete details on both the course philosophy and exam.
2 Starting with the May 2014 exam.

AP® SPANISH

Language and Culture Exam Preparation

Many students enrolled in advanced Spanish programs that use *Temas* may be preparing for the AP® Spanish Language and Culture Examination. The exam consists of two sections: one for multiple choice responses to authentic print and audio texts (interpretive communication) and the other for free responses to both print and audio text prompts (interpersonal and presentational speaking). Please see the chart below for a breakdown of the exam contents:

SECTION		NUMBER OF QUESTIONS	PERCENT OF FINAL SCORE	TIME
Section I: Multiple Choice				Approx. 95 minutes
Part A	Interpretive Communication: Print Texts	30 questions	50%	Approx. 40 minutes
Part B	Interpretive Communication: Print and Audio Texts (combined)	35 questions		Approx. 55 minutes
	Interpretive Communication: Audio Texts			
Section II: Free Response				Approx. 85 minutes
Interpersonal Writing: E-mail Reply		1 prompt	50%	15 minutes
Presentational Writing: Persuasive Essay		1 prompt		Approx. 55 minutes
Interpersonal Speaking: Conversation		5 prompts		20 seconds for each response
Presentational Speaking: Cultural Comparison		1 prompt		2 minutes to respond

To supplement the broad cultural content provided in *Temas*, Vista Higher Learning also offers *AP® Spanish: Language and Culture Exam Preparation*. This worktext provides targeted practice for each question type that students will encounter on the AP® Spanish Language and Culture Examination. Used alone, the worktext offers many opportunities to practice each exam question type. In addition, each selection includes a cross-reference to the theme and context being practiced, so sample exams can be generated to focus on all themes or on a single theme at a time.

Temas provides additional exam preparation through the inclusion of many activities that mimic the exam format. Used together, these two titles form a winning combination for the advanced Spanish classroom.

INTEGRATED CONTENT

means a better student experience

- My Vocabulary for compiling, saving, and organizing words
- Partner Chat tool for recording live student conversations and submitting directly to the gradebook
- Record & Submit activities for practice and assessment of oral presentations
- Write & Submit activities for practice and assessment of written presentations
- Strategy activities allow students to apply techniques they have learned
- Authentic short films with teacher-controlled subtitles and translations
- Auto-graded practice activities
- Grammar appendix in print and online

SPECIALIZED RESOURCES

ensure successful implementation

- Scoring guidelines
- Online assessments
- Teaching suggestions
- Audio and video scripts with English translations
- Textbook audio MP3s
- Pacing guide
- Answer keys
- Correlations
- Complete access to the Student Supersite

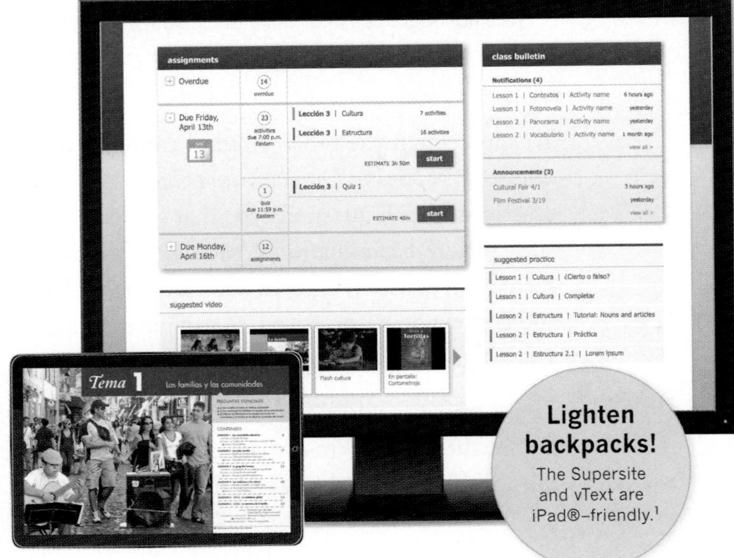

1 Students must use a computer for audio recording and select presentations and tools that require Flash or Shockwave.

ONLINE TOOLS

facilitate effective instruction

- Course management system
- Gradebook for assignments, with control of grading options
- Auto-grading for close-ended activities
- A feedback tool to help students pinpoint errors
- In-line voice commenting and editing for quick, detailed feedback
- Reporting tools for summarizing student data
- Voiceboards for communication of announcements, threaded discussions, pronunciation examples, and explanations of complex material
- Tool to load, share, and assign teacher-graded documents
- The following icons appear throughout the textbook and reference activities or tools on the Temas Supersite that support and enhance the program.

Icon	Meaning	Icon	Meaning
	ONLINE ACTIVITY OR TOOL		WRITE & SUBMIT ACTIVITY
	AUDIO MP3 ONLINE		RECORD & SUBMIT ACTIVITY
	STREAMING VIDEO ONLINE		PARTNER CHAT ACTIVITY

ACCESS ON THE GO!

Interactive, digital textbooks provide a portable, light-weight, and cost-saving version of the printed book. Which option is right for you?

Visit **vistahigherlearning.com/new-supersite/digital-texts/** to learn more.

ENGAGE

Engaging unit theme presentation

Essential Questions for unit

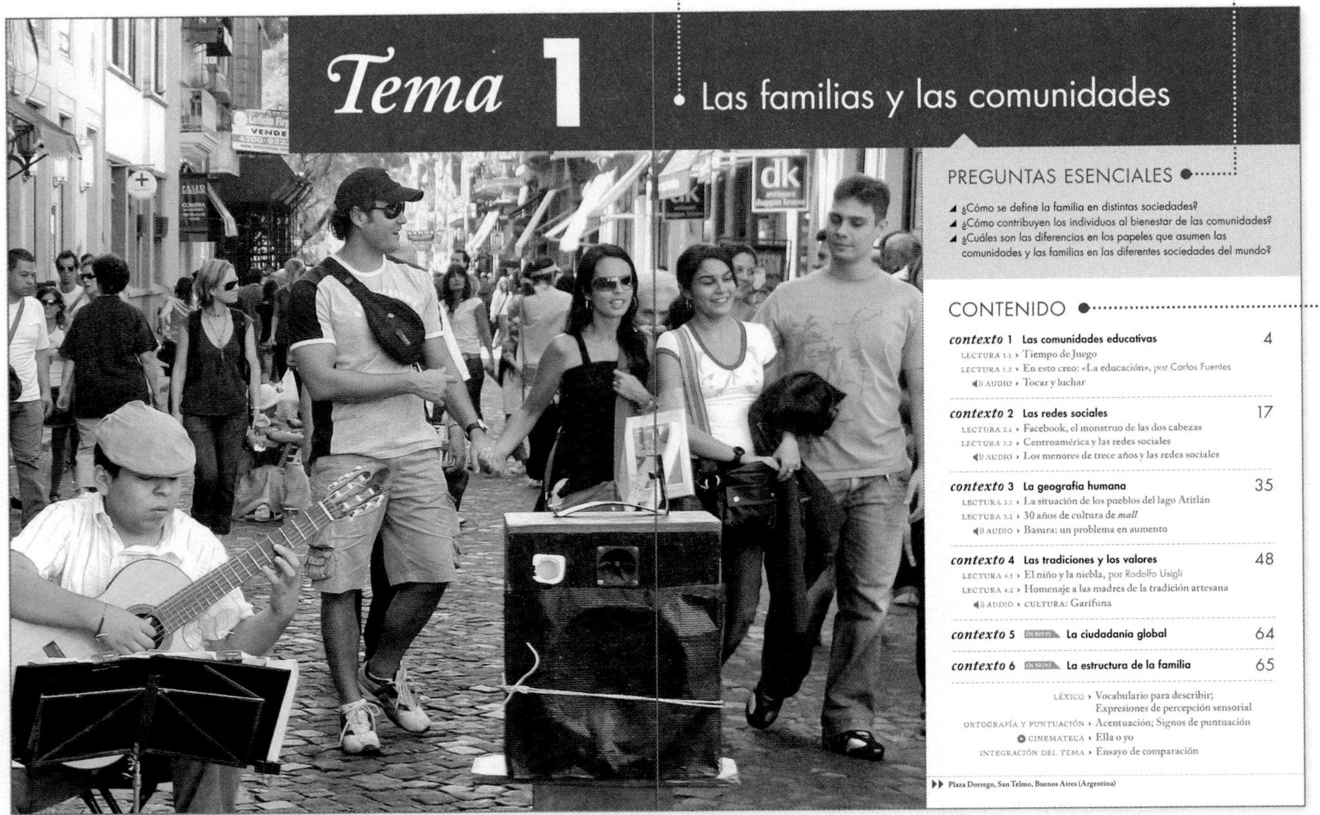

Tema 1 Las familias y las comunidades

PREGUNTAS ESENCIALES

- ¿Cómo se define la familia en distintas sociedades?
- ¿Cómo contribuyen los individuos al bienestar de las comunidades?
- ¿Cuáles son las diferencias en los papeles que asumen las comunidades y las familias en las diferentes sociedades del mundo?

CONTENIDO

Plaza Dorrego, San Telmo, Buenos Aires (Argentina)

Six contexts full of authentic print and audio

Supersite

Online communication tools include Partner Chat real-time video communication, My Vocabulary personalized vocabulary study tool, automatic grading and more! See pp. xiv-xv for a detailed explanation of all online solutions.

PREPARE

Context introduction with broad questions

Student-driven vocabulary development

Information about the reading

contexto **1** **Las comunidades educativas**

PUNTOS DE PARTIDA
La educación de la sociedad es el pilar de su desarrollo y del bienestar de sus integrantes. Se despliega en una gran variedad de contextos, de manera que el aprendizaje se lleva a cabo tanto en la escuela como fuera de ella.

- ¿Qué tipos de organizaciones, diferentes a la escuela, educan y ayudan a la comunidad?
- ¿Por qué los individuos hacen trabajo voluntario para beneficiar a la comunidad?
- ¿En qué sentido el sistema educativo de una sociedad es el reflejo de su cultura?

DESARROLLO DEL VOCABULARIO

My Vocabulary
Partner chat
Write & Submit

MI VOCABULARIO
Anota el vocabulario nuevo a medida que lo aprendes.

1 **¿Cuándo aprendes mejor?** El aprendizaje es un proceso muy individual. Elige las cinco frases, en orden de importancia, que mejor describen las condiciones en las que tú aprendes con mayor facilidad. Después, reflexiona sobre cuáles crees que son las condiciones ideales para que el aprendizaje sea eficaz y escribe una lista con tus preferencias.

Aprendo mejor cuando...

asumo un reto	entiendo la importancia del tema	me siento responsable de otros
colaboro con otros	estoy cómodo/a y relajado/a	no estoy muy cómodo/a
compito con otros	estoy interesado/a y motivado/a	otros me animan a ser mejor
confío en mí mismo/a	hay un incentivo externo	puedo ser creativo/a
estoy bajo presión	la actividad es difícil para mí	tengo una experiencia nueva
me divierto	la actividad es fácil para mí	trabajo solo/a

2 **Lecciones importantes** Piensa en una actividad o experiencia extraescolar en la que has aprendido lecciones importantes, bien sea en un club, un trabajo, una excursión, o en algún otro lugar o situación. Conversa con un(a) compañero/a sobre estas dos preguntas:

- ¿Qué aprendiste?
- ¿Cómo han influido en tu vida esas lecciones?

RECURSOS
Consulta la lista de apéndices en la p. 418.

3 **Organizaciones comunitarias** En grupos, hagan una lista de organizaciones comunitarias que existen en su escuela o su comunidad para trabajar por el bienestar de los ciudadanos. Para cada organización, contesten estas preguntas:

1. ¿Cuál es su objetivo?
2. ¿Cómo contribuye su labor a la sociedad?
3. ¿A quiénes ayuda y cómo lo hace?
4. Mencionen algunos ejemplos de sus proyectos más sobresalientes.

4 **Aportes** De todas las organizaciones que se mencionaron en la actividad 3, elige la que te parezca más importante. Escribe un párrafo en el que describas la organización y los aportes que hace para mejorar la sociedad. Especifica a qué grupo social beneficia y de qué manera lo hace.

LAS FAMILIAS Y LAS COMUNIDADES | TEMA 1 | 5

LECTURA 1.1 ▸ TIEMPO DE JUEGO

Auto-graded
My Vocabulary
Partner Chat
Strategy
Write & Submit

SOBRE LA LECTURA Las fundaciones son organizaciones no gubernamentales y sin ánimo de lucro que persiguen objetivos de interés general, como la defensa de los derechos humanos, la asistencia social e inclusión social, o propósitos educativos, culturales, deportivos, sanitarios o laborales. Los fines de una fundación deben beneficiar tanto al individuo como a la comunidad.

En esta lectura, tomada de la página web de la fundación Tiempo de Juego, que ayuda a jóvenes colombianos de las afueras de Bogotá, se describe cómo surgió esta fundación, quiénes la dirigen y administran y cómo hacen para cumplir sus objetivos de educar y ayudar a la comunidad.

ANTES DE LEER

1 **Detalles** Describe los detalles de la foto. Usa las preguntas como guía.

1. Los jugadores
   a. ¿Son profesionales? ¿Son amigos o vecinos?
   b. ¿Cuántos años tienen? ¿Qué llevan puesto? ¿Están en forma?
   c. ¿Parece un juego competitivo entre dos equipos o un entrenamiento?
2. La cancha
   a. ¿Es oficial o improvisada?
   b. ¿Está en un estadio? ¿En un parque público?
   c. ¿Quiénes son las personas que se ven al lado de la cancha? ¿Espectadores? ¿Miembros de los equipos que juegan?
3. El entorno
   a. ¿Cómo son los alrededores de la cancha?
   b. ¿En qué país puede estar este barrio?
   c. ¿Qué nivel de vida llevan las personas que viven allí?

ESTRATEGIA
Buscar indicios
Observa bien la foto para identificar detalles que puedan darte pistas sobre la lectura. Seguramente tendrá que ver con el fútbol, pero ¿qué más crees que revela esta imagen sobre los jugadores y su comunidad?

2 **Claves para el buen vivir** Los conceptos de la siguiente lista representan cualidades y destrezas importantes para alcanzar el progreso de la sociedad. Algunos se mencionan en la lectura. Para cada uno, decide si suele aprenderse en la escuela, fuera de la escuela, o en ambos contextos.

la colaboración	la cooperación	la humildad	el liderazgo	el respeto
la comunicación	la creatividad	la iniciativa	la organización	la solidaridad
la convivencia	la empatía	la lectura	la resiliencia	la tolerancia

3 **Situaciones** En grupos, elijan tres cualidades o destrezas de la actividad 2. Den ejemplos de situaciones concretas en las cuales hayan podido ponerlas en práctica. Luego compartan sus respuestas con la clase.

MI VOCABULARIO
Utiliza tu vocabulario individual.

Personalized online study tool

Reading strategies

Pre-reading activities

Supersite

- Auto-graded
- My Vocabulary
- Partner Chat
- Strategy
- Write & Submit

READ

Authentic print texts from varied sources

Challenging words from reading defined in Spanish

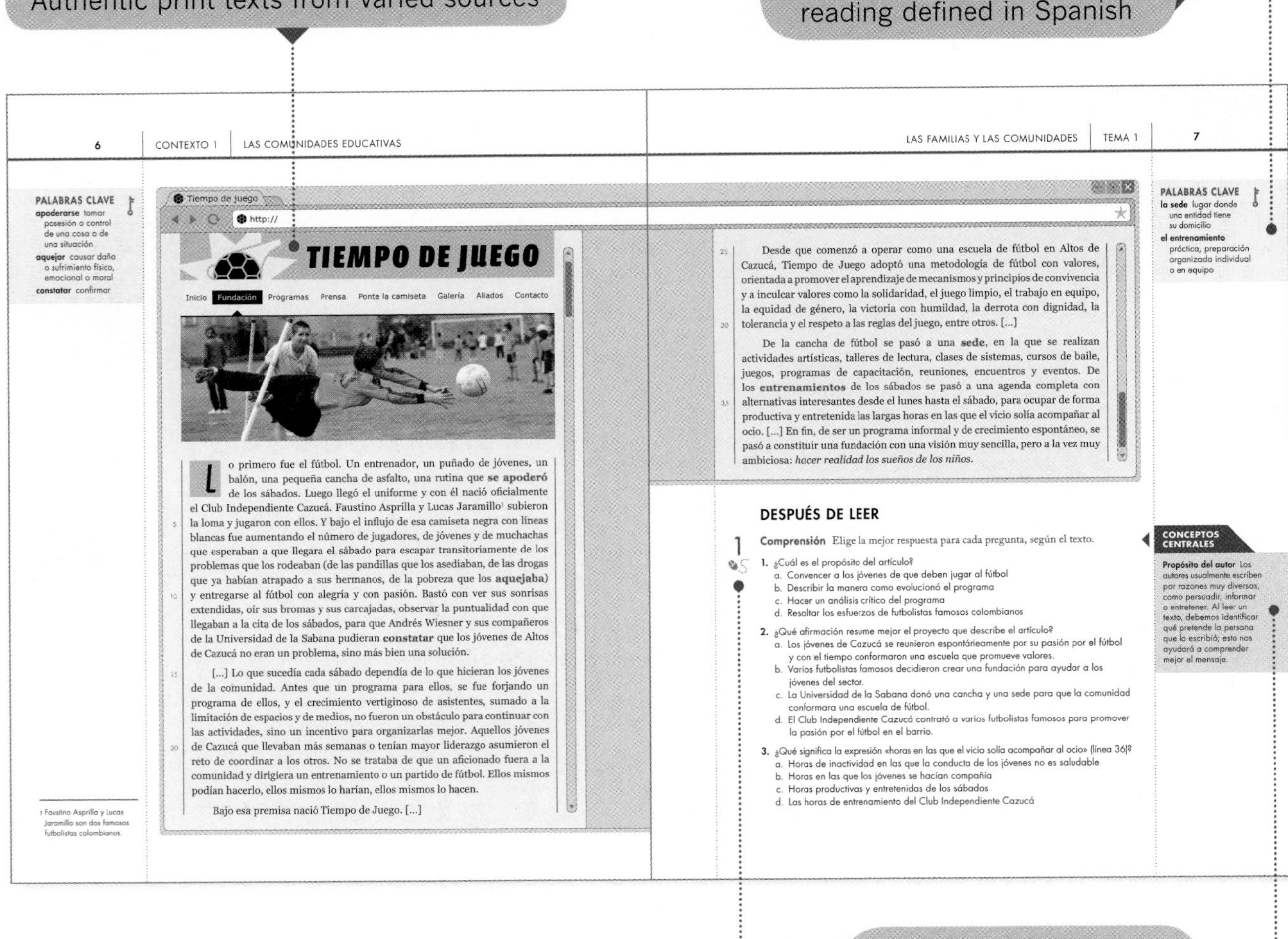

6 | CONTEXTO 1 | LAS COMUNIDADES EDUCATIVAS

PALABRAS CLAVE
apoderarse tomar posesión o control de una cosa o de una situación
aquejar causar daño o sufrimiento físico, emocional o moral
constatar confirmar

Tiempo de juego

http://

TIEMPO DE JUEGO

Inicio | Fundación | Programas | Prensa | Ponte la camiseta | Galería | Aliados | Contacto

Lo primero fue el fútbol. Un entrenador, un puñado de jóvenes, un balón, una pequeña cancha de asfalto, una rutina que **se apoderó** de los sábados. Luego llegó el uniforme y con él nació oficialmente el Club Independiente Cazucá. Faustino Asprilla y Lucas Jaramillo[1] subieron la loma y jugaron con ellos. Y bajo el influjo de esa camiseta negra con líneas blancas fue aumentando el número de jugadores, de jóvenes y de muchachas que esperaban a que llegara el sábado para escapar transitoriamente de los problemas que los rodeaban (de las pandillas que los asediaban, de las drogas que ya habían atrapado a sus hermanos, de la pobreza que los **aquejaba**) y entregarse al fútbol con alegría y con pasión. Bastó con ver sus sonrisas extendidas, oír sus bromas y sus carcajadas, observar la puntualidad con que llegaban a la cita de los sábados, para que Andrés Wiesner y sus compañeros de la Universidad de la Sabana pudieran **constatar** que los jóvenes de Altos de Cazucá no eran un problema, sino más bien una solución.

[...] Lo que sucedía cada sábado dependía de lo que hicieran los jóvenes de la comunidad. Antes que un programa para ellos, se fue forjando un programa de ellos, y el crecimiento vertiginoso de asistentes, sumado a la limitación de espacios y de medios, no fueron un obstáculo para continuar con las actividades, sino un incentivo para organizarlas mejor. Aquellos jóvenes de Cazucá que llevaban más semanas o tenían mayor liderazgo asumieron el reto de coordinar a los otros. No se trataba de que un aficionado fuera a la comunidad y dirigiera un entrenamiento o un partido de fútbol. Ellos mismos podían hacerlo, ellos mismos lo harían, ellos mismos lo hacen.

Bajo esa premisa nació Tiempo de Juego. [...]

1 Faustino Asprilla y Lucas Jaramillo son dos famosos futbolistas colombianos.

LAS FAMILIAS Y LAS COMUNIDADES | TEMA 1 | 7

Desde que comenzó a operar como una escuela de fútbol en Altos de Cazucá, Tiempo de Juego adoptó una metodología de fútbol con valores, orientada a promover el aprendizaje de mecanismos y principios de convivencia y a inculcar valores como la solidaridad, el juego limpio, el trabajo en equipo, la equidad de género, la victoria con humildad, la derrota con dignidad, la tolerancia y el respeto a las reglas del juego, entre otros. [...]

De la cancha de fútbol se pasó a una **sede**, en la que se realizan actividades artísticas, talleres de lectura, clases de sistemas, cursos de baile, juegos, programas de capacitación, reuniones, encuentros y eventos. De los **entrenamientos** de los sábados se pasó a una agenda completa con alternativas interesantes desde el lunes hasta el sábado, para ocupar de forma productiva y entretenida las largas horas en las que el vicio solía acompañar al ocio. [...] En fin, de ser un programa informal y de crecimiento espontáneo, se pasó a constituir una fundación con una visión muy sencilla, pero a la vez muy ambiciosa: *hacer realidad los sueños de los niños.*

PALABRAS CLAVE
la sede lugar donde una entidad tiene su domicilio
el entrenamiento práctica, preparación organizada individual o en equipo

DESPUÉS DE LEER

1 **Comprensión** Elige la mejor respuesta para cada pregunta, según el texto.

1. ¿Cuál es el propósito del artículo?
   a. Convencer a los jóvenes de que deben jugar al fútbol
   b. Describir la manera como evolucionó el programa
   c. Hacer un análisis crítico del programa
   d. Resaltar los esfuerzos de futbolistas famosos colombianos
2. ¿Qué afirmación resume mejor el proyecto que describe el artículo?
   a. Los jóvenes de Cazucá se reunieron espontáneamente por su pasión por el fútbol y con el tiempo conformaron una escuela que promueve valores.
   b. Varios futbolistas famosos decidieron crear una fundación para ayudar a los jóvenes del sector.
   c. La Universidad de la Sabana donó una cancha y una sede para que la comunidad conformara una escuela de fútbol.
   d. El Club Independiente Cazucá contrató a varios futbolistas famosos para promover la pasión por el fútbol en el barrio.
3. ¿Qué significa la expresión «horas en las que el vicio solía acompañar al ocio» (línea 36)?
   a. Horas de inactividad en las que la conducta de los jóvenes no es saludable
   b. Horas en las que los jóvenes se hacían compañía
   c. Horas productivas y entretenidas de los sábados
   d. Las horas de entrenamiento del Club Independiente Cazucá

CONCEPTOS CENTRALES

Propósito del autor Los autores usualmente escriben por razones muy diversas, como persuadir, informar o entretener. Al leer un texto, debemos identificar qué pretende la persona que lo escribió; esto nos ayudará a comprender mejor el mensaje.

Auto-graded multiple choice activities online

Key concepts for reading comprehension

Supersite

- Auto-graded
- My Vocabulary
- Strategies

RESPOND

Grammar applied in context. More grammar in appendix and online

Partner Chat online video chat

8 | CONTEXTO 1 | LAS COMUNIDADES EDUCATIVAS

4. ¿Cuál de estos componentes contribuyó más al éxito del programa Tiempo de Juego?
   a. Los entrenadores
   b. Los recursos económicos
   c. Los jóvenes
   d. La Universidad de la Sabana

5. ¿Qué afirmación describe mejor la evolución del programa?
   a. El fútbol fue reemplazado por otras actividades más artísticas.
   b. Se fueron añadiendo actividades hasta conformar un calendario completo.
   c. El programa se realizaba solamente los sábados.
   d. El programa creció y empezó a extenderse por el país.

2 **Los beneficios de Tiempo de Juego** ¿Qué aspectos del programa beneficiaron a sus participantes y cuáles a los miembros de la comunidad? Haz una lista con cinco beneficios para cada grupo.

3 **En tu comunidad** En parejas, comenten estas preguntas utilizando las respuestas de la Actividad 2 y los aprendizajes de sus experiencias personales.

1. ¿Qué características comparte la fundación Tiempo de Juego con alguno de los programas de tu comunidad? ¿Qué elementos los distinguen?
2. ¿Cuáles son algunos de los motivos para hacer trabajo voluntario?

RECURSOS
Consulta la lista de apéndices en la p. 418.

4 **Ensayo persuasivo** Usando Tiempo de Juego como modelo, piensa en un programa que podría beneficiar a tu comunidad. Escribe una propuesta en la que intentes persuadir al Ayuntamiento de tu pueblo o ciudad para que apoye el programa, explicando claramente estos puntos:

- Por qué el programa que propones es necesario.
- Cuáles son las condiciones que justifican el desarrollo del programa.
- A quiénes podría beneficiar tu programa y cómo mejoraría tu comunidad con el mismo.
- Cuál es la visión y la misión de tu programa.
- Cuáles son las tres metas más importantes y la manera de lograrlas.

ESTRUCTURAS

Narrar en tiempo pasado
Observa que el autor de Tiempo de Juego usa varios tiempos verbales —como el pretérito y el imperfecto— para expresar distintos matices de acciones y estados pasados.

Vuelve a leer el artículo prestando atención a los tiempos verbales. Subraya los verbos en pretérito y rodea con un círculo los verbos en imperfecto. Después, escribe las palabras que indican cuál es el tiempo verbal apropiado en cada caso.

MODELO Línea 3: ***Luego*** (Luego llegó el uniforme)
Línea 15: ***cada sábado*** (Lo que sucedía cada sábado)

RECURSOS
Consulta las explicaciones gramaticales del **Apéndice A**, pp. 429-432.

Record & Submit oral presentations online

Speaking strategies

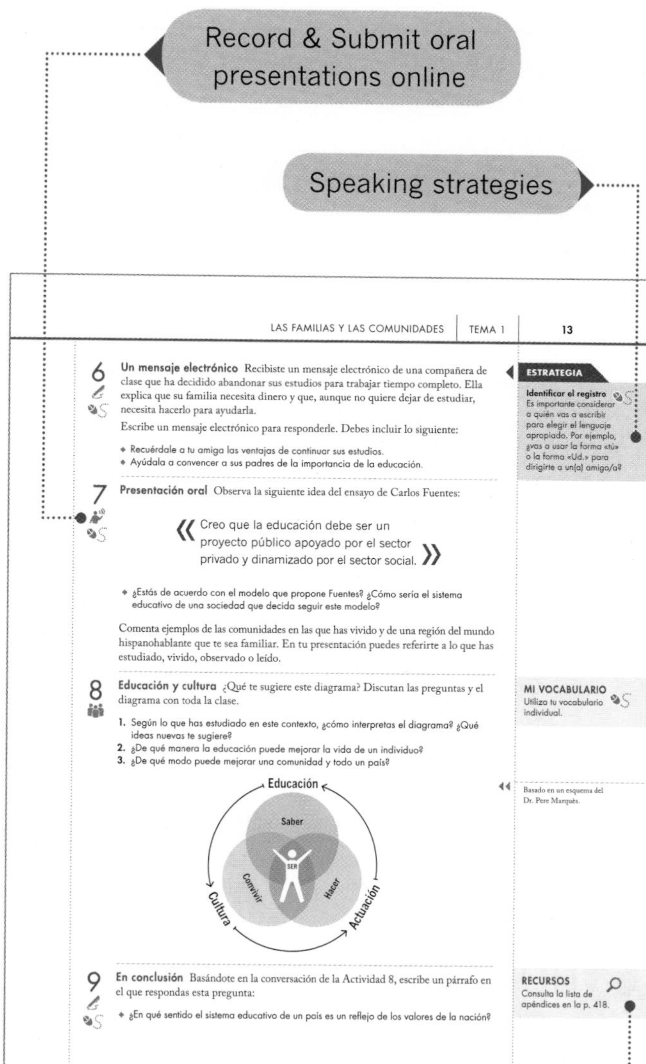
LAS FAMILIAS Y LAS COMUNIDADES | TEMA 1 | 13

6 **Un mensaje electrónico** Recibiste un mensaje electrónico de una compañera de clase que ha decidido abandonar sus estudios para trabajar tiempo completo. Ella explica que su familia necesita dinero y que, aunque no quiere dejar de estudiar, necesita hacerlo para ayudarla.

Escribe un mensaje electrónico para responderle. Debes incluir lo siguiente:

- Recuérdale a tu amiga las ventajas de continuar sus estudios.
- Ayúdala a convencer a sus padres de la importancia de la educación.

ESTRATEGIA
Identificar el registro
Es importante considerar a quién vas a escribir para elegir el lenguaje apropiado. Por ejemplo, ¿vas a usar la forma «tú» o la forma «Ud.» para dirigirte a un(a) amigo/a?

7 **Presentación oral** Observa la siguiente idea del ensayo de Carlos Fuentes:

« Creo que la educación debe ser un proyecto público apoyado por el sector privado y dinamizado por el sector social. »

- ¿Estás de acuerdo con el modelo que propone Fuentes? ¿Cómo sería el sistema educativo de una sociedad que decida seguir este modelo?

Comenta ejemplos de las comunidades en las que has vivido y de una región del mundo hispanohablante que te sea familiar. En tu presentación puedes referirte a lo que has estudiado, vivido, observado o leído.

8 **Educación y cultura** ¿Qué te sugiere este diagrama? Discutan las preguntas y el diagrama con toda la clase.

1. Según lo que has estudiado en este contexto, ¿cómo interpretas el diagrama? ¿Qué ideas nuevas te sugiere?
2. ¿De qué manera la educación puede mejorar la vida de un individuo?
3. ¿De qué modo puede mejorar una comunidad y todo un país?

MI VOCABULARIO
Utiliza tu vocabulario individual.

Basado en un esquema del Dr. Pere Marquès.

9 **En conclusión** Basándote en la conversación de la Actividad 8, escribe un párrafo en el que respondas esta pregunta:

- ¿En qué sentido el sistema educativo de un país es un reflejo de los valores de la nación?

RECURSOS
Consulta la lista de apéndices en la p. 418.

Write & Submit essays online

Communication resources in appendix

Supersite

- Auto-graded
- My Vocabulary
- Partner Chat
- Record & Submit
- Strategy
- Write & Submit

LISTEN

Authentic, downloadable audio recordings

Information about audio

Post-listening activities

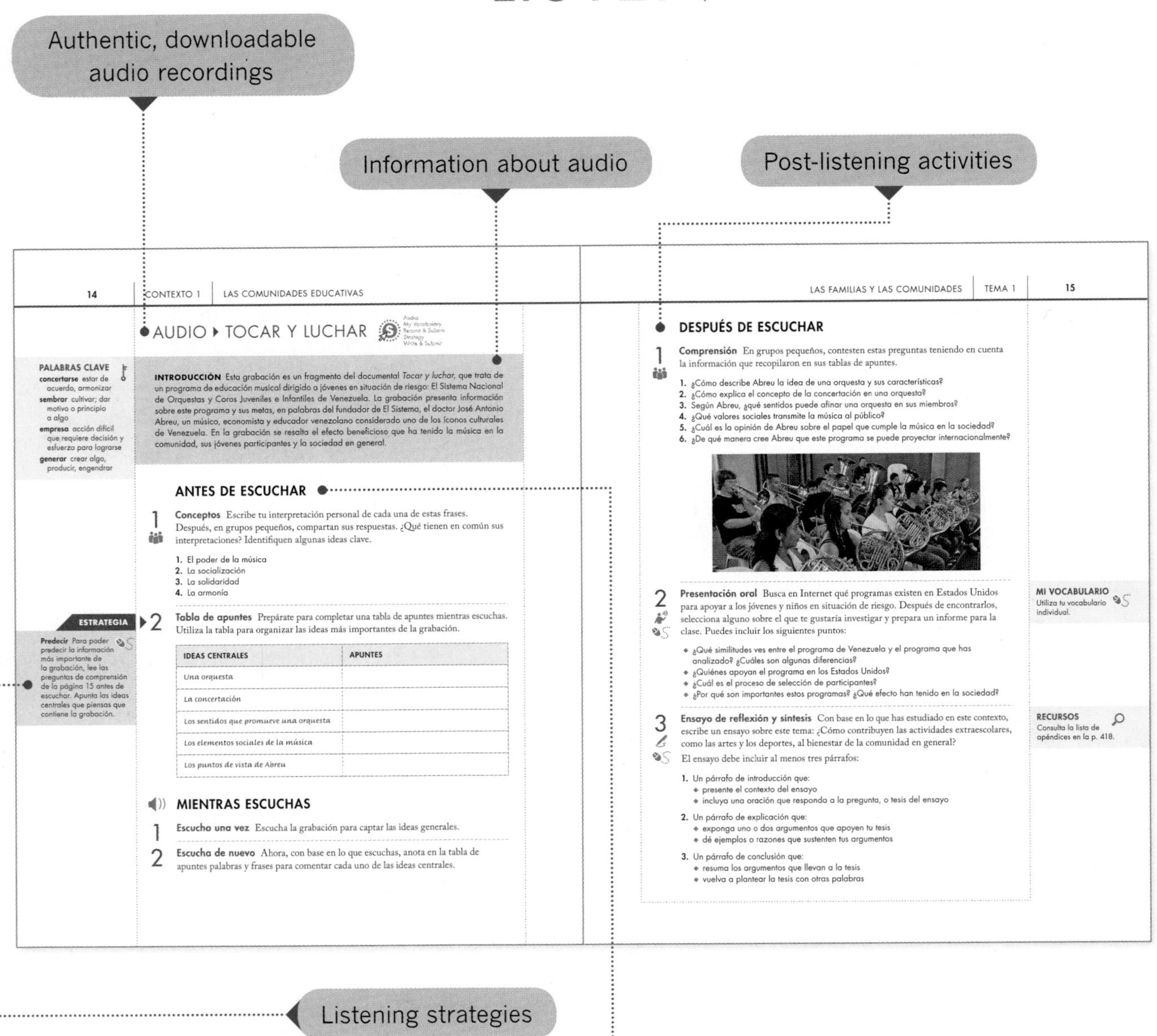

AUDIO ▸ TOCAR Y LUCHAR

Audio
My Vocabulary
Record & Submit
Strategy
Write & Submit

PALABRAS CLAVE
concertarse estar de acuerdo, armonizar
sembrar cultivar; dar motivo o principio a algo
empresa acción difícil que requiere decisión y esfuerzo para lograrse
generar crear algo, producir, engendrar

INTRODUCCIÓN Esta grabación es un fragmento del documental *Tocar y luchar*, que trata de un programa de educación musical dirigido a jóvenes en situación de riesgo: El Sistema Nacional de Orquestas y Coros Juveniles e Infantiles de Venezuela. La grabación presenta información sobre este programa y sus metas, en palabras del fundador de El Sistema, el doctor José Antonio Abreu, un músico, economista y educador venezolano considerado uno de los íconos culturales de Venezuela. En la grabación se resalta el efecto beneficioso que ha tenido la música en la comunidad, sus jóvenes participantes y la sociedad en general.

ANTES DE ESCUCHAR

1 **Conceptos** Escribe tu interpretación personal de cada una de estas frases. Después, en grupos pequeños, compartan sus respuestas. ¿Qué tienen en común sus interpretaciones? Identifiquen algunas ideas clave.

1. El poder de la música
2. La socialización
3. La solidaridad
4. La armonía

ESTRATEGIA
Predecir Para poder predecir la información más importante de la grabación, lee las preguntas de comprensión de la página 15 antes de escuchar. Apunta las ideas centrales que piensas que contiene la grabación.

2 **Tabla de apuntes** Prepárate para completar una tabla de apuntes mientras escuchas. Utiliza la tabla para organizar las ideas más importantes de la grabación.

IDEAS CENTRALES	APUNTES
Una orquesta	
La concertación	
Los sentidos que promueve una orquesta	
Los elementos sociales de la música	
Los puntos de vista de Abreu	

MIENTRAS ESCUCHAS

1 **Escucha una vez** Escucha la grabación para captar las ideas generales.

2 **Escucha de nuevo** Ahora, con base en lo que escuchas, anota en la tabla de apuntes palabras y frases para comentar cada uno de las ideas centrales.

DESPUÉS DE ESCUCHAR

1 **Comprensión** En grupos pequeños, contesten estas preguntas teniendo en cuenta la información que recopilaron en sus tablas de apuntes.

1. ¿Cómo describe Abreu la idea de una orquesta y sus características?
2. ¿Cómo explica el concepto de la concertación en una orquesta?
3. Según Abreu, ¿qué sentidos puede afinar una orquesta en sus miembros?
4. ¿Qué valores sociales transmite la música al público?
5. ¿Cuál es la opinión de Abreu sobre el papel que cumple la música en la sociedad?
6. ¿De qué manera cree Abreu que este programa se puede proyectar internacionalmente?

2 **Presentación oral** Busca en Internet qué programas existen en Estados Unidos para apoyar a los jóvenes y niños en situación de riesgo. Después de encontrarlos, selecciona alguno sobre el que te gustaría investigar y prepara un informe para la clase. Puedes incluir los siguientes puntos:

- ¿Qué similitudes ves entre el programa de Venezuela y el programa que has analizado? ¿Cuáles son algunas diferencias?
- ¿Quiénes apoyan el programa en los Estados Unidos?
- ¿Cuál es el proceso de selección de participantes?
- ¿Por qué son importantes estos programas? ¿Qué efecto han tenido en la sociedad?

MI VOCABULARIO
Utiliza tu vocabulario individual.

3 **Ensayo de reflexión y síntesis** Con base en lo que has estudiado en este contexto, escribe un ensayo sobre este tema: ¿Cómo contribuyen las actividades extraescolares, como las artes y los deportes, al bienestar de la comunidad en general?

El ensayo debe incluir al menos tres párrafos:

1. Un párrafo de introducción que:
   - presente el contexto del ensayo
   - incluya una oración que responda a la pregunta, o tesis del ensayo
2. Un párrafo de explicación que:
   - exponga uno o dos argumentos que apoyen tu tesis
   - dé ejemplos o razones que sustenten tus argumentos
3. Un párrafo de conclusión que:
   - resuma los argumentos que llevan a la tesis
   - vuelva a plantear la tesis con otras palabras

RECURSOS
Consulta la lista de apéndices en la p. 418.

Listening strategies

Supersite

- Audio
- My Vocabulary
- Record & Submit
- Strategy
- Write & Submit

Pre-listening activities with graphic organizers

CONNECT

Thematically-based cultural information

Record & Submit oral presentation online

16 | CONTEXTO 1 | LAS COMUNIDADES EDUCATIVAS

CONEXIONES CULTURALES

Record & Submit

Instalación de paneles solares, Chocó, Colombia

Luces para aprender

IMAGINA LO DIFÍCIL QUE TE RESULTARÍA ESTUDIAR SI NO contaras con energía eléctrica: no podrías usar la computadora, leer sin luz natural, ni mirar videos.

En Latinoamérica hay aproximadamente 62.000 escuelas que no tienen este servicio básico. Muchas se encuentran en comunidades indígenas ubicadas en zonas de difícil acceso. Por eso, la Organización de Estados Iberoamericanos puso en marcha el proyecto «Luces para aprender», cuyo objetivo es colocar fuentes de energía renovable, como paneles solares, en todos los centros educativos que se encuentran aislados. Esta iniciativa también contempla la instalación de computadoras con acceso a Internet para reducir la brecha digital que existe entre los habitantes de las zonas rurales y los de las ciudades.

El proyecto, cuyo plan piloto se lanzó en mayo de 2012, ha recibido el respaldo de importantes empresas públicas y privadas, e incluso de varias celebridades españolas, como los cantantes Alejandro Sanz, Ana Torroja o Bebe.

Generalmente, cuando pensamos en bibliotecas, imaginamos edificios solemnes. Pero no todas son así. De hecho, hay biblioaviones en México, bibliolanchas en Argentina y Chile, bibliobuses en España, ¡y hasta biblioburros en Colombia!

Muchos niños de Perú abandonaban la escuela porque no lograban relacionar lo aprendido con su realidad. Como solución, la Asociación Pukllasunchis creó programas que integran los contenidos escolares con sus tradiciones indígenas.

Colombia Aprende es un portal virtual del Ministerio de Educación Nacional, que desde 2004 desarrolla contenidos para los docentes, recursos para los estudiantes y sugerencias para realizar actividades de aprendizaje en familia. Gracias a la virtualidad, pueden acceder a este programa no solo los habitantes de zonas urbanas, sino también los de zonas rurales.

Presentación oral: comparación cultural

Prepara una presentación oral sobre este tema:

- ¿Cuáles son las semejanzas y diferencias de las diversas sociedades en sus intentos por educar a toda su población?

Compara las organizaciones e iniciativas educativas de las comunidades en las que has vivido con las de una región del mundo hispanohablante que te sea familiar.

Examples presented from several countries

Record & Submit

Cultural comparisons activity

REVIEW

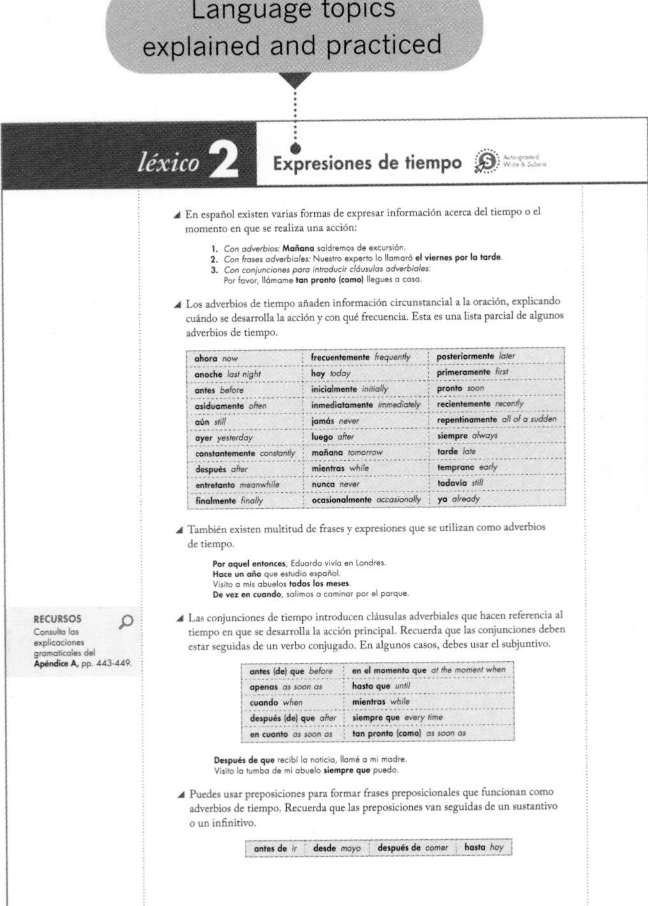

léxico 2

Expresiones de tiempo

Auto-graded
Write & Submit

◢ En español existen varias formas de expresar información acerca del tiempo o el momento en que se realiza una acción:

1. *Con adverbios:* **Mañana** saldremos de excursión.
2. *Con frases adverbiales:* Nuestro experto lo llamará **el viernes por la tarde**.
3. *Con conjunciones para introducir cláusulas adverbiales:*
   Por favor, llámame **tan pronto (como)** llegues a casa.

◢ Los adverbios de tiempo añaden información circunstancial a la oración, explicando cuándo se desarrolla la acción y con qué frecuencia. Esta es una lista parcial de algunos adverbios de tiempo.

ahora *now*	**frecuentemente** *frequently*	**posteriormente** *later*
anoche *last night*	**hoy** *today*	**primeramente** *first*
antes *before*	**inicialmente** *initially*	**pronto** *soon*
asiduamente *often*	**inmediatamente** *immediately*	**recientemente** *recently*
aún *still*	**jamás** *never*	**repentinamente** *all of a sudden*
ayer *yesterday*	**luego** *after*	**siempre** *always*
constantemente *constantly*	**mañana** *tomorrow*	**tarde** *late*
después *after*	**mientras** *while*	**temprano** *early*
entretanto *meanwhile*	**nunca** *never*	**todavía** *still*
finalmente *finally*	**ocasionalmente** *occasionally*	**ya** *already*

◢ También existen multitud de frases y expresiones que se utilizan como adverbios de tiempo.

Por aquel entonces, Eduardo vivía en Londres.
Hace un año que estudio español.
Visito a mis abuelos **todos los meses**.
De vez en cuando, salimos a caminar por el parque.

RECURSOS
Consulta las explicaciones gramaticales del **Apéndice A**, pp. 443-449.

◢ Las conjunciones de tiempo introducen cláusulas adverbiales que hacen referencia al tiempo en que se desarrolla la acción principal. Recuerda que las conjunciones deben estar seguidas de un verbo conjugado. En algunos casos, debes usar el subjuntivo.

antes (de) que *before*	**en el momento que** *at the moment when*
apenas *as soon as*	**hasta que** *until*
cuando *when*	**mientras** *while*
después (de) que *after*	**siempre que** *every time*
en cuanto *as soon as*	**tan pronto (como)** *as soon as*

Después de que recibí la noticia, llamé a mi madre.
Visito la tumba de mi abuelo **siempre que** puedo.

◢ Puedes usar preposiciones para formar frases preposicionales que funcionan como adverbios de tiempo. Recuerda que las preposiciones van seguidas de un sustantivo o un infinitivo.

antes de *ir*	**desde** *mayo*	**después de** *comer*	**hasta** *hoy*

Spelling and punctuation rules and practice activities

ortografía y puntuación 1

Acentuación: Casos especiales

Auto-graded

Además de las reglas básicas de acentuación presentadas en el **Tema 1 (p. 61)**, existen ciertos casos especiales en los que utilizamos el acento (o tilde) para diferenciar palabras que se escriben y pronuncian igual, pero que tienen distinto significado (**homónimos**). Este tipo de acento se llama **acento diacrítico**.

A **mí** no me gusta.
(**mí** = pronombre personal)

Aquel es **mi** coche.
(**mi** = adjetivo posesivo)

Do, re, **mi**, fa, sol, la, si.
(**mi** = nota musical)

Yo le decía que nunca robara nada que le hiciera falta a alguien para comer, y **él** me hacía caso.
(él = pronombre personal)

El padre examinó la calle distorsionada por la reverberación, y entonces comprendió.
(el = artículo definido)

¡ATENCIÓN!
Como regla general, las palabras monosílabas (consistentes de una sola sílaba) no llevan tilde (**bien, mal, no, gris, sol, pie**). En algunas obras literarias antiguas podemos encontrar palabras monosílabas acentuadas que no siguen las reglas de acentuación de monosílabos.

ACENTO DIACRÍTICO		
aun **aún**	adverbio de concesión (=**incluso**)	**Aun** cuando hace calor uso chaqueta.
	adverbio de tiempo (=**todavía**)	**Aún** no hemos llegado.
de **dé**	preposición	Una mesa **de** madera.
	verbo	Espero que me **dé** la mano.
el **él**	artículo definido	Devuélveme **el** libro que te presté.
	pronombre personal	Saldré en cuanto **él** me llame.
mas **más**	conjunción	Quise tranquilizarla, **mas** no fue posible.
	adverbio	Necesito **más** tiempo.
mi **mí**	adjetivo posesivo	¿Por qué no me esperas en **mi** casa?
	pronombre personal	Esta carta es para **mí**.
se **sé**	pronombre personal	**Se** bebió toda el agua.
	verbo (**saber, ser**)	No **sé** qué decir. / **Sé** amable con ellos.
si **sí**	conjunción	**Si** hace frío, necesitaremos el abrigo.
	adverbio/ pronombre personal	Dile que **sí**. / Siempre habla de **sí** misma.
te **té**	pronombre personal	**Te** lo he dicho mil veces: no llegues tarde.
	sustantivo	¿Te apetece un **té**?
tu **tú**	adjetivo posesivo	¿Dónde has puesto **tu** corbata?
	pronombre personal	**Tú** nunca dices mentiras.

◢ Los pronombres, adjetivos y adverbios que tienen un sentido interrogativo o exclamativo llevan acento diacrítico. Este tipo de palabras pueden estar en oraciones interrogativas o exclamativas indirectas. Por consiguiente, pueden aparecer en oraciones sin signos de interrogación (¿?) o exclamación (¡!).

Cuando llegaron, me preguntaron **qué** estaba haciendo.
Todos sabemos **cuántas** calamidades ha sufrido.
Desconocemos **cuál** es el motivo.
Desde el primer día me explicaron **cómo** querían que hiciera mi trabajo.

- Auto-graded
- Write & Submit

EXPLORE

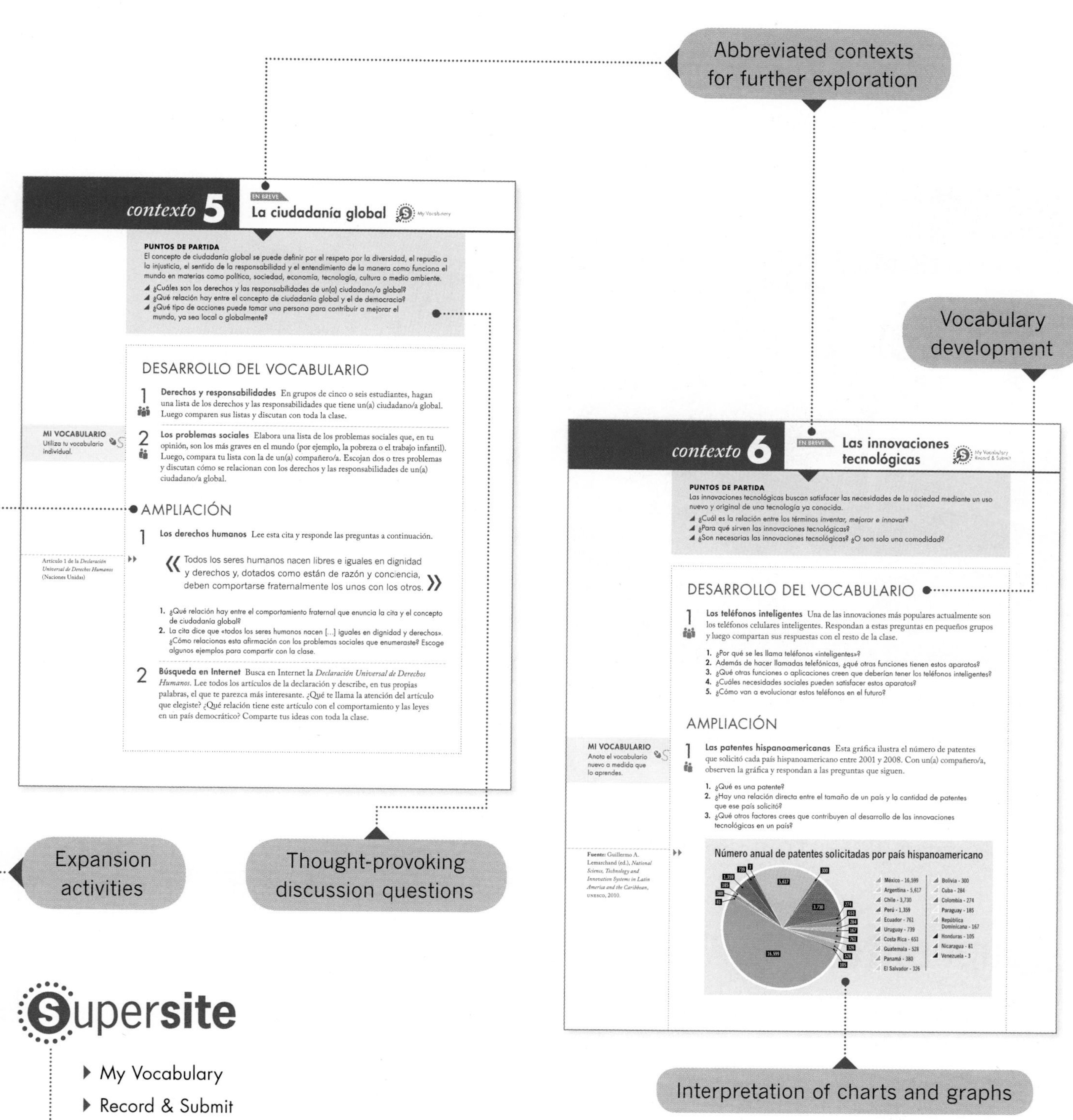

Supersite

- My Vocabulary
- Record & Submit
- Write & Submit

SYNTHESIZE

Authentic short films
cinemateca
Ella o yo
ELLa o yo
BUSCO AMOR
Con Mariana Briski
Javier Lombardo
Agustín Alcoba y
“Coco” la llama
A PRIMERA VISTA
Según la foto, ¿a qué género piensas que pertenece el corto? ¿Es un drama? ¿Una historia de amor?
SOBRE EL CORTO *Ella o yo* es un cortometraje escrito y dirigido por la actriz y directora argentina Bernarda Pagés en 2005. Narra la historia de una familia que inesperadamente se encuentra en una situación inusual. Es un emotivo video sobre la vida familiar, las responsabilidades personales y, en última instancia, sobre el amor. *Ella o yo* ganó el Segundo Premio del Fondo Nacional de las Artes (Argentina) en el año 2006.
Pre- and post-viewing activities

Synthesis of unit content

Apply Essential Questions

integración del tema

ENSAYO DE COMPARACIÓN

A la hora de escribir una comparación hay que tomar una decisión: se puede elogiar los dos términos de la comparación y señalar similitudes, o elogiar uno y criticar el otro. La decisión dependerá del tipo de comparación que estamos haciendo.

Tenemos además opciones en cuanto al esquema de redacción: describir los términos en bloques separados, cada uno en un párrafo diferente, o comparar los términos punto por punto en el mismo párrafo o incluso en la misma oración. Lo importante es elegir el esquema que exprese con más claridad nuestro punto de vista y que sea más adecuado para el tipo de composición.

Tema de composición

Lee de nuevo las preguntas esenciales del tema:

- ¿Cómo se define la familia en distintas sociedades?
- ¿Cómo contribuyen los individuos al bienestar de las comunidades?
- ¿Cuáles son las diferencias en los papeles que asumen las comunidades y las familias en las diferentes sociedades del mundo?

Utilizando las preguntas como base, escribe un ensayo de comparación sobre algún aspecto del tema.

ANTES DE ESCRIBIR

Planea la razón por la que escribirás la comparación y dedica unos minutos a decidir el enfoque del ensayo. Elige el tono: puede ser objetivo o subjetivo. Plantea el tema e indica cuáles serán los términos que vas a relacionar mediante la comparación.

ESCRIBIR EL BORRADOR

Haz dos listas, anotando todas las características que vas a mencionar. Intenta identificar los paralelismos que te servirán para estructurar las comparaciones o los contrastes; elige las analogías que vas a presentar y el esquema del texto.

ESTRATEGIA

Lluvia de ideas
La brevedad y la concisión son el resultado de la revisión continua del texto y la corrección del escrito. El objetivo del borrador es expresar todas las ideas antes de organizarlas.

ESCRIBIR LA VERSIÓN FINAL

Después de corregir tu borrador, escribe la versión final. Recuerda que la introducción y la conclusión deben estar unidas: lo que se expuso al comienzo debe retomarse en la conclusión, bien para resumir o ratificar, o bien para modificar la propuesta de la introducción. Comprueba que eso se cumpla.

Write & Submit essay online

Writing strategies

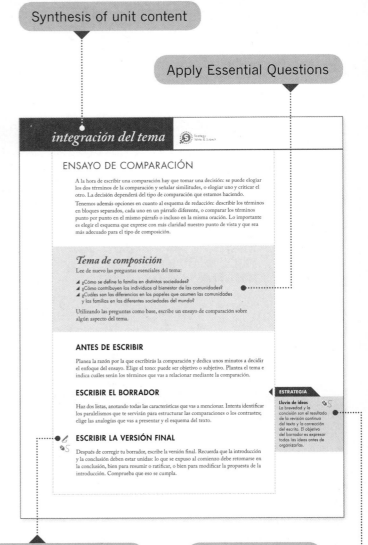

Supersite

- My Vocabulary
- Partner Chat
- Strategy
- Partner Chat
- Video

CONSULT

Resources support oral and written communication

Grammar appendix with explanations and practice activities

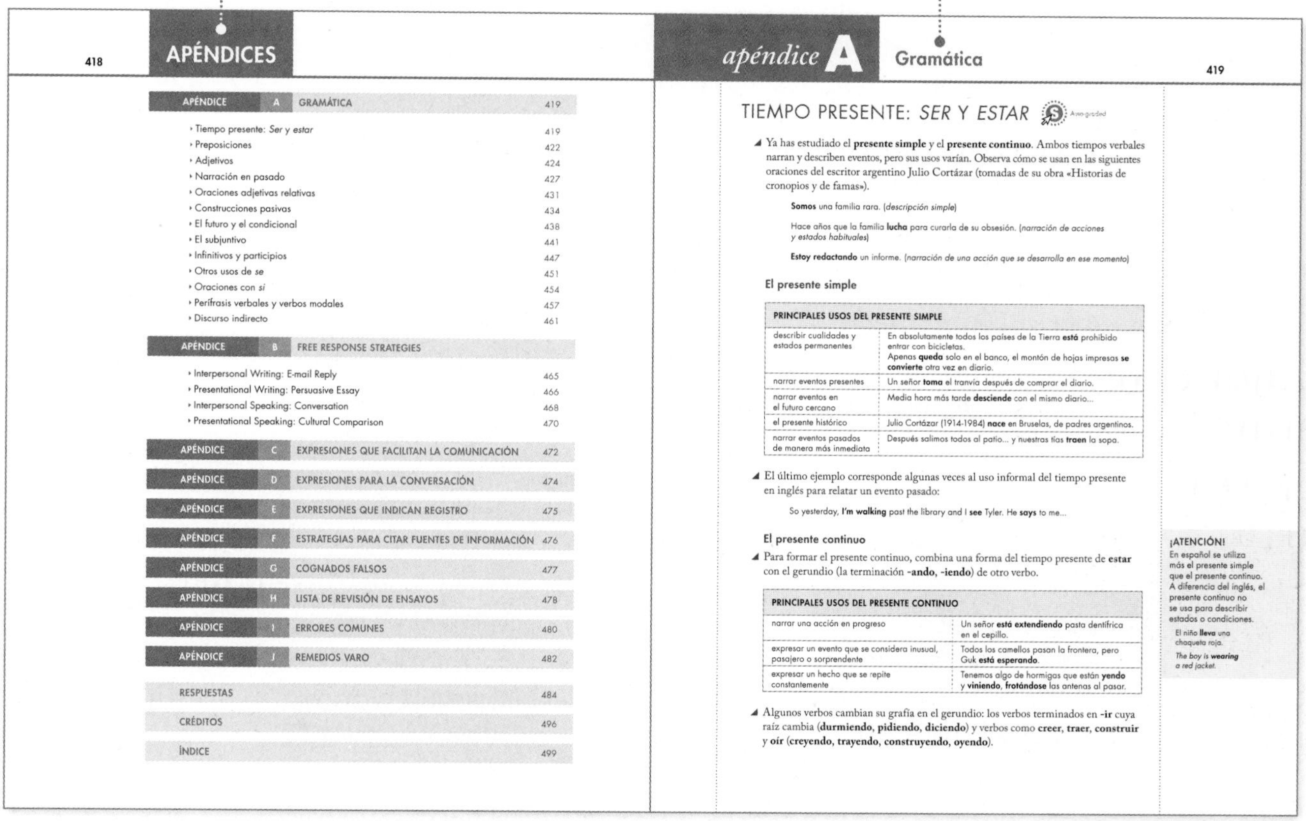

418

APÉNDICES

apéndice A Gramática

419

TIEMPO PRESENTE: *SER Y ESTAR*

Auto-graded

- Ya has estudiado el **presente simple** y el **presente continuo**. Ambos tiempos verbales narran y describen eventos, pero sus usos varían. Observa cómo se usan en las siguientes oraciones del escritor argentino Julio Cortázar (tomadas de su obra «Historias de cronopios y de famas»).

  Somos una familia rara. (*descripción simple*)

  Hace años que la familia **lucha** para curarla de su obsesión. (*narración de acciones y estados habituales*)

  Estoy redactando un informe. (*narración de una acción que se desarrolla en ese momento*)

El presente simple

PRINCIPALES USOS DEL PRESENTE SIMPLE	
describir cualidades y estados permanentes	En absolutamente todos los países de la Tierra **está** prohibido entrar con bicicletas. Apenas **queda** solo en el banco, el montón de hojas impresas **se convierte** otra vez en diario.
narrar eventos presentes	Un señor **toma** el tranvía después de comprar el diario.
narrar eventos en el futuro cercano	Media hora más tarde **desciende** con el mismo diario...
el presente histórico	Julio Cortázar (1914-1984) **nace** en Bruselas, de padres argentinos.
narrar eventos pasados de manera más inmediata	Después salimos todos al patio... y nuestras tías **traen** la sopa.

- El último ejemplo corresponde algunas veces al uso informal del tiempo presente en inglés para relatar un evento pasado:

  So yesterday, **I'm walking** past the library and I **see** Tyler. He **says** to me...

El presente continuo

- Para formar el presente continuo, combina una forma del tiempo presente de **estar** con el gerundio (la terminación **-ando, -iendo**) de otro verbo.

PRINCIPALES USOS DEL PRESENTE CONTINUO	
narrar una acción en progreso	Un señor **está extendiendo** pasta dentífrica en el cepillo.
expresar un evento que se considera inusual, pasajero o sorprendente	Todos los camellos pasan la frontera, pero Guk **está esperando**.
expresar un hecho que se repite constantemente	Tenemos algo de hormigas que están **yendo** y **viniendo**, **frotándose** las antenas al pasar.

- Algunos verbos cambian su grafía en el gerundio: los verbos terminados en **-ir** cuya raíz cambia (**durmiendo, pidiendo, diciendo**) y verbos como **creer, traer, construir** y **oír** (**creyendo, trayendo, construyendo, oyendo**).

¡ATENCIÓN!

En español se utiliza más el presente simple que el presente continuo. A diferencia del inglés, el presente continuo no se usa para describir estados o condiciones.

El niño **lleva** una chaqueta roja.

*The boy is **wearing** a red jacket.*

- Grammar review and practice
- Scoring guidelines

ACKNOWLEDGMENTS

On behalf of its authors and editors, Vista Higher Learning expresses its sincere appreciation to the many instructors who contributed their ideas and suggestions to this project. Their insights and detailed comments were invaluable to us as we created *Temas*. The authors wish to extend a special thank you to **Nadia Rizzi** for her contributions.

Reviewers and Contributors

- **CLARISSA ADAMS FLETCHER**
  Dunwoody High School
  Dunwoody, GA
- **DR. JAMES BEATTY**
  Lindbergh High School
  St. Louis, MO
- **PAM BENTON**
  Pinellas County Hospital Homebound
  Clearwater, FL
- **MARÍA CABRA**
  Ronald W. Reagan/
  Doral Senior High School
  Doral, FL
- **MARK CUTLER**
  Phillips Andover Academy
  Andover, MA
- **GENEVIEVE DELFOSSE**
  Thomas Jefferson High School for
  Science and Technology
  Fairfax County Public Schools
  Alexandria, VA
- **KIMBERLY FOGELSON**
  Dominion High School
  Sterling, VA
- **SUSAN GROSS,** ***retired***
  Harriton High School
  Rosemont, PA
- **DEBORAH HOLMAN**
  Apple Valley High School
  Apple Valley, MN
- **MONICA LEIVA-MOORE**
  Park View High School
  Sterling, VA
- **SOFÍA POLLOCK**
  John Champe High School
  Aldie, VA
- **BRIAN SCOTT**
  Lake Zurich High School
  Lake Zurich, IL
- **CATHY SOUD**
  The Bolles School
  Jacksonville, FL
- **CYNDI TORRICELLI-BACHMANN**
  Buffalo Grove High School
  Buffalo Grove, IL
- **JAN UNDERWOOD**
  Portland Community College
  Portland, OR
- **MICHAEL VERDERAIME**
  Thomas B. Doherty High School
  Colorado Springs, CO
- **SUZETTE WYHS**
  Loudon County Public Schools
  Ashburn, VA
- **BEN ZIMMERMAN**
  Paul Laurence Dunbar High School
  Lexington, KY

TEMAS

AP® Spanish Language and Culture

Tema 1

Las familias y las comunidades

PREGUNTAS ESENCIALES

- ¿Cómo se define la familia en distintas sociedades?
- ¿Cómo contribuyen los individuos al bienestar de las comunidades?
- ¿Cuáles son las diferencias en los papeles que asumen las comunidades y las familias en las diversas sociedades del mundo?

CONTENIDO

▸▸ Plaza Dorrego, San Telmo, Buenos Aires (Argentina)

PUNTOS DE PARTIDA

La educación de la sociedad es el pilar de su desarrollo y del bienestar de sus integrantes. Se despliega en gran variedad de contextos, de manera que el aprendizaje se lleva a cabo tanto en la escuela como fuera de ella.

- ¿Qué tipos de organizaciones, diferentes a la escuela, educan y ayudan a la comunidad?
- ¿Por qué los individuos hacen trabajo voluntario para beneficiar a la comunidad?
- ¿En qué sentido el sistema educativo de una sociedad es el reflejo de su cultura?

DESARROLLO DEL VOCABULARIO

MI VOCABULARIO
Anota el vocabulario nuevo a medida que lo aprendes.

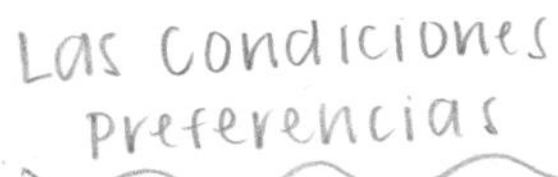

- estudiar con amigos
- tener un horario

1 **¿Cuándo aprendes mejor?** El aprendizaje es un proceso individual. Del siguiente cuadro, elige las cinco frases, en orden de importancia, que mejor describen las condiciones en las que tú aprendes con mayor facilidad. Después, reflexiona sobre cuáles crees que son las condiciones ideales para que el aprendizaje sea eficaz y escribe una lista con tus preferencias.

Aprendo mejor cuando...

asumo un reto	entiendo la importancia del tema	me siento responsable de otros
colaboro con otros	estoy cómodo/a y relajado/a	no estoy muy cómodo/a
compito con otros	estoy interesado/a y motivado/a	otros me animan a ser mejor
confío en mí mismo/a	hay un incentivo externo	puedo ser creativo/a
estoy bajo presión	la actividad es difícil para mí	tengo una experiencia nueva
me divierto	la actividad es fácil para mí	trabajo solo/a

2 **Lecciones importantes** Piensa en una actividad o experiencia extraescolar en la que hayas aprendido lecciones importantes, bien sea en un club, un trabajo, una excursión, o en algún otro lugar o situación. Conversa con un(a) compañero/a sobre estas dos preguntas:

- ¿Qué aprendiste?
- ¿Cómo han influido en tu vida esas lecciones?

3 **Organizaciones comunitarias** En grupos, hagan una lista de organizaciones comunitarias que existen en su escuela o su comunidad, y que trabajan por el bienestar de los ciudadanos. Para cada organización, contesten estas preguntas:

1. ¿Cuál es su objetivo?
2. ¿Cómo contribuye su labor a la sociedad?
3. ¿A quiénes ayuda y cómo lo hace?
4. Mencionen algunos ejemplos de sus proyectos más sobresalientes.

RECURSOS

Consulta la lista de apéndices en la p. 418.

4 **Aportes** De todas las organizaciones que se mencionaron en la Actividad 3, elige la que te parezca más importante. Escribe un párrafo en el que describas la organización y los aportes que hace para mejorar la sociedad. Especifica a qué grupo social beneficia y de qué manera lo hace.

LECTURA 1.1 ▸ TIEMPO DE JUEGO

Auto-graded
My Vocabulary
Strategy
Write & Submit

SOBRE LA LECTURA Las fundaciones son organizaciones no gubernamentales y sin ánimo de lucro que persiguen objetivos de interés general, como la defensa de los derechos humanos, la asistencia social e inclusión social, o propósitos educativos, culturales, deportivos, sanitarios o laborales. Los fines de una fundación deben beneficiar tanto al individuo como a la comunidad.

En esta lectura, tomada de la página web de la fundación Tiempo de Juego, que ayuda a jóvenes colombianos de las afueras de Bogotá, se describe cómo surgió esta fundación, quiénes la dirigen y administran, y cómo hacen para cumplir sus objetivos de educar y ayudar a la comunidad.

ANTES DE LEER

1 **Detalles** Describe los detalles de la foto. Usa las preguntas como guía.

1. Los jugadores
   a. ¿Son profesionales? ¿Son amigos o vecinos?
   b. ¿Cuántos años tienen? ¿Qué llevan puesto? ¿Están en forma?
   c. ¿Parece un juego competitivo entre dos equipos o un entrenamiento?

2. La cancha
   a. ¿Es oficial o improvisada?
   b. ¿Está en un estadio? ¿En un parque público?
   c. ¿Quiénes son las personas que se ven al lado de la cancha? ¿Espectadores? ¿Miembros de los equipos que juegan?

3. El entorno
   a. ¿Cómo son los alrededores de la cancha?
   b. ¿En qué país puede estar este barrio?
   c. ¿Qué nivel de vida llevan las personas que viven allí?

ESTRATEGIA

Buscar indicios
Observa bien la foto para identificar detalles que puedan darte pistas sobre la lectura. Seguramente tendrá que ver con el fútbol, pero, ¿qué más crees que revela esta imagen sobre los jugadores y su comunidad?

2 **Claves para el buen vivir** Los conceptos de la siguiente lista representan cualidades y destrezas importantes para alcanzar el progreso de la sociedad. Algunos se mencionan en la lectura. Para cada uno, decide si suele aprenderse en la escuela, fuera de ella, o en ambos contextos.

la colaboración	la cooperación	la humildad	el liderazgo	el respeto
la comunicación	la creatividad	la iniciativa	la organización	la solidaridad
la convivencia	la empatía	la lectura	la resiliencia	la tolerancia

3  **Situaciones** En grupos, elijan tres cualidades o destrezas de la Actividad 2. Den ejemplos de situaciones concretas en las cuales hayan podido ponerlas en práctica. Luego compartan sus respuestas con la clase.

MI VOCABULARIO
Utiliza tu vocabulario individual. 

PALABRAS CLAVE

apoderarse tomar posesión o control de una cosa o de una situación

aquejar causar daño o sufrimiento físico, emocional o moral

constatar confirmar

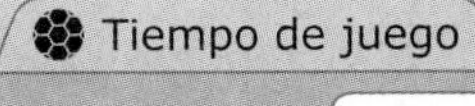

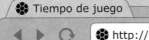

TIEMPO DE JUEGO

Inicio | Fundación | Programas | Prensa | Ponte la camiseta | Galería | Aliados | Contacto

Lo primero fue el fútbol. Un entrenador, un puñado de jóvenes, un balón, una pequeña cancha de asfalto, una rutina que **se apoderó** de los sábados. Luego llegó el uniforme y con él nació oficialmente el Club Independiente Cazucá. Faustino Asprilla y Lucas Jaramillo[1] subieron la loma y jugaron con ellos. Y bajo el influjo de esa camiseta negra con líneas blancas fue aumentando el número de jugadores, de jóvenes y de muchachas que esperaban a que llegara el sábado para escapar transitoriamente de los problemas que los rodeaban (de las pandillas que los asediaban, de las drogas que ya habían atrapado a sus hermanos, de la pobreza que los **aquejaba**) y entregarse al fútbol con alegría y con pasión. Bastó con ver sus sonrisas extendidas, oír sus bromas y sus carcajadas, observar la puntualidad con que llegaban a la cita de los sábados, para que Andrés Wiesner y sus compañeros de la Universidad de la Sabana pudieran **constatar** que los jóvenes de Altos de Cazucá no eran un problema, sino más bien una solución.

[...] Lo que sucedía cada sábado dependía de lo que hicieran los jóvenes de la comunidad. Antes que un programa para ellos, se fue forjando un programa de ellos, y el crecimiento vertiginoso de asistentes, sumado a la limitación de espacios y de medios, no fueron un obstáculo para continuar con las actividades, sino un incentivo para organizarlas mejor. Aquellos jóvenes de Cazucá que llevaban más semanas o tenían mayor liderazgo asumieron el reto de coordinar a los otros. No se trataba de que un aficionado fuera a la comunidad y dirigiera un entrenamiento o un partido de fútbol. Ellos mismos podían hacerlo, ellos mismos lo harían, ellos mismos lo hacen.

Bajo esa premisa nació Tiempo de Juego. [...]

1 Faustino Asprilla y Lucas Jaramillo son dos famosos futbolistas colombianos.

Desde que comenzó a operar como una escuela de fútbol en Altos de Cazucá, Tiempo de Juego adoptó una metodología de fútbol con valores, orientada a promover el aprendizaje de mecanismos y principios de convivencia y a inculcar valores como la solidaridad, el juego limpio, el trabajo en equipo, la equidad de género, la victoria con humildad, la derrota con dignidad, la tolerancia y el respeto a las reglas del juego, entre otros. [...]

De la cancha de fútbol se pasó a una **sede**, en la que se realizan actividades artísticas, talleres de lectura, clases de sistemas, cursos de baile, juegos, programas de capacitación, reuniones, encuentros y eventos. De los **entrenamientos** de los sábados se pasó a una agenda completa con alternativas interesantes desde el lunes hasta el sábado, para ocupar de forma productiva y entretenida las largas horas en las que el vicio solía acompañar al ocio. [...] En fin, de ser un programa informal y de crecimiento espontáneo, se pasó a constituir una fundación con una visión muy sencilla, pero a la vez muy ambiciosa: *hacer realidad los sueños de los niños.*

PALABRAS CLAVE

la sede lugar donde una entidad tiene su domicilio

el entrenamiento práctica, preparación organizada individual o en equipo

DESPUÉS DE LEER

1 Comprensión Elige la mejor respuesta para cada pregunta, según el texto.

1. ¿Cuál es el propósito del artículo?

a. Convencer a los jóvenes de que deben jugar al fútbol
b. Describir la manera como evolucionó el programa
c. Hacer un análisis crítico del programa
d. Resaltar los esfuerzos de futbolistas famosos colombianos

2. ¿Qué afirmación resume mejor el proyecto que describe el artículo?

a. Los jóvenes de Cazucá se reunieron espontáneamente por su pasión por el fútbol y con el tiempo conformaron una escuela que promueve valores.
b. Varios futbolistas famosos decidieron crear una fundación para ayudar a los jóvenes del sector.
c. La Universidad de la Sabana donó una cancha y una sede para que la comunidad conformara una escuela de fútbol.
d. El Club Independiente Cazucá contrató a varios futbolistas famosos para promover la pasión por el fútbol en el barrio.

3. ¿Qué significa la expresión «horas en las que el vicio solía acompañar al ocio» (línea 36)?

a. Horas de inactividad en las que la conducta de los jóvenes no es saludable
b. Horas en las que los jóvenes se hacían compañía
c. Horas productivas y entretenidas de los sábados
d. Las horas de entrenamiento del Club Independiente Cazucá

CONCEPTOS CENTRALES

Propósito del autor Los autores usualmente escriben por razones muy diversas, como persuadir, informar o entretener. Al leer un texto, debemos identificar qué pretende la persona que lo escribió; esto nos ayudará a comprender mejor el mensaje.

4. ¿Cuál de estos componentes contribuyó más al éxito del programa Tiempo de Juego?
   a. Los entrenadores
   b. Los recursos económicos
   c. Los jóvenes
   d. La Universidad de la Sabana

5. ¿Qué afirmación describe mejor la evolución del programa?
   a. El fútbol fue reemplazado por otras actividades más artísticas.
   b. Se fueron añadiendo actividades hasta conformar un calendario completo.
   c. El programa se realizaba solamente los sábados.
   d. El programa creció y empezó a extenderse por el país.

---

2 **Los beneficios de Tiempo de Juego** ¿Qué aspectos del programa beneficiaron a sus participantes y cuáles a los miembros de la comunidad? Haz una lista con tres beneficios para cada grupo.

---

3 **En tu comunidad** En parejas, comenten estas preguntas utilizando las respuestas de la Actividad 2 y los aprendizajes de sus experiencias personales.

1. ¿Qué características comparte la fundación Tiempo de Juego con alguno de los programas de tu comunidad? ¿Qué elementos los distinguen?
2. ¿Cuáles son algunos de los motivos para hacer trabajo voluntario?

RECURSOS
Consulta la lista de apéndices en la p. 418.

4 **Ensayo persuasivo** Usando Tiempo de Juego como modelo, piensa en un programa que podría beneficiar a tu comunidad. Escribe una propuesta en la que intentes persuadir al Ayuntamiento de tu pueblo o ciudad para que apoye el programa, explicando claramente estos puntos:

- Por qué el programa que propones es necesario.
- Cuáles son las condiciones que justifican el desarrollo del programa.
- A quiénes podría beneficiar tu programa y cómo mejoraría tu comunidad con el mismo.
- Cuál es la visión y la misión de tu programa.
- Cuáles son las tres metas más importantes y la manera de lograrlas.

ESTRUCTURAS

Narrar en tiempo pasado

Observa que el autor de Tiempo de Juego usa varios tiempos verbales —como el pretérito y el imperfecto— para expresar distintos matices de acciones y estados pasados.

Vuelve a leer el artículo prestando atención a los tiempos verbales. Subraya los verbos en pretérito y rodea con un círculo los verbos en imperfecto. Después, escribe las palabras que indican cuál es el tiempo verbal apropiado en cada caso.

MODELO Línea 3: *Luego* (Luego llegó el uniforme)
Línea 15: *cada sábado* (Lo que sucedía cada sábado)

RECURSOS
Consulta las explicaciones gramaticales del **Apéndice A**, pp. 427-430.

LECTURA 1.2 ▸ EN ESTO CREO (FRAGMENTO)

SOBRE EL AUTOR El autor mexicano Carlos Fuentes (1928-2012) fue uno de los escritores más importantes del denominado *Boom* latinoamericano[1]. A través de sus obras dramatúrgicas, cuentos, novelas y ensayos, Fuentes reveló la riqueza de la cultura mexicana y compartió sus agudas opiniones políticas con un público internacional. Ganó el prestigioso Premio Cervantes en 1987.

SOBRE LA LECTURA Aunque nunca escribió su autobiografía, Carlos Fuentes publicó *En esto creo* en 2002, una obra considerada por algunos críticos como un trabajo autobiográfico. Esta colección de ensayos sobre temas variados incluye «Educación», un artículo en el que Fuentes comunica su confianza en el papel de la educación como un factor esencial para fortalecer las naciones de América Latina.

ANTES DE LEER

1 **Deducciones** Intenta descifrar el significado de las palabras de la derecha con base en las palabras de la izquierda. Escribe una oración en la que demuestres que entiendes el significado de cada palabra.

crecer	⟷	**crecimiento**	fortalecer	⟷	**fortaleza**
producir	⟷	**productor**	la ciudad	⟷	**ciudadano**
curar	⟷	**curalotodo**	la flor	⟷	**florecer**
saber	⟷	**sabiduría**	conocer	⟷	**conocimiento**
acabar	⟷	**inacabable**	débil	⟷	**debilidad**
enseñar	⟷	**enseñanza**	igual	⟷	**desigualdad**

ESTRATEGIA

Utilizar lo que sabes Cuando encuentras una palabra nueva, busca elementos que te sean familiares: semejanzas con palabras inglesas, prefijos y sufijos, y raíces comunes con otras palabras del español.

2 **La educación** ¿Qué palabras vienen a tu mente cuando piensas en la educación? En grupos de tres, escriban en un organizador gráfico los conceptos que les inspire el término «educación». Luego compartan sus gráficos con los demás grupos y complétenlos con los nuevos conceptos que motive la conversación.

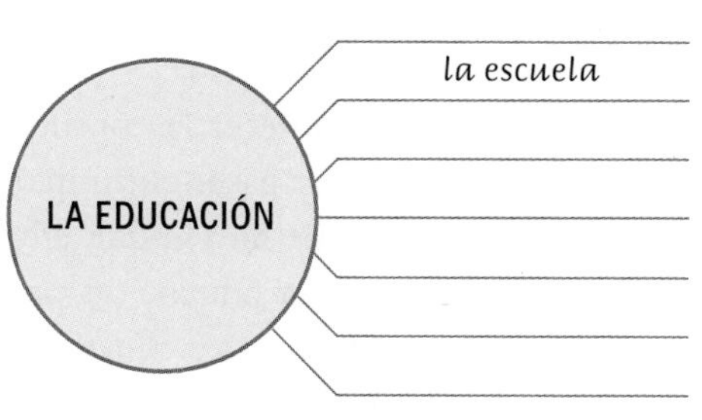

MI VOCABULARIO
Anota el vocabulario nuevo a medida que lo aprendes.

3 **¿De acuerdo?** En parejas, lean las siguientes oraciones y decidan si están de acuerdo con ellas. Defiendan sus opiniones.

1. La educación es el factor más determinante en el desarrollo de un individuo.
2. Cuando todos disponemos de acceso libre a la educación, tenemos las mismas oportunidades para desarrollar nuestras capacidades.
3. Los hijos de una familia pobre tienen mayor dificultad para conseguir una buena educación.
4. Mientras más sube el precio de la educación universitaria, más aumenta la desigualdad entre ricos y pobres.
5. Una persona dispuesta a esforzarse mucho puede conseguir una buena educación en cualquier país que ofrezca educación gratuita.

1 ***Boom* latinoamericano** Grupo de narradores que renovó las letras latinoamericanas en la década de los años sesenta y setenta, con sus novelas experimentales y sus escritos políticos.

EN ESTO CREO

(Fragmento) EDUCACIÓN por **Carlos Fuentes**

PALABRAS CLAVE

sostenerse mantenerse firme; resistir

la informática conjunto de conocimientos científicos relacionados con las computadoras

el magisterio la enseñanza; el conjunto de los maestros

mermado/a disminuido, reducido

trasladar mover o transferir de un uso o lugar a otro

encarnar tomar forma corporal; personificar

LA EDUCACIÓN se ha convertido en la base de la productividad. Entramos al siglo XXI con una evidencia: el crecimiento económico depende de la calidad de la información y ésta de la calidad de la educación. El lugar privilegiado de la modernidad económica lo ocupan los creadores y productores de información, más que de productos materiales. [...]

La base de la desigualdad en América Latina es la exclusión del sistema educativo. La estabilidad política, los logros democráticos y el bienestar económico no **se sostendrán** sin un acceso creciente de la población a la educación. ¿Puede haber desarrollo cuando sólo el 50 por ciento de los latinoamericanos que inician la primaria, la terminan? ¿Puede haberlo cuando un maestro de escuela latinoamericano sólo gana cuatro mil dólares anuales, en tanto que su equivalente alemán o japonés percibe cincuenta mil dólares al año?

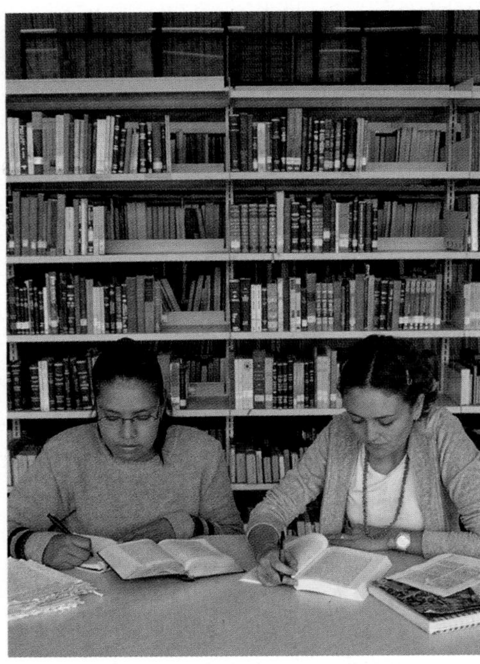

Soluciones. Fortalecer la continuidad educativa, la cadena de pasos que impida los dramáticos vacíos que hoy se dan entre la educación básica y la educación para la tecnología y la **informática**. Fortalecer el **magisterio**. No es posible exigirle al maestro latinoamericano cada vez más labor y más responsabilidad, pero con salarios cada vez más **mermados** y con instrumentos de trabajo cada vez más escasos. El futuro de América Latina se ilumina cada vez que un maestro recibe mejor entrenamiento, mejora su estatus y aumenta su presencia social. Además, en el acelerado pero aún difícil proceso de democratización de nuestros países, el maestro tiene el derecho de todo ciudadano de participar en política, pero también tiene una obligación más exigente de ampliar en la clase el concepto de politización, más allá de la militancia partidista, pero no por la vía de una abdicación o un disimulo, sino mediante la inteligencia de que es en la escuela donde se implanta el concepto de politización, **trasladándolo** del concepto de poder sobre la gente al de poder con la gente. Hoy, la ampliación de la democracia en la escuela consiste en saber qué es el poder; cómo se distribuye entre individuos, grupos y comunidades; cómo se reparten los recursos de países ricos poblados por millones de pobres; y entender que la militancia ciudadana no se limita a los partidos, sino que se puede ejercer, efectivamente y en profundidad, desde la pertenencia a clase social, sexo, barrio, etnia o asociación. [...]

La base para todo ello es consolidar la identificación de nación y cultura. La nación es fuerte si **encarna** en su cultura. Es débil si sólo **enarbola** una ideología. Mi pregunta es ésta: ¿puede la educación ser el puente entre la abundancia cultural y la paucidad política y económica de la América Latina? No, no se trata de darle a la educación el carácter de curalotodo que le dimos a la religión en la Colonia (resignaos), a las constituciones en la independencia (legislad), a los estados de la primera mitad del siglo XX (nacionalizad) o a la empresa en su segunda mitad (privatizad). Se trata, más bien, de darle su posición y sus funciones precisas en el proceso educativo tanto al sector público como al privado, sin **satanizar** ni a uno ni a otro, pero sujetando a ambos a las necesidades sociales del conjunto manifestadas y organizadas por el tercer sector, la sociedad civil.

La sabiduría clásica nos dice que de la diversidad nace la verdadera unidad. La experiencia contemporánea nos dice que el respeto a las diferencias crea la fortaleza de un país, y su negación, la debilidad. La memoria histórica nos confirma, en fin, que el cruce de razas y culturas está en el origen de las grandes naciones modernas. No hay educación latinoamericana que no atienda a las particularidades nacionales y regionales del continente. Podemos confiar en que de nuestra diversidad respetada nacerá una unidad respetable.

> «Creo que la educación debe ser un proyecto público apoyado por el sector privado y dinamizado por el sector social.»

La educación, en todas partes, requiere un proyecto público que la apoye. En su ausencia, la explosión de la demanda puede conducir a un submercado de baja calidad para la población, aunque de alta **rentabilidad** para sus dueños. Defendamos la educación pública. Pero el proyecto público requiere la cooperación del sector privado, que sin un proyecto público acabará marginando a sus posibles consumidores, toda vez que no es concebible en ninguna parte del mundo mayor producción sin mayor educación, ni mejores niveles de vida sin ambos.

Requiere también, me apresuro a añadir, el apoyo del tercer sector, que incluye a buena parte del capital humano del país. A veces, donde la burocracia es ciega, la sociedad civil identifica los problemas de la aldea perdida, de la mujer que es madre y trabajadora, del barrio urbano donde habitan «los olvidados» de Luis Buñuel[1]: la favela, la villa miseria, la ciudad perdida... La **chabola**.

Creo que la educación debe ser un proyecto público apoyado por el sector privado y dinamizado por el sector social. Su base es la educación primaria: que ningún hombre o mujer de dieciséis años o menos se encuentre sin pupitre. Su meta es la educación **vitalicia**: que ningún ciudadano deje jamás de aprender. La enseñanza moderna es un proceso inacabable: mientras más educado sea un ciudadano, más educación seguirá necesitando a lo largo de su vida. Su prueba —la prueba de la educación— es ofrecer conocimientos inseparables del destino del trabajo. Educación artesanal para los **reclamos** de la aldea, del barrio, de la zona aislada. Educación para la salud. Educación para el ahorro. Todo esto nos exige la base social de nuestros países. Y educación, en fin, para la democracia y en la democracia en la nueva latinidad americana. Tenemos que activar las iniciativas ciudadanas, la vida municipal, las soluciones locales a problemas locales, todo ello dentro de un marco legal de división de poderes, elecciones transparentes y fiscalización de las autoridades.

Nadie pierde conocimientos si los comparte.

Las culturas se influencian unas a otras.

Las culturas **perecen** en el aislamiento y florecen en la comunicación. [...]

PALABRAS CLAVE

enarbolar levantar, elevar (especialmente una bandera o una causa)
satanizar representar como diabólico o maligno
la rentabilidad el beneficio económico
la chabola una casa pequeña y de pésima calidad
vitalicio/a que dura toda la vida
el reclamo demanda o petición
perecer morir, sucumbir

1 **Luis Buñuel** (1900-1983) fue un importante director de cine español naturalizado en México. Su película *Los olvidados* (1950) narra la historia trágica de unos niños en un barrio marginal en la Ciudad de México.

DESPUÉS DE LEER

1 **Comprensión** Contesta las preguntas según el ensayo.

1. Según el autor, ¿de qué depende el crecimiento económico?
2. ¿Quiénes ocupan «el lugar privilegiado de la modernidad económica» (líneas 6-7)?
3. ¿Qué porcentaje de latinoamericanos que inician la educación primaria la termina?
4. ¿Cuáles soluciones plantea el autor para mejorar la condición de los maestros?
5. ¿Cómo se debe enseñar la politización en las escuelas? ¿Por qué se debe enseñar?
6. ¿Qué papel puede cumplir la diversidad en el fortalecimiento de un país?
7. ¿Por qué es importante respetar la diversidad?
8. ¿Cuáles son los tres sectores de una sociedad que tienen más influencia en la educación?
9. ¿Cómo deben trabajar juntos estos tres sectores?

ESTRATEGIA

Parafrasear Para evitar malentendidos cuando hablas con una persona, antes de responderle puedes reformular —o parafrasear— lo que crees que ha dicho. Esto te ayudará a mantener una comunicación efectiva. Usa esta estrategia cuando estés trabajando en parejas o en grupos.

2 **Dos naciones** Elabora un par de listas de las dificultades que existen en los sistemas educativos de México y Estados Unidos. Luego compara tus listas con las de un(a) compañero/a y discutan estas preguntas:

1. ¿Cuáles son las dificultades educativas que tienen en común los dos países?
2. ¿Cuáles dificultades educativas son diferentes?
3. ¿Por qué creen que se presentan esas dificultades en cada uno de los dos países?
4. ¿Cómo se reflejan estos problemas en tu escuela o en otra escuela de tu comunidad?

3 **Soluciones y beneficios** En parejas, elaboren una tabla como la siguiente. En la primera columna escriban cinco desafíos o problemas educativos. En la segunda, escriban una solución posible, y en la tercera, un beneficio de la solución.

DESAFÍO	SOLUCIÓN POSIBLE	BENEFICIO
1. *Solo el 50% de los que inician la educación primaria en Latinoamérica la terminan.*	1. *Iniciar un programa comunitario de mentores, en el que los estudiantes mayores ayuden a los menores.*	1. *Al aumentarse el porcentaje de personas educadas en una comunidad, se eleva el nivel de vida y se inicia un ciclo de mejoras.*
2.	2.	2.

MI VOCABULARIO
Utiliza tu vocabulario individual.

4 **Un ensayo** Tu escuela organiza un concurso de ensayos sobre el tema: «¿Cómo podemos mejorar nuestro sistema educativo?». Utilizando la tabla que elaboraste en la Actividad 3, escribe un ensayo en el que expliques cuál es la mejor manera de resolver uno de los desafíos que enfrenta el sistema educativo. Trata de impresionar al jurado con un ensayo claro y convincente.

5 **Una campaña social** Mientras te encuentras de visita en un pueblo de México, observas que la escuela pública tiene pocos recursos para los estudiantes. Sin embargo, hay empresas locales cuyas ganancias son altas. En parejas, escriban la primera página de un blog llamado «Mejoremos nuestras escuelas», con el fin lanzar una campaña para que las empresas ayuden a las escuelas y reconozcan que mediante su aporte ambas partes se beneficiarán.

6

Un mensaje electrónico Recibiste un mensaje electrónico de una compañera de clase que ha decidido abandonar sus estudios para trabajar tiempo completo. Ella explica que su familia necesita dinero y que, aunque no quiere dejar de estudiar, necesita hacerlo para ayudarla.

Escribe un mensaje electrónico para responderle. Debes incluir lo siguiente:

- Recuérdale a tu amiga las ventajas de continuar sus estudios.
- Ayúdala a convencer a sus padres de la importancia de la educación.

ESTRATEGIA

Identificar el registro
Es importante considerar a quién vas a escribir para elegir el lenguaje apropiado. Por ejemplo, ¿vas a usar la forma «tú» o la forma «Ud.» para dirigirte a un(a) amigo/a?

7

Presentación oral Observa la siguiente idea del ensayo de Carlos Fuentes:

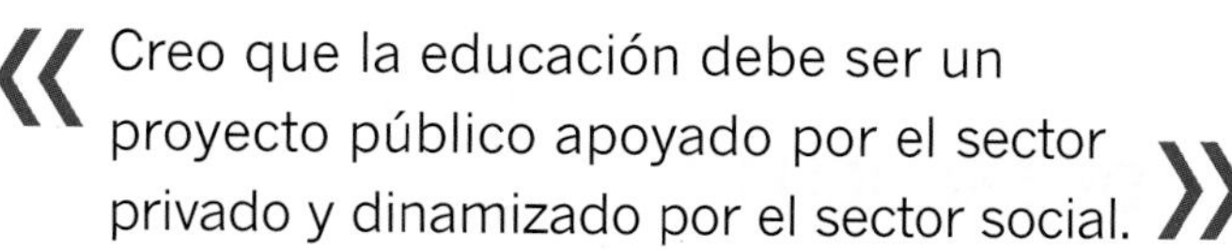

«Creo que la educación debe ser un proyecto público apoyado por el sector privado y dinamizado por el sector social.»

- ¿Estás de acuerdo con el modelo que propone Fuentes? ¿Cómo sería el sistema educativo de una sociedad que decida seguir este modelo?

Comenta ejemplos de las comunidades en las que has vivido y de una región del mundo hispanohablante que te sea familiar. En tu presentación puedes referirte a lo que has estudiado, vivido, observado o leído.

8

Educación y cultura ¿Qué te sugiere este diagrama? Discute las preguntas y el diagrama con toda la clase.

1. Según lo que has estudiado en este contexto, ¿cómo interpretas el diagrama? ¿Qué ideas nuevas te sugiere?
2. ¿De qué manera la educación puede mejorar la vida de un individuo?
3. ¿De qué modo puede mejorar una comunidad y todo un país?

MI VOCABULARIO
Utiliza tu vocabulario individual.

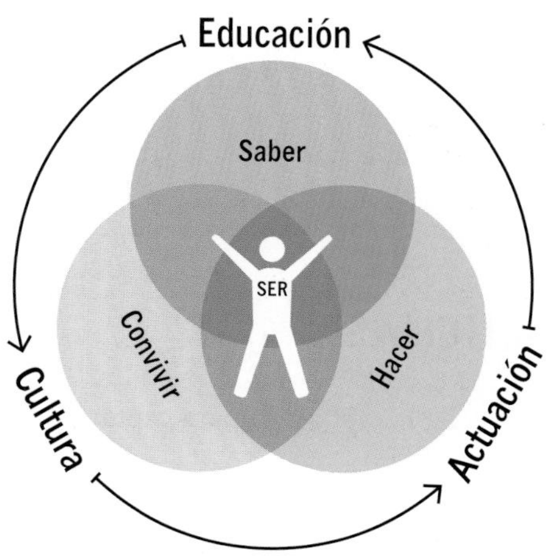

Basado en un esquema del Dr. Pere Marquès

9

En conclusión Basándote en la conversación de la Actividad 8, escribe un párrafo en el que respondas a esta pregunta:

- ¿En qué sentido el sistema educativo de un país es un reflejo de los valores de la nación?

RECURSOS

Consulta la lista de apéndices en la p. 418.

AUDIO ▸ TOCAR Y LUCHAR

PALABRAS CLAVE

concertarse estar de acuerdo, armonizar
sembrar cultivar; dar motivo o principio a algo
empresa acción difícil que requiere decisión y esfuerzo para lograrse
generar crear algo, producir, engendrar

INTRODUCCIÓN Esta grabación es un fragmento del documental *Tocar y luchar*, que trata de un programa de educación musical dirigido a jóvenes en situación de riesgo: El Sistema Nacional de Orquestas y Coros Juveniles e Infantiles de Venezuela. La grabación presenta información sobre este programa y sus metas, en palabras del fundador de El Sistema, el doctor José Antonio Abreu, músico, economista y educador venezolano considerado uno de los íconos culturales de Venezuela. En la grabación se resalta el efecto beneficioso que ha tenido la música en la comunidad, sus jóvenes participantes y la sociedad en general.

ANTES DE ESCUCHAR

1 **Conceptos** Escribe tu interpretación personal de cada uno de estos conceptos. Después, en grupos pequeños, compartan sus respuestas. ¿Qué tienen en común sus interpretaciones? Identifiquen algunas ideas clave.

1. el poder de la música
2. la socialización
3. la solidaridad
4. la armonía

ESTRATEGIA

Predecir Para poder predecir la información más importante de la grabación, lee las preguntas de comprensión de la página 15 antes de escuchar. Apunta las ideas centrales que piensas que contiene la grabación.

2 **Tabla de apuntes** Prepárate para completar una tabla de apuntes mientras escuchas. Utiliza la tabla para organizar las ideas más importantes de la grabación.

IDEAS CENTRALES	APUNTES
una orquesta	
la concertación	
los sentidos que promueve una orquesta	
los elementos sociales de la música	
los puntos de vista de Abreu	

MIENTRAS ESCUCHAS

1 **Escucha una vez** Escucha la grabación para captar las ideas generales.

2 **Escucha de nuevo** Ahora, con base en lo que escuchas, anota en la tabla de apuntes palabras y frases para comentar cada una de las ideas centrales.

DESPUÉS DE ESCUCHAR

1 **Comprensión** En grupos pequeños, contesten estas preguntas teniendo en cuenta la información que recopilaron en sus tablas de apuntes.

1. ¿Cómo describe Abreu la idea de una orquesta y sus características?
2. ¿Cómo explica el concepto de la concertación en una orquesta?
3. Según Abreu, ¿qué sentidos puede afinar una orquesta en sus miembros?
4. ¿Qué valores sociales transmite la música al público?
5. ¿Cuál es la opinión de Abreu sobre el papel que cumple la música en la sociedad?
6. ¿De qué manera cree Abreu que este programa se puede proyectar internacionalmente?

1. Es una comunidad que es la única que tiene la característica esencial.
2. La concertación es la practica del equipo/grupo.

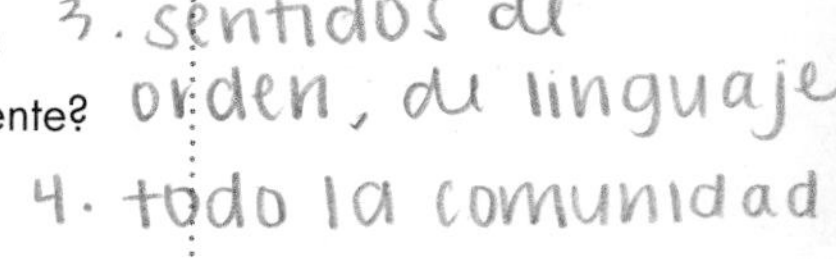

3. sentidos de orden, de linguaje
4. todo la comunidad se sentimientos
5. Es un gran parte de la historia de la ciudad
6. la cultura, religión, arte

2 **Presentación oral** Busca en Internet qué programas existen en Estados Unidos para apoyar a los jóvenes y niños en situación de riesgo. Después de encontrarlos, selecciona alguno sobre el que te gustaría investigar y prepara un informe para la clase. Puedes incluir los siguientes puntos:

- ¿Qué similitudes ves entre el programa de Venezuela y el programa que has analizado? ¿Cuáles son algunas diferencias?
- ¿Quiénes apoyan el programa en Estados Unidos?
- ¿Cuál es el proceso de selección de participantes?
- ¿Por qué son importantes estos programas? ¿Qué efecto han tenido en la sociedad?

MI VOCABULARIO
Utiliza tu vocabulario individual.

3 **Ensayo de reflexión y síntesis** Con base en lo que has estudiado en este contexto, escribe un ensayo sobre este tema: ¿Cómo contribuyen las actividades extraescolares, como las artes y los deportes, al bienestar de la comunidad en general?

El ensayo debe incluir al menos tres párrafos:

1. Un párrafo de introducción que:
   - presente el contexto del ensayo
   - incluya una oración que responda a la pregunta, o tesis del ensayo
2. Un párrafo de explicación que:
   - exponga uno o dos argumentos que apoyen tu tesis
   - dé ejemplos que ilustren tus argumentos
3. Un párrafo de conclusión que:
   - resuma los argumentos que llevan a la tesis
   - vuelva a plantear la tesis con otras palabras

RECURSOS
Consulta la lista de apéndices en la p. 418.

CONEXIONES CULTURALES

Instalación de paneles solares, Chocó, Colombia

Luces para aprender

IMAGINA LO DIFÍCIL QUE TE RESULTARÍA ESTUDIAR SI NO contaras con energía eléctrica: no podrías usar la computadora, leer sin luz natural, ni mirar videos.

En Latinoamérica hay aproximadamente 62.000 escuelas que no tienen este servicio básico. Muchas se encuentran en comunidades indígenas ubicadas en zonas de difícil acceso. Por eso, la Organización de Estados Iberoamericanos puso en marcha el proyecto «Luces para aprender», cuyo objetivo es colocar fuentes de energía renovable, como paneles solares, en todos los centros educativos que se encuentran aislados. Esta iniciativa también contempla la instalación de computadoras con acceso a Internet para reducir la brecha digital que existe entre los habitantes de las zonas rurales y los de las ciudades.

El proyecto, cuyo plan piloto se lanzó en mayo de 2012, ha recibido el respaldo de importantes empresas públicas y privadas, e incluso de varias celebridades españolas, como los cantantes Alejandro Sanz, Ana Torroja o Bebe.

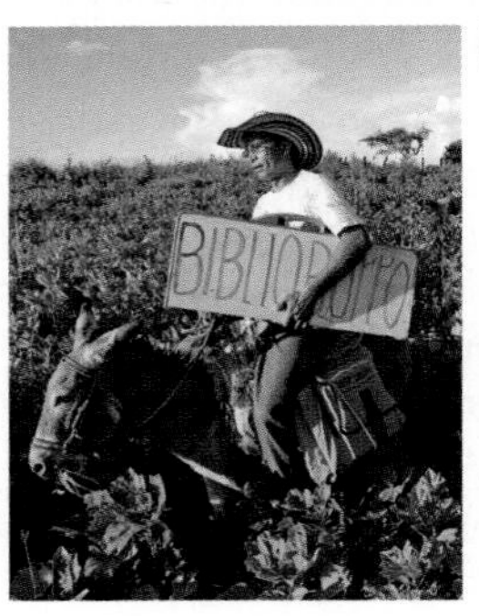

- Generalmente, cuando pensamos en bibliotecas, imaginamos edificios solemnes. Pero no todas son así. De hecho, hay biblioaviones en México, bibliolanchas en Argentina y Chile, bibliobuses en España, ¡y hasta biblioburros en Colombia!
- Muchos niños de Perú abandonaban la escuela porque no lograban relacionar lo aprendido con su realidad. Como solución, la Asociación Pukllasunchis creó programas que integran los contenidos escolares con sus tradiciones indígenas.
- *Colombia Aprende* es un portal virtual del Ministerio de Educación Nacional que, desde 2004, desarrolla contenidos para los docentes, recursos para los estudiantes y sugerencias para realizar actividades de aprendizaje en familia. Gracias a la virtualidad, pueden acceder a este programa no solo los habitantes de zonas urbanas, sino también los de zonas rurales.

Presentación oral: comparación cultural

Prepara una presentación oral sobre este tema:

- ¿Cuáles son las semejanzas y diferencias de las diversas sociedades en sus intentos por educar a toda su población?

Compara las organizaciones e iniciativas educativas de las comunidades en las que has vivido, con las de una región del mundo hispanohablante que te sea familiar.

contexto 2 Las redes sociales

PUNTOS DE PARTIDA

Internet y las redes sociales han originado un nuevo concepto de comunidad. Con esta tecnología estamos conectados con gente conocida y desconocida de todo el mundo, y la información se puede difundir instantáneamente por todos los rincones del globo.

- ¿De qué manera las redes sociales están transformando el mundo?
- ¿Qué conexiones existen entre el uso de las redes sociales y el desarrollo económico, social y político de un país?
- ¿Qué riesgos para nuestra privacidad y seguridad están asociados con las redes sociales?

DESARROLLO DEL VOCABULARIO

MI VOCABULARIO
Anota el vocabulario nuevo a medida que lo aprendes.

1 Cognados De la siguiente lista, selecciona las palabras que consideras cognados verdaderos. Después, escribe una oración con cada una de las palabras que **no** son cognados verdaderos, para demostrar que conoces su significado.

- ☐ chisme
- ☐ clave
- ☐ comentario
- ☐ democracia
- ☐ dicotomía
- ☐ escáner
- ☐ herramienta
- ☐ identidad
- ☐ información
- ☐ línea
- ☐ perfil
- ☐ red
- ☐ seguidor
- ☐ seguridad
- ☐ vigilancia

2 ¿Qué compartes en línea? Piensa en la información que compartes a través de Facebook u otra red social, y contesta las preguntas sobre tus hábitos en línea. Si no usas ninguna red social, contesta según tus hábitos de comunicación por algún otro medio o considera las experiencias de tus amigos o familiares.

1. ¿En cuáles redes sociales tienes cuenta?
2. ¿Cuántos contactos tienes en las redes sociales que usas?
3. ¿Mantienes un perfil abierto que todos pueden ver o está restringido a tus amigos?
4. ¿Qué tipo de información sueles compartir en línea? Puedes seleccionar varias opciones de esta lista.

- ☐ comentarios sobre eventos escolares o sociales
- ☐ opiniones acerca de personas famosas
- ☐ comentarios sobre personas que conozco
- ☐ mensajes personales para mis amigos
- ☐ lugares que visito
- ☐ chismes interesantes
- ☐ comentarios sobre artículos o sitios interesantes
- ☐ saludos amables o cumplidos
- ☐ bromas o comentarios cómicos
- ☐ fotos de mis amigos y de mí
- ☐ opiniones polémicas
- ☐ productos que compro
- ☐ música o videos que me gustan
- ☐ no comparto información en línea

3 Amigos y «amigos» Con un(a) compañero/a, comenta tus respuestas a estas preguntas.

1. En tu opinión, ¿qué es un(a) *amigo/a*?
2. ¿En qué se diferencian los amigos que ves todos los días de los que encuentras en línea?
3. ¿Hay alguna diferencia en la manera como te comunicas con tus amigos más cercanos, con tus compañeros de clase y con tus familiares? Explica tu respuesta.

Auto-graded
My Vocabulary
Partner Chat
Record & Submit
Strategy
Write & Submit

LECTURA 2.1 ▸ FACEBOOK, EL MONSTRUO DE LAS DOS CABEZAS

fuente → source

SOBRE LA LECTURA No hay duda de que la tecnología sigue cambiando la manera en que vivimos. Internet nos ofrece la posibilidad de expresarnos libremente en público para compartir tanto nuestras opiniones más profundas como los detalles más insignificantes de la vida diaria.

Este artículo fue publicado en el periódico colombiano *El Tiempo*. La autora, Melba Escobar de Nogales, explora algunas de las ventajas y desventajas que nos presenta Internet en general y las redes sociales como Facebook. En especial, se aborda el problema del equilibrio entre libertad y seguridad.

ANTES DE LEER

MI VOCABULARIO
Anota el vocabulario nuevo a medida que lo aprendes.

1 **Ventajas y desventajas del mundo digital** Haz una lista de las ventajas y desventajas de comunicarse en línea. Escribe al menos tres oraciones en cada columna. Sigue el modelo.

VENTAJAS	DESVENTAJAS
Puedo compartir mis opiniones con muchas personas.	*A veces recibo comentarios negativos o antipáticos.*

2 **Compara y discute** Compara tu lista de la Actividad 1 con un(a) compañero/a de clase.

1. Discutan las semejanzas y diferencias que encuentren.
2. Si hay algo que no entiendes en la lista de tu compañero/a, pídele que te lo explique.
3. Utiliza ejemplos personales para explicar tus respuestas.

ESTRATEGIA

Analizar los títulos
El título de un texto condensa gran parte de su contenido. En la siguiente página, lee el título y el subtítulo del artículo para deducir el tema central y el punto de vista de la autora.

3 **¿Qué sugiere el título?** Lee el título para encontrar pistas sobre el contenido del artículo. Luego, contesta las preguntas.

1. ¿Qué sugiere el título sobre la perspectiva de la autora?
2. Según el título, deduce qué tipo de información presentará la autora: ¿un análisis objetivo, opiniones personales o un relato de sus propias experiencias?
3. Predice cuál será el mensaje central de la autora y escribe una frase para describirlo.
4. ¿Por qué la autora describe a Facebook como un monstruo de dos cabezas?
5. ¿Estás de acuerdo con el mensaje que sugiere el título? Explica tu respuesta.

4 **Libertad en línea** Con un(a) compañero/a, discutan esta pregunta: ¿Creen que los gobiernos deben controlar a los ciudadanos en el uso de las redes sociales? Sustenten su respuesta.

FACEBOOK
EL MONSTRUO DE LAS DOS CABEZAS

por **Melba Escobar de Nogales**

« La red social puede ser una herramienta de la libertad, pero también de represión. »

SI FACEBOOK fuese un país, sería el tercero más populoso de la tierra, con 900 millones de habitantes. A pesar de este éxito **avasallador**, el invento de Mark Zuckerberg, su fundador, sigue siendo un gran **interrogante**.

La aparición de un capital social que se construye a través de las redes ha contado con el entusiasmo de los medios de comunicación y ha servido para que muchos se sientan en una nueva era del activismo político.

En Colombia, uno de los países con mayor número de usuarios en Facebook, contamos con una marcha masiva organizada en contra de las Farc[1] a través de la red, la más numerosa de la que haya registro en años recientes.

Los indignados[2] también la han usado para convocar a sus simpatizantes y exponer sus ideas. La primavera árabe, la persecución al sanguinario rebelde africano Kony, el repudio al secuestro, son, entre otras tantas, algunas de las nobles causas que se promocionan en la red.

Estas luchas políticas y sociales, a lo largo y ancho del planeta, son reales, tienen lugar en el día a día y justifican el que Zuckerberg haya querido vendernos Facebook como un instrumento para construir un mundo más democrático y participativo.

Sin embargo, a esta tesis no le faltan detractores. Entre ellos se cuenta Evgeny Morozov, quien, procedente de Bielorrusia, publicó en Estados Unidos el libro titulado ***Engaño en la red***, donde expuso que, según Al-Jazeera, los gobernantes de Irán encontraron a los disidentes precisamente a través de Facebook, para luego llevarlos a la cárcel y aislarlos.

Así, como un monstruo de dos cabezas, Facebook se presenta al mismo tiempo como una herramienta para la libertad y la coerción.

Para el sociólogo polaco Zygmunt Bauman, esta tensión está lejos de ser nueva. «La mayor tensión que han vivido las sociedades ha estado siempre entre la libertad y la seguridad», dice.

De igual manera, Facebook nos plantea esa dicotomía: por un lado somos libres de decir lo que queramos, somos visibles y podemos serlo en igualdad de condiciones. Por otro, somos vigilados, comercializados, vendidos como productos.

Según el sociólogo, es el resultado de vivir en una sociedad confesional donde se promueve la autoexposición pública como prueba de existencia social: «**Trino**, luego existo», podría ser el eslogan del hombre moderno, para quien su valor se mide a menudo en el número de amigos virtuales que logra acumular, o en cuántos «Me gusta» obtiene por sus comentarios, imágenes y publicaciones en red.

Así, la lógica de mercados nos ha llevado a ofrecernos para conocer el verdadero valor de nuestra «marca». Para conocerla, es frecuente que los usuarios de Facebook publiquen las fotos de su bebé recién nacido, el viaje de fin de año y también la casa en venta, la canción de Madonna, la cita del Dalai Lama o el video de Shakira en la playa, todo esto con la intención de construir una identidad, casi siempre en una «versión mejorada» de sí mismos.

PALABRAS CLAVE

avasallador/a que domina o se impone

el interrogante duda, pregunta; problema no aclarado

el engaño mentira, falsedad

trinar publicar un comentario en Twitter

1 Fuerzas Armadas Revolucionarias de Colombia

2 Movimiento ciudadano que, por medio de manifestaciones pacíficas, busca promover la democracia y protestar por las injusticias sociales. Surgió en Europa y luego se extendió por otras partes del mundo. En Estados Unidos se conoce como el movimiento *Occupy*.

PALABRAS CLAVE

el/la aliado/a una entidad (persona o país) que se une con otra para alcanzar objetivos comunes

el perfil rasgos y datos personales que se registran en una cuenta

rastrear seguir el rastro o las huellas; vigilar

el dispositivo aparato o mecanismo que tiene una función específica

el/la ermitaño/a persona que prefiere vivir en soledad, apartada de la sociedad

Por otra parte, el activismo político de Facebook es un activismo sin dientes. Detrás de este apoyo a las nobles causas a menudo está más presente el deseo de construir una identidad basada en la identificación con la solidaridad y la compasión que la compasión misma. Se trata, ante todo, de salir en la foto agitando la bandera más que de luchar por la causa.

Por su parte, el sociólogo inglés David Lyon considera que estamos ante la sociedad de la vigilancia, de la cual Facebook es un fuerte **aliado**.

Ya parece difícil recordar cómo empezó esta escalada de vigilancia. De los escáneres en los aeropuertos a las cámaras de seguridad, pasando por los vigilantes, los chips, las claves, las redes sociales, nuestro **perfil** circulando en el sistema, los teléfonos inteligentes, que a un solo clic nos permiten saber en qué están nuestros «amigos». El chat, el PIN y los GPS son instrumentos que ya van más allá de la tecnología para adentrarnos en una cultura de la vigilancia de la que inevitablemente hacemos parte.

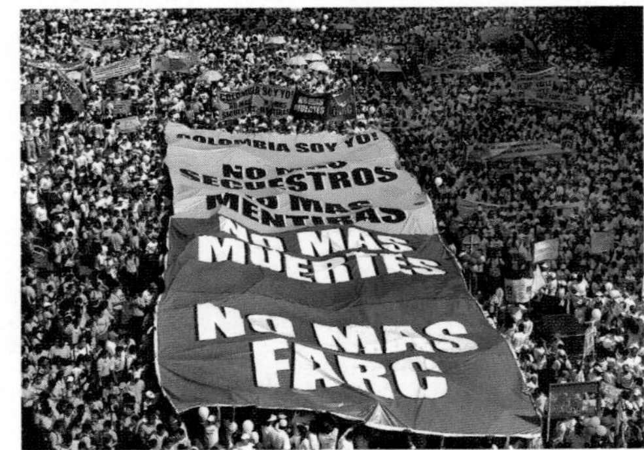

Protesta contra las FARC. Cali, Colombia

Podemos no estar de acuerdo, pero nos hemos ido acostumbrando a ser escaneados, a abrir el bolso a la entrada de los centros comerciales, a dar el nombre en la entrada de cualquier edificio, a dejar una documentación para entrar a una oficina, a mandar el número de la placa cuando nos subimos en un taxi, en fin: a vigilar al tiempo que somos vigilados.

Esto, sin mencionar que hoy en día los teléfonos inteligentes cuentan con un localizador capaz de identificar en dónde nos encontramos, mientras **rastrean** nuestros movimientos y nuestras acciones.

Si bien esta nueva forma de tabular la vida humana en algoritmos les permite a estudiosos de distintas disciplinas analizar toda clase de variables sociales, como las tendencias en las migraciones de un país a otro, por ejemplo, o la actividad promedio en las redes sociales a través de **dispositivos** telefónicos, también es cierto que estamos ante un nuevo capítulo en la historia de la vida privada de los individuos.

Y claro, al mismo tiempo es cierto que estamos más conectados que antes, que hay quienes ahora se pueden hacer escuchar gracias a la tecnología, y que una que otra noble causa ha logrado difundirse y conseguir resultados por cuenta de Facebook e incluso de Twitter.

Estamos, como dice Bauman, entre la libertad y la vigilancia. Quizá dependa de nosotros hacia qué lado se inclina la balanza. Lo cierto es que para ser un **ermitaño** en el siglo XXI no hace falta irse a vivir a una cabaña en el bosque. Basta con no tener Internet para estar en otro mundo. ◣

DESPUÉS DE LEER

1 Completar Completa las oraciones con una de las Palabras clave de las páginas 19-20.

1. No es conveniente incluir mucha información personal en un ____________ público.
2. La Policía puede ____________ actividades fraudulentas en la red.
3. Cada vez más personas usan ____________ móviles para revisar su correo electrónico.
4. Luis casi no sale de su casa ni se comunica con nadie. Parece un ____________.
5. Las redes sociales han sido buenos ____________ de las causas sociales.

Comprensión Antes de leer hiciste predicciones acerca del mensaje central y la perspectiva de la autora, según el título. Ahora, elige la mejor respuesta para cada pregunta, según el artículo.

1. ¿Qué tipo de información presenta la autora?
   a. Un argumento a favor de Facebook y su papel en la democratización del mundo
   b. Una condena a Facebook y a la muerte de la privacidad
   c. Un análisis más o menos equilibrado de dos aspectos opuestos de Facebook
   d. Un relato de sus experiencias personales

2. ¿Cuál es el propósito de la autora al escribir este artículo?
   a. Persuadir a los lectores para que compartan su punto de vista.
   b. Comparar y contrastar dos aspectos diferentes del tema.
   c. Presentar información objetiva sobre Facebook y su uso.
   d. Ofrecer soluciones a los problemas que presentan las redes sociales.

3. ¿A qué se refiere la frase «activismo sin dientes»? (línea 74)
   a. Muchos activistas se pueden expresar libremente en Facebook aunque no tengan ideas ni metas claras.
   b. Muchas personas se identifican con causas presentadas en línea solo para aparentar, pero en la vida real no hacen nada.
   c. Algunos gobiernos han usado Facebook para encontrar disidentes y llevarlos a la cárcel.
   d. La gente suele publicar muchas cosas insignificantes en su muro.

4. ¿Cuál es una *ventaja* de la nueva cultura de vigilancia?
   a. Ahora ya nadie tiene que vivir como un ermitaño.
   b. Facebook ayuda a los gobernantes a encontrar disidentes o criminales.
   c. Estamos acostumbrándonos a las cámaras de seguridad, a ser escaneados en los aeropuertos, a mostrar documentación al entrar a un edificio, etc.
   d. Podemos estudiar ciertas tendencias y variables sociales al rastrear las actividades de la gente en las redes sociales.

5. ¿Cuál de las siguientes afirmaciones resume mejor la idea central del artículo?
   a. Deberíamos tener miedo de ser vigilados, tanto por los gobiernos como por las corporaciones.
   b. Todos estamos conectados y podemos hacernos escuchar a través de las redes sociales.
   c. Estamos en una nueva época de la vida privada de los individuos, y esta situación tiene aspectos positivos y negativos.
   d. Es importante que los gobiernos ejerzan mayor vigilancia y coerción sobre la manera como los ciudadanos usan las redes sociales.

CONCEPTOS CENTRALES

La idea principal
Para lograr una comprensión global del texto es importante identificar su idea principal. El título y algunas palabras clave a lo largo del escrito te pueden ayudar a deducir cuál es la idea principal. El párrafo introductorio y el párrafo final también te pueden dar buenas pistas.

3

Evalúa el artículo Contesta las preguntas para expresar tus opiniones sobre el artículo y su autora. Luego comparte tus respuestas con un(a) compañero/a.

1. ¿Estás de acuerdo con lo que plantea el artículo?
2. ¿Te parece que Escobar de Nogales es una autora creíble?
3. ¿Te parecen justos y lógicos los argumentos que ella presenta?
4. ¿Crees que es parcial o imparcial en sus opiniones sobre las redes sociales?
5. En general, ¿te gustó el artículo? Explica por qué.

4 **Explica las citas** Las siguientes citas provienen del artículo. En parejas, expliquen lo que quiere decir la autora en cada una. ¿Están de acuerdo? Discutan sus opiniones.

1. «Somos libres de decir lo que queramos, somos visibles y podemos serlo en igualdad de condiciones». (líneas 48-50)
2. «'Trino, luego existo', podría ser el eslogan del hombre moderno». (líneas 56-57)
3. «Detrás de este apoyo a las nobles causas a menudo está más presente el deseo de construir una identidad basada en la identificación con la solidaridad y la compasión que la compasión misma». (líneas 74-79)
4. «Estamos, como dice Bauman, entre la libertad y la vigilancia». (líneas 127-128)
5. «Quizá dependa de nosotros hacia qué lado se inclina la balanza». (líneas 128-129)
6. «Basta con no tener Internet para estar en otro mundo». (líneas 132-133)

MI VOCABULARIO
Utiliza tu vocabulario individual.

5 **Responde al comentario** Lee el siguiente comentario sobre el artículo. ¿Estás de acuerdo con la opinión expresada? Escribe una respuesta de cien palabras o más.

Comentarios:
Preocuparse por la privacidad es una pérdida de tiempo. Los que no se sienten cómodos con Facebook deberían cancelar su cuenta. ¿Qué tienen para esconder? ¡Mejor deberían actuar de manera que no les dé vergüenza!
Responder:

6 **Exploración de temas** Investiga y reflexiona sobre uno de estos temas. Escribe una lista de cinco preguntas relacionadas con el tema escogido y utilízala para entrevistar a varios de tus compañeros. Anota sus respuestas.

1. las influencias positivas y negativas de las redes sociales sobre el activismo político
2. la capacidad de Facebook para promover un mundo más democrático y participativo
3. la identidad virtual y la identidad verdadera
4. la creación de una identidad mejorada
5. la identidad privada y la identidad pública
6. la tensión entre libertad y represión en línea
7. la participación en grupo para crear una cultura de vigilancia
8. el inicio de un nuevo capítulo de la vida privada de los seres humanos

7 **Presentación oral** De acuerdo con las respuestas que obtuviste en la encuesta de la Actividad 6, prepara una presentación oral para exponer las diferentes opiniones de tus compañeros. ¿En qué coinciden y en qué discrepan? ¿Por qué se presenta esta diversidad de opiniones? Termina tu presentación con una conclusión personal.

RECURSOS
Consulta la lista de apéndices en la p. 418.

8 **¿Ha muerto la privacidad?** Hay mucho debate sobre el tema de la privacidad: existe, no existe, Internet o Facebook nos la robaron, los usuarios renunciaron a ella... ¿Qué piensas tú? Escribe un análisis sobre este tema. Presenta una tesis y defiéndela con argumentación lógica, basada en la información del artículo y en tus experiencias personales.

LECTURA 2.2 ▸ CENTROAMÉRICA Y LAS REDES SOCIALES

Auto-graded
My Vocabulary
Record & Submit
Strategy
Write & Submit

SOBRE LA LECTURA La información que se presenta a continuación proviene del *Estudio de las redes sociales en Centroamérica*, publicado por iLifebelt, una empresa especializada en mercadotecnia en línea. Su propósito es presentar datos sobre la penetración y el uso de las redes sociales en Centroamérica, para ayudar a las empresas a identificar su creciente importancia y a desarrollar estrategias de mercadeo en estos medios.

ANTES DE LEER

1 **¿A quién le interesan?** Conversa con un(a) compañero/a para responder a estas preguntas.

1. ¿A ti te gusta usar Facebook? ¿Por qué?
2. ¿A qué tipo de persona le interesan las redes sociales? ¿Les interesan a todas?
3. En tu opinión, ¿a quiénes no les interesa Facebook y por qué?
4. ¿Crees que vale la pena que una persona que no tiene computadora en casa abra una cuenta en Facebook?
5. ¿Crees que una persona que vive en un área rural con poco acceso a Internet estaría interesada en usar Facebook? ¿Por qué?

2 **Centroamérica** Con un/a compañero(a), revisen lo que saben acerca de la economía en Centroamérica. Consideren estas preguntas.

1. En general, ¿cómo es la economía de los países centroamericanos?
2. ¿Cuáles de esos países tienen una mejor situación económica?
3. ¿Creen que la situación económica de los países influye en el acceso de sus habitantes a computadoras y a Internet? ¿Por qué?

3 **Los títulos** Observa los títulos de los gráficos 1 y 2 en las siguientes páginas para contestar estas preguntas.

1. ¿De qué se trata la información en estos dos gráficos?
2. ¿Cuándo se recopiló la información y quién lo hizo?
3. ¿Qué información presenta el eje horizontal?
4. ¿Qué mide el eje vertical?
5. ¿Qué significa la frase «penetración de Facebook»? (gráfico 2)

ESTRATEGIA

Interpretar gráficos, tablas y estadísticas Esta es una habilidad esencial, dada la abundancia de información disponible hoy en día. Para identificar e interpretar los datos que se presentan, resulta útil leer el título, la leyenda y la fuente de los datos.

4 **Un vistazo preliminar** Observa el gráfico 3 en la página 25 e identifica la información general que presenta. Luego, contesta estas preguntas.

1. ¿De qué se trata la información?
2. ¿Cuándo se recopiló la información y quién lo hizo?
3. ¿Qué países se incluyen en el gráfico?
4. ¿Qué información se presenta para cada país?
5. ¿Qué representan las áreas en azul y las áreas sombreadas?

PALABRAS CLAVE

el/la internauta usuario/a de Internet

recopilar recoger, reunir, especialmente información o datos

destacar sobresalir; ser notable o extraordinario

el istmo área estrecha de tierra que conecta un continente con otro

sumamente en gran medida

CENTROAMÉRICA
Y LAS REDES SOCIALES

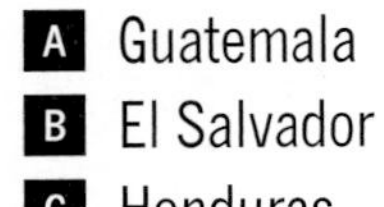

A Guatemala
B El Salvador
C Honduras
D Nicaragua
E Costa Rica
F Panamá

Gráfico n.º 1
Interés en las redes sociales

Porcentaje de **internautas** que se conectan para visitar una red social, 2011

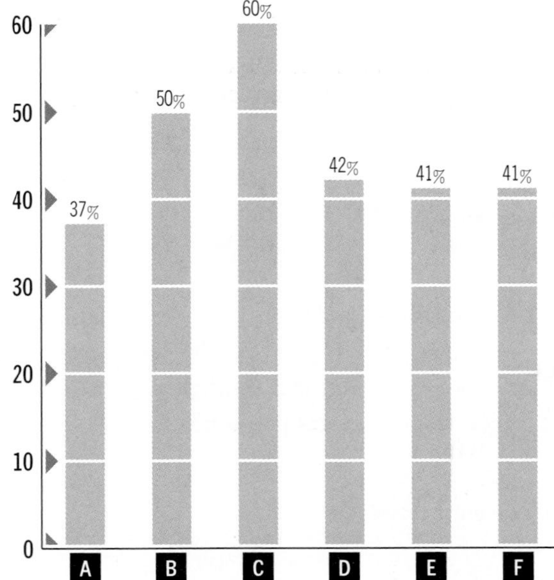

Fuente: Datos **recopilados** por iLifebelt

EN GENERAL los centroamericanos están bastante interesados por las redes sociales. **Destaca** Honduras en donde, según esta gráfica, 60% de quienes se conectan a Internet tienen el objetivo de visitar una red social.

Gráfico n.º 2

Densidad de Facebook

Porcentaje de penetración de Facebook con respecto a la población de cada país, enero de 2012

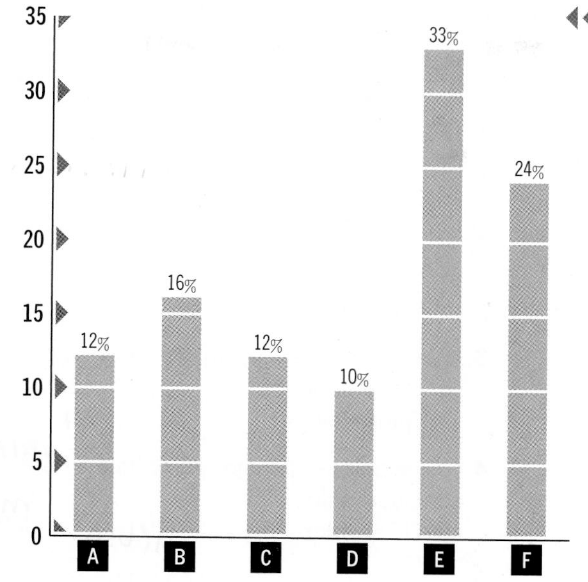

Fuente: Datos recopilados por iLifebelt

COSTA RICA y Panamá son los países con mayor penetración de Facebook, un dato bastante coherente en función del desarrollo socioeconómico de estos países con respecto al resto del **istmo.**

Gráfico n.º 3

Número de cuentas en Facebook[1]

Población por país, enero de 2012

Fuente: Datos recopilados por iLifebelt

GUATEMALA	1'740.720	14'713.763
EL SALVADOR	1'257.520	6'226.000
HONDURAS	1'068.100	8'215.313
NICARAGUA	663.500	5'896.000
COSTA RICA	1'638.420	4'576.562
PANAMÁ	894.820	3'562.000

SI HOY en día Facebook y las otras redes sociales son medios de discusión importante, ¿qué pasará cuando los porcentajes de penetración de estos medios lleguen a ser más significativos? Lo anterior es una alerta para analizar a mayor profundidad el impacto de las redes sociales porque, como hemos observado, con tan poca penetración ya se han convertido en difusores **sumamente** potentes de causas sociales y comerciales.

1 El área sombreada no indica la distribución geográfica, sino el porcentaje de la población que usa Facebook en cada país.

DESPUÉS DE LEER

1 **Comprensión** Según los gráficos, elige la mejor respuesta para cada pregunta.

1. ¿Cuál es el país con más cuentas en Facebook?
   a. Costa Rica c. Honduras
   b. Guatemala d. Panamá
2. ¿Cuál es el país con menos cuentas en Facebook?
   a. Nicaragua c. Honduras
   b. El Salvador d. Panamá
3. ¿Qué país tiene mayor porcentaje de población con cuentas en Facebook?
   a. El Salvador c. Costa Rica
   b. Guatemala d. Honduras
4. ¿Qué país tiene menor porcentaje de población con cuentas en Facebook?
   a. Guatemala c. Panamá
   b. El Salvador d. Nicaragua
5. ¿Qué país tiene mayor porcentaje de internautas que se conectan principalmente para usar una red social?
   a. Panamá c. Costa Rica
   b. Guatemala d. Honduras

2 **En El Salvador...** Busca la información siguiente en los gráficos para El Salvador. Si no está disponible, escribe **ND**.

1. población
2. número total de internautas
3. porcentaje de hogares con acceso a Internet
4. porcentaje de la población que usa Facebook
5. número total de usuarios de Facebook
6. porcentaje de la población que usa Internet
7. porcentaje de internautas que se conectan a Internet principalmente para usar redes sociales.

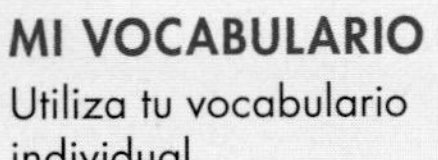

MI VOCABULARIO
Utiliza tu vocabulario individual.

3 **Tu opinión** Conversa con un(a) compañero/a para contestar estas preguntas.

1. Con respecto a la popularidad de las redes sociales, ¿cuál de los países centroamericanos se parece más al estado donde tú vives?
2. ¿Crees que los gráficos presentan información útil y de manera clara? ¿Hay otro modo de presentar la misma información con más claridad?
3. En el gráfico 3 se plantea la pregunta: «¿Qué pasará cuando los porcentajes de penetración de estos medios lleguen a ser más significativos?». ¿Cómo responderías tú a esta pregunta?

4 **Análisis** En grupos pequeños, elijan uno de los países para analizarlo según los datos que se presentan en los tres gráficos observados. Sigan este esquema:

- Establezcan las diferencias con los demás países de la región.
- Indiquen las implicaciones que tienen dichas diferencias.
- Presenten una hipótesis y algunas conclusiones sobre las diferencias observadas.

5

Una causa social Según los autores de *Centroamérica y las redes sociales*, las redes sociales «ya se han convertido en difusores sumamente potentes de causas sociales y comerciales». Investiga sobre una causa social centroamericana (o de cualquier otra región hispanohablante) que se haya difundido en Internet y explica en un breve ensayo cómo dicha causa se benefició por haber sido fomentada en las redes sociales.

6

Presentación oral Investiga sobre una causa social en tu estado o país que se haya favorecido por la promoción en las redes sociales. Compara esa situación con la que describiste en el ensayo de la Actividad 5 y expón los resultados de tu comparación en una presentación oral. Puedes hacer referencia a estos aspectos:

- las semejanzas y diferencias en ambos procesos
- la respuesta de la comunidad
- la posición del gobierno local o nacional ante la campaña
- el resultado final o la situación actual de la campaña

Si es posible, muestra gráficos estadísticos o mapas como los incluidos en las páginas 24-25 para sustentar tu presentación.

7

Un mensaje electrónico Tu clase de español se ha conectado con un grupo de estudiantes de Nicaragua para escribirse y practicar el idioma. Una de tus amigas nicaragüenses te ha escrito un mensaje electrónico para pedirte consejos en relación con una red social. Responde su mensaje según tus propias experiencias y lo que has aprendido durante este contexto.

RECURSOS
Consulta la lista de apéndices en la p. 418.

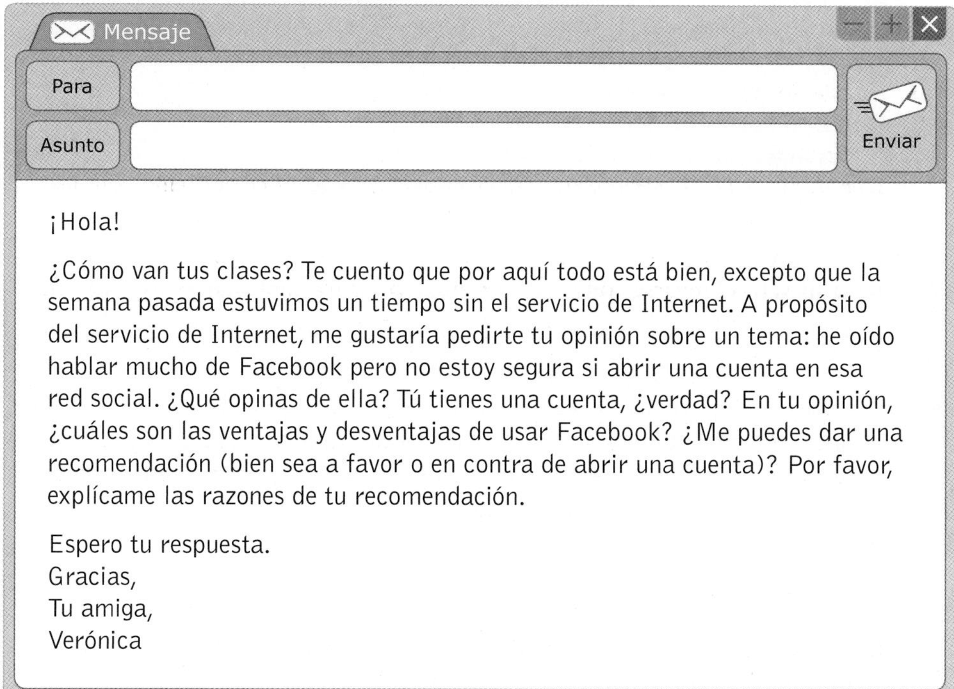

¡Hola!

¿Cómo van tus clases? Te cuento que por aquí todo está bien, excepto que la semana pasada estuvimos un tiempo sin el servicio de Internet. A propósito del servicio de Internet, me gustaría pedirte tu opinión sobre un tema: he oído hablar mucho de Facebook pero no estoy segura si abrir una cuenta en esa red social. ¿Qué opinas de ella? Tú tienes una cuenta, ¿verdad? En tu opinión, ¿cuáles son las ventajas y desventajas de usar Facebook? ¿Me puedes dar una recomendación (bien sea a favor o en contra de abrir una cuenta)? Por favor, explícame las razones de tu recomendación.

Espero tu respuesta.
Gracias,
Tu amiga,
Verónica

AUDIO ▸ JÓVENES Y USO DE LAS REDES SOCIALES

PALABRAS CLAVE

el/la chaval(a) niño/a o joven

abrir el terreno compartir, confiar

penal perteneciente a las leyes destinadas a perseguir crímenes o delitos

el acoso molestia, persecución y maltrato hacia una persona

la herramienta instrumento, elemento útil

INTRODUCCIÓN Este audio es una entrevista tomada del programa *En días como hoy*, de RNE (Radio Nacional de España), presentado por Carlos Garrido. El presidente de la ONG Protégeles, Guillermo Cánovas, describe el uso de las redes sociales por parte de los jóvenes, y sus consecuencias.

ANTES DE ESCUCHAR

1 Completar Completa las oraciones con alguna de las Palabras clave.

1. Considero que Internet es una __________ indispensable en mi educación.
2. Se ha detectado mucho __________ escolar a través de las redes sociales.
3. Las acciones en Internet también pueden ser castigadas por el código __________.
4. Los __________ de hoy en día tienen conocimientos muy avanzados en tecnología.

2 Encuesta Lee cada enunciado y señala si estás de acuerdo o en desacuerdo.

	De acuerdo	En desacuerdo
1. Internet es una herramienta imprescindible en la vida de los jóvenes de hoy.	☐	☐
2. Las redes sociales son necesarias para el desarrollo de los adolescentes.	☐	☐
3. Los chavales menores de catorce años saben utilizar Internet adecuadamente.	☐	☐
4. Los padres suelen educar a sus hijos sobre el uso de las redes sociales.	☐	☐
5. El acoso ha aumentado debido a las redes sociales.	☐	☐

ESTRATEGIA

Usar lo que sabes La aplicación de tus conocimientos previos te ayuda a entender mejor el contenido de un mensaje, sea escrito u oral. Usa lo que sabes sobre Internet, las redes sociales y los riesgos que presentan para los menores de edad, con el fin de predecir el contenido de la entrevista.

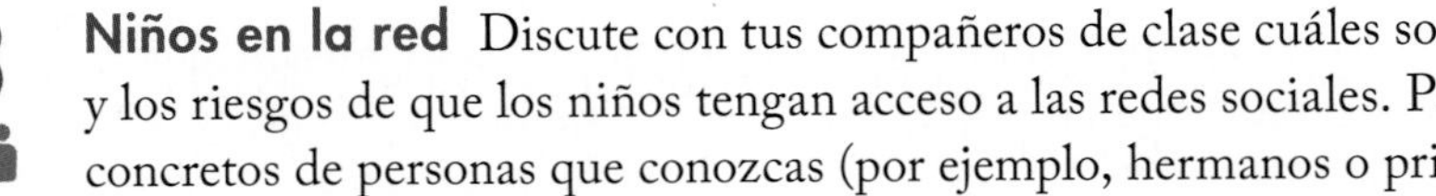

3 Niños en la red Discute con tus compañeros de clase cuáles son los beneficios y los riesgos de que los niños tengan acceso a las redes sociales. Presenta ejemplos concretos de personas que conozcas (por ejemplo, hermanos o primos menores).

4 Riesgos De acuerdo con tus conocimientos previos y con la discusión de la Actividad 3, elabora una lista de los riesgos que el uso de Internet y las redes sociales puede implicar para los adolescentes.

MIENTRAS ESCUCHAS

1 Escucha una vez Escucha la grabación para captar las ideas generales. Fíjate si se mencionan algunos de los temas que anotaste en la actividad anterior.

2 Escucha de nuevo Ahora escucha la grabación otra vez y completa tu lista con nuevas ideas sobre el tema.

DESPUÉS DE ESCUCHAR

1 **Comprensión** Elige la mejor respuesta para cada pregunta, según la entrevista.

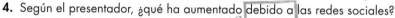

1. ¿Cuál es el objetivo de la entrevista?
   a. Determinar si las redes sociales son útiles para los menores.
   b. Determinar si los menores están protegidos en Internet.
   c. Determinar cuántos usuarios menores utilizan las redes sociales.
   d. Analizar cuánto saben los padres acerca de Internet.
2. ¿Quién se encarga de que los jóvenes estén protegidos en la red?
   a. Los padres
   b. Los maestros
   c. Ellos mismos
   d. Las redes sociales
3. ¿Qué recomendaciones da Guillermo Cánovas para que los adolescentes utilicen la red adecuadamente?
   a. Que se les enseñe en las escuelas acerca de los peligros de la red.
   b. Que conozcan los valores, los límites y la legislación.
   c. Que los padres tomen clases de informática para poder educar mejor a sus hijos en este campo.
   d. Que solo utilicen la red para asuntos académicos.
4. Según el presentador, ¿qué ha aumentado debido a las redes sociales?
   a. La sociabilidad
   b. Los casos de acoso
   c. La información académica a la que los niños tienen acceso
   d. Los casos de patologías mentales
5. ¿Qué demuestran las operaciones de Policía y de Guardia Civil, según el entrevistado?
   a. Que Internet no es una herramienta anónima.
   b. Que Internet no es una herramienta apropiada para los menores.
   c. Que los menores tienen responsabilidad penal sobre lo que hacen en la red.
   d. Que hay mucho acoso de jóvenes a jóvenes.

CONCEPTOS CENTRALES

El objetivo de una entrevista
Usualmente, antes de iniciar una entrevista el locutor anuncia cuál es el objetivo de la misma. Presta atención a expresiones como «nuestro invitado nos contará sobre...» o «estamos con el señor Martínez para...».

2 **Comparaciones** En parejas, comparen las listas de los riesgos de Internet y las redes sociales que prepararon previamente. ¿Qué tienen las listas en común? ¿En qué discrepan? ¿Cambiarían algo de sus listas después de haber escuchado la entrevista?

MI VOCABULARIO
Utiliza tu vocabulario individual.

3 **Presentación oral** En una presentación oral de dos minutos, contesta esta pregunta: ¿Deben los menores de catorce años utilizar las redes sociales?

Incluye los siguientes aspectos en tu presentación:

- Expresa tu posición sobre el tema (esta será tu tesis).
- Selecciona fragmentos del audio y de las actividades de Antes de escuchar que corroboran tu tesis.
- Expresa tus propias razones o ideas (puedes citar experiencias personales o de un amigo, de algo leído o de otras fuentes).
- Enuncia una conclusión que resuma tu posición.

RECURSOS
Consulta la lista de apéndices en la p. 418.

CONEXIONES CULTURALES

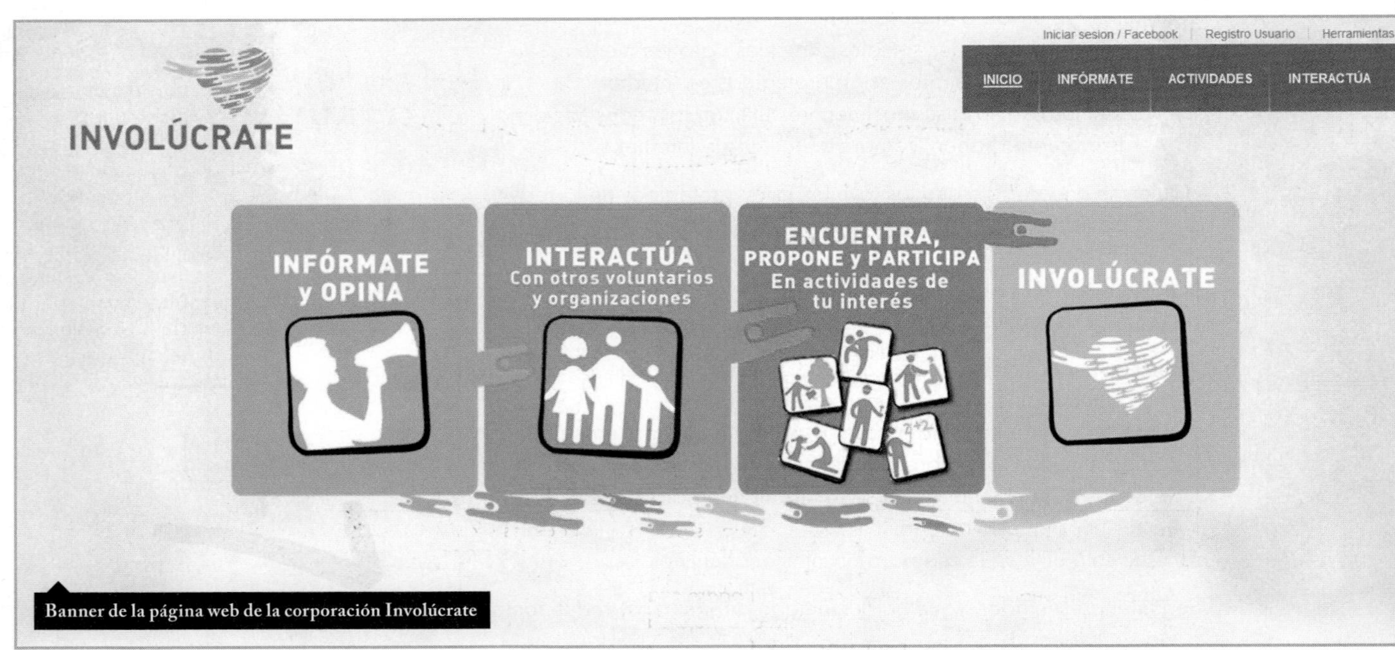

Banner de la página web de la corporación Involúcrate

Involúcrate

LAS REDES SOCIALES SON HERRAMIENTAS NOVEDOSAS que nos permiten relacionarnos con personas e instituciones de las más diversas áreas. Este es precisamente el objetivo de la red social chilena Involúcrate, que se presenta a los internautas como la «primera comunidad solidaria, informativa e interactiva». En esta red, destinada a fomentar la participación social, se intercomunican numerosos grupos de voluntarios para tratar temas que afectan la vida cotidiana de las personas: el cuidado de los animales, el medioambiente, la educación, la salud, la cultura y muchos otros. Al ser una red interactiva, los interesados pueden crear su propia cuenta gratuita y comenzar a participar, escribir artículos y hacer propuestas. Además, los voluntarios pueden comunicarse directamente con distintas fundaciones, organizaciones no gubernamentales y proyectos sociales locales para ofrecer su colaboración. El sitio web de Involúcrate invita a sus miembros a lograr «un Chile solidario y un Chile donde tu colaboración marcará la diferencia».

- Red ILCE (Instituto Latinoamericano de la Comunicación Educativa) es un espacio virtual destinado a mejorar el proceso de aprendizaje de los estudiantes mexicanos mediante la comunicación y el uso de las tecnologías de la información. Gracias a la interacción entre alumnos, docentes, directores de centros escolares, padres de familia y especialistas multidisciplinarios de la educación, esta red busca promover el intercambio de propuestas educativas y de recursos didácticos para potenciar la educación en el país.
- El portal español Aula en Línea está pensado para que los niños hospitalizados puedan mantenerse en contacto con su familia, sus amigos y sus compañeros de clase, a través de una red social segura, supervisada por la Asociación Protégeles. De esta manera, los menores hospitalizados pueden continuar su proceso formativo y desarrollar sus habilidades y capacidades mientras reciben los cuidados médicos necesarios.

Presentación oral: comparación cultural

Prepara una presentación oral sobre este tema:

- ¿Cuál es la importancia de las redes sociales en el mundo actual y de qué manera lo están transformando?

Compara y contrasta los beneficios que ofrece una red social que utilizas regularmente con los de alguna de las redes sociales del mundo hispanohablante mencionadas en esta página.

Vocabulario para describir

Una descripción es la explicación ordenada y detallada de cómo son ciertas personas, lugares u objetos. Antes de escribir una descripción, siempre es útil organizar en categorías la información relevante sobre la persona, lugar u objeto que se quiere describir. Las siguientes categorías son solo ejemplos de cómo se puede organizar la información.

Descripción de lugares, paisajes, ambientes

Al describir lugares, paisajes o ambientes resulta útil usar palabras y expresiones que nos ayuden a ubicar el sujeto de la descripción tanto en el tiempo como en el espacio.

UBICACIÓN GEOGRÁFICA	DISTANCIA	UBICACIÓN TEMPORAL
(más) arriba/abajo	a 10 km de	ahora (mismo)
cerca/lejos	a lo lejos	antes/después
delante/detrás	a (más/menos de) 1 hora	más tarde
dentro/fuera	a un día de viaje	cuando, mientras
(a la) derecha/izquierda	cerca/lejos	de niño/joven/adulto
encima/debajo (de)	en las cercanías de	nunca/a veces/siempre
en medio de/en el centro	en los alrededores de	todos los días/años

Cuando era pequeño, me gustaba mirar a mi padre **cuando** pescaba en el arroyo **a unos quince kilómetros** de casa. **Allí cerca** estaba la vieja cabaña de mi abuelo, donde jugaba **siempre** con mis hermanos. **Ahora, de grande**, el arroyo contaminado me da ganas de llorar.

Descripción de un objeto

Al describir objetos, a menudo utilizamos palabras y expresiones que proporcionan información en cuanto a la forma, el tamaño, el material de que están compuestos y su utilidad. En la siguiente tabla puedes ver ejemplos de expresiones organizadas en estas cuatro categorías.

FORMA	TAMAÑO	MATERIAL Y CARACTERÍSTICAS	UTILIDAD
alargado	alto/bajo	áspero/suave	(poco) práctico, (in)útil
cuadrado	enorme, gigante, inmenso	de cartón/papel	Se recomienda para viajar.
delgado	grande/pequeño	de colores	Se usa para cortar.
fino/grueso	ínfimo, minúsculo	de cuadros/rayas	Se utiliza para trabajar.
ovalado		de lana/seda	Sirve para comer.
rectangular		de madera/metal	Son para leer.
redondo		blando/duro	

El almohadón **de plumas** es **fino** y **blando**. Es muy cómodo **para dormir**.

Descripción de una persona

Al describir personas debemos ofrecer información acerca de sus rasgos físicos y de su carácter. Hay ciertos verbos y expresiones que se prestan especialmente para la descripción de personas.

ESTRATEGIA

Usar el diccionario
Un diccionario de sinónimos y antónimos es la herramienta ideal para darle riqueza y variedad a una descripción. Pero no debes suponer que los sinónimos o antónimos que busques tienen exactamente el mismo significado o el opuesto. Usa el diccionario para buscar opciones, pero siempre comprueba el significado de los sinónimos en un diccionario monolingüe o bilingüe.

¡ATENCIÓN!

Cuando utilizamos expresiones sobre el material y las características de un objeto, conviene utilizar la preposición **de**, no la preposición **a**. Por ejemplo:

pantalón **de** rayas,
falda **de** cuadros.

¡ATENCIÓN!
Muchos de los adjetivos que indican rasgos del carácter son subjetivos. Por eso, es conveniente incluir información adicional. Por ejemplo, al decir que alguien es perezoso, conviene aclarar las razones por las que pensamos que es perezoso: no trabaja, se levanta tarde, etc.

RASGOS FÍSICOS	RASGOS DE CARÁCTER	VERBOS
alto/bajo	agradable/desagradable	acostumbrar, soler
claro/oscuro	alegre/serio	adornarse, cubrirse
esbelto/corpulento/atlético	antipático/simpático	llevar, tener, usar, vestir
fuerte/débil	hablador/callado	mostrarse
guapo/feo	prudente/confiado	parecer
joven/adulto/viejo, anciano	sincero/mentiroso	permanecer
moreno/pelirrojo/rubio	trabajador/perezoso	sentirse

Juan **es alto** y **moreno**. **Parece antipático**, pero en realidad, para quienes lo conocen, es muy **alegre**, **hablador** y **simpático**.

PRÁCTICA

1 Completa el párrafo con las expresiones de la tabla.

a 10 kilómetros	cerca	de piedra	detrás de	inmensa	rojo
agradable	confiados	delante de	enormes	oscuras	sobrecogedor

Nos encontrábamos (1)__________ de la vieja ermita. Hacía una tarde (2)__________ y todos estaban con unas ganas (3)__________ de comenzar la ascensión. (4)__________ nosotros se erigía una montaña (5)__________ con riscos (*crags*) (6)__________ y granito (7)__________ . El sol creaba claros y sombras que hacían de la pared un espectáculo (8)__________ . (9)__________ la montaña podíamos ver nubes (10)__________ que se desplazaban lentamente (11)__________ de la cumbre. Todos los alpinistas del equipo se mostraban (12)__________ y listos para atacar la cumbre por su cara más difícil: la cara norte.

2 Reemplaza las expresiones subrayadas con otras expresiones descriptivas.

Al final de la calle se elevaba el Ayuntamiento, un edificio clásico, con un elegante balcón y ventanales de madera en la planta baja. Junto a la puerta de madera, en letras doradas, se podía leer la inscripción CASA CONSISTORIAL. Cerraban la calle las fachadas pintadas de blanco de siete casas de dos pisos, con sus balcones repletos de geranios. En los balcones iluminados, había gente de todas las edades, con expresión vivaz y animada.

3 En parejas, clasifiquen las expresiones de la siguiente lista en estas categorías: **ubicación geográfica/temporal, distancia, forma o tamaño, material y características,** y **rasgos personales.** Luego, escriban un párrafo usando diez de estas expresiones.

a años luz	de cristal	en las cercanías	frágil	risueño
a cinco días en barco	delicadas	en los alrededores de	lejos de	sereno
arqueado	descomunal	en medio de	minúsculo	simultáneamente
corpulento	en el interior	exhibir	ovalado	sólido

léxico 2 Expresiones de percepción sensorial

Las palabras y expresiones sensoriales nos ayudan a representar lo que percibimos con los cinco sentidos. Utiliza estas expresiones sensoriales, y otras que conozcas, para que tus descripciones sean más precisas.

La vista

SUSTANTIVOS		ADJETIVOS		VERBOS	
aspecto	luminosidad	alargado	inmenso	acechar	examinar
belleza	palidez	arrugado	luminoso	avistar	mirar
brillo	panorama	atractivo	nublado	contemplar	observar
colorido	perspectiva	brillante	opaco	descubrir	presenciar
horizonte	sombra	deslumbrante	pálido	divisar	ver

El oído

SUSTANTIVOS		ADJETIVOS		VERBOS	
canto	risa	apacible	ruidoso	aullar	murmurar
carcajada	ronquido	arrullador	rumoroso	balbucear	oír
estruendo	ruido	ensordecedor	sibilante	cantar	sentir
explosión	silbido	estridente	sigiloso	explotar	sonar
grito	susurro	estruendoso	silencioso	hablar	susurrar
murmullo	voz	resonante	susurrante	ladrar	tartamudear

El tacto

SUSTANTIVOS		ADJETIVOS		VERBOS	
aspereza	porrazo	aceitoso	mojado	acariciar	pulsar
caricia	roce	aterciopelado	pegajoso	golpear	rozar
codazo	rugosidad	esponjoso	peludo	manejar	sentir
fricción	suavidad	frío	seco	manipular	tantear
golpe	textura	húmedo	sedoso	palpar	teclear
masaje	toque	liso	suave	pegar	tocar

El olfato

SUSTANTIVOS		ADJETIVOS		VERBOS	
aroma	humedad	aromático	oloroso	advertir	oler
esencia	moho	desagradable	penetrante	apestar	olfatear
especias	olor	dulce	perfumado	aromatizar	olisquear
flores	perfume	fragante	podrido	despedir	percibir
fragancia	pestilencia	fresco	quemado	exhalar	perfumar
hedor	pimienta	hediondo	rancio	exudar	sentir

MI VOCABULARIO
Anota el vocabulario nuevo a medida que lo aprendes.

¡ATENCIÓN!
Usa la preposición **a** para indicar olores y sabores.

Huele **a** pintura, **a** pino.

Sabe **a** menta, **a** chocolate.

También puede usarse con adjetivos.

Tiene olor **a** quemado.

Tiene sabor **a** podrido.

El gusto

SUSTANTIVOS	ADJETIVOS		VERBOS	
amargor	ácido	insípido	aderezar	endulzar
degustación	agridulce	pasado	catar	escabechar
insipidez	amargo	picante	cenar	probar
paladar	avinagrado	quemado	condimentar	saber
sabor	azucarado	salado	consumir	saborear
sensación	dulce	sazonado	degustar	sazonar

¡ATENCIÓN!
En ocasiones, las expresiones sensoriales de diferentes sentidos se combinan para dar mayor riqueza o una imagen poética al discurso. Este tipo de figura retórica se llama sinestesia y se aprecia muy bien en estos versos de Juan Ramón Jiménez:

«Es de oro el silencio. La tarde es de cristales azules».

«[...] en el cénit azul, una caricia rosa [...]».

«[...] por el verdor teñido de melodiosos oros [...]».

A continuación puedes ver un párrafo repleto de expresiones sensoriales:

En el reino animal, el desarrollo de los sentidos puede llegar a límites inimaginables. Por ejemplo, muchos animales «ven» a través de su olfato. El perro cuenta con doscientos millones de células olfativas. A menudo, no necesita ver algo o a alguien para identificarlo. Cuando huele algo que le llama la atención, retiene el aire momentáneamente, «saborea» lo que le interesa y lo almacena. Al nacer, el perro no puede oír ni ver, pero a través del tacto llega a la leche de su madre y siente el calor que le suministran sus hermanos. Las almohadillas de sus patas son tan sensibles que detectan hasta las más insignificantes vibraciones. En cuanto al gusto, las preferencias del perro por un sabor u otro dependen del olor del alimento u objeto. Si le gusta el olor, lo ingiere; si le desagrada, lo rechaza. La vista no es su sentido más desarrollado, ya que no es muy eficaz de cerca. Sin embargo, su visión a larga distancia es muy buena. El perro puede divisar movimientos a 350 metros.

PRÁCTICA

1 Subraya las expresiones sensoriales e indica a qué sentido pertenecen.

1. Platero es pequeño, peludo, suave; tan blando por fuera, que se diría todo de algodón, que no lleva huesos.
2. El camino sube, lleno de sombras, de perfumadas campanillas, de fragancia de hierba, de canciones, de cansancio y de anhelo.
3. La sobrina del Pájaro Verde, con voz débil, hilo de cristal acuoso en la sombra, canta entonadamente, cual una princesa.
4. La música sonaba al compás de sus voces: aquella música era el rumor distante del trueno que, desvanecida la tempestad, se alejaba murmurando; era el zumbido del aire que gemía en la concavidad del monte.
5. Aspiré con voluptuosidad la fragancia de las madreselvas (*honeysuckle*) que corren por un hilo de balcón a balcón.

2 Escribe un párrafo sobre algún producto. Dale un tono exagerado y promocional, como si fuera a incluirse en un anuncio publicitario. Utiliza expresiones de percepción sensorial.

MODELO *La esencia del cremoso chocolate suizo se derrite en su paladar, ofreciéndole un sabor apetitoso y penetrante...*

contexto 3 La geografía humana

PUNTOS DE PARTIDA

La geografía humana es la disciplina que estudia las sociedades humanas y la manera como estas se relacionan con el medio físico que habitan. Explora los patrones de actividad humana (como la migración o las normas sociales) y su relación con el espacio en el que ocurren. De esta manera, trata de entender cómo influyen los rasgos geográficos en el comportamiento de una sociedad y cómo las poblaciones transforman los territorios donde viven.

- ¿Cómo se relacionan las poblaciones humanas con el medioambiente que las rodea?
- ¿Cómo se influyen las diferentes culturas unas a otras?
- ¿Cuáles son los factores que generan cambios culturales en las sociedades?

DESARROLLO DEL VOCABULARIO

MI VOCABULARIO
Anota el vocabulario nuevo a medida que lo aprendes.

1 Definiciones ¿Cómo defines estos aspectos de la geografía humana?

1. influencias culturales **2.** migración **3.** consumismo

2 Influencias La columna A presenta algunos ejemplos de las maneras como las sociedades humanas se influyen unas a otras. Relaciona estos ejemplos con sus categorías respectivas en la columna B.

COLUMNA A	COLUMNA B
1. Debido al conflicto armado, una familia campesina colombiana se va a vivir a una gran ciudad.	___ cambios en la alimentación por influencias extranjeras
2. Debido al desempleo, una pareja ecuatoriana se va a buscar trabajo a España.	___ influencia de los medios de comunicación
3. Una chica venezolana sale los fines de semana a comer *sushi* en un restaurante japonés.	_1_ migración interna
4. Algunas jóvenes peruanas imitan el estilo de Lady Gaga porque ciertas emisoras locales ponen su música.	___ cambios en las celebraciones por influencia de otras culturas
5. En México, el Día de los Muertos los niños solían dibujar calaveras; ahora dibujan, además, calabazas y fantasmas, típicos de la simbología de *Halloween*.	___ migración internacional

3 Tu comunidad ¿De qué manera ha cambiado la comunidad donde vives por alguno de los motivos de la columna B en el ejercicio anterior? En parejas, analicen si esos fenómenos se han presentado en su comunidad y den algunos ejemplos.

4 ¿Y en tu familia? Usa estas preguntas para entrevistar a uno de tus parientes mayores con el fin de identificar los cambios que ha experimentado tu familia. Luego comparte el resultado de tu entrevista con un grupo de compañeros/as.

1. ¿Tu familia ha migrado nacional o internacionalmente? ¿De dónde provienen?
2. ¿Qué tradiciones han mantenido y cuáles han perdido?
3. ¿Han cambiado sus tradiciones alimentarias? Por ejemplo, ¿han variado alguna receta tradicional o consumen algún plato extranjero que antes no comían?
4. ¿Han cambiado alguna de sus costumbres, como el tiempo que pasan juntos o algunas celebraciones (como cumpleaños o bodas)?

LECTURA 3.1 ▸ LA SITUACIÓN DE LOS PUEBLOS DEL LAGO ATITLÁN

SOBRE LA LECTURA Esta lectura es una reflexión personal de la profesora Perla Petrich, etnolingüista e investigadora de la Universidad París 8. Forma parte de un artículo sobre la población maya en una aislada región de Guatemala que transformó su cultura debido a la rápida llegada del turismo. El artículo fue publicado en la revista *Les Cahiers ALHIM* en 2004, como fruto de un estudio llevado a cabo por el grupo de investigación Amérique Latine Histoire et Mémoire (Historia y Memoria de América Latina), dirigido por la profesora Petrich.

ANTES DE LEER

1 **Tu lugar ideal** Para ti, ¿cómo es el lugar ideal para vivir? Con un(a) compañero/a, usa estas preguntas para conversar sobre el lugar ideal para vivir (real o imaginario).

1. El clima: ¿Hay temporadas bien definidas? ¿Hace mucho frío o mucho calor?
2. Rasgos geográficos: ¿Qué tipo de geografía prefieres y por qué?
3. La población: ¿Vivirías en una ciudad grande o en un pueblo? ¿Te gusta la diversidad?
4. Industria/economía: ¿Prefieres vivir en una región agraria o pesquera, en un área metropolitana con muchos negocios y mucha actividad, o en un lugar turístico?
5. Educación y cultura: ¿Te gusta vivir en un lugar donde hay buenas escuelas y universidades y donde hay mucho movimiento cultural, como teatro, conciertos, etc.?

ESTRATEGIA

Describir lugares
Para describir adecuadamente un lugar, recuerda hacer referencia tanto a las características objetivas (colores, tamaños, formas o la disposición de los elementos), como a las impresiones subjetivas, es decir, tus propias opiniones sobre el lugar, con adjetivos como «acogedor», «tranquilo» o «interesante».

2 **Una descripción** Usa la conversación de la Actividad 1 para escribir una breve descripción (de dos o tres párrafos) del lugar ideal de tu compañero/a. Además de mencionar aspectos físicos, como el paisaje o la arquitectura, describe también a las personas que habitan en el lugar y las actividades a las que se dedican.

3 **Predicciones** Observa la foto y el mapa de la región del lago Atitlán, incluidos en la lectura. ¿En qué aspectos crees que la cultura de esa región se parece a la cultura del lugar donde tú vives? ¿En qué aspectos se diferencian?

ASPECTOS	LAGO ATITLÁN	MI REGIÓN
diversidad de la población	*Hay población indígena y llegan muchos turistas.*	*No hay población indígena. Llegan estudiantes extranjeros.*
actividad turística		
influencias externas		
arte y cultura		
valores y costumbres		
relaciones familiares		

LA SITUACIÓN DE LOS PUEBLOS DEL LAGO ATITLÁN

por **Perla Petrich**

CUANDO empecé a trabajar en el lago Atitlán, muchos colegas me preguntaron con **asombro** por qué iba a un lugar en donde la gente ya estaba tan «contaminada por el turismo». Efectivamente, no se trataba de un lugar de difícil acceso, ni estaba obligada a dormir en el suelo o en una hamaca. No había mosquitos y podía comer, sin mayores problemas, otra cosa que frijoles y tortillas. Gran parte de los ritos agrícolas y pesqueros habían desaparecido; las creencias se habían **atomizado** y si bien una parte de la población, sobre todo femenina, todavía usaba el traje típico, muchos ya lo habían abandonado. Otra particularidad: la gente en vez de dar información al antropólogo se la pedía. No les interesaba hablar sobre «sus costumbres» sino enterarse de cómo vivían en «otros lugares», cómo se podía conseguir una beca para estudiar y cuáles eran las posibilidades de exportar sus artesanías.

A primera vista podía concluirse que ese mundo ya no era maya y, sin embargo, al **indagar** a los pobladores ninguno dudaba un solo instante en definirse como tz'utujil pero «tz'utujil sampedrino» o «tz'utujil atiteco». La identidad residencial era la que se proponía como definitoria. Esa identificación con el territorio implica, ante todo, la identificación con una historia común.

La región del lago Atitlán se encontró en el epicentro de un conflicto de extrema violencia entre 1980 y 1992 como consecuencia de los enfrentamientos entre la guerrilla y el ejército. Una vez normalizada la situación, los pueblos se incorporan mal que bien a la corriente de «modernidad» que los sacó con **precipitación** excesiva del inmovilismo en el que los había **sumido** el terror y la falta de comunicación con el exterior.

Los cambios se deben en gran parte a factores introducidos desde el exterior pero algunos tienen su origen en el interior mismo de los pueblos. Resultó significativa la subida del precio del café en el **ámbito** internacional a partir de la última década del siglo XX y la repercusión casi inmediata en pueblos como Santiago Atitlán y San Pedro, los que entonces **consagraron** la mayor parte de las tierras al cultivo intensivo de este grano en detrimento del maíz. Actualmente la baja ha llevado a la ruina a no pocos campesinos que invirtieron todos sus esfuerzos, ahorros y esperanzas en el café.

En el ámbito de los transportes observamos también grandes transformaciones: hasta el 2000 ir de Panajachel a San Pedro suponía un viaje de dos horas y media en barco y, si se quería llegar antes, se debía alquilar una **lancha** privada y pagar entre cien y ciento veinte quetzales (20$). Hoy en día, el viaje directo, en grupo, cuesta poco más de un dólar por persona. El trayecto toma sólo veinte minutos. Ese hecho facilita las relaciones con Panajachel y Sololá y conlleva un mayor flujo de visitantes y también de pobladores que se desplazan con sus mercaderías (legumbres o artesanías) sin mayores dificultades. Directamente o indirectamente se han abierto mayores posibilidades económicas.

PALABRAS CLAVE

el asombro gran admiración; sorpresa o extrañeza

atomizar desintegrar, dividir en muchas partes pequeñas

indagar preguntar, averiguar

la precipitación rapidez

sumir insertar, hundir

el ámbito área o medio específico

consagrar dedicar la atención a un asunto

la lancha embarcación pequeña, usualmente con motor

PALABRAS CLAVE

sacar provecho (de) beneficiarse (de)

la coyuntura conjunto de circunstancias u oportunidades

la parcela porción pequeña de tierra

lamentarse expresar pena o tristeza por alguna cosa

Lago Atitlán. San Pedro La Laguna, Guatemala

El desarrollo del turismo en los últimos diez años creó trabajos salariados en la hotelería y en las casas de fin de semana; facilitó la venta de artesanías, hizo conocer las drogas e introdujo nuevos hábitos alimenticios y vestimentarios. Se trata de un factor importante porque ha modificado en mayor o menor medida, según los pueblos, la situación económica de los habitantes pero, sobre todo, porque ha influido en el cambio de mentalidades y de comportamientos.

Otro factor de gran importancia fue la llegada de la televisión y, con ella, el acceso a una visión mediatizada del exterior. Factores o circunstancias que implicaron una profunda modificación de mentalidades, sobre todo entre los jóvenes, quienes ahora tienen una serie de ambiciones y necesidades que no existían hace algunos años, o incluso meses. En efecto, hace algunos meses había en San Pedro menos hospedajes, restaurantes o vehículos, o menos comercios de ropa y alimentos. En forma proporcional había menos aspiraciones de poseer una moto propia, ir a un restaurante a comer una pizza o tomar una gaseosa.

Otro cambio importante se ha dado en cuanto a la explotación de la tierra. Poseer tierras y cultivar en ellas maíz fue durante siglos el referente más importante para medir «la riqueza» o «la pobreza» de una familia. Eso cambió, como ya hicimos referencia anteriormente, con la posibilidad del café y sus altos precios. La gente que tenía tierras aptas para este tipo de nuevo cultivo fue la que más **sacó provecho** de la **coyuntura**. Con lo obtenido algunos se compraron un pick-up o una lancha y se dedicaron al transporte público, pasando así rápidamente a otra categoría socioeconómica. Son ellos actualmente «los ricos», los que se construyeron una casa de dos pisos y tuvieron posibilidad de mandar a estudiar a los hijos afuera.

La tierra en el lago Atitlán ofrece otra paradoja: antes los que poseían una **parcela** frente al lago eran considerados «pobres» porque esas tierras no eran aptas para el cultivo del maíz. Hoy, quienes han logrado superar todas las especulaciones y presiones y conservar aún esas tierras son «ricos» porque se trata de tierras irrigadas con plantaciones de cebollas y, además, codiciadas para la construcción de chaletes. El precio de estas tierras se negocia en dólares.

Los mayas de Atitlán, como la mayoría de las sociedades actuales, viven en una permanente recomposición social, económica y cultural, dado que, de su capacidad de reajuste depende la sobrevivencia en el mundo de globalización en el que se han visto integrados. Una posibilidad es **lamentarse** por la pérdida de costumbres ancestrales y trajes pintorescos. Otra es admitir que las sociedades mayas están dotadas de potencial de cambio, es decir, que poseen la dinámica de evolución necesaria para llegar a ser competitivos y estar presentes, no sólo en la vida regional, sino también nacional. ◣

DESPUÉS DE LEER

1 **Sinónimos** Encuentra entre las Palabras clave un sinónimo para cada uno de estos términos:

1. aprovechar
2. dedicar
3. esfera
4. fragmentar
5. inquirir
6. quejarse
7. terreno
8. velocidad

2 **Comprensión** Según el artículo, elige la mejor respuesta para cada pregunta.

1. ¿Cómo describirías la actitud de los indígenas hacia la autora cuando llegó a su pueblo?
   a. Hostil
   b. Desinteresada
   c. Curiosa
   d. Sorprendida
2. ¿Cuál es el factor que más contribuyó al aislamiento de los pueblos del lago Atitlán?
   a. La contaminación del lago
   b. La violencia y la lucha armada
   c. Los altos costos de la tierra
   d. Los avances en el transporte
3. ¿Por qué fueron significativos los cambios en el ámbito del transporte?
   a. Porque la antropóloga Perla Petrich pudo adelantar su investigación
   b. Porque detuvieron los conflictos en 1992
   c. Porque facilitaron la relación entre las comunidades y permitieron el turismo
   d. Porque los habitantes ahora pueden consumir comidas internacionales
4. ¿Qué sugiere la frase «El precio de estas tierras se negocia en dólares»? (línea 125)
   a. La región del lago Atitlán es ahora un territorio de Estados Unidos.
   b. Solo los más ricos pueden acceder a las tierras.
   c. La moneda oficial de la región es el dólar.
   d. La región está contaminada por el turismo.
5. ¿Cuál es la posición de la autora sobre los cambios en estos pueblos?
   a. Está a favor de los cambios.
   b. Está en contra de los cambios.
   c. Se lamenta por los cambios.
   d. Es neutral.

3 **Los cambios y sus causas** Escribe una o dos frases para describir cómo han cambiado los siguientes aspectos en la región del lago Atitlán.

ASPECTOS	CAMBIOS
los conflictos militares	*El periodo 1980-1992 fue de extrema violencia, pero luego la situación se normalizó.*
el aislamiento	
el transporte	
el uso y el valor de la tierra	
los hábitos alimenticios y vestimentarios	
la mentalidad de los jóvenes	
las actividades económicas	

MI VOCABULARIO
Anota el vocabulario nuevo a medida que lo aprendes.

CONCEPTOS CENTRALES

Deducir el significado
Usa el contexto cultural del artículo y otras palabras cercanas a la frase para deducir su significado y elegir la mejor respuesta.

ESTRATEGIA

Sintetizar Después de leer y comprender el artículo, resume tus conclusiones. Considera de nuevo las perspectivas culturales y piensa en cómo puedes relacionar lo que aprendiste con tus conocimientos previos.

4 

Conclusiones y conexiones Conversa con un(a) compañero/a de clase sobre las conclusiones del artículo y las conexiones que encuentran con su propia cultura.

1. ¿Cómo ha cambiado la región del lago Atitlán?
2. ¿Cuáles fueron los aspectos que más influyeron para que se presentaran estos cambios?
3. ¿Cómo transformaron estos cambios la relación entre la gente y su territorio?
4. ¿Conocen ustedes alguna región en su país o su estado que haya cambiado mucho por influencias externas?

5  

En tu opinión Lee las afirmaciones siguientes y expresa si estás de acuerdo o en desacuerdo con ellas. Con un(a) compañero/a de clase, elijan una para discutir.

- Los cambios en la región de Atitlán están relacionados con cambios internacionales que ocurren como consecuencia de la globalización.
- Los cambios en la región de Atitlán son resultado de cambios internacionales que ocurren como consecuencia del consumismo.
- Es inevitable que las culturas de los diferentes pueblos cambien constantemente.
- Los antropólogos no deberían estudiar las culturas antiguas porque así las contaminan.

RECURSOS

Consulta la lista de apéndices en la p. 418.

6

Intercambio Roberto, un estudiante de San Pedro (Guatemala), quiere asistir a una escuela en Estados Unidos por un año. Tiene ofertas para vivir en varios lugares y necesita decidir si quiere residir en tu ciudad o en otra parte del país; por eso te escribe para hacerte varias preguntas. Primero lee su mensaje electrónico y luego escribe tu respuesta.

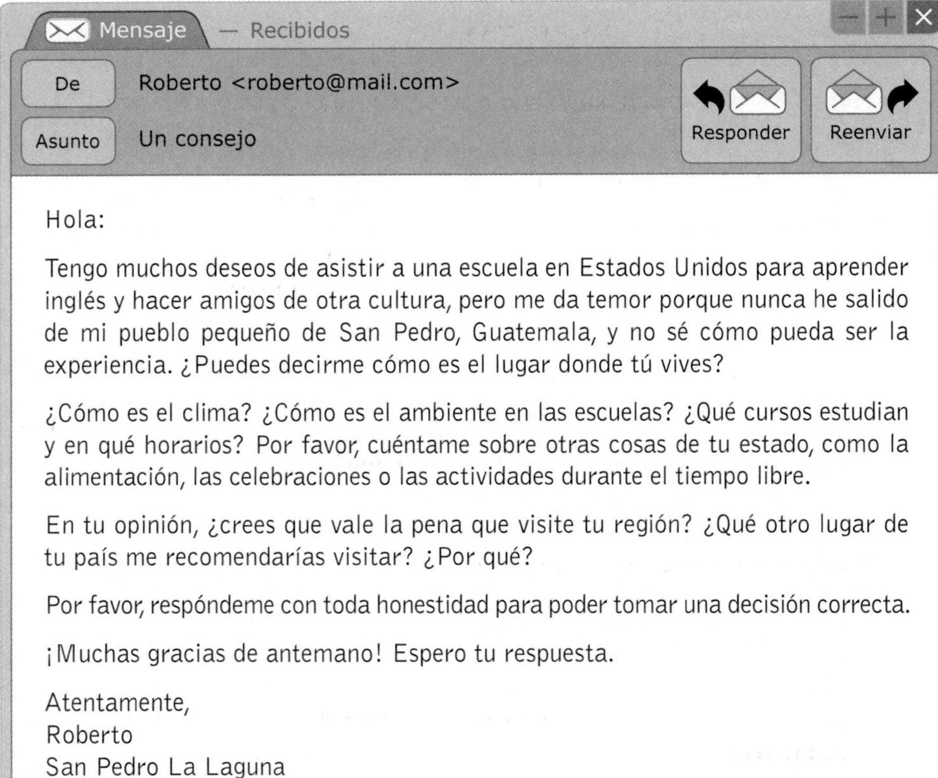

De: Roberto <roberto@mail.com>

Asunto: Un consejo

Hola:

Tengo muchos deseos de asistir a una escuela en Estados Unidos para aprender inglés y hacer amigos de otra cultura, pero me da temor porque nunca he salido de mi pueblo pequeño de San Pedro, Guatemala, y no sé cómo pueda ser la experiencia. ¿Puedes decirme cómo es el lugar donde tú vives?

¿Cómo es el clima? ¿Cómo es el ambiente en las escuelas? ¿Qué cursos estudian y en qué horarios? Por favor, cuéntame sobre otras cosas de tu estado, como la alimentación, las celebraciones o las actividades durante el tiempo libre.

En tu opinión, ¿crees que vale la pena que visite tu región? ¿Qué otro lugar de tu país me recomendarías visitar? ¿Por qué?

Por favor, respóndeme con toda honestidad para poder tomar una decisión correcta.

¡Muchas gracias de antemano! Espero tu respuesta.

Atentamente,
Roberto
San Pedro La Laguna

LECTURA 3.2 ▸ 30 AÑOS DE CULTURA DE *MALL*

SOBRE LA LECTURA Este es un fragmento de un artículo publicado en abril de 2012 en la sección «Tendencias» de *La Tercera*, un diario chileno publicado en Santiago para un público nacional. El artículo traza la historia del *mall* como influencia cultural y los efectos que ha tenido en la vida de los chilenos. En este texto, el *mall* y la cultura que genera son vistos como una representación del consumismo.

ANTES DE LEER

1 **La globalización** Contesta estas preguntas individualmente y después comparte tus respuestas con un(a) compañero/a.

1. ¿Qué es la globalización?
2. Para ti, ¿cuáles son los beneficios de la globalización?
3. ¿Cuáles son sus peligros?
4. Describe los cambios que la globalización puede generar en estos aspectos:
   - la política y la economía internacional
   - la pobreza
   - el medioambiente
   - los avances científicos, médicos y tecnológicos

2 **El consumismo** Reflexiona sobre el tema del consumismo y contesta estas preguntas.

1. ¿Por qué existe el problema del consumo excesivo en el mundo de hoy?
2. ¿En qué casos concretos has observado este problema?
3. ¿De qué manera el consumismo ha cambiado nuestras ciudades?
4. ¿De qué manera ha cambiado la forma en que las personas se relacionan?
5. ¿Cómo afecta a las personas el consumo de comida chatarra?

3 **Los mercados populares** En años recientes, los mercados populares locales, muy tradicionales en el mundo hispanohablante, se han ido popularizando en Estados Unidos. Discute ese fenómeno cultural con un(a) compañero/a de clase y contesta estas preguntas.

1. ¿Crees que el auge de los mercados populares es una reacción al consumo excesivo o a otros fenómenos culturales?
2. ¿Qué influencia cultural de otros países produce este fenómeno?
3. ¿Crees que refleja la influencia de otros fenómenos dentro de nuestra cultura? ¿Cuáles?
4. ¿Este fenómeno ha iniciado otros cambios culturales y sociales dentro del país? ¿Son esos cambios positivos o negativos? ¿Por qué?
5. ¿Conoces algún mercado popular en tu comunidad? Descríbelo. ¿En qué se diferencia de un supermercado moderno?

30 AÑOS DE CULTURA DE *MALL*

por **Noelia Zunino** y **Marialí Bofill**

PALABRAS CLAVE

el/la santiaguino/a persona originaria de Santiago (de Chile)

vinculado/a unido o relacionado con otra cosa

«EL *MALL* fue la primera gran competencia para Sábado Gigante»[1], dice Mario Kreutzberger, Don Francisco, el dueño indiscutido de las tardes sabatinas de los **santiaguinos**. Él fue uno de los primeros en constatar cómo un fenómeno que en Estados Unidos llevaba décadas y que a Santiago de Chile llegó en 1982 cambiaría irremediablemente la forma de relacionarnos con el comercio. Y entre nosotros.

Este año se cumplen 30 desde que la primera de esas gigantescas construcciones llenas de tiendas modificaron el paisaje urbano, transformándose en verdaderas islas de clima controlado, horario extendido, seguridad y abundancia. La sintonía bajó de inmediato. Para los especialistas, [aquella fue] la constatación de que las transformaciones sociales **vinculadas** a los centros comerciales habían llegado, tal como se habían concebido casi tres décadas antes en Estados Unidos. [...] Y eso nos marcó sin darnos cuenta: hoy casi no nos acordamos de lo que significó dejar de ver televisión un sábado en la tarde por ir a comprar. [Y más tarde] comenzamos a dejar de lado algunas visitas obligadas de fin de semana. La familia extendida —esa que incluye abuelos— no era la que llegaba al *mall*. Era la otra, la nuclear, y de clase media, la que aparecía cada semana.

Así, fuimos dejando ritos exclusivamente caseros y comenzamos a celebrar cumpleaños, aniversarios y pololeos[2], en medio de desconocidos. «Antes de los *malls* había mucha actividad dentro de los hogares, las cosas pasaban en las casas; los domingos en la tarde eran en las casas», explica Christian Oros, subgerente de Estudios y Marketing relacional de Parque Arauco, una prestigiosa cadena de centros comerciales.

Los centros comerciales se fueron transformando en la nueva plaza pública. En el lugar de convergencia de jóvenes y adultos que sin muchas alternativas buscaron un sitio seguro dónde encontrarse. Pero como advierte Pedro Guell, profesor de la Universidad Alberto Hurtado, «El *mall* es la nueva plaza pública en cuanto lugar de distracción [...]. Pero no lo es en cuanto lugar de conversación sobre los asuntos

1 Programa de televisión chileno, muy popular también en otros países de América Latina e incluso en Estados Unidos. Transmite temas variados dirigidos a toda la familia. Don Francisco ha sido el animador del programa desde sus inicios, hace más de cincuenta años.

2 Noviazgos

comunes. No es el lugar de la palabra, es el lugar de la mirada».

Por otro lado, los patios de alimentos modificaron nuestros alimentos. «Aceleró la alternativa de la comida chatarra», dice Oros. El estilo, como es lógico, pasó a las casas. Al poco tiempo de la llegada de los patios de comida, los «productos congelados como las hamburguesas se **disparan**», agrega Oros.

Como cuando llegaron los centros comerciales y seguimos una tendencia ya instalada en los estadounidenses, ahora estamos —tal como ellos— entrando a una nueva **etapa** en nuestra relación con los *malls*: los queremos, pero el amor nos dura menos horas.

«El *mall* llenó los espacios públicos, porque no existían. Pero ahora se está viendo una revalorización de los orígenes: el Parque Bicentenario[3], por ejemplo, está lleno los fines de semana y se está viendo también un regreso a los tiempos en la casa», dice Oros.

PALABRAS CLAVE

dispararse aumentar; popularizarse con mucha rapidez

la etapa época o paso en un proceso

DESPUÉS DE LEER

1 **Comprensión** Contesta las siguientes preguntas según la lectura.

1. ¿Para qué público fue escrito el artículo?
2. ¿Por qué el *mall* representó una competencia para el programa Sábado Gigante?
3. De acuerdo con la manera como la gente suele usarlos, ¿cuáles son las semejanzas y diferencias entre los *malls* y las plazas públicas?
4. ¿Qué influencia han tenido los *malls* sobre las costumbres de los santiaguinos?
5. Treinta años más tarde, ¿cómo está cambiando la actitud de los santiaguinos hacia los *malls*?

2 **Choque de culturas** Con un(a) compañero/a, contesta las preguntas sobre las perspectivas y conclusiones presentadas en el artículo.

1. ¿Cuáles son las dos culturas que se contraponen en el artículo?
2. ¿Cuál parece ser la perspectiva de las autoras con respecto al valor cultural del *mall*?
3. ¿Con qué país está vinculada la cultura de *mall* en el artículo? ¿Por qué?
4. ¿Cuáles son las semejanzas y diferencias entre la trayectoria de la cultura de *mall* en Chile y en Estados Unidos?
5. ¿Crees que el uso de la palabra *mall* (en vez de «centro comercial») revela un valor cultural? ¿Crees que influye en la interpretación del lector?

MI VOCABULARIO

Utiliza tu vocabulario individual.

3 **Cambios de costumbres** Las autoras describen algunas transformaciones sociales producidas por el fenómeno del *mall* en Chile. Describe cómo eran las siguientes costumbres antes y después de la introducción del *mall*.

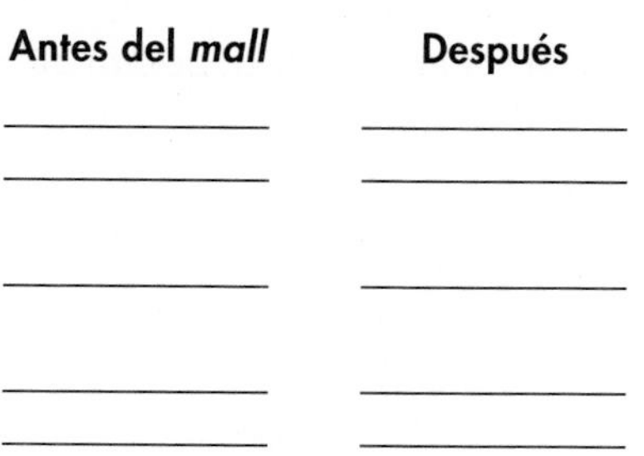

	Antes del *mall*	Después
1. cómo y dónde pasar tiempo libre los sábados	________	________
2. con quiénes pasar los fines de semana	________	________
3. dónde celebrar los eventos familiares (los cumpleaños y aniversarios, por ejemplo)	________	________
4. el lugar típico para encontrarse con los amigos y con la pareja	________	________
5. las comidas que componen una dieta típica	________	________

3 Popular parque de Santiago de Chile, inaugurado en 2007. Tiene una extensión de 30 hectáreas.

4 

¿Y en el futuro? En la actividad anterior comparaste el pasado con el presente. Ahora piensa cómo será la situación en el futuro. En grupos pequeños, lean las siguientes oraciones sobre costumbres presentes y analicen cómo serán en el futuro.

- La mayor parte de las compras se realizan en los centros comerciales.
- Muchas familias suelen pasar su tiempo libre en los *malls*.
- Las personas pasan mucho tiempo con amigos o con su pareja en los *malls*.
- Los *malls* ocupan un lugar importante en ciudades grandes y medianas.
- Se consume mucha comida chatarra.

ESTRATEGIA

Trascender el sentido literal Intenta trascender el sentido literal de la lectura. Identifica conceptos básicos que las autoras usan y relaciónalos con otros temas o perspectivas.

5 

Un breve ensayo Escribe un pequeño ensayo en el que reacciones a las conclusiones que presentan las autoras y expongas tu punto de vista. Para tu ensayo ten en cuenta los siguientes aspectos:

- Señala el punto de vista y las conclusiones principales expuestas por las autoras.
- Identifica algunas citas del artículo que sugieren valores culturales.
- Compara la cultura estadounidense y la chilena en cuanto a las relaciones con los *malls*. ¿Qué implicaciones tiene el uso de la palabra *mall* en un texto escrito en español?
- Explica la conclusión de las autoras en relación con el futuro de los *malls* en Chile.
- Saca tu propia conclusión sobre el futuro de los *malls* no solo en Chile, sino también en otras partes del mundo.

RECURSOS

Consulta la lista de apéndices en la p. 418.

6 

Las influencias culturales Prepara una breve presentación oral en la que hables sobre la forma en que las diferentes culturas se influencian. Elige **uno** de los siguientes temas para tu presentación:

- Compara la influencia de la cultura de *mall* en Chile con las influencias externas que se han presentado en la región del lago Atitlán (lectura 3.1).
- Analiza cómo el lenguaje (o ciertas palabras) puede influir en las perspectivas culturales.
- Analiza cómo el aprendizaje de lenguas puede influir en la mezcla de culturas.
- Elabora predicciones sobre los cambios más significativos que se presentarán como resultado de la mezcla de culturas en el futuro.

ESTRUCTURAS

Preposiciones Rellena los espacios con la frase preposicional apropiada.

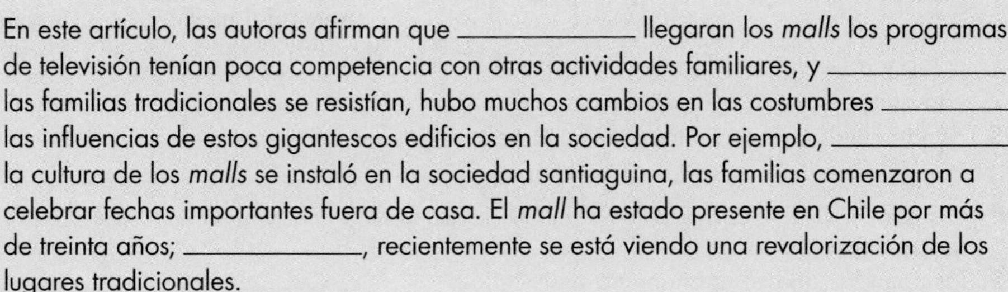

a pesar de que	antes de que	debido a	después de que	sin embargo

En este artículo, las autoras afirman que ____________ llegaran los *malls* los programas de televisión tenían poca competencia con otras actividades familiares, y ____________ las familias tradicionales se resistían, hubo muchos cambios en las costumbres ____________ las influencias de estos gigantescos edificios en la sociedad. Por ejemplo, ____________ la cultura de los *malls* se instaló en la sociedad santiaguina, las familias comenzaron a celebrar fechas importantes fuera de casa. El *mall* ha estado presente en Chile por más de treinta años; ____________, recientemente se está viendo una revalorización de los lugares tradicionales.

RECURSOS 

Consulta las explicaciones gramaticales del **Apéndice A**, pp. 422-423.

AUDIO ▸ BASURA: UN PROBLEMA EN AUMENTO

INTRODUCCIÓN Esta grabación viene de *Puntos Cardinales*, un programa de noticias de Radio de las Naciones Unidas, emitido desde Nueva York. Se basa en una entrevista con Sintana Vergara, ingeniera ambiental del Banco Mundial, en la que informa sobre el estado de la gestión de residuos en América Latina y el Caribe. La ingeniera ofrece información acerca de las medidas que pueden implementar los municipios y los ciudadanos para evitar esta problemática.

PALABRAS CLAVE

el residuo resto, basura, remanente
gestionar manejar, dirigir, organizar
la tasa valoración, medida, relación entre dos magnitudes
la generación producción, creación
la medida acción preventiva; plan o decisión para mejorar o evitar algo
el sector informal negocios a escala pequeña, individual o privada

ANTES DE ESCUCHAR

1 Nosotros y las basuras Primero contesta estas preguntas individualmente y luego coméntalas con un grupo de compañeros/as.

1. ¿Cuánta basura sólida produce tu familia por semana?
2. ¿Adónde se lleva la basura recolectada en tu casa y en tu barrio?
3. ¿Cómo podemos controlar la generación de tantos residuos?
4. ¿Hay en tu comunidad muchos problemas en el control de las basuras?
5. ¿Qué es un país *en vías de desarrollo*? ¿Crees que estos países tienen más dificultades para controlar las basuras?

2 Discusión En parejas, conversen sobre los esfuerzos comunitarios locales que se han implementado en su comunidad para controlar los residuos.

MODELO Se ha implementado un programa de reciclaje.

3 Completar Completa las oraciones con alguna de las Palabras clave. Presta atención a las concordancias de número.

1. El gobierno ha tomado varias ____________ para mejorar el medioambiente.
2. Las ____________ de contaminación han crecido considerablemente en los últimos años.
3. Es necesario tener un plan para el manejo de los ____________.
4. Es indispensable ____________ las basuras de manera adecuada.
5. La ____________ de basuras es un problema en aumento.

MIENTRAS ESCUCHAS

1 Lo que escuchas Selecciona las palabras o expresiones cuando las escuches:

- ☐ países en vías de desarrollo
- ☐ la gestión de residuos
- ☐ los municipios
- ☐ ingeniera ambiental
- ☐ el manejo de residuos
- ☐ una tasa de recolección
- ☐ residuos sólidos
- ☐ medidas
- ☐ gestionar la situación
- ☐ el reciclaje y la reutilización
- ☐ incentivos
- ☐ la tasa de generación

DESPUÉS DE ESCUCHAR

1 **Cierta o falsa** Según el audio, indica si cada oración es **cierta** o **falsa**. Corrige las oraciones falsas.

1. La gestión de residuos es el servicio menos importante para los gobiernos municipales.
2. América Latina tiene una tasa de recolección muy baja, con un promedio del 60% de los residuos recolectado adecuadamente.
3. La tasa de residuos sólidos de la región latinoamericana es 1.1 kilos por familia al día.
4. Una posible solución es incluir más a los municipios en los esfuerzos por reciclar.
5. Los ciudadanos no pueden hacer nada para contribuir a la gestión de residuos.

ESTRATEGIA

Reciclar vocabulario
Integra a tu vocabulario las palabras que has escuchado:

desarrollados
gestionar
incentivos
medidas
promedio
recolección
residuos sólidos
tasa

2 **Pensar y evaluar** En grupos de tres, contesten estas preguntas.

1. ¿Qué evidencia provee Vergara al comentar que la situación de la basura en América Latina es mucho mejor que la situación en otras regiones?
2. Según la ingeniera, ¿qué pasará en quince años más o menos? ¿Cómo pueden los gobiernos municipales evitar problemas futuros?
3. ¿Por qué cree la ingeniera que la problemática de la basura será peor en el futuro?
4. ¿Qué consejos les ofrece a los ciudadanos latinoamericanos?

RECURSOS
Consulta la lista de apéndices en la p. 418.

3 **Un ensayo persuasivo** Estudia el mapa de basura que contiene las cifras de producción de residuos sólidos por país. Usa Internet para investigar sobre la producción y el manejo de las basuras en Estados Unidos.

Según las tres fuentes: el audio, el mapa y la información obtenida en Internet, escribe una carta persuasiva dirigida a una agencia estadounidense, en la que presentes las maneras más efectivas de mejorar la gestión de las basuras en Estados Unidos y el mundo en general.

Desechos sólidos municipales

Kilogramos por persona y por día

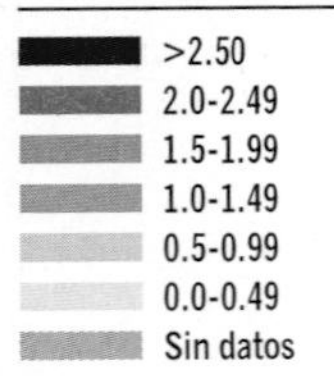

Fuente: Banco Mundial

CONEXIONES CULTURALES

Volcán Misti (5822 m). Arequipa, Perú

Arequipa: la ciudad blanca

AREQUIPA ES UNA PRECIOSA LOCALIDAD ANTIGUA UBICADA en la región andina de Perú. También se la conoce como «la ciudad blanca», porque está repleta de iglesias, museos y otras construcciones coloniales de ese color. Esto se debe a que gran parte de los muros de la ciudad están hechos de sillar, una roca blanca extraída de dos volcanes cercanos, el Misti y el Chachani.

Sin embargo, el color de sus edificios no es lo único que caracteriza a esta ciudad. Arequipa se encuentra a 2325 m por sobre el nivel del mar. La vida a esa altura es algo diferente. Debido a la falta de oxígeno, quienes visitan la ciudad a veces sufren de «soroche», o mal de las alturas. Pero los arequipeños han logrado adaptarse y casi no lo padecen.

Sus habitantes han aprovechado las bellezas naturales y arquitectónicas de la ciudad para atraer turistas nacionales y extranjeros. Es la tercera ciudad más visitada de Perú, después de Cusco y Lima.

◀ Caleta Tortel es un atractivo pueblo chileno ubicado en una región con abundantes lluvias y junto al río más caudaloso del país. Para protegerse de la acción del agua, sus habitantes lo construyeron sobre pasarelas de madera. Los habitantes de Tortel utilizan el ciprés para las edificaciones, los postes y su leña. No lo talan, sino que extraen la madera de bosques quemados para no afectar los ecosistemas.

▶▶ ¿Quieres practicar surf pero el mar está lejos? ¡No importa! En las laderas del Cerro Negro, en Nicaragua, se practica un singular deporte extremo: el «surf volcánico». A pesar de ser un volcán activo, muchos turistas llegan anualmente para practicar este curioso deporte.

Presentación oral: comparación cultural

Prepara una presentación oral sobre este tema:

- ¿Cómo se relacionan las poblaciones humanas con el medioambiente que las rodea?

Busca ejemplos de comunidades del mundo hispanohablante que han debido adaptarse a condiciones geográficas o climáticas adversas.

contexto 4 Las tradiciones y los valores

PUNTOS DE PARTIDA

Las tradiciones y los valores son elementos básicos de una cultura y se encuentran estrechamente relacionados. Usualmente, ambos se transmiten de generación en generación, y las tradiciones que uno elige preservar reflejan un sistema de creencias o valores.

- ¿Cuáles son los principales factores que influyen en la formación de los valores de una persona?
- ¿Cómo pueden las reglas y costumbres de una familia reflejar sus valores?
- ¿Cuál es el papel de la familia en la formación de los valores de los jóvenes?

DESARROLLO DEL VOCABULARIO

MI VOCABULARIO
Anota el vocabulario nuevo a medida que lo aprendes.

1 **Antónimos** Escribe antónimos de las siguientes palabras, utilizando los prefijos **in-** o **des-**. Luego elige cinco palabras y escribe una oración con cada una.

MODELO Obedecer: *desobedecer*

1. aceptable
2. acuerdo
3. coherente
4. concertar
5. confiar
6. congruente
7. consistente
8. disciplina
9. justo
10. orientar
11. seguridad
12. unir

2 **Las reglas de casa** Piensa en las reglas de tu casa. ¿Tus padres son estrictos o permisivos? Marca todas las opciones que correspondan a tu familia.

Mis padres intentan influir (o controlar)...

- ☐ a quiénes elijo como amigos
- ☐ adónde voy
- ☐ cómo me comporto en público
- ☐ cómo paso mi tiempo libre
- ☐ con quién me relaciono
- ☐ con quién salgo en coche
- ☐ la ropa que llevo
- ☐ mis horarios

3 **Las relaciones con mis padres** Al frente de cada oración escribe **casi siempre**, **muchas veces**, **raras veces** o **nunca**, según tus experiencias. Luego comparte tus respuestas con un(a) compañero/a.

1. Hablo con mis padres sobre sus reglas y lo que esperan de mí. ____________
2. Mis padres me permiten salir por la noche durante los fines de semana. ____________
3. Debo volver a casa más temprano que mis amigos. ____________
4. Cuando salgo, mis padres me preguntan adónde voy y con quién. ____________
5. Mis padres tienen buena opinión de mis amigos. ____________
6. Mis padres me explican las razones de sus reglas. ____________
7. Desobedezco las reglas de mis padres. ____________
8. Mis padres confían en mí. ____________

4  **¿Qué tipo de padre o madre serías?** Escribe una lista de las cinco reglas más importantes que tú impondrías como padre o madre. Luego, escribe un párrafo para explicar por qué elegiste estas reglas y cuál sería tu filosofía para regular el comportamiento de tus hijos.

LECTURA 4.1 ▸ EL NIÑO Y LA NIEBLA (FRAGMENTO)

SOBRE EL AUTOR El escritor mexicano Rodolfo Usigli (1905-1979) fue ensayista, poeta y narrador, además de profesor y diplomático, pero es más conocido por sus obras de teatro. Como dramaturgo exploró las verdades de la naturaleza humana y de la sociedad, y mostró las fuerzas contradictorias dentro de ellas: la hipocresía y el egoísmo. En 1972, el gobierno mexicano le otorgó el Premio Nacional de Letras.

SOBRE LA LECTURA Este fragmento de la obra dramatúrgica *El niño y la niebla* (1936) aborda temas que siguen siendo relevantes hoy día. En la obra se presentan los conflictos familiares, las dificultades de la adolescencia y el papel de los valores que regulan las relaciones dentro de una familia. Esta obra de teatro se estrenó en 1951 y fue llevada al cine en 1953.

ANTES DE LEER

1 **Los conflictos familiares** Responde a estas preguntas sobre los conflictos más comunes en las familias.

1. Haz una lista de cinco quejas comunes de los adolescentes sobre las normas de sus padres.
2. Ahora, haz una lista de cinco quejas frecuentes de los padres con hijos adolescentes.
3. ¿Es frecuente que los padres y las madres estén en desacuerdo o discutan por la manera en la que cada uno educa a sus hijos?
4. ¿Tus padres suelen contradecirse en las normas que imponen en casa?

2 **La independencia** El proceso de adquirir independencia a veces es complicado, e incluso puede llegar a ser hostil. Escribe una lista de las maneras en que los adolescentes intentan ser más autónomos y de cómo reaccionan los padres.

ACCIONES DE REBELDÍA COMUNES	REACCIONES TÍPICAS DE LOS PADRES
llegar tarde a casa por la noche	*quitar las llaves del coche*

3  **Reglas y valores** Discute estas preguntas con un(a) compañero/a de clase.

1. ¿Crees que las reglas de tu familia son consistentes y coherentes? Explica.
2. ¿Hay reglas familiares con las cuales no estás de acuerdo?
3. Si tienes algún problema, ¿prefieres hablar con tu padre o con tu madre?
4. ¿Crees que las reglas reflejan los valores de tu familia? ¿En qué sentido?
5. ¿Cuáles son los valores más importantes de tu familia?

4   **Las razones de las reglas** Conversa con un(a) compañero/a sobre algunas de las reglas de tu casa, las razones por las que existen y si te parecen justas o no. Pregúntale a tu compañero/a si alguna vez ha desobedecido alguna de esas normas, por qué lo hizo y qué sucedió después de haberlo hecho.

EL NIÑO Y LA NIEBLA (Fragmento)

por **Rodolfo Usigli**

ESTRATEGIA

Visualizar es el proceso de formar imágenes mentales para representar ideas, personas o escenas. Mientras lees, visualiza a los personajes: caras, expresiones, gestos y lenguaje corporal, el tono de la voz, la ropa, la casa donde viven y detalles similares.

PALABRAS CLAVE

inculcar infundir, transmitir (ideas, valores)
menudo/a pequeño/a, fino/a
ensombrecerse entristecerse, apagarse
sombrío/a melancólico/a
tutear tratar de «tú» a alguien, en lugar de usar la forma «usted»
empeñarse (en) intentar obstinadamente, hacer un esfuerzo para lograr algo

GUILLERMO: No debiste permitir a Daniel que saliera a estas horas.

MARTA: No salió a estas horas, salió a las seis.

GUILLERMO: En todo caso, pudiste decirle que regresara temprano. *(Marta no contesta.)* Estoy seguro de que anda nuevamente con ese muchacho Luis, y no me gusta: es una mala compañía. *(Marta no contesta.)* ¿Me oyes?

MARTA: Sí.

GUILLERMO: No lo parece. No debes permitirlo, Marta. Luis es un chico de malas costumbres, y Daniel…

MARTA: ¿No podemos hablar de otra cosa?

GUILLERMO: *(Con lentitud y tristeza, pero sin rencor.)* Temo que no, Marta. Nuestros temas de conversación han ido desapareciendo uno por uno en estos años.

[…]

MARTA: ¿Por qué lo apartas tú de mí? Le **inculcas** sentimientos de indiferencia, de desconfianza.

GUILLERMO: No es verdad, Marta.

MARTA: ¡Oh, sí!

GUILLERMO: No es verdad. *(Tembloroso.)* En Daniel, en mi hijo, yo respeto toda la niñez, toda la pureza, toda la inocencia. […]

JACINTA: *(En la puerta derecha.)* Ya está lista su merienda, señor Guillermo.

GUILLERMO: Gracias, Jacinta. ¿Merendó Daniel?

JACINTA: No. No más la niña Marta.

GUILLERMO: En ese caso creo que esperaré a Daniel.

JACINTA: Aquí viene, señor.

Entra Daniel, por la izquierda. Quince años; pálido, delgado, ***menudo****, con ojos muy grandes y cabellos revueltos, pero lacios. Su voz está cambiando. A veces habla fino y fresco como un niño; otras su voz se* ***ensombrece****, es ronca y opaca, desagradable. Deja caer su gorra y unos libros en el banco del piano.*

GUILLERMO: Buenas noches, Daniel.

DANIEL: Buenas noches, papá.

GUILLERMO: Te esperaba para merendar.

DANIEL: *(Niño.)* No tengo hambre, papá.

JACINTA: Ya has de haber estado comiendo golosinas en la calle, niño, echándote a perder el estómago.

DANIEL: *(****Sombrío****.)* No quiero que me hable de tú, papá.

GUILLERMO: No digas tonterías. Jacinta ha estado con nosotros la mitad de tu vida, te conoció muy pequeño. ¿No te acuerdas de cuando te llevaba en brazos a tu cama?

DANIEL: No; pero no quiero que me **tutee**.

MARTA: Tiene razón. **Se empeñan** en disminuirlo, en considerarlo como a un bebé: ya es casi un hombre. Trátelo de usted desde ahora, Jacinta.

JACINTA: Está bien, niña.

MARTA: Y vaya usted a poner su cubierto en la mesa.

Jacinta sale.

GUILLERMO: Sí, casi un hombre. ¿Qué día es mañana, Daniel?

DANIEL: *(Sentándose, cansado.)* No sé.

GUILLERMO: Veintidós de mayo, hijo. ¿Quién cumple años mañana?

DANIEL: De veras, yo.

GUILLERMO: Justamente. Tengo una pequeña sorpresa para ti; pero antes quiero preguntarte algo. ¿Has estado otra vez con Luis?

DANIEL: ***(Desequilibrándose.)*** No es cierto.

GUILLERMO: No necesitas gritar. Contéstame: ¿has estado otra vez con él?

DANIEL: No, no, ¡no!

GUILLERMO: Comprende, hijo, que no es un simple **capricho**, ni un deseo de molestarte lo que me hace aconsejarte que evites la amistad de ese muchacho. Es demasiado grande para ti; tiene mala fama. Ahora, sin perder la **compostura**, respóndeme, dime la verdad: ¿has estado con Luis?

DANIEL: *(Furioso.)* Ha de haber sido ese Mauricio el que te lo dijo.

GUILLERMO: Nadie me ha dicho nada, Daniel.

DANIEL: Sí, sí, él fue el único que pasó por donde estábamos... *(Se detiene.)*

GUILLERMO: Entonces, ¿estuviste con Luis?

DANIEL: *(Baja los ojos.)* Sí.

GUILLERMO: Te suplico que sea la última vez.

DANIEL: Está bien, papá.

MARTA: Has repetido ya cien veces esta escena ridícula, Guillermo. Yo no veo nada de malo en que Daniel tenga amigos mayores que él.

DANIEL: *(Niño.)* ¿De verdad que no, mamá?

GUILLERMO: Generalmente no es bueno; pero en el caso específico de Luis es malo. Sé lo que digo, Marta. Te ruego que no **desconcertemos** a Daniel con opiniones contrarias. [...] Daniel, mañana cumplirás quince años; eres casi un hombre, hijo mío. Quiero que me des tu palabra de que no volverás a andar con Luis.

DANIEL: Pero, ¿qué mal hay en que yo tenga amigos? Todos los muchachos los tienen.

GUILLERMO: No generalices: se trata sólo de Luis. Me apena que tengas una mala amistad, hijo. Te lo aconsejo por tu bien. ¿Me das tu palabra de hombre?

MARTA: ¿Cómo quieres que proceda como un hombre si lo tratas como a una criatura? Eres **incongruente**.

GUILLERMO: Por favor, Marta. Daniel...

DANIEL: ***(Fastidiado.)*** Está bueno, papá.

GUILLERMO: ¿Tengo tu palabra?

DANIEL: Sí.

[...]

GUILLERMO: Vamos a merendar. *(Se levanta. Mutis[1] por la derecha. Daniel va a seguirlo cuando Marta lo detiene.)*

MARTA: Daniel...

DANIEL: Mande, mamá.

MARTA: Si tu padre te preguntara si yo te di permiso de salir, le dirás que sí. Yo se lo dije.

DANIEL: Pero no es verdad.

MARTA: Prefiero que se enoje conmigo.

DANIEL: *(Acercándose.)* Gracias, mamá. *(Le toma la mano.)* ◣

PALABRAS CLAVE

desequilibrarse perder la calma

el capricho deseo pasajero y extravagante

la compostura comportamiento digno y adecuado

desconcertar confundir, desorientar (a alguien)

incongruente incoherente, ilógico

fastidiado/a molesto/a, incómodo/a

1 Expresión usada en dramaturgia para indicar que un personaje sale de escena.

DESPUÉS DE LEER

MI VOCABULARIO
Anota el vocabulario nuevo a medida que lo aprendes.

1 Comprensión Contesta estas preguntas con oraciones completas. Luego comparte tus respuestas con un(a) compañero/a.

1. ¿Quiénes son los padres de Daniel?
2. ¿Cuántos años tiene Daniel?
3. ¿Quién es Jacinta?
4. ¿Qué quiere Daniel que Jacinta haga? ¿Por qué?
5. ¿Quién es Luis?
6. ¿En qué no están de acuerdo Guillermo y su esposa?
7. ¿Qué opina Guillermo de Luis? ¿Por qué?
8. ¿Es Marta afectuosa con Guillermo? ¿Cómo lo sabes?
9. ¿Cuál es la opinión de Marta sobre la forma de actuar de Guillermo?
10. ¿Marta le dice mentiras a Guillermo o le oculta cierta información importante? ¿Por qué lo hace?
11. ¿Crees que Daniel es un chico malcriado?
12. En conclusión, ¿cuál es el conflicto que se presenta en esta escena?

2 Los personajes Según los diálogos de este fragmento dramatúrgico, describe la forma de ser de cada uno de los personajes. Utiliza adjetivos del recuadro u otros que consideres necesarios. Luego comparte tus descripciones con un(a) compañero/a.

autoritario/a	fiel	inseguro/a	obstinado/a	rencoroso/a
cariñoso/a	imponente	malcriado/a	prevenido/a	responsable
consentido/a	indiferente	obediente	rebelde	sociable

MODELO Jacinta es una mujer *respetuosa* y *trabajadora*. Ha sido *fiel* a sus patrones por muchos años.

1. Guillermo ______________________________.
2. Marta ______________________________.
3. Daniel ______________________________.

3 Las intenciones Completa estas oraciones sobre las intenciones de los personajes, usando las Palabras clave de las páginas 50-51. Usa la forma adecuada de los verbos en cada caso.

1. Guillermo quiere ____________ buenos valores a Daniel.
2. Al principio, Daniel parece tener un temperamento ____________.
3. Daniel no quiere que Jacinta lo ____________ (subjuntivo).
4. Marta opina que Guillermo es ____________ en la manera como educa a su hijo.
5. Marta no quiere que los adultos ____________ (subjuntivo) en tratar a Daniel como a un niño.
6. Con sus opiniones contradictorias, Marta y Guillermo ____________ a Daniel.
7. Daniel ____________ cuando su padre le pregunta de manera insistente si ha salido con Luis.
8. Daniel empieza a perder ____________ al hablar con su padre.

4  **¿Quién es?** Para cada personaje de esta escena, escribe dos quejas que él o ella podría pronunciar en determinado momento y por alguna situación específica. Luego, con un(a) compañero/a, túrnense para leer las quejas y adivinar de qué personaje se trata.

Estudiante 1: No quiero que me traten como a un niño.
Estudiante 2: Es Daniel.

5 **Otra escena** Ya conoces a los personajes, su forma de ser y sus conflictos. Ahora, con un(a) compañero/a, inventen una escena entre Daniel y su padre o su madre, o entre Guillermo y Marta, en la que siga desarrollándose el conflicto familiar, o en la que le pongan punto final. Prepárense para representar la escena ante la clase.

6  **Un recuerdo personal** ¿Alguna vez tus padres o tutores te han prohibido hacer algo que querías hacer? ¿Cuáles fueron sus razones? ¿Cómo reaccionaste? Escribe una página de tu diario en la que describas un recuerdo personal semejante a la situación que experimenta Daniel en la escena escrita por Usigli. Explica si en este momento de tu vida actuarías de la misma manera o si tu reacción ahora sería diferente.

7  **Ensayo persuasivo** ¿Cómo pueden las reglas y costumbres de una familia reflejar sus valores? Usando ejemplos de la lectura y de tus propias experiencias, escribe un ensayo persuasivo en el que respondas a la pregunta anterior. El ensayo debe incluir por lo menos tres párrafos, según este esquema:

- Un párrafo en el que presentes tu tesis
- Un párrafo de explicación en el que analices y apoyes la tesis mediante argumentos lógicos
- Un párrafo final en el que concluyas tu análisis y resumas los argumentos que sustentan la tesis

ESTRATEGIA

Registro
Al escribir su escena, consideren el *registro* que usan los personajes. Es decir, si tutean o no, por ejemplo, o si se dirigen al otro personaje en un tono imponente, respetuoso o cariñoso.

RECURSOS
Consulta la lista de apéndices en la p. 418.

ESTRUCTURAS

El subjuntivo

Con base en los conflictos presentados en la escena, combina elementos de cada columna para formar cinco oraciones completas usando el subjuntivo.

MODELO Marta teme que Guillermo la *aparte* de Daniel.

A	B		C
Daniel	esperar	preferir	tutear
Guillermo	insistir (en)	pretender	andar con Luis
Marta	molestar	querer	contradecir frente a su hijo
	pedir	temer	enojarse con ella
			apartarla de Daniel
			meterse en su vida social

RECURSOS 
Consulta las explicaciones gramaticales del **Apéndice A**, pp. 441-446.

LECTURA 4.2 ▸ HOMENAJE A LAS MADRES DE LA TRADICIÓN ARTESANA

SOBRE LA LECTURA Las artesanías son artículos hechos a mano que reflejan la cultura y las costumbres de quienes las elaboran. En los países hispanos, la elaboración de estos productos es una tradición que generalmente las mujeres pasan de generación en generación.

En este artículo, tomado del sitio web de la empresa Artesanías de Colombia, que fomenta el desarrollo artesanal sostenible, se rinde homenaje a las artesanas colombianas que elaboran y venden productos tradicionales para mantener a sus familias y transmitir sus conocimientos a las generaciones siguientes. Con su trabajo artesanal, ellas mantienen vivas sus tradiciones y ayudan a la economía familiar.

ANTES DE LEER

1 **Mis tradiciones** Las tradiciones toman muchas formas diferentes: vestido, alimentación, celebraciones, narraciones, música, actos de generosidad, artesanías y mucho más. Haz una lista de algunas tradiciones importantes de tu familia, escuela, comunidad o religión.

2 **¿Cómo son tus tradiciones?** Comparte tu lista de la Actividad 1 con un(a) compañero/a de clase. Pídele más información sobre sus tradiciones, usando estas preguntas u otras similares.

- ¿Quiénes practican la tradición? ¿Dónde? ¿Cuándo?
- ¿Dónde se originó la tradición?
- ¿Cómo ha cambiado durante los años recientes? ¿Por qué?
- ¿Es una tradición popular? ¿Te gusta? ¿Por qué?
- ¿Hay valores o lecciones que transmite esta tradición?
- ¿Por qué se sigue practicando?

RECURSOS
Consulta la lista de apéndices en la p. 418.

3 **Presentación oral** Elige una de las tradiciones de tu país y haz una presentación oral en la que respondas a las preguntas de la Actividad 2. Además, compara la tradición de la que vas a hablar con una tradición de un país hispanoparlante que te sea familiar.

4 **El valor de las tradiciones** En pequeños grupos, discutan estas preguntas sobre la importancia de conservar las tradiciones.

1. ¿Por qué tenemos tradiciones?
2. ¿Por qué unas tradiciones continúan y otras no?
3. ¿Hay tradiciones que practicamos sin darnos cuenta de que lo son?
4. ¿Cuáles son las tradiciones más importantes de tu escuela, familia o comunidad?
5. ¿Quiénes son las personas responsables de perpetuar las tradiciones?
6. ¿Hay tradiciones que sirven para preparar a la gente para la vida adulta?
7. En tu opinión, ¿cuáles son las tradiciones más importantes? ¿Por qué?

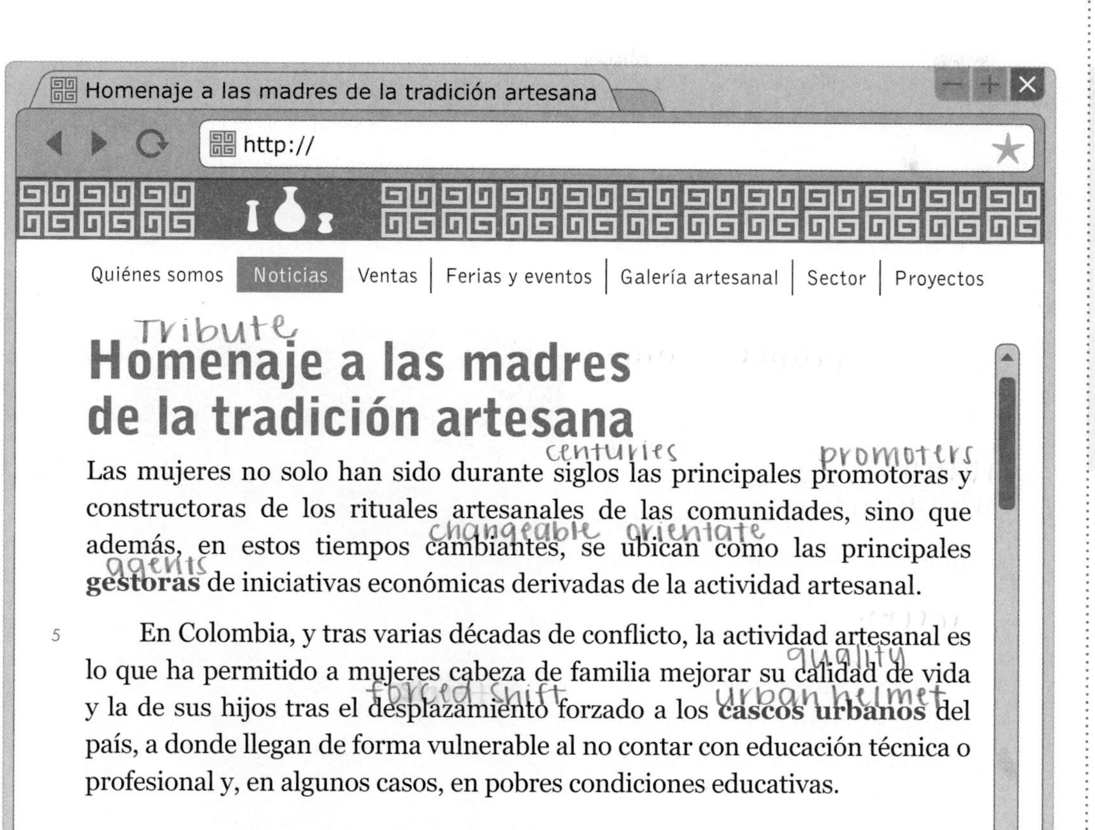

Homenaje a las madres de la tradición artesana

Las mujeres no solo han sido durante siglos las principales promotoras y constructoras de los rituales artesanales de las comunidades, sino que además, en estos tiempos cambiantes, se ubican como las principales **gestoras** de iniciativas económicas derivadas de la actividad artesanal.

En Colombia, y tras varias décadas de conflicto, la actividad artesanal es lo que ha permitido a mujeres cabeza de familia mejorar su calidad de vida y la de sus hijos tras el desplazamiento forzado a los **cascos urbanos** del país, a donde llegan de forma vulnerable al no contar con educación técnica o profesional y, en algunos casos, en pobres condiciones educativas.

Madres, más que tradición

En Colombia, según el Censo Económico Nacional, el 60% de las personas que componen el sector artesanal son mujeres.

Según este mismo censo, «la mujer artesana, en su mayoría, se ocupa de los procesos de producción, terminado y empaque, actividades que realiza paralelamente con las tareas domésticas. Su responsabilidad social y espíritu de **superación** la han llevado a aminorar el desequilibrio entre sus necesidades y la cantidad de recursos percibidos por la producción».

Diversos estudios llevados a cabo por Artesanías de Colombia y entidades públicas y privadas tanto nacionales como internacionales han indicado el importante rol que las mujeres tienen en el desarrollo artesanal del país.

Las mujeres no son solo quienes enseñan los oficios artesanales tradicionales a sus hijos, sino también las encargadas de recuperar ciertas prácticas que han venido decayendo en el tiempo y que en diferentes iniciativas enfocadas al **rescate** de tradiciones han formado parte activa en recobrar la memoria oral de los oficios.

Igualmente, estos estudios han indicado que, dada la situación social que el país ha vivido en términos de desplazamiento masivo desde zonas rurales a las ciudades, y al gran número de mujeres que conforman estos grupos, la actividad artesanal ha sido un foco promotor de pequeñas microempresas y asociaciones que actualmente dan el sustento a sus familias.

PALABRAS CLAVE

- **el/la gestor(a)** persona que promueve o impulsa objetivos específicos
- **el casco urbano** área o zona central de una ciudad (lo contrario de la zona rural)
- **la superación** acción de vencer obstáculos y derrotar los límites
- **el rescate** acción de rescatar o recuperar

PALABRAS CLAVE

la índole característica o naturaleza de una cosa

la talabartería arte de trabajar artículos de cuero

la orfebrería arte de trabajar artículos de metal (especialmente oro y plata)

tallar dar forma, especialmente en el oficio de la escultura

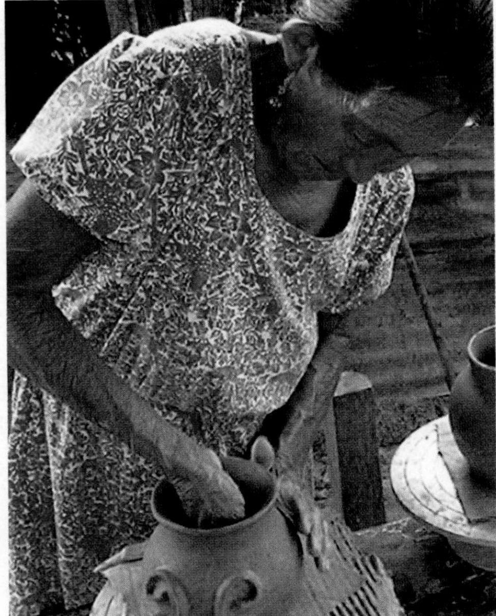

De otra parte, las mujeres también impulsan la unidad familiar, ya que gran parte de estas microempresas son de **índole** familiar, en donde hijos, nietos, sobrinos y parientes aprenden los oficios y participan activamente en la generación de ingresos para sus familias.

La Subgerencia de Desarrollo trabaja en la continua formación de un grupo de mujeres de Bogotá, en situación de desplazamiento y de la tercera edad, quienes han logrado subsistir y sacar adelante negocios de artesanías y además ser orientadas sobre procesos productivos, costos, diseño y posibilidades de comercialización de sus productos, mejorando su inserción social en la dinámica capitalina.

Es notable cómo estos grupos se empeñan cada vez más en producir mejores piezas artesanales, que cumplan con los mejores estándares de calidad y que permitan una fácil comercialización.

Es curioso que pese a que oficios como la **talabartería**, **orfebrería** y **talla**, que han sido tradicionalmente masculinos, empiezan a tener cada vez más una presencia femenina en su desarrollo, como un indicador de que cada vez más mujeres aprenden y ejecutan labores, que posteriormente serán transmitidas de generación en generación.

Es claro que los cambios constantes de nuestra sociedad le han dado a la mujer artesana un valor inigualable en el sector artesanal en Colombia, es gracias a ellas, madres, tías, hermanas, abuelas, que permiten que hoy en día reconozcamos como nuestras diversas formas culturales.

Muchas de ellas hoy hablan orgullosas de cómo sus hijos son profesionales y que ese sueño ha sido posible gracias a la transformación de materiales en sus manos.

DESPUÉS DE LEER

1 **Comprensión** Elige la mejor respuesta para cada pregunta, según el artículo.

1. ¿Con qué propósito fue escrito este artículo?
   a. Opinar sobre la situación laboral de la mujer colombiana
   b. Resaltar el valor del trabajo de las artesanas colombianas
   c. Divertir al lector con historias tradicionales
   d. Describir la labor realizada por Artesanías de Colombia
2. ¿Cuál de estas afirmaciones resume mejor el artículo?
   a. Muchas mujeres colombianas han dejado de trabajar para dedicarse al arte tradicional.
   b. En Colombia, los hombres ya no hacen artesanías debido al desplazamiento a los cascos urbanos.
   c. En Colombia, las mujeres hacen mejores artesanías que los hombres.
   d. Con sus productos tradicionales, las artesanas colombianas aportan cultural y económicamente tanto al país como a sus familias.
3. ¿Cuáles son dos de los problemas que han tenido que superar estas mujeres?
   a. Tener que irse a la ciudad y no contar con estudios técnicos o profesionales
   b. Discriminación racial y separación de sus familias
   c. Falta de mercados y oficios
   d. El machismo y la maternidad
4. ¿Cómo unen más a sus familias estas artesanas?
   a. No tienen que salir de casa para ir a otros mercados.
   b. Les enseñan el oficio a sus descendientes.
   c. Crean artesanías con la imagen de la familia.
   d. Practican la talabartería y la orfebrería.
5. ¿Por qué hay cada vez más mujeres haciendo oficios que eran tradicionalmente masculinos?
   a. Durante el desplazamiento a las grandes ciudades, los hombres se quedaron en el campo.
   b. Los hombres prefieren no trabajar en microempresas.
   c. Las mujeres aprenden nuevos oficios para enseñar a las futuras generaciones.
   d. En Artesanías de Colombia les enseñan oficios tradicionalmente masculinos.

Resumir Para identificar la afirmacion que mejor resume la lectura, busca palabras y expresiones que contengan las ideas principales.

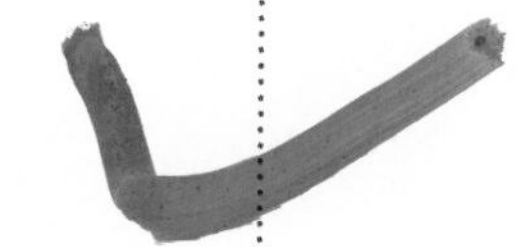

2 **Relaciones** Relaciona las siguientes oraciones con una de las Palabras clave de las páginas 55-56.

MODELO La manifestación se llevará a cabo en la zona central de la ciudad. casco urbano

1. Los campesinos han logrado mejorar su calidad de vida. ____________
2. El artista transformó una piedra en una obra de arte. ____________
3. Las artesanas han liderado muy bien el proyecto. ____________
4. La comunidad indígena ha logrado revivir antiguas tradiciones. ____________
5. En el museo local hay una exposición de artículos de cuero. ____________

ESTRATEGIA

Evaluar la lectura
Es importante evaluar la calidad de la información que lees. Para ello, resulta útil identificar el propósito de la lectura: ¿es para entretener, informar, advertir, hacer publicidad o expresar opiniones? Considerando el propósito, el público al que va dirigido y la perspectiva del autor, puedes evaluar la calidad del argumento.

RECURSOS
Consulta la lista de apéndices en la p. 418.

MI VOCABULARIO
Utiliza tu vocabulario individual.

3 **Evaluar** Con un(a) compañero/a, contesta estas preguntas para evaluar más a fondo la lectura.

1. ¿Dónde fue publicado el artículo?
2. ¿Creen que es una fuente objetiva y confiable? ¿Por qué?
3. ¿Cuál es el público al que va dirigido el artículo? (por ejemplo, público general o lectores especializados, niños o adultos, lectores nacionales o extranjeros...)
4. ¿Cuál es el propósito central del artículo?
5. ¿El autor presenta la información de manera objetiva? Sustenten sus respuestas con ejemplos.
6. ¿Consideran que las fuentes usadas por el autor son confiables?

4 **Un mensaje de felicitaciones** Después de leer este artículo quieres felicitar a las mujeres artesanas de Colombia. Escribe un mensaje electrónico a la empresa Artesanías de Colombia para que se lo comuniquen a ellas. Incluye estos elementos en tu mensaje electrónico:

- Expresa tu admiración por el trabajo de estas mujeres.
- Explica por qué consideras que su labor es importante.
- Felicítalas por sus logros y sus contribuciones familiares y sociales.
- Diles que has visto fotos de sus artesanías y expresa tu opinión sobre ellas.
- Pregúntales si exportan sus productos o si han pensado en hacerlo.
- Termina con un mensaje de ánimo para que continúen con su trabajo.

Utiliza este modelo para empezar tu mensaje electrónico:

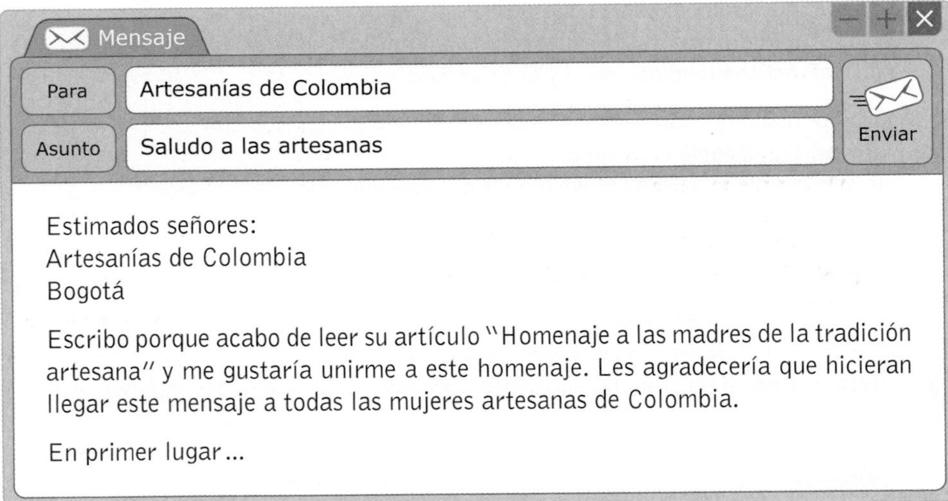

Mensaje
Para
Artesanías de Colombia
Asunto
Saludo a las artesanas
Enviar
Estimados señores:
Artesanías de Colombia
Bogotá
Escribo porque acabo de leer su artículo "Homenaje a las madres de la tradición artesana" y me gustaría unirme a este homenaje. Les agradecería que hicieran llegar este mensaje a todas las mujeres artesanas de Colombia.
En primer lugar...

5 **Las tradiciones de mi país** Haz una lista de cinco tradiciones de tu país (o de tu estado), que en tu opinión se deben mantener o rescatar (por ejemplo, un tipo de música, la comida de una región especial, una celebración o una cultura particular –como los *amish*–). Luego compartan la lista en pequeños grupos y discutan por qué es importante mantener vivas esas tradiciones. ¿Quiénes son los responsables de conservarlas o transmitirlas?

AUDIO ▸ CULTURA: GARÍFUNA

INTRODUCCIÓN Esta grabación fue tomada del sitio web de Nuevos Horizontes, un programa de radio patrocinado y emitido por la Universidad de Illinois Urbana-Champaign, que transmite programas de temas variados. El programa describe al grupo étnico garífuna, que se ubica en varias regiones de Centroamérica y el Caribe, como se puede apreciar en la zona sombreada de este mapa. Entre otros temas, se destacan aspectos culturales de los garífuna, como su música y sus danzas, su religión y las tradiciones orales, esenciales en la transmisión de sus costumbres.

ANTES DE ESCUCHAR

1 Comunidades Para explorar el tema de las comunidades indígenas y étnicas, respondan a estas preguntas en grupos pequeños.

1. ¿Qué comunidades indígenas de Hispanoamérica conocen?
2. ¿Dónde viven o vivían?
3. ¿Cuáles son sus raíces étnicas?
4. ¿Qué saben de sus lenguas, su arte, su religión y otras tradiciones?
5. ¿Cómo fueron afectadas las civilizaciones indígenas por la llegada de los conquistadores europeos?
6. ¿Qué aportes culturales hicieron los africanos traídos a América como esclavos?
7. ¿Qué legado cultural existe para las familias y comunidades de hoy? Den ejemplos específicos.

PALABRAS CLAVE

la creencia fe (credo) o convicción
la etnia grupo étnico, pueblo
compuesto/a (de) conformado (por), hecho (de)
fusionar integrar, unir
el legado herencia, lo que una generación deja para las siguientes

MIENTRAS ESCUCHAS

1 Escucha una vez Primero lee la lista de categorías en la Actividad 2 y luego escucha la grabación para captar las ideas generales.

2 Escucha de nuevo Ahora, con base en lo que escuchas, escribe palabras o frases relacionadas con cada una de las categorías de esta tabla.

ubicación geográfica	
lugares de inmigración	
lenguaje	
UNESCO	
música y baile	
religión	
tradiciones orales	

ESTRATEGIA

Hacer un inventario Mientras escuchas la primera vez, marca con una X cada categoría en la tabla de la Actividad 2. Esta estrategia te ayudará a guiarte en el contenido de la grabación.

DESPUÉS DE ESCUCHAR

1 

Comprensión Lee las oraciones e indica si cada una es **verdadera** o **falsa**, según la grabación. Corrige las oraciones falsas.

1. *Garinagu* es la forma plural de la palabra garífuna.
2. La comunidad garífuna se originó en el Caribe, en particular en la isla de San Vicente y en la costa este de Centroamérica.
3. Los garinagu tienen raíces africanas y europeas.
4. Costa Rica, Honduras, Nicaragua y Guatemala son parte de la comunidad garífuna.
5. Se calcula que hay 600.000 habitantes del grupo étnico que viven en Centroamérica.
6. No hay evidencia de la presencia garífuna en otros países del mundo.
7. Los garinagu hablan solamente el idioma de sus antepasados.
8. La música de los garinagu se ha fusionado para fundar un nuevo género: la punta rock.
9. Los garinagu solo practican el catolicismo tradicional.

MI VOCABULARIO
Utiliza tu vocabulario individual.

2

Investigación y comparación Investiga en Internet sobre uno de estos dos grupos étnicos de Estados Unidos: 1) los criollos del estado de Luisiana o 2) los *gullah* del área de Charleston, Carolina del Sur. Luego contesta estas preguntas:

1. ¿Cómo se ha desarrollado su legado cultural?
2. ¿En qué se parece al legado cultural de los garinagu?
3. ¿Cuáles son sus principales tradiciones y cómo las han preservado?

RECURSOS
Consulta la lista de apéndices en la p. 418.

3 

Ensayo de análisis Escribe un ensayo en el que analices una de estas afirmaciones:

« La geografía humana influye en las tradiciones y costumbres de un pueblo. » 

« La transmisión de costumbres, conocimientos y creencias de una generación a otra forma la conciencia histórica de las sociedades y mantiene vivo el espíritu de los pueblos. » 

El ensayo debe incluir por lo menos cuatro párrafos, según este esquema:

1. Un párrafo en el que presentes tu tesis, enfocándote en:
   - el contexto o el tema que tratarás
   - lo que aprendiste de la fuente auditiva y de las actividades de Antes de leer y Después de leer
2. Dos párrafos de explicación; en cada uno debes:
   - analizar y apoyar la tesis mediante argumentos lógicos
   - dar ejemplos y evidencia que sustenten tus argumentos; al citar la fuente auditiva u otra evidencia, debes identificarlas apropiadamente
3. Un párrafo final en el que:
   - concluyas tu análisis
   - resumas los argumentos que sustentan la tesis

CONEXIONES CULTURALES

San Basilio de Palenque, Bolívar (Colombia)

Formación de valores

SI BIEN CADA UNO DE NOSOTROS ES UNA PERSONA ÚNICA e irrepetible, existen diversos agentes que influyen en la formación de nuestros valores y costumbres: la familia, la escuela, los grupos de amigos y, por supuesto, los medios de comunicación.

Eso es algo que tuvo en cuenta el Ministerio de Educación de la República Argentina al crear el Canal Encuentro. Uno de los principales objetivos de este canal de televisión gratuito, y completamente libre de publicidad, es acercar conocimientos a los habitantes de todas las regiones del país. Cada uno de sus programas está diseñado para transmitir los valores y las costumbres de la sociedad argentina. Por ejemplo, en el programa «Lunfardo argento», especialistas y personalidades de la cultura hablan sobre el lunfardo, una lengua popular argentina que surgió en el submundo del tango a comienzos del siglo XX y que ha dejado huellas en el habla argentina actual.

- En la Isla de San Andrés, Colombia, se habla un idioma criollo que no existe en ningún otro lugar del mundo. Como en la escuela solamente se enseña español, las familias tienen la importante labor de transmitir su lengua a las generaciones siguientes.
- Los estudiantes de la escuela preparatoria de Silao, en México, aprenden valores como la justicia y el respeto, participando en programas sociales (por ejemplo, campañas de vacunación) y trabajando en hogares de ancianos.
- *Corazones abiertos* es una organización no gubernamental paraguaya, integrada por jóvenes voluntarios que ayudan a las personas de menos recursos a obtener todo lo necesario para salir adelante. De esta manera se promueven entre los jóvenes valores sociales como la solidaridad, el mutuo apoyo y el respeto por los demás.

Presentación oral: comparación cultural

Prepara una presentación oral sobre este tema:

- ¿Cuáles son los principales factores que influyen en la formación de los valores de una persona?

Compara la formación en valores que tú has tenido con la que reciben los jóvenes en una región del mundo hispanohablante que te sea familiar.

Acentuación

Al hablar, algunas sílabas reciben mayor énfasis que las demás (acento prosódico o tónico). Por ejemplo, en «pluma», el acento prosódico recae sobre la primera sílaba: [pluma]. Esta sílaba se llama sílaba tónica, y la que no tiene acento, sílaba átona. Debemos identificar la sílaba tónica de una palabra para dominar el uso de la tilde (*written accent*) en palabras de dos o más sílabas.

Come cuanto le doy. Le gustan las naranjas, las mandarinas y las uvas.

Palabras agudas

- Las palabras agudas son aquellas cuya última sílaba es tónica.

  algodón, cristal, ideal

- Las palabras agudas llevan tilde cuando terminan en **-n**, en **-s** o en **vocal**.

  camión, compás, sofá, colibrí

- Cuando terminan en **-s** precedida de otra consonante, se escriben sin tilde.

  robots, tictacs

¡ATENCIÓN!
Las palabras llanas que terminan en **-s** precedida de otra consonante también se acentúan:
fórceps, bíceps.

Palabras llanas

- Las palabras llanas o graves son aquellas cuya penúltima sílaba es tónica.

  pequeño, peludo, suave

- Las palabras llanas llevan tilde cuando no terminan en **-n**, en **-s** o en **vocal**.

  lápiz, frágil, fácil

Palabras esdrújulas y sobresdrújulas

- Las palabras esdrújulas son aquellas cuya antepenúltima sílaba es tónica, y las palabras sobresdrújulas son aquellas en las que es tónica alguna de las sílabas anteriores a la antepenúltima.

  rozándolas, crepúsculo, cómetelo, cómpraselo

- Las palabras esdrújulas y sobresdrújulas siempre llevan tilde.

  fantástico, lágrima, ídolo, ábaco, arréglaselo

PRÁCTICA

1 Escribe la tilde en las palabras que lo necesiten.

«Lo que sucedia cada sabado dependia de lo que hicieran los jovenes de la comunidad. El crecimiento vertiginoso de asistentes, sumado a la limitacion de espacios y de medios, no fueron un obstaculo para continuar con las actividades, sino un incentivo para organizarlas mejor. Aquellos jovenes que llevaban mas semanas o tenian mayor liderazgo asumieron el reto de coordinar a los otros. Ellos mismos podian hacerlo, ellos mismos lo harian, ellos mismos lo hacen. Bajo esa premisa nacio Tiempo de Juego.»

La coma

Al igual que en inglés, la coma se utiliza normalmente para indicar la existencia de una pausa breve dentro de una oración.

USOS PRINCIPALES	EJEMPLOS
Para separar los elementos de una enumeración	Es una chica muy educada, amable y estudiosa.
Para aislar explicaciones (se utiliza una coma delante del comienzo del inciso y otra al final).	Cuando llegó Daniel, el hermano de mi vecina, todos lo saludaron.
Para aislar las interjecciones	No sé, ¡Dios mío!, qué va a ser de nosotros.
Delante de **excepto**, **salvo** y **menos**, y delante de conjunciones como **pero**, **aunque**, etc.	Todo le molesta, excepto el silencio. Sal a jugar, pero no olvides el paraguas.
Detrás de determinados enlaces como **esto es**, **es decir**, **ahora bien**, **en primer lugar**, etc.	Hoy podrán visitarnos. No obstante, los esperaremos mañana.

¡ATENCIÓN!
A diferencia del inglés, cuando la enumeración es completa, el último elemento va introducido por una conjunción sin coma delante de ella.

Los dos puntos

USOS PRINCIPALES	EJEMPLOS
Para introducir una enumeración explicativa	Ayer visité a tres amigos: Javier, Miguel y Lucía.
Para introducir citas y palabras textuales escritas entre comillas	Como dijo el gran filósofo Aristóteles: «La verdad es la única realidad».
Tras el saludo en cartas y documentos	Muy señor mío:

¡ATENCIÓN!
Es incorrecto escribir dos puntos entre una preposición y el sustantivo o sustantivos que esta introduce:

En el colegio había estudiantes de Bélgica, Holanda y otros países europeos.

El punto y coma

USOS PRINCIPALES	EJEMPLOS
Para separar los elementos de una enumeración con expresiones complejas que incluyen comas	Hagan lo siguiente: primero, tomen asiento; después, saquen sus libros; y finalmente, lean.
Para separar oraciones sintácticamente independientes, pero relacionadas semánticamente	Sigan circulando; aquí no hay nada que ver.
Delante de nexos adversativos como **pero**, **mas**, **aunque**, **sin embargo**, etc., cuando la oración precedente es larga	La dirección de la empresa intentó recortar gastos durante todo el año; sin embargo, siguieron teniendo pérdidas.

PRÁCTICA

1 Escribe los signos de puntuación necesarios en las siguientes oraciones.

1. Cuando llegó Emilia la cuñada de mi amiga todo se aclaró
2. Toda mi familia incluido mi hermano estaba de acuerdo
3. Ayer me compré tres libros un ordenador una impresora y dos pares de zapatos
4. No te vayas sin sacar a pasear al perro recoger el correo y limpiar la casa
5. Su hija mayor es alta la pequeña baja
6. Hazlo si quieres pero luego no digas que no te avisé

EN BREVE

La ciudadanía global

PUNTOS DE PARTIDA

El concepto de ciudadanía global se puede definir por el respeto por la diversidad, el repudio a la injusticia, el sentido de la responsabilidad y el entendimiento de la manera como funciona el mundo en materias como política, sociedad, economía, tecnología, cultura o medioambiente.

- ¿Cuáles son los derechos y las responsabilidades de un(a) ciudadano/a global?
- ¿Qué relación hay entre el concepto de ciudadanía global y el de democracia?
- ¿Qué tipo de acciones puede tomar una persona para contribuir a mejorar el mundo, ya sea local o globalmente?

DESARROLLO DEL VOCABULARIO

1 **Derechos y responsabilidades** En grupos de cinco o seis estudiantes, hagan una lista de los derechos y las responsabilidades que tiene un(a) ciudadano/a global. Luego comparen sus listas y discutan con toda la clase.

MI VOCABULARIO
Utiliza tu vocabulario individual.

2 **Los problemas sociales** Elabora una lista de los problemas sociales que, en tu opinión, son los más graves en el mundo (por ejemplo, la pobreza o el trabajo infantil). Luego, compara tu lista con la de un(a) compañero/a. Escojan dos o tres problemas y discutan cómo se relacionan con los derechos y las responsabilidades de un(a) ciudadano/a global.

AMPLIACIÓN

1 **Los derechos humanos** Lee esta cita y responde a las siguientes preguntas.

Artículo 1 de la *Declaración Universal de Derechos Humanos* (Naciones Unidas)

> « Todos los seres humanos nacen libres e iguales en dignidad y derechos y, dotados como están de razón y conciencia, deben comportarse fraternalmente los unos con los otros. »

1. ¿Qué relación hay entre el comportamiento fraternal que enuncia la cita y el concepto de ciudadanía global?
2. La cita dice que «todos los seres humanos nacen [...] iguales en dignidad y derechos». ¿Cómo relacionas esta afirmación con los problemas sociales que enumeraste? Escoge algunos ejemplos para compartir con la clase.

2 **Búsqueda en Internet** Busca en Internet la *Declaración Universal de Derechos Humanos*. Lee todos los artículos de la declaración y describe, en tus propias palabras, el que te parezca más interesante. ¿Qué te llama la atención del artículo que elegiste? ¿Qué relación tiene este artículo con el comportamiento y las leyes en un país democrático? Comparte tus ideas con toda la clase.

PUNTOS DE PARTIDA
La estructura familiar se refiere a la manera como está organizada la familia. El grupo familiar forma la unidad básica de una sociedad y para muchos individuos es la afiliación más importante en su vida.

- ¿Cuáles son las características fundamentales de una familia?
- Además de los padres y los hijos, ¿qué otras personas pueden formar parte de una familia? ¿Puede una familia incluir miembros que no tengan vínculos legales o biológicos?
- ¿Cuáles son los factores que influyen en las estructuras familiares?

DESARROLLO DEL VOCABULARIO

1 **Hogares diferentes** Escribe una definición para cada una de las expresiones que se encuentran en el gráfico.

Familias en zonas urbanas de América Latina (18 países), 2005

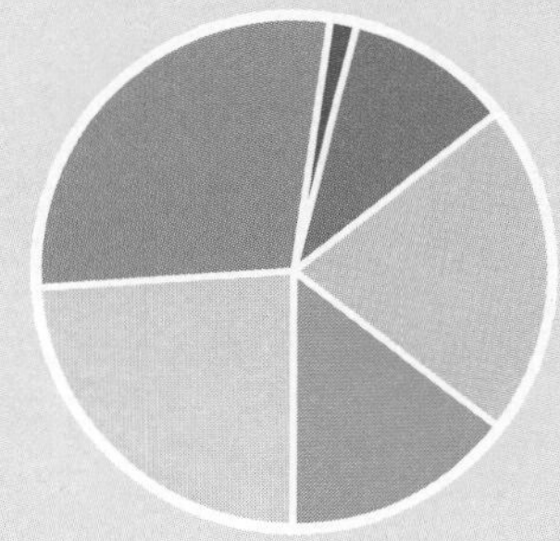

- 1,7% Familias nucleares monoparentales con jefe hombre
- 10,5% Familias nucleares monoparentales con jefe mujer
- 14,9% Hogares unipersonales y sin núcleo
- 20,9% Familias nucleares modelo tradicional
- 23,7% Familias extendidas y compuestas
- 28,3% Otras familias nucleares con doble ingreso

Fuente: Gráfico de Irma Arriagada con datos de la CEPAL

1. familia nuclear tradicional
2. familia nuclear con doble ingreso
3. familia extendida
4. familia compuesta
5. hogar unipersonal
6. familia nuclear monoparental

MI VOCABULARIO
Anota el vocabulario nuevo a medida que lo aprendes.

AMPLIACIÓN

1 **Las familias en América Latina** Mira el gráfico anterior y contesta las preguntas.

1. ¿Cómo crees que se definen las «familias nucleares modelo tradicional»? ¿Te sorprende que solo el 20,9% de familias encajen en este modelo?
2. ¿Cómo se compara la situación representada en el gráfico con la de las familias de Estados Unidos? ¿Crees que aquí prevalecen las familias nucleares de doble ingreso?
3. ¿Cómo influye la estructura de una familia en las condiciones económicas?
4. ¿La definición de familia en tu país ha cambiado en las últimas décadas? ¿De qué manera lo ha hecho?

A PRIMERA VISTA
Según la foto, ¿a qué género piensas que pertenece el corto? ¿Es un drama? ¿Una historia de amor?

SOBRE EL CORTO *Ella o yo* es un cortometraje escrito y dirigido por la actriz y directora argentina Bernarda Pagés en 2005. Narra la historia de una familia que inesperadamente se encuentra en una situación inusual. Es un emotivo video sobre la vida familiar, las responsabilidades personales y, en última instancia, sobre el amor. *Ella o yo* ganó el Segundo Premio del Fondo Nacional de las Artes (Argentina) en el año 2006.

ANTES DE VER

1 **Hacer predicciones** Observa las imágenes de las páginas 66-67 y escribe tres predicciones acerca del tema del corto. Cuando lo hayas visto, compara tus predicciones con lo que realmente ocurre.

ESTRATEGIA

Hacer predicciones te ayuda a entender y recordar detalles de lo que ocurre en una película.

2 **Mascotas en el hogar** ¿Por cuál de las siguientes razones tienes o tendrías una mascota? Discútanlo en pequeños grupos.

1. protección personal
2. compañía
3. diversión o juego
4. adopción de un animal abandonado
5. moda
6. otras (especifiquen)

MIENTRAS MIRAS

PALABRAS CLAVE

el banquito banco o silla pequeña
la mamadera biberón, botella
la plata el dinero (en Argentina)
el bicho animal (informal)
con todas las letras con claridad
hacerse cargo (de) hacerse responsable

1

Fotógrafo: «Busco un **banquito** acá enfrente, ¿sí? Cualquier cosita, le da la **mamadera** que está ahí, ¿eh?»

1. ¿Qué razón le da Carlos al niño para no querer sacar la foto?
2. ¿Adónde dice ir el fotógrafo?

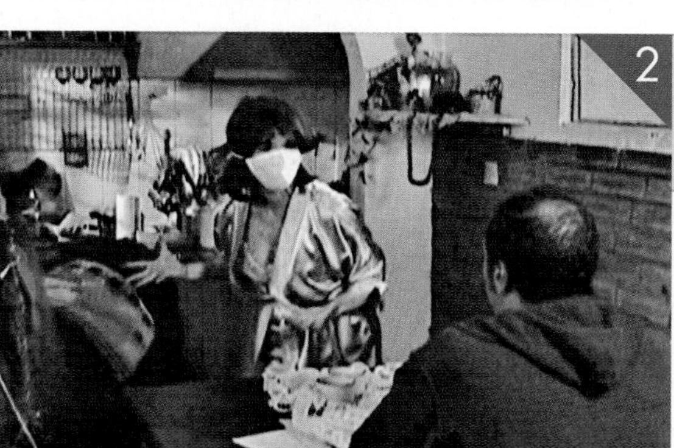

2

Esposa: «Mirá, Carlos, ¡si vos[1] no me sacás este **bicho** de casa, vos sabés de lo que soy capaz!»

1. ¿Por qué se enoja tanto la esposa?
2. ¿Con qué amenaza ella a Carlos?

3

Carlos: «Tranquilos, hagan fila, de a uno, hay para todos. Una foto con Coquito, ¡y nadie se va sin una foto con Coquito!»

1. ¿Qué idea se le ocurre a Carlos?
2. ¿Cómo se resuelve el problema de la llama?

1 El pronombre *vos* es una forma de la segunda persona singular muy usada en Argentina y Uruguay, y en algunas zonas de países como Chile, Colombia, Venezuela y naciones centroamericanas. Las formas conjugadas del verbo usualmente llevan el acento en la última sílaba; por ejemplo: mirá, sacás, sabés.

DESPUÉS DE VER

1

Comprensión Contesta estas preguntas con base en el corto.

1. ¿Qué le dice el fotógrafo a la llama cuando comienza el corto?
2. ¿Qué quiere tener el hijo de Carlos, pero su mamá no lo deja?
3. ¿Cómo engaña el dueño de la llama a Carlos?
4. ¿Qué piensa su esposa de que el animal esté en la casa?
5. ¿Por qué la esposa cree que Carlos compró la mascota con dinero de ella?
6. ¿Cómo intenta Carlos deshacerse de la llama?
7. ¿Qué piensa Carlos del carácter de Coquito?
8. ¿Qué decisión le exige su esposa?
9. ¿Qué hace Carlos con la llama?

RECURSOS
Consulta la lista de apéndices en la p. 418.

2

Interpretación En parejas, contesten estas preguntas.

1. ¿Por qué creen que Carlos tarda tanto en volver a su casa ese día? ¿Qué le hace decidir llevarse la llama?
2. ¿Por qué reacciona la esposa de Carlos de esa manera?
3. ¿Qué personalidad tiene Carlos? ¿Cómo es su relación con su hijo? ¿Y con su esposa?
4. ¿Les parece que Carlos está realmente decidido a deshacerse de la llama? ¿Por qué?
5. Cuando la esposa da un ultimátum, ¿qué creen que espera que ocurra? ¿Cómo se lo toma Carlos?
6. ¿Qué significa la respuesta que le da Carlos a su esposa por teléfono?
7. ¿Cómo les parece que terminará la historia de esta familia?

3

¿Qué quieren decir? Explica lo que los personajes quieren decir con estas expresiones. ¿Por qué las dicen? ¿A qué se refieren exactamente?

1. **Niño:** «¿Por qué hacés siempre lo que dice mamá?»
2. **Esposa:** «¡Lo único que faltaba, que yo le tenga que dar la leche!»
3. **Carlos:** «Dele el gusto, va a ver qué linda foto».

4

Temas de familia Aunque este cortometraje es una comedia, permite reflexionar sobre asuntos muy serios que se manifiestan con frecuencia en las familias. Con un(a) compañero/a, elige uno de estos temas para analizar cómo se presenta en el corto.

1. la economía familiar
2. el equilibrio entre las necesidades de los hijos y las del resto de la familia
3. conflictos entre los cónyuges
4. los efectos de una mascota en el hogar

MI VOCABULARIO
Utiliza tu vocabulario individual.

5

Un conflicto familiar Recuerda alguna ocasión en la que tomaste una decisión que causó tensiones en tu familia. Escribe una descripción de la situación, teniendo en cuenta estas preguntas:

- ¿Qué te motivó a actuar de esa manera?
- ¿Quiénes se vieron afectados por tu decisión? ¿Cómo reaccionaron?
- ¿Cómo se resolvió la situación?

ENSAYO DE COMPARACIÓN

A la hora de escribir una comparación hay que tomar una decisión: se puede elogiar los dos términos de la comparación y señalar similitudes, o elogiar uno y criticar el otro. La decisión dependerá del tipo de comparación que estamos haciendo.

Tenemos, además, opciones en cuanto al esquema de redacción: describir los términos en bloques separados, cada uno en un párrafo diferente, o comparar los términos punto por punto en el mismo párrafo o incluso en la misma oración. Lo importante es elegir el esquema que exprese con más claridad nuestro punto de vista y que sea más adecuado para el tipo de composición.

Tema de composición

Lee de nuevo las preguntas esenciales del tema:

- ¿Cómo se define la familia en distintas sociedades?
- ¿Cómo contribuyen los individuos al bienestar de las comunidades?
- ¿Cuáles son las diferencias en los papeles que asumen las comunidades y las familias en las distintas sociedades del mundo?

Utilizando las preguntas como base, escribe un ensayo de comparación sobre algún aspecto del tema.

ANTES DE ESCRIBIR

Planea la razón por la que escribirás la comparación y dedica unos minutos a decidir el enfoque del ensayo. Elige el tono: puede ser objetivo o subjetivo. Plantea el tema e indica cuáles serán los términos que vas a relacionar mediante la comparación.

ESCRIBIR EL BORRADOR

Haz dos listas, anotando todas las características que piensas mencionar. Intenta identificar los paralelismos que te servirán para establecer las comparaciones o los contrastes; elige las analogías que vas a presentar y el esquema del texto.

ESTRATEGIA

Lluvia de ideas
La brevedad y la concisión son el resultado de la revisión continua del texto y la corrección del escrito. El objetivo del borrador es expresar todas las ideas antes de organizarlas.

ESCRIBIR LA VERSIÓN FINAL

Después de corregir tu borrador, escribe la versión final. Recuerda que la introducción y la conclusión deben estar unidas: lo que se expuso al comienzo debe retomarse en la conclusión, bien para resumir o ratificar, o bien para modificar la propuesta de la introducción. Comprueba que eso se cumpla.

Tema 2

La ciencia y la tecnología

PREGUNTAS ESENCIALES

- ¿Qué impacto tiene el desarrollo científico y tecnológico en nuestras vidas?
- ¿Qué factores han impulsado el desarrollo y la innovación en la ciencia y la tecnología?
- ¿Qué papel cumple la ética en los avances científicos?

CONTENIDO

▸▸ Ciudad de las Artes y las Ciencias, Valencia, España

contexto 1 Tecnología, individuo y sociedad

PUNTOS DE PARTIDA

Los continuos avances de la ciencia y la tecnología afectan la vida de todos; nos facilitan el acceso a la información y a la vez les permiten a los demás obtenerla sobre nosotros. La tecnología hace posible que cada vez logremos más cosas y en menor tiempo, pero también conlleva más expectativas y, a veces, incluso más estrés.

- ¿De qué manera los avances tecnológicos cambian nuestra manera de comunicarnos y relacionarnos?
- ¿Cómo podemos encontrar y mantener un equilibrio saludable al usar la tecnología?
- ¿Cuál es el papel de la ciencia y la tecnología en el bienestar general de las personas?

DESARROLLO DEL VOCABULARIO

MI VOCABULARIO
Anota el vocabulario nuevo a medida que lo aprendes.

1 **Los usos de la tecnología** De la siguiente lista de palabras, selecciona todas las que relaciones con la tecnología. Si las seleccionas todas, explica por qué lo hiciste.

- ☐ agilidad
- ☐ aparatos
- ☐ arte
- ☐ comodidad
- ☐ comunicación
- ☐ conocimiento
- ☐ cultura
- ☐ diversión
- ☐ educación
- ☐ entretenimiento
- ☐ felicidad
- ☐ información
- ☐ relaciones personales
- ☐ salubridad
- ☐ salud
- ☐ seguridad
- ☐ trabajo
- ☐ transporte

Agrega otros cinco términos relacionados con los usos de la tecnología y comparte tu lista con toda la clase.

2 **Las formas de comunicación** Para cada forma de comunicación de esta lista, explica cuándo y cómo la usas.

- cartas
- correo electrónico
- en persona (cara a cara)
- mensaje de texto
- mensajería instantánea
- redes sociales
- teléfono (fijo o móvil)
- videochat

¿Cuál de todos estos medios prefieres? Compara tus respuestas con las de tu grupo. ¿Cuál es la forma de comunicación más común entre ustedes y por qué la prefieren?

3 **Los avances tecnológicos** En parejas, contesten estas preguntas.

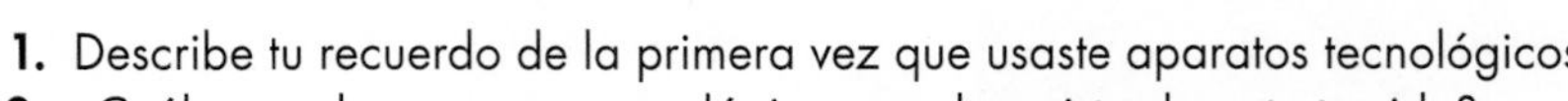

1. Describe tu recuerdo de la primera vez que usaste aparatos tecnológicos.
2. ¿Cuáles son los avances tecnológicos que has visto durante tu vida?
3. ¿Cómo ha cambiado la tecnología durante tu vida?
4. ¿Cómo ha cambiado la manera en que tus padres usan la tecnología?
5. ¿Cómo ha cambiado el uso de la tecnología entre los niños?

4  **Los más importantes** Escribe una lista de los diez inventos más importantes de la humanidad (como la rueda, el telescopio o el avión). Luego, en pequeños grupos, compartan sus listas y entre todos elijan los tres inventos más significativos para la humanidad. ¿Por qué los eligieron?

LECTURA 1.1 ▸ NO SIN MI MÓVIL

SOBRE LA LECTURA Este artículo, escrito por la periodista María Valerio Sainz, fue publicado en la sección «Salud» del periódico español *El Mundo* en septiembre de 2012. Valerio Sainz, especialista en temas de salud, escribe en este texto sobre una nueva forma de adicción tecnológica: el miedo irracional a perder el contacto telefónico, que ha sido denominado *nomofobia*.

El artículo presenta algunas cifras sobre este problema en España, así como las opiniones de varios psicólogos, quienes nos alertan sobre esta nueva dependencia, que comienza a crecer entre la población más joven, especialmente entre quienes se encuentran entre los 18 y los 25 años de edad.

ANTES DE LEER

1 **¿Estás enganchado/a al móvil?** Contesta estas preguntas según tus hábitos telefónicos (o según los de tus amigos, si no sueles usar móvil). Trabaja con un(a) compañero/a y anoten sus respuestas.

1. ¿Para qué usas el móvil?
2. ¿Cuántos mensajes de texto mandas por día? ¿Cuántos recibes?
3. ¿Cuándo apagas el móvil?
4. ¿Con qué frecuencia ignoras una llamada? ¿Con qué frecuencia consultas el móvil?
5. ¿Con qué rapidez sueles contestar un mensaje de texto?
6. ¿Te impacientas cuando no recibes respuesta a los pocos minutos de haber enviado un mensaje de texto?
7. ¿Prefieres hablar a través de un aparato electrónico o cara a cara?
8. ¿Sueles interrumpir una conversación en persona para responder a una llamada o mensaje de texto?
9. ¿Te pones nervioso/a cuando pierdes el teléfono o cuando se le acaba la batería?
10. Según tus respuestas anteriores, ¿crees que eres dependiente de tu móvil? Explica.

2 **Nuestros hábitos telefónicos** En grupos, o con la clase entera, hagan una lista de los diez peores hábitos telefónicos en orden de importancia. Luego discutan este tema: ¿cuáles son los peores hábitos telefónicos que los jóvenes deben evitar, tanto dentro como fuera de la escuela?

3 **Etiqueta telefónica** Es probable que tu escuela tenga reglas para el uso de los teléfonos, pero quizá no todas se cumplan. Redacta unas normas sobre el buen empleo del teléfono para los estudiantes de tu escuela y envíalas al periódico escolar. Tu propuesta debe constar de uno o dos párrafos e incluir estos aspectos:

- una breve introducción con las razones para establecer las normas
- una explicación acerca de por qué ciertas costumbres son molestas
- las normas que todos deben seguir

ESTRATEGIA

Relacionar la lectura con experiencias propias Mientras lees, reflexiona sobre tus propios hábitos telefónicos, los de tus amigos y los de tu familia. Presta atención particular a las estadísticas citadas y considera cómo se comparan con tus observaciones.

PALABRAS CLAVE

cifrar calcular, estimar

aquejado/a que sufre de una enfermedad

el cuadro conjunto de síntomas de una enfermedad

el síndrome de abstinencia reacciones negativas que sufre una persona adicta cuando deja temporalmente su adicción

difuminado/a que ha perdido claridad o límites

el enganche adicción, dependencia

No sin mi móvil

http://

Cultura | Salud | Tecnología

No sin mi móvil

Crece el miedo irracional a salir de casa sin el teléfono: **Nomofobia**

por **María Valerio Sainz**

¿Es usted de los que regresa a medio camino si se le olvida el móvil en casa? ¿De los que no lo apaga ni para entrar al cine y lo consulta si nota la vibración durante la película? ¿Se lo lleva consigo al baño? Si ha respondido afirmativamente a todas estas preguntas es probable que sufra nomofobia, un miedo irracional a vivir con el teléfono apagado.

Algunas encuestas en España **cifran** entre el 53 y el 66% el porcentaje de **aquejados** de este nuevo miedo irracional, que ha aumentado un 13% en los últimos años debido a la expansión de los teléfonos inteligentes.

«La dependencia del móvil es un fenómeno social» —admite el psicólogo Javier Garcés, experto en Psicología del Consumo y sus adicciones—. A su juicio, la nomofobia sería un síntoma más a valorar dentro de un **cuadro** adictivo, en el que cita algunos signos de alerta más. «Como pasar cada vez más tiempo conectados, perder el control, que el hábito empiece a generar consecuencias negativas, repercusiones económicas, cuadros depresivos y, finalmente, **síndrome de abstinencia**». Es decir, nomofobia o nerviosismo al estar separados del aparato.

La llamada nomofobia (un término derivado del inglés *no-mobile-phone phobia*) es una parte más de esas nuevas adicciones tecnológicas en las que los límites cada vez están más **difuminados**. Antes, aclara Garcés, se distinguía el «**enganche**» al móvil, a Internet, a los videojuegos... Pero la llegada de los teléfonos inteligentes, que permiten tener todo junto en el bolsillo, está difuminando estos límites, especialmente entre los jóvenes, el grupo de edad más afectado por este problema. «Precisamente estamos viendo que el problema de adicción al móvil se da en personas que no esperan necesariamente una llamada importante (por motivos de trabajo, por ejemplo), sino en sujetos que desarrollan una relación no utilitaria con el teléfono».

Esa preocupación por estar desconectado se traduce en un mirar constantemente el aparato (una media de 34 veces al día), en no apagarlo nunca, no poder

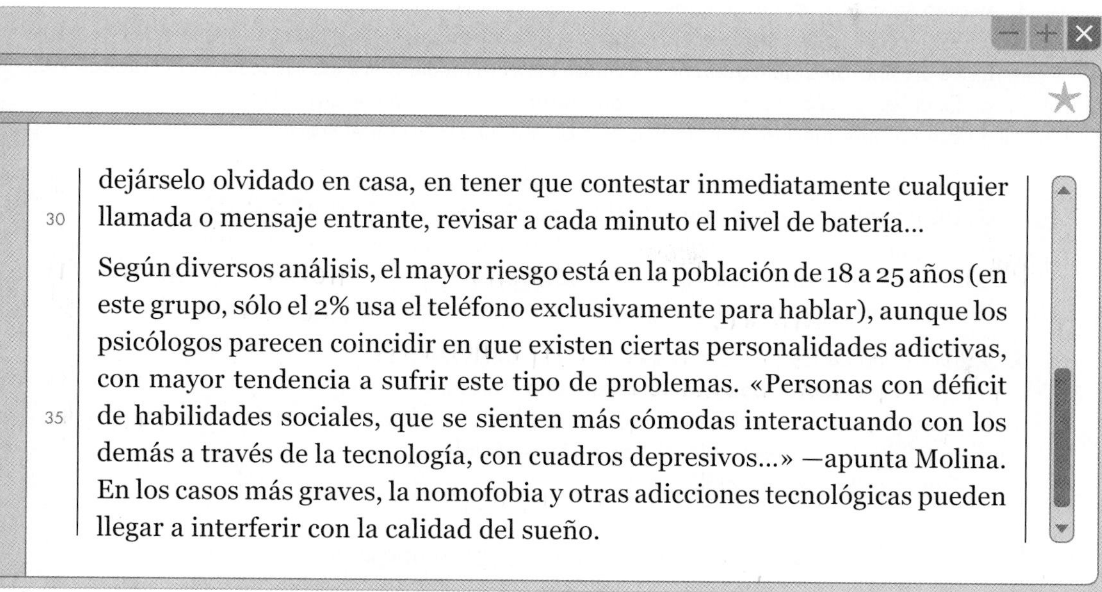

dejárselo olvidado en casa, en tener que contestar inmediatamente cualquier llamada o mensaje entrante, revisar a cada minuto el nivel de batería...

Según diversos análisis, el mayor riesgo está en la población de 18 a 25 años (en este grupo, sólo el 2% usa el teléfono exclusivamente para hablar), aunque los psicólogos parecen coincidir en que existen ciertas personalidades adictivas, con mayor tendencia a sufrir este tipo de problemas. «Personas con déficit de habilidades sociales, que se sienten más cómodas interactuando con los demás a través de la tecnología, con cuadros depresivos...» —apunta Molina. En los casos más graves, la nomofobia y otras adicciones tecnológicas pueden llegar a interferir con la calidad del sueño.

DESPUÉS DE LEER

MI VOCABULARIO
Anota el vocabulario nuevo a medida que lo aprendes.

1

Sinónimos Según las Palabras clave de la lectura, elige un sinónimo para cada uno de estos términos.

1. aquejado
- a. quejumbroso
- b. débil
- c. afectado
- d. enfadado
- e. contado

2. cifrar
- a. llamar
- b. poner
- c. depender
- d. criticar
- e. calcular

3. cuadro
- a. círculo
- b. cuadrado
- c. sintomatología
- d. depresión
- e. adicción

4. difuminado
- a. cuadrado
- b. desvanecido
- c. enfermo
- d. contado
- e. aliviado

5. enganchado
- a. atado
- b. liberado
- c. deprimido
- d. cuadrado
- e. videojuego

6. síndrome
- a. círculo
- b. sintomatología
- c. psicólogo
- d. teléfono
- e. análisis

2

Comprensión Contesta las preguntas según el artículo.

1. ¿Cuál es el propósito del artículo?
- a. Entretener a los lectores con un informe satírico sobre los aparatos tecnológicos
- b. Criticar a los jóvenes por la manera irrespetuosa como usan los móviles
- c. Criticar a las empresas de aparatos tecnológicos por el daño que causan
- d. Informar al público sobre los riesgos del uso excesivo de los aparatos tecnológicos

2. ¿Por qué ha subido tanto el porcentaje de personas que sufren de nomofobia?
- a. Porque el uso de teléfonos inteligentes ha incrementado
- b. Porque el precio de los teléfonos inteligentes ha aumentado
- c. Porque es un cuadro adictivo social
- d. Porque pocos jóvenes usan el teléfono exclusivamente para hablar

CONCEPTOS CENTRALES

Definiciones
Para elegir la mejor definición, resulta útil buscar claves en las opciones de respuesta. Muchas veces entre las opciones hay una palabra que indica cuál es la respuesta correcta.

3. ¿Cómo se define la nomofobia?
   a. Es una adicción física exclusiva de jóvenes españoles.
   b. Es un síndrome de abstinencia común, especialmente entre los jóvenes.
   c. Es un síntoma entre otros signos de alerta dentro de un cuadro adictivo.
   d. Es una enfermedad neurológica que puede interferir con el sueño.
4. ¿Qué tipo de personas tienden más a sufrir de este trastorno?
   a. Las personas que se llevan el teléfono consigo al baño
   b. Las personas con personalidades adictivas y pocas habilidades sociales
   c. Los jóvenes menores de 18 años de edad
   d. Los jóvenes que usan el teléfono exclusivamente para hablar
5. ¿Cuál es uno de los problemas que causa la nomofobia?
   a. Produce la sensación falsa de un teléfono vibrando
   b. Interfiere con la calidad del sueño
   c. Interfiere con el desarrollo de habilidades sociales
   d. Causa aislamiento social

3

En tu opinión Discute estas preguntas con un(a) compañero/a.

1. ¿Crees que la autora es verosímil y que usa fuentes confiables?
2. En tu opinión, ¿es la nomofobia un problema grave de verdad? Explica tu respuesta.
3. ¿Crees que los jóvenes menores de 18 años tienen menos riesgo de sufrir nomofobia?
4. Entre las adicciones tecnológicas, ¿cuáles te parecen peores?
5. ¿Consideras que la nomofobia y otros tipos de adicción tecnológica aumentarán?

4

Entender el problema Contesta las preguntas según el artículo y de acuerdo con tus propias opiniones, experiencias y observaciones.

1. ¿Por qué los jóvenes pueden estar en mayor riesgo de adicciones tecnológicas?
2. Además de interferir con la calidad del sueño, ¿qué otros problemas crees que pueden causar las adicciones a la tecnología?
3. ¿Cómo se puede evitar la propagación de este problema?
4. ¿Conoces a alguna persona que sufra nomofobia? ¿Qué síntomas presenta?
5. ¿Qué le podrías aconsejar para superar su adicción?

ESTRATEGIA

Usar el vocabulario adecuado Practica el vocabulario que has aprendido en este contexto para demostrar tu conocimiento.

5

Presentación oral En grupos de tres, preparen un anuncio para advertirles a los jóvenes sobre los riesgos de la nomofobia y decirles qué deben hacer para evitarlos. Presenten su anuncio ante toda la clase y expliquen estos puntos:

- ¿Qué es la nomofobia y a quiénes suele afectar?
- ¿Por qué es un problema?
- ¿Cómo se pueden identificar los síntomas?
- ¿Qué se puede hacer para evitar este tipo de adicción?
- ¿Qué se puede hacer para ayudar a un amigo que muestra síntomas?

RECURSOS
Consulta la lista de apéndices en la p. 418.

6

Unas metas personales Reflexiona sobre tus propios hábitos y escribe una carta, dirigida a ti mismo/a, que podrás releer en dos años. Incluye estos elementos:

- Describe tu filosofía sobre el uso apropiado de la tecnología.
- Adviértete sobre tus propias tendencias a usar excesivamente algún aparato.
- Escribe una lista de tus metas personales para mantener hábitos saludables.

LECTURA 1.2 ▸ NOSOTROS, NO

SOBRE EL AUTOR José Bernardo Adolph (1933-2008) nació en Alemania, pero a los cinco años de edad se mudó a Perú para escapar de la Alemania nazi, y allí vivió hasta su muerte. Trabajó como profesor de lengua alemana y como periodista, pero es más conocido como narrador, en particular como escritor de obras de ciencia ficción. Llevó sus habilidades como periodista a sus obras de ficción e introdujo en ellas un profundo análisis de la sociedad.

SOBRE LA LECTURA Publicado en 1971, «Nosotros, no» es un cuento de ciencia ficción que muestra la fascinación del autor con el tema de la inmortalidad. También vemos en el cuento una crítica de la sociedad. Aunque tiene lugar en un futuro distante, los temas de la desigualdad y de una población dividida de manera arbitraria son antiguos.

ANTES DE LEER

1 **Lluvia de ideas** Con un(a) compañero/a, haz una lista de inventos que podrían mejorar la vida humana. Piensen en avances de la ciencia y la tecnología para:

- mejorar la calidad de vida
- mejorar el funcionamiento de la sociedad
- aumentar el disfrute de la vida
- aumentar la esperanza de vida
- disminuir los conflictos entre las comunidades y las naciones
- disminuir el crimen

2 **Un invento** Elige una de las ideas propuestas en la Actividad 1 y redacta una breve descripción en la que incluyas:

- el nombre del invento
- qué permite hacer
- cómo mejora la vida
- a quiénes beneficia más
- qué desventajas puede tener
- un dibujo del invento (opcional)

Luego describe tu invento delante de toda la clase y explica cómo mejoraría la vida de los seres humanos.

MI VOCABULARIO
Utiliza tu vocabulario individual.

3 **¿Qué harías?** En parejas, túrnense para contestar estas preguntas: ¿Qué harías diferente si supieras que...

1. ...nunca morirás?
2. ...vas a morir en un año?
3. ...vivirás hasta tener cien años de edad?
4. ...tu éxito en el futuro no tendrá nada que ver con tu éxito en la escuela?
5. ...tienes la oportunidad de cambiar el mundo para mejorarlo?

NOSOTROS, NO

por **José Bernardo Adolph**

PALABRAS CLAVE

tintinear producir un sonido agudo, como el de dos copas que chocan

descomponerse enfermar, perder la integridad física; desgastarse

la senectud la vejez

surtir producir, generar

aprestarse disponerse a hacer algo

el verdugo persona que castiga o atormenta sin piedad a otra

derramar verter o vaciar líquidos u otras sustancias

el desprecio sentimiento negativo hacia otra persona; desdén, falta de aprecio

rumbo a... en dirección a un lugar o situación

AQUELLA TARDE, cuando **tintinearon** las campanillas de los teletipos y fue repartida la noticia como un milagro, los hombres de todas las latitudes se confundieron en un solo grito de triunfo. Tal como había sido predicho doscientos años antes, finalmente el hombre había conquistado la inmortalidad en 2168.

Todos los altavoces del mundo, todos los transmisores de imágenes, todos los boletines destacaron esta gran revolución biológica. También yo me alegré, naturalmente, en un primer instante.

¡Cuánto habíamos esperado este día!

Una sola inyección, de cien centímetros cúbicos, era todo lo que hacía falta para no morir jamás. Una sola inyección, aplicada cada cien años, garantizaba que ningún cuerpo humano **se descompondría** nunca. Desde ese día, sólo un accidente podría acabar con la vida humana. Adiós a la enfermedad, a la **senectud**, a la muerte por desfallecimiento orgánico.

Una sola inyección, cada cien años.

Hasta que vino la segunda noticia, complementaria de la primera. La inyección sólo **surtiría** efecto entre los menores de veinte años. Ningún ser humano que hubiera traspasado la edad del crecimiento podría detener su descomposición interna a tiempo. Sólo los jóvenes serían inmortales. El gobierno federal mundial **se aprestaba** ya a organizar el envío, reparto y aplicación de las dosis a todos los niños y adolescentes de la tierra. Los compartimentos de medicina de cohetes llevarían las ampolletas a las más lejanas colonias terrestres del espacio.

Todos serían inmortales.

Menos nosotros, los mayores, los adultos, los formados, en cuyo organismo la semilla de la muerte estaba ya definitivamente implantada.

Todos los muchachos sobrevivirían para siempre. Serían inmortales y de hecho animales de otra especie. Ya no seres humanos; su sicología, su visión, su perspectiva, eran radicalmente diferentes a las nuestras. Todos serían inmortales. Dueños del universo para siempre. Libres. Fecundos. Dioses.

Nosotros, no. Nosotros, los hombres y las mujeres de más de veinte años, éramos la última generación mortal. Éramos la despedida, el adiós, el pañuelo de huesos y sangre que ondeaba, por última vez, sobre la faz de la tierra.

Nosotros, no. Marginados de pronto, como los últimos abuelos, de pronto nos habíamos convertido en habitantes de un asilo para ancianos, confusos conejos asustados entre una raza de titanes. Estos jóvenes, súbitamente, comenzaban a ser nuestros **verdugos** sin proponérselo. Ya no éramos sus padres. Desde ese día éramos otra cosa; una cosa repulsiva y enferma, ilógica y monstruosa. Éramos Los Que Morirían. Aquellos Que Esperaban la Muerte. Ellos **derramarían** lágrimas, ocultando su **desprecio**, mezclándolo con su alegría. Con esa alegría ingenua con la cual expresaban su certeza de que ahora, ahora sí, todo tendría que ir bien.

Nosotros sólo esperábamos. Los veríamos crecer, hacerse hermosos, continuar jóvenes y prepararse para la segunda inyección, una ceremonia —que nosotros ya no veríamos— cuyo carácter religioso se haría evidente. Ellos no se encontrarían jamás con Dios. El último cargamento de almas **rumbo al** más allá era el nuestro.

¡Ahora cuánto nos costaría dejar la tierra! ¡Cómo nos iría **carcomiendo** una dolorosa envidia! ¡Cuántas ganas de asesinar nos llenaría el alma, desde hoy y hasta el día de nuestra muerte!

Hasta ayer. Cuando el primer chico de quince años, con su inyección en el organismo, decidió suicidarse. Cuando llegó esa noticia, nosotros, los mortales, comenzamos recientemente a amar y a comprender a los inmortales.

Porque son ellos unos pobres **renacuajos** condenados a prisión perpetua en el verdoso estanque de la vida. Perpetua. Eterna. Y empezamos a sospechar que dentro de 99 años, el día de la segunda inyección, la policía saldrá a buscar a miles de inmortales para imponérsela.

Y la tercera inyección, y la cuarta, y el quinto siglo, y el sexto; cada vez menos voluntarios, cada vez más niños eternos que imploran la evasión, el final, el rescate. Será horrenda la **cacería**. Serán perpetuos miserables.

Nosotros, no. ◣

PALABRAS CLAVE

carcomer consumir poco a poco; mortificar o atormentar

el renacuajo larva de una rana, (figurado) niño pequeño

la cacería acción de cazar

DESPUÉS DE LEER

1 **Investigación** Busca en Internet textos breves o imágenes sobre las siguientes Palabras clave para que comprendas mejor su significado. Luego escribe una oración con cada una de ellas para demostrar que las entiendes.

derramar	descomponerse	renacuajo	senectud	verdugo

2 **Verdadero o falso** Clasifica las siguientes oraciones según sean **verdaderas** o **falsas**. Corrige las falsas.

1. En el cuento, aplicarse una inyección cada cien años era suficiente para no morir nunca.
2. El narrador de la historia murió en el año 2168.
3. La inyección sería efectiva en personas de cualquier edad.
4. Con la inyección, los jóvenes se convertirían en renacuajos.
5. Los inmortales del relato vivirían siempre felices.
6. Quienes se aplicaban la inyección no morían ni siquiera a causa de accidentes.
7. Después de aquel invento, las personas mayores de veinte años debían recluirse en un asilo para ancianos.
8. Después de aquel invento, las personas mayores de veinte años constituirían la última generación de humanos mortales.

3 **Cronología** Organiza la secuencia de acciones del relato por orden cronológico (del 1 al 8).

__ Como consecuencia, los mortales empezaron a amar y comprender a los inmortales.
_1_ En 1968 se predijo que en doscientos años el ser humano podría llegar a ser inmortal.
__ En el año 2168 se dio una primera noticia: el hombre había conquistado la inmortalidad.
__ Finalmente, los inmortales serán miserables pero los mortales no.
__ Los mayores de veinte años se sintieron marginados por los inmortales.
__ Se proclamó la segunda noticia: la inyección solo era eficaz para los menores de veinte años.
__ Todo el mundo se puso feliz con la primera noticia.
__ Un joven inmortal de quince años decidió quitarse la vida.

4 Comprensión Contesta las preguntas según el cuento.

1. ¿Qué tipo de cuento es «Nosotros, no»?
2. ¿Cuál es la posición del narrador al comienzo de la historia?
3. ¿Qué noticias se celebraron al principio del cuento?
4. ¿Cuál fue la segunda noticia? ¿Cómo cambiaron las relaciones entre las personas después de la segunda noticia?
5. ¿Qué significa la expresión «Nosotros, no» la primera vez que el narrador usa estas palabras? ¿Qué significan la última vez que las usa?
6. ¿Cómo cambia la posición del narrador con respecto a la muerte?
7. ¿Qué llevó a los mortales a amar de nuevo a los inmortales?
8. Según el narrador, ¿cómo será el mundo del futuro?

ESTRATEGIA

Identificar el estilo del autor Después de leer una primera vez para entender globalmente el cuento, analiza el tono del narrador (que puede ser alegre, triste, entusiasta, entre muchos otros) y busca ejemplos de figuras literarias. No solo las palabras, sino también el estilo y el tono pueden contribuir al significado de un cuento.

5 Las figuras literarias Contesta estas preguntas relacionadas con el cuento.

1. Describe el tono del narrador.
2. ¿Cómo contribuye el tono al sentido del cuento?
3. Da un ejemplo de paralelismo (repetición de una frase o estructura con variaciones). ¿Por qué usa el autor esa repetición?
4. ¿Qué metáforas usa el autor para describir a los inmortales y a los mortales?
5. ¿Cómo trata el autor los conceptos de la vida y la muerte de manera paradójica?
6. ¿En qué sentido se usa la ironía o el humor en el cuento?
7. ¿Cómo presenta el autor una crítica de la sociedad a través del cuento?
8. ¿Cómo se relaciona el cuento con el tema de los efectos de la tecnología en la sociedad?

6 La moraleja del cuento Con un(a) compañero/a, contesta las preguntas y discute la moraleja del cuento.

1. ¿Cuál es el propósito del autor?
2. ¿Cuál es su posición sobre estos asuntos?
   - la relación entre la vida y la muerte
   - el tratamiento de los grupos marginados
   - la naturaleza humana
   - el funcionamiento de la sociedad
3. ¿Cuál es la moraleja más importante del cuento?
4. ¿Estás de acuerdo con esta lección? Explica tu respuesta.

MI VOCABULARIO
Utiliza tu vocabulario individual.

7 Ensayo persuasivo Escribe un análisis del cuento en el que discutas uno o dos de los temas de esta lista. Explica la perspectiva presentada en el cuento acerca del tema elegido. Luego, presenta un argumento sólido para mostrar tus propias opiniones sobre los mismos temas.

- la crítica de la sociedad actual
- las posibles referencias a la Alemania nazi
- el tratamiento de los grupos marginados
- el uso de figuras literarias
- las paradojas de algunos inventos humanos
- la marginación social
- las paradojas de la felicidad humana
- la fascinación humana con su propia inmortalidad

8 **Perspectivas** Lee el siguiente fragmento del cuento y reflexiónalo con toda la clase. Luego, comenten los temas propuestos u otros que les sugiera el texto.

> « Todos los muchachos sobrevivirían para siempre. Serían inmortales y de hecho animales de otra especie. Ya no seres humanos; su sicología, su visión, su perspectiva, eran radicalmente diferentes a las nuestras. »

1. ¿Por qué el narrador se refiere a los muchachos como «animales de otra especie. Ya no seres humanos»?
2. ¿Por qué afirma que su sicología y su perspectiva se volvieron radicalmente diferentes?
3. ¿Qué cambio o innovación científica o tecnológica podría generar (o ya ha generado) un cambio semejante entre la juventud?

9  **Discusión** En grupos de tres o cuatro estudiantes, discutan si están de acuerdo o no con los siguientes enunciados.

1. La tecnología es lo que más influye actualmente en la vida humana.
2. Los seres humanos podemos llegar a ser víctimas de nuestros propios inventos.
3. Los avances técnicos y científicos, no importa cuáles sean, siempre nos harán más felices.
4. Siempre que un grupo humano adquiere una ventaja tecnológica, inevitablemente se vuelve cruel y despiadado.

10 **Un mensaje electrónico** ¿Cuál sería tu reacción si en este momento inventaran la inyección para la inmortalidad? Acabas de recibir un correo electrónico de tu mejor amigo/a en el que te pide tu opinión acerca de si debe ponerse la inyección o no. Respóndele planteando sinceramente tu posición al respecto. Explica en tu mensaje las ventajas y desventajas de ser inmortal, y las consecuencias que ello podría implicar para la humanidad. Cita ejemplos del cuento para sustentar tu respuesta.

RECURSOS
Consulta la lista de apéndices en la p. 418.

ESTRUCTURAS

El futuro y el condicional

Observa los usos del futuro y el condicional en los cinco últimos párrafos del cuento, en los que el narrador predice eventos futuros.

Vuelve a leer las predicciones y especulaciones del narrador y escribe seis más: tres con el condicional y tres con el futuro.

MODELO (especulación) ***Los inmortales no celebrarían las vidas de los mortales.***
(predicción) ***No querrán acordarse de la vida anterior.***

RECURSOS
Consulta las explicaciones gramaticales del **Apéndice A**, pp. 438-440.

AUDIO ▸ PROYECTO MARTA: EL COCHE DEL FUTURO CON TECNOLOGÍA ESPAÑOLA

INTRODUCCIÓN Esta es una emisión de *Nuevas Tecnologías*, un programa de Radiotelevisión Española. Presenta avances tecnológicos en el área del transporte y su repercusión en la vida cotidiana; se refiere particularmente al proyecto MARTA (Movilidad y Automoción con Redes de Transporte Avanzadas), que será implementado en España.

PALABRAS CLAVE

el peatón persona que camina por una vía pública

la somnolencia ganas de dormir o debilidad

el fallecimiento la muerte

los conductores kamikazes personas que conducen de manera arriesgada

el semáforo aparato eléctrico con luces para controlar el tráfico

el siniestro accidente, tragedia

la gestión manejo, administración

concienciar crear conciencia o sentido de responsabilidad entre las personas

el/la usuario/a persona que usa un servicio o un espacio

ANTES DE ESCUCHAR

1 **Las causas** Con un(a) compañero/a, hagan una lista de las que ustedes consideran que son las tres causas principales de los accidentes automovilísticos. Después, compartan su lista con otra pareja de estudiantes. ¿Coinciden? ¿Pueden sacar conclusiones?

2 **En tu coche** Responde a esta pregunta individualmente y después comparte tu respuesta con la clase.

- Si pudieras tener cualquier avance tecnológico en tu coche, ¿cuál sería y por qué?

MIENTRAS ESCUCHAS

ESTRATEGIA

Visualizar Al escuchar la grabación, imagina o visualiza mentalmente lo que se describe para tener una idea más clara del contexto.

1 **Escucha una vez** Escucha la grabación para captar las ideas generales y visualizar las situaciones descritas y los beneficios del coche inteligente.

2 **Escucha de nuevo** Las oraciones siguientes describen los tres beneficios principales del vehículo inteligente. Mientras escuchas la grabación por segunda vez, completa las oraciones con alguno de los beneficios del coche inteligente.

1. El vehículo podrá prevenir ____________ al avisarle al conductor sobre ____________ en la vía.
2. También ayudará a mejorar la gestión de la ____________.
3. Y por si fuera poco, este coche reducirá el impacto ____________ que tienen los coches.

3 **Palabras clave** Indica a cuál de las Palabras clave se refiere cada oración, según la grabación.

1. El proyecto MARTA ayudará a reducir su número al año. ____________
2. Los coches podrán detectarlos a una distancia de treinta metros. ____________
3. El 35% de los accidentes ocurren actualmente por este problema. ____________
4. El sistema MARTA enviará una fotografía de este incidente. ____________
5. Se instalarán sensores inteligentes en ellos. ____________

DESPUÉS DE ESCUCHAR

Vista diagonal de un carro inteligente

1 Comprensión Contesta estas preguntas según lo que escuchaste.

1. ¿Quiénes están involucrados en el proyecto MARTA?
2. ¿Cuánto dinero se ha invertido en el proyecto?
3. ¿Qué beneficios ofrecerá a España el sistema de llamada de emergencia? Presenta algunas cifras.
4. ¿Cuáles son los beneficios para el conductor con respecto a la eficiencia y el manejo del tiempo?
5. ¿Cómo contribuirá el coche del futuro a asegurar un medioambiente más saludable?

2 Colaboración Ahora formen grupos de tres o cuatro para revisar sus respuestas y compartir los datos que se presentan en el audio. Apunten la información que no habían escrito individualmente.

3 Conexiones: investiga y defiende tu postura Busca información en Internet sobre el estado económico actual de España. Escribe un texto para publicar en un blog en el que contestes esta pregunta:

- Teniendo en cuenta el estado económico de España, ¿es conveniente o no continuar con el proyecto MARTA? ¿Superarían los beneficios a largo plazo el capital invertido o es un lujo que el país no se puede permitir en este momento? Debes defender tu postura con argumentos del audio y hechos contundentes sobre la realidad económica del país.

4 Síntesis Considerando todo lo que has estudiado en este contexto, escribe un ensayo de tres párrafos en el que explores las siguientes ideas y otras que consideres pertinentes.

- ¿Cómo nos afectará la tecnología en el futuro?
- ¿Cómo será la vida en cien años?
- ¿Es conveniente frenar o limitar la labor de los científicos?
- ¿Los avances científicos y tecnológicos resolverán nuestros problemas, o solo crearán otros nuevos?

MI VOCABULARIO
Utiliza tu vocabulario individual.

RECURSOS
Consulta la lista de apéndices en la p. 418.

CONEXIONES CULTURALES

Casa protegida contra el frío en el altiplano peruano, Langui, Cuzco

Casas más cálidas

LOS HABITANTES DE LAS ZONAS FRÍAS DEL ALTIPLANO peruano han debido adaptarse a las dificultades de su entorno. Para hacerles frente a las bajas temperaturas que afectan a miles de habitantes, un grupo de investigadores de la Universidad Católica del Perú ha presentado el proyecto K'oñichuyawasi («casa caliente y limpia» en quechua), que consiste en utilizar recursos naturales como el sol, el viento, palos y piedras para mantener las casas más cálidas y con mayor ventilación, lo cual mejora la calidad de vida y previene las enfermedades respiratorias, que son comunes en la región.

Uno de los componentes de este programa consiste en mejorar las cocinas de las viviendas, de modo que no se acumule el humo dentro de ellas. Aunque el proyecto implica algunas inversiones económicas, muchas familias se han beneficiado de estas mejoras y ahora pueden tener un hogar más acogedor e higiénico, por lo que los beneficios para toda la comunidad, y para la región en general, se observarán a largo plazo.

- A pesar de que en España más del 25% de la población practica algún deporte, es común que personas aparentemente sanas mueran de manera súbita. Un investigador de la Universidad Jaume I ha diseñado un brazalete que permite identificar con tiempo cualquier riesgo inminente de muerte súbita. Ante un signo de alarma, el brazalete envía señales al monitor de control, a los médicos del centro deportivo y al hospital más cercano. De este modo, el paciente puede obtener asistencia oportuna.
- El sistema *webGIS*, de la Secretaría de Ambiente de Argentina, permite evaluar muestras de agua en la web y conocer la calidad del agua que llegará a los hogares. Esto ha beneficiado en gran medida la salud de la población y en especial la de los niños.
- La empresa mexicana HDS desarrolló una plataforma en la que los médicos pueden consultar historias clínicas, redactar prescripciones y pedir estudios clínicos totalmente en línea, sin que los pacientes salgan de su casa. Los beneficios se observan en la agilidad y la comodidad en la atención.

Presentación oral: comparación cultural

Prepara una presentación oral sobre este tema:

- ¿Cuál es el papel de la ciencia y la tecnología en el cuidado de la salud y el bienestar de las personas?

Compara alguna invención novedosa que haya beneficiado la salud de las comunidades en las que has vivido, con una invención similar de una región del mundo hispanohablante que te sea familiar.

contexto 2 El cuidado de la salud y la medicina

PUNTOS DE PARTIDA

Pocas cosas son tan importantes como la salud y la atención médica, que se deberían brindar a todas las personas. Mientras que la tecnología lleva cada vez más información y avances a lugares remotos, las barreras que enfrentan las poblaciones vulnerables en el cuidado de la salud son cada vez mayores.

- ¿Cómo se puede mejorar el acceso y la calidad de los servicios de salud en la era de la información?
- ¿Cuál es la importancia de los avances médicos y la educación para la salud de las personas?
- ¿Cómo influyen las condiciones socioeconómicas en el acceso de los ciudadanos a los servicios de salud?

DESARROLLO DEL VOCABULARIO

1 

Reconoce los síntomas Elige la mejor descripción para cada uno de estos síntomas.

1. ___ escalofrío
2. ___ dolor abdominal
3. ___ náuseas matutinas
4. ___ fiebre
5. ___ insomnio
6. ___ congestión nasal
7. ___ cansancio
8. ___ hemorragia

a. falta de energía
b. goteo y abundancia de flujo en las mucosas
c. sensación de frío acompañada de temblores
d. mareo y vómitos por la mañana
e. dolor en el estómago
f. elevación de la temperatura
g. dificultad para conciliar el sueño
h. sangrado abundante

2

¡Haz el diagnóstico! Elige el mejor diagnóstico para cada grupo de síntomas.

1. ___ dificultad respiratoria, erupción cutánea
2. ___ estornudos, secreción nasal, dolor de cabeza
3. ___ pérdida de peso, cansancio, cambios en la agudeza visual, náuseas
4. ___ tos, cansancio, dolor de garganta, debilidad, fiebre
5. ___ cansancio y náuseas matutinas
6. ___ ardor y dolor en el estómago
7. ___ ojos y piel de color amarillo pálido
8. ___ tristeza constante e inactividad

a. diabetes
b. embarazo
c. gripe (influenza)
d. resfrío
e. gastritis
f. depresión
g. alergia
h. hepatitis

MI VOCABULARIO
Anota el vocabulario nuevo a medida que lo aprendes.

3

Demos consejos Consulta páginas de Internet especializadas en temas de salud y elabora una lista de sugerencias para estos males, comunes en nuestro tiempo. Anota información sobre los sitios que consultaste y luego compara tus hallazgos con un grupo de compañeros. ¿Cuáles creen que son los sitios más confiables y por qué?

1. dolor abdominal
2. fiebre
3. congestión nasal
4. insomnio
5. migraña
6. estrés
7. náuseas y vómitos
8. dolor de garganta
9. dificultad respiratoria
10. tos y estornudos

LECTURA 2.1 ▸ GOOGLE, UN MÉDICO VIRTUAL NO ACONSEJABLE

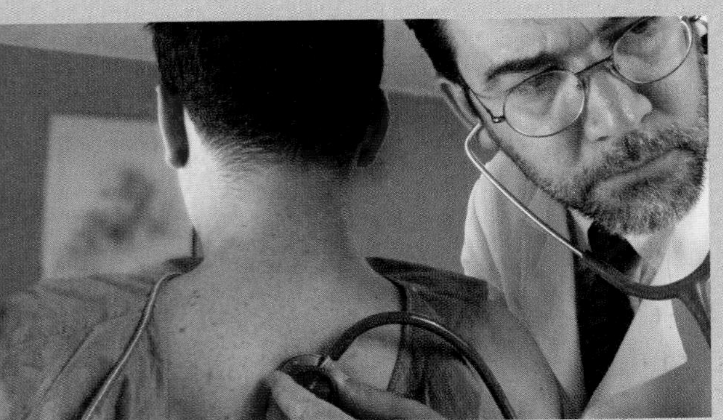

SOBRE LA LECTURA Internet es una fuente de información inagotable y ya estamos acostumbrados a consultarla para resolver cualquier duda que nos surja. Pero, ¿cómo se sabe cuándo la información es fiable y cuándo necesitamos consultar a un experto? Esta lectura discute el tema de las páginas de salud en línea: por qué son populares, qué beneficios y riesgos tienen para los usuarios y qué opinan los expertos. El artículo, escrito por Ángela Carrasco, fue publicado en *La Prensa*, un diario de La Paz, Bolivia, y aunque la autora se dirige al lector boliviano, los asuntos que discute son universales. El lugar apropiado para este tipo de recursos está aún por ser determinado. Mientras tanto, vale la pena educarnos al respecto.

ANTES DE LEER

MI VOCABULARIO
Utiliza tu vocabulario individual.

1 **Recursos** En parejas, conversen sobre estas preguntas, relacionadas con sus fuentes de información preferidas.

1. ¿Cuáles son tus programas de búsqueda preferidos en la red? ¿Cuáles son las ventajas y las desventajas de cada uno?
2. ¿Qué tipo de información sueles buscar en línea?
3. ¿Cómo evalúas o verificas la credibilidad de la información que encuentras? En una escala de uno a diez, califica la credibilidad de los sitios que consultas.
4. ¿Cuáles son tus recursos de información preferidos, además de Internet?
5. ¿Cuáles son las ventajas y las desventajas de los recursos en línea y los recursos tradicionales?

RECURSOS
Consulta la lista de apéndices en la p. 418.

2 **Ofrece ayuda** Lee este anuncio publicado por un usuario de una red social que frecuentas y respóndele para darle consejos. Incluye estos elementos en tu respuesta:

- Saluda a la persona que pide ayuda y demuéstrale que entiendes su problema.
- Explica cómo decides tú cuándo es mejor hacer consultas en persona.
- Menciona cuáles son las ventajas y las desventajas de buscar información de salud en línea, así como los riesgos de automedicarse.
- Explica la importancia de una consulta de salud «cara a cara».

Hola. Estoy demasiado dependiente de Internet. Ya no consulto a mis padres, mi médico o mis amigos cuando tengo dudas. ¡Tengo miedo de que mi único confidente sea Wikipedia! Necesito saber cuándo es un recurso apropiado. ¡Ayúdame!
Responder:

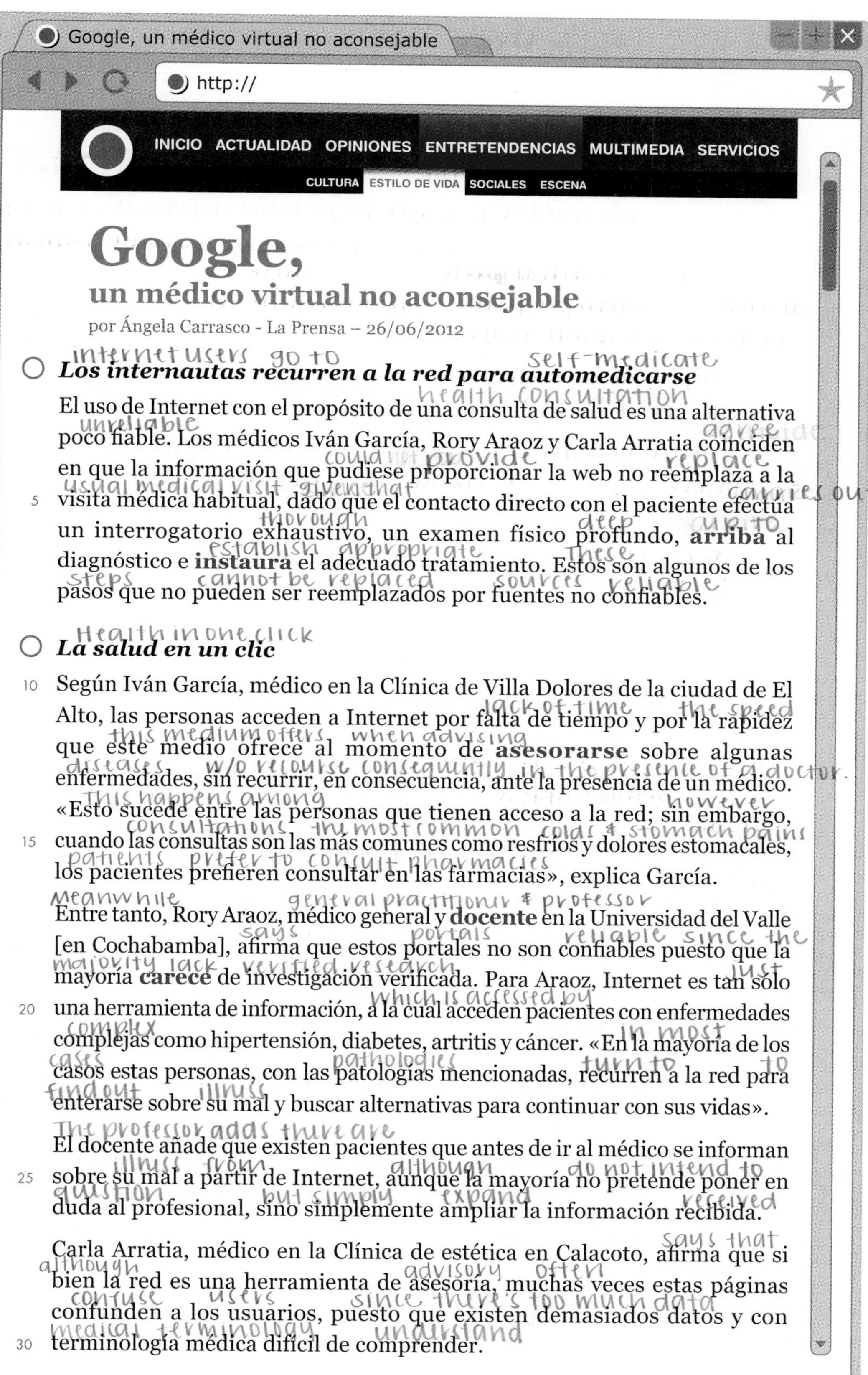

Google, un médico virtual no aconsejable

http://

INICIO ACTUALIDAD OPINIONES ENTRETENDENCIAS MULTIMEDIA SERVICIOS

CULTURA ESTILO DE VIDA SOCIALES ESCENA

Google,
un médico virtual no aconsejable

por Ángela Carrasco - La Prensa – 26/06/2012

Los internautas recurren a la red para automedicarse

El uso de Internet con el propósito de una consulta de salud es una alternativa poco fiable. Los médicos Iván García, Rory Araoz y Carla Arratia coinciden en que la información que pudiese proporcionar la web no reemplaza a la visita médica habitual, dado que el contacto directo con el paciente efectúa un interrogatorio exhaustivo, un examen físico profundo, **arriba** al diagnóstico e **instaura** el adecuado tratamiento. Estos son algunos de los pasos que no pueden ser reemplazados por fuentes no confiables.

La salud en un clic

Según Iván García, médico en la Clínica de Villa Dolores de la ciudad de El Alto, las personas acceden a Internet por falta de tiempo y por la rapidez que este medio ofrece al momento de **asesorarse** sobre algunas enfermedades, sin recurrir, en consecuencia, ante la presencia de un médico. «Esto sucede entre las personas que tienen acceso a la red; sin embargo, cuando las consultas son las más comunes como resfríos y dolores estomacales, los pacientes prefieren consultar en las farmacias», explica García.

Entre tanto, Rory Araoz, médico general y **docente** en la Universidad del Valle [en Cochabamba], afirma que estos portales no son confiables puesto que la mayoría **carece** de investigación verificada. Para Araoz, Internet es tan sólo una herramienta de información, a la cual acceden pacientes con enfermedades complejas como hipertensión, diabetes, artritis y cáncer. «En la mayoría de los casos estas personas, con las patologías mencionadas, recurren a la red para enterarse sobre su mal y buscar alternativas para continuar con sus vidas».

El docente añade que existen pacientes que antes de ir al médico se informan sobre su mal a partir de Internet, aunque la mayoría no pretende poner en duda al profesional, sino simplemente ampliar la información recibida.

Carla Arratia, médico en la Clínica de estética en Calacoto, afirma que si bien la red es una herramienta de asesoría, muchas veces estas páginas confunden a los usuarios, puesto que existen demasiados datos y con terminología médica difícil de comprender.

ESTRATEGIA

Tomar apuntes
Mientras lees, toma apuntes breves o subraya partes del texto para recordar información importante, como los nombres de personas mencionadas, lugares, hechos, fechas u otros detalles que consideres valiosos.

PALABRAS CLAVE

arribar llegar, alcanzar

instaurar establecer, instituir

asesorar consultar, buscar orientación o asesoría especializada

el/la docente profesor(a)

carecer estar privado de algo; no poseer algo

PALABRAS CLAVE
precisar necesitar
acarrear llevar, ocasionar, producir

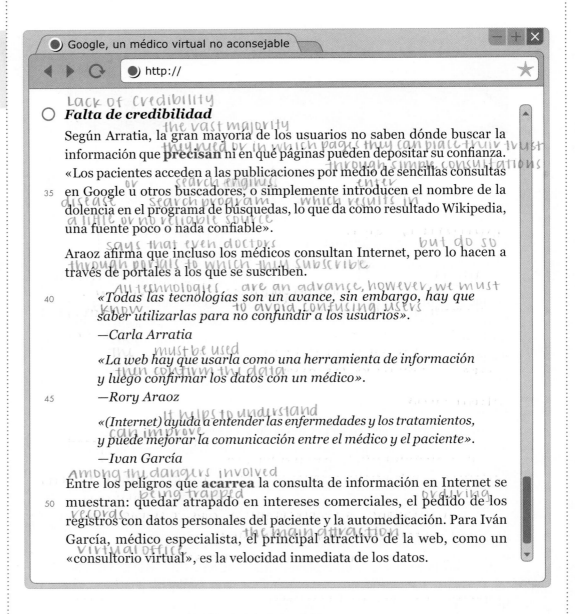

Google, un médico virtual no aconsejable

http://

Falta de credibilidad

Según Arratia, la gran mayoría de los usuarios no saben dónde buscar la información que **precisan** ni en qué páginas pueden depositar su confianza. «Los pacientes acceden a las publicaciones por medio de sencillas consultas en Google u otros buscadores, o simplemente introducen el nombre de la dolencia en el programa de búsquedas, lo que da como resultado Wikipedia, una fuente poco o nada confiable».

Araoz afirma que incluso los médicos consultan Internet, pero lo hacen a través de portales a los que se suscriben.

«Todas las tecnologías son un avance, sin embargo, hay que saber utilizarlas para no confundir a los usuarios».
—Carla Arratia

«La web hay que usarla como una herramienta de información y luego confirmar los datos con un médico».
—Rory Araoz

«(Internet) ayuda a entender las enfermedades y los tratamientos, y puede mejorar la comunicación entre el médico y el paciente».
—Ivan García

Entre los peligros que **acarrea** la consulta de información en Internet se muestran: quedar atrapado en intereses comerciales, el pedido de los registros con datos personales del paciente y la automedicación. Para Iván García, médico especialista, el principal atractivo de la web, como un «consultorio virtual», es la velocidad inmediata de los datos.

DESPUÉS DE LEER

1 

Verbos clave Completa las siguientes oraciones con la forma correcta de algunos de los verbos que aparecen en las Palabras clave.

1. Algunos profesionales poco serios ____________ de los conocimientos necesarios para practicar su profesión.
2. Antes de iniciar cualquier tratamiento, Julieta se ____________ de varios médicos.
3. Después de estudiar mucho los síntomas, los médicos ____________ a un correcto diagnóstico.
4. El gobierno ha ____________ nuevas medidas para mejorar la atención en salud.
5. La práctica de automedicarse puede ____________ muchos inconvenientes.
6. Se ____________ muchos años de estudio para ejercer una profesión médica.

2 **Comprensión** Contesta estas preguntas según el artículo.

1. ¿Cuál es el propósito del artículo y para qué tipo de lectores fue escrito?
2. Según los tres médicos citados, ¿cómo se debe usar Internet y cómo no debe usarse con respecto a las consultas médicas?
3. ¿Cuál es el punto de vista de la autora y cómo lo expresa a lo largo del artículo?
4. ¿Cuáles son algunos peligros de usar Internet como consultorio virtual?

3 **Resume** Repasa las citas de los tres médicos (líneas 40-48) y en una oración explica con tus propias palabras los consejos de cada uno.

1. Ivan García dice...
2. Rory Araoz afirma...
3. Carla Arratia expresa que...

4 **Comenta** En parejas, comenten estas preguntas.

1. Según los médicos, ¿en qué se diferencian las páginas sobre salud dirigidas a los pacientes y los sitios que consultan los profesionales? ¿Qué les aconsejan a los pacientes en relación con la información que encuentran en línea?
2. ¿Cómo pueden los sitios de Internet interferir con la atención médica apropiada?
3. ¿Por qué es tan importante para los médicos efectuar un interrogatorio y un examen físico con el paciente en persona?
4. ¿Estás de acuerdo con el punto de vista presentado por los médicos? Explica por qué.

MI VOCABULARIO
Utiliza tu vocabulario individual.

5 **Comparación cultural** Vuelve a leer la siguiente cita del doctor García (en las líneas 15 y 16 de la lectura) y discútela con un(a) compañero/a. Comparen el rol que cumplen las farmacias en la cultura boliviana con el rol que cumplen en Estados Unidos.

« Cuando las consultas son las más comunes como resfríos y dolores estomacales, los pacientes prefieren consultar en las farmacias. »

6 **Ventajas y desventajas** En parejas, hagan una lista de las ventajas y desventajas de cada una de estas ideas.

1. Usar Skype para interrogar a pacientes en lugares remotos.
2. Ofrecer información en línea que sea más comprensible para los pacientes.
3. Enviar alertas por mensaje de texto cuando haya riesgos ambientales.

7 **Presentación oral** Presenta tus opiniones sobre el uso apropiado de la tecnología en el cuidado de la salud. Incluye los siguientes aspectos en tu presentación:

- Referencias a la lectura: Expresa si estás de acuerdo o no con la autora.
- Tus ideas sobre el potencial de la tecnología para mejorar el cuidado de la salud
- Tus ideas sobre los límites de la tecnología en el cuidado de la salud
- Algunas recomendaciones en relación con el uso de Internet para consultar temas de salud. En lo posible, incluye algunas experiencias personales o familiares.

ESTRATEGIA

Apoyar con evidencia
Cuando expreses tus opiniones sobre un tema, presenta evidencias que las apoyen, para mostrar que tus conclusiones son lógicas.

LECTURA 2.2 ▸ LA ENFERMEDAD COMO CAUSA DE MARGINACIÓN EN LA EDAD MEDIA

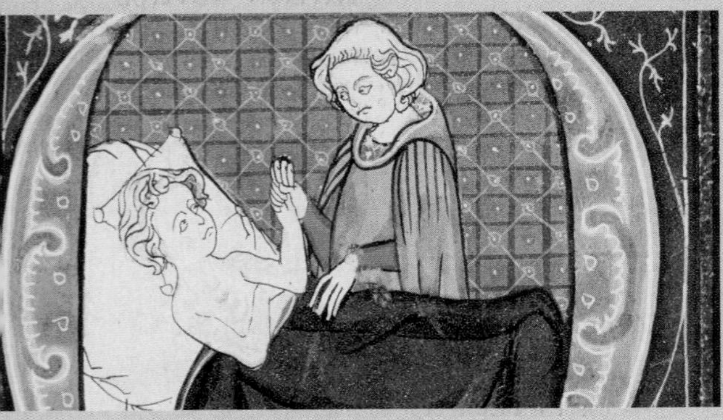

SOBRE LA LECTURA Esta lectura es parte del segundo capítulo del libro *La enfermedad como causa de marginación en la Edad Media*, escrito por Ana de Diego. Como explica la autora, los conocimientos médicos casi no existían entonces y los estudios necesarios para entender mejor la anatomía fueron restringidos por la Iglesia. Con escaso entendimiento y pocas herramientas, un doctor tenía que confiar en las supersticiones. Si su paciente moría, las consecuencias eran graves.

En este texto, la autora nos presenta un interesante panorama de la medicina en la Edad Media, en la que confluían las opiniones de la Iglesia, las creencias populares y la naciente ciencia médica.

ANTES DE LEER

1 **Una cronología** Busca información sobre la historia de España para presentar una cronología que incluya lo siguiente:

- los pueblos que dominaron la península Ibérica entre 200 a.C. y 1500 d.C.
- las influencias intelectuales que llegaron de otras regiones durante esos años
- los avances significativos que ocurrieron en ese periodo

Deja espacio en la cronología para añadir más información después de realizar la lectura.

RECURSOS
Consulta la lista de apéndices en la p. 418.

2 **Compartamos opiniones** Con un(a) compañero/a, reflexionen sobre las influencias e ideas con respecto al cuidado de la salud y comenten las respuestas a estas preguntas.

1. ¿Cómo influye el gobierno en la práctica de la medicina? ¿Qué límites le suele imponer?
2. ¿Cómo influyen las perspectivas religiosas en las restricciones que el gobierno impone sobre la práctica de la medicina y los estudios científicos? (Piensen, por ejemplo, en los derechos reproductivos y el uso de las células madre).
3. ¿Cómo puede lo desconocido influir en las actitudes de las personas hacia los doctores y la medicina?
4. ¿De qué manera la superstición puede desempeñar un rol en las creencias sobre la salud y la enfermedad?
5. ¿Por qué perduran las supersticiones hoy en día, en una época en la que hay acceso a tanta información científica?
6. ¿Consideran que la creencia en las supersticiones acabará en el futuro? Expliquen por qué.

LA ENFERMEDAD COMO CAUSA DE MARGINACIÓN EN LA EDAD MEDIA

Capítulo 2: Medicina y superstición (Fragmento) por **Ana de Diego**

ESTRATEGIA

Resumir cada párrafo Para verificar tu comprensión y seguir el argumento del texto mientras lees, subraya la información importante y toma notas breves para resumir cada párrafo. Esta estrategia te será útil para realizar una de las actividades después de la lectura.

LA CULTURA altomedieval es **autóctona** de la Europa occidental, con reminiscencias del mundo latino (sobre todo en Italia, Hispania y la Galia), más el **aporte** germano, pero en la primitiva Edad Media los conocimientos de Galeno[1] que conservaron los romanos se perdieron para los **laicos**, quedando relegados a los monasterios.

Las leyes bárbaras eran muy duras con el ejercicio médico. La visigoda, por ejemplo, establecía la firma de un contrato entre éste y el paciente o sus familiares, pactando los honorarios, la fianza económica que debía depositar el galeno e incluso la multa en caso de fracasar, que podía llegar a consistir en la pérdida de la libertad del médico si el enfermo era noble y moría, ya que aquél pasaba a ser esclavo de los herederos, que podían disponer libremente de su vida.

La prohibición de la Iglesia altomedieval del desmembramiento de los cadáveres paralizó el avance de los escasos conocimientos sobre anatomía. A finales del siglo XIII la disección comenzó a practicarse, pero hacia 1300 un edicto papal prohibió «**despedazar** cadáveres y hervirlos», fórmula utilizada por los cruzados para repatriar a los camaradas muertos en tierra de infieles y darles sepultura en lugar cristiano. Paradójicamente, el ámbito católico, incluso en la actualidad, está plagado de reliquias de santos que nos ha legado aquella época (la mano de S. Juan Bautista, el brazo de Sta. Teresa, la sangre de S. Pantaleón, el cráneo de S. Valentín, astillas de huesos, etc.). **El culto a las reliquias** creció junto a las **peregrinaciones** y las cruzadas y generó un considerable comercio de la **picaresca** a lo largo de toda esta época. En este tipo de culto confluyen la afición a lo mágico y lo simbólico, típico de la época, unido a la práctica religiosa. A comienzos del siglo XIV comienza a sistematizarse la disección de cadáveres, pese a la oposición de la Iglesia y a las supersticiones de la época.

Tanto la enfermedad como el ejercicio de la medicina estuvieron muy ligados a supersticiones, y siguieron practicándose ceremonias precristianas y utilizándose **amuletos** lo mismo para prevenir que para combatir determinadas enfermedades. En muchas ocasiones, impotente para erradicar estos ritos paganos, la Iglesia optó por cristianizarlos.

Otra forma de superstición fueron los «**toques reales**». El hombre medieval creía que algunas enfermedades podían ser curadas por la imposición de manos del rey (creencia muy arraigada en Francia), que motivó la costumbre de **acudir** al soberano para recobrar la salud a través de su contacto, uso que se prolongaría hasta el siglo XVII. Igualmente los ingleses creyeron que algunos de sus monarcas eran capaces de obrar el prodigio, como Eduardo el Confesor.

También a la **astrología** se la consideró causante de enfermedades y curaciones en una sociedad que todavía arrastraba restos de paganismo. Se recomendaba recoger las hierbas y raíces curativas en una noche determinada o cuando la luna presentaba una fase considerada favorable,

PALABRAS CLAVE

autóctono/a nativo/a, originario/a
el aporte la contribución
el/la laico/a persona civil que no tiene orden clerical
despedazar hacer pedazos
la peregrinación viaje que tiene un objetivo religioso
la picaresca forma de vida de los pícaros, personajes astutos y tramposos; género literario que describe la vida de los pícaros
acudir visitar o recurrir a alguien

1 Médico y filósofo griego (130-200 d.C.). Sus conocimientos dominaron la medicina europea por más de mil años. Actualmente, a los médicos también se les conoce como galenos.

PALABRAS CLAVE

el chivo expiatorio persona a quien se le echa la culpa de algo

cernir ocurrir, acontecer

el ungüento crema o bálsamo como remedio para curar que se pone en la piel

el filtro poción

Las tres brujas. *Macbeth* (W. Shakespeare), Acto IV, Escena 1. Ilustración de Charles y Mary Lamb, 1905

creencias sostenidas también por los médicos árabes (por influencia oriental), quienes fabricaban amuletos con los signos del Zodíaco grabados, que colocaban sobre la zona afectada para curar algunas dolencias tales como lumbagos, reumatismos, cólicos nefríticos... La astrología estuvo tan extendida que llegó a enseñarse en las Universidades bajomedievales y los reyes tenían astrólogos a los que consultaban antes de tomar decisiones importantes.

Los **hechiceros y brujos** también jugaron un papel dentro de la «medicina» medieval, eran más bien curanderos entendidos en hierbas medicinales. Solían ser personas humildes, generalmente ancianas y solitarias que vendían sus recetas y servicios para poder subsistir. La comunidad recurría a ellos cuando los consideraban necesarios, pero también servían como **chivos expiatorios** si una calamidad incomprensible para el campesino **se cernía** sobre la aldea. El pueblo les temía y respetaba, considerándoles dotados de poderes extraordinarios, como matar a distancia, volar (creencia que aparece en los siglos X-XI), fabricar **ungüentos** sanadores y **filtros** amorosos... Asimismo, se les culpaba de las malas cosechas, de las enfermedades del ganado, etc. El vulgo les buscaba tanto para alcanzar la fertilidad como para conseguir un remedio que les impidiera concebir más. Estas creencias son reminiscencias de religiones antropológicas que, con escasas variaciones, se han encontrado en la base de todas las sociedades tribales. ◣

DESPUÉS DE LEER

1 **Comprensión** Contesta las preguntas según el texto.

1. ¿Cuál es el propósito de la lectura?
2. Considerando el título del libro, ¿qué propósito tiene esta selección en el contexto del libro completo?
3. ¿Cuál es el punto de vista de la autora?
4. ¿A qué tipo de lector parece estar dirigido el texto?
5. Describe un caso que podía resultar en la esclavitud de un médico.
6. ¿Qué paradoja presenta la autora en el tercer párrafo?
7. Además de los médicos, ¿quiénes eran los «expertos» consultados para el cuidado de la salud?
8. ¿Qué era un «toque real»?

2 **Resumir** Escribe una frase para resumir cada uno de los siete párrafos de la lectura.

MODELO Párrafo 1: Durante la Edad Media, la Iglesia restringió la información sobre los logros importantes de los médicos.

3 **Rito pagano** Vuelve a leer el cuarto párrafo de la lectura. Usa Internet para investigar un rito precristiano que la Iglesia optó por cristianizar. ¿Cuál era el propósito del rito original? ¿Cómo se transformó en un rito cristiano? ¿Existe todavía esa práctica? Comparte tus hallazgos con la clase.

4 **Cronología** Dibuja una cronología que ilustre los avances médicos posteriores a los años indicados en el artículo. Si ya dibujaste una cronología en Antes de leer (Actividad 1), añádele esta información.

5 **Comparación cultural** Comenten los siguientes temas en pequeños grupos.

1. Las medicinas
   a. Describan las actitudes antiguas hacia el uso de hierbas y recetas populares.
   b. Describan las actitudes actuales hacia los remedios herbales.
   c. Comparen las medicinas antiguas y las modernas.
2. Las supersticiones
   a. ¿Qué productos y prácticas supersticiosas menciona la autora?
   b. ¿Qué productos y prácticas supersticiosas existen hoy en día?
   c. Comparen las actitudes antiguas y las actuales en torno a las supersticiones.
3. Las brujas
   a. Según la lectura, ¿cómo se describía la bruja típica de la Edad Media?
   b. ¿Cuáles son las semejanzas y diferencias con las brujas de otras épocas?
   c. ¿De qué manera las brujas servían como chivos expiatorios en Europa durante la Edad Media y en Estados Unidos durante los siglos XVII a XIX?

MI VOCABULARIO
Utiliza tu vocabulario individual.

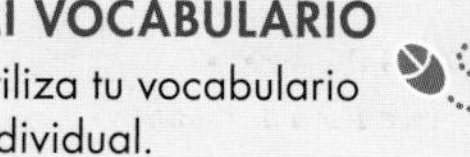

6 **Las perspectivas religiosas** Con un(a) compañero/a, discutan cómo los dogmas religiosos influyeron en la práctica de la medicina durante la Edad Media. Hablen de los límites que la Iglesia imponía sobre el acceso a la información y sobre los avances de los conocimientos en anatomía y otras áreas.

7

Diversas perspectivas Considera los productos, prácticas y perspectivas que existen hoy en día con respecto al cuidado de la salud. En grupos de tres o cuatro estudiantes, escriban una lista de cinco elementos para cada una de estas categorías.

- los productos médicos (medicinas, remedios, aparatos) más importantes o populares actualmente
- las prácticas médicas (tipos de tratamiento, procedimientos, costumbres) más importantes o populares en la actualidad
- algunas de las perspectivas más significativas o populares sobre la salud actualmente (por ejemplo, opiniones acerca de la prescripción de medicamentos o la responsabilidad de proporcionar el cuidado de la salud)

MI VOCABULARIO
Utiliza tu vocabulario individual.

8

¿Qué pasará? Observen los elementos que incluyeron en sus listas de la Actividad 7 y clasifíquenlos en una tabla con las siguientes categorías.

Es popular hoy, pero no representa un avance significativo.	
Es un avance significativo que define actualmente el cuidado de la salud.	
Es popular hoy, pero parecerá antiguo y primitivo en el futuro.	

RECURSOS
Consulta la lista de apéndices en la p. 418.

9

Ensayo de comparación Escribe un ensayo donde, además de comparar la prohibición del desmembramiento de cadáveres en la Edad Media con la prohibición de usar células madres hoy en día, también muestres sus beneficios para la población. Incluye estos puntos en tu ensayo:

- la responsabilidad ética de la Iglesia
- la responsabilidad de los científicos al realizar avances médicos
- la responsabilidad de la sociedad civil al participar en los procesos de toma de decisiones
- la importancia del cuidado de la salud

10

Presentación oral ¿Debe haber un equilibrio entre la medicina tradicional y las medicinas alternativas? Haz una búsqueda en Internet sobre estos dos tipos de medicina en el pasado y en la actualidad (y en diferentes culturas), y prepara una presentación oral en la que incluyas estos temas:

- la complementariedad (o no) de ambos tipos de medicina
- las ocasiones en las que se puede acudir a una o a otra
- las actitudes de las personas actualmente frente a las medicinas alternativas
- la importancia de la medicina alternativa en los pueblos latinoamericanos

11

Discusión grupal Después de investigar sobre las prácticas medicinales alternativas de los pueblos latinoamericanos, discute con toda la clase sobre la importancia de esta medicina para estas culturas y comparen dichas prácticas con las que existen en su región o estado. ¿Qué diferencias y semejanzas encuentran? ¿A qué se pueden deber las diferencias existentes?

AUDIO ▸ ESCEPTICISMO Y MEDICINAS ALTERNATIVAS

INTRODUCCIÓN Esta grabación es un fragmento de una entrevista radial con el doctor Lisandro M. Carnielli, quien ha publicado artículos en el sitio DrGen.com.ar, una página electrónica de Buenos Aires, Argentina.

El doctor Carnielli presenta en esta entrevista sus opiniones sobre las medicinas alternativas y las contrasta con las creencias populares que todavía existen entre nosotros, y que pueden tener efectos adversos. Una de sus advertencias es que las medicinas alternativas pueden retrasar el acceso a una terapia realmente efectiva, lo cual puede poner en riesgo la salud del paciente.

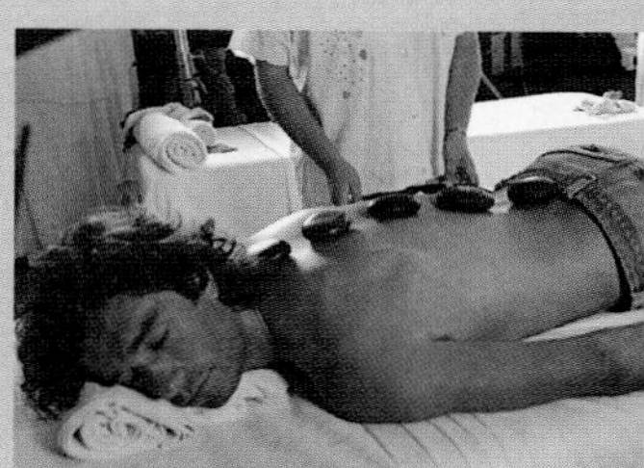

ANTES DE ESCUCHAR

PALABRAS CLAVE

milagroso/a asombroso/a, fuera de lo ordinario, que no tiene explicación lógica

crédulo/a que se cree cualquier cosa con facilidad

retrasar demorar, atrasar, posponer

el riesgo peligro, inseguridad, posibilidad de daño

1 **Definiciones** En parejas, describan sus definiciones e interpretaciones de las palabras «escepticismo» y «medicina alternativa». Si necesitan más información, consulten un diccionario. Consideren cuál es la relación entre los dos conceptos en las sociedades modernas actuales.

2 **El dialecto y la pronunciación argentinos** En grupos de dos o tres, busquen información en Internet sobre el habla argentina. Lean descripciones y escuchen ejemplos. Anoten sus hallazgos y observaciones sobre los siguientes aspectos y compártanlos con la clase.

- el voseo (uso de *vos*)
- pronunciación de las letras *ll* e *y*
- cadencia/ritmo
- otras observaciones

MIENTRAS ESCUCHAS

1 **Escucha guiada** Antes de escuchar la primera vez, lee estos fragmentos que te guiarán por la grabación. Al escuchar, marca cada expresión para ayudarte a seguir la entrevista.

- ☐ las «power balance»
- ☐ el efecto más medible
- ☐ un blanco fenomenal
- ☐ el riesgo de consumir
- ☐ efectos adversos
- ☐ que quedan paralíticas
- ☐ generalmente no hacen mal; tampoco bien
- ☐ retrasando la consulta de un médico
- ☐ ciertas enfermedades más graves
- ☐ la diferencia entre salvarte o no
- ☐ abandonan el tratamiento tradicional
- ☐ resultados de la terapia alternativa

ESTRATEGIA

Identificar información específica
Usa la lista de frases de la Actividad 1 para enfocar tu atención y predecir el contenido de la entrevista. Presta atención no solo a las frases en sí, sino también al contexto (lo que precede y lo que sigue) para comprender el significado de cada frase.

2 **Escucha otra vez** Al escuchar la segunda vez, apunta otras expresiones que oigas y que consideres clave para comprender la entrevista.

DESPUÉS DE ESCUCHAR

1 **Análisis cooperativo** Después de escuchar la segunda vez, comparen en pequeños grupos sus apuntes adicionales de la entrevista. Usen una tabla como la siguiente.

YO APUNTÉ:	MIS COMPAÑEROS APUNTARON:

2 **Comprensión** Usando todos los apuntes, escribe respuestas a estas preguntas.

1. Según el doctor Carnielli, ¿cuál es la ventaja más medible de las medicinas alternativas?
2. En su opinión, ¿las medicinas alternativas tienen algunos efectos adversos o no? Presenta evidencia de la entrevista.
3. ¿Qué señala el entrevistado como otra consecuencia de los tratamientos alternativos?
4. ¿Qué puedes concluir después de escuchar esta entrevista?

MI VOCABULARIO
Utiliza tu vocabulario individual.

3 **Investigación crítica** Investiga uno de los tratamientos alternativos mencionados en la entrevista (idealmente uno que haya probado alguien que conozcas). Escribe un ensayo en el que evalúes el tratamiento. Incluye las respuestas a estas preguntas.

- ¿Para qué enfermedad se usa?
- ¿Quién(es) lo ha(n) probado? ¿Por qué?
- ¿Cuáles son los efectos adversos o los riesgos (si existen)?
- ¿Hay datos o cifras que apoyen la eficacia del tratamiento?
- ¿Qué concluyes de la información investigada? ¿Usarías tú el tratamiento o se lo recomendarías a un miembro de tu familia o a un amigo?

RECURSOS
Consulta la lista de apéndices en la p. 418.

4 **Discusión** Presenta a la clase los resultados de tu investigación de la Actividad 3. Juntos, comparen y contrasten los diversos tratamientos. Utilicen un organizador gráfico como este.

Tratamiento, medicina o terapia (alternativa)	
La enfermedad o dolencia para la que fue desarrollado	
Ventajas o eficacia (¿Hay datos o cifras?)	
Efectos adversos o riesgos (¿Hay datos o cifras?)	
Otras desventajas (¿Hay datos o cifras?)	

CONEXIONES CULTURALES

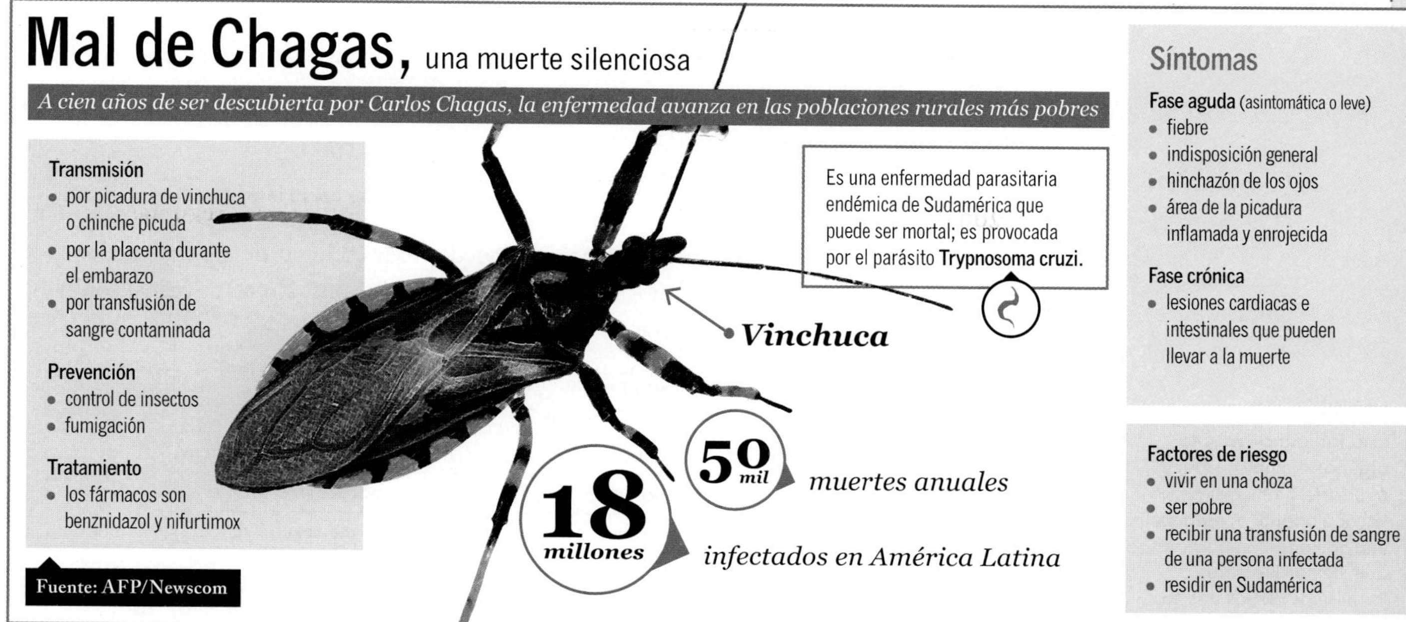

Mal de Chagas, una muerte silenciosa
A cien años de ser descubierta por Carlos Chagas, la enfermedad avanza en las poblaciones rurales más pobres
Transmisión
• por picadura de vinchuca o chinche picuda
• por la placenta durante el embarazo
• por transfusión de sangre contaminada
Prevención
• control de insectos
• fumigación
Tratamiento
• los fármacos son benznidazol y nifurtimox
Fuente: AFP/Newscom
Es una enfermedad parasitaria endémica de Sudamérica que puede ser mortal; es provocada por el parásito Trypnosoma cruzi.
Vinchuca
50 mil muertes anuales
18 millones infectados en América Latina
Síntomas
Fase aguda (asintomática o leve)
• fiebre
• indisposición general
• hinchazón de los ojos
• área de la picadura inflamada y enrojecida
Fase crónica
• lesiones cardiacas e intestinales que pueden llevar a la muerte
Factores de riesgo
• vivir en una choza
• ser pobre
• recibir una transfusión de sangre de una persona infectada
• residir en Sudamérica

El mal de Chagas

EL MAL DE CHAGAS ES UNA ENFERMEDAD POTENCIALMENTE mortal que afecta a millones de personas de todo el mundo, especialmente de Latinoamérica. Esta enfermedad es transmitida por la vinchuca, un insecto que suele alojarse en las viviendas precarias de las áreas rurales y suburbanas de las regiones de clima cálido y seco.

La mejor prevención consiste en evitar el contacto con el insecto transmisor. En 2012, la Organización Panamericana de la Salud declaró a Uruguay como el único país latinoamericano libre de vinchucas. Este logro fue posible gracias a las constantes campañas de concienciación, la construcción de viviendas de calidad para las personas con menos recursos y el esfuerzo de los maestros rurales, quienes transmitieron a niños y adultos la importancia de controlar la presencia de insectos en sus casas. En toda Latinoamérica se siguen haciendo grandes esfuerzos para erradicar este mal, que se cobra cada año miles de vidas, especialmente entre la población más pobre.

- Gracias a sus campañas de vacunación gratuita, Cuba logró erradicar muchas enfermedades que persisten en otras regiones, como la poliomielitis, el tétanos y el sarampión. Este es un claro ejemplo de cómo la inversión en prevención es el mejor camino para solucionar los grandes problemas de salud.
- Según la Organización Mundial de la Salud, la obesidad es una pandemia. Una de las medidas que tomó el gobierno de Costa Rica para enfrentarla fue prohibir por ley la venta de comida chatarra y gaseosas en las escuelas públicas. Debido a los buenos resultados de esta campaña, otros países están imitando este ejemplo.
- En México, unos veinte millones de personas sufren hipertensión arterial, principalmente a causa del uso excesivo de sal. Por eso, el gobierno ha pedido que se retiren los saleros de las mesas de los restaurantes.

Presentación oral: comparación cultural

Prepara una presentación oral sobre este tema:

- ¿Cuál es la importancia de los avances médicos y la educación para la salud de las personas?

Analiza en detalle alguna iniciativa gubernamental o privada para aumentar la calidad de vida de los habitantes. Compara tus observaciones acerca de las comunidades en las que has vivido con tus observaciones de una región del mundo hispanohablante que te sea familiar.

léxico 1 Verbos comunes

◢ Es común que un estudiante de español recurra constantemente a los verbos más básicos. Por ejemplo, puede repetir el verbo **estar** en casos en los que en inglés usaría *to be*, *to stay*, *to feel*, *to find oneself*, etc.

I feel tired. ⟶ **Estoy** cansado. *I stayed home.* ⟶ **Estuve** en casa.

◢ En estos ejemplos extraídos de un cuento de Gabriel García Márquez, se podría haber usado el verbo **ir**. Sin embargo, el autor usa expresiones y verbos diferentes.

Viajaba con la columna vertebral firmemente...
La niña [...] **se dirigió** a la baranda arrastrando los zapatos...
Luego le quitó el ramo de flores a la niña y **empezó a moverse** hacia la puerta.

◢ Observa la lista de verbos y expresiones que puedes usar en lugar de algunos de los verbos más comunes. En algunos casos, se trata de sinónimos. En otros casos, son palabras y expresiones que destacan matices diferentes.

¡ATENCIÓN!
Esta tabla incluye solo algunos ejemplos para ayudarte a ampliar tu vocabulario. Si al redactar una composición observas que siempre recurres a los mismos verbos básicos (**ser**, **estar**, **ir**, **hacer**, etc.), hazte estas preguntas: **¿Cómo puedo evitar repetir los mismos verbos? ¿Qué sinónimos puedo usar? ¿Estoy tratando de comunicar un matiz particular que se puede expresar con una palabra más específica?**

VERBO	CONCEPTO	VERBOS Y EXPRESIONES	MODELOS
ser	característica, cualidad	mantenerse	María **se mantiene** muy activa.
		parecer	El libro **parece** interesante.
		resultar	El trabajo **me resultó** difícil.
	material	estar hecho/a	La estatua **está hecha** de madera.
	expresar acontecimientos	hacerse, realizarse	La fiesta **se hizo/realizó** en mi casa.
		tener lugar	¿Dónde **tendrá lugar** la reunión?
	origen	provenir	El cacao **proviene** de América.
estar	ubicación	encontrarse	La casa **se encuentra** en las afueras de la ciudad.
		hallarse	En el sótano **se hallaban** varias cajas.
		permanecer	**Permaneció** allí durante cinco horas.
		quedar	La tienda **queda** en la otra esquina.
	estado, sentimiento	encontrarse	Marcela **se encontraba** muy enferma.
		lucir	El perrito también **lucía** triste.
		parecer	Juan **parecía** muy cansado.
		sentirse	**Me siento** un poco agobiado.
haber	existencia	producirse	**Se produjo** de repente un gran bullicio.
		surgir	Después del discurso, **surgieron** muchas dudas.
		suceder	**Sucedieron** cosas muy extrañas.
		tener lugar	Aquí **tuvo lugar** una violenta protesta.
hacer(se)	producción, realización, acontecimiento	llevar(se) a cabo	Los sindicalistas **llevaron a cabo** una protesta.
		realizar(se)	Los familiares **realizaron** una ceremonia en su honor.
	consecuencia	convertir(se)	La tarea **se convirtió** en algo imposible.
		causar	Los gritos **causaron** mucho revuelo.
		producir	La caída **produjo** un fuerte estruendo.
		provocar	La noticia **provocó** llanto entre las mujeres.

VERBO	CONCEPTO	VERBOS Y EXPRESIONES	MODELOS
ir(se)/ venir	movimiento, dirección	acercarse	El abogado **se acercó** al acusado.
		alejarse	Cuando le hablé, enseguida **se alejó**.
		avanzar	Los soldados **avanzaron** hacia el frente.
		dirigirse	Juan **se dirigió** a la puerta.
		provenir	Los ruidos **provenían** del sótano.
		regresar	El presidente **regresó** a su despacho.
	participación	asistir	Los estudiantes no **asistieron** a clase.

PRÁCTICA

1 Completa el párrafo sustituyendo los verbos entre paréntesis con la forma correcta de los verbos y expresiones de la lista.

acercarse	dirigirse	parecer	sentirse
asistir	encontrarse	provenir	tener lugar

La fiesta (1)__________ (se hizo) en el rancho de mis abuelos. Mientras todos cenaban, (2)__________ (fui) a la cocina para llamar a mi prima Marcela. (3)__________ (Estaba) preocupado porque ella (4)__________ (estaba) muy triste la última vez que la vi. Marcela no había podido (5)__________ (venir) a la fiesta porque dijo que tenía que estudiar. Cuando (6)__________ (estaba) a punto de marcar su número, escuché unos ruidos que (7)__________ (venían) de la ventana. (8)__________ (Fui) a la ventana y de repente…

2 Reescribe dos veces cada una de estas oraciones.

MODELO La casa estaba en una colina y era muy vieja.
La casa se encontraba en una colina y parecía muy vieja.
La casa estaba ubicada en una colina y lucía muy vieja.

1. Hubo un ruido muy extraño y todos fueron al patio.
2. La estatua era de madera y estaba quemada.
3. Mario estaba muy cansado, pero igualmente fue a la fiesta.

3 En parejas, escriban la continuación de la historia de la Actividad 1 usando al menos cinco de los verbos de la lista.

acercarse	hacerse	provocar	regresar	sentirse	surgir
causar	hallarse	quedar	resultar	suceder	tener lugar

4 Con la ayuda de un diccionario, relaciona cada uno de estos verbos con un verbo común. Luego escribe un párrafo usando cuatro de los verbos.

acontecer	alejarse	consistir en	elaborar	encaminarse	radicarse

ESTRATEGIA

Consultar el diccionario

Al consultar un diccionario, debes tener cuidado de verificar los distintos matices y sutilezas asociados con distintas palabras. ¿Qué verbo elegirías en español para decir

They made a movie?

make

1. (*un cambio, una llamada*) hacer
2. (*un café, una comida*) hacer, preparar
3. (*coches, productos*) fabricar [**from**, de]: **it's made from steel**, es de acero

[…]

9. (*un error*) cometer
10. (*un pago*) efectuar
11. (*una película*) rodar

Expresiones de tiempo

◢ En español existen varias formas de expresar información acerca del tiempo o el momento en que se realiza una acción:

1. *Con adverbios:* **Mañana** saldremos de excursión.
2. *Con frases adverbiales:* Nuestro experto lo llamará **el viernes por la tarde**.
3. *Con conjunciones para introducir cláusulas adverbiales:*
   Por favor, llámame **tan pronto (como)** llegues a casa.

◢ Los adverbios de tiempo añaden información circunstancial a la oración, explicando cuándo se desarrolla la acción y con qué frecuencia. Esta es una lista parcial de algunos adverbios de tiempo.

ahora *now*	**frecuentemente** *frequently*	**posteriormente** *later*
anoche *last night*	**hoy** *today*	**primeramente** *first*
antes *before*	**inicialmente** *initially*	**pronto** *soon*
asiduamente *often*	**inmediatamente** *immediately*	**recientemente** *recently*
aún *still*	**jamás** *never*	**repentinamente** *all of a sudden*
ayer *yesterday*	**luego** *after*	**siempre** *always*
constantemente *constantly*	**mañana** *tomorrow*	**tarde** *late*
después *after*	**mientras** *while*	**temprano** *early*
entretanto *meanwhile*	**nunca** *never*	**todavía** *still*
finalmente *finally*	**ocasionalmente** *occasionally*	**ya** *already*

◢ También existen multitud de frases y expresiones que se utilizan como adverbios de tiempo.

Por aquel entonces, Eduardo vivía en Londres.
Hace un año que estudio español.
Visito a mis abuelos **todos los meses**.
De vez en cuando, salimos a caminar por el parque.

RECURSOS
Consulta las explicaciones gramaticales del **Apéndice A,** pp. 441-446.

◢ Las conjunciones de tiempo introducen cláusulas adverbiales que hacen referencia al tiempo en que se desarrolla la acción principal. Recuerda que las conjunciones deben estar seguidas de un verbo conjugado. En algunos casos, debes usar el subjuntivo.

antes (de) que *before*	**en el momento que** *at the moment when*
apenas *as soon as*	**hasta que** *until*
cuando *when*	**mientras** *while*
después (de) que *after*	**siempre que** *every time*
en cuanto *as soon as*	**tan pronto (como)** *as soon as*

Después de que recibí la noticia, llamé a mi madre.
Visito la tumba de mi abuelo **siempre que** puedo.

◢ Puedes usar preposiciones para formar frases preposicionales que funcionan como adverbios de tiempo. Recuerda que las preposiciones van seguidas de un sustantivo o un infinitivo.

antes de *ir*	**desde** *mayo*	**después de** *comer*	**hasta** *hoy*

PRÁCTICA

1 Completa las oraciones seleccionando una expresión de tiempo.

1. Felipe me llamó ____________ llegó a casa. (después/tan pronto como)
2. Te compraré una motocicleta ____________ apruebes el examen. (en cuanto/hasta que)
3. Azucena viajará a España ____________ tenga el dinero suficiente. (hasta que/tan pronto como)
4. Jorge quiere esperar ____________ se gradúe para casarse. (hasta que/cuando)
5. Voy a tener más dinero ____________ mi jefe me aumente el sueldo. (antes de/en cuanto)
6. Cuando escribes un cheque, ____________ debes escribir la cantidad exacta. (mientras/siempre)
7. Cuando era niña, ____________ pasaba días enteros leyendo. (a menudo/antes de que)
8. Mi familia visita a mi abuela todos los domingos y ella viene a mi casa ____________. (ya/de vez en cuando)

2 Une cada par de oraciones con una expresión de tiempo adecuada de la lista.

antes de que	después de que	mientras
apenas	en cuanto	siempre que
cuando	hasta que	tan pronto como

1. Cada día, los clientes hacen cola. / El cajero llega al trabajo.
2. Las aves migratorias vuelan hacia el sur. / Se acerca el invierno.
3. Los agricultores comienzan el día de trabajo. / Sale el sol.
4. Eva toca el clarinete. / Eduardo escucha atentamente.
5. El ayuntamiento cierra la piscina. / Las clases empiezan en septiembre.

3 Completa esta narración con las expresiones de tiempo adecuadas.

(1)____________ llegamos a la cabaña, nos dimos cuenta de que habíamos olvidado la llave. Sin pensarlo dos veces, y (2)____________ se hiciera de noche, nos metimos en la camioneta y buscamos el hotel más cercano para pasar la noche.
Salimos del hotel (3)____________ desayunar e (4)____________ llamamos a un cerrajero (*locksmith*). El cerrajero cambió la cerradura (5)____________ nosotros revisábamos los alrededores de la cabaña.
(6)____________ aquel día, (7)____________ que salgo de casa, hago una lista de todo lo que necesito llevar cuando viajo.

4 Escribe un párrafo sobre una anécdota divertida o inusual. Usa al menos ocho expresiones de tiempo de la lista.

anoche	después de	en cuanto	hasta que	rara vez
constantemente	después de que	en el momento que	jamás	tan pronto como
cuando	el año pasado	frecuentemente	mientras	temprano

¡ATENCIÓN!

La conjunción **mientras** hace referencia a una acción continuada. Por esta razón suele ir acompañada de un verbo en pretérito imperfecto.

El tren empezó a pitar **mientras** la niña **se peinaba**.

Por el contrario, el adverbio **inmediatamente** modifica una acción única en el tiempo con un principio y un final.

Inmediatamente después de la detonación, no **sintió** nada más que el murmullo de la llovizna en el techo de zinc.

contexto 3 La ciencia y la ética

PUNTOS DE PARTIDA

Los avances de la ciencia y la tecnología generan nuevos dilemas morales. A la capacidad de lograr grandes beneficios está asociada la de causar grandes daños. Las sociedades que producen tales adelantos tienen la responsabilidad ética de prevenir la violación de los derechos humanos.

- ¿Cómo se puede garantizar la dignidad humana en la práctica de las ciencias?
- ¿Cuál es el equilibrio apropiado entre desarrollo económico y protección de recursos naturales?
- ¿Cuál es la importancia de la sustentabilidad ambiental en relación con los derechos humanos?

DESARROLLO DEL VOCABULARIO

MI VOCABULARIO
Anota el vocabulario nuevo a medida que lo aprendes.

1 **¿Qué crees tú?** Señala si estás de acuerdo o no con cada una de estas afirmaciones.

	Estoy de acuerdo	No estoy de acuerdo
1. Los milagros sí son posibles.	☐	☐
2. La vida no es justa.	☐	☐
3. El dinero no compra la felicidad.	☐	☐
4. No se puede confiar en los demás.	☐	☐
5. «Ojo por ojo, diente por diente».	☐	☐
6. Para hacer lo correcto, hay que obedecer la ley.	☐	☐
7. Mentir siempre es malo.	☐	☐
8. Se puede aprender de los errores.	☐	☐
9. Siempre somos responsables por nuestras acciones.	☐	☐
10. El fin justifica los medios.	☐	☐

RECURSOS
Consulta la lista de apéndices en la p. 418.

2 **Explica tus decisiones** Habla con un(a) compañero/a acerca de tus opiniones sobre cada afirmación de la Actividad 1. Para cada una de ellas, comparte ejemplos de tus propias experiencias y explica por qué estás o no de acuerdo. Señala además si habría excepciones o condiciones que cambiarían tu posición.

3 **El lenguaje de la ciencia** Clasifica estos términos en una de las tres categorías de la tabla que encontrarás a continuación: científico, cirujano, clonación, esterilización, filántropo, genética, inmunología, investigador, microbiología, oncología, terapia, vacunación.

DISCIPLINAS	PERSONAS	PROCEDIMIENTOS

4 **El dilema del tranvía** En grupos de tres, discutan qué harían en esta situación y por qué. ¿Hay alguna consideración ética o moral en sus decisiones?

Un tranvía pierde el control. En su camino hay cinco personas. Es posible accionar un botón para desviarlo a una vía diferente, pero por desgracia en ella hay otra persona. ¿Debería pulsarse el botón? Si no haces nada, cinco personas morirán; si pulsas el botón, una persona morirá.

LECTURA 3.1 ▸ NEANDER PARK

SOBRE LA LECTURA La discusión sobre la validez ética de la clonación es muy polémica. ¿Se justifica la clonación de plantas y animales para solucionar el problema del hambre en el mundo? ¿Y para resucitar especies extinguidas? ¿Cuándo se justifica la clonación humana? En el caso de la clonación reproductiva[1], hay un acuerdo general (pero no unánime), en que no es ética porque va en contra de la dignidad humana. En el caso de la clonación terapéutica[2], los argumentos dependen de las creencias sobre cuándo un embrión debe tener todos los derechos humanos. El artículo que sigue, publicado en *El País* (España), trata de un nuevo conjunto de asuntos éticos generado por los avances paleogenéticos.

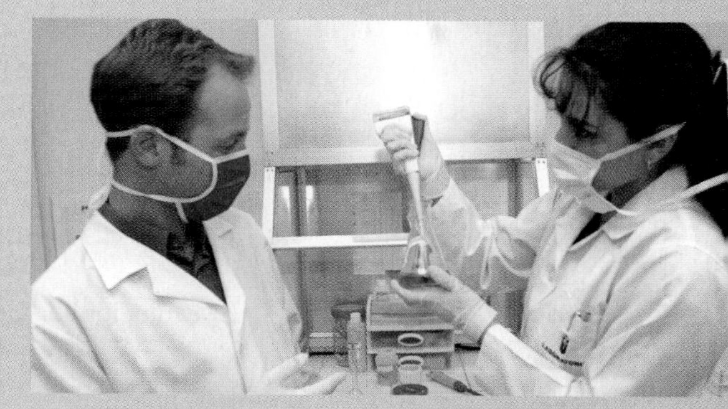

ANTES DE LEER

1 Términos científicos Elige la mejor descripción para cada término.

1. ___ célula
2. ___ célula madre
3. ___ cigoto
4. ___ embrión
5. ___ espermatozoo
6. ___ feto
7. ___ núcleo
8. ___ óvulo

a. la parte central de una célula
b. unidad microscópica compuesta de un citoplasma y un núcleo, rodeados por una membrana
c. la célula reproductiva femenina; el gameto femenino
d. la célula reproductiva masculina; el gameto masculino
e. la célula que resulta de la unión de gametos (la fecundación del huevo)
f. una célula renovadora; capaz de diferenciarse en varias formas de células especializadas
g. etapa de la vida humana después de la fecundación
h. la etapa de vida antes del nacimiento

MI VOCABULARIO Anota el vocabulario nuevo a medida que lo aprendes.

2 Argumentos éticos Busca información sobre la clonación reproductiva y la clonación terapéutica y escribe dos argumentos a favor y dos en contra.

TIPO DE CLONACIÓN	A FAVOR	EN CONTRA
reproductiva		
terapéutica		

3 Límites morales Escribe una respuesta de uno o dos párrafos para la pregunta siguiente. Apoya tu respuesta con ejemplos específicos.

- ¿Crees que los avances científicos no deben tener restricciones, o deben estar limitados por consideraciones morales? ¿Por qué?

1 La **clonación reproductiva** es asexual y consiste en producir una copia genéticamente exacta de un organismo ya existente, implantando el núcleo de una célula en un óvulo sin núcleo.

2 La **clonación terapéutica** consiste en transferir el núcleo de la célula con el objetivo de producir una célula madre que se puede transformar en células útiles en el tratamiento de enfermedades.

NEANDER PARK

por **Javier Sampedro**

PALABRAS CLAVE

plantear proponer, sugerir
rematar dar fin a algo, terminar
impetuoso/a impulsivo/a, apasionado/a
ADN acrónimo para ácido desoxirribonucleico
artífice creador, autor, arquitecto
avalar apoyar

- El genetista George Church **plantea** resucitar al neandertal, la otra especie humana e inteligente, y formar una colonia de individuos
- Además de obstáculos técnicos, la idea se enfrenta a dilemas éticos

El evolucionista neoyorkino Stephen Jay Gould, fallecido en 2002, se quejaba de que Hollywood se había pasado cien años repitiendo la misma historia de ficción científica: el genio con más audacia que talento al que su criatura se le va de las manos; una eterna repetición, en el fondo, del mito de Frankenstein salido de la imaginación de Mary Shelley en 1818. Y tal vez la ciencia del mundo real no se haya acercado más a ese cliché que ahora mismo, ante la posibilidad real de resucitar al hombre de Neandertal, el formidable habitante de Europa y Asia occidental que se extinguió en Gibraltar hace 30.000 años. ¿Cómo acabaría ahora la película? ¿Cómo la **remataría** Mary Shelley? ¿Y usted, lector?

Lo primero que haría falta serían unos científicos **impetuosos** que se propusieran resucitar al neandertal, pero este es un asunto que ya ha saltado a la estantería de no ficción. El genetista de Harvard George Church, que ha inventado el *marketing genético* al escribir en una molécula de **ADN** su propio libro —*Regénesis: cómo la biología sintética va a reinventar la naturaleza y a nosotros mismos*—, ha propuesto no ya resucitar a un neandertal, sino a toda una cuadrilla de ellos.

Y entre los científicos que consideran técnicamente factible la resurrección de los neandertales —si no ahora mismo, sí en el plazo de sus vidas— milita nada menos que Svante Pääbo, jefe de genética del Instituto Max Planck de Antropología Evolutiva en Leipzig, líder indiscutible de la paleogenética, o recuperación de ADN antiguo a partir de huesos fósiles, y máximo **artífice** de un reto científico que se consideraba imposible hace solo unos años: el genoma neandertal, la lectura de la secuencia (tgtaagc...) de los más de 3.000 millones de bases, o *letras químicas* del ADN, que portaban en el núcleo de cada una de sus células aquellos homínidos que dominaron Europa durante cientos de miles de años y hoy duermen el sueño fosilizado de los justos.

*Pääbo, el líder de la paleogenética, **avala** un reto científico sin precedentes*

Tratemos provisionalmente de pasar por alto los problemas técnicos, algunos muy relevantes, para preguntarnos: una vez que sepamos resucitar al neandertal, ¿deberemos hacerlo? Ante este dilema moral caben dos clases de respuestas, la de los sabios cínicos —lo que puede hacerse acaba haciéndose— y la de los sabios de la *realpolitik*, que intentan prever escenarios y minimizar daños por si los cínicos acaban teniendo razón, que es lo habitual.

¿Por qué resucitar al neandertal? ¿Y por qué no hacerlo? ¿Cuáles son los riesgos, cuántas las ventanas abiertas, cuáles las oportunidades de negocio? Lo digo en serio: imaginen que un economista neandertal nos saca de la crisis.

En primer lugar, la resurrección del neandertal plantea lo que podría denominarse *el dilema del ecologista*. La técnica para hacerlo, por un lado, implica una serie de manipulaciones genéticas, hibridaciones cromosómicas y clonaciones embrionarias suficiente como para atragantar la cena de Nochebuena de cualquier amante de la naturaleza. Por otro lado, sin embargo, ¿qué amante de la naturaleza se opondría a la recuperación de una especie no ya en riesgo de extinción, sino tan extinta como lo pueda estar el tiranosaurio rex? Si el amor a la naturaleza es real, ¿no debería abarcar también a las naturalezas del pasado y a nuestros antecesores en el cuidado y usufructo del planeta?

La especie se extinguió en Gibraltar hace 30.000 años

Cabe imaginar, de hecho, una postura ética que defienda no ya nuestro derecho, sino incluso nuestro deber de recuperar a la especie. Después de 300.000 años **campando a sus anchas** por Europa, los neandertales empezaron a **replegarse** hacia el oeste en sospechosa coincidencia —dentro de los geológicos márgenes de error de la paleontología— con la llegada por el este de nuestra especie, el *Homo sapiens*, el último *invento* de la evolución de los homínidos en la Madre África.

El repliegue hacia el oeste de los neandertales no fue flor de un día —se prolongó por 10.000 años y se **salpicó** de ocasionales intercambios, y no solo comerciales—, pero fue consistente e implacable. Hasta el extremo de que los neandertales se extinguieron en Gibraltar, la última reserva occidental que se había librado de nuestro **acoso**. La irreductible aldea del hombre antiguo. El registro fósil no nos deja muy bien parados, y clonar al neandertal se puede interpretar como nuestro humilde **resarcimiento** por haber causado su extinción.

El experimento puede no salir bien y provocar grandes malformaciones

Por supuesto que el experimento puede salir mal, dando la razón una vez más a Mary Shelley y a la **machaconería** con que Hollywood ha reincidido en su reestreno. El neandertal podría morir en cualquier momento de su desarrollo embrionario o fetal o, peor aún, nacer con horribles malformaciones y grandes penalidades. O quizá naciera bien pero luego resultara ser un miserable, un psicópata, un impertinente. Aun si todo lo anterior va bien, ¿cómo sería el humor de un neandertal? No me digan que contaría chistes de Gibraltar.

> « ¿Qué amante de la naturaleza se opondría a la recuperación de una especie no ya en riesgo de extinción, sino tan extinta como lo pueda estar el tiranosaurio rex? Si el amor a la naturaleza es real, ¿no debería abarcar también a las naturalezas del pasado y a nuestros antecesores en el cuidado y usufructo del planeta? »

La resurrección del neandertal va más allá del *Parque Jurásico*, la novela de 1990 en que Michael Crichton prefiguró el actual debate científico. Crichton predijo la recuperación de ADN antiguo, su clonación en los huevos de una especie distinta.

Pero el neandertal va mucho más allá de un dinosaurio, porque ahora hablamos de una especie humana, inteligente —su capacidad craneal era mayor que la nuestra— y lo bastante sensible como para cuidar de sus enfermos y enterrar a sus muertos. Exhibirlos en un parque de atracciones no parece una opción, ni encerrarlos en una jaula.

Y ahora escriban el final de la película. Y, por favor, intenten superar a Mary Shelley. ◣

PALABRAS CLAVE

campar a sus anchas vivir libre, sin restricciones
replegarse retirarse, alejarse
salpicar tener instancias de algo, esparcir
acoso persecución, molestia
resarcimiento compensación por daño
machaconería insistencia molesta

DESPUÉS DE LEER

1 **Comprensión** Elige la mejor respuesta para cada pregunta según el texto.

1. ¿Quién fue el primero en proponer la idea de resucitar al neandertal?
   a. Javier Sampedro, autor del artículo
   b. Stephen Jay Gould, evolucionista de Nueva York
   c. Mary Shelley, autora de la novela *Frankenstein*
   d. George Church, genetista de Harvard
2. ¿Quién es Svante Pääbo?
   a. El autor del genoma neandertal
   b. El crítico principal de la regénesis
   c. El autor de *El dilema del ecologista*
   d. El proponente de la clonación embrionaria
3. Según el autor, ¿cuál es la diferencia más importante entre la clonación de un dinosaurio y la de un neandertal?
   a. No se puede clonar un neandertal en el huevo de otra especie.
   b. El neandertal es una especie humana, inteligente y sensible.
   c. No somos responsables por la extinción de los dinosaurios.
   d. Encerrar un dinosaurio en una jaula no presenta ningún dilema moral.
4. ¿Qué frase describe mejor el punto de vista del autor?
   a. Se opone apasionadamente a la idea de clonar un neandertal.
   b. Quiere ver qué pasará si los científicos resucitan al neandertal.
   c. La realidad moderna se acerca cada vez más a la ciencia ficción.
   d. Cree que debemos resucitar las especies cuyas extinciones causamos.
5. Según el autor, ¿por qué no debemos usar la clonación para resucitar al neandertal?
   a. Se opone a la clonación terapéutica.
   b. Se opone a la clonación reproductiva.
   c. Iría en contra de la dignidad humana.
   d. Causaría pena y miseria a una criatura viviente.

CONCEPTOS CENTRALES

Punto de vista
Considera la información que incluye el artículo, los aspectos que excluye y el público al que se dirige para identificar el punto de vista del autor.

---

2 **Las opiniones del autor** Analiza las siguientes citas tomadas de la lectura y explica si revelan las opiniones del autor. Luego comenta tus apreciaciones con un grupo de tres o cuatro compañeros/as.

1. «Y tal vez la ciencia del mundo real no se haya acercado más a ese cliché que ahora mismo, ante la posibilidad real de resucitar al hombre de Neandertal...» (líneas 9-13)
2. «Lo primero que haría falta serían unos científicos impetuosos que se propusieran resucitar al neandertal, pero este es un asunto que ya ha saltado a la estantería de no ficción». (líneas 18-22)
3. «...aquellos homínidos que dominaron Europa durante cientos de miles de años y hoy duermen el sueño fosilizado de los justos». (líneas 44-47)
4. «La técnica para hacerlo, por un lado, implica una serie de manipulaciones genéticas, hibridaciones cromosómicas y clonaciones embrionarias suficiente como para atragantar la cena de Nochebuena de cualquier amante de la naturaleza». (líneas 70-76)
5. «El registro fósil no nos deja muy bien parados, y clonar al neandertal se puede interpretar como nuestro humilde resarcimiento por haber causado su extinción». (líneas 108-111)

ESTRATEGIA

Evaluar la objetividad del autor
Al leer un artículo, es importante decidir si el autor muestra alguna preferencia a favor o en contra del tema. En este caso, ¿presenta el autor una postura neutral o una perspectiva sujetiva sobre el uso de la clonación para resucitar al neandertal?

3 **Argumentos a favor y en contra** Haz una lista de los argumentos presentados en el texto, a favor y en contra del uso de la clonación para resucitar al neandertal. ¿A quién se atribuye cada argumento? ¿Cuáles te parecen válidos?

4  **¿Estás de acuerdo?** Compara tu lista de la actividad anterior con la de un(a) compañero/a y entre ambos contesten estas preguntas:

1. ¿Es justa la manera como el autor caracteriza los dos lados del argumento? ¿Por qué?
2. ¿Con cuáles de los argumentos estás de acuerdo? ¿Con cuáles no estás de acuerdo?
3. ¿Presenta el autor una perspectiva positiva o negativa con respecto a la clonación en general? ¿Por qué?
4. Explica la perspectiva del autor con respecto a la clonación de los neandertales. ¿Estás de acuerdo? ¿Por qué?

5  **La postura de la ONU** Haz una investigación en Internet para averiguar la postura de la Organización de las Naciones Unidas con respecto a la clonación. ¿Estás de acuerdo con la postura actual de este organismo internacional? Escribe una respuesta corta en la que expongas esta posición y tu apoyo o rechazo a la misma.

RECURSOS
Consulta la lista de apéndices en la p. 418.

6  **Ensayo persuasivo** Investiga un poco más sobre las células madre y su uso en la medicina. Luego escribe un ensayo en el que defiendas tu opinión a favor o en contra de esta práctica. Incluye una tesis clara que debes apoyar con argumentos lógicos y con información científica. Además, presenta por lo menos un argumento opuesto al tuyo y explica por qué no estás de acuerdo con él.

ESTRATEGIA

Usar lenguaje persuasivo Cuando haces una presentación con el objetivo de persuadir, es importante hacer afirmaciones enfáticas usando frases como «Lo esencial es que...» o «Hay que tener en cuenta que...»

7  **Un congreso de científicos** En tu ciudad se lleva a cabo un importante congreso sobre la clonación, en el que participan científicos de diversas nacionalidades. A una pareja de estudiantes le dieron la oportunidad de dar sus opiniones sobre el tema.

Con un(a) compañero/a, preparen una presentación de cinco minutos en la que expongan su opinión sobre el tema y hagan una solicitud personal al grupo de científicos.

ESTRUCTURAS

La construcción pasiva

Observa los usos de la voz pasiva en el artículo sobre la clonación de neandertales. El autor la usa con el pronombre «se» para enfatizar la acción en vez del sujeto.

Encuentra tres usos de la construcción pasiva con verbos diferentes en el artículo y escribe una razón posible por la cual el autor usó la voz pasiva en vez de la activa en cada caso.

«se prolongó por 10.000 años»

No importa el sujeto en este caso, solo el hecho de ser prolongado.

RECURSOS
Consulta las explicaciones gramaticales del **Apéndice A**, pp. 434-437.

LECTURA 3.2 ▸ SUSTENTABILIDAD

SOBRE LA LECTURA La sustentabilidad —la capacidad de mantenerse sin reducir o agotar los recursos naturales— es un concepto básico y aparentemente fácil de lograr, pero con el crecimiento continuo de la industria y la población, conseguir la sustentabilidad se ha hecho muy complicado, y en la actualidad constituye un reto para la mayor parte de las naciones del mundo.

El diagrama de Venn incluido en esta sección ilustra los tres pilares del desarrollo sustentable (sociedad, economía y medioambiente), las relaciones entre ellos, así como los desafíos y las posibilidades que ofrece la sustentabilidad.

ANTES DE LEER

MI VOCABULARIO
Utiliza tu vocabulario individual.

1 

El ecoturismo En grupos, analicen si los siguientes efectos son producidos por el ecoturismo y si son favorables o desfavorables para el desarrollo sustentable.

1. las oportunidades educativas
2. la degradación y contaminación de áreas naturales
3. la generación de dinero para promover programas de conservación
4. la promoción de conocimiento sobre el medioambiente
5. la generación de empleo
6. la influencia cultural del turismo sobre las comunidades de la región

2 **Un viaje virtual** Elige uno de estos lugares para hacer un «viaje virtual». Planea tu viaje consultando en Internet. Recopila información sobre tantos aspectos como te sea posible.

- Yasuní, Ecuador
- Apaneca-llamatepec, El Salvador
- Sierra de las Minas, Guatemala
- Reserva de Bosawás, Nicaragua
- Darién, Panamá
- Bosque Mbaracayú, Paraguay
- Huascarán, Perú
- Bañados del Este, Uruguay

RECURSOS
Consulta la lista de apéndices en la p. 418.

3 

Un mensaje electrónico Te encuentras de viaje en uno de esos lugares y le escribes desde allí un mensaje electrónico a tu mejor amigo/a. Cuéntale detalles sobre estos aspectos:

- dónde te hospedas
- una descripción de la geografía, la flora y la fauna de la región
- las actividades económicas de las personas que habitan allí
- las actividades disponibles para los ecoturistas
- los medios de protección y conservación del entorno

4 

Un informe Escribe un informe sobre los beneficios y perjuicios del ecoturismo en la región que visitaste. Señala el impacto del ecoturismo en la economía, el medioambiente o la fauna de la región.

SUSTENTABILIDAD

LA SUSTENTABILIDAD (o sostenibilidad)[1] se refiere a la cualidad de poderse **mantener** por sí mismo, sin ayuda exterior y sin **agotar** los recursos **disponibles**. La combinación de la sustentabilidad ecológica y socioeconómica consiste en mantener un equilibrio entre la necesidad del ser humano de mejorar su situación física y emocional, y la conservación de los recursos naturales y los ecosistemas que sustentarán la vida de las futuras generaciones.

El desarrollo sustentable es un proceso integral que les exige a los distintos actores de la sociedad compromisos y responsabilidades en sus **patrones** de consumo. Las decisiones que tomen en este sentido tienen efectos directos en la calidad de vida de las poblaciones. En el desarrollo sustentable intervienen tres elementos básicos cuyas intersecciones se pueden apreciar en este diagrama de Venn.

ESTRATEGIA

Contextualizar la información Mientras lees la información en el diagrama, piensa en ejemplos concretos que ilustren las intersecciones entre los óvalos.

PALABRAS CLAVE

mantener preservar, conservar

agotar acabar o extinguir

disponible que está a la mano para ser usado

el patrón conducta; modelo o pauta

perjudicar causar daño o perjuicio; lesionar, afectar

a costa de... a expensas de...; por el esfuerzo o sacrificio de algo o alguien más

Sociedad y Economía

En el contexto económico y social, la sustentabilidad se define como la habilidad de las actuales generaciones para satisfacer sus necesidades sin **perjudicar** a las futuras generaciones.

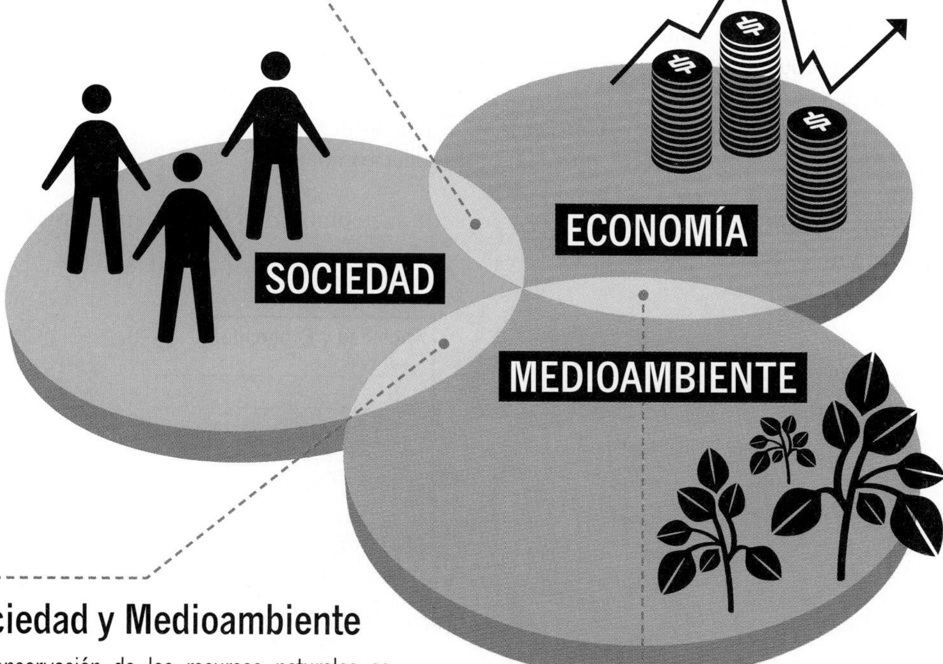

Fuente: Planeta sustentable

Sociedad y Medioambiente

La conservación de los recursos naturales es vital para el desarrollo humano. No puede haber sustentablidad en una sociedad cuando se están destruyendo los bienes de la naturaleza, o cuando la riqueza de un sector se logra **a costa de** la pobreza de otro.

Economía y Medioambiente

La sociedad depende de la economía y esta, a su vez, depende del medioambiente por sus recursos naturales. Por lo tanto, si contamos con un ambiente sano y pleno de recursos naturales puede existir una economía viable y, con ella, una sociedad justa.

1 Los términos sustentabilidad (de sustentable) y sostenibilidad (de sostenible) son intercambiables. Mientras que el primero es más usado en América Latina, el segundo es común en España.

DESPUÉS DE LEER

1 **Comprensión** Contesta las preguntas, según el diagrama.

1. ¿Cuáles son los tres elementos básicos de la sustentabilidad?
2. ¿Con qué propósito fue elaborado este artículo?
3. ¿Cuál de las esferas del diagrama se ocupa más de la justicia?
4. ¿A cuál de las esferas le interesa más el desarrollo del comercio?
5. ¿Cuál es el mensaje central del diagrama?
6. ¿Qué relación encuentras entre el desarrollo sostenible, los avances científicos y la ética en la sociedad actual?

2  **Un ejemplo concreto** Investiga en Internet sobre un caso concreto de sustentabilidad en una comunidad de América Latina. Analiza qué es lo que hace que ese proyecto sea sustentable y de qué manera beneficia a los tres componentes de la sustentabilidad. Luego discute tus hallazgos con un grupo de compañeros/as y entre todos analicen si un proyecto similar sería viable en su comunidad.

3 **Contextualizar** Para cada uno de los elementos de la lista, indica cuál es el lugar apropiado en el siguiente diagrama de Venn. Discute tus decisiones con un(a) compañero/a.

1. las reglas de comportamiento en la escuela
2. la regulación de los negocios
3. los recursos naturales
4. la explotación de los recursos naturales (minería)
5. las implicaciones éticas de explotar los recursos naturales

Sigan el modelo de este diagrama sobre la sustentabilidad y escriban sus propios ejemplos para las siguientes esferas:

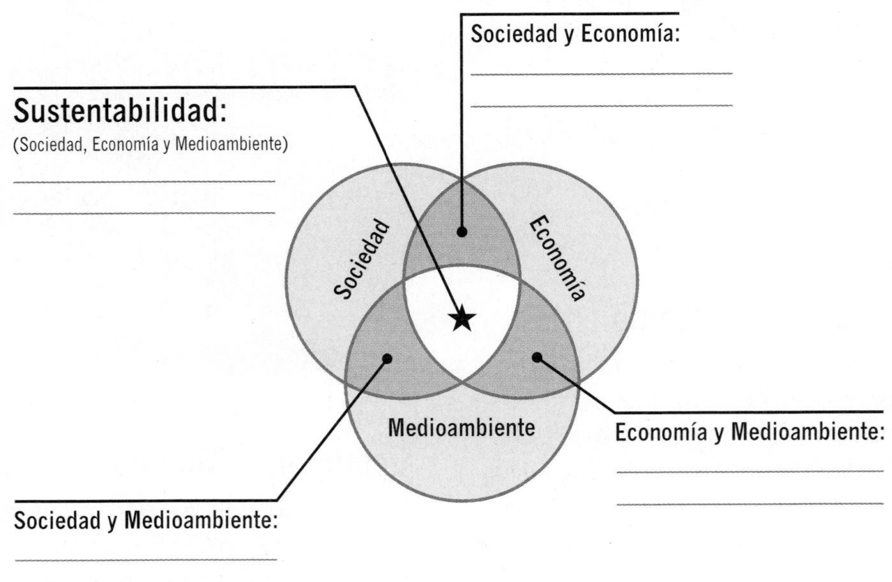

4 

Compara y contrasta Observa el diagrama de Venn de la página 109 para compararlo con el diagrama siguiente. ¿En qué se parece y en qué se diferencia la información presentada en cada diagrama? ¿Cuál de los dos diagramas crees que es más efectivo? Intercambia tus observaciones con un(a) compañero/a.

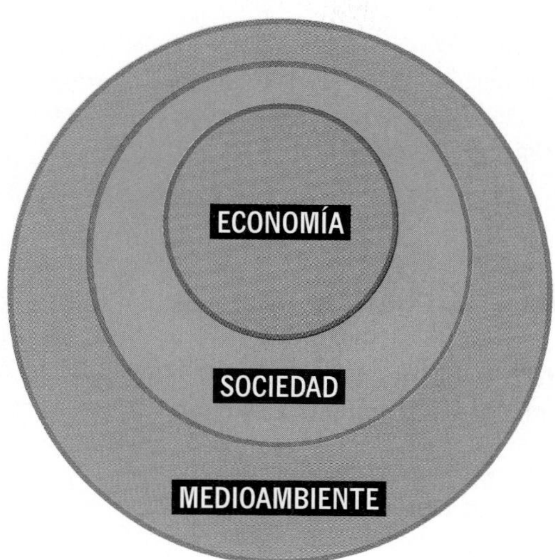

MI VOCABULARIO 
Utiliza tu vocabulario individual.

5 

En tu región ¿Crees que el lugar donde vives es sustentable? Escribe una lista de oportunidades y desafíos que, en tu opinión, existen en tu región, y luego discute la lista con un(a) compañero/a. Finalmente, analicen con toda la clase las oportunidades y los desafíos que su región enfrenta en cuanto a la sustentabilidad. Tengan en cuenta estos aspectos y otros que consideren pertinentes:

- la disponibilidad de recursos naturales y su uso por parte de las personas
- el equilibrio entre medioambiente y desarrollo humano
- la disponibilidad de oportunidades educativas y laborales
- el crecimiento de la economía en armonía con el bienestar general de la población
- el respeto que los habitantes muestran por la flora y la fauna de la región

6

Un artículo Elige uno de los siguientes temas y escribe un artículo corto para una revista especializada en temas sociales y medioambientales. Menciona situaciones concretas de tu comunidad o estado.

- justicia y normatividad ambientales
- la equidad intergeneracional
- ética y medioambiente
- recursos renovables
- ética en los negocios
- comercio justo

7 

Presentación oral Prepara una presentación oral para discutir uno de los temas siguientes. Apoya tu presentación con un diagrama de Venn.

- el desarrollo responsable para el siglo XXI
- los impuestos sobre la minería
- la sustentabilidad como principio básico de los derechos humanos
- los principios éticos que la sociedad impone para proteger el planeta y garantizar la vida de las generaciones futuras

RECURSOS
Consulta la lista de apéndices en la p. 418.

AUDIO ▸ EL DESARROLLO SOSTENIBLE DEBE BASARSE EN LA CIENCIA

PALABRAS CLAVE

quebrar romper, fragmentar
cobijar cubrir, hospedar, dar protección o refugio
imponer obligar o forzar a alguien a hacer algo
la búsqueda la acción de buscar o investigar

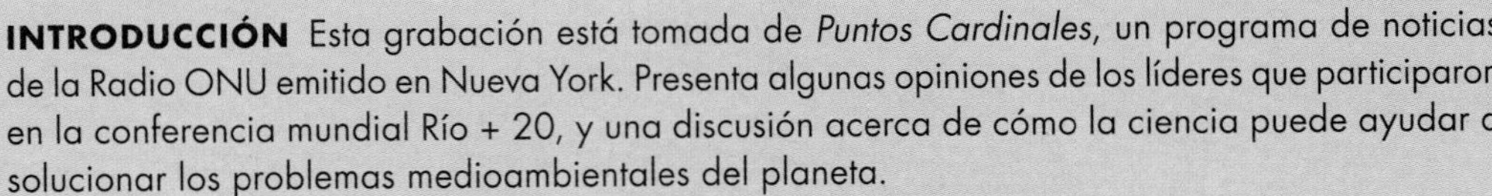
INTRODUCCIÓN Esta grabación está tomada de *Puntos Cardinales*, un programa de noticias de la Radio ONU emitido en Nueva York. Presenta algunas opiniones de los líderes que participaron en la conferencia mundial Río + 20, y una discusión acerca de cómo la ciencia puede ayudar a solucionar los problemas medioambientales del planeta.

ANTES DE ESCUCHAR

ESTRATEGIA

Investigar sobre el tema Investiga de antemano el tema del audio para poder comprender mejor sus ideas fundamentales.

1 Investigación previa Investiga sobre los siguientes tópicos clave del tema central del audio. Luego responde claramente a cada una de estas preguntas.

1. ¿Cuál es la importancia del 22 de abril?
2. ¿Qué es la ONU y qué funciones cumple?
3. ¿Qué es Río + 20? Explica cuáles son sus metas.

2 Perspectivas personales Con un(a) compañero/a, contesten estas preguntas dando ejemplos específicos para apoyar sus opiniones.

1. ¿Contribuye la ciencia al deterioro del medioambiente o sirve para protegerlo?
2. ¿Qué papel cumple el crecimiento económico en la salud del medioambiente?
3. ¿Cómo pueden las naciones reducir los daños causados al medioambiente?
4. ¿Cómo podemos ayudar individual o colectivamente en nuestras comunidades?

MIENTRAS ESCUCHAS

MI VOCABULARIO

Anota el vocabulario nuevo a medida que lo aprendes.

1 Vocabulario en contexto La primera vez que escuchas, marca cada expresión cuando aparezca.

- ☐ la tarea impostergable
- ☐ la capacidad regenerativa
- ☐ la columna vertebral
- ☐ búsqueda
- ☐ vincularse
- ☐ sobrepasa
- ☐ patrones
- ☐ imperantes
- ☐ asignada

2 Escucha de nuevo Escucha la grabación de nuevo y empareja la definición de la derecha con la expresión apropiada de la izquierda.

1. ___ impostergable	a. acción de buscar o investigar
2. ___ la capacidad regenerativa	b. relacionarse
3. ___ la columna vertebral	c. que dominan o reinan
4. ___ búsqueda	d. que no se puede aplazar o posponer
5. ___ vincularse	e. excede o supera
6. ___ sobrepasa	f. concedida u otorgada
7. ___ patrones	g. que puede ser reconstruido o recuperado
8. ___ imperantes	h. eje del esqueleto; lo que sostiene el cuerpo
9. ___ asignada	i. guías o normas

DESPUÉS DE ESCUCHAR

1 **Comprensión** Responde a las siguientes preguntas según la grabación.

1. Según Rafael Archondo, ¿cómo puede ayudarnos la ciencia a lograr el desarrollo sostenible?
2. Según Josh Farley, ¿cuál es uno de los principales responsables de la grave situación ecológica de hoy?
3. ¿En qué momento deja de ser económico el crecimiento, según Josh Farley?
4. ¿Quiénes son los responsables de «las múltiples crisis» de hoy, según Pedro Núñez Mosquera?
5. ¿Qué temas se discutieron en la conferencia Río + 20?

2 **Investigación y análisis** Usa Internet para investigar noticias sobre cómo la ciencia y la tecnología han contribuido a la protección del medioambiente. Lleva la información a la clase para analizar esta pregunta en una discusión socrática.

- ¿Qué factores ambientales han impulsado el desarrollo y la innovación en la ciencia y la tecnología?

Para participar en la discusión, prepárate para contestar estas preguntas:

- ¿Cómo se llama la tecnología o el avance científico que investigaste?
- ¿Cómo ha contribuido a recuperar la salud medioambiental del planeta?
- ¿Hay cifras o estadísticas que apoyen su eficacia? ¿Tiene efectos negativos o desconocidos?
- ¿Qué peligros se han encontrado en su aplicación?
- ¿Sus efectos (positivos o negativos) se pueden percibir en la región donde vives? ¿En qué casos concretos se pueden observar?

MI VOCABULARIO
Utiliza tu vocabulario individual.

3 **Un mensaje electrónico** Escríbele un mensaje electrónico al presidente de una empresa de tu ciudad o estado para convencerlo de que emplee una de las tecnologías comentadas durante la discusión socrática. Sigue este esquema:

- un saludo apropiado
- el propósito del mensaje
- la responsabilidad de la empresa con el futuro del planeta
- cómo este avance puede ayudar a resolver la crisis económica y medioambiental en la que nos encontramos hoy en día (con datos tomados de la discusión)
- un argumento para apoyar esta pregunta: ¿Cuál es el equilibrio apropiado entre el desarrollo económico y la protección de los recursos naturales?
- una conclusión que resuma tu postura
- una despedida apropiada

4 

Una intervención persuasiva Fuiste seleccionado/a para asistir a la conferencia mundial Río + 20 y representar a los jóvenes de tu país frente a los gobiernos de las naciones participantes. Prepara una breve intervención, en la que trates de convencer a los líderes mundiales de la importancia de mantener un equilibrio adecuado entre los avances científicos y el respeto por la vida en nuestro planeta.

RECURSOS
Consulta la lista de apéndices en la p. 418.

CONEXIONES CULTURALES

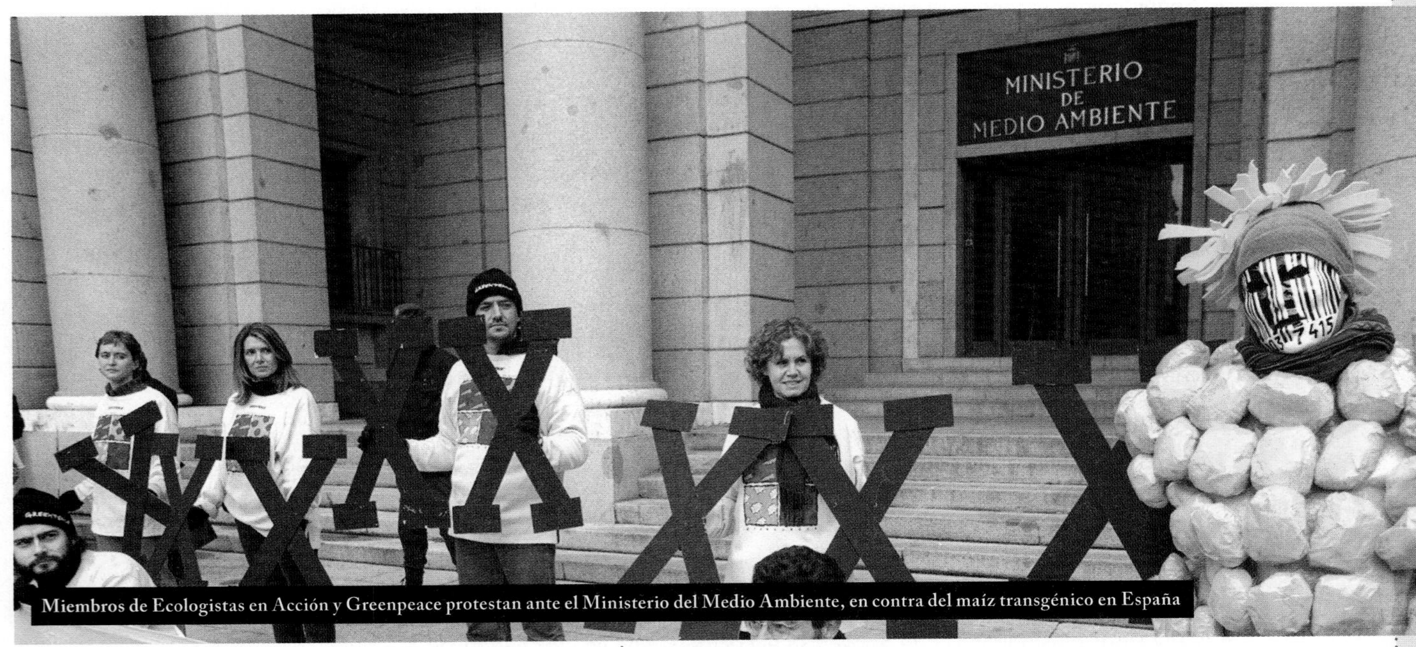

Miembros de Ecologistas en Acción y Greenpeace protestan ante el Ministerio del Medio Ambiente, en contra del maíz transgénico en España

Alimentos transgénicos

SANDÍAS SIN SEMILLAS, TOMATES CUADRADOS QUE CABEN mejor en sus cajones... Los alimentos transgénicos se crean añadiéndoles genes de otros seres vivos. Algunos se vuelven más resistentes a las plagas, otros crecen más, otros se siembran con más facilidad y otros son simplemente más sabrosos.

En un mundo cuya población está en crecimiento constante y en el que los alimentos son escasos, los alimentos transgénicos podrían resultar de gran ayuda. Sin embargo, mucha gente cree que el uso de alimentos transgénicos es un modelo de agricultura insostenible, y que pueden llegar a amenazar la biodiversidad y la ecología, e incluso la salud de los seres humanos.

La organización española Ecologistas en Acción reúne los intereses de muchos españoles preocupados por la salud humana, el respeto por los animales y la conservación del medioambiente. Una de sus campañas consiste en denunciar los peligros de los alimentos transgénicos con el fin de que se limite su consumo.

◀ La organización *Sobrevivencia, amigos de la tierra*, de Paraguay, mantiene una serie de ecogranjas en las que se practica una agricultura sustentable, en armonía con la naturaleza y con las culturas tradicionales. Según lo expresan sus miembros, la misión de la organización consiste en alcanzar «un planeta de sociedades soberanas y solidarias que interactúan conquistando bienestar, dignidad y plenitud, que se sienten parte íntegra del ambiente y viven en equidad».

▶▶ La iniciativa *Conservación y biocomercio de plantas medicinales*, en el estado Barinas, Venezuela, fomenta el cultivo y el aprovechamiento de plantas medicinales en huertas de familias campesinas. Busca además revalorizar y rescatar las estrategias tradicionales de manejo ambiental.

Presentación oral: comparación cultural

Prepara una presentación oral sobre este tema:

- ¿Cuál es la importancia de la sustentabilidad ambiental en relación con los derechos humanos?

Discute los problemas del uso de los alimentos transgénicos para solucionar el hambre en los países hispanohablantes.

contexto 4 Los fenómenos naturales

PUNTOS DE PARTIDA

Los fenómenos naturales son acontecimientos que forman parte del proceso de cambio continuo que existe en la naturaleza. La salida del sol, la erosión de la tierra, la lluvia y el cambio de estaciones son algunos ejemplos. Sin embargo, algunos fenómenos naturales pueden tener consecuencias catastróficas. Se pueden originar bajo la tierra, como las erupciones volcánicas; en la atmósfera, como los tornados; en el océano, como los tsunamis; a nivel microscópico, como las epidemias, o en el espacio exterior, como el impacto de un asteroide.

- ¿De qué manera la especie humana y todas las especies de la Tierra estamos definidas por los fenómenos naturales?
- ¿Qué factores ambientales han impulsado el desarrollo y la innovación en ciencia y tecnología?
- ¿Cuáles son las actividades humanas que más influyen en el clima y quiénes son los más afectados por los eventos climáticos extremos?

DESARROLLO DEL VOCABULARIO

MI VOCABULARIO
Anota el vocabulario nuevo a medida que lo aprendes.

1  **Las catástrofes naturales** Elige la mejor descripción para cada fenómeno natural.

1. ___ un alud
2. ___ un derrumbe de tierra
3. ___ una erupción volcánica
4. ___ un huracán
5. ___ una inundación
6. ___ una nevasca
7. ___ una sequía
8. ___ un terremoto
9. ___ una tormenta eléctrica

a. caída de mucha nieve con vientos fuertes
b. lluvia fuerte con vientos, truenos y relámpagos
c. temblor de tierra muy fuerte
d. periodo de tiempo con muy poca lluvia
e. emisión violenta de materias sólidas, líquidas y gaseosas del interior de la tierra
f. desplazamiento de una gran masa de nieve (o tierra) en las montañas
g. caída de tierra causada por lluvias fuertes
h. fuertes vientos originados en zonas tropicales
i. abundancia excesiva de aguas

2 **Las soluciones tecnológicas** Con un(a) compañero/a, señalen cuáles pueden ser las alternativas tecnológicas para mitigar el daño de estos desastres naturales:

1. incendios forestales
2. lluvia ácida
3. inundaciones
4. huracanes
5. calentamiento global
6. acidificación del océano

terremoto
Posibles soluciones: *mejorar la construcción y el diseño de los edificios para soportar el efecto devastador de los terremotos*

3 **Los fenómenos naturales** Contesta estas preguntas sobre los fenómenos naturales.

1. ¿Cuáles son las ventajas y desventajas de desarrollar soluciones tecnológicas para los problemas ambientales a los que nos enfrentamos?
2. ¿Cuáles son los fenómenos naturales que no debemos intentar controlar?
3. ¿Cuáles fenómenos naturales son influidos por la actividad humana?
4. ¿Cómo podemos reducir nuestro impacto negativo sobre el medioambiente?
5. ¿Crees que la tecnología podrá mejorar nuestro equilibrio con la naturaleza? Explica.

LECTURA 4.1 ▸ LA GRAN EXTINCIÓN QUE CASI ACABÓ CON LA VIDA EN LA TIERRA

SOBRE LA LECTURA Este texto forma parte de un artículo escrito por José Manuel Nieves, publicado en la sección «Ciencia» del diario español *ABC*. Trata de un estudio conducido por Zhong-Qiang Chen, de la Universidad de Geociencias de China, y Michael Benton, de la Universidad de Bristol, Reino Unido.

En el artículo, los autores describen lo que descubrieron al estudiar capas de roca enterradas en China desde hace más de doscientos millones de años, cuando ciertos factores, como el calentamiento global y la acidificación de los océanos, contribuyeron a la crisis global que casi acabó con toda la vida de la Tierra a fines de la era Paleozoica.

ANTES DE LEER

1 **Titulares de prensa** En equipos de tres, lean los siguientes titulares y adivinen el país donde ocurrió cada desastre natural. Comparen sus respuestas con las de otros equipos y luego verifiquénlas buscando en periódicos o en Internet.

1. ___ 7 de agosto de 2012: «Tormenta tropical 'Ernesto' azota la costa»
2. ___ 21 de agosto de 2012: «Derrumbes por lluvias obstruyen vías»
3. ___ 22 de agosto de 2012: «Daño por derrame de crudo afecta a ocho playas»
4. ___ 9 de septiembre de 2012: «Miles de evacuados por erupción de volcán»
5. ___ 17 de octubre de 2012: «El dengue 'azota' a la Región Caribe»

a. Colombia
b. El Salvador
c. Honduras
d. México
e. Nicaragua

2 **Investigar** Elige uno de los países de la actividad anterior para investigar más. Busca información en Internet para contestar estas preguntas.

1. ¿Qué desastres naturales azotan comúnmente al país?
2. ¿Qué daño causan a la población y a los ecosistemas?
3. ¿Qué tipo de daño ocasionan a la infraestructura del país?
4. ¿Cuáles son las consecuencias económicas y sociales de estos desastres?

MI VOCABULARIO
Utiliza tu vocabulario individual.

3 **Comparación cultural** Comparte tus respuestas de la actividad anterior con las de un(a) compañero/a y contesten estas preguntas.

1. ¿Cómo influyen los desastres naturales en los lugares que la gente elige para vivir?
2. ¿Cómo influyen en la construcción de edificios?
3. ¿Cómo pueden contribuir a la formación de comunidades?

LA GRAN EXTINCIÓN QUE CASI ACABÓ CON LA VIDA EN LA TIERRA

por **José Manuel Nieves**

«Nuestro planeta tardó diez largos millones de años en recuperarse de la colosal catástrofe que ocurrió hace 250 millones de años y provocó la desaparición de más del 90% de todas las especies vivas»

QUE SEPAMOS, los habitantes de la Tierra han estado en serio peligro por lo menos en cinco ocasiones. Entre todas esas catástrofes planetarias, los científicos están de acuerdo en que la peor de todas fue la que tuvo lugar hace 250 millones de años. Conocida como «La Gran **Mortandad**», a la gran extinción del **Pérmico** solo sobrevivieron un 10 por ciento de las especies animales y vegetales de cuantas habitaban entonces el planeta. Se sabe que justo después de esa gran extinción la Tierra se volvió, durante varios millones de años, un **páramo** casi desierto, despoblado, sin vegetación y dominado casi por completo por los **hongos**. Evidentemente el planeta se recuperó. Pero ¿cuánto tiempo tardó en hacerlo?

Algunas pruebas apuntan a la posibilidad de que se produjera un rápido «rebote» de la vida y que en un tiempo relativamente corto (algunos cientos de miles de años) nuevas especies poblaran rápidamente los nichos que habían quedado vacíos. Fue justo entonces, al final del Pérmico, cuando aparecieron los primeros representantes de lo que después sería la era de los dinosaurios, un periodo de prosperidad que duró más de 80 millones de años y que terminó con otra gran extinción, hace 65 millones de años.

Sin embargo, un nuevo estudio llevado a cabo por Zhong-Qiang Chen, de la Universidad de Geociencias de China, y por Michael Benton, de la Universidad de Bristol, sugiere que la recuperación fue mucho más lenta. Y que fueron necesarios diez largos millones de años para que las cosas volvieran a ser como antes.

La extinción del Pérmico se vio «alimentada» por toda una serie de graves crisis ambientales: calentamiento global, lluvia ácida, **anoxia** de los océanos... En menos de un millón de años desde su comienzo, nueve de cada diez especies vivas habían desaparecido sin remedio de la faz del planeta.

En palabras del doctor Chen, «Es difícil imaginar cómo se puede acabar con tanta vida, pero no cabe duda de lo que nos dicen las secciones de roca estudiadas en China y en muchos otros lugares del mundo».

Para el científico, las consecuencias directas de la crisis continuaron notándose

ESTRATEGIA

Utilizar tu conocimiento
Utiliza tu conocimiento de vocabulario en inglés para identificar cognados y deducir su significado en español. Muchos términos científicos son cognados, pero siempre debes verificar si el significado que supones es lógico dentro del contexto.

PALABRAS CLAVE

- **la mortandad** gran cantidad de muertes causadas por enfermedades o fenómenos naturales
- **el Pérmico** periodo geológico de hace aproximadamente trescientos millones de años
- **el páramo** terreno sumamente frío y desolado
- **el hongo** organismo parásito, sin clorofila, que vive sobre materias orgánicas en descomposición
- **la anoxia** falta casi total de oxígeno

PALABRAS CLAVE

enlazado/a
conectado o relacionado

durante cinco o seis millones de años. Durante ese periodo, en efecto, se fueron produciendo desastres y desequilibrios medioambientales de forma casi continua y, de alguna forma, **enlazados** unos con otros. La vida no pudo restablecerse con la fuerza suficiente hasta que los distintos ecosistemas volvieron a ser estables.

Por fin, cuando las crisis medioambientales dejaron de producirse, empezaron a emerger nuevos y complejos ecosistemas. En el mar surgieron nuevos grupos, como el de los cangrejos y langostas ancestrales, así como los primeros reptiles marinos y otras criaturas que sentaron las bases de los futuros ecosistemas modernos.

Según Benton, «Nosotros vemos una extinción masiva como algo completamente negativo, pero incluso en este caso tan devastador la vida logró recuperarse. El evento de extinción puso a cero el contador de la evolución. Las causas de la catástrofe, el calentamiento global, lluvia ácida, acidificación oceánica..., nos suenan extrañamente familiares en la actualidad.

Quizá deberíamos aprender algo de estos antiguos episodios».

DESPUÉS DE LEER

1 Comprensión Contesta las preguntas según el texto.

1. ¿Cuál es la pregunta central que se discute en el artículo?
2. ¿A qué público está dirigido el artículo?
3. ¿Qué tipo de planta o animal dominó después de la gran extinción?
4. ¿Cuántos años duró la era de los dinosaurios?
5. ¿Cuánto tiempo tardaron los nuevos ecosistemas en estabilizarse después de la gran extinción?
6. ¿Por qué tardaron tanto tiempo?
7. ¿Qué condiciones medioambientales contribuyeron a la lenta recuperación de los ecosistemas?

MI VOCABULARIO
Anota el vocabulario nuevo a medida que lo aprendes.

2 Ejemplos Busca en Internet dos ejemplos de los siguientes términos incluidos en las Palabras clave.

1. Dos catástrofes en las que hubo gran mortandad: ____________________
2. Dos periodos geológicos posteriores al Pérmico: ____________________
3. Dos variedades de hongos: ____________________
4. El nombre de dos páramos famosos: ____________________

3 Condiciones medioambientales Haz una lista de las condiciones naturales que precipitaron la gran extinción que se describe en el artículo. Luego indica cuáles podemos observar hoy en día.

4 Línea de tiempo Dibuja una línea de tiempo que incluya la siguiente información:

- la Gran Mortandad
- la extinción de los dinosaurios
- el año 1 d.C. (principio del calendario gregoriano)
- el año de tu nacimiento
- hoy

5 

Predicciones Extiende la línea de tiempo que dibujaste para la actividad anterior hasta 250 millones de años en el futuro. Incluye un mínimo de cinco eventos significativos. Luego escribe un relato breve sobre los posibles cambios que le ocurrirán a la Tierra y a la especie humana durante esos años.

6 

Explica las relaciones Lee esta cita del artículo y contesta las preguntas con un(a) compañero/a.

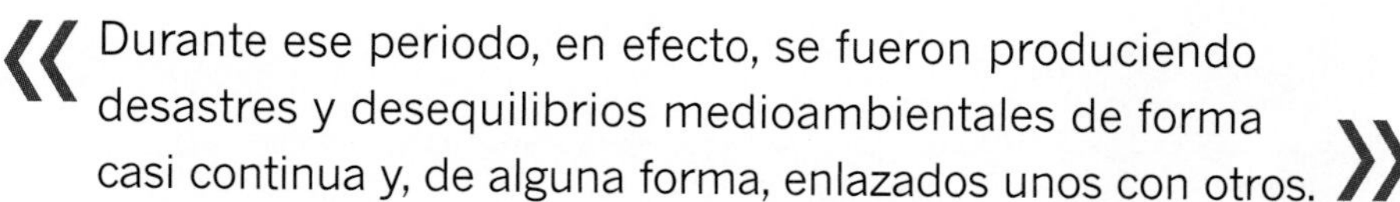

«Durante ese periodo, en efecto, se fueron produciendo desastres y desequilibrios medioambientales de forma casi continua y, de alguna forma, enlazados unos con otros.»

1. Revisa tus predicciones de la Actividad 5. ¿Cómo se pueden enlazar esas condiciones unas con otras?
2. ¿Cómo pueden los cambios medioambientales dañar un ecosistema?
3. ¿Cómo pueden conducir a más desastres naturales?
4. ¿Qué semejanzas medioambientales podemos observar entre el Pérmico y la actualidad?
5. ¿Qué cambios medioambientales observamos actualmente? ¿Qué desequilibrios y desastres están provocando o podrían provocar en el futuro?

7 

Una cápsula del tiempo En pequeños grupos, planeen la construcción de una cápsula del tiempo que enterrarán bajo su escuela para que, en caso de que la humanidad desaparezca pronto, los futuros habitantes del planeta puedan conocer sobre nuestro paso por el mismo. Discutan el contenido de la cápsula según estos criterios:

- los cinco objetos más representativos de nuestra civilización
- tres fotos que ilustren sobre la vida del hombre en el planeta
- un libro muy importante para la humanidad

Finalmente, entre todos redacten una pequeña carta en la que describan el objetivo de la cápsula y señalen los errores que los nuevos habitantes no deben cometer si quieren preservar la vida en el planeta.

8 

Un mensaje electrónico Al final del artículo el doctor Benton afirma: «Quizá deberíamos aprender algo de estos antiguos episodios». Escríbele un mensaje personal en el que incluyas:

- tu reacción inicial a su afirmación
- tu opinión sobre el valor de sus estudios
- tres preguntas que te gustaría hacerle al investigador

RECURSOS
Consulta la lista de apéndices en la p. 418.

9  

Presentación oral Defiende o refuta una de las afirmaciones siguientes en una presentación oral. Debes explicar por qué estás o no de acuerdo con la afirmación.

- El doctor Benton ofrece una perspectiva optimista del futuro.
- Los cambios ambientales son naturales y no podemos cambiarlos.
- Debemos comprender que los ecosistemas son frágiles y que necesitamos minimizar nuestro impacto sobre el medioambiente.

ESTRATEGIA

Usar argumentos lógicos Defiende tu punto central con un argumento válido. Apoya tus opiniones con evidencia específica y defiéndelas con razones lógicas.

LECTURA 4.2 ▸ CAZADORES DE TORNADOS

SOBRE LA LECTURA Este artículo trata de los estudios de un grupo de investigadores que persiguen tornados, equipados con potentes instrumentos. Su objetivo es entender mejor la estructura y el comportamiento de estos fenómenos naturales. Escrito por Miguel Ángel Criado, el artículo fue publicado en la sección «Ciencias» de *público.es*, un diario digital español fundado en 2007.

En el artículo se narra cómo los investigadores de VORTEX2 (el nombre que ha recibido esta misión científica establecida en varios territorios de Estados Unidos) se empeñan en descubrir los mecanismos que activan la formación de estos terribles y a la vez sorprendentes fenómenos.

ANTES DE LEER

1 **En tu región** En parejas, hablen de los fenómenos naturales que ocurren en la región donde ustedes viven. Elijan fenómenos de la lista y añadan otros que consideren necesarios. Describan cómo afectan a la gente, los negocios, el terreno, la infraestructura y la cultura de la comunidad. ¿Qué medidas de seguridad ponen en marcha las autoridades antes y después del acontecimiento? ¿Cómo interviene la tecnología en la protección de las personas?

aludes o deslizamientos	nevascas
erosión	sequías
erupciones volcánicas	terremotos
huracanes	tormentas eléctricas
inundaciones	tornados

MI VOCABULARIO
Utiliza tu vocabulario individual.

2 **Una experiencia personal** Con un(a) compañero/a de clase, describe una vivencia personal en la que experimentaste condiciones naturales fuertes o peligrosas. Utilicen las siguientes preguntas como guía:

1. ¿Qué pasó?
2. ¿La situación representó un peligro grave?
3. ¿Cómo reaccionaste tú?
4. ¿Cómo reaccionaron las otras personas?
5. ¿Hubo una respuesta oficial dentro de la comunidad? Explica.
6. ¿Qué aprendiste de la experiencia? ¿Dejó alguna impresión (física, emocional o cultural) que perdura en tu vida o en la de una persona conocida?

3 **Consejos** Teniendo en cuenta la experiencia que has relatado en la actividad anterior, escribe una lista de consejos para ayudar a una persona que se encuentre en una situación semejante.

CAZADORES DE TORNADOS

Un ejército de 100 científicos a bordo de 40 vehículos recorre las grandes llanuras de EE.UU. persiguiendo a estos fenómenos esquivos y destructores

por **Miguel Ángel Criado**

Más de un centenar de científicos de una docena de universidades se han echado literalmente a la carretera para **cazar** a uno de los fenómenos meteorológicos más destructivos.

La misión VORTEX2 (siglas en inglés de Experimento de Verificación del Origen de la Rotación en Tornados) **recorre** las **planicies** desde Texas hasta Minnesota. Los estados que hay entremedias forman el llamado ***callejón de** los tornados*. Forman un gigantesco valle entre las **cordilleras** de las Montañas Rocosas, al oeste, y los Apalaches, al este, y sobre sus cielos chocan las corrientes de aire que vienen de Canadá y las que suben desde el golfo de México: aire frío contra caliente, la explosiva mezcla de la meteorología.

«Sabemos mucho y apenas sabemos de los tornados», explica el investigador y responsable de VORTEX2, Josh Wurman. Con esta expedición quieren

ESTRATEGIA

Utilizar lo que sabes
Cuando veas palabras nuevas, busca semejanzas con otras palabras en español que ya sabes.

PALABRAS CLAVE

cazar perseguir para atrapar
recorrer atravesar, viajar
la planicie terreno plano y extenso
el callejón paso estrecho entre edificios o montañas
la cordillera una serie de montañas

PALABRAS CLAVE

suscitar provocar o generar

colgar estar suspendido o atado a un punto, sin tocar el suelo

desentrañar averiguar, descubrir información oculta

responder a las grandes cuestiones que **suscitan** los tornados: cómo, cuándo y por qué se forman estas violentísimas corrientes de aire con su característica forma de espiral ascendente.

VORTEX2 cuenta con todo un arsenal a bordo de la flotilla de coches, todoterrenos y camiones. Desde un vehículo convertido en comando central de operaciones, lanzan el ataque. Una treintena de vehículos se acerca lo más posible a la tormenta. Llevan a bordo instrumental para medir datos como la temperatura, humedad, presión, velocidad o dirección del viento.

Los radares ofrecen una resolución de hasta 30 metros, actualizada cada diez segundos. Este tipo de radares aprovecha un efecto de distorsión conocido como Doppler. De la misma manera que el tono de un sonido emitido por un objeto en movimiento se hace más o menos agudo según se acerque o aleje del que lo escucha, las ondas emitidas por un radar cambian de frecuencia al pasar por un tornado. Las variaciones registradas permiten estudiar elementos de su estructura. Detalles que, sin el concurso de esta tecnología, no se pueden conocer o no se vive para contarlos. Los tornados son uno de los fenómenos meteorológicos más imprevisibles. La teoría los define como una violenta columna de aire en rotación que **cuelga** de una nube cumuliforme y, en su vórtice, toca, o casi toca, el suelo. Aunque se dan en todas las latitudes, el *callejón de los tornados* concentra a los más destructivos.

Para su catalogación se usa la escala Fujita-Pearson mejorada (EF), que los clasifica según sus daños desde cero a cinco. Los F5, bautizados por la sabiduría popular como *el dedo de Dios*, son los más potentes. A su paso, los coches aprenden a volar y los árboles se convierten en misiles. El ejército de VORTEX2, con la información que obtenga, espera **desentrañar** los secretos de este fenómeno y, a medio plazo, mejorar los sistemas de alerta de tornados.

¿Qué falta por saber de los tornados?

Josh Wurman: Conocemos los trazos gruesos. Sabemos cómo se forma una tormenta de supercélula y por qué rota. Pero no comprendemos los detalles de la formación de un tornado. ¿Por qué la mayoría de las supercélulas no desencadenan tornados y sólo una minoría, el 25%, sí? O ¿por qué algunas tormentas crean tornados tan fuertes?

¿Se podrán prever los tornados algún día?

Josh Wurman: Sí, si entendemos mejor cómo se forman. Confío en que VORTEX2 nos ayude a hacer mejores predicciones para el futuro.

DESPUÉS DE LEER

1 **Comprensión** Contesta las preguntas según el texto.

1. ¿Qué tipo de texto es «Cazadores de tornados»?
   a. Narrativo
   b. Expositivo
   c. Religioso
   d. Argumentativo
2. ¿Qué podemos deducir de la entradilla (las dos líneas introductorias debajo del título)?
   a. El proyecto de cazar tornados reúne a un gran grupo de especialistas.
   b. El ejército de Estados Unidos es el que lidera el proyecto.
   c. Los tornados son un fenómeno exclusivo de las grandes llanuras de Estados Unidos.
   d. El texto es una historia de ciencia ficción.
3. ¿Cuál es el propósito del artículo?
   a. Informar y entretener con información técnica pero interesante
   b. Advertir a los lectores sobre los peligros de los tornados
   c. Explicar los orígenes de los tornados más fuertes
   d. Ofrecer soluciones prácticas para las personas que viven en la región afectada
4. ¿Por qué a los tornados F5 se les llama «el dedo de Dios»?
   a. Porque en Texas y Minnesota existe una leyenda sobre el Dios de los tornados.
   b. Porque son los más destructivos y parecen un dedo que desciende del cielo.
   c. Porque Josh Wurman los bautizó así.
   d. Porque son un castigo de Dios para la humanidad.
5. ¿Qué significa la frase «los coches aprenden a volar»?
   a. Los científicos están desarrollando coches inteligentes que pueden volar.
   b. Los científicos estudian los tornados en coches voladores.
   c. La gente maneja muy rápidamente para escapar de los tornados.
   d. La fuerza del viento levanta los coches por los aires.
6. Según Josh Wurman, líder de VORTEX2, ¿para qué se cazan los tornados?
   a. Para poder capturar los tornados algún día y prevenir la destrucción que causan
   b. Para hacer mejores predicciones en el futuro con respecto a los tornados
   c. Porque es emocionante estar en medio de una tormenta tan poderosa
   d. Para diseñar coches que puedan volar como los tornados

CONCEPTOS CENTRALES

Hacer deducciones
Para deducir información de un texto, utiliza los datos que se proporcionan en él. La respuesta correcta debe contener información que *no esté explícitamente expuesta* en el escrito.

---

2 **La influencia humana** Reflexiona sobre los cambios medioambientales que se presentan en la actualidad. Luego contesta estas preguntas y discute las respuestas con toda la clase.

1. ¿Qué cambios medioambientales son influidos por la actividad humana?
2. ¿Qué desastres naturales actuales pueden estar relacionados con cambios medioambientales?
3. ¿Hay algunos países más responsables que otros por los cambios medioambientales? ¿Cuáles se ven más afectados por estos cambios?
4. ¿Afectan los desastres naturales más a las poblaciones pobres? ¿Por qué?
5. ¿Cómo se puede minimizar el impacto de la actividad humana sobre el medioambiente?
6. ¿Los desastres naturales pueden causar cambios culturales?

3

Investigar Elige una cultura indígena tradicional de Latinoamérica para investigar sobre ella. Busca información en Internet para contestar estas preguntas.

1. Describe sus creencias con respecto a la naturaleza o a las fuerzas de la naturaleza.
2. ¿Sus prácticas o costumbres están influidas por estas características?
   - la geografía
   - el clima
   - el desarrollo industrial o la tecnología moderna
   - los acontecimientos naturales
3. ¿Qué conocimiento tradicional le ha sido útil a esta población?
4. ¿Qué podemos aprender nosotros de su cultura?
5. ¿Qué puedes inferir acerca de la influencia de las condiciones naturales sobre su manera de vivir y en la formación de sus perspectivas culturales?

4

Comparación cultural Compara la información que encontraste en la Actividad 3 con la de un(a) compañero/a de clase. Haz una lista de las semejanzas y diferencias entre las culturas que han investigado y la cultura de Estados Unidos.

MI VOCABULARIO
Utiliza tu vocabulario individual.

5

Cazadores Con un(a) compañero/a, conversen en torno a estas dos preguntas:

1. ¿Te gustaría ser uno de los científicos que participa en la misión VORTEX2?
2. ¿En qué otra misión científica te gustaría participar?

Para su respuesta, tengan en cuenta estos aspectos:

- sus intereses personales y académicos
- el nivel de riesgo que implica esta actividad
- lo novedoso o extraño del tema a investigar
- la posibilidad de tener que estar lejos de sus seres queridos para poder participar en la misión

RECURSOS
Consulta la lista de apéndices en la p. 418.

6

Ensayo persuasivo ¿Hay un equilibrio ideal entre el hombre y la naturaleza? Escribe un ensayo persuasivo en el que presentes y defiendas un tema relacionado con esta pregunta. Debes discutir los tres puntos que se indican a continuación. Para cada punto, puedes contestar las preguntas que consideres pertinentes.

1. Describe la relación actual entre el hombre y la naturaleza.
   - ¿Cómo influyen los fenómenos naturales en la manera como vivimos?
   - ¿Cómo influye la actividad humana en los cambios medioambientales y en la frecuencia o intensidad de los desastres naturales?
2. Explica qué relación debemos tener con la naturaleza en el futuro.
   - ¿Debemos intentar minimizar nuestro impacto sobre la naturaleza?
   - ¿Debemos buscar soluciones tecnológicas para reparar el daño que hacemos?
3. Explica cómo podemos utilizar las lecciones del pasado para evitar catástrofes irreparables en el futuro.
   - ¿Cómo podría ayudarnos la sabiduría del pasado?
   - ¿Qué conocimientos tradicionales todavía existen en algunas culturas de Latinoamérica y cómo podemos utilizarlos?

AUDIO ▶ LAS SEQUÍAS: EL PELIGRO NATURAL MÁS DESTRUCTIVO DEL PLANETA

INTRODUCCIÓN En esta grabación, el locutor Carlos Martínez, de las Naciones Unidas, entrevista al agrometeorólogo Óscar Rojas, de la Organización de la ONU para la Alimentación y la Agricultura (FAO), acerca del peligro natural más destructivo del mundo: las sequías. La entrevista fue realizada en la ciudad de Ginebra durante un encuentro de expertos de distintas agencias especializadas.

PALABRAS CLAVE

la sequía tiempo seco, sin lluvias, de larga duración

la agrometeorología ciencia que estudia las condiciones meteorológicas, climáticas e hidrológicas y su interrelación con la producción agrícola

repercutir causar un efecto o un resultado

mitigar moderar o reducir un problema

prever ver con antelación

afrontar resistir algo negativo; enfrentar

amenaza peligro

ANTES DE ESCUCHAR

1 **Conocimiento previo** Con un(a) compañero/a, analicen el problema de las sequías en su país y en el mundo y respondan a estas preguntas.

1. ¿Vives en una zona con propensión a las sequías?
2. ¿Por qué crees que ocurren las sequías? ¿Cuáles son los principales problemas que causan?
3. ¿Qué partes del mundo crees que son las más afectadas?
4. ¿Qué podemos hacer para mitigar el problema de las sequías?

2 **Red semántica** Rellena los nodos de una red semántica como esta. En los recuadros azules, escribe tres áreas que, en tu opinión, se ven muy afectadas por las sequías (por ejemplo: el campo, la industria o la economía). En los recuadros verdes, escribe tres maneras como la sequía afecta a cada área.

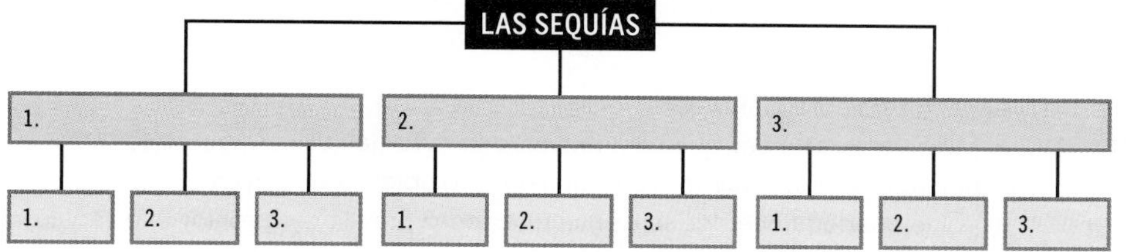

ESTRATEGIA

Utilizar organizadores gráficos Una red semántica es una representación gráfica del conocimiento, compuesta por nodos y líneas para mostrar la relación de significado entre los elementos o conceptos. Úsala para organizar una lluvia de ideas sobre un tema.

MIENTRAS ESCUCHAS

1 **Predice el contenido** Antes de escuchar la primera vez, lee las preguntas de comprensión de la página siguiente para predecir la información que debes buscar. No tomes apuntes esta vez, solamente concéntrate en escuchar.

2 **Escucha y apunta** Lee las preguntas una vez más. Al escuchar la segunda vez, toma apuntes sobre estos temas, lo cual te ayudará a contestar las preguntas más adelante:

- la muerte y el desplazamiento de personas
- la causa principal del aumento y la intensidad de las sequías
- el propósito del encuentro de expertos en la ciudad de Ginebra
- los sistemas de alerta temprana
- el sistema global de monitoreo de sequías

DESPUÉS DE ESCUCHAR

1 Comprensión En grupos pequeños, contesten y discutan las siguientes preguntas. Usen sus tablas de apuntes como referencia y citen datos de la grabación para sustentar sus respuestas.

1. ¿En qué se asemeja el efecto que tienen los ciclones, las inundaciones y los terremotos con los efectos que tienen las sequías?
2. ¿A qué se debe que las sequías vayan a aumentar en frecuencia e intensidad en el futuro?
3. Óscar Rojas menciona algunos países y regiones en donde la sequía tuvo grandes efectos durante los años 2011 y 2012. ¿Cuáles son?
4. ¿Para qué sirven los sistemas de alerta temprana?
5. ¿Qué países o regiones han establecido sistemas de alerta temprana?
6. ¿En qué consiste el sistema global de monitoreo de sequías?

2 Completar Con un(a) compañero/a, escucha de nuevo la grabación e intenta completar las siguientes oraciones de la entrevista (recuerda que las oraciones pueden tener alguna variación con respecto a lo que los interlocutores realmente dicen). Luego reúnanse con otra pareja y compartan sus respuestas para completar la información que les falte.

1. La mayoría de los países no tienen políticas eficaces para...
2. Diversos expertos se encuentran reunidos esta semana en Ginebra para...
3. La sequía no solo repercute en la disponibilidad de alimentos sino también en...
4. Se deben definir las políticas a niveles nacionales dependiendo de...
5. Algunos países ya tienen alguna experiencia en el análisis de los datos para...
6. La idea es que las instituciones puedan intercambiar métodos e información para...

RECURSOS
Consulta la lista de apéndices en la p. 418.

3 Un ensayo Sigue estos pasos para escribir un ensayo corto sobre la tecnología y las sequías.

1. Analiza estas preguntas esenciales:
   - ¿Qué factores crees que contribuyen a la falta de lluvias? ¿Son solo factores naturales o crees que los seres humanos también contribuyen?
   - ¿Qué pueden hacer los seres humanos para prevenir y afrontar una sequía?
   - ¿Qué podemos hacer en nuestros hogares o en las escuelas para evitar las sequías?
2. Investiga en Internet los desarrollos e innovaciones tecnológicos que:
   - han ayudado a conservar agua en zonas de sequías.
   - han ayudado a los gobiernos del mundo a prepararse y mitigar las posibles amenazas naturales, como las sequías.
3. Escribe un párrafo que resuma los resultados de tu investigación. Incluye cifras para cuantificar y apoyar tus afirmaciones.

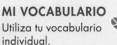

MI VOCABULARIO
Utiliza tu vocabulario individual.

4 Discusión socrática Participa en una discusión socrática con toda la clase en la que compartas los resultados de tu investigación para contestar las preguntas esenciales de la actividad anterior.

CONEXIONES CULTURALES

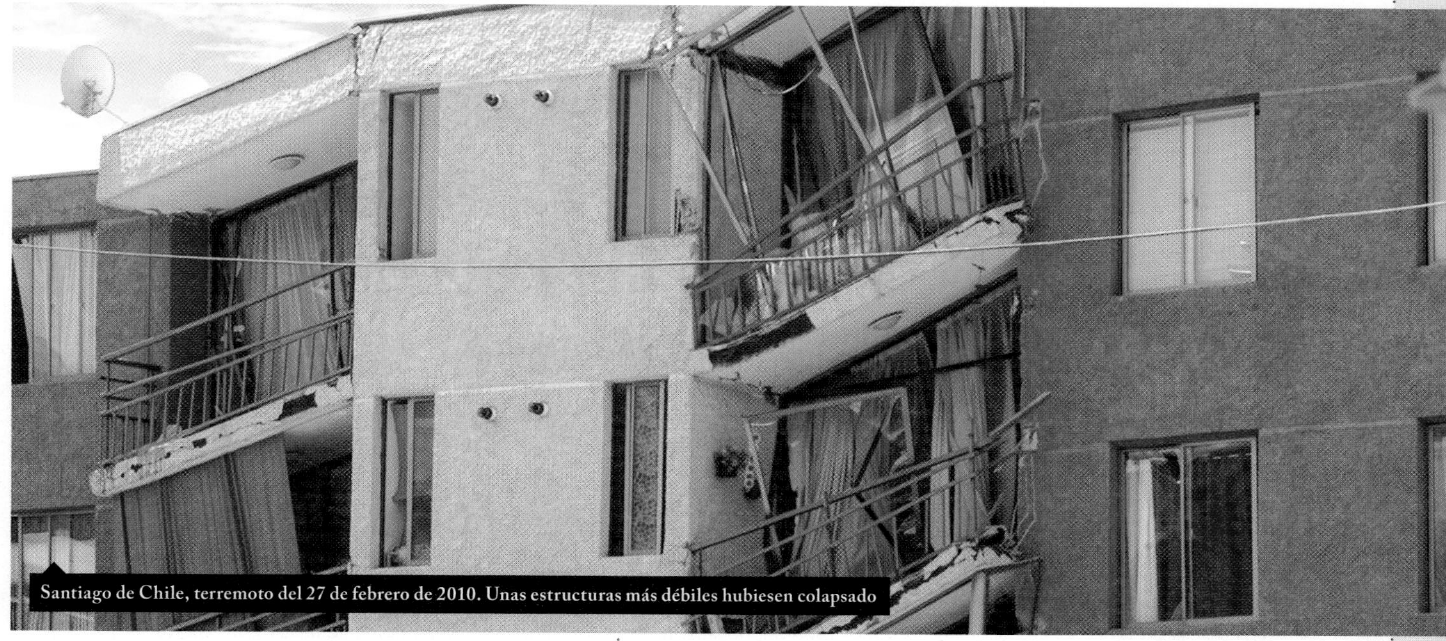
Santiago de Chile, terremoto del 27 de febrero de 2010. Unas estructuras más débiles hubiesen colapsado

Edificios que protegen

LA NATURALEZA ES FUENTE DE VIDA, PERO TAMBIÉN POSEE una fuerza incontrolable y devastadora. Los terremotos, los huracanes, las epidemias y los aludes son solo algunos ejemplos de los desafíos que deben enfrentar todos los seres vivos de nuestro planeta en algún momento de su existencia.

La República de Chile es el país más sísmico del mundo. Su ubicación geográfica sobre el denominado «Cinturón de fuego del Pacífico» lo hace especialmente propenso a los sismos. Debido a la larga historia de terremotos que han asolado al país, los ingenieros y arquitectos chilenos han desarrollado métodos de construcción sumamente resistentes a los terremotos. De esta manera, aunque los edificios queden dañados con los temblores y posteriormente sea necesario derrumbarlos, no colapsan, y así evitan que sus habitantes queden atrapados. Es por eso que, aunque en 2010 Chile sufrió el quinto terremoto más fuerte de la historia (8,8 grados en la escala de Richter), solo el 1% de sus edificios sufrieron daños estructurales mayores.

- Por su ubicación geográfica, El Salvador es una de las principales víctimas de las inundaciones provocadas por los huracanes. El país está haciendo esfuerzos para instalar sistemas de alerta temprana en las zonas de mayor riesgo.
- Las islas Galápagos, de Ecuador, son famosas por su fauna. Sin embargo, debido a su aislamiento durante miles de años, muchas de sus especies ahora están en peligro por epidemias que llegaron desde otros lugares por diversos medios. El gobierno ha establecido protocolos para los turistas y los científicos con el objetivo de prevenir la introducción de epidemias.
- Durante la temporada de lluvias, Colombia suele sufrir aludes (desprendimientos de tierra y piedras que son bastante destructivos). Esto se debe, en parte, al proceso de deforestación que sufre la región. El gobierno está invirtiendo dinero en diversas medidas para prevenir la destrucción que causan los aludes.

Presentación oral: comparación cultural

Prepara una presentación oral sobre este tema:

- ¿De qué manera la especie humana y todas las especies de la Tierra estamos definidas por los fenómenos naturales?

Compara los fenómenos naturales que afectan la región donde vives con los de alguna región hispanohablante que te sea familiar. Describe las medidas preventivas que se toman en cada región ante una alerta.

Acentuación: Casos especiales

Además de las reglas básicas de acentuación presentadas en el **Tema 1 (p. 62)**, existen ciertos casos especiales en los que utilizamos el acento (o tilde) para diferenciar palabras que se escriben y pronuncian igual, pero que tienen distinto significado (**homónimos**). Este tipo de acento se llama **acento diacrítico**.

A **mí** no me gusta.
(**mí** = pronombre personal)

Aquel es **mi** coche.
(**mi** = adjetivo posesivo)

do, re, **mi**, fa, sol, la, si
(**mi** = nota musical)

Yo le decía que nunca robara nada que le hiciera falta a alguien para comer, y **él** me hacía caso.
(él = pronombre personal)

El padre examinó la calle distorsionada por la reverberación, y entonces comprendió.
(el = artículo definido)

¡ATENCIÓN!
Como regla general, las palabras monosílabas (consistentes de una sola sílaba) no llevan tilde (**bien, mal, no, gris, sol, pie**). En algunas obras literarias antiguas podemos encontrar palabras monosílabas acentuadas que no siguen las reglas actuales de acentuación de monosílabos.

ACENTO DIACRÍTICO		
aun **aún**	adverbio de concesión (=**incluso**)	**Aun** cuando hace calor uso chaqueta.
	adverbio de tiempo (=**todavía**)	**Aún** no hemos llegado.
de **dé**	preposición	Una mesa **de** madera.
	verbo	Espero que me **dé** la mano.
el **él**	artículo definido	Devuélveme **el** libro que te presté.
	pronombre personal	Saldré en cuanto **él** me llame.
mas **más**	conjunción	Quise tranquilizarla, **mas** no fue posible.
	adverbio	Necesito **más** tiempo.
mi **mí**	adjetivo posesivo	¿Por qué no me esperas en **mi** casa?
	pronombre personal	Esta carta es para **mí**.
se **sé**	pronombre personal	**Se** bebió toda el agua.
	verbo (**saber, ser**)	No **sé** qué decir. / **Sé** amable con ellos.
si **sí**	conjunción	**Si** hace frío, necesitaremos el abrigo.
	adverbio/ pronombre personal	Dile que **sí**. / Siempre habla de **sí** misma.
te **té**	pronombre personal	**Te** lo he dicho mil veces: no llegues tarde.
	sustantivo	¿Te apetece un **té**?
tu **tú**	adjetivo posesivo	¿Dónde has puesto **tu** corbata?
	pronombre personal	**Tú** nunca dices mentiras.

- Los pronombres, adjetivos y adverbios que tienen un sentido interrogativo o exclamativo llevan acento diacrítico. Este tipo de palabras pueden estar en oraciones interrogativas o exclamativas indirectas. Por consiguiente, pueden aparecer en oraciones sin signos de interrogación (¿?) o exclamación (¡!).

Cuando llegaron, me preguntaron **qué** estaba haciendo.
Todos sabemos **cuántas** calamidades ha sufrido.
Desconocemos **cuál** es el motivo.
Desde el primer día me explicaron **cómo** querían que hiciera mi trabajo.

- Los pronombres y adverbios relativos siguen las reglas de acentuación generales; es decir, no llevan tilde porque son monosílabos o palabras llanas terminadas en **s** o vocal.

El libro **que** te presté es muy interesante. Son pocas las personas en **quienes** confío.

- Los adverbios terminados en **-mente** se acentúan igual que el adjetivo a partir del cual están formados. Si el adjetivo lleva tilde, entonces el adverbio también la lleva. Si el adjetivo no lleva tilde, el adverbio se considera una palabra llana terminada en vocal; por lo tanto, no lleva tilde.

r**á**pida ⟶ r**á**pidamente
lenta ⟶ lentamente
enf**á**tica ⟶ enf**á**ticamente
feliz ⟶ felizmente

- En algunas palabras, la sílaba acentuada cambia al formar el plural.

carácter ⟶ caracteres

- Los demostrativos **este, ese, aquel, esta, esa, aquella** y sus variantes en plural solían acentuarse cuando funcionaban como pronombres. Igualmente, a la palabra **solo** se le ponía tilde cuando equivalía a **solamente**. Según las nuevas reglas, estas palabras nunca necesitan tilde, ni siquiera en caso de ambigüedad. En estos casos, se recomienda evitar usos que provoquen ambigüedad y usar otras estructuras.

Me dijo que **ésta** mañana se irá.
(ésta = la persona que se irá mañana; en este caso es mejor usar **ella** o escribir **Me dijo que esta se irá mañana.**)

Me dijo que **esta** mañana se irá.
(esta = determina al sustantivo *mañana*)

- Antes se escribía con tilde la conjunción **o** cuando aparecía entre dos números, a fin de evitar confundirla con el número cero (0), pero esta regla también está en desuso.

3 **o** 4 personas

en 1991 **o** al año siguiente

PRÁCTICA

1 Completa las oraciones con la opción correcta.

1. Antes de arreglar el jardín, consulta con ____________ (el/él).
2. ____________ (Esta/Ésta) novela es muy interesante.
3. Creo que ____________ (tu/tú) madre quiere verte.
4. Confía en ____________ (mi/mí).
5. Confía en ____________ (mi/mí) experiencia.
6. ¿Quieres que tomemos un ____________ (te/té)?
7. No ____________ (te/té) lo tomes tan en serio.
8. No quiero estar ____________ (solo/sólo).
9. Necesito nueve dólares ____________ (mas/más).
10. ____________ (Sí/Si) te cuento lo que pasó, debes guardar el secreto.
11. Cuando le dijo que ____________ (sí/si), se echó a llorar.
12. En cuanto me ____________ (de/dé) permiso, me tomaré unas vacaciones ____________ (de/dé) dos semanas.

¡ATENCIÓN!
Algunas palabras pueden perder o ganar una tilde al pasar de su forma singular a su forma plural o al añadir pronombres o sufijos. Simplemente debemos aplicar las reglas de acentuación básicas para saber si llevan o no llevan tilde.

canción ⟶ canciones
camión ⟶ camiones
acción ⟶ acciones
tirolés ⟶ tiroleses
dame ⟶ dámelo
cabeza ⟶ cabezón

Signos de puntuación

- El uso de los signos de puntuación presentados en **Tema 1** (**p. 63**) es muy parecido en español y en inglés. Sin embargo, algunos signos de puntuación se comportan de forma diferente en cada idioma.

- En español, siempre debemos colocar la puntuación correspondiente a la misma oración detrás de las comillas y del paréntesis de cierre. Sin embargo, en inglés, el punto siempre se coloca delante de las comillas y del paréntesis.

  Y a continuación Eva dijo: «no quiero que me llames nunca más».
  (Seguramente estaba muy enfadada).
  And then Eva said: «I don't want you to call me ever again.»
  (She was probably very upset.)

La raya

USOS	EJEMPLOS
Para aislar aclaraciones que interrumpen en el discurso de una oración.	Emilio —gran amigo mío— viene a visitarme siempre que tiene ocasión.
Para indicar cada intervención en un diálogo, sin escribir el nombre de la persona que habla.	—¿Cuánta gente crees que lo sabrá? —No tengo ni idea.
Para introducir o aislar los comentarios del narrador sobre las intervenciones de los personajes de un diálogo. Si la oración continúa después del comentario del narrador, es necesario utilizar una raya de cierre al final del comentario.	—Espero que no sea grave —dijo Ramón con gesto preocupado— porque no me apetece tener que volver al hospital.
Para indicar la omisión de una palabra que se repite varias veces en una lista.	Adjetivos demostrativos —posesivos —calificativos —explicativos —interrogativos

- La raya de apertura va separada por un espacio de la palabra que la antecede y pegada (sin espacios) a la primera palabra del texto que interrumpe la oración. La raya de cierre va pegada a la palabra que la precede y separada por un espacio de la palabra que sigue.

  Entró **—era el hombre más grande que había visto—** y se sentó en la barra del bar.

Las comillas

- En español hay tres tipos diferentes de comillas: las comillas angulares (« »), las comillas inglesas (" ") y las comillas simples (' '). Generalmente, puede utilizarse cada tipo de comillas de forma indistinta. Sin embargo, se alternan cuando se utilizan las comillas en un texto ya entrecomillado. El punto va siempre colocado detrás de las comillas.

  Al acabarse las bebidas, Ana comentó «menudo "problemita" tenemos ahora».

  Cuando llegó Raúl con su motocicleta, Ricardo me dijo «ni se te ocurra montarte en esa "tartana" oxidada».

Las comillas se utilizan en los siguientes casos:

USOS	EJEMPLOS
Para reproducir citas textuales.	El aduanero dijo: «por favor, el pasaporte».
Para reproducir el pensamiento de los personajes en textos narrativos.	«Esto pasa hasta en las mejores familias», pensó el padre en silencio.
Para indicar que una palabra es inapropiada, vulgar, de otra lengua o utilizada con ironía.	Estaba muy ocupado con sus «asuntos importantes».
Para citar títulos de artículos, poemas y obras de arte.	En este museo podemos ver «Las Meninas» de Velázquez.
Para comentar una palabra en particular de un texto.	Antes, para referirse a una farmacia, se utilizaba el término «botica».
Para aclarar el significado de una palabra.	«Espirar» ('expulsar aire') no es lo mismo que «expirar».

Los paréntesis y los corchetes

Los paréntesis se utilizan para encerrar aclaraciones o información complementaria dentro de una oración. El punto debe colocarse detrás del paréntesis de cierre.

La tía de Julio (una excelente cocinera) nos preparó una cena inolvidable.
El año en que nació (1988) es el mismo en que murió su abuela.
Todos sus amigos viven en Tenerife (España).

Los corchetes se utilizan de forma similar a los paréntesis, para añadir información complementaria o aclaratoria en una oración que ya va entre paréntesis.

La última vez que vi a Mario (creo que fue en el verano que nos graduamos [1992]) le dije que me escribiera.

Los puntos suspensivos

USOS	EJEMPLOS
Para indicar una pausa transitoria que expresa duda, temor o suspenso.	No sé qué hacer... estoy confundido.
Para interrumpir una oración cuyo final ya se conoce.	A caballo regalado...
Para insinuar expresiones malsonantes.	Eres un...
Con el mismo valor que la palabra **etc**.	Puedes ir a donde quieras: Europa, América, Asia...
Para enfatizar y alargar emotivamente una expresión.	Ay... la juventud... divino tesoro.
Entre corchetes, para indicar la supresión de un fragmento en una cita. Esta supresión también se llama «elipsis».	«En un lugar de la mancha [...] no ha mucho tiempo que vivía un hidalgo de los de lanza en astillero, adarga antigua, rocín flaco y galgo corredor».

¡ATENCIÓN!
Tras los puntos suspensivos pueden colocarse otros signos de puntuación, sin dejar entre ambos signos ningún espacio de separación:

Pensándolo bien...: mejor que no venga.

PRÁCTICA

1 Reescribe el siguiente diálogo utilizando rayas para diferenciar las intervenciones de cada personaje. Añade las palabras que están entre corchetes a los comentarios del narrador sobre las intervenciones de los personajes.

Inés: ¡Qué sorpresa! [sorprendida]
—¡Qué sorpresa! —dijo Inés sorprendida.

Pablo Hola, Inés. ¡Cuánto tiempo hace que no nos vemos!
Inés ¡Qué sorpresa! [sorprendida]
La última vez que nos vimos éramos solamente unos niños.
Pablo Es cierto. No puedo creer que todavía te acuerdes de mí [emocionado].
¿Te apetecería que almorzáramos juntos un día de estos?
Inés Me encantaría; y así podríamos contarnos todo lo que nos ha pasado durante estos años.
Pablo Perfecto. ¿Te viene bien el domingo por la tarde?
Inés No, lo siento. El domingo tengo una fiesta de cumpleaños [apenada].
¿Qué te parece el sábado por la tarde?
Pablo El sábado por la tarde es ideal. ¿A qué hora quedamos?
Inés A las doce y cuarto en el café Pascual [con tono seguro].

2 Reescribe las oraciones colocando comillas donde sea preciso.

1. El policía nos preguntó: ¿Tienen ustedes algo que declarar?
2. No comprendo muy bien qué es eso de la movida madrileña.
3. Los delincuentes se escondieron en un bosque.
4. El poema que mejor recuerdo es Canción del jinete.
5. La historia comienza así: Érase una vez un niño muy curioso.
6. Según dice el refrán: A buen entendedor, pocas palabras.
7. Mi profesor siempre me decía: ¿Otro día sin el libro?
8. ¿Todavía no sabe el abecedario?, le preguntó el profesor.

3 Reescribe las oraciones colocando los paréntesis que faltan.

1. El próximo campeonato mundial de fútbol 2014 será en Brasil.
2. La ONU Organización de las Naciones Unidas se fundó en 1945.
3. Creo haberte dicho ya y si no lo digo ahora que quien mucho abarca poco aprieta.
4. Los seres humanos estamos compuestos en gran parte por agua.
5. La célebre batalla de Vitoria fue perdida por José Bonaparte Pepe Botella.
6. Juan Ramón Jiménez nació en Moguer Huelva.

4 Elige un párrafo de «La gran extinción que casi acabó con la vida en la Tierra» (pp. 117-118) y acórtalo realizando algunas elipsis. Recuerda que el párrafo acortado debe tener sentido y debe poder leerse correctamente.

contexto 5

EN BREVE

El acceso a la tecnología

PUNTOS DE PARTIDA

Todos los aspectos de nuestra vida dependen de la tecnología. Entre otras cosas, esta forma parte de nuestra educación, vivienda, alimentación, salud, transporte, comunicación y comodidad. Sin embargo, el nivel de acceso a ella es distinto en cada cultura del mundo.

- ¿Cómo se relacionan las personas con la tecnología en su vida cotidiana?
- ¿Cómo se compara la vida de las personas de países desarrollados con la vida de las personas de países en donde el acceso a la tecnología es más limitado?
- ¿Debería el avance tecnológico ser un derecho fundamental de todos los seres humanos?

DESARROLLO DEL VOCABULARIO

MI VOCABULARIO
Utiliza tu vocabulario individual.

1 **La importancia de la tecnología** Con un(a) compañero/a elaboren una lista de los cinco avances tecnológicos que, en su opinión, son los más importantes en sus vidas, y señalen cuáles son sus características o funciones principales.

El teléfono celular: agiliza las comunicaciones; es muy útil en emergencias.

2 **La falta de acceso a la tecnología** En grupos de tres, digan cuáles creen que son los motivos principales por los que no todas las personas tienen acceso fácil a la tecnología. Sean específicos. Por ejemplo, ¿qué problemas de acceso a la tecnología pueden tener las personas con discapacidades físicas o las que viven en zonas rurales?

AMPLIACIÓN

1 **Internet: ¿Derecho fundamental?** Según la información incluida en esta gráfica, la mitad de la población del mundo opina que el acceso a Internet es un derecho fundamental. ¿Cómo habrías respondido tú a la misma pregunta? ¿Estás de acuerdo? En tu opinión, ¿qué beneficios aporta Internet a las personas? ¿Cómo crees que los gobiernos pueden garantizar el acceso de los ciudadanos a Internet?

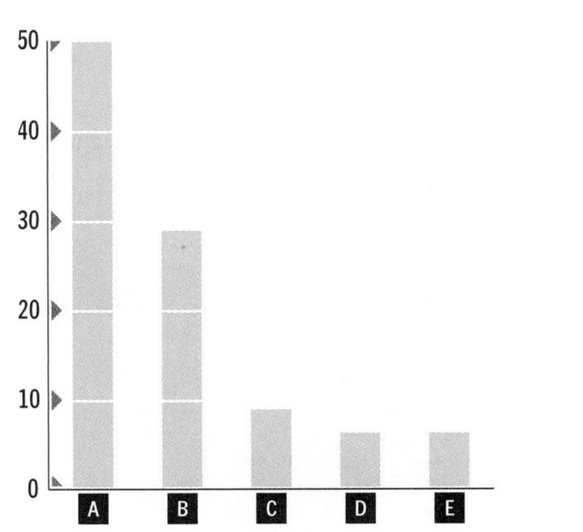

A Completamente de acuerdo
B Más o menos de acuerdo
C Más o menos en desacuerdo
D Completamente en desacuerdo
E No sabe / No responde

Fuente: GlobeScan /promedio de 26 países, 2010

2 **Internet en el mundo** Se calcula que, en Estados Unidos, el 77,4% de la población tiene acceso a Internet. En Latinoamérica, en cambio, solo el 34,5% tiene acceso a la red (datos de octubre de 2010, tomados del sitio workup.com). ¿A qué crees que se debe esta diferencia? ¿Qué factores influyen para que se presenten estas grandes diferencias entre los países?

contexto 6

EN BREVE

Las innovaciones tecnológicas

PUNTOS DE PARTIDA

Las innovaciones tecnológicas buscan satisfacer las necesidades de la sociedad mediante un uso nuevo y original de una tecnología ya conocida.

- ¿Cuál es la relación entre los términos *inventar, mejorar* e *innovar*?
- ¿Para qué sirven las innovaciones tecnológicas?
- ¿Son necesarias las innovaciones tecnológicas? ¿O son solo una comodidad?

DESARROLLO DEL VOCABULARIO

1

Los teléfonos inteligentes Una de las innovaciones más populares actualmente son los teléfonos celulares inteligentes. Respondan a estas preguntas en pequeños grupos y luego compartan sus respuestas con el resto de la clase.

1. ¿Por qué se les llama teléfonos «inteligentes»?
2. Además de hacer llamadas telefónicas, ¿qué otras funciones tienen estos aparatos?
3. ¿Qué otras funciones o aplicaciones creen que deberían tener los teléfonos inteligentes?
4. ¿Cuáles necesidades sociales pueden satisfacer estos aparatos?
5. ¿Cómo van a evolucionar estos teléfonos en el futuro?

AMPLIACIÓN

MI VOCABULARIO
Anota el vocabulario nuevo a medida que lo aprendes.

1

Las patentes hispanoamericanas Esta gráfica ilustra el número de patentes que solicitó cada país hispanoamericano entre 2001 y 2008. Con un(a) compañero/a, observen la gráfica y respondan a las preguntas que siguen.

1. ¿Qué es una patente?
2. ¿Hay una relación directa entre el tamaño de un país y la cantidad de patentes que ese país solicitó?
3. ¿Qué otros factores crees que contribuyen al desarrollo de las innovaciones tecnológicas en un país?

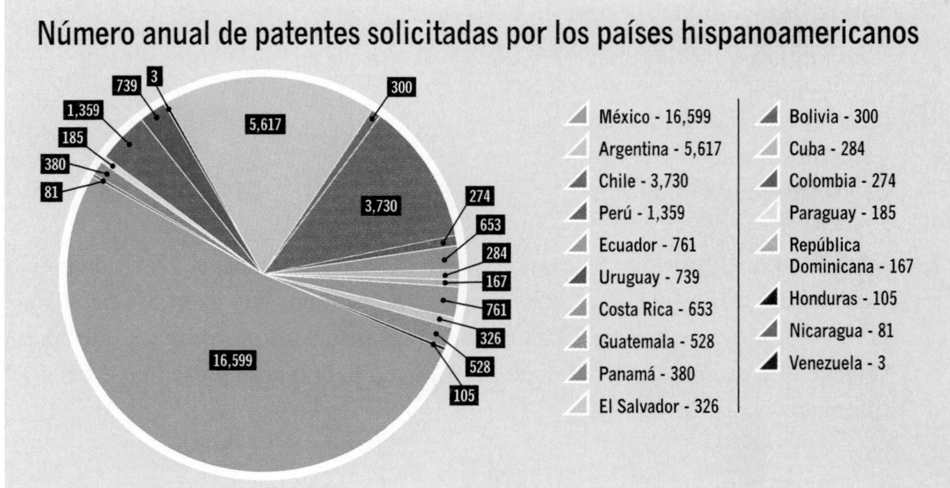

Fuente: Guillermo A. Lemarchand (ed.), *National Science, Technology and Innovation Systems in Latin America and the Caribbean*, UNESCO, 2010.

2 

Tres centros de innovación Como se puede apreciar en la gráfica, los tres países de Hispanoamérica que más patentes solicitaron entre los años 2001 y 2008 fueron México, Argentina y Chile. Haz una investigación en Internet sobre una empresa dedicada a la innovación en uno de estos países y presenta la información ante la clase. Considera las siguientes ideas:

- ¿Qué tipo de empresa es?
- ¿Se dedica a un solo producto o a varios?
- ¿En qué ciudad está ubicada?
- ¿Se encuentra en una región que apoya de manera especial la innovación?
- ¿Por qué elegiste esa empresa en particular?

Estas son algunas de las empresas, pero puedes elegir otra que te interese:

- México: Sidengo, Atumesa, Soisa, Aonori Aquafarms, Space
- Argentina: Grupo Newsan, BGH, Grupo Mirgor, Famar, Carrier
- Chile: Agent Piggy, bContext, Decurate, Fantaxico, Fanwards

3

Tu propia patente Con un(a) compañero/a, diseñen un objeto, procedimiento o servicio que les gustaría patentar. Puede ser un invento propiamente dicho o una innovación para algo que ya existe, que busque resolver una necesidad colectiva en su entorno. Tengan en cuenta los siguientes aspectos:

- Expliquen claramente en qué consiste el objeto, procedimiento o servicio.
- Especifiquen cuál necesidad social permite solucionar.
- Indiquen a qué tipo de personas está dirigida su innovación (por ejemplo, ancianos, personas discapacitadas o ciertos profesionales en particular).

Comenten su patente con toda la clase.

4 

Latinoamericanos eminentes En América Latina hay algunos científicos sobresalientes que han patentado importantes inventos o innovaciones. Por ejemplo, el médico colombiano Manuel Elkin Patarroyo patentó la vacuna contra la malaria y en lugar de venderla la donó para que muchas personas pobres se pudieran beneficiar de ella.

Con un (a) compañero/a busquen información en Internet sobre otro latinoamericano que haya patentado algún invento importante y presenten esta información ante toda la clase.

RECURSOS
Consulta la lista de apéndices en la p. 418.

5

Una lista de ideas Como puedes observar en la gráfica de la página 134, algunos países hispanoamericanos registran menos de cien patentes al año (por ejemplo, Nicaragua y Venezuela). En parejas, elaboren una lista de ideas que en su opinión pueden servir para aumentar la capacidad innovadora de estos países. Piensen, por ejemplo, en temas como la educación o el apoyo a la investigación y a la creación de empresas. Luego compartan su lista con toda la clase.

A PRIMERA VISTA
Según la foto, ¿cuál crees que es la profesión del hombre? ¿Cuál crees que es el tema de este cortometraje?

SOBRE EL CORTO Dirigido por Mariana Flores Villalba, *Un atajo, un camino* (México, 2012) describe el proyecto de un grupo de jóvenes ingenieros que procuran iluminar, con energía renovable, las vidas de tres millones de mexicanos que no tienen el servicio de energía en sus hogares. *Un atajo, un camino* fue uno de los cortos ganadores del Festival Ecofilm 2012, en el que concursaron más de quinientos documentales.

ANTES DE VER

1  **Reflexión preparatoria** Reflexiona sobre la disponibilidad de los servicios públicos: ¿Cómo sería tu vida si no hubiera energía eléctrica en tu casa? ¿Qué aspectos de tu vida cotidiana serían distintos? ¿Cómo afectaría eso tu vida en general? Discute tus ideas con un(a) compañero/a.

2  **Fuentes de energía** En pequeños grupos, describan en qué consisten estos tipos de energía: solar, fósil, hidráulica, eólica (del aire), geotérmica y nuclear. ¿Cuáles son renovables y cuáles no? ¿Cuáles son las más comunes en la región donde ustedes viven?

ESTRATEGIA

Reflexionar sobre el tema Hacer una reflexión preparatoria te ayuda a identificarte personalmente con el tema del video y así comprenderlo más profundamente.

MIENTRAS MIRAS

1

Narradora: «En México, 60% de los gases que causan el **efecto invernadero** provienen de la producción de energía».

1. ¿Cuáles son los combustibles fósiles que menciona el narrador?
2. En México, ¿qué porcentaje de energía eléctrica proviene actualmente de fuentes renovables?

2

Manuel: «El no tener energía te **margina** en muchos aspectos. Tiene un impacto en la educación, en la salud, en la equidad, en la seguridad y en la pobreza».

1. ¿Qué ejemplos de energía no sustentables y no renovables menciona Manuel?
2. ¿Cuál era el problema con los jóvenes muy **movidos** que conocía Manuel?

3

Gerardo: «¿Qué energía puedes llevar a una comunidad que está en la montaña, donde no hay manera de que lleves **postes**?».

1. En la camiseta de Gerardo se lee «Ilúmexico». Según el video, ¿qué es Ilúmexico?
2. ¿Cuáles son las ventajas de la energía solar?

PALABRAS CLAVE

el efecto invernadero elevación de la temperatura atmosférica

marginar aislar; relegar a una posición sin importancia en la sociedad

ser muy movido/a (en México) participar en acciones o movimientos sociales

dañino que causa daño, lastima o produce enfermedades

el poste columna colocada verticalmente que sirve como apoyo

la pila batería eléctrica

el atajo camino que hace más corta una distancia

el rezago atraso; falta de desarrollo

el entorno lo que nos rodea; el medioambiente

DESPUÉS DE VER

1

Comprensión Indica si las siguientes oraciones son **verdaderas** o **falsas.**

1. La gente de la ciudad sabe que existen personas que no tienen electricidad.
2. En México hay casi un millón de personas sin electricidad.
3. Manuel conocía a jóvenes muy movidos, pero que solo se quejaban con el gobierno.
4. Nery dice que el no tener luz era triste y dañino.
5. Gerardo dice que la energía renovable se puede dar en cualquier lugar.
6. Iluméxico promueve el desarrollo a través de la electrificación rural.
7. Al proyecto solo le interesa el impacto inmediato de la electricidad.
8. Los ingenieros dudan de que haya luz en todas las casas de México antes de 2050.

2

Interpretación Responde a las siguientes preguntas con un(a) compañero/a.

1. ¿Qué opinan las personas de la ciudad sobre cómo sería la vida si no tuvieran luz?
2. ¿Cómo afecta la falta de electricidad la vida diaria de las familias que no tienen luz?
3. ¿Qué impactos sociales sufren las familias que no tienen luz?
4. ¿Cuáles son las dificultades de llevar fuentes de energía tradicional a lugares remotos?
5. ¿Qué relación tiene el consumo de energía con la degradación del planeta?
6. ¿Por qué decidieron los jóvenes de Iluméxico empezar su proyecto? ¿Cómo se diferencian de otros jóvenes también muy movidos?
7. ¿Por qué la energía renovable es tan accesible en México, aun en los lugares remotos?
8. ¿Cuál es el objetivo de Iluméxico a largo plazo?

3

¿Qué quieren decir? Explica por escrito las siguientes citas del video.

1. **Gerardo:** «Mientras más consumimos energía, mientras más consumimos cosas que tienen que ver con energía, más vamos degradando el planeta».
2. **Manuel:** «¿Por qué no como juventud o como ingenieros podemos tratar de hacer algo nosotros?»
3. **Martín:** «Ven su recibo de luz supersubsidiado y dicen: '¿Para qué me meto en problemas, para qué arreglo algo que no se ha roto?'».

RECURSOS
Consulta la lista de apéndices en la p. 418.

4

Un anuncio persuasivo Trabaja con un(a) compañero/a para preparar una presentación persuasiva con una de las siguientes metas:

- convencer a tu gobierno local, un instituto académico, un grupo de ingenieros o una compañía eléctrica para que lidere un programa de energía renovable en tu estado
- convencer a alguna organización para que financie un proyecto de energía renovable que ustedes mismos quieren empezar en su comunidad con sus amigos
- crear un anuncio de televisión para concienciar a la gente de la importancia de la energía renovable, sustentable y limpia para el futuro del planeta

Expongan su presentación ante la clase.

MI VOCABULARIO
Utiliza tu vocabulario individual.

5

Ahorrar energía Piensa en todas las acciones que la gente puede tomar para ahorrar electricidad en la casa. Haz una búsqueda en Internet para recopilar varias ideas y sugerencias fáciles de implementar en el hogar o en la escuela. Luego, escribe un folleto detallado para distribuir en tu comunidad.

EL INFORME DE INVESTIGACIÓN

El informe de investigación busca expresar una realidad compleja en forma clara y objetiva, mediante la descripción y el análisis de diversos datos. La información se acompaña de gráficos, tablas y mapas, para construir un ensayo claro y coherente.

La estadística utiliza distintos tipos de gráficos para mostrar clara y ágilmente los datos que se relacionan y comparan. Los más comunes son los de barras comparativas horizontales o verticales (ver **p. 133**), los gráficos de líneas y los circulares o de áreas. Siempre debe citarse la fuente de los datos estadísticos presentados.

Tema de composición

Lee de nuevo las preguntas esenciales del tema:

- ¿Qué impacto tiene el desarrollo científico y tecnológico en nuestras vidas?
- ¿Qué factores han impulsado el desarrollo y la innovación en la ciencia y la tecnología?
- ¿Qué papel cumple la ética en los avances científicos?

Utilizando las preguntas como base, escribe un informe de investigación sobre algún aspecto del tema.

ANTES DE ESCRIBIR

El informe de investigación exige mucha investigación previa y, en segundo lugar, organización y claridad tanto de la información como en la exposición. Busca los datos, gráficos u otro material que necesites para ilustrar el tema que elegiste. Cuando ya lo hayas revisado todo, decide qué quieres decir y concéntrate en eso.

ESCRIBIR EL BORRADOR

Organiza el contenido según la estructura de introducción, análisis y conclusión; concéntrate en exponer los datos progresivamente. Distribuye los cuadros y gráficos en tu texto. Cuando el borrador esté terminado, organicen una lectura en grupo para editar sus borradores y comprobar si han logrado comunicar con claridad el tema elegido.

ESTRATEGIA

Citar fuentes
Al recopilar datos de las fuentes que has usado, toma notas sobre la importancia de cada dato y la manera en que lo vas a utilizar en tu informe. Es importante interpretar y sacar conclusiones de las fuentes que citas y no simplemente citar datos.

ESCRIBIR LA VERSIÓN FINAL

Relee tu borrador con espíritu crítico. Realiza las correcciones que tus compañeros te sugirieron, siempre y cuando estés de acuerdo con ellas. Una vez incluidos los cambios, revisa otra vez la exposición y la gramática: el orden de los datos debe ser progresivo, el lenguaje tiene que ser claro y conciso, y los gráficos deben resultar útiles para la exposición. Asegúrate de haber citado correctamente las fuentes.

Tema 3

La belleza y la estética

PREGUNTAS ESENCIALES

- ¿Cómo se establecen las percepciones de la belleza y la creatividad?
- ¿Cómo influyen los ideales de la belleza y la estética en la vida cotidiana?
- ¿Cómo las artes desafían y reflejan las perspectivas culturales?

CONTENIDO

▸▸ Mural en Valparaíso, Chile

Definiciones de la belleza

PUNTOS DE PARTIDA

Cada persona tiene sus propios gustos y sus propias opiniones de la belleza, las cuales han cambiado a lo largo de la historia. Pero, ¿las definiciones de la belleza son subjetivas o hay estándares objetivos? Diversos estudios sugieren que la percepción de la belleza está influida por la moda, la cultura y hasta por la evolución.

- ¿Qué nos permite percibir la belleza?
- ¿Cuáles concepciones antiguas de la belleza han perdurado? ¿Por qué?
- ¿Cuáles factores culturales influyen en las percepciones de la belleza y en la actitud de las personas hacia ella?

DESARROLLO DEL VOCABULARIO

MI VOCABULARIO
Anota el vocabulario nuevo a medida que lo aprendes.

1 **¿Es bello?** Observa los términos incluidos en estas tres columnas y considera si te inspiran el sentido de la belleza. Luego añade a cada columna uno o dos elementos más que, en tu opinión, son inspiradores de belleza.

la pintura	la amistad	el cuerpo humano
la música	el amor	la actividad física
la literatura	el humor	la actividad intelectual
la arquitectura	las experiencias	los descubrimientos
la naturaleza	lo difícil	la fe
los fenómenos naturales	lo inesperado	lo cotidiano
el espacio exterior (las estrellas)	lo desconocido	lo auténtico

2 **Descripciones** Elige cinco términos de la actividad anterior. Para cada uno de ellos, describe un ejemplo específico y explica por qué te inspira el sentido de la belleza.

MODELO lo inesperado

El año pasado tuve que realizar un proyecto académico con una compañera nueva. Inicialmente yo no quería hacer el trabajo con ella porque me parecía que éramos muy distintas y no creía que nos fuéramos a llevar bien. Pero terminamos divirtiéndonos mucho y ahora somos buenas amigas. Lo inesperado de nuestra relación me parece bello y me encanta tener una amiga tan distinta a mí.

3 **Comparar** Habla con un(a) compañero/a sobre sus reacciones a los términos de la Actividad 1. Utiliza estas preguntas como guía.

1. ¿Cuáles términos de la Actividad 1 *no* te inspiran el sentido de la belleza? ¿Por qué?
2. ¿Cuáles de esos términos te inspiran más profundamente el sentido de la belleza?
3. ¿Cuáles son los términos de tu lista que más se diferencian entre sí? Explica cómo puedes sentir la belleza en lugares tan distintos.

LECTURA 1.1 ▸ EL CONCEPTO DE LO ESTÉTICO A TRAVÉS DE LA HISTORIA

Auto-graded
My Vocabulary
Write & Submit

SOBRE LA LECTURA Las concepciones sobre la belleza han cambiado mucho desde la Antigüedad y siguen cambiando actualmente. No hay una definición fija para este concepto. Cada persona tiene sus propias ideas, pero estas son influidas por la cultura, los gustos personales o la moda. A pesar de estas diferencias individuales, parecen existir estándares o preferencias comunes.

Este artículo traza la historia de la concepción humana de la belleza. Escrito por M. Rodríguez y María. E. Rodríguez, fue publicado en el sitio macroestetica.com, un portal para profesionales de la industria estética en México.

ANTES DE LEER

MI VOCABULARIO
Anota el vocabulario nuevo a medida que lo aprendes.

1 **Cualidades de la belleza** Observa esta lista y señala los aspectos que consideras característicos de la belleza. Luego añade algunos términos que en tu opinión son cualidades de lo bello.

la armonía	la libertad	la simetría	
la justicia	la naturalidad	el equilibrio	
la creatividad	la generosidad	la simplicidad	
la originalidad	la eficiencia	la gracia	
la honestidad	la fluidez de movimiento	la integridad	

2 **Comparar** Con un(a) compañero/a, vuelvan a observar los términos de la actividad anterior. Explica por qué elegiste algunos términos y otros no, y comenten las palabras que agregaron.

3 **Tus experiencias con lo bello** Elige dos de estos temas y redacta una breve descripción de cada uno de ellos, según tus experiencias personales.

1. el lugar más hermoso que has visitado
2. la experiencia más bella de tu vida
3. el acto más bello que has observado
4. la persona más bella que conoces
5. el animal más hermoso que existe
6. la canción más bonita que has escuchado
7. la obra de arte más bella que has visto

Ahora comparte tus descripciones con un(a) compañero/a.

4 **Tu definición de la belleza** Escribe en un breve párrafo tu definición personal de la belleza en términos generales. Trata de incluir no solo apreciaciones subjetivas, sino también datos que has aprendido en lecturas, clases o conversaciones sobre el tema. Conserva este párrafo para ampliarlo o mejorarlo en una actividad posterior.

MI VOCABULARIO
Utiliza tu vocabulario individual.

PALABRAS CLAVE

el agrado complacencia, gusto, placer

la etimología estudio del origen de las palabras y sus significados

el canon regla; conjunto de normas o preceptos

la pujanza fuerza o empuje

El concepto de lo estético a través de la historia

Inicio | Cursos | Información | Artículos | Cosmetología | Registro | Contacto

por M. Rodríguez y Mª. E. Rodríguez

EL CONCEPTO DE ESTÉTICA

Es la disciplina que trata de lo bello y los diferentes modos de aprehensión y creación de las realidades bellas, si se entiende por bello aquello que despierta en el hombre una sensación peculiar de **agrado**.

Visto a la luz de la **etimología**, la palabra procede de *aesthetikos*, que significa «lo que se percibe mediante sensaciones». Por lo tanto, la estética es la encargada de estudiar la belleza; normas y métodos para estudiar la belleza. Entendiendo por belleza la idea sobre la perfección de las cosas. También la estética podría definirse como el conjunto de percepciones sensitivas que genera la contemplación de un objeto y la reacción de agrado y placer que se produce en el observador. En el fondo, reside en el ojo del observador y es imposible formular un concepto objetivo de belleza que tenga carácter universal.

Hace 35.000 años, en el paleolítico, el hombre comienza a desarrollar su sentido de lo bello. Este despertar a la sensibilidad tiene su representación en el arte primitivo, pinturas, figuras y representaciones.

No fue hasta el desarrollo de la cultura en el valle del Nilo, hace 5.000 años, cuando se considera con atención ciertos **cánones** que representaban el tipo ideal de belleza, armonía y proporción que han quedado reflejados en los monumentos, las pinturas y las tumbas de la época.

La cultura griega es la primera en recoger el gusto estético de la época, la preocupación intelectual por analizar el sentido de la armonía y la proporción de las dimensiones. Fueron los filósofos griegos los que describieron las primeras leyes geométricas que debían ser respetadas para que la armonía de la línea y el equilibrio de proporciones provocaran una sensación satisfactoria en el observador, estableciendo unos cánones de belleza que aún seguimos aplicando como guías firmes reguladoras de la estética, esenciales para poder alcanzar la armonía.

La oscuridad de la época medieval silenció el valor de la estética; que volvió a tener **pujanza** acrecentada en el Renacimiento. La obra de Miguel Ángel está muy identificada con la tradición griega y romana, caracterizándose por la naturalidad y la proporcionalidad.

En los siglos XIX y XX, coincidiendo con el advenimiento de todas las técnicas audiovisuales (fotografía, cine, televisión), se produce una revolución en los criterios estéticos.

EVOLUCIÓN HISTÓRICO-CULTURAL EN LOS CONCEPTOS DE BELLEZA FACIAL

Las culturas han revelado diferentes actitudes sobre la estética facial, la armonía ideal y las proporciones faciales que se pueden considerar como signos de belleza.

El hombre primitivo rara vez delineaba los rasgos de las representaciones humanas que tallaba o pintaba. Las pinturas prehistóricas no nos muestran un especial interés por las formas anatómicas. Las representaciones humanas de este período son grotescas y distorsionadas, aparentemente por razones de superstición y miedo.

Las culturas africanas y asiáticas primitivas comenzaron a representar sus ideas sobre belleza facial en máscaras y tótems. Los representados siempre hacen alusión a un dios, un guerrero, un personaje en definitiva **paradigmático** y fundamental en la tribu.

Aunque fueran los egipcios los primeros en inmortalizar una cara en piedra, se debe a los griegos el mérito de **plasmar** el sentimiento y las emociones en las estatuas. La escultura romana nunca fue tan creativa como la griega; por eso se ven pocos cambios en el concepto de estética facial de los romanos. De manera que, aunque son menos académicos que los griegos, su realismo es algo mayor.

En la Edad Media, desde el siglo IV hasta el Renacimiento, los cánones de belleza griegos y romanos fueron condenados por fanáticos religiosos, por ser paganos y míticos. Las caras ya no se muestran voluptuosas, llenas de gracia y **donaire**. Se **menosprecia** la estética sensual y se condena el culto al cuerpo.

Predominó la supresión de la belleza física, realzándose más la belleza espiritual y divina, pues el rostro debe manifestar la espiritualidad del hombre.

Durante el Renacimiento, sin embargo, se recuperaron el clasicismo griego y romano, integrando lo físico, lo espiritual y los cánones matemáticos, estableciéndose así lo que hoy se conoce como belleza neoclásica.

El Modernismo aparece con el siglo XX y se caracteriza por una distorsión del mundo real, los cánones de belleza dependen de los medios de comunicación que imponen las imágenes como forma de comunicarse.

Todos estos conceptos son válidos como guía; sin embargo, debido a la gran variabilidad **morfológica**, psicológica, social, cultural, etc., de los humanos, que en definitiva conforman la propia identidad de cada individuo, parece aconsejable **sustraerse** de las normas y centrarse más en lo que podríamos llamar normalización social. Es decir ¿qué tipo de caras gustan a la gente de hoy?

Es evidente que la gente prefiere las caras balanceadas y simétricas, frente a las asimétricas. Pudiéndose hablar de armonía y proporcionalidad facial como claves en una estética facial aceptable. Además, es necesario tener en cuenta que las normas de estética facial varían especialmente en los diferentes grupos étnicos y raciales, así como con la edad o el sexo del individuo.

PALABRAS CLAVE

paradigmático/a ejemplar, que sirve como modelo o prototipo

plasmar dar forma o capturar la expresión de algo

el donaire elegancia, esbeltez

menospreciar mostrar desprecio o desdén

morfológico/a relacionado con la forma o la estructura

sustraerse retirarse, alejarse

DESPUÉS DE LEER

1 

Etimologías Muchas palabras del español provienen de raíces griegas o latinas. Lee las siguientes descripciones etimológicas y relaciónalas con una de las Palabras clave de la página anterior.

1. Con esta raíz griega también se forma la palabra «canonizar» (declarar santa a una persona): ____________
2. El significado originario de esta palabra latina es «dar» o «donar»: ____________
3. Esta palabra proviene del latín *gratus*, *gratia* (grato): ____________
4. La raíz griega de esta palabra significa «forma»: ____________
5. Proviene del latín *pulsāre*, que significa «empujar»: ____________

Elige otras cinco palabras de la lectura (por ejemplo, «belleza», «facial» o «cultura») y busca su etimología en Internet o en un diccionario especializado.

CONCEPTOS CENTRALES

Organización del texto
Entender la organización de un texto te ayuda a comprenderlo. Fíjate en las transiciones para determinar si el texto tiene una organización lineal (secuencial), comparativa o cronológica.

2

Comprensión Elige la mejor respuesta según el texto.

1. ¿Cómo está organizada la información del artículo?
   a. Por orden cronológico: de los filósofos griegos a los romanos
   b. Por la importancia cultural de las regiones mencionadas
   c. Por orden cronológico: de la evolución del concepto de estética a la belleza facial
   d. No tiene ninguna organización fija, salta desordenadamente de un tema al otro.
2. ¿Por qué hay menos detalles faciales en las pinturas primitivas?
   a. Porque los detalles originales han desaparecido con el paso del tiempo
   b. Porque no se había despertado su sentido de la belleza facial
   c. Porque la vida era dura y por eso la estética facial no les interesaba
   d. Por la superstición y el miedo que las representaciones humanas despertaban en los hombres primitivos
3. ¿Por qué los cánones de belleza griegos y romanos fueron condenados durante la época medieval?
   a. Fueron considerados primitivos por los filósofos y artistas de la época.
   b. Fueron considerados paganos y míticos por los fanáticos religiosos.
   c. No provocaron una sensación agradable en los observadores.
   d. Fueron abandonados a favor de la imitación tridimensional.
4. ¿Cuáles son dos de los factores que influyen en la percepción de la belleza facial actualmente?
   a. La tradición cultural y la religión
   b. El origen étnico y la edad
   c. La educación y la riqueza
   d. La naturalidad y las técnicas audiovisuales
5. ¿Qué época se caracteriza por la distorsión del mundo real?
   a. La Edad Moderna
   b. La Edad Primitiva
   c. La Edad Media
   d. El Renacimiento

3

Temas de la lectura ¿Qué aprendiste en esta lectura sobre la evolución del concepto de la belleza? ¿Qué información nueva te aportó este texto?

Habla con un/a compañero(a) sobre lo que más te llamó la atención de este artículo.

LECTURA 1.2 ▸ ENCUESTA SOBRE LA BELLEZA

SOBRE LA LECTURA A veces, la mejor manera de entender la variedad de perspectivas sobre un asunto es consultar a diversas personas.

Andrew Mayek, quien trabaja como misionero en Filipinas, comparte en este texto las diferentes respuestas que obtuvo en una encuesta que él mismo realizó acerca de la belleza. En su encuesta, Mayek entrevistó a personas de ambos sexos, de diferentes edades y de diversas procedencias, con el fin de tener una visión lo más amplia posible del tema y dejar que el lector juzgue por sí mismo. Los resultados de la encuesta fueron publicados en la sección «Reflexiones» de la revista digital *Conéctate* (en inglés, *Activated*), un sitio que publica artículos en los que se tratan conceptos espirituales con el fin de resaltar su aplicación práctica.

ANTES DE LEER

1 Cualidades atractivas ¿Cuáles cualidades de esta lista encuentras atractivas?

- ☐ la alegría
- ☐ la amabilidad
- ☐ la autoestima
- ☐ la autosuficiencia
- ☐ el color del pelo
- ☐ la confianza
- ☐ la coquetería
- ☐ la delicadeza
- ☐ la naturalidad
- ☐ los ojos
- ☐ el optimismo
- ☐ la sencillez
- ☐ el sentido del humor
- ☐ la seguridad
- ☐ la simpatía
- ☐ la sonrisa
- ☐ la vanidad
- ☐ la voz

MI VOCABULARIO
Anota el vocabulario nuevo a medida que lo aprendes.

2 Comparación de los géneros Comenta esta pregunta con un(a) compañero/a, preferiblemente del género opuesto.

Según la edad y el género, ¿cómo afecta a las personas la presión social por ser atractivas? Expliquen y defiendan sus respuestas para cada categoría. Utilicen la tabla para registrar sus resultados.

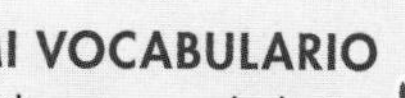

MI VOCABULARIO
Utiliza tu vocabulario individual.

EDAD	MUJERES	HOMBRES
Niños (< 10 años)		
Jóvenes (12-18 años)		
Mayores de 25 años		
Mayores de 60 años		

1. ¿Hay personas que no sienten ninguna presión por ser atractivas?
2. ¿La edad y el género influyen en nuestras percepciones sobre la belleza? ¿De qué manera lo hacen?
3. ¿Qué otros factores sociales o culturales influyen en nuestras percepciones u opiniones sobre la belleza?

PALABRAS CLAVE

radicar (en) residir o consistir (en)

el/la mozo/a persona joven

despampanante de belleza extraordinaria

afable simpático/a, afectuoso/a

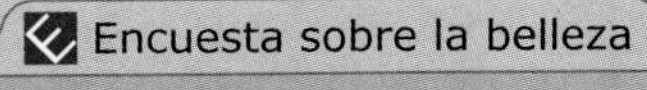

Inicio | Encuestas | Investigación | Estadísticas | Contacto

Encuesta sobre la BELLEZA

por Andrew Mayek

Dicen que la belleza es relativa, que todo es según el color del cristal con que se mira. Así que se me ocurrió entrevistar a unas cuantas personas de ambos sexos, de todas las edades y de diferentes extracciones culturales, para averiguar lo que encuentran atractivo en los demás.

Mi encuesta no fue nada del otro mundo, pero desde luego hubo consenso en que la verdadera belleza no **radica** en los atributos físicos, la vestimenta o el maquillaje; viene de dentro.

A continuación, algunas de sus respuestas:

Lo que me parece más atractivo de una mujer es que no esté excesivamente pendiente de lo que los demás piensan de ella, que actúe con naturalidad.

Raimundo (29 años)

Si una persona tiene un espíritu amable y considerado, para mí es bella, cualesquiera que sean sus rasgos físicos.

Melody (21 años)

Mi definición de una mujer hermosa ha ido cambiando con el tiempo. En mis años **mozos** *era una rubia* **despampanante***; más adelante fue una mujer madura,* **afable***, conversadora y con buen sentido del humor; y hoy en día sería una mujer que se contenta con sentarse a mi lado a ver la televisión.*

Esteban (70 años)

PALABRAS CLAVE

agraciado/a atractivo/a

En muchos casos, la voz de una mujer es lo primero que me indica si me resultará atractiva o no.

Jimmy (38 años)

Un factor por el que determino si una mujer es bonita es si sonríe y revela alegría en la mirada. De ser así, para mí es bonita, aunque no tenga figura de modelo ni sea particularmente ***agraciada****.*

Tim (20 años)

Dicen que los ojos son el espejo del alma. Es cierto. La primera vez que vi a mi marido, lo que me atrajo de él fueron sus ojos. Tenía una mirada hermosa y penetrante.

Joyce (46 años)

La amabilidad, la delicadeza, el optimismo, la convicción y el sentido del humor son algunas de las cualidades que hacen atractiva a una persona.

Armina (27 años)

En mi opinión, lo que hace bella a una mujer es su carácter, sus reacciones ante la gente y las situaciones que la rodean.

Nathan (24 años)

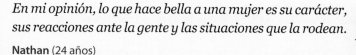

La belleza física tiene su lugar; pero si una chica es encantadora, graciosa y fácil de tratar, para mí es bonita. O si tiene buen sentido del humor, si es espontánea, aventurera, apasionada y afectuosa, me resulta atractiva.

Santiago (17 años)

DESPUÉS DE LEER

1 Comprensión Contesta las preguntas según el texto.

1. ¿Con qué propósito el autor realizó su encuesta y para qué publicó sus resultados?
2. ¿A qué conclusión llegó el autor después de hacer su encuesta?
3. ¿A qué tipo de personas entrevistó el autor?
4. ¿A cuántas personas cita en su artículo?
5. ¿Cuántas tienen entre veinte y treinta años?
6. ¿Cuántas son chicas?
7. En la cita de Santiago (17 años), ¿qué significa la frase «fácil de tratar»?

2 Interpretar Esta cita es tomada de la lectura y se refiere a un dicho popular en Hispanoamérica. Léela y contesta las preguntas.

> « Todo es según el color del cristal con que se mira. »

1. ¿Qué significado tiene la cita?
2. ¿Estás de acuerdo con este dicho? Explica.
3. Da un ejemplo de la vida real en el que se pueda aplicar este dicho popular.
4. ¿Hay algún dicho popular similar en inglés? ¿Cuál es y cómo lo traducirías al español?

3 Analizar En parejas, vuelvan a leer los comentarios de Esteban (70 años) y comenten las preguntas.

1. ¿Cómo cambiaron con el tiempo sus opiniones sobre la belleza?
2. ¿Sus comentarios representan las opiniones típicas de un hombre joven?
3. ¿Representan las opiniones típicas de un hombre adulto?
4. En tu opinión, ¿por qué cambió su idea de belleza con la edad?
5. ¿Crees que tus ideales de belleza cambiarán con el tiempo? Explica cómo.

ESTRATEGIA

Inferir
El sitio donde se publica un artículo puede revelar mucho sobre el propósito del autor. Las expectativas que se generan en el lector influyen en el contenido del mensaje. Considera los intereses religiosos, políticos o comerciales de la publicación para interpretar mejor el mensaje del autor.

4 Inferir Con un(a) compañero/a, hagan inferencias sobre la lectura y contesten estas preguntas.

1. ¿Hay alguna moraleja implícita en el artículo?
2. ¿Hace algún comentario explícito el autor sobre la manera como debemos interpretar la belleza?
3. ¿Qué nos puede revelar la publicación donde apareció la encuesta con respecto a las opiniones que presenta?
4. ¿A qué público está dirigida la encuesta?
5. Resume tus inferencias sobre el mensaje del autor.

5 Comentar Con un(a) compañero/a, entablen una conversación en torno a estas dos preguntas:

- ¿Qué factores culturales influyen en la presión social por ser atractivo/a en nuestro medio?
- ¿El concepto de belleza cambia según el lugar y el tiempo?

MI VOCABULARIO
Utiliza tu vocabulario individual. 

6 Evaluar la encuesta Contesta las preguntas para evaluar la objetividad y la calidad de la encuesta.

1. ¿Crees que el autor entrevistó a un número suficiente de personas?
2. ¿Crees que las personas entrevistadas representan una adecuada variedad de la población?
3. ¿Crees que las respuestas representan variedad cultural?
4. ¿Crees que las personas encuestadas dicen la verdad?
5. Según las respuestas, ¿la conclusión del autor te parece correcta?
6. Según el propósito del autor, ¿crees que la encuesta fue efectiva?

RECURSOS
Consulta la lista de apéndices en la p. 418.

7 Un mensaje electrónico Escríbele un mensaje electrónico al autor para comunicarle lo que opinas de su iniciativa y su encuesta. Incluye estos elementos en tu mensaje:

- algo que te gustó de su artículo y por qué
- algo que no te gustó y por qué (o una crítica constructiva)
- una pregunta en la que le pidas su opinión sobre otro aspecto del mismo tema

8 Tu propia encuesta En grupos pequeños, escriban una serie de preguntas para hacer su propia encuesta sobre la belleza. Encuesten a sus compañeros de clase y saquen algunas conclusiones teniendo en cuenta las respuestas obtenidas. Luego compartan sus hallazgos con toda la clase.

9 Comparar Compara las concepciones de belleza presentadas en la encuesta con las de la Lectura 1 («El concepto de lo estético a través de la historia»). ¿Con cuáles culturas o épocas históricas se relacionan estas opiniones?

1. «Lo que me parece más atractivo de una mujer es que [...] actúe con naturalidad», Raimundo (29 años).
2. «Si una persona tiene un espíritu amable y considerado, para mí es bella», Melody (21 años).
3. «Un factor por el que determino si una mujer es bonita es si sonríe y revela alegría en la mirada», Tim (20 años).

Explica si las respuestas presentadas en la encuesta representan las opiniones más comunes de hoy en día.

10 Retoma tu párrafo Al comienzo de este Contexto escribiste un párrafo en el que definías la belleza con tus propias palabras (Actividad 4 de la página 143). Ahora retoma tu párrafo y considera tu definición inicial. Vuelve a redactarlo, o complétalo, teniendo en cuenta lo que has aprendido con las dos lecturas de este contexto.

11 Ensayo persuasivo Escribe un análisis sobre el concepto de la estética. Incluye estos aspectos:

- los factores que influyen en las perspectivas sobre la belleza
- un resumen de las perspectivas comunes que has observado
- los factores que contribuyen a la variedad de perspectivas que has observado
- las influencias del pasado sobre las perspectivas contemporáneas

AUDIO ▸ BELLEZA Y AUTOESTIMA

PALABRAS CLAVE

desplegarse exhibirse, manifestarse

sensible susceptible, receptivo, que puede percibir o sentir fácilmente

cotidiano/a habitual, de todos los días

conmover inquietar o enternecer; provocar emociones o sentimientos

la queja lamentación; expresión de disgusto o pena

INTRODUCCIÓN Este audio pertenece a un *podcast* de Paréntepsis, un sitio español dedicado a la psicología y la formación, con énfasis en la autoestima y el crecimiento personal. Esta reflexión psicológica, de autoría de Miguel Ángel Paredes, explora las conexiones entre el concepto de la belleza y la autoestima del individuo.

ANTES DE ESCUCHAR

1 **Reflexión personal** Reflexiona sobre el tema de la autoestima y responde a estas preguntas.

1. ¿Cómo defines la autoestima?
2. ¿Qué relación existe entre la belleza y la autoestima?
3. ¿Qué relación existe entre las capacidades personales y la autoestima?
4. ¿Cómo puede una persona aumentar su autoestima?

2 **Discusión** Con un(a) compañero/a de clase, conversa sobre estas tres preguntas.

1. ¿Qué quiere decir el refrán «La belleza está en los ojos de quien mira.»?
2. ¿Dónde observas la belleza en tu vida cotidiana?
3. ¿Cómo te afecta o te conmueve esta belleza?

MIENTRAS ESCUCHAS

1 **Escucha una vez** Lee las preguntas antes de escuchar el audio por primera vez, para tener una guía de los temas a los que deberás prestar atención. Luego, mientras escuchas, toma notas para contestarlas.

1. ¿Cómo define el locutor la belleza?
   Apuntes: el reflejo de tu autoestima
2. ¿Bajo qué condiciones eres capaz de descubrir la belleza del universo?
   Apuntes: cuando te sientes bien
3. Según el locutor, ¿cuáles son las conexiones entre la autoestima y la belleza?
   Apuntes: cuando te sientes bien, puedes ver la belleza mejor
4. ¿En qué aspectos de la vida se puede ver la belleza?
   Apuntes: los colores, olores, sonidos, texturas
5. ¿Quiénes son menos sensibles a la belleza y por qué?
   Apuntes: las personas que no sienten bien

2 **Escucha de nuevo** Al escuchar la segunda vez, cierra los ojos y visualiza las descripciones y los consejos incluidos en el *podcast*. Después, corrige o completa tus apuntes.

ESTRATEGIA

Visualizar Al escuchar la grabación, visualiza mentalmente lo que se describe para tener más claridad sobre el tema.

DESPUÉS DE ESCUCHAR

1 **Llena los espacios** Lee las oraciones que provienen del audio y llena cada espacio en blanco con la palabra apropiada del banco de palabras.

amanecer	canto	correspondido	despliega	ignorancia	sentirse
amas	capaz	cotidianos	dignidad	percepción	sufrimiento
autoestima	conmueve	creación	gesto	sensibles	tesoro

1. «La belleza es el reflejo de tu __________ y cuando te sientes bien y te quieres eres __________ de descubrir toda la belleza del universo y cómo esta se __________ y fluye a tu alrededor».
2. «Precisamente porque te __________ te sientes bien y porque te sientes bien, tus ojos son __________ a las maravillas de la creación».
3. «Eres capaz de sentirla en todo: En la luz que entra a través de la ventana, en las flores, en el __________ de los pájaros [...] en los pequeños detalles __________, o en cómo te recibe tu perro cuando llegas a casa».
4. «Decía Erich Fromm que la belleza es una de las pocas cosas que __________ el corazón de los hombres».
5. «La __________ y reconocimiento de la belleza hace que cambie tu frecuencia emocional».
6. «Porque la belleza hace que te sientas bien, te devuelve la __________ y el valor que siempre te han __________».
7. «Y es imposible __________ mal y apreciarla en todo su esplendor».
8. «Toda esa belleza está ahí, siempre ha estado ahí, cubierta bajo el velo de la __________ o el __________».
9. «Busca activamente la belleza, como quien busca un __________».
10. «Está en cada __________, en cada __________ amable, en todos los colores, olores, sonidos y texturas de la __________».

2 **Discusión grupal** Vuelve a leer las preguntas de la Actividad 1 de la sección Mientras escuchas. En pequeños grupos, contesten las preguntas según lo que se dice en el audio y en relación con sus experiencias personales.

3  **Ensayo filosófico** Escribe un ensayo filosófico en el que analices esta pregunta: ¿Cómo se establecen las percepciones de la belleza en el individuo? Incluye estas partes en tu ensayo:

1. Una introducción en la que:
   - declaras la tesis de tu ensayo
   - explicas por qué es importante la belleza y la estética en la vida
2. El cuerpo de información que apoya tu tesis, que incluye:
   - el desarrollo de tu análisis con razonamientos lógicos
   - evidencia del audio y de las otras fuentes de este contexto
3. Una conclusión en la que:
   - resumes tu tesis
   - ofreces consejos para mirar la belleza del mundo

ESTRATEGIA

Llenar los espacios Consigue una grabación breve y transcríbela dejando algunos espacios en blanco (tu profesor(a) puede ayudarte a conseguirla). Luego intercambia el texto transcrito con un(a) compañero/a para que cada quien complete los espacios vacíos. Esto te permitirá escuchar el audio varias veces y pensar más profundamente en el tema que trata.

MI VOCABULARIO

Anota el vocabulario nuevo a medida que lo aprendes.

RECURSOS 

Consulta la lista de apéndices en la p. 418.

CONEXIONES CULTURALES

Restos históricos procedentes de Teotihuacán, México

La percepción de la belleza

«¡QUÉ FEA PINTURA!», «¡QUÉ CHICO MÁS GUAPO!». TODO el tiempo evaluamos la belleza (o la fealdad) de lo que nos rodea. Si bien esas apreciaciones son subjetivas, existen ciertos factores externos que las condicionan, como los medios de comunicación, la cultura, la educación ¡y hasta la biología!

Los medios de comunicación nos transmiten permanentemente ideales de belleza inalcanzables o ajenos al común de las personas. Sin embargo, uno de los grandes éxitos de la televisión colombiana de los últimos años fue *Yo soy Betty, la fea*. El aspecto de la protagonista distaba mucho de lo que la sociedad de consumo nos impone como bello: era desgarbada, se vestía de manera anticuada y usaba unos anteojos enormes. Pero la inmensa popularidad de la telenovela se debió a la bondad y a la personalidad encantadora de Betty, con lo cual se demuestra una vez más que la belleza esencial es invisible a los ojos.

▶▶ En La Paz, Bolivia, anualmente se elige a «Miss Cholita». Se trata de un concurso de mujeres indígenas en el que no importa el físico sino la personalidad, la belleza de la vestimenta y el grosor de las trenzas.

◢ La escuela educa en valores. Por eso el gobierno ecuatoriano prohibió los concursos de belleza en las escuelas, porque realzan la apariencia física en lugar de hacer énfasis en otros rasgos que hacen parte de la belleza, como la solidaridad, el talento o la simpatía.

◢ Un aspecto de singular importancia en el concepto de belleza entre los pueblos aborígenes latinoamericanos es el cabello. En la mayoría de las regiones latinoamericanas el pelo largo entre hombres y mujeres es sinónimo de abundancia y prestancia, y cuanto más largo se tiene mayor presencia da.

Presentación oral: comparación cultural

Prepara una presentación oral sobre este tema:

- ¿Cuál es la importancia de los factores culturales en la percepción de la belleza?

Compara tus observaciones acerca de las comunidades en las que has vivido, con tus observaciones de una región del mundo hispanohablante que te sea familiar.

contexto 2 La moda y el diseño

PUNTOS DE PARTIDA

Los estilos y las tendencias varían muchísimo —de año en año, de lugar en lugar, de persona en persona—. Los diseñadores, entre otros profesionales, como los comunicadores y los publicistas, influyen mucho en la ropa y en otros productos que resultan populares, y de esa manera definen las tendencias. Cada cultura tiene normas y costumbres de vestir que pueden reflejar el clima de la región, el estilo de vida, la riqueza y a veces los valores comunes.

- ¿De qué manera el modo de vestirse puede ser un reflejo de la actitud, los valores o la personalidad de los individuos?
- ¿Cuál es la importancia de la moda en la vida social de las personas?
- ¿Cómo ven el mundo los diseñadores y quienes lideran el mundo de la moda?

DESARROLLO DEL VOCABULARIO

1 Dibujar Haz un dibujo a partir de cada una de las siguientes descripciones.

1. Es una persona baja con sombrero alto. Sus ojos son grandes, pero usa lentes pequeños. Lleva pantalones cortos muy largos y una camiseta que no puede cubrir la barriga; calza unas zapatillas cómodas.
2. Es una persona flaca y alta que camina de puntillas. Tiene piernas y brazos largos y lleva ropa apretada. La hebilla del cinturón es casi tan grande como su cabeza pequeña. Su pelo y su bufanda vuelan en la brisa.

2 Peinados En grupos de cuatro, elijan un conjunto de estilos de peinado para investigar y presentar a la clase.

A	B	C	D
afro	bollo	colmena	alas
cola de caballo	*mullet*	*pompadour*	*bob*
jopo	rastas	luces	corte de tazón
mohicano	flequillo	trenza africana cosida	rapado

MI VOCABULARIO
Anota el vocabulario nuevo a medida que lo aprendes.

3 Los ingredientes de un *hipster* Para ti, ¿qué significa ser un *hipster*? Piensa en un(a) *hipster* típico/a y escribe una lista para cada uno de estos elementos.

1. sus características físicas
2. su ropa
3. sus accesorios
4. sus intereses
5. sus valores
6. sus cualidades y defectos
7. sus lugares favoritos
8. sus actividades favoritas

4 Ropa para cada ocasión La ropa transmite mucha información. Para cada una de estas ocasiones, describe la manera de vestirse y presentarse que tú consideras apropiada. Después, compara tus respuestas con las de un(a) compañero/a.

1. la escuela
2. un servicio religioso
3. una cena con los abuelos
4. una entrevista de trabajo
5. un entrenamiento deportivo
6. una cita con tu novio/a
7. un concierto de música
8. una exposición de arte

LECTURA 2.1 ▸ *HIPSTERS*, LA MODA DE NO ESTAR A LA MODA

SOBRE LA LECTURA El término «hipster» se asocia con una subcultura y con individuos que rechazan lo que consideran como convencionalmente popular. Sin embargo, es una designación llena de ironía, y pocas personas admiten ser *hipsters*. En sí, no es un término peyorativo, pero en general se usa de ese modo. Sugiere que una persona pretende ser auténtica de manera consciente, y eso mismo, precisamente, la hace falsa.

El tema de los *hipsters* ha sido tratado con cierto humor, como en el dibujo «Cómo ser un *hipster*», que ha aparecido en varios blogs, incluso en *dTm Toluca*, de México. El artículo que sigue, escrito por Fernando Massa, fue publicado en el periódico *La Nación* de Argentina.

ANTES DE LEER

MI VOCABULARIO
Anota el vocabulario nuevo a medida que lo aprendes.

1 Describir la vestimenta Describe la ropa que puede llevar cada una de estas personas.

1. un hombre de negocios
2. una mujer ejecutiva
3. un roquero
4. una modelo
5. un filósofo
6. una chica gótica
7. un *hipster*
8. una fanática del teatro
9. un empollón (o «nerd»)
10. un hombre metrosexual

2 Adivina quién es Con un(a) compañero/a de clase, túrnense para leer las descripciones de la Actividad 1. Uno(a) de ustedes lee una de las descripciones y el/la otro(a) adivina de quién se trata.

3 Los círculos sociales Contesta estas preguntas con toda la clase para discutir acerca de los círculos sociales de tu escuela.

1. ¿En tu escuela hay tribus urbanas (subculturas como la *hipster* o la gótica)?
2. ¿Cuáles son los distintos grupos sociales?
3. ¿Cómo se distinguen esos grupos?
4. ¿Cómo se pueden identificar los miembros de un grupo social según su vestimenta, sus intereses o los lugares donde pasan su tiempo libre?
5. ¿Cuáles modas son populares en cada grupo?
6. ¿Cuáles marcas de ropa son populares en cada grupo?

4 ¿Qué transmite la ropa? Observa la foto del recuadro Sobre la lectura. Luego, con un(a) compañero/a, discutan estas dos preguntas: ¿De qué manera la ropa influye en las percepciones que tenemos de las personas? ¿En qué sentido nuestros prejuicios acerca de una persona pueden ser erróneos?

Hipsters, la moda de no estar a la moda

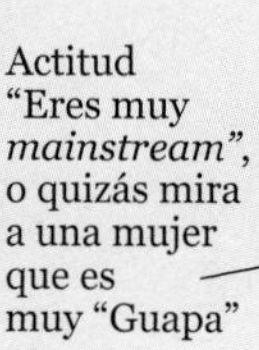
Cómo ser un HIPSTER
Sombrero Fedora
Los lentes deben parecer de los que son MUY caros, que parecen roscas de **luca**, pero nunca ser de luca, que se las den de los que parecen caros
Actitud "Eres muy *mainstream*", o quizás mira a una mujer que es muy "Guapa"
Los audífonos cubrirán gran parte del cráneo. Mientras más exclusiva la marca, mejor aún. Skullcandy es rasca...
El *grunge* ya pasó, pero la camisa debe ser tipo la que se usa en Estados Unidos, y mientras más única y fea sea la combinación de colores, mejor
Polera sin estampado American Apparel de 18 **lucas**
En estos momentos escucha un grupo que él escuchó primero y que se fundó hace 16 horas en Arkansas. Los GENIALES "Antartic Almighty Dollar"
Pantalón de mujer
Los zapatos deben ser una mezcla entre zapatilla, zapato, sandalia y chalas de andar por la casa. ¿Calcetines? No, no, muy *mainstream*
El Sharper come muy poco porque debe mantenerse flaco. Ser hipster y no estar en forma no van juntos

Muy atentos a los fenómenos de consumo, se imponen como la más moderna subcultura

por Fernando Massa

Lo primero que puede llamar la atención es el *look*. Ella, un vestido de **feria americana**, **flequillo**, unos anteojos Wayfarer o Clubmaster, de Ray Ban, típicos de los años cincuenta, y una cartera de un diseñador importante con un iPhone adentro. Él puede llegar a tener un sombrero Fedora, como el que usaba Indiana Jones, el pelo cortito a los costados, **jopo** a elección, barba, o mejor bigote, una remera gastada con un saco arriba, pantalones chupines y una tradicional libreta Moleskine en el bolsillo por si lo sorprende una idea creativa.

Se trata de los *hipsters*, un fenómeno que atraviesa muchos síntomas de esta época, una subcultura en ascenso.

Pero fuera de ese estilo cuidado, para ellos, sin duda el valor agregado pasa por otro lado. Es esa banda de

ESTRATEGIA

Analizar el tono
Mientras lees, considera el tono de los autores. ¿Presentan información de manera positiva, negativa, cómica, crítica, sarcástica o respetuosa? ¿Qué opinan los autores del tema que presentan? Analizando el tono se puede interpretar mejor el texto y encontrarle más sentido.

PALABRAS CLAVE

la luca tipo de metal muy caro
la polera camiseta, remera
lucas dinero; en algunos países, 1000 pesos
la feria americana venta de ropa usada
el flequillo pelo sobre la frente
el jopo flequillo peinado hacia arriba

Fuente: Agradecemos al blog informativo de dtm Toluca por permitirnos la publicación de la ilustración del *hipster*.

PALABRAS CLAVE
tener la posta tener razón (informal)

culto que viene de afuera y toca para no más de 500 personas lo que los hace estar un paso adelante de lo que pronto será tendencia.

Y ni se les ocurra etiquetarlos porque eso sí que no les gusta. Y menos que los llamen *hipsters*. Lo suyo justamente es huir de lo establecido, de eso que le gusta a la mayoría —lo *mainstream*.

Ser un *hipster* es la moda de escaparle a la moda y, de alguna manera, implantar la propia. Sin imperativos, pero con el convencimiento de que **tienen la posta**. Nunca va a decirte que es mejor, pero seguramente lo piensa. ■

DESPUÉS DE LEER

1 Comprensión
Contesta las preguntas según el texto.

1. ¿Cuál es la característica que mejor define la moda de un *hipster*?
2. ¿Cómo se caracteriza la preferencia musical de un *hipster*?
3. ¿Qué opina un *hipster* de los demás?
4. ¿Con qué país se asocia más la subcultura *hipster*?
5. Haz una lista de cinco productos o marcas con los cuales se asocian los *hipsters*.
6. ¿Cómo presenta el autor a los *hipsters*?

2 Regionalismos
Busca información sobre los regionalismos del texto que aparecen en la siguiente tabla. Indica de dónde son y escribe una oración original para demostrar su uso correcto.

REGIONALISMO	PAÍS DE ORIGEN	EJEMPLO
1. polera		
2. remera		
3. chupines		
4. chalas		
5. tener la posta		

3 Comentario cultural
Con un(a) compañero/a, contesten las siguientes preguntas.

1. ¿Cuáles valores de la cultura *hipster* se reflejan en el estilo de vestir?
2. ¿Cómo crees que la ropa puede expresar una actitud positiva o negativa?
3. En tu opinión, ¿de qué manera la ropa refleja la personalidad?
4. ¿Qué tipo de información cultural o personal puede revelar la ropa?

4 **El tono del artículo** Contesta estas preguntas para analizar el tono del autor.

1. ¿Qué tono utiliza el autor al presentar información sobre los *hipsters*?
2. ¿Cuáles palabras o frases revelan mejor el tono utilizado?
3. ¿Qué parece opinar de los *hipsters*?
4. ¿Influye la opinión del autor en la forma de presentar el tema? Explica.

5 **Ser un *hipster*** En pequeños grupos, analicen esta cita de la lectura. ¿Están de acuerdo con esta afirmación? ¿Se podría aplicar a otros grupos urbanos?

> « Ser un *hipster* es la moda de escaparle a la moda y, de alguna manera, implantar la propia. »

6 **Tribus urbanas** Busca información sobre una tribu urbana del mundo hispanohablante. Encuentra la imagen de una persona que represente dicha tribu y descríbela en un pequeño párrafo. Incluye estos aspectos en tu descripción:

- su apariencia general
- su ropa (marca, estado)
- sus accesorios
- su peinado
- sus intereses
- sus valores

MI VOCABULARIO
Utiliza tu vocabulario individual.

7 **Presentación oral** Elige una moda o una subcultura que no sea la *hipster*. Realiza una presentación en la que describas los elementos que la conforman: ropa, peinados, accesorios, intereses, valores, actividades y lugares preferidos. Incluye elementos visuales que apoyen tu explicación.

ESTRATEGIA

Expresarse claramente Cuando te diriges a un grupo, asegúrate de hablar en voz alta y clara. Para que te entiendan, es importante que todos te oigan y que pronuncies bien las palabras. No hables demasiado rápido. Tómate tu tiempo e intenta relajarte.

ESTRUCTURAS

Ser y estar

Observa estas descripciones de los *hipsters* para analizar los usos de los verbos **ser** y **estar**.

Para cada una de las siguientes oraciones, explica el uso del verbo.

MODELO «Eres muy *mainstream*». ***Describe una característica inherente de una persona.***

1. Los lentes parece que son de luca.
2. Los zapatos son una especie de híbrido para un día de playa.
3. Su grupo favorito es «Antarctic Almighty Dollar».
4. El próximo concierto es en la sala de su vecino.
5. La tarjeta de crédito es de su padre.
6. Su iPhone está en una cartera de diseñador.
7. La remera está gastada.
8. Su moda es alternativa.
9. Su ropa no está de moda.

RECURSOS

Consulta las explicaciones gramaticales del **Apéndice A**, pp. 419-421.

LECTURA 2.2 ▸ ENCUESTA: «¿QUÉ OPINAS DE LAS MARCAS DE MODA?»

SOBRE LA LECTURA Después de leer los resultados de una investigación sobre las razones por las que los jóvenes eligen ropa de marca, Daniel Martínez Pérez, el autor de esta lectura, realizó una encuesta acerca de las marcas de moda y publicó un artículo con los resultados en la sección «Cajón de sastre» del sitio Trendenciashombre.com, una publicación de Weblogs SL.

Este artículo muestra los resultados de la encuesta de Martínez y las conclusiones a las que él llegó. La información se presenta de manera visual, mediante gráficas que indican las opiniones de los jóvenes sobre las marcas de moda.

ANTES DE LEER

MI VOCABULARIO
Anota el vocabulario nuevo a medida que lo aprendes.

1 **Cierto o falso** Indica si estás de acuerdo o no con las siguientes afirmaciones.

	Estoy de acuerdo	No estoy de acuerdo
1. Para los jóvenes es importante llevar ropa de marca.	☐	☐
2. El modo de vestir es una manera importante de expresar la propia identidad.	☐	☐
3. La ropa indica pertenencia a un grupo social.	☐	☐
4. Los jóvenes eligen ropa que refleja sus valores e intereses.	☐	☐
5. Algunas marcas demuestran ciertos valores e intereses.	☐	☐
6. Las marcas que uno elige expresan su individualidad.	☐	☐
7. No es necesario usar ropa de marca para ir a la moda.	☐	☐
8. Las marcas más caras aportan más prestigio y estatus.	☐	☐
9. Los jóvenes prefieren marcas con logos visibles.	☐	☐
10. Las marcas más raras aportan más prestigio y estatus.	☐	☐

2 **Comparar y comentar** Con un(a) compañero/a, discute las respuestas a estas preguntas.

1. Expliquen sus reacciones a las afirmaciones de la Actividad 1.
2. ¿Aportan las marcas mucho estatus social en su escuela?
3. Para ustedes, ¿cuáles son las mejores marcas de ropa?

3 **Una encuesta** En pequeños grupos, elaboren una encuesta para averiguar si a los estudiantes de español les gusta llevar ropa de marca y por qué; qué marcas son sus favoritas y qué opinan de las personas que no eligen ropa en función de la marca.

Después de obtener sus respuestas, organicen los resultados visualmente en un cuadro o con barras estadísticas.

Encuesta: "¿Qué opinas de las marcas de moda?"

por Daniel Martínez Pérez

Dos semanas hemos estado con la encuesta sobre ¿qué opinas de las marcas de moda? Y han sido 1051 respuestas las que hemos recibido.* Lo que nos puede dar datos bastante **fiables** sobre lo que opináis de las marcas de moda.

¿Eliges la ropa por su marca?

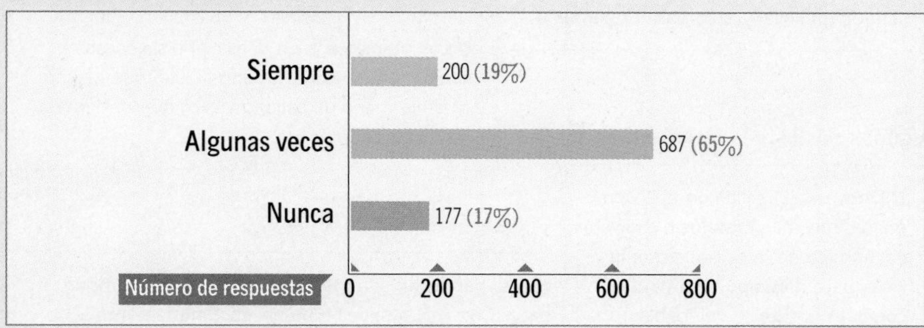

¿Crees que una marca es sinónimo de prestigio?

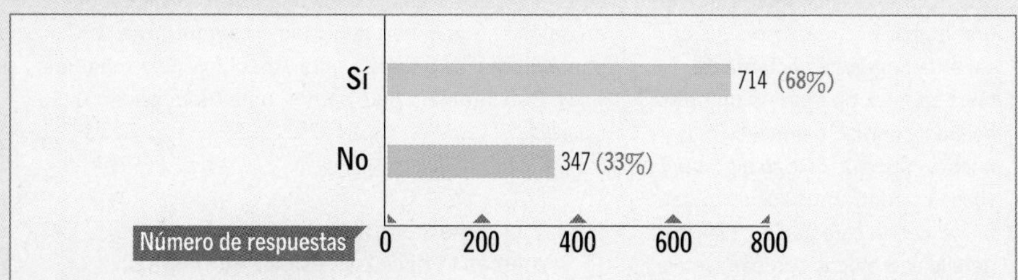

¿Las marcas proporcionan más calidad?

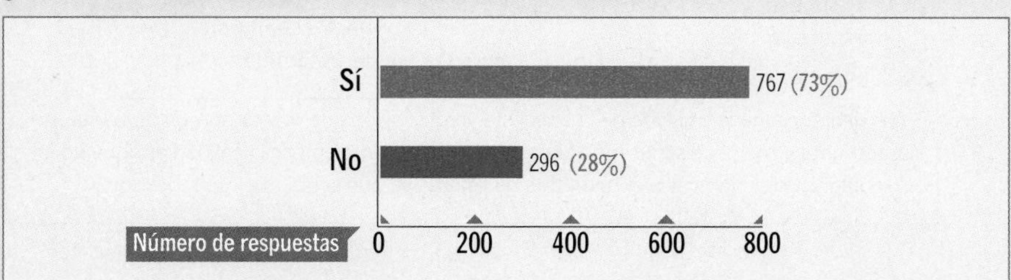

*La gente puede seleccionar más de una **casilla**, por lo que los porcentajes pueden ascender a más del 100%.

PALABRAS CLAVE

fiable que inspira confianza o seguridad

la casilla recuadro para marcar una respuesta

PALABRAS CLAVE

proporcionar proveer, ofrecer
la prenda de vestir pieza de ropa
presumir alardear, ostentar
discrepar disentir, oponerse
un vistazo una mirada rápida
o sea es decir
ajeno/a que pertenece a otra persona
la prestancia distinción, elegancia, refinamiento

Como podéis observar en los **resultados**, una mayoría absoluta de los que han respondido piensan que las marcas sí **proporcionan** más calidad y además proporcionan más prestigio que otras **prendas de vestir**. Sin embargo, es mayoría quien solo en algunas ocasiones compra marcas. ¿Cuál es la razón?

Lo que se puede ver en los **comentarios** dejados [es que] la principal causa puede ser los precios más altos de las marcas de moda que otro tipo de ropa. En conclusión, podemos decir que las marcas cumplen una función clara y es que venden la percepción de que son mejores, de más calidad y más prestigio. Lo demás ya depende de la opinión personal de cada uno.

Algunos comentarios que **rechazan las marcas**:

« Odio llevar algo que lleve la marca de la ropa a la vista, de hecho nunca compro nada así. Creo que hay productos de calidad que no tienen por qué llevar necesariamente la marca; y no le veo el sentido en llevarlo sólo para **presumir** ».

« Las marcas son en la mayoría de ocasiones sinónimo de diseño. Muchos creen que diseño va de la mano de calidad y creo que se debería huir de este tópico ».

Algunas **posiciones intermedias** son:

« Estoy de acuerdo con que una marca transmite el status o el nivel económico de la persona que la viste, pero **discrepo** totalmente con la importancia del logo. Personalmente opino que la elegancia es discreta, y la gente que realmente entiende, y no viste una marca por mera presunción, sabe distinguir perfectamente unos zapatos de Prada o un bolso de Gucci con sólo **un vistazo**. De hecho, creo que el logo algunas veces es contraproducente, **o sea** una excesiva ostentación. Ejemplo de ello son chicos con camisetas con un logo enorme de D&G, que en lugar de atraer miradas producen vergüenza **ajena** ».

« Las marcas en sí no te dan clase, estilo o glamour, nada. Con eso, o naces o no naces. Simplemente, y no siempre, es por la calidad, que se supone que tienen. No es lo mismo comprarte unos pantalones de verano de Chanel, que comprártelos de Zara. No es igual un pantalón al que le han dedicado su tiempo, que un pantalón que se hace sin mirar, mediante una máquina y *out*. Que también, pero vamos, ante todo calidad ».

Y finalmente **quien defiende las marcas** lo hace con estos argumentos:

« Sin duda, las prendas de marca dan un aire de estilo y **prestancia** a quien las viste. Y claramente, ¡como te ven te tratan!!!! »

« A diferencia de la mayoría de la encuesta yo utilizo ropa de marca porque aumenta mi autoestima y me hace sentir mejor conmigo mismo, también por la calidad aunque no lo hago por querer demostrar ningún tipo de estatus ya que sería un tanto hipócrita ».

DESPUÉS DE LEER

1 **Comprensión** Contesta las preguntas según el texto.

1. ¿Qué tipo de información crees que buscaba el autor en la encuesta?
2. ¿A quiénes entrevistó?
3. Según el resumen del autor, ¿cuáles son los dos beneficios de las marcas?
4. Según las gráficas, ¿cuántas personas dijeron que la ropa de marca no es de mejor calidad? ¿Qué porcentaje de encuestados nunca compra ropa por su marca?
5. Según el autor, ¿por qué los encuestados no compran ropa de marca con más frecuencia?
6. ¿Cuáles datos de las gráficas sugieren que los encuestados quieren comprar ropa de marca con más frecuencia?
7. Además de los datos de la encuesta, ¿qué información le ayuda al autor a llegar a sus conclusiones?

2 **Evaluar el proceso** Contesta estas preguntas para evaluar la efectividad y los alcances de la encuesta.

1. ¿Cuál fue el propósito de la encuesta?
2. ¿En qué página web fue publicada?
3. ¿Cuántas respuestas recibió?
4. ¿Qué sabemos de las personas que respondieron?
5. En tu opinión, ¿cómo sería un lector típico de esta columna?
6. ¿Recibió la encuesta suficientes respuestas para ser fiable?
7. ¿Por qué los datos de la encuesta no representan la opinión del público en general?
8. ¿Tendría éxito esta encuesta como experimento científico? ¿Por qué?
9. ¿Cumple esta encuesta el propósito del autor de manera efectiva y rigurosa? ¿Por qué?

3 **Identificar las conclusiones** Vuelve a leer la encuesta para apuntar las conclusiones que obtuvo el autor. Resúmelas en un párrafo que incorpore estos puntos:

- la cantidad de datos que recibió
- el contenido de los resultados (su resumen de la opinión mayoritaria)
- la causa principal por la que la gente no compra ropa de marca con más frecuencia
- la función que cumplen las marcas

4 **Evaluar las conclusiones** Para cada una de las conclusiones que apuntaste en la Actividad 3, contesta las siguientes preguntas con el fin de evaluar su validez.

1. ¿Refleja correctamente los resultados presentados en las gráficas?
2. ¿Es lógico su razonamiento?
3. ¿Presentan los comentarios evidencias que apoyan la conclusión?
4. ¿Estás de acuerdo con la conclusión? ¿Por qué?
5. ¿Qué crítica se le puede hacer?

5 **Compara y comenta** Compara y comenta tus respuestas de las Actividades 3 y 4 con un(a) compañero/a de clase. Juntos/as, critiquen la encuesta y luego compartan sus razonamientos con toda la clase.

ESTRATEGIA

Evaluar las conclusiones El autor saca conclusiones basadas en los datos de su encuesta. ¿Estás de acuerdo con ellas? Debes evaluar el proceso y la lógica que siguió el autor, y analizar los datos para decidir si tienen sentido. Si no, debes sacar tus propias conclusiones.

ESTRATEGIA

Expresar acuerdo o desacuerdo
Para indicar que estás de acuerdo, puedes decir: *es cierto, en efecto,* o *claro que sí.* Si no estás de acuerdo, puedes decir: *de ninguna manera, no puede ser* o *al contrario.*

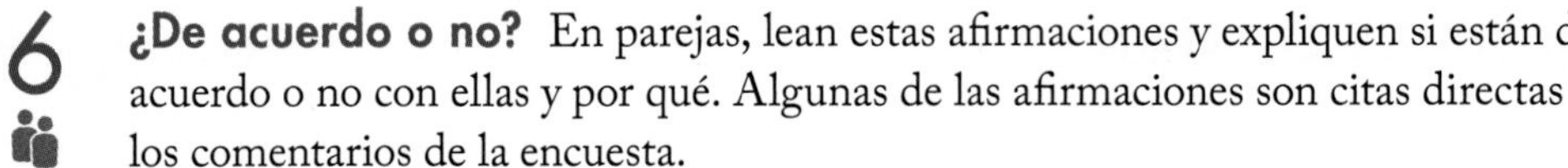

6 **¿De acuerdo o no?** En parejas, lean estas afirmaciones y expliquen si están de acuerdo o no con ellas y por qué. Algunas de las afirmaciones son citas directas de los comentarios de la encuesta.

1. Odio llevar una prenda que tenga la marca a la vista.
2. El diseño no va de la mano de la calidad.
3. La elegancia es discreta.
4. A veces, el logo es una excesiva ostentación.
5. A veces, un logo produce vergüenza ajena.
6. Se nace con el estilo o sin él.
7. Las personas que compran ropa de marca son frívolas y superficiales.
8. Invertir mi dinero en ropa de marca me hace sentir bien.
9. Como te ven te tratan.
10. Llevar una marca por querer demostrar estatus es una actitud hipócrita.

7 **Tus opiniones** Con un(a) compañero/a, hablen sobre sus preferencias en cuanto a la moda y las marcas. Discutan preguntas como estas:

- ¿Para ti son importantes las marcas?
- ¿Crees que en verdad dan estatus o prestancia?
- ¿Te fijas en las marcas que llevan otras personas?
- ¿Te gusta vestirte a la moda o es algo que te es indiferente?

MI VOCABULARIO
Utiliza tu vocabulario individual.

8 **Responder a un comentario** Elige uno de los comentarios del artículo y escribe tu propia opinión en un párrafo. Incluye estos dos elementos:

- Identifica un aspecto del comentario con el que estés de acuerdo y otro con el que discrepes.
- Explica tu razonamiento.

9 **Otras modas** Con toda la clase, discutan las tendencias y preferencias que existen en su escuela o comunidad en relación con otro tipo de artículos diferentes a las prendas de vestir. Elijan algunas de las siguientes preguntas para empezar a guiar la discusión.

- ¿Qué influencia tiene la publicidad sobre el tipo de aparatos tecnológicos que usamos (como computadoras, teléfonos o tabletas)?
- ¿Cuáles son las marcas de teléfonos más populares?
- ¿Cuáles de esas marcas conllevan más estatus social?
- ¿Qué importancia social tiene el tipo de auto que se conduce?

RECURSOS
Consulta la lista de apéndices en la p. 418.

10 **Ensayo persuasivo** ¿Cuál es el propósito de un código de vestuario? ¿Cómo son las reglas con respecto a la vestimenta de los estudiantes en tu escuela? ¿Deben ser más o menos estrictas? Presenta tus opiniones en un ensayo persuasivo que incluya:

1. las ventajas y desventajas de un código de vestuario
2. las funciones que puede cumplir
3. un análisis de las reglas de tu escuela con respecto a la vestimenta
   - ¿Cuál es el propósito de las reglas?
   - ¿Cumplen el propósito?
   - ¿Qué opinan los estudiantes de estas reglas?
   - ¿Cómo podrías mejorarlas?

AUDIO ▸ ¿SER DISEÑADOR ES UN PRIVILEGIO?

Audio
My Vocabulary
Record & Submit
Strategy
Write & Submit

INTRODUCCIÓN Esta grabación viene de *Diseño Sensato*, un suplemento de *Radiotelevisión Española* (rtve.es). El programa es presentado por Oyer Corazón y se emite desde Madrid los domingos en Radio5. *Diseño Sensato* es un espacio dedicado al mundo del diseño gráfico, los logotipos, los símbolos, las escuelas de diseño, las tendencias y el lenguaje publicitario, así como a la proyección, promoción y divulgación de la cultura del diseño. En este *podcast* se discute el privilegio del diseñador: enfocar todas sus capacidades en ver, concentrar toda su atención en un problema de comunicación y poder resolverlo.

PALABRAS CLAVE

rotundamente definitivamente, de manera contundente

el capricho deseo sin razón; gusto arbitrario

deambular pasear sin dirección específica, andar o caminar sin destino

el hallazgo descubrimiento, encuentro

propiciar ayudar, favorecer, apoyar

ANTES DE ESCUCHAR

1 **Investigación preliminar** Usa Internet para buscar información básica sobre alguno de estos diseñadores (u otro que te interese). Luego, infórmale a tu clase sobre sus orígenes, su área de desempeño y su importancia en el mundo del diseño.

- Cristóbal Balenciaga
- Manolo Blahnik
- Rubén Fontana
- Carolina Herrera
- Ágatha Ruiz de la Prada
- Ángel Sánchez

2 **Predecir el contenido** Estudia el mapa de conceptos al final de esta página para identificar lo que debes comprender y apuntar.

ESTRATEGIA

Usar mapas de conceptos

Utiliza mapas de conceptos para predecir y organizar la información que escuchas y para captar las relaciones entre las ideas presentadas.

MIENTRAS ESCUCHAS

1 **Escucha una vez** Escribe palabras clave en cada uno de los recuadros.

2 **Escucha de nuevo** Completa el mapa de conceptos con base en lo que has escuchado.

Ser diseñador

No se trata de:	Se trata de:

La importancia de la niñez en la formación

¿Quién?	¿Dónde?	¿Qué?

El gran hallazgo y cómo le sirve en su profesión

Ejemplos de su vida actual:

El privilegio de ser diseñador

DESPUÉS DE ESCUCHAR

1 **Trabajo en equipo** En grupos pequeños, compartan la información que han escuchado y que han anotado en sus mapas conceptuales.

- Un voluntario comienza con el primer recuadro (No se trata de) y comparte la información que ha apuntado.
- La persona a su derecha añade sus apuntes si son diferentes. El resto del grupo continúa.
- Pasen al siguiente recuadro (Se trata de) y sigan el mismo proceso.
- Sigan hasta que hayan compartido toda la información que han apuntado.

MI VOCABULARIO
Utiliza tu vocabulario individual.

2 **Interpretación y análisis** Contesta las preguntas y discútelas con tus compañeros de clase.

1. ¿Cómo fue tu niñez en comparación con la del autor? ¿Qué semejanzas y diferencias encuentras?
2. ¿De qué manera te ha influenciado observar a tus padres en sus actividades profesionales o laborales?
3. ¿Te consideras creativo/a? ¿Cómo has desarrollado tu creatividad?
4. ¿Qué quiere comunicar Oyer Corazón al decir: «Por favor, dejad que los niños se aburran»? ¿Qué sugiere con esta afirmación sobre la importancia de la niñez en el desarrollo de la creatividad?
5. ¿Cómo interpretas esta cita de la grabación?

> « Allí está la clave de saber mirar y saber ver. Allí está la clave del trabajo del diseñador y el privilegio de enfocar todas sus capacidades en ver; concentrar toda su atención en un problema de comunicación y a partir de allí ponerse a resolverlo.

RECURSOS
Consulta la lista de apéndices en la p. 418.

3 **Presentación oral: Comparación** Vuelve al diseñador que presentaste en la Investigación preliminar. Ahora investiga sobre su vida y su formación profesional. ¿Qué tiene en común con la formación de Oyer Corazón? Prepara una presentación oral en la que menciones:

- el enfoque de tu presentación
- las semejanzas y diferencias entre la niñez del diseñador y la de Oyer Corazón
- una conclusión que resuma tu análisis

4 **Un ensayo comparativo** Teniendo en cuenta las opiniones de Corazón, escribe un ensayo en el que compares el diseño con otra profesión relacionada con las artes (arquitecto, pintor, músico...). Incluye estos aspectos en tu ensayo:

- semejanzas y diferencias entre la forma de arte que elegiste y el diseño
- las aptitudes que requiere y los privilegios que puede tener
- la manera como esta profesión desafía y refleja las perspectivas culturales

CONEXIONES CULTURALES

Muchos jóvenes hispanoamericanos se interesan en el diseño de moda

Aprender a crear

DISEÑAR ROPA O ZAPATOS ES ALGO QUE, EN PRINCIPIO, todos podríamos hacer. Se trata de ser creativos y dejar volar nuestra imaginación, jugando con diferentes combinaciones de colores, texturas y formas para crear nuevos diseños o modificar los ya existentes. Sin embargo, como todo arte, la mejor manera de perfeccionarlo es aprender de los grandes maestros para seguir sus enseñanzas y después explorar nuestras propias ideas.

La Universidad Jannette Klein, en México, es una institución que ofrece distintas especializaciones para aquellas personas interesadas en el diseño y la publicidad de la moda. Como parte de su oferta educativa, la universidad organiza eventos y congresos estudiantiles, y tiene convenios con otras instituciones especializadas de países como Italia, Francia y Estados Unidos, de modo que los estudiantes puedan conocer de cerca el trabajo de los grandes diseñadores del mundo. Sus creadores son Jannette Klein y Xavier Reyes, dos reconocidas figuras en el escenario de la moda.

- ¿Qué pensarías si alguien te dice que cose vidrio, plástico y metal? Pues la alta costura también se hace con esos materiales. Por ejemplo, el diseñador vasco Paco Rabanne supo incorporarlos en sus diseños.
- En Caracas, Venezuela, todos los años se celebra el *Fashion Week Love*, un evento en el que muchos diseñadores nuevos exponen sus trabajos más recientes para que otros más experimentados les den sus opiniones y los orienten.
- La moda, la belleza y el arte siempre fueron de la mano. Esto lo sabe mejor que nadie Olga Piedrahita, la diseñadora colombiana que fue solista del ballet de Medellín y ahora diseña indumentaria para bailarinas.

Presentación oral: comparación cultural

Prepara una presentación oral sobre este tema:

- ¿Cómo ven el mundo los diseñadores y quienes lideran el mundo de la moda?

Compara tus observaciones acerca de las comunidades en las que has vivido, con tus observaciones de una región del mundo hispanohablante que te sea familiar.

Las conjunciones

- Las conjunciones son expresiones invariables que enlazan elementos sintácticamente equivalentes (conjunciones coordinantes) o que encabezan enunciados que dependen de la oración principal (conjunciones subordinantes).

  Raúl estudia filosofía **y** Lucía trabaja en un banco.
  Me molestó **que** no me lo dijeras.

- En la primera oración, la conjunción **y** enlaza dos oraciones de igual valor sintáctico para construir una oración mayor. En la segunda, la conjunción **que** encabeza la parte dependiente de la oración, subordinándola a la oración principal. Tanto las conjunciones coordinantes como las subordinantes se dividen en varios subgrupos, como se detalla a continuación.

¡ATENCIÓN!
Cuando la palabra siguiente comienza por **i** o **hi**, se emplea **e** en lugar de **y**. Excepciones: la palabra siguiente comienza con **hi** + [vocal que forma diptongo con la **i**] (acero **y** hierro); la conjunción tiene valor interrogativo (¿**Y** Ignacio?). Cuando la palabra siguiente comienza por **o** u **ho**, se emplea **u** en lugar de **o**.

Conjunciones coordinantes

TIPO	USOS	EJEMPLOS
Copulativas: **y, e, ni, que**	Enlazan dos elementos equivalentes para formar una oración mayor.	Vinieron los padres **y** los hijos. No fue a visitar a su tío **ni** me acompañó. Ella ríe **que** ríe.
Adversativas: **pero, sino, sino que, mas**	Contraponen de forma parcial o total dos partes de la misma oración.	Creo que son primos, **pero/mas** no estoy seguro. No llegué tarde porque perdí el autobús, **sino** porque me quedé dormido.
Disyuntivas: **o (bien), u**	Unen oraciones o palabras que expresan una elección entre opciones.	No sabe si caminar **o** ir en tren. Puedes escoger este **u** otro tema para tu tesis.

Conjunciones subordinantes

- La conjunción subordinante más común es **que**. Equivale al inglés *that*, pero no puede omitirse.

  Por favor, dime **que** lo harás. Me parece **que** hoy va a nevar.

- Las conjunciones subordinantes se dividen en varias categorías; las más comunes son: causales, temporales y concesivas.

¡ATENCIÓN!
Ciertas preposiciones se combinan con la conjunción **que** para introducir oraciones subordinadas.

a: Espero **a que** llegue.

con: Me conformo **con que** me llames una vez a la semana.

desde: Desde que vino, soy muy feliz.

TIPO	USOS	EJEMPLOS
Causales: **pues, porque, a causa de**	Encabezan oraciones subordinadas que indican causa, razón o motivo.	Sabía perfectamente de qué estaba hablando, **porque** estaba bien informado. Lo escuché detenidamente, **pues** me interesaba conocer su opinión.
Temporales: **cuando, antes (de) que, después (de) que, enseguida que**	Enlazan oraciones según su relación de precedencia en el tiempo.	Te llamaré por teléfono **después (de) que** terminemos de estudiar. Trataré de lavar el auto **antes (de) que** se haga de noche.
Concesivas: **aunque, por más que, a pesar de que**	Expresan una concesión o un consentimiento.	**Por más que** trabajes, nunca te harás rico. **Aunque** te disculpes mil veces, nunca te perdonará.

TIPO	USOS	EJEMPLOS
Consecutivas: **así que, por (lo) tanto, pues, conque, por consiguiente**	Encabezan una oración subordinada que expresa una consecuencia de lo antes expresado.	Ya estamos todos; **por consiguiente**, comencemos la reunión. No has cumplido con tu parte del trato, **por (lo) tanto**, no puedes pedirnos nada.
Finales: **para que, a fin de que**	Encabezan una subordinada que indica propósito o finalidad.	**Para que** no te quejes más, te voy a conceder lo que me pediste. **A fin de que** no haya más problemas, hemos decidido no volver a verlos.
Modales: **igual que, como, según, conforme, de la misma forma**	Indican la forma o manera en que se produce la acción principal.	Realizó la tarea **según** le indicaron. Se viste **igual que** una estrella de cine.
Condicionales: **si, en caso de que, a menos que, como, con tal de que, siempre y cuando**	Encabezan subordinadas que dependen de la acción en la oración principal.	Te acompaño a la fiesta **con tal de que** me presentes a Juan. **Como** no me digas la verdad, me voy a enojar mucho.

¡ATENCIÓN!
Además de las conjunciones, también podemos unir oraciones mediante el uso de otras expresiones de transición que sirven como enlaces para introducir ideas (**como se puede ver, sin duda, al contrario, por ejemplo, al igual que, en cambio, en resumen, claro que,** etc.). Véanse **pp. 236-237**.

PRÁCTICA

1 Completa las siguientes oraciones con la conjunción correcta.

1. ¿Puedes llamar a Ramón ____________ (u/o) a Inés, por favor?
2. Ese pintor tiene mucho talento ____________ (y/e) imaginación.
3. Ana esquía bien, ____________ (pero/porque) no sabe nadar.
4. No solo llegaron tarde ____________ (pero/sino/sino que) me insultaron.
5. Luis quiere un deportivo blanco ____________ (porque/o/bien) rojo.
6. La cesta pesa bastante, ____________ (e/pues/u) tiene naranjas.
7. Hoy vamos al teatro, ____________ (e/ya que/u) Sara compró los boletos.

2 Completa el párrafo con conjunciones de la lista.

a causa del	de la misma forma	igual que	por más que	u
cuando	e	pero	porque	y

Los idiomas evolucionan (1)____________ que evolucionan la ciencia (2)____________ la técnica. Hoy en día no hablamos el español (3)____________ se hacía en la época de Cristóbal Colón o Calderón de la Barca. Los idiomas evolucionan (4)____________ se enriquecen, (5)____________ los avances de la ciencia aportan nuevas palabras (6)____________ incorporan vocablos de otros idiomas (7)____________ no tienen uno equivalente. Esta evolución enriquecedora es positiva, (8)____________ no tiene nada que ver con la degeneración de un idioma.

3 Escribe un párrafo usando al menos cinco de las conjunciones de la lista.

conforme	enseguida que	por lo tanto	siempre y cuando
e	para que	pues	u

léxico 2 Gentilicios y topónimos

¡ATENCIÓN!
La mayoría de los gentilicios varían en género y número, con la excepción de los terminados en **-a**, **-í** y **-e**, que varían solo en número.

un(a) marroquí
dos marroquíes

- Los topónimos son los nombres propios de un lugar, de una ciudad, de un país o de una región. Los gentilicios, por su parte, son las palabras que nombran a la gente de un lugar, ciudad, país o región. Por ejemplo, la palabra **peruano** es el gentilicio del topónimo **Perú**.

- En español, a diferencia del inglés, los gentilicios siempre se escriben con minúscula inicial.

China ⟶ chino/a *Chinese*
Uruguay ⟶ uruguayo/a *Uruguayan*

- Generalmente los gentilicios se forman añadiendo un sufijo a los topónimos. Los sufijos más comunes se pueden apreciar en esta tabla.

-ENSE	-ANO/A	-EÑO/A	-ÉS/-ESA	-INO/A; -ÍNO/A
parisiense	colombiano/a	panameño/a	cordobés/cordobesa	bilbaíno/a
londinense	ecuatoriano/a	brasileño/a	barcelonés/barcelonesa	alicantino/a
nicaragüense	boliviano/a	salvadoreño/a	berlinés/berlinesa	florentino/a
costarricense	sevillano/a	hondureño/a	danés/danesa	granadino/a
canadiense	italiano/a	extremeño/a	finlandés/finlandesa	neoyorquino/a

- Algunos gentilicios son palabras totalmente diferentes a sus topónimos. Estos son algunos ejemplos:

TOPÓNIMO	GENTILICIO
Alcalá de Henares	complutense
Río de Janeiro	carioca
Dinamarca	danés/danesa

TOPÓNIMO	GENTILICIO
Suiza	helvético/a
Puerto Rico	boricua
Buenos Aires	porteño/a

- Algunos topónimos tienen más de un gentilicio.

Suiza ⟶ suizo/a, helvético/a
Puerto Rico ⟶ puertorriqueño/a, boricua

- Otros gentilicios irregulares, al añadir su terminación correspondiente, provocan un ligero cambio en la raíz de su topónimo.

TOPÓNIMO	GENTILICIO
Venezuela	venezolano/a
Cádiz	gaditano/a
Lugo	lucense

TOPÓNIMO	GENTILICIO
Londres	londinense
Grecia	griego/a
Salamanca	salmantino/a

- Algunos topónimos idénticos tienen gentilicios diferentes.

Santiago de Chile ⟶ santiaguino/a
Santiago de Cuba ⟶ santiaguero/a
Santiago del Estero ⟶ santiagueño/a
Santiago de Compostela ⟶ santiagués, santiaguesa

- Cuando un lugar tiene ya un nombre establecido en español, se debe usar ese topónimo. Por ejemplo: **Florencia, Londres, Nueva York, Nueva Jersey, Carolina del Norte...**

- **México** y otros topónimos y gentilicios de origen mexicano deben escribirse con **x**. Esta **x** debe pronunciarse como una **j** y no **/ks/**. Existen algunas excepciones, como **jalapeño**. Asimismo, coexisten **tejano/a** y **texano/a**; sin embargo, es más común con **x**.

México	⟶	mexicano/a
Texas	⟶	texano/a, tejano/a
Xalapa	⟶	xalapeño/a, jalapeño
Oaxaca	⟶	oaxaqueño/a

¡ATENCIÓN!
Aunque su uso sea opcional, se recomienda anteponer el artículo al nombre de aquellos países que tradicionalmente lo llevan en español, como en los casos de **la India**, **el Líbano**, etc. También se debe anteponer el artículo a los topónimos que empiezan por una palabra que indica un tipo de división política o su forma de organización política: **los Países Bajos, los Emiratos Árabes Unidos, el Reino Unido, la República Dominicana**, entre otros.

¿Hispano, latino o latinoamericano?

- En Norteamérica, se alterna entre el uso de **hispano/a** o **latino/a** para referirse a las personas que provienen de países hispanohablantes. Ambos términos son correctos y la preferencia por uno u otro obedece a percepciones personales sobre diferencias entre ambas palabras. Fuera de Norteamérica, se recomienda el uso de **hispano/a**, ya que **latino/a** se refiere a todos los pueblos europeos y americanos que hablan idiomas derivados del latín.

- **Latinoamericano/a** se refiere a las personas de los países americanos de habla española, portuguesa y francesa, mientras que **hispanoamericano/a** alude exclusivamente a los países americanos de habla española. **Iberoamericano/a** abarca a las personas de los países americanos de habla española y portuguesa, o puede incluir también a España y Portugal. Estas distinciones se aplican también a los topónimos correspondientes.

¡ATENCIÓN!
Existen varios topónimos para referirse a las partes del continente americano.

Norteamérica/
América del Norte

Centroamérica/
América Central

Sudamérica/Suramérica/
América del Sur

PRÁCTICA

1 Completa las siguientes oraciones con los gentilicios correctos.

1. La Universidad de Salamanca fue fundada en 1218. Los ___________ presumen de tener la universidad más prestigiosa de España.
2. La economía ___________ (Nicaragua) depende principalmente del turismo.
3. La mayoría de los ___________ (Buenos Aires) son fanáticos del fútbol.
4. Los ciudadanos ___________ (Dinamarca) gozan de un nivel de vida superior al resto de los europeos.
5. Desde 1989 los ___________ (Berlín) disfrutan de una ciudad sin divisiones.
6. Se dice que los ___________ (Nueva York) viven en la ciudad que nunca duerme.
7. Los ___________ (Barcelona) están muy orgullosos de la arquitectura modernista de la ciudad.
8. Jorge Icaza era un conocido escritor ___________ (Ecuador).

2 Como corresponsal de una prestigiosa cadena de noticias, debes escribir un párrafo en el que informes sobre varias noticias internacionales. Utiliza al menos cinco gentilicios y cinco topónimos al redactar tus noticias.

contexto 3 El lenguaje y la literatura

PUNTOS DE PARTIDA

De todos los modos de expresión, la palabra es uno de los más antiguos y arraigados en la vida del hombre. Bien sea como parte de la tradición oral o en su forma escrita, la literatura es un aspecto fundamental de la cultura de todos los pueblos. Narraciones, poemas, ensayos y obras dramatúrgicas son algunas de las formas que asume el lenguaje para comunicar creencias, sentimientos e ideas, una necesidad esencial en la vida de los individuos y de los pueblos.

- ¿Cómo puede la literatura generar vínculos entre los seres humanos?
- ¿Por qué es fundamental la literatura en el mundo contemporáneo?
- ¿Cuál es la importancia del lenguaje y la literatura en la cultura de un país?

DESARROLLO DEL VOCABULARIO

MI VOCABULARIO
Anota el vocabulario nuevo a medida que lo aprendes.

1 **Los dos universos** Clasifica las palabras según las asocies con el universo de la literatura, de la vida real o con ambos.

la ciencia	la magia	el recuerdo
la comunicación	la imaginación	la sociedad
el desarrollo	la identidad	la solidaridad
los descubrimientos	los logros	el sueño
la educación	los pasatiempos	el tema
el espíritu	el personaje	la trama
la fantasía	el prejuicio	los valores
la fe	la realidad	la verdad

2 **El lenguaje de la literatura** Al discutir una obra literaria, se habla casi siempre de los personajes, la trama y los temas. Crea un organizador gráfico para cada uno de estos elementos. Luego, en parejas, compartan las ideas que asocien con cada uno de ellos.

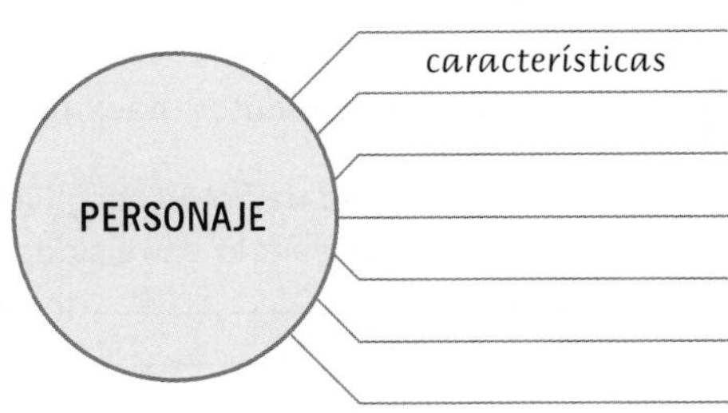

3 **La literatura y la cultura** Lee las siguientes oraciones y analiza si estás de acuerdo con ellas. Luego, en parejas, elijan una oración y discutan sus opiniones. Para defender sus puntos de vista, den ejemplos de su propia experiencia y de sus lecturas previas.

1. La literatura de un país o de una región siempre refleja su cultura.
2. Es imposible que una persona de habla inglesa escriba una novela ambientada en un país de habla hispana y que sea auténtica.
3. La ficción puede ser un vehículo más efectivo para retratar la realidad que la literatura de no ficción.
4. Los escritores de obras de ficción viven en un mundo de fantasía y están desconectados de la realidad.

LECTURA 3.1 ▸ LA LITERATURA Y LA VIDA
(FRAGMENTO)

SOBRE EL AUTOR Mario Vargas Llosa obtuvo el Premio Nobel de Literatura en 2010. Aunque nació en Arequipa, Perú (1936), Vargas Llosa ha vivido la mayor parte de su vida en Europa y también tiene la nacionalidad española. A lo largo de su carrera literaria ha explorado diversos géneros (narraciones, ensayos, obras dramatúrgicas) y temáticas. En su obra se combina una clara intención crítica frente a los grandes problemas de la sociedad latinoamericana actual, con profundas reflexiones sobre el arte literario.

SOBRE LA LECTURA En su condición de lector voraz desde los cinco años y autor de múltiples novelas, Vargas Llosa reflexiona en este ensayo sobre el papel que la literatura desempeña en una vida plenamente vivida, y medita sobre cómo y por qué las ficciones ayudan a vivir.

ANTES DE LEER

MI VOCABULARIO
Anota el vocabulario nuevo a medida que lo aprendes.

1 **La literatura para mí** ¿Cuál es tu experiencia personal con la literatura? Elige las palabras que asocies con esta experiencia y añade otras que te puedan ser útiles. Luego, escribe un párrafo en el que relates cómo ha sido tu relación con la literatura.

el aburrimiento	la conexión	la diversión	la imaginación	el placer
el aprendizaje	la curiosidad	la evasión	la intensidad	la relajación
la compasión	la dificultad	la identificación	la magia	el trabajo

2 **Los efectos de la literatura** ¿Cómo puede la literatura influir sobre los seres humanos? Lee la lista de efectos posibles. Luego, en parejas, elijan uno y discútanlo. Den ejemplos de sus propias experiencias.

- la conexión con otras personas y situaciones
- la exploración de culturas y lugares desconocidos
- el conocimiento de las experiencias de otras personas
- el aprendizaje sobre temas variados e importantes
- la conexión con la historia y nuestro pasado

3 **Lecturas de infancia** ¿Recuerdas ese libro que leíste en tu infancia (o que tus padres te leían) y que tanto te gustaba? En grupos pequeños, túrnense para hablar de esas primeras experiencias literarias. Al describir tu libro, responde a estas dos preguntas:

- ¿Por qué recuerdas tanto esa lectura?
- ¿Qué enseñanzas de vida te transmitió?

4 **La literatura que me gusta** ¿Qué género de literatura te gusta? ¿Prefieres leer libros de fantasía? ¿Novelas de amor? ¿Novelas históricas? Escribe un ensayo sobre tu género preferido. Menciona las características que más te atraen de ese género y describe una de tus obras favoritas.

RECURSOS
Consulta la lista de apéndices en la p. 418.

LA LITERATURA Y LA VIDA

por **Mario Vargas Llosa**

(Fragmento)

ESTRATEGIA

Avanzar y volver atrás Al encontrar una palabra desconocida, pasa sobre ella y lee hasta el final de la oración o del párrafo. Usando el contexto, vuelve a la oración y léela de nuevo para deducir el significado de la palabra.

PALABRAS CLAVE

encogerse achicarse, reducirse

el denominador común una característica que comparten personas diferentes

el patrimonio la herencia

el entramado la estructura, entrecruzamiento

vincular conectar

QUISIERA formular algunas razones contra la idea de la literatura como un pasatiempo de lujo y a favor de considerarla, además de uno de los más enriquecedores quehaceres del espíritu, una actividad irremplazable para la formación del ciudadano en una sociedad moderna y democrática, de individuos libres, y que, por lo mismo, debería inculcarse en las familias desde la infancia y formar parte de todos los programas de educación como una disciplina básica. Ya sabemos que ocurre lo contrario, que la literatura tiende a **encogerse** e, incluso, desaparecer del currículo escolar como enseñanza prescindible.

Vivimos en una era de especialización del conocimiento, debido al prodigioso desarrollo de la ciencia y la técnica, y a su fragmentación en innumerables avenidas y compartimentos. [...] La especialización trae, sin duda, grandes beneficios, [...] pero tiene también una consecuencia negativa: va eliminando esos **denominadores comunes** de la cultura gracias a los cuales los hombres y las mujeres pueden coexistir, comunicarse y sentirse de alguna manera solidarios. [...]

La literatura, en cambio, a diferencia de la ciencia y la técnica, es, ha sido y seguirá siendo, mientras exista, uno de esos denominadores comunes de la experiencia humana, gracias al cual los seres vivientes se reconocen y dialogan, no importa cuán distintas sean sus ocupaciones y designios vitales, las geografías y las circunstancias en que se hallen, e, incluso, los tiempos históricos que determinen su horizonte. Los lectores de Cervantes o de Shakespeare, de Dante o de Tolstoi, nos entendemos y nos sentimos miembros de la misma especie porque, en las obras que ellos crearon, aprendimos aquello que compartimos como seres humanos, lo que permanece en todos nosotros por debajo del amplio abanico de diferencias que nos separan. Y nada defiende mejor al ser viviente contra la estupidez de los prejuicios del racismo, de la xenofobia, de las orejeras pueblerinas del sectarismo religioso o político, o de los nacionalismos excluyentes, como esta comprobación incesante que aparece siempre en la gran literatura: la igualdad esencial de hombres y mujeres de todas las geografías y la injusticia que es establecer entre ellos formas de discriminación, sujeción o explotación. Nada enseña mejor que la literatura a ver, en las diferencias étnicas y culturales, la riqueza del **patrimonio** humano y a valorarlas como una manifestación de su múltiple creatividad. Leer buena literatura es divertirse, sí, pero, también, aprender, de esa manera directa e intensa que es la de la experiencia vivida a través de las ficciones, qué y cómo somos, en nuestra integridad humana, con nuestros actos y sueños y fantasmas, a solas y en el **entramado** de relaciones que nos **vinculan** a los otros, en nuestra presencia pública y en el secreto de nuestra conciencia, esa complejísima suma de verdades contradictorias —como las llamaba Isaiah Berlin— de que está hecha la condición humana. Ese conocimiento totalizador y en vivo del ser humano, hoy, sólo se encuentra en la literatura. [...]

El vínculo fraterno que la literatura establece entre los seres humanos, obligándolos a dialogar y haciéndolos conscientes de un fondo común, de formar parte de un mismo linaje espiritual, trasciende las barreras del tiempo. La literatura nos retrotrae al pasado y nos hermana con quienes, en épocas idas, fraguaron, gozaron y soñaron con esos textos que nos **legaron** y que, ahora, nos hacen gozar y soñar también a nosotros. Ese sentimiento de pertenencia a la colectividad humana a través del tiempo y el espacio es el más alto logro de la cultura y nada contribuye tanto a renovarlo en cada generación como la literatura.

> «Nada enseña mejor que la literatura a ver, en las diferencias étnicas y culturales, la riqueza del patrimonio humano y a valorarlas como una manifestación de su múltiple creatividad.»

PALABRAS CLAVE
legar heredar; transmitir a las generaciones futuras

DESPUÉS DE LEER

1 **Comprensión** Contesta las preguntas, de acuerdo con el ensayo.

1. Para Mario Vargas Llosa, la literatura no es un pasatiempo de lujo. ¿Por qué? ¿Por qué no es tampoco una simple diversión o entretenimiento?
2. Según el autor, ¿qué circunstancias han facilitado la creciente especialización del conocimiento en las sociedades modernas actuales?
3. ¿Cuál es la principal desventaja de esa especialización? Explica dicha desventaja en tus propias palabras.
4. ¿Qué efectos tienen en los ámbitos individual y social las lecciones que se aprenden a través de las grandes ficciones escritas por los grandes escritores de todas las épocas?
5. ¿Cómo consigue la literatura crear en el lector un sentimiento de pertenencia a la especie humana?

2 **Interpretación** Contesta las preguntas argumentando con claridad y eficacia tus opiniones.

1. Al citar al filósofo británico Isaiah Berlin, Vargas Llosa afirma que la condición humana es una «complejísima suma de verdades contradictorias» (líneas 69-70). Explica con tus propias palabras el significado de esta afirmación. ¿Estás de acuerdo con que esta complejidad o «conocimiento totalizador» solo se encuentra en las grandes obras literarias?
2. ¿Qué valores fomenta en el ser humano la lectura de la buena literatura y cómo contribuye a la formación de individuos libres? ¿Cómo se reflejan estos beneficios en el conjunto de la sociedad?
3. Si la literatura cumple un papel tan decisivo en el desarrollo de las personas y las sociedades, ¿por qué no tiene una presencia más visible en la educación y la cultura actuales?

ESTRATEGIA

Evaluar
Reflexiona sobre el contenido del texto mientras lees. Forma tus opiniones acerca de la información que se presenta para determinar si estás de acuerdo o no con el autor.

3 **La literatura, ¿ayuda a vivir?** En grupos de cuatro, reflexionen sobre la «utilidad» de la literatura. Intercambien sus puntos de vista. Luego, compartan sus ideas con los demás grupos y hablen sobre sus gustos y preferencias literarias. Utilicen las palabras del recuadro u otras que consideren necesarias.

aprender	comunicarse	divertirse	expresarse con precisión	liberarse	razonar
compartir	curar	emocionarse	gozar	pensar	soñar

4 **Elecciones** Hay muchas razones por las cuales buscamos leer determinada obra (para aprender, para divertirnos, por curiosidad…). Con un(a) compañero/a, escriban una lista con los criterios que los llevan a elegir un libro de ficción y otra con los criterios que tienen en cuenta cuando van a elegir un ensayo.

5 **Literatura y periodismo** En parejas, discutan sobre qué valores aportan la literatura y el periodismo a la comprensión de la historia.

- ¿Qué fuente ofrece una visión más amplia y profunda de un periodo histórico y de la gente que lo vivió: varios artículos de periódico y revistas especializadas, un libro de historia riguroso o una novela ambientada en ese periodo de la historia?
- ¿Qué elementos aporta una novela que no proporcionan ni la historia ni el periodismo?

MI VOCABULARIO
Utiliza tu vocabulario individual.

6 **Escríbele a Vargas Llosa** Escríbele un mensaje electrónico a Mario Vargas Llosa en el que le expreses tu opinión sobre el ensayo «La literatura y la vida» y le pidas otros consejos para ti y tus compañeros, jóvenes lectores que se inician en el mundo de la literatura.

Recuerda que, dado que es un personaje respetable a quien no conoces, debes dirigirte a él utilizando la forma de «usted».

7 **Reflexión personal** El autor de este ensayo considera la literatura «uno de los más enriquecedores quehaceres del espíritu». ¿Lo crees así tú también? Si es así, ¿por qué la literatura no es una asignatura obligatoria en los programas educativos actuales? ¿Defiendes esta tendencia o crees que debería cambiar?

Escribe un párrafo en el que expreses tu opinión sobre estas preguntas. Sustenta tu respuesta con ejemplos de tu propia vida o de experiencias de otras personas que conoces.

RECURSOS
Consulta la lista de apéndices en la p. 418.

8 **Presentación oral** Reflexiona sobre estas preguntas y expresa tus puntos de vista en una presentación oral sólida y convincente.

- ¿Crees que la literatura, que junto con la historia, documenta el pensamiento y el comportamiento humanos, dejará algún día de formar parte de la experiencia humana?
- El mundo audiovisual y digital, ¿acabará devorando el espacio de la lectura o puede haber una interesante complementariedad entre ambos medios?
- ¿Tiene sentido «perder» varios días en la lectura de una novela de setecientas páginas? ¿Hay un equilibrio entre el esfuerzo y el tiempo invertidos y la recompensa obtenida?

LECTURA 3.2 ▸ CIEN AÑOS DE SOLEDAD
(FRAGMENTO)

SOBRE EL AUTOR Gabriel García Márquez (Aracataca, Colombia, 1927 - Ciudad de México, 2014) fue uno de los escritores más representativos de la literatura latinoamericana del siglo XX. Originario del Caribe colombiano, fue criado por sus abuelos entre mitos, leyendas y libros fantásticos. Se hizo internacionalmente famoso tras la publicación de *Cien años de soledad* en 1967. En 1982 recibió el Premio Nobel de Literatura.

SOBRE LA LECTURA Esta lectura corresponde a la primera página de *Cien años de soledad*. En esta novela, García Márquez hace uso de la corriente literaria conocida como «realismo mágico», un estilo que mezcla la realidad con lo fantástico y lo mítico. El libro se puede interpretar como una fábula sobre la historia de la civilización humana o sobre la historia de Latinoamérica.

ANTES DE LEER

MI VOCABULARIO Anota el vocabulario nuevo a medida que lo aprendes.

1 **Palabras descriptivas** García Márquez es conocido por su vocabulario extenso y sofisticado. En muchas ocasiones, para elaborar una descripción utiliza una serie de palabras en vez de una sola, como se puede apreciar en los siguientes ejemplos. Busca los significados de estas frases y apúntalos.

1. piedras pulidas, blancas y enormes
2. pitos y timbales
3. los calderos, las pailas, las tenazas y los anafes
4. su mulo y una partida de chivos
5. un catalejo y una lupa
6. el plátano y la malanga, la yuca y el ñame, la ahuyama y la berenjena

2 **¿En qué época?** En parejas, lean estas frases de la lectura y clasifíquenlas según la época que les sugieran. Por ejemplo, *tiempos prehistóricos, Edad Media, siglo XIX, siglo XX, tiempos contemporáneos,* o una combinación de varias épocas.

1. Su padre lo llevó a conocer el hielo.
2. Macondo era entonces una aldea de veinte casas de barro.
3. El mundo era tan reciente, que muchas cosas carecían de nombre.
4. Todos los años, por el mes de marzo, una familia de gitanos desarrapados plantaba su carpa cerca de la aldea.
5. Lo único que logró desenterrar fue una armadura del siglo XV.
6. Dentro de poco, el hombre podrá ver lo que ocurre en cualquier lugar de la tierra, sin moverse de su casa.
7. Les reveló su descubrimiento: La tierra es redonda como una naranja.

3 **Los personajes** En grupos de tres, inventen una historia con todos los personajes de la lista. ¿De qué va a tratar? Luego, túrnense para presentarla a la clase.

el coronel	la mujer	los niños
una familia de gitanos	la tropa enemiga	el padre

MI VOCABULARIO Utiliza tu vocabulario individual.

ESTRATEGIA

Sacar provecho de la sintaxis
Las oraciones largas a veces contienen cláusulas subordinadas que suelen ir entre comas. Lee la oración sin la cláusula subordinada para facilitar la comprensión general. Luego puedes leer de nuevo la oración completa.

PALABRAS CLAVE

carecer de faltar, no tener

el alboroto desorden, tumulto

arrastrar llevar por el suelo

crujir cierto ruido que hacen la madera y otros materiales al chocar o romperse

desentrañar sacar lo más escondido, extraer del fondo

empeñarse en esforzarse con disciplina y determinación

asomarse mirar (por)

CIEN AÑOS DE SOLEDAD

(Fragmento) por **Gabriel García Márquez**

MUCHOS AÑOS después, frente al pelotón de fusilamiento, el coronel Aureliano Buendía había de recordar aquella tarde remota en que su padre lo llevó a conocer el hielo. Macondo era entonces una aldea de veinte casas de barro y cañabrava construidas a la orilla de un río de aguas diáfanas que se precipitaban por un lecho de piedras pulidas, blancas y enormes como huevos prehistóricos. El mundo era tan reciente, que muchas cosas **carecían de** nombre, y para mencionarlas había que señalarlas con el dedo. Todos los años, por el mes de marzo, una familia de gitanos desarrapados plantaba su carpa cerca de la aldea, y con un grande **alboroto** de pitos y timbales daban a conocer los nuevos inventos. Primero llevaron el imán. Un gitano corpulento, de barba montaraz y manos de gorrión, que se presentó con el nombre de Melquíades, hizo una truculenta demostración pública de lo que él mismo llamaba la octava maravilla de los sabios alquimistas de Macedonia. Fue de casa en casa **arrastrando** dos lingotes metálicos, y todo el mundo se espantó al ver que los calderos, las pailas, las tenazas y los anafes se caían de su sitio, y las maderas **crujían** por la desesperación de los clavos y los tornillos tratando de desenclavarse, y aun los objetos perdidos desde hacía mucho tiempo aparecían por donde más se les había buscado, y se arrastraban en desbandada turbulenta detrás de los fierros mágicos de Melquíades. «Las cosas tienen vida propia —pregonaba el gitano con áspero acento—, todo es cuestión de despertarles el ánima.» José Arcadio Buendía, cuya desaforada imaginación iba siempre más lejos que el ingenio de la naturaleza, y aun más allá del milagro y la magia, pensó que era posible servirse de aquella invención inútil para **desentrañar** el oro de la tierra. Melquíades, que era un hombre honrado, le previno: «Para eso no sirve.» Pero José Arcadio Buendía no creía en aquel tiempo en la honradez de los gitanos, así que cambió su mulo y una partida de chivos por los dos lingotes imantados. Úrsula Iguarán, su mujer, que contaba con aquellos animales para ensanchar el desmedrado patrimonio doméstico, no consiguió disuadirlo. «Muy pronto ha de sobrarnos oro para empedrar la casa», replicó su marido. Durante varios meses **se empeñó en** demostrar el acierto de sus conjeturas. Exploró palmo a palmo la región, inclusive el fondo del río, arrastrando los dos lingotes de hierro y recitando en voz alta el conjuro de Melquíades. Lo único que logró desenterrar fue una armadura del siglo XV con todas sus partes soldadas por un cascote de óxido, cuyo interior tenía la resonancia hueca de un enorme calabazo lleno de piedras. [...]

En marzo volvieron los gitanos. Esta vez llevaban un catalejo y una lupa del tamaño de un tambor, que exhibieron como el último descubrimiento de los judíos de Ámsterdam. Sentaron una gitana en un extremo de la aldea e instalaron el catalejo a la entrada de la carpa. Mediante el pago de cinco reales, la gente **se asomaba** al catalejo y veía a la gitana al alcance de su mano. «La ciencia ha eliminado las distancias», pregonaba Melquíades. «Dentro de poco, el hombre podrá ver lo que ocurre en cualquier lugar de la tierra, sin moverse de su casa.» Un mediodía ardiente hicieron una asombrosa demostración con la lupa gigantesca: pusieron un montón de hierba seca en mitad de la calle y le prendieron fuego mediante la concentración de los rayos solares. José Arcadio Buendía, que aún no acababa de consolarse por el fracaso de sus imanes, concibió la idea de utilizar aquel invento como un arma de guerra. Melquíades, otra vez, trató de disuadirlo. Pero terminó por aceptar los dos lingotes imantados y tres piezas de dinero colonial a cambio de la lupa. Úrsula lloró de consternación. Aquel dinero formaba parte de un cofre de monedas de oro que su padre había acumulado en toda una vida de **privaciones**, y que ella había enterrado debajo de la cama en espera de una buena ocasión para invertirlas. José Arcadio Buendía no trató siquiera de consolarla, entregado por entero a sus experimentos tácticos con la abnegación de un científico y aun a riesgo de su propia vida. Tratando de demostrar los efectos de la lupa en la tropa enemiga, se expuso él mismo a la concentración de los rayos solares y sufrió quemaduras que se convirtieron en úlceras y tardaron mucho tiempo en sanar. Ante las protestas de su mujer, alarmada por tan peligrosa inventiva, estuvo a punto de incendiar la casa. Pasaba largas horas en su cuarto, haciendo cálculos sobre las posibilidades estratégicas de su arma novedosa. [...]

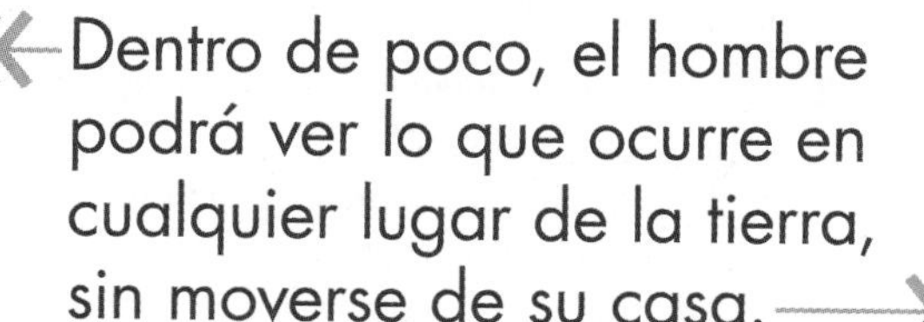
«Dentro de poco, el hombre podrá ver lo que ocurre en cualquier lugar de la tierra, sin moverse de su casa.»

Fue ésa la época en que adquirió el hábito de hablar a solas, paseándose por la casa sin **hacer caso de** nadie, mientras Úrsula y los niños se partían el espinazo en la **huerta** cuidando el plátano y la malanga, la yuca y el ñame, la ahuyama y la berenjena. De pronto, sin ningún anuncio, su actividad febril se interrumpió y fue sustituida por una especie de fascinación. Estuvo varios días como **hechizado**, repitiéndose a sí mismo en voz baja un sartal de asombrosas conjeturas, sin dar crédito a su propio entendimiento. Por fin, un martes de diciembre, a la hora del almuerzo, soltó de un golpe toda la carga de su tormento. Los niños habían de recordar por el resto de su vida la augusta solemnidad con que su padre se sentó a la cabecera de la mesa, temblando de fiebre, devastado por la prolongada vigilia y por el encono de su imaginación, y les reveló su descubrimiento.

—La tierra es redonda como una naranja. ◣

PALABRAS CLAVE

la privación carencia o escasez de los bienes más fundamentales

hacer caso de prestar atención a

la huerta terreno destinado al cultivo

hechizado/a cautivado como por arte de magia

DESPUÉS DE LEER

1 

Sinónimos y antónimos Busca sinónimos y antónimos entre las Palabras clave de las páginas 178-179.

1. un sinónimo de «embrujado»
2. un antónimo de «levantar»
3. un sinónimo de «escándalo»
4. un antónimo de «abundar»
5. un sinónimo de «mirar»
6. un sinónimo de «obstinarse»
7. un antónimo de «enterrar»
8. un sinónimo de «granja»

2 

Cronología Ordena cronológicamente estas acciones, que corresponden al personaje principal, José Arcadio Buendía.

___ Adquirió la costumbre de hablar a solas.
___ Cambió algunos de sus animales por unos trozos de imán.
___ Cambió los lingotes por una lupa.
_1_ Fue con su padre a conocer el hielo.
___ Intentó sacar oro de la tierra con sus imanes.
___ Le reveló a su familia un descubrimiento sobre la tierra.
___ Trató de producir fuego con una lupa y sufrió graves quemaduras.

CONCEPTOS CENTRALES

Personaje
Los atributos de un personaje se pueden inferir a partir de lo que este hace y dice. Para asignarle características a un personaje, presta atención a la manera como trata a los otros y a lo que les dice.

3 Comprensión

Elige la mejor respuesta para cada pregunta según el texto.

1. ¿Cómo describirías al personaje de José Arcadio Buendía?
   a. Es un hombre inteligente pero indiferente a lo que le rodea.
   b. Es un hombre curioso que no tiene tiempo para explorar.
   c. Es un hombre afectuoso que se relaciona bien con los demás.
   d. Es un hombre intenso y aislado.
2. ¿Cuál de las siguientes afirmaciones resume mejor los acontecimientos descritos en la lectura?
   a. Una familia de gitanos se detiene cada año en Macondo para visitar a sus amigos.
   b. Un hombre obsesionado con nuevos inventos busca el progreso descuidando a su familia.
   c. Un gitano presumido llega al pueblo para dar consejos y vender productos novedosos.
   d. Un hombre se aísla de su familia para pasar tiempo con un gitano.
3. ¿Cómo se podría describir la actitud de Úrsula hacia su marido?
   a. Frustrada y desilusionada
   b. Afectuosa y tierna
   c. Distante e indiferente
   d. Obsequiosa y pasiva
4. ¿Cuál es el significado de la frase «soltó de un golpe toda la carga de su tormento»? (línea 59)
   a. Dejó caer lo que llevaba.
   b. Le pegó un golpe a alguien.
   c. Se sintió aliviado.
   d. Se sintió descontento.
5. ¿Qué papel desempeña Melquíades en la historia?
   a. Es el guía espiritual de su familia y de la familia Buendía.
   b. Cuida a Úrsula cuando José Arcadio Buendía la abandona.
   c. Es un sabio que comparte sus conocimientos y predice el futuro.
   d. Es un hombre de negocios al que le interesa ganar dinero.

4 Análisis de los personajes

Elabora una lista de características de los tres personajes principales de la lectura: José Arcadio Buendía, Úrsula Iguarán y Melquíades. Para cada característica, señala una acción o una cita con la que se ejemplifique dicho rasgo.

Haz tus anotaciones en una tabla como esta y luego contesta esta pregunta: ¿Con cuál de los personajes te identificas más? ¿Por qué?

PERSONAJE	CARACTERÍSTICAS	EJEMPLOS
José Arcadio		
Úrsula		
Melquíades		

5 **Interpretación** Lee esta cita, tomada de la Lectura 3.1, de Mario Vargas Llosa.

> « Ese sentimiento de pertenencia a la colectividad humana a través del tiempo y el espacio es el más alto logro de la cultura y nada contribuye tanto a renovarlo en cada generación como la literatura. »

En grupos pequeños, discutan de qué manera el fragmento de *Cien años de soledad* ilustra el aspecto que destaca Vargas Llosa.

6 **Temas de la lectura** Trabaja con un(a) compañero/a para buscar ejemplos de la lectura que ilustren los temas que se presentan en la siguiente lista. Luego, hablen de sus significados más allá del texto.

- La búsqueda del progreso puede llevar a la enajenación.
- Todo lo que ocurre en la vida es predeterminado.
- La historia siempre se repite.

7 **La continuación de la historia** En grupos pequeños, especulen sobre cómo puede seguir la historia después del fragmento que leyeron de *Cien años de soledad*. Consideren estas preguntas u otras que se les ocurran:

- ¿Seguirá José Arcadio con sus experimentos descabellados? ¿Cuál será su siguiente experimento?
- ¿Cuál será la actitud de Úrsula de ahora en adelante?
- ¿Cuál será el próximo invento que traerán los gitanos?
- ¿Qué actitud adoptarán los niños frente a su padre?

Luego compartan sus ideas con el resto de la clase.

8 **Un texto narrativo** Teniendo en cuenta la discusión grupal de la Actividad 7, y siguiendo tus propias ideas, escribe una página de *Cien años de soledad* en la que continúes la narración. Para facilitar tu trabajo, enfócate en uno de los personajes principales.

9 **Presentación oral** Piensa en un cuento o una novela que hayas leído, en inglés o en otro idioma, que trate uno o varios temas semejantes a los del fragmento de *Cien años de soledad* que leíste previamente. Prepara una presentación oral en la que describas la narración, sus personajes y temas principales y las relaciones que tiene con la obra de García Márquez. Sigue estos pasos.

- Menciona el título de la obra, el autor y su nacionalidad.
- Indica cuándo la leíste y por qué; es decir, ¿fue una tarea para una de tus clases o decidiste leerla por iniciativa propia?
- Explica por qué la elegiste y qué es lo que más te gusta de la obra.
- Señala cuáles son las semejanzas y diferencias con el fragmento que leíste de *Cien años de soledad*.

ESTRATEGIA

Repetir y reformular Cuando expresas conceptos complejos, es natural que necesites repetir tus ideas de otra manera para hacerte entender. Utiliza expresiones similares a estas: «como ya dije», «como dije antes» o «como decía anteriormente» para repetir ideas y expresarlas de otro modo.

MI VOCABULARIO

Utiliza tu vocabulario individual.

RECURSOS

Consulta la lista de apéndices en la p. 418.

AUDIO ▸ ISABEL ALLENDE: ESCRIBIR ES IGUAL QUE ENAMORARSE

PALABRAS CLAVE

la mente capacidad intelectual, pensamiento, cerebro

dispuesto/a preparado/a, listo/a, presto/a

encerrarse confinarse, aislarse, retirarse de otras personas

atroz terrible, inhumano, horrible, cruel

el guión texto o esquema escrito, plan ordenado

INTRODUCCIÓN Esta grabación contiene tres fragmentos de una entrevista con la autora chilena Isabel Allende, después de la publicación de su novela *El cuaderno de Maya*. En el programa, emitido en Radio Nacional de España, la autora explica su proceso de creación literaria, además de reflexionar sobre la importancia personal de su producción creativa.

ANTES DE ESCUCHAR

1 **Isabel Allende** Usando Internet, investiga la vida y producción literaria de Isabel Allende. Escribe los cinco datos más importantes que encuentres. Debes buscar información tanto personal como profesional. Luego, con toda la clase, compartan los datos reunidos y tomen apuntes de sus contribuciones.

2 **La literatura y la vida** Con un(a) compañero/a de clase, comenta los siguientes temas:

- la influencia de la literatura en la vida de Allende u otros autores destacados que conozcan del mundo hispanohablante
- la influencia de la vida en la literatura de Allende o en la de otros autores destacados del mundo hispanohablante
- los requisitos o el proceso para ganar un premio de literatura, como el premio Planeta en España o el Premio Nobel de Literatura.

MIENTRAS ESCUCHAS

1 **Preguntas de anticipación** Antes de escuchar la primera vez, considera estas preguntas clave. Después, escucha el audio con el propósito de entender la información necesaria para contestar las preguntas. No tomes apuntes todavía.

1. ¿Cómo responde Allende al comentario «Gracias por seguir escribiendo»? ¿Por qué?
2. ¿Qué importancia tiene el 8 de enero para la escritora?
3. ¿Cómo es el ambiente que ella requiere para escribir? ¿Qué evita ella y qué necesita?
4. ¿Cómo arregla su vida complicada para poder cumplir con su meta de crear un libro?
5. ¿Qué conexión existe entre la protagonista de su nueva novela y su vida actual?
6. ¿De dónde vino la inspiración para su protagonista? ¿Qué dice de su mundo?
7. Según Allende, ¿cuál ha sido la influencia de la escritura para ella personalmente?
8. ¿Cuáles son los personajes centrales de *El cuaderno de Maya*?
9. ¿Por qué declara Allende que está muy agradecida con *La casa de los espíritus*?

2 **Palabras clave** Al escuchar la segunda vez, escribe las palabras o expresiones clave que sirvan para contestar las preguntas.

MI VOCABULARIO
Anota el vocabulario nuevo a medida que lo aprendes.

DESPUÉS DE ESCUCHAR

1 

Contestar Teniendo en cuenta lo que Isabel Allende expresa en la entrevista, reúnanse en pequeños grupos para contestar las Preguntas de anticipación de la página anterior.

2 

Inferir y sintetizar Con un(a) compañero/a, discutan esta cita de la grabación para inferir cuál es el propósito de la autora y sintetizar su mensaje, añadiendo sus propias ideas.

> «Me voy por un camino que no resulta, por otro... Las dos primeras semanas son atroces, y de repente algo pasa... y los personajes empiezan a aparecer y a hablar y a contarme cosas.»

ESTRATEGIA

Inferir y sintetizar
Inferir es una habilidad necesaria para la comprensión e implica varios procesos que tienen lugar simultáneamente mientras escuchas. A veces el locutor no dice claramente lo que quiere comunicar y deja al oyente concluir o inferir el significado, o «leer entre líneas». Sintetizar implica mostrar la comprensión y también añadir tus propias conclusiones e ideas.

3 

Análisis Retoma el fragmento de «La literatura y la vida» de Mario Vargas Llosa y la entrevista con Isabel Allende «Escribir es igual que enamorarse», y escribe un ensayo para contestar esta pregunta: ¿Por qué es fundamental la literatura en el mundo contemporáneo?

El ensayo debe incluir al menos tres párrafos:

1. Un párrafo de introducción que:
   - presente el contexto del ensayo
   - incluya una oración que responda a la pregunta, la cual será tu tesis
2. Uno o dos párrafos de explicación en los que:
   - expongas uno o dos argumentos que apoyan tu tesis
   - cites evidencia de los textos presentados
   - des ejemplos o razones personales o sociales que sustenten tus argumentos
3. Un párrafo de conclusión que:
   - resuma los argumentos que llevan a la tesis
   - vuelva a plantear la tesis en otras palabras

4  

Comparación cultural Teniendo como referencia lo que has aprendido sobre Isabel Allende en esta lección, busca información sobre una autora estadounidense que tenga semejanzas con ella (por ejemplo, edad o trayectoria similar, un nivel de reconocimiento parecido, o algunos temas en común) y prepara una presentación para tu clase, en la que compares a ambas autoras. En tu presentación incluye estos elementos:

- semejanzas y diferencias entre las dos autoras
- los temas que tratan ambas escritoras en sus obras
- información sobre una obra similar a *El cuaderno de Maya*

RECURSOS
Consulta la lista de apéndices en la p. 418.

CONEXIONES CULTURALES

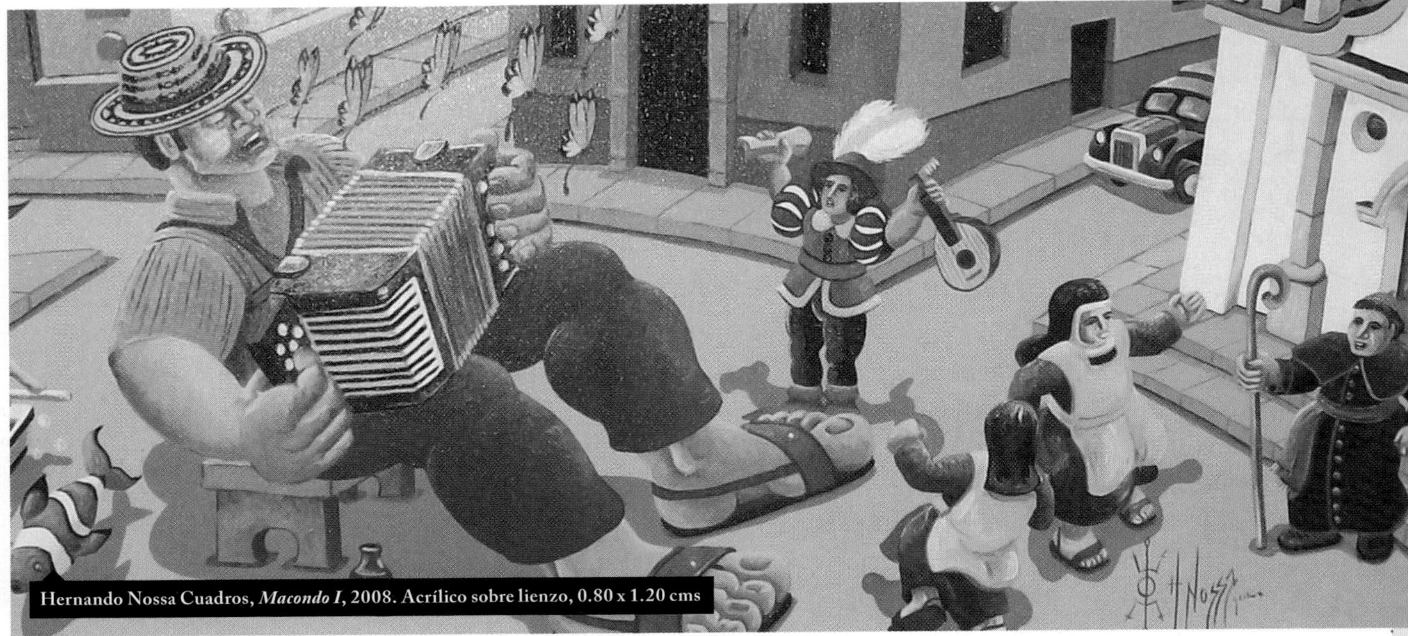

Hernando Nossa Cuadros, *Macondo I*, 2008. Acrílico sobre lienzo, 0.80 x 1.20 cms

El posboom de la literatura latinoamericana

MUCHAS VECES DECIMOS QUE LA REALIDAD SE CONFUNDE con la ficción. En Latinoamérica, la ficción se confunde con la realidad. Numerosos autores del *posboom* literario latinoamericano, también conocido como novísima literatura, inventan narraciones basadas en hechos históricos. Este género —la novela histórica— existe en todo el mundo, pero en Latinoamérica floreció a finales de la década de los setenta del siglo XX, con narradores como el uruguayo Eduardo Galeano, el mexicano Fernando del Paso o el peruano Alfredo Bryce Echenique.

Muchos de los representantes del *posboom* escriben desde el exilio, huyendo de las dictaduras y desilusionados al ver destruidas sus esperanzas de una sociedad justa. Y son ellos mismos quienes, con su inventiva, han contribuido a crear un mundo mejor para vivir.

- Algunos escritores inventan mundos, mientras que otros inventan ciudades. El condado de Yoknapatawpha, imaginado por el escritor estadounidense William Faulkner, inspiró a Macondo, escenario de muchas narraciones del colombiano Gabriel García Márquez, en especial su novela más representativa, *Cien años de soledad*.
- La escritora mexicana Laura Esquivel escribió el guión de la película *Como agua para chocolate*, basada en su propia novela con el mismo título. Esta obra, ambientada en la época de la Revolución Mexicana, hace uso del llamado realismo mágico para combinar lo sobrenatural con lo mundano. Como su nombre lo indica, el tema de la cocina mexicana es central en la narración.
- En obras como *Poemas de oficina* y *Montevideanos*, el escritor uruguayo Mario Benedetti criticó, un poco en broma y mucho en serio, la burocracia pública de Uruguay, de la que irónicamente formaba parte. Otras obras en las que Benedetti asume una posición crítica son, por ejemplo, *Inventario* y *Noción de patria*.

Presentación oral: comparación cultural

Prepara una presentación oral sobre este tema:

- ¿Cuál es la importancia del lenguaje y la literatura en la cultura de un país?

Compara tus observaciones acerca de las comunidades en las que has vivido, con tus observaciones de una región del mundo hispanohablante que te sea familiar.

contexto 4 Las artes visuales y escénicas

PUNTOS DE PARTIDA

El arte cumple muchas funciones para los individuos y las comunidades; puede enriquecer tanto como desafiar, criticar y también determinar la cultura. Ya sean visuales o parte de un espectáculo, las artes ofrecen una alternativa para la expresión humana, que puede abarcar los temas más variados, desde el mundo de la imaginación o el aprecio de la belleza, hasta el comentario político y social.

- ¿Por qué es importante tener instituciones públicas que apoyen y promocionen las artes?
- ¿En qué sentido es el arte una imitación de la vida o una reacción a la realidad?
- ¿Qué influencia tienen las circunstancias políticas y las experiencias personales sobre la expresión artística?

DESARROLLO DEL VOCABULARIO

1 Definiciones Elige la mejor definición para cada término.

1. ___ el/la pintor(a)
2. ___ el/la escultor(a)
3. ___ el autorretrato
4. ___ la arquitectura
5. ___ la entrada
6. ___ la exposición
7. ___ el espectáculo
8. ___ la cinematografía
9. ___ el arte efímero
10. ___ estrenar

a. forma de arte conceptual y activa en que la participación de los espectadores es esencial
b. técnica artística basada en la reproducción de imágenes en movimiento
c. artista que usa pigmentos de colores para crear imágenes
d. representar o mostrar un espectáculo por primera vez
e. artista que usa varios materiales para crear formas dimensionales
f. billete para ver una exposición, un concierto u otro tipo de espectáculo
g. representación de una persona, realizada por ella misma
h. actuación de un drama u otra forma de arte escénico para entretener a un público
i. arte y técnica de diseñar edificios y otras estructuras
j. presentación o exhibición de obras para ser vistas por el público

MI VOCABULARIO
Anota el vocabulario nuevo a medida que lo aprendes.

2 Las virtudes del arte Esta lista contiene algunas de las virtudes que las artes pueden aportar a una comunidad. Reflexiona sobre su significado y escribe un párrafo en el que expliques cómo contribuye el arte al desarrollo de cada una de esas virtudes.

la creatividad	la habilidad técnica	la innovación
la expresión	la identidad	la preservación

3 El papel de las artes Con un(a) compañero/a, discutan el papel que las artes tienen en sus vidas y qué formas artísticas disfrutan. Expliquen por qué las artes son importantes (o no lo son) para ustedes. Hablen, además, de las obras de arte que han visto recientemente (pinturas o conciertos, por ejemplo) y qué impresión les han causado.

RECURSOS

Consulta la lista de apéndices en la p. 418.

My Vocabulary
Partner Chat
Record & Submit
Strategy
Write & Submit

LECTURA 4.1 ▸ MUSEO NACIONAL DE BELLAS ARTES

SOBRE LA LECTURA El Museo Nacional de Bellas Artes (MNBA) de Santiago, Chile, se considera uno de los principales centros artísticos de Suramérica. Fue fundado en 1880 y está ubicado en el Palacio de Bellas Artes. Diseñado por el arquitecto franco-chileno Emile Jécquier y construido para celebrar el centenario del país, el edificio en sí es un monumento histórico. El patrimonio artístico del museo incluye importantes colecciones de esculturas y pinturas chilenas desde la época colonial, además de colecciones europeas y africanas.

Este artículo trata de los servicios y proyectos del museo, el cual no solo se ocupa de exponer obras de arte, sino también de promocionar la cultura y educar al público.

ANTES DE LEER

MI VOCABULARIO
Anota el vocabulario nuevo a medida que lo aprendes.

1 **Una visita a un museo** Una estudiante chilena visita tu comunidad y quiere ver un museo de arte. Planea una excursión para ella y escríbele en un mensaje los detalles. Incluye esta información:

- el nombre de un museo de arte que esté cerca de tu comunidad
- una breve descripción del museo y un poco de historia sobre el mismo
- el lugar donde está ubicado y cómo puede llegar allí
- el precio de la entrada, los horarios del museo y las exposiciones permanentes

2 **Una atracción local** Busca más información sobre una de las atracciones de tu museo local y contesta estas preguntas.

1. ¿Cuál es la atracción más destacada del museo y por qué es interesante?
2. Describe el género y la técnica artística (por ejemplo, óleo sobre lienzo).
3. ¿Cuál es su importancia cultural, histórica o artística?
4. ¿En qué sentido es representativa de tu comunidad o región?

3 **El arte en tu comunidad** Con un(a) compañero/a, contesta estas preguntas.

1. ¿Cuáles son algunos ejemplos de arte visible al público en tu comunidad (murales, esculturas u otras formas de expresión)? Opinen sobre ellos.
2. ¿Creen que las instituciones públicas deben apoyar el arte? Expliquen su respuesta.
3. ¿Por qué es importante tener clases de arte en la escuela?

RECURSOS
Consulta la lista de apéndices en la p. 418.

4 **Un mural** Busca la imagen de un mural famoso en Chile o en otro país latinoamericano, y prepara una presentación para compartirlo con la clase. Incluye información como: nombre del muralista, el sitio donde se encuentra, una breve descripción de su contenido y la simbología o el significado de la obra.

INFORMACIÓN PARA VISITANTES

UBICACIÓN

Parque Forestal s/n.
Casilla 3209, Santiago, Chile
Teléfono mesa central: (+562) 2499 1600

HORARIOS

- De martes a domingo de 10:00 a 18:45 horas
- Cerrado días lunes
- Horario de Biblioteca: Martes a viernes de 10:00 a 17:45 horas

VALOR ENTRADA

- **Martes a sábado**
  Público general: $600
  Estudiantes de enseñanza superior y adultos mayores: $300
  Menores de 18 años, estudiantes de arte y **convenio** ICOM[1] **acreditados**, entrada **liberada**
- **Días domingo:** entrada liberada o aporte voluntario
- Acceso a Biblioteca es gratuito

MISIÓN Y OBJETIVOS

Misión:

El Museo Nacional de Bellas Artes tiene como misión contribuir al conocimiento y difusión de las prácticas artísticas contenidas en las artes visuales según los códigos, la época y los contextos en que se desarrollan.

Objetivos:

- Conservar, proteger, investigar, recuperar y **difundir** el patrimonio artístico nacional a través de diversas actividades como exposiciones, charlas, conferencias y seminarios.
- Educar estéticamente al público a través de nuevas metodologías de acercamiento e interpretación del arte del pasado y del presente.
- Organizar exposiciones del **patrimonio artístico** nacional e internacional en sus diversas manifestaciones y épocas.
- **Resguardar** el patrimonio arquitectónico del Museo.
- Apoyar y colaborar con la difusión de la cultura y el arte en las regiones de Chile.

MEDIACIÓN Y EDUCACIÓN

El área de mediación y educación tiene la labor de facilitar el diálogo del público con las obras de arte y generar instancias de reflexión en torno a las colecciones, las exposiciones del MNBA y las artes visuales en general.

Distintos talleres, cursos, visitas guiadas, seminarios y encuentros organizados por el área están dirigidos a todos los visitantes del museo, desde el público infantil y familiar, al público joven y adulto y estudiantes, desde el nivel pre-básico en adelante. El equipo de mediación y educación también elabora material didáctico e informativo sobre la exposición permanente y las exposiciones temporales.

En el programa anual 2012 se ha iniciado el ciclo «Diálogos con la obra» que consiste en encuentros con el público, en las salas de exposiciones y frente a una obra, con artistas, curadores, académicos, científicos y profesionales que han contribuido al desarrollo del país desde sus respectivas áreas del conocimiento.

PALABRAS CLAVE

el convenio acuerdo entre personas o instituciones
acreditado/a autorizado/a; que tiene el aval o el permiso oficial para realizar algo
liberado/a gratis, sin restricciones
difundir propagar, dar a conocer de manera extensa
el patrimonio artístico la herencia artística; el conjunto de obras pertenecientes a un país
resguardar proteger contra el daño o el deterioro

1 El International Council of Museums (ICOM) es una organización dedicada a preservar en el mundo el patrimonio cultural y natural, actual y futuro, tangible e intangible, a asegurar su continuidad y a comunicar su valor a través de los museos.

DESPUÉS DE LEER

ESTRATEGIA

Ojear el texto
Cuando consultas un folleto, normalmente lo haces para encontrar información específica. En vez de leer cada palabra, ojea la página para identificar el título más relevante y busca en el texto la información que te interesa.

1 Comprensión Contesta las preguntas según el texto.

1. ¿Cuántos días a la semana está abierta la biblioteca?
2. ¿Cuánto cuesta la entrada para los estudiantes de arte?
3. ¿Dónde tienen lugar los encuentros del ciclo «Diálogos con la obra»?
4. ¿Cómo intenta el museo difundir información sobre sus colecciones de arte?
5. ¿En qué aspectos intenta el museo educar al público?
6. ¿Quién elabora el material didáctico sobre las exposiciones?

2 Mensaje electrónico Tu tía se encuentra de visita en Santiago de Chile y tú le recomiendas que visite el Museo Nacional de Bellas Artes. Consulta la página web del museo y escríbele un mensaje electrónico con la siguiente información:

- información general sobre el museo (ubicación, horarios, precios, etc.)
- breve reseña biográfica sobre un(a) artista que forme parte de la colección permanente del museo
- una recomendación de una exposición temporal
- un dato interesante sobre el edificio donde se encuentra el museo

MI VOCABULARIO
Utiliza tu vocabulario individual.

3 La misión del museo Con un(a) compañero/a, contesta las siguientes preguntas.

1. ¿Cómo contribuye el Museo Nacional de Bellas Artes al conocimiento de las prácticas artísticas?
2. ¿Qué servicios ofrece el museo para educar al público?
3. ¿Qué podría hacer el museo para difundir la cultura y el arte fuera de Santiago?
4. Describe cómo crees que sería una sesión del ciclo «Diálogos con la obra».
5. ¿Cuáles son los objetivos más importantes del Museo Nacional de Bellas Artes?

4 Un museo en la clase Para crear un museo virtual en tu salón de clases, sigue estos pasos. Consulta la página web del Museo Nacional de Bellas Artes, o de otro museo de tu elección, para obtener ideas e inspiración.

Organización
- Elijan a un(a) estudiante para que sea el/la director(a) del museo.
- Decidan cuántas exposiciones tendrán.
- Formen varios grupos (uno para cada exposición).
- Cada grupo debe elegir a un(a) representante, que se comunicará con el/la director(a) y los representantes de otros grupos.

Elaboración de una propuesta
Cada grupo necesita preparar una propuesta escrita para entregar al/a la director(a). Esta propuesta debe incluir:
- tres temas posibles para su exposición (pueden estar basados en un concepto, un(a) artista, un estilo o un movimiento artístico)
- un plan para organizar el espacio
- un plan para presentar las obras (por ejemplo, en pantalla o en papel)

Aprobación de la propuesta
El/La directora(a) debe aprobar las propuestas asegurándose de que cada sala presentará un tema diferente y tendrá un espacio adecuado para su exposición.

ESTRATEGIA

Demostrar conocimiento
A medida que aprendes sobre un tema, es importante que puedas articular y demostrar tu conocimiento. Utiliza la información que has obtenido para hablar como experto/a. ¡Presenta lo que sabes con confianza!

5 **Preparar la exposición** Trabaja con tu grupo de la Actividad 4 para planear su exposición en el museo. Sigan estos pasos:

- Obtengan la aprobación del/de la director(a) del museo para:
  - ☐ el tema de su exposición
  - ☐ el plan para organizar el espacio
  - ☐ el plan para presentar las obras de arte
- Decidan qué obras van a exhibir.
- Decidan a qué público se dirige la exposición.
- Elaboren un folleto dirigido a ese público, con información relevante sobre la exposición.
- Expliquen su tema y por qué lo eligieron.
- Escriban una breve biografía de los artistas destacados.
- Escriban una breve descripción de cada obra, en la que informen sobre su estilo artístico y su relación con el tema.
- Exhiban las obras y la información, y abran la exposición al público.

6 

Diálogos con la obra Trabajen de nuevo con los grupos de la Actividad 5 para preparar un encuentro del ciclo «Diálogos con la obra» y discutir una obra de su exposición con el público (los demás compañeros/as de clase). Sigan estas instrucciones:

1. Consulten la página web del MNBA para conocer más detalles sobre alguna de sus sesiones de «Diálogos con la obra».
2. Elijan la obra que quieren presentar.
3. Asignen los roles de cada miembro del grupo: artista, curador, académico u otro profesional con conocimiento relevante.
4. Cada miembro del grupo prepara la información que presentará sobre la obra. Utilicen sus propias ideas o sigan estas sugerencias:
   - artista: técnicas utilizadas, movimiento artístico que representa, propósito de la obra y simbología de la misma
   - curador: información biográfica del artista, significado de la obra dentro del mundo del arte; maneras de protegerla o restaurarla
   - académico: influencias políticas, sociales y culturales; análisis e interpretación
   - coleccionista de arte: historia de los dueños pasados; valor de la obra
   - otro profesional: información relevante, según su especialidad
5. Empiecen el diálogo. Cada miembro del grupo representa el papel de un experto y ofrece información sobre la obra desde la perspectiva de ese experto, demostrando un conocimiento apropiado y relevante. Prepárense para contestar las preguntas que el público pueda tener.

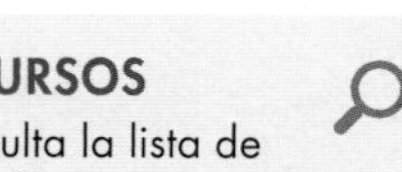

RECURSOS
Consulta la lista de apéndices en la p. 418.

7 

Carta persuasiva El gobierno estatal está pensando reducir los fondos que sostienen el museo de arte de tu comunidad. Escríbele una carta persuasiva a tu representante local para convencerlo/a de que luche por el arte y apoye el financiamiento gubernamental del museo público. En tu carta puedes mencionar estos aspectos u otros que consideres relevantes:

- la importancia del arte y la cultura para la educación de las personas
- la necesidad del museo como un lugar de encuentro para la comunidad y como un atractivo turístico de la ciudad
- el arte como parte esencial en la vida de los seres humanos

LECTURA 4.2 ▸ REMEDIOS VARO

SOBRE LA LECTURA Para comprender e interpretar una obra de arte es necesario entender las circunstancias bajo las cuales fue creada: las influencias de determinado movimiento artístico, las experiencias personales o las condiciones presentes en la vida del artista. Esta biografía de María de los Remedios Varo Uranga fue escrita por Josefa Zambrano Espinosa, ensayista y narradora venezolana que, además de dedicarse a la docencia universitaria, ha publicado varios libros de ensayos y relatos, entre los que sobresalen *Magia de Páramo, Al día siguiente todos los caminos amanecen abiertos* y *Malaventuras*. Estas obras son evidencia de su agudo talento como narradora. En este texto no solo relata los acontecimientos de una vida, sino que también ofrece percepciones profundas para entender mejor el contexto histórico, artístico y personal que influyó el arte de Varo. Esta lectura es un fragmento del artículo «Lo mágico, enigmático y místico en el arte de Remedios Varo», publicado en 2003 en la sección «Arte y cultura» del sitio Analítica.com.

ANTES DE LEER

MI VOCABULARIO
Anota el vocabulario nuevo a medida que lo aprendes. 

1. el cubismo
2. el expresionismo
3. el impresionismo
4. el surrealismo
5. el simbolismo

1 **Movimientos artísticos** Escribe el nombre del movimiento artístico correspondiente al lado de cada una de las siguientes descripciones.

el cubismo	el expresionismo	el impresionismo	el simbolismo	el surrealismo

1. Se desarrolló en Francia en 1905. Rompe con la idea de representar un solo punto de vista. Se caracteriza por la descomposición de las figuras y el uso de formas geométricas.
2. Se desarrolló en Alemania a principios del siglo XX. Se preocupa por la representación subjetiva de la realidad, para transmitir emociones y sentimientos profundos.
3. Se desarrolló en París a mediados del siglo XIX. En vez de pintar formas con detalles concretos, intenta representar la luz y el movimiento para capturar un instante.
4. Se desarrolló en Francia en la década de 1920. Busca representar el inconsciente y descubrir una verdad psicológica más allá de lo real.
5. Se desarrolló en Francia y Bélgica a finales del siglo XIX. Su originalidad reside en el contenido de las obras y en la posibilidad de una interpretación personal.

2 **Factores influyentes** Con un(a) compañero/a de clase, comenta de qué manera podrían influir en el trabajo de un(a) artista los siguientes factores:

- el amor (y su pérdida)
- la guerra o la violencia
- la muerte de un pariente
- ideas o perspectivas nuevas
- la opresión política o la censura
- el cambio social (por ejemplo, las nuevas libertades)
- la depresión
- una experiencia cercana a la muerte

MI VOCABULARIO
Utiliza tu vocabulario individual. 

3 **Un(a) artista famoso/a** Investiga sobre un(a) artista hispano/a famoso/a y prepara una presentación oral para la clase. Incluye información precisa, como datos biográficos relevantes, obras principales, eventos políticos o artísticos significativos en la vida del/de la artista, o experiencias personales y familiares que influyeron en él/ella y se reflejan en su obra.

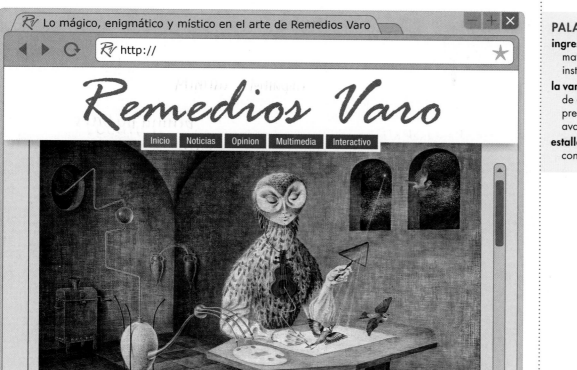

La creacion de las aves, Remedios Varo

María de los Remedios Varo Uranga, hija de la extravagante unión de un librepensador ingeniero hidráulico y de una devotísima católica, nació en Anglés, España, en 1908.

Debido a la profesión del padre, la familia viajaba frecuentemente a través de las geografías española y norteafricana. Para mantener entretenida a la niña, el padre la sentaba a su lado mientras trazaba los planos y diseñaba los aparatos mecánicos de sus proyectos hidráulicos.

Cuando la familia se estableció en Madrid en 1924, el padre, conocedor de su aptitud para la pintura, la estimula para que **ingrese** a la Academia de San Fernando, donde se convirtió en una de las primeras mujeres estudiantes de arte. En San Fernando fue condiscípula de Dalí y de Gregorio Lizarraga, con quien se casó. Juntos se marcharon a París y a Barcelona, y allí se vincularon con otros artistas de **vanguardia**. Al **estallar** la guerra civil española, Remedios se separó de Lizarraga y retornó a París.

París era luz y arte, y el arte era surrealista. Conoció a Benjamín Peret y se unieron en 1937. Peret la introdujo en el círculo de los surrealistas

PALABRAS CLAVE

ingresar entrar, matricularse en una institución

la vanguardia movimiento de artistas que presentan cambios o avances innovadores

estallar comenzar un conflicto, explotar

PALABRAS CLAVE

acogido/a admitido/a y protegido/a

amalgamar mezclar, combinar

el malabarismo acción de tirar objetos al aire y recogerlos

la decalcomanía técnica artística que consiste en transferir grabados de una superficie a otra

el *fumage* técnica que consiste en hacer impresiones por humo o vela

el *frottage* técnica de frotar un lápiz sobre un objeto bajo papel para conseguir la impresión de su forma

insólito/a raro/a, increíble

el arcano misterio, secreto muy reservado y de importancia

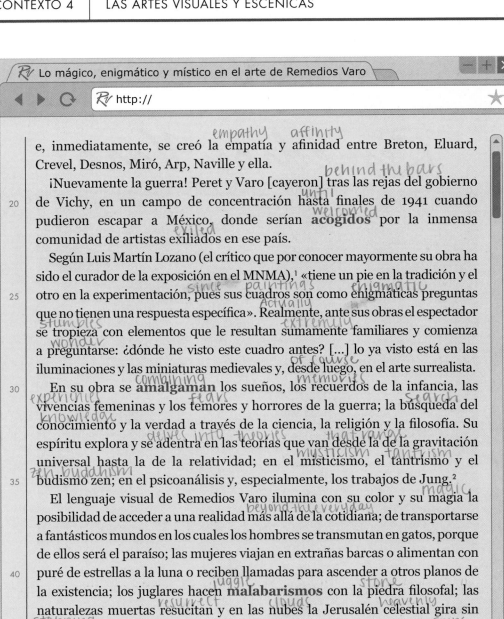

Lo mágico, enigmático y místico en el arte de Remedios Varo

http://

e, inmediatamente, se creó la empatía y afinidad entre Breton, Eluard, Crevel, Desnos, Miró, Arp, Naville y ella.

¡Nuevamente la guerra! Peret y Varo [cayeron] tras las rejas del gobierno de Vichy, en un campo de concentración hasta finales de 1941 cuando pudieron escapar a México, donde serían **acogidos** por la inmensa comunidad de artistas exiliados en ese país.

Según Luis Martín Lozano (el crítico que por conocer mayormente su obra ha sido el curador de la exposición en el MNMA),[1] «tiene un pie en la tradición y el otro en la experimentación, pues sus cuadros son como enigmáticas preguntas que no tienen una respuesta específica». Realmente, ante sus obras el espectador se tropieza con elementos que le resultan sumamente familiares y comienza a preguntarse: ¿dónde he visto este cuadro antes? [...] lo ya visto está en las iluminaciones y las miniaturas medievales y, desde luego, en el arte surrealista.

En su obra se **amalgaman** los sueños, los recuerdos de la infancia, las vivencias femeninas y los temores y horrores de la guerra; la búsqueda del conocimiento y la verdad a través de la ciencia, la religión y la filosofía. Su espíritu explora y se adentra en las teorías que van desde la de la gravitación universal hasta la de la relatividad; en el misticismo, el tantrismo y el budismo zen; en el psicoanálisis y, especialmente, los trabajos de Jung.[2]

El lenguaje visual de Remedios Varo ilumina con su color y su magia la posibilidad de acceder a una realidad más allá de la cotidiana; de transportarse a fantásticos mundos en los cuales los hombres se transmutan en gatos, porque de ellos será el paraíso; las mujeres viajan en extrañas barcas o alimentan con puré de estrellas a la luna o reciben llamadas para ascender a otros planos de la existencia; los juglares hacen **malabarismos** con la piedra filosofal; las naturalezas muertas resucitan y en las nubes la Jerusalén celestial gira sin detener jamás su movimiento.

Para Varo todo es posible. Al hacer uso de la **decalcomanía**, el **fumage** y el **frottage** metaforiza el mundo interior y los cambios existenciales. Nada la detiene en su búsqueda de nuevas dimensiones metafísicas y espaciales, y al trastocar los conceptos de tiempo, energía y cosmos, se aleja de la racionalidad de las ciencias, penetra en el reino de la metapsíquica y logra **insólitos** efectos visuales. Ante la obra de Remedios Varo hay que admitir que las tonalidades, el movimiento, la alegría, la luz y los enigmas han hecho de su imaginario una expresión de lo maravilloso, por eso en sus autorretratos «La llamada» (1961) y «Exploración de las fuentes del río Orinoco» (1959), su radiante figura avanza portando el divino elixir o navega en beatífica gracia, pues sabe que definitivamente ha abierto la «puerta de piedra» y revelado los **arcanos** de la existencia donde, como decía Breton, «solamente lo maravilloso es bello».[3]

1 Museo Nacional de las Mujeres en las Artes, en Washington, D.C.

2 Psiquiatra suizo que fundó la escuela de psicología analítica

3 El texto completo de este artículo aparece en las páginas 482-483.

DESPUÉS DE LEER

1 **Comprensión** Elige la mejor respuesta para cada pregunta, según el texto.

1. ¿Por qué el padre de Remedios Varo quería que asistiera a la Academia de San Fernando?
   a. Él tenía que trabajar mucho y no podía estar en casa con ella.
   b. Quería mantener entretenida a la niña.
   c. Quería protegerla de la guerra.
   d. Reconocía su talento artístico.
2. ¿Con qué clase de artistas se encontró Varo en Barcelona?
   a. Surrealistas
   b. De vanguardia
   c. Impresionistas
   d. Cubistas
3. ¿Por qué Varo decidió quedarse en México?
   a. Para evitar la guerra civil
   b. Porque quería casarse con Peret
   c. Por la comunidad de artistas que encontró allí
   d. Para aprender nuevas técnicas artísticas
4. ¿A qué se refiere la frase «lenguaje visual» (línea 36)?
   a. A la manera de representar ideas y pensamientos de forma visual
   b. A la forma de comentar las imágenes que vemos
   c. Al modo en el que vemos o imaginamos el lenguaje
   d. A los términos necesarios para discutir el arte
5. ¿Cuál frase resume mejor la manera como la autora caracteriza a Varo?
   a. Líder de la vanguardia femenina
   b. Exploradora de lo enigmático
   c. Reina de tonalidades
   d. Perdida en la fantasía

CONCEPTOS CENTRALES

Deducir
Usa lo que sabes sobre el tema de la lectura para deducir el significado de una palabra o frase desconocida.

2 **Influencias biográficas** Busca en el texto los cinco acontecimientos más importantes en la vida de Remedios Varo y explica cuáles fueron las posibles influencias que tuvieron en su obra.

3 **La creación de las aves** Observa la obra *La creación de las aves* de Remedios Varo (en la página 191) y contesta estas preguntas para describir el contenido de la obra.

1. ¿Quién (o qué) es el personaje representado?
2. Describe su apariencia física y la expresión de su rostro.
3. ¿Qué tiene en las manos? ¿Qué hace con estas herramientas?
4. ¿Qué lleva como collar?
5. ¿Dónde tiene lugar esta escena?
6. ¿Qué hace el aparato que hay a la derecha del personaje?

MI VOCABULARIO
Utiliza tu vocabulario individual. 

4 **Las características de la obra** Lee de nuevo las descripciones que Zambrano Espinosa usa para caracterizar el arte de Varo. Subraya las frases que son más evidentes en *La creación de las aves*.

ESTRATEGIA

Inferir
Hacer una inferencia implica sacar conclusiones de la información disponible en el texto. Las inferencias pueden ayudarte a comprender obras de arte o literatura. Busca conexiones posibles entre las experiencias personales de la artista y las características de su arte para inferir de qué manera los acontecimientos de su vida pueden aparecer expresados en sus obras.

5 Interpretación de la obra Con un(a) compañero/a de clase, contesta las siguientes preguntas para interpretar *La creación de las aves*.

1. Consulta en una enciclopedia o en un diccionario qué es un símbolo.
2. ¿Cuáles objetos de la obra pueden ser simbólicos?
3. ¿Qué simbolizan?
4. ¿Qué influencia pudieron haber tenido las circunstancias familiares en la obra de Varo? ¿Y los eventos históricos y políticos? ¿Y los movimientos artísticos e intelectuales?
5. ¿De qué manera esta obra se puede considerar representativa del estilo surrealista?
6. ¿Qué sugiere la obra sobre la manera como Varo ve el mundo?

6 Discusión: El propósito del arte En pequeños grupos, contesten las siguientes preguntas y dialoguen para expresar sus puntos de vista y razonamientos.

1. ¿Cuál es el propósito del arte?
2. ¿De qué manera el arte puede enriquecer la vida de un individuo?
3. ¿En qué sentido el arte refleja la experiencia humana?
4. ¿Por qué la habilidad artística es útil fuera del mundo de las artes?
5. ¿Cómo sería vivir en un mundo sin arte?
6. ¿La expresión artística debe ser limitada o censurada de alguna manera?

7 Ensayo analítico Escribe un análisis comparativo de dos obras de artistas hispanoamericanos. Incluye estos elementos:

1. Una oración en la que expongas tu tesis
2. Una descripción de cada artista:
   - biografía breve
   - influencias artísticas
   - estilo artístico
3. Una breve interpretación de cada obra:
   - contexto histórico
   - ideas o temas expresados
   - simbología utilizada
4. Semejanzas y diferencias entre ambos artistas
5. Algunas conclusiones

ESTRUCTURAS

Adjetivos

Examina el texto para encontrar los siguientes usos de los adjetivos:

1. un adjetivo después del sustantivo
2. un adjetivo antes del sustantivo, que intensifica la característica
3. un adjetivo antes del sustantivo, que implica un juicio
4. un adjetivo que es un número ordinal
5. dos adjetivos con un mismo sustantivo
6. un superlativo absoluto

RECURSOS
Consulta las explicaciones gramaticales del **Apéndice A,** pp. 424-426.

AUDIO ▸ 30 AÑOS DEL *GUERNICA*

INTRODUCCIÓN Este audio fue transmitido desde Madrid, España, por *Contextos*, un canal de Radio del Museo Reina Sofía, para presentar algunas perspectivas sobre el regreso del *Guernica* a España (específicamente al Museo Reina Sofía) hace poco más de 30 años. Los tres fragmentos que componen la grabación comunican una reflexión histórica sobre los significados de este viaje.

PALABRAS CLAVE

el juramento promesa que implica una obligación

el triunfo victoria o conquista

apartar separar o dividir; desunir

el presidio reclusión o cautiverio

unirse asociarse o juntarse con otras personas

ANTES DE ESCUCHAR

1 **Lluvia de vocabulario** En parejas, piensen en el vocabulario que conocen para hablar del tema de la guerra y anoten palabras y expresiones relacionadas con dicho tema. Recordar y repasar este vocabulario les ayudará a comprender mejor el texto.

2 **Cuadro SQA: La Guerra Civil Española**

Paso 1: Completa las primeras dos columnas del cuadro SQA para identificar lo que ya sabes y lo que quieres saber de la Guerra Civil Española.

- época en la que ocurrió
- el Frente Popular
- Francisco Franco
- nacionalistas y republicanos
- los exiliados
- Guernica, pueblo del País Vasco
- *Guernica* de Picasso
- ¿Cuál lado triunfó?

LO QUE SÉ	LO QUE QUIERO SABER	LO QUE APRENDÍ

Paso 2: Compara tu lista con la de un(a) compañero/a de clase. Usa un bolígrafo con tinta de un color diferente para diferenciar los apuntes de ambos.

Paso 3: Completarás la tercera columna de la tabla cuando vuelvas a escuchar la grabación.

ESTRATEGIA

Completar un cuadro SQA
Un cuadro SQA (saber, querer saber, aprender) te permite identificar lo que ya sabes y lo que quieres saber sobre determinado tema. Después de investigar la información que te falta podrás completar la tercera columna con lo que has aprendido.

MIENTRAS ESCUCHAS

1 **Énfasis y propósito** Escribe una lista de las palabras destacadas por los expertos e identifica el propósito de los mensajes comunicados en los fragmentos. Anota tus resultados en una tabla como esta:

PALABRAS CLAVE, IDEAS Y PROPÓSITO DE LOS FRAGMENTOS		
Primer fragmento	Segundo fragmento	Tercer fragmento

MI VOCABULARIO 
Anota el vocabulario nuevo a medida que lo aprendes.

DESPUÉS DE ESCUCHAR

MI VOCABULARIO
Utiliza tu vocabulario individual.

1 **Cuadro SQA** Con lo que has aprendido después de escuchar la grabación, completa la tercera columna del cuadro SQA. Luego investiga en Internet los datos que todavía te queden incompletos de la columna «Lo que quiero saber». Finalmente, mediante una discusión grupal, compara con otros miembros de la clase lo que has podido añadir.

2 **Comparaciones** Observa las dos viñetas de Quino. Después, en una discusión de clase, presenta tus impresiones sobre estos dos aspectos:

1. De la primera viñeta: El desorden del salón de la casa comparado con el desorden de la escena del *Guernica* de Picasso.
2. En qué se diferencian las dos viñetas y cuáles son las posibles interpretaciones de cada una.

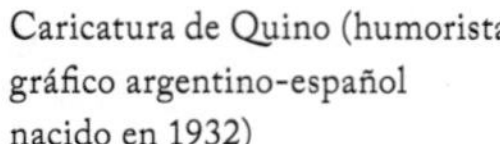

Caricatura de Quino (humorista gráfico argentino-español nacido en 1932)

3 **Ensayo analítico** Investiga la historia del municipio de Guernica y anota más datos importantes para comprender los efectos de la tragedia del 26 de abril de 1937. Imagina que has asistido a la exposición del *Guernica* en el Museo Reina Sofía y que has visitado los salones adyacentes. Escribe un ensayo analítico en el que contestes una de estas preguntas:

- ¿En qué sentido el arte es una reacción o una imitación de la vida?
- ¿Qué influencia tienen las circunstancias políticas y las experiencias personales sobre la expresión artística?

Organiza el ensayo en distintos párrafos bien desarrollados, con una tesis, dos o tres argumentos que sustenten la tesis y una conclusión que resuma tu posición. Usa este organizador gráfico para ordenar tus ideas:

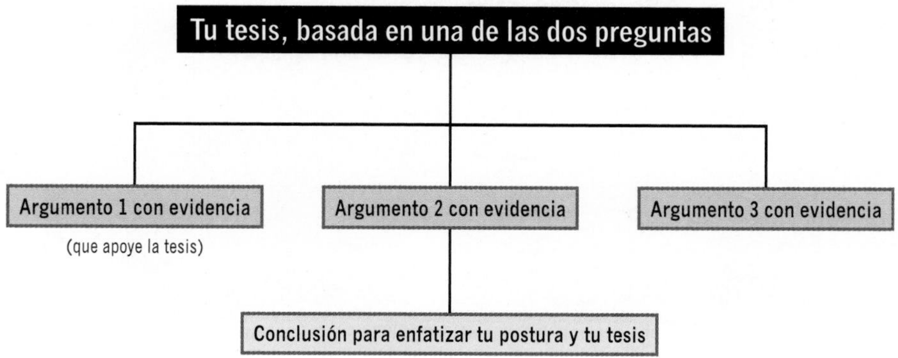

En el ensayo debes presentar datos e información del *Guernica* de Picasso y explicar cómo sirve para apoyar tu postura. Al referirte a las fuentes investigadas, el audio o las lecturas de esta unidad, identifícalas apropiadamente.

RECURSOS
Consulta la lista de apéndices en la p. 418.

---

4 **Una caricatura crítica** Consigue una obra de un(a) caricaturista hispanoamericano/a para que la presentes ante la clase. Incluye estos temas en tu presentación:

- una breve descripción de la caricatura
- una breve presentación del autor
- el tema de la caricatura y la crítica social o política que presenta
- tu interpretación personal de la caricatura y el motivo por el que la elegiste

---

5 **La caricatura** En grupos pequeños, hagan una discusión sobre el valor artístico y social de la caricatura. Pueden hacer referencia a estos temas o a otros que consideren relevantes:

- la caricatura como forma de arte
- la caricatura como forma de expresión personal
- la importancia de la caricatura como crítica social
- la manera como se puede llamar la atención sobre la realidad política y social mediante la caricatura
- Mencionen caricaturistas populares en su país y expliquen por qué su trabajo merece destacarse.

CONEXIONES CULTURALES

FIACID

FESTIVAL IBEROAMERICANO DE CINE DIGITAL 2013

Imagen oficial del FIACID 2013. Lima, Perú, 28 de mayo al 9 de junio

El festival de cine digital independiente

¡QUIÉN PUDIERA SER CINEASTA! INVENTAR HISTORIAS Y experimentar con imágenes impensadas. No es fácil, pero tampoco imposible. En el Festival Iberoamericano de Cine Digital, realizado en Lima en 2012, solo participaron autores con un máximo de dos obras publicadas.

Perú estalló con el festival. Se presentaron obras típicas de la cultura latinoamericana, como *Las marimbas del infierno*, de Julio Hernández Cordón, donde un músico guatemalteco toca ese instrumento mientras huye de bandas delictivas, o *El último guerrero chanka*, una historia de artes marciales y terror, acompañada al compás de la música andina, dirigida por Víctor Amadeo Zarabia.

Lima fue un escenario ideal para el festival: una ciudad pujante, con una juventud siempre deseosa de encontrar formas artísticas nuevas, en un país cuya cultura milenaria invita a la recreación y la inventiva.

- Aunque se trata de una imagen congelada, la fotografía es una herramienta poderosa que puede transmitir movimiento y fluidez, tal como lo demuestra el fotógrafo colombiano Mauricio González en sus trabajos, que usualmente están inspirados en los sueños, la magia y la fantasía.
- ¿Cansado de ver paredes estropeadas con pintura? En muchas ciudades de Latinoamérica los jóvenes pintan las paredes para embellecerlas. El grupo Kiñe, de Chile, viaja por distintas ciudades pintando murales, organizando talleres artísticos para niños y adultos, y acercando el arte a la comunidad.
- La basura es bella. Al menos eso piensan los artistas de Basurama, un proyecto nacido en Madrid de la mano de arquitectos y artistas de todo el mundo, que transforma la basura en obras de arte ecológicas y bonitas. Desde su fundación en el año 2001, el colectivo Basurama se ha dedicado al estudio de las posibilidades creativas de los desechos.

Presentación oral: comparación cultural

Prepara una presentación oral sobre este tema:

- ¿Cuál es el papel de las artes visuales y escénicas en la sociedad?

Compara tus observaciones acerca de las comunidades en las que has vivido, con tus observaciones de una región del mundo hispanohablante que te sea familiar. En tu presentación, puedes referirte a lo que has estudiado, vivido u observado.

Las citas

- En los relatos periodísticos, los ensayos y los trabajos académicos es común recurrir a citas como ejemplos o para respaldar un argumento. Las citas extraídas directamente de los materiales en los que se basa un ensayo o relato son uno de los tipos de evidencia a los que puede recurrir un escritor.

  Esa complejísima suma de verdades contradictorias —como las llamaba Isaiah Berlin— de que está hecha la condición humana, ese conocimiento totalizador y en vivo del ser humano, hoy, sólo se encuentra en la literatura.

- La manera más común de introducir una cita es utilizando un verbo seguido de dos puntos o un verbo seguido de **que**. También se pueden usar expresiones como **según, de acuerdo con** u oraciones introducidas por **como**. En estos casos, se debe usar una coma antes de la cita.

  Vargas Llosa **sostiene que** «la literatura, a diferencia de la ciencia y la técnica, es, ha sido y seguirá siendo, mientras exista, uno de esos denominadores comunes de la experiencia humana, gracias al cual los seres vivientes se reconocen y dialogan».

  Vargas Llosa **sostiene**: «La literatura, a diferencia de la ciencia y la técnica, es, ha sido y seguirá siendo, mientras exista, uno de esos denominadores comunes de la experiencia humana, gracias al cual los seres vivientes se reconocen y dialogan».

  Según Vargas Llosa, «la literatura, a diferencia de la ciencia y la técnica, es, ha sido y seguirá siendo, mientras exista, uno de esos denominadores comunes de la experiencia humana, gracias al cual los seres vivientes se reconocen y dialogan».

- Las citas pueden ser directas o indirectas. A su vez, una cita directa puede ser completa o parcial.

  Cita directa completa
  Como dice Vargas Llosa: «Nada enseña mejor que la literatura a ver, en las diferencias étnicas y culturales, la riqueza del patrimonio humano».

  Cita directa parcial
  Vargas Llosa considera que nada mejor que la literatura para aprender a ver, «en las diferencias étnicas y culturales, la riqueza del patrimonio humano».

  Cita indirecta
  En su ensayo, Vargas Llosa sostiene que la literatura es el mejor camino para apreciar la riqueza del patrimonio humano.

- Las citas directas o textuales deben estar entre comillas. (Véase **p. 130**.) Si se omiten partes internas de la cita, es necesario indicar la elipsis mediante tres puntos entre corchetes. (Véase **p. 131**.)

  Vargas Llosa explica que «el vínculo fraterno que la literatura establece entre los seres humanos, obligándolos a dialogar y haciéndolos conscientes de un fondo común, de formar parte de un mismo linaje espiritual, trasciende las barreras del tiempo».

  Vargas Llosa explica que «el vínculo fraterno que la literatura establece entre los seres humanos [...] trasciende las barreras del tiempo».

- Los corchetes también se utilizan cuando en una cita textual el escritor modifica alguna palabra, ya sea para corregir un error en la cita original o para aclarar información para los lectores.

  Vargas Llosa afirma: «Pero [la especialización] tiene también una consecuencia negativa: va eliminando esos denominadores comunes de la cultura gracias a los cuales los hombres y las mujeres pueden coexistir, comunicarse y sentirse de alguna manera solidarios».

- En las citas indirectas, a veces resulta necesario hacer cambios en los tiempos verbales y en otros referentes. (Véanse **pp. 461-464.**) Esto se produce en particular cuando la cita se introduce por medio de un verbo en tiempo pasado.

  «Los cambios **se deben** en gran parte a factores introducidos desde el exterior».

  En su ensayo, Perla Petrich afirmó que los cambios **se debían** sobre todo a factores introducidos desde fuera.

- Es importante evitar el uso constante del mismo verbo (por ejemplo, el verbo **decir**) al introducir citas. Este cuadro presenta varias alternativas.

VERBOS PARA INTRODUCIR CITAS				
afirmar	confirmar	defender	informar	opinar
anunciar	contar	explicar	insistir	preguntar
asegurar	decir	expresar	manifestar	reiterar
aseverar	declarar	indicar	mantener	sostener

PRÁCTICA

1 

Compara las palabras textuales de Perla Petrich **(pp. 37-38)** con las citas hechas por otra persona. Corrige los errores en las citas.

PALABRAS TEXTUALES DE PERLA PETRICH	CITAS
1. «Hasta el 2000, ir de Panajachel a San Pedro suponía un viaje de dos horas y media en barco y, si se quería llegar antes, se debía alquilar una lancha privada y pagar entre cien y ciento veinte quetzales ($20). Hoy en día, el viaje directo, en grupo, cuesta poco más de un dólar por persona. El trayecto toma sólo veinte minutos.»	**1.** Según Perla Petrich, «hasta el 2000 ir de Panajachel a San Pedro suponía un viaje de dos horas y media en barco y hoy toma sólo veinte minutos».
2. «Otro factor de gran importancia fue la llegada de la televisión y, con ella, el acceso a una visión mediatizada del exterior.»	**2.** La profesora Petrich sostiene «Otro factor de gran importancia fue la llegada de la televisión y con ella, el acceso a una visión mediatizada de las otras regiones».

2

Reescribe la primera cita como cita parcial y la segunda como cita indirecta.

1. «La región del lago Atitlán se encontró en el epicentro de un conflicto de extrema violencia entre 1980 y 1992 como consecuencia de los enfrentamientos entre la guerrilla y el ejército. Una vez normalizada la situación, los pueblos se incorporan mal que bien a la corriente de "modernidad" que los sacó con precipitación excesiva del inmovilismo en el que los había sumido el terror y la falta de comunicación con el exterior.»
2. «El desarrollo del turismo en los últimos diez años creó trabajos asalariados en la hotelería y en las casas de fin de semana; facilitó la venta de artesanías, hizo conocer las drogas e introdujo nuevos hábitos alimenticios y vestimentarios.»

EN BREVE

La arquitectura

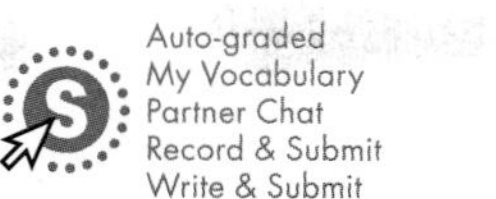

PUNTOS DE PARTIDA

La belleza en la arquitectura está relacionada con ciertas reglas de orden y equilibrio. Sin embargo, varias de las obras arquitectónicas más importantes y bellas de la historia pertenecen a arquitectos que han roto deliberadamente con estas reglas.

- ¿Por qué algunas obras arquitectónicas les parecen muy bellas a ciertas personas y a otras no?
- ¿La belleza es inherente a la obra arquitectónica o está «en el ojo de quien la contempla»?
- ¿Qué tienen en común las obras arquitectónicas más bellas del mundo?

DESARROLLO DEL VOCABULARIO

1 Lenguaje arquitectónico Empareja las palabras de la izquierda con su correspondiente definición en el listado de la derecha.

1. I abadía abbey
2. E acueducto aqueduct
3. G alcázar palace, castle
4. H arco arch
5. A campanario bell tower
6. F capilla chapel
7. C cúpula dome
8. I fachada front
9. D ladrillo brick
10. B mosaico mosaic

a. torre de las iglesias donde van las campanas
b. obra hecha con una mezcla de piedras o vidrios, generalmente de varios colores
c. bóveda en forma de media esfera que suele cubrir un edificio o parte de él
d. piedra artificial de color rojo, usualmente hecha de barro
e. sistema de irrigación que permite transportar agua en un flujo continuo
f. edificio donde vive una comunidad religiosa
g. término español de origen árabe para designar un castillo o palacio fortificado
h. elemento constructivo lineal de forma curvada
i. la parte principal exterior de un edificio
j. edificio contiguo a una iglesia o parte integrante de ella, con altar y oratorio

MI VOCABULARIO Anota el vocabulario nuevo a medida que lo aprendes.

1. luz / sol
2. tema de colores

2 Espacios para vivir Haz una lista de los cinco aspectos más importantes que debe tener un espacio para ser habitable (por ejemplo, luminosidad, amplitud o ventilación). Luego comparte tu lista con toda la clase y entre todos decidan cuáles son los tres aspectos más importantes y por qué.

3 ¿Qué obra es? Piensa en una obra arquitectónica mundialmente famosa (como las pirámides de Egipto o la Torre Eiffel). Escribe sus características más importantes: ¿Quién la diseñó? ¿Cuándo fue construida? ¿Es una obra funcional, ornamental o ambas cosas? ¿Por qué crees que es famosa? ¿Qué es lo que más te gusta de esa obra, o lo que más te llama la atención? Después, descríbesela a un(a) compañero/a, pero sin decirle el nombre de la obra. Tu compañero/a debe adivinar a qué obra te refieres.

MI VOCABULARIO Utiliza tu vocabulario individual.

- un arquitecto de Francia
- los años sesentas
- funcional
- pueden ver la ciudad

4 Arquitectura local Con un(a) compañero/a, elijan una obra arquitectónica de la ciudad o la comunidad en la que viven. Describan por qué les parece bella. ¿Qué aspectos son los más hermosos? ¿Cómo se distingue de otros edificios? ¿Qué relación hay entre esa obra y los ciudadanos del lugar?

AMPLIACIÓN

Sagrada Familia, Antoni Gaudí [1]

« La pintura, a través del color, y la escultura, mediante la forma, representan los organismos existentes. »

« Todo sale del gran libro de la naturaleza. »

1 

Arquitectura naturalista Busca en Internet la obra más famosa de Gaudí, la *Sagrada Familia*. Relaciona las dos citas mencionadas (que también son de Gaudí) con su trabajo arquitectónico, para luego publicar tus observaciones en tu blog personal. ¿Crees que Gaudí se inspiró en la naturaleza para crear la *Sagrada Familia*? ¿Qué aspectos del naturalismo encuentras en la obra? ¿Cuál es tu impresión de esta catedral? ¿Te gusta su diseño arquitectónico? ¿Es bello? ¿Qué emociones te provoca? Explica tus respuestas.

RECURSOS
Consulta la lista de apéndices en la p. 418.

2

Descripción persuasiva Haz una búsqueda en Internet sobre algún arquitecto contemporáneo de un país hispanohablante. Escoge algunas de sus obras que te parezcan bellas y escribe un ensayo para describirlas y convencer a tus lectores de su belleza. ¿Qué tipo de arquitectura es? ¿Qué función tiene su arquitectura (por ejemplo, urbana u ornamental)? ¿Por qué te gusta su obra? ¿Cómo se compara su obra con la arquitectura de la ciudad o la comunidad en donde vives? ¿Crees que es una obra universalmente bella?

Puedes escribir sobre alguno de los siguientes arquitectos o sobre cualquier otro de un país hispanohablante que te interese:

- Luis Barragán (México)
- Santiago Calatrava (España)
- Eladio Dieste (Uruguay)
- César Pelli (Argentina)
- Rogelio Salmona (Colombia)
- Fruto Vivas (Venezuela)

3 

Una obra sobresaliente Elige una obra arquitectónica famosa en el mundo hispanohablante y prepara una presentación para tu clase. Incluye datos sobre el arquitecto, la época en la que fue construida la obra, su significado para la cultura y para la humanidad en general, y tus opiniones personales sobre la obra.

1 **Antoni Gaudí (1852-1926)** fue un arquitecto español representante del modernismo. Diseñó algunas de las obras más originales y famosas de la historia moderna, entre ellas la *Sagrada Familia*, la *Casa Calvet* y el *Parque Güell*.

contexto 6

EN BREVE

Definiciones de la creatividad

PUNTOS DE PARTIDA

La creatividad es la tendencia a generar o reconocer ideas, alternativas o posibilidades que pueden ser útiles para resolver problemas, expresar nuestras ideas o sentimientos y entretenernos.

- ¿Es la creatividad una característica innata? Es decir, ¿las personas creativas lo son desde su nacimiento o aprendieron a ser creativas?
- ¿Somos todas las personas potencialmente creativas o la creatividad es una característica de algunas pocas personas afortunadas o privilegiadas?
- ¿Cómo se puede manifestar la creatividad en nuestra vida cotidiana?

DESARROLLO DEL VOCABULARIO

1 **La persona creativa** Piensa en dos o tres personas reconocidas por ser muy creativas y describe la personalidad de cada una de ellas. ¿Son apasionadas o tranquilas? ¿Extrovertidas o tímidas? ¿Fantasiosas o realistas? Luego compara tu lista de características con la lista de un(a) compañero/a. ¿Encontraron características en común?

MI VOCABULARIO
Anota el vocabulario nuevo a medida que lo aprendes.

AMPLIACIÓN

1 **La creatividad y el trabajo**

CALIDAD DE LA MÚSICA ROCK Y PRODUCCIÓN DE PETRÓLEO EN ESTADOS UNIDOS

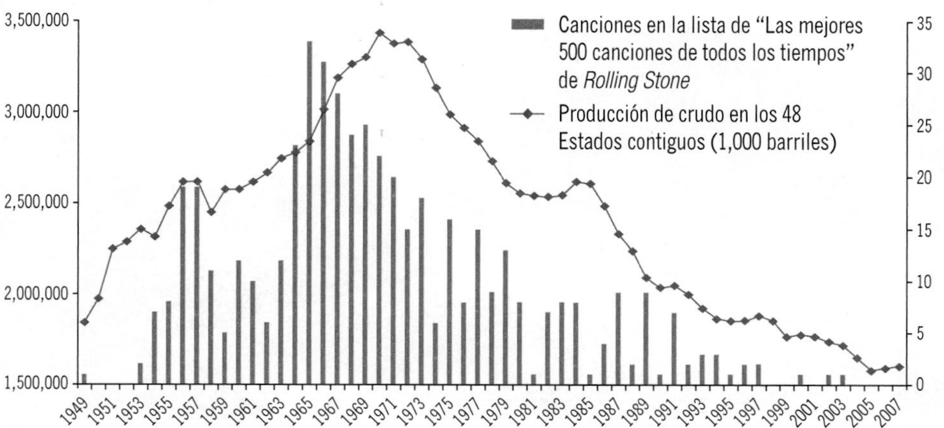

Fuente: OverthinkingIt.com

Esta gráfica presenta una correlación entre la productividad de Estados Unidos (representada por la producción de petróleo) y la creatividad de sus ciudadanos (manifestada en las mejores canciones de todos los tiempos). En tu opinión, ¿es esta correlación una coincidencia o crees que hay una relación directa entre el rendimiento laboral (el trabajo) y la creatividad? ¿Hay alguna relación entre el mensaje de las canciones de rock y la explotación de los recursos naturales? ¿De qué otra forma puede interpretarse la gráfica? Escribe tus ideas en un ensayo de una página y apoya tus ideas con ejemplos concretos.

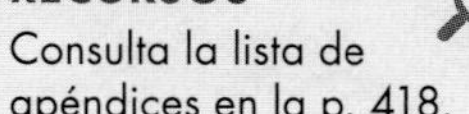

RECURSOS
Consulta la lista de apéndices en la p. 418.

ARTE PRECOLOMBINO

con Luis Jaime Castillo

A PRIMERA VISTA
¿Qué hace el hombre de la foto? ¿Dónde crees que está? ¿Cuál crees que es su profesión?

SOBRE EL CORTO *Umbrales* es un programa de televisión de Perú que trata sobre ciencia, tecnología, arqueología y arquitectura. En el episodio «Arte precolombino», el profesor Luis Jaime Castillo se pregunta si las obras prehispánicas extraídas de los sitios arqueológicos pueden ser consideradas arte y cuál debe ser el criterio para exhibirlas en un museo.

ANTES DE VER

1 **Investigación preparatoria** Busca en Internet una pieza arqueológica interesante de cualquier cultura prehispánica. ¿Qué te llama la atención de la pieza que elegiste? ¿Qué te interesa más, la calidad artística de la pieza o su contexto histórico? Guarda tus notas para usarlas en una actividad posterior.

2 **Museos y arte** Conversa con un(a) compañero/a sobre sus gustos en relación con los museos y las exposiciones de arte. Hablen de los tipos de museos que les gusta visitar y de su más reciente visita a uno de ellos. ¿Qué tipo de museo era? ¿Qué fue lo que más les llamó la atención de la exposición?

ESTRATEGIA

Hacer una investigación preparatoria te ayuda a asimilar la información presentada en un corto cultural o técnico.

MIENTRAS MIRAS

1 **Profesor Castillo:** «Para los arqueólogos, los objetos [...] son expresiones de la producción cultural de una sociedad».

1. ¿Cuáles son los dos tipos de objetos arqueológicos que ofrece como ejemplo el profesor Castillo?
2. ¿Qué valor encuentran los arqueólogos en los objetos? ¿Qué información buscan en ellos?

2 **Profesor Castillo:** «El público piensa en [ellos] como objetos que tienen cualidades estéticas y por esa razón los seleccionamos para que vayan a los museos».

1. Según el profesor Castillo, ¿en qué museos pueden encontrarse objetos de las culturas precolombinas?
2. ¿En qué se distinguen esos artefactos de los objetos domésticos y cotidianos?

3 **Andrés Álvarez Calderón:** «Esas escenas lo que están representando es una narrativa de la manera como se entendía el mundo en ese entonces».

1. ¿Por qué dice Andrés Álvarez Calderón, el director del Museo Larco, en Perú, que muchas veces no entendemos los objetos arqueológicos?

PALABRAS CLAVE

precolombino/a anterior a la llegada de Cristóbal Colón a América

la cerámica objetos de barro o porcelana

el textil tejido, objeto que se forma tejiendo

la vitrina caja de vidrio para exhibir objetos

la cosmovisión manera de interpretar el mundo

profano/a secular, que no es religioso o sagrado

DESPUÉS DE VER

1 Vocabulario en contexto Completa las oraciones con términos de las Palabras clave de la página 205. Haz los cambios necesarios.

1. Las ____________ están llenas de objetos hermosos.
2. Es difícil encontrar cuadros ____________ de la época colonial.
3. Los objetos precolombinos expresan la ____________ de las culturas prehispánicas.
4. Los museos tienen muchos objetos de las sociedades antiguas; por ejemplo, la ____________ mochica y los ____________ paracas.
5. Hay una controversia: ¿existió o no existió el arte ____________?

2 Comprensión Contesta las preguntas según el documental.

1. ¿Qué criterio suele usarse para seleccionar los artefactos que van a exhibirse en un museo?
2. ¿Por qué los artefactos domésticos o cotidianos no suelen exhibirse?
3. ¿Cuáles son los dos puntos de vista para explorar las piezas arqueológicas?
4. ¿Qué representan los símbolos que hay en las piezas arqueológicas?
5. ¿En qué sentido las artes coloniales eran dirigidas?
6. Según la curadora Ulla Holmquist, ¿cuáles son los dos aspectos importantes que se combinan en las piezas que se exhiben en los museos?

3 Interpretación En parejas, contesten estas preguntas.

1. ¿Por qué los museos suelen exhibir piezas de gran belleza que no necesariamente tienen mucho contenido informativo?
2. ¿Por qué a los arqueólogos no les interesa necesariamente el aspecto estético de los artefactos?
3. ¿Por qué a la sociedad contemporánea le es más fácil entender el arte colonial que el arte precolombino?
4. ¿Creen que las artes deben ser dirigidas? Es decir, ¿creen que los líderes religiosos o políticos deben decirle al artista qué es lo que debe crear? Expliquen su respuesta.

RECURSOS
Consulta la lista de apéndices en la p. 418.

4 Investigación Con un(a) compañero/a, comparen las piezas arqueológicas que eligieron para hacer la Investigación preparatoria de la página 205. Elijan la pieza que más les guste y preséntenla ante toda la clase, usando los siguientes criterios.

Estudiante A: Investiga en Internet el contexto histórico de la pieza arqueológica. ¿Quién la hizo? ¿En qué época? ¿Qué función tiene la pieza? ¿Dónde se encontró? ¿Qué explica la pieza sobre la cosmovisión de la cultura que la creó?

Estudiante B: Describe cuál es el efecto estético de la pieza arqueológica. ¿Qué aspectos de la pieza les gustaron a ti y a tu compañero/a? ¿Qué emociones les produce la pieza? ¿Crees que debe exhibirse en un museo? ¿Por qué?

MI VOCABULARIO
Utiliza tu vocabulario individual.

5 Carta a un museo Piensa en un museo que te guste. Puede ser también un museo de tu imaginación o uno que encuentres en Internet. Escríbele un mensaje electrónico a un(a) amigo/a para recomendárselo. Menciona en tu mensaje cómo es la arquitectura del museo, el tipo de arte que exhibe y lo que se puede aprender allí.

ENSAYO NARRATIVO

En la vida cotidiana, a menudo contamos historias desde nuestro punto de vista. Algo parecido sucede en un ensayo narrativo: puede tratarse de un evento histórico, un suceso autobiográfico o un evento de ficción; lo importante es presentar una tesis que se examina y se demuestra mediante la referencia a hechos históricos o una historia personal. Generalmente el ensayo adopta el punto de vista de la primera persona para establecer una conexión más íntima entre escritor y lector.

Tema de composición

Lee de nuevo las preguntas esenciales del tema:

- ¿Cómo se establecen las percepciones de la belleza y la creatividad?
- ¿Cómo influyen los ideales de la belleza y la estética en la vida cotidiana?
- ¿Cómo las artes desafían y reflejan las perspectivas culturales?

Decide cuál de las preguntas tiene un sentido personal para ti. Elige un evento que ejemplifique tus pensamientos sobre el tema escogido y escribe un ensayo narrativo.

ANTES DE ESCRIBIR

Escribe el tema y el evento que hayas elegido y piensa cuál es tu objetivo al contar esta historia: el ensayo narrativo tiene como propósito encontrar un sentido, una lección, una verdad universal o personal a partir del evento narrado.

ESCRIBIR EL BORRADOR

Sin preocuparte todavía por las formas o estructuras, comienza a escribir lo que se te ocurra a partir de estos dos elementos: el tema y el significado que tiene para ti. Cuando esté terminado, vuelve a leer tu borrador y trata de contestar estas preguntas:

- ¿Cuál es la columna vertebral de tu ensayo?
- ¿Encontraste el hilo que mantiene unidos con coherencia todos los hechos que contaste? ¿Pudiste expresarlo con claridad?

ESTRATEGIA

Sintetizar y reforzar
Recuerda que lo que apareció en el primer párrafo (introducción), en el cual presentaste el tema, debe reformularse en el párrafo final (conclusión). Por supuesto que reformular nunca significa copiar literalmente. Se trata de sintetizar y reforzar la tesis inicial.

ESCRIBIR LA VERSIÓN FINAL

Cuando estés satisfecho con tu borrador, organiza el contenido: introducción, desarrollo y conclusión. Revisa el vocabulario y la longitud de las oraciones para eliminar repeticiones. Edita el texto: si hay demasiados detalles y descripciones que hagan perder el hilo, bórralos. ¿Fluye la narración? ¿Se entiende bien el objetivo?

Tema 4

La vida contemporánea

PREGUNTAS ESENCIALES

- ¿Cómo definen los individuos y las sociedades su propia calidad de vida?
- ¿Cómo influyen los productos culturales, las prácticas y las perspectivas de la gente en la vida contemporánea?
- ¿Cuáles son los desafíos de la vida contemporánea?

CONTENIDO

▸▸ Viaducto del Metro de Medellín (Colombia) a su paso por el Palacio de la Cultura Rafael Uribe Uribe

contexto 1 La educación y las carreras profesionales

PUNTOS DE PARTIDA

Vivimos en un mundo que cambia con una rapidez sin precedentes. Mientras que la población crece y las distancias aparentan ser más cortas, la tecnología parece estar en todas partes, cada vez más pequeña y poderosa. Enfrentar los desafíos del mundo moderno requiere un nuevo conjunto de habilidades, por lo que las escuelas también necesitan adaptarse y estar al día. Solo de esta manera pueden preparar a los estudiantes para un mundo muy complejo pero con grandes oportunidades.

- ¿Cómo pueden las escuelas de hoy preparar a los estudiantes para los desafíos y las oportunidades del futuro?
- ¿Cómo influyen los factores sociales y culturales en la elección de la carrera universitaria?
- ¿Cuál es la importancia de la equidad de género en la docencia?

DESARROLLO DEL VOCABULARIO

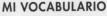

MI VOCABULARIO
Anota el vocabulario nuevo a medida que lo aprendes.

1 Identificar la profesión Relaciona cada una de las siguientes profesiones con la oración que describa mejor las habilidades necesarias para realizarla.

a. abogado/a	c. empresario/a	e. maestro/a	g. periodista
b. mecánico/a	d. ingeniero/a	f. médico/a	h. arquitecto/a

1. ___ aptitud para las ciencias, especialmente la biología; deseo de ayudar a otros
2. ___ aptitud para el debate; habilidad de expresarse con argumentos lógicos
3. ___ aptitud para las matemáticas y las ciencias, especialmente la física; pasión por la tecnología
4. ___ habilidad para visualizar conceptos abstractos en tres dimensiones; entendimiento del proceso y las materias necesarias para la construcción
5. ___ aptitud para escribir; curiosidad e interés en los sucesos del momento
6. ___ aptitud para la electrónica y la resolución de problemas; habilidad para trabajar con las manos y entender cómo funcionan las máquinas
7. ___ habilidad para tolerar el riesgo, tomar iniciativa y relacionarse bien con la gente; pasión por crear cosas nuevas; persistencia
8. ___ habilidad para relacionarse con jóvenes; paciencia; pasión por el conocimiento

2 Los cambios en el futuro Con un(a) compañero/a, comenta los desafíos que existirán en el futuro para cada una de estas carreras.

1. abogado: los derechos de propiedad y las descargas de Internet
2. arquitecto: la construcción fuera del planeta Tierra
3. empresario: la necesidad de innovar y, más que productos, ofrecer servicios
4. ingeniero: la tecnología robótica y la necesidad de dar soluciones a los cambios climáticos
5. maestro: la demanda de educación personalizada y la enseñanza virtual
6. mecánico: el desarrollo de vehículos alternativos
7. médico: la integración de la nanotecnología con la biomedicina
8. periodista: la demanda de noticias personalizadas

3 Nuestras carreras Comparte con un(a) compañero/a tus deseos para tu carrera universitaria y tu profesión en el futuro. Explica por qué la has elegido y cómo crees que cambiará en los próximos veinte años. ¿Hay algún reto en común en sus planes?

LECTURA 1.1 ▸ LAS ESCUELAS QUE SIGUEN A LOS CHICOS

SOBRE LA LECTURA Aprender es un proceso sumamente personal: el estilo de aprendizaje, los temas de interés, las fortalezas y las debilidades son diferentes para cada persona. Históricamente, los estudiantes se han debido adaptar a una forma de enseñanza y no al revés: ahora la situación está cambiando y las escuelas tratan de encontrar soluciones innovadoras para las necesidades de sus estudiantes. Este artículo, escrito por Ana Laura Abramowski, presenta un ejemplo de este nuevo enfoque en Argentina, donde se ha implementado una manera alternativa de educar a los jóvenes. El artículo apareció en *El monitor*, una publicación del Ministerio de Educación de Argentina.

ANTES DE LEER

1 **Cambios educativos** Para cada ejemplo de la educación tradicional, escribe un cambio que definirá la educación del futuro.

LA EDUCACIÓN TRADICIONAL	LA EDUCACIÓN DEL FUTURO
Los alumnos se sientan en filas y escuchan a su maestro/a.	
Las aptitudes más importantes para aprender son: leer, escribir, hacer operaciones matemáticas y memorizar.	
Las fuentes principales de información son el/la maestro/a y el libro de texto.	

MI VOCABULARIO
Anota el vocabulario nuevo a medida que lo aprendes.

2 **La educación alternativa** Con un(a) compañero/a, contesten las preguntas y comenten los caminos alternativos para educarse en el mundo actual y futuro.

1. ¿Cómo se puede aprovechar la tecnología para adquirir destrezas no académicas?
2. ¿Cuáles son las desventajas de las escuelas virtuales? ¿Es posible recibir una educación equivalente a la de una escuela tradicional por medio de Internet?
3. ¿Cuáles aspectos de la educación tradicional **no** deben cambiar?
4. ¿Cómo debería cambiar el modo en que usamos la tecnología para mejorar la educación?

3 **Interpretaciones** ¿Cómo interpretas el título del artículo? Elabora tu propia idea sobre el tema y describe cómo sería para ti «una escuela que sigue a los chicos».

MI VOCABULARIO
Utiliza tu vocabulario individual.

4 **El delta del Paraná** Busca información en Internet sobre la región del delta del río Paraná. ¿Dónde está ubicado? ¿Cómo es el clima allí? ¿A qué se dedican los habitantes de la región?

ESTRATEGIA

Visualizar
Tus experiencias de una situación parecida te pueden ayudar a entender un contexto nuevo. Reflexiona sobre tus propias experiencias para relacionarlas con experiencias ajenas. Mientras lees, imagina que estás visitando una escuela flotante en el río Paraná en Argentina. Nota el vaivén, los sonidos, las aromas. ¿Cómo serán los días cuando haga mucho calor o mucho viento, o cuando llueva?

PALABRAS CLAVE

el pasto hierba, césped
la vereda camino, senda
el vaivén oscilación, balanceo, ir y venir
amarrar sujetar o atar un objeto a otro

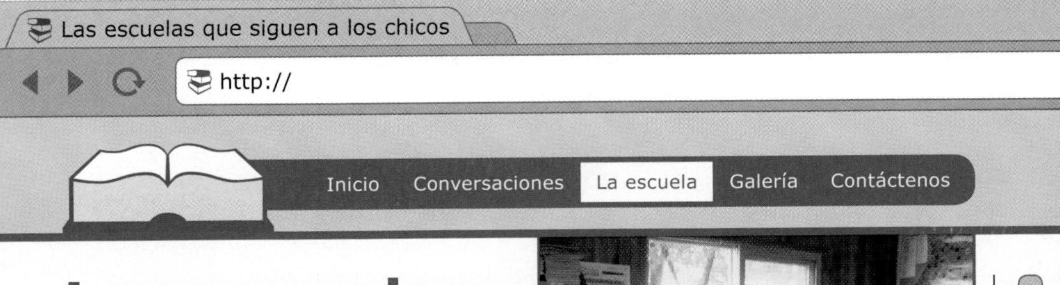

Las escuelas que siguen a los chicos

por Ana Laura Abramowski

No hace mucho tiempo, si se solicitaba a cualquier niño que dibujara una escuela era muy probable que esbozara las formas de un edificio, una especie de casita con bandera apoyada en una línea: podía ser verde, simulando **pasto**; marrón o gris, si la intención era representar una **vereda**. Pero desde hace algunos años, recurriendo a sus lápices y marcadores, los chicos vienen diseñando novedosos bocetos escolares. Es posible encontrar dibujos en los cuales la escuela tiene cierto **vaivén**, se mueve, flota.

Las «escuelas flotantes» son, literalmente, escuelas que flotan en el agua. Un folleto titulado «Escuelas del agua que siguen a los chicos» explica, a partir de una serie de planos, que las escuelas flotantes son construcciones montadas sobre plataformas, a su vez apoyadas en flotadores, que se **amarran** a la costa. No tienen propulsión propia —es decir, motor— pero pueden desplazarse con barcazas o lanchones.

La primera escuela flotante [Argentina] se construyó en 1983 y en este momento hay seis de ellas desperdigadas por las aguas del Predelta del río Paraná. Dos son los beneficios principales de este peculiar invento. Por su flotación, estas escuelas no se inundan pues la plataforma sube y baja con el nivel del río. Esta particularidad posibilita que haya escuelas allí donde los terrenos, al ser inundables, no resultan aptos para la edificación de escuelas permanentes. Por otra parte, la posibilidad de su desplazamiento permite que «las escuelas sigan a los chicos» y que se instalen en lugares donde hay niños en edad escolar. Por las características económicas de la zona, las poblaciones migran periódicamente, razón por la cual las escuelas construidas sobre pilotes en terrenos isleños, incluso si no son tapadas por las aguas, muchas veces quedan sin matrícula por el movimiento de las familias.

La Escuela 40

De paredes de madera, pintada de blanco, la escuela tiene barandas con enrejado, también blancas pero algo despintadas, que dibujan el perímetro de la plataforma protegiendo a los «tripulantes» de posibles caídas.

Las flotantes deben cumplir con los mismos requisitos normativos que las escuelas asentadas en tierra firme, pero cuentan con algunas prerrogativas que les permiten contemplar tardanzas y compensar días perdidos: trabajar en contraturno o abrir sus puertas los fines de semana. El calendario de estas escuelas se altera como mínimo una vez por mes. Olga [la maestra de la Escuela 40] cuenta que necesita al menos un **día hábil** disponible para viajar a Victoria a buscar el gas, las provisiones para el comedor y cobrar su sueldo.

La mayoría de las escuelas flotantes son de personal único y multigrado. Olga dice que ella **se desempeña** como una maestra particular, brindando enseñanza personalizada: «Cuando hay exámenes, muchas veces los chicos vienen a la tarde a estudiar acá, y yo les tomo la lección. También vienen a hacer la tarea porque no les gusta llevarse las carpetas».

La decisión de mover las escuelas la toma la Supervisión Departamental de Educación de Victoria, tanto a partir de la solicitud de los padres como de constatar la existencia de niños en edad escolar que no están recibiendo educación sistemática. «Donde se trasladan los papás con los chicos, ahí va la escuela», dice la supervisora. Una política en la que resuenan ecos de aquel dicho: «Si Mahoma[1] no va a la montaña, la montaña va a Mahoma».

PALABRAS CLAVE

el día hábil día laboral

desempeñarse realizar un trabajo o ejercer una profesión

DESPUÉS DE LEER

1 Comprensión

Contesta las preguntas según el texto.

1. ¿Cuál podría ser el doble sentido (literal y figurativo) de la frase «cierto vaivén» en la línea 10?
2. ¿Cómo siguen las escuelas flotantes a los estudiantes?
3. ¿Cuáles son los dos desafíos de la región que las escuelas flotantes buscan resolver?
4. ¿Cómo se altera el calendario de las escuelas flotantes?
5. ¿Qué responsabilidades, aparte de enseñar, tiene Olga, la maestra de la Escuela 40?
6. Explica el dicho que aparece al final del artículo: «Si Mahoma no va a la montaña, la montaña va a Mahoma». ¿Qué significa y cómo se relaciona con el tema de estas escuelas?

2 Las escuelas en Estados Unidos

Responde a las siguientes preguntas y compara las escuelas de Estados Unidos con las escuelas flotantes de la lectura.

1. ¿Cuándo se usan estructuras temporales en Estados Unidos?
2. ¿Cuáles son las ventajas y desventajas de una construcción temporal?
3. ¿Qué pasa en Estados Unidos cuando la población cambia y no hay suficientes niños para ocupar las escuelas? ¿Qué sucede con esos edificios?

MI VOCABULARIO

Utiliza tu vocabulario individual.

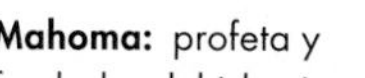

1 **Mahoma:** profeta y fundador del islamismo

ESTRATEGIA

Tratar a fondo el tema Elige un tema que puedas tratar a fondo. Usa detalles y ejemplos específicos para apoyar tu punto central. La presentación debe ser informativa y completa. Evita temas que sean muy generales o que requieran una gran especialización para poderlos explicar adecuadamente.

3 **Presentación oral** Elige un aspecto de la región del delta del río Paraná para investigarlo un poco más a fondo. Prepara una presentación de dos minutos para ofrecer información detallada sobre la ecología, la historia, la población, la cultura, las actividades turísticas o algún otro tema de interés.

Incluye estos elementos:

- un mínimo de tres imágenes para apoyar tu presentación
- un mapa para identificar los lugares mencionados
- las opciones educativas y laborales para los jóvenes de la región
- las actividades económicas más comunes en la región y las razones por las que las personas se dedican a ellas
- el dato más sorprendente o interesante que aprendiste

MI VOCABULARIO
Utiliza tu vocabulario individual.

4 **Las escuelas de aula única** Hay una tradición en Estados Unidos, y en muchos otros países, de tener escuelas de aula única. En grupos de tres o cuatro, comenten las siguientes preguntas relacionadas con este tipo de escuelas.

1. ¿Qué tipo de ambiente es necesario en una escuela de aula única con un solo maestro?
2. ¿Qué responsabilidades tienen los estudiantes mayores y avanzados?
3. ¿Cuáles pueden ser algunos de los desafíos de una escuela de aula única?
4. ¿Cómo influirían estos desafíos en la filosofía educativa de la escuela?
5. ¿Cuáles son algunas de las ventajas y desventajas de una escuela de aula única?

5 **Un modelo de escuela** Con un(a) compañero/a de clase, comenta y contesta estas preguntas.

1. ¿En qué sentido las escuelas flotantes son un modelo digno de seguir?
2. Hagan una lista de las tres lecciones más valiosas que la Escuela 40 ofrece con su ejemplo.
3. ¿De qué manera esta escuela prepara a sus estudiantes para enfrentar los desafíos del futuro y aprovechar sus oportunidades?

ESTRUCTURAS

Oraciones adjetivas relativas

El uso de las oraciones adjetivas relativas (cláusulas subordinadas) es muy común en los textos descriptivos. Observa los ejemplos de pronombres relativos (*que, quien, cual, donde, como*) que introducen oraciones adjetivas en la lectura «Las escuelas que siguen a los chicos».

Busca los pronombres relativos que introducen una oración adjetiva. Subraya la oración adjetiva relativa y rodea con un círculo el antecedente que modifica.

MODELO

(Las escuelas) que siguen a los chicos

RECURSOS

Consulta las explicaciones gramaticales del **Apéndice A**, pp. 431-433.

LECTURA 1.2 ▸ PREPÁRESE: EN EL FUTURO, TODOS AUTÓNOMOS

SOBRE LA LECTURA Durante las últimas décadas, los avances tecnológicos han transformado drásticamente la manera en que vivimos, trabajamos, aprendemos y nos comunicamos. Este artículo, publicado en el sitio web del periódico español *El País*, nos ofrece una vista de cómo será el panorama laboral en un futuro no muy lejano. Según los analistas y diferentes estudios al respecto, los oficios más demandados y mejor remunerados del futuro ya no serán los típicos de hoy en día, como médico o abogado, sino profesiones con descripciones y nombres propios de la ciencia ficción. Según este artículo, nuestro porvenir laboral estará protagonizado por profesionales como los nanomédicos, los *webgardeners* o los fabricantes de órganos humanos, entre muchos otros.

ANTES DE LEER

1 **Tecnologías del futuro** ¿Cuáles de las siguientes tecnologías serán más útiles en los próximos años? Ordénalas según su probable orden de importancia en el futuro. Luego, conversa sobre la lista con un grupo o con la clase entera.

___ la nanotecnología: tecnología que utiliza objetos extremadamente pequeños
___ la robótica: construcción de máquinas que pueden ejecutar operaciones o movimientos
___ la arquitectura fuera del planeta Tierra: diseño y construcción de edificios en el espacio o en otros planetas
___ los coches que vuelan: diseño y construcción de vehículos voladores
___ la ingeniería genética: tecnología para controlar y corregir información del ADN
___ la ingeniería biónica: la integración de aplicaciones tecnológicas con organismos vivos o funciones naturales
___ la medicina regenerativa: fabricación de órganos o partes del cuerpo

MI VOCABULARIO
Anota el vocabulario nuevo a medida que lo aprendes.

2 **Los desafíos del futuro** En parejas, piensen en un desafío relacionado con cada uno de los siguientes factores problemáticos, y sugieran una posible solución para cada uno de ellos.

FACTORES PROBLEMÁTICOS	DESAFÍOS	POSIBLES SOLUCIONES
cambios climáticos		
los ciberataques		
la escasez de agua potable		
la propagación de epidemias		
el robo de la propiedad intelectual		

ESTRATEGIA

Evaluar la información Mientras lees, evalúa la calidad de la información presentada. ¿El autor presenta hechos u opiniones? ¿Presenta información verosímil? ¿Sus conclusiones son lógicas? ¿Se apoya en evidencia convincente? ¿Estás de acuerdo con sus conclusiones?

PALABRAS CLAVE

- **el jeque** (entre los pueblos musulmanes) persona que manda o gobierna
- **el porvenir** futuro
- **la apuesta** predicción
- **el/la adivino/a** persona que predice el futuro
- **pronosticar** predecir
- **codiciado/a** deseado/a, anhelado/a
- **el anhelo** deseo, aspiración

PREPÁRESE: EN EL FUTURO, TODOS AUTÓNOMOS

por BENJAMÍN PRADO

¿Cuáles serán las profesiones más demandadas y más lucrativas en el futuro? ¿Qué trabajos nos ofrecerán más salidas dentro de dos décadas? Acuicultor, nanomédico, *webgardeners*, microemprendedores, policía medioambiental, *narrowcastes*, bioinformático... Hoy parecen palabras incomprensibles; mañana, las tendremos todo el día en los labios.

Vivimos tiempos veloces e imprevisibles, en los que los avances de la tecnología y los retrocesos de la historia lo transforman todo de forma continua y el presente ha cambiado tanto que el futuro tampoco es ya lo que era. ¿Cómo será la Tierra cuando Europa y Estados Unidos vivan a la sombra de Asia y los dólares o euros sean papel mojado frente al yen? ¿Qué sustituirá al petróleo y quiénes serán los **jeques** de las energías renovables? ¿Qué va a ocurrir cuando un avatar o un holograma nos represente y haga de nosotros en una reunión virtual celebrada por videoconferencia, o incluso en la oficina? ¿Qué consecuencias tendrán las migraciones masivas o el envejecimiento radical de la población? ¿Con qué armas nos enfrentaremos a la contaminación atmosférica?

Aparte de todo lo demás, esas dudas afectan también al mundo laboral, cuyo **porvenir** está lleno de preguntas para las que de momento no existen respuestas, sino solo **apuestas**: ¿cuáles serán las profesiones más importantes y más lucrativas dentro de una o dos décadas, cuando ya no sea tan lógico soñar con ser médico, abogado o ingeniero de telecomunicaciones?

Los analistas, que en este terreno son una mezcla de sociólogos y **adivinos**, **pronostican** que algunos oficios que hoy parecen simple ciencia-ficción, como los de fabricante de órganos humanos, acuicultor en plantaciones submarinas, banquero de tiempo, bioinformático, creador de identidades digitales o nanomédico, estarán el día de mañana entre los más **codiciados** y mejor pagados. Aunque todos ellos serán muy solitarios, porque lo que sí parece evidente es que para entonces la mayoría de los ciudadanos serán lo que ya se conoce como *e-lancers*, es decir, personas que ofrecerán sus servicios por libre y desde sus casas, conectados unos a otros y con sus clientes a través de Internet. En cualquier caso, parece obvio que ha llegado el momento de prepararse para lo desconocido.

Si uno se fija bien, sin embargo, los nombres exóticos de muchas de esas profesiones ocultan **anhelos** muy normales y, por encima de todos ellos, como es natural, el de la supervivencia, tanto biológica como económica, que por otra parte cada vez parecen más insolidariamente unidas: la buena salud es y será para los que pueden pagársela. Para demostrarlo, un estudio de la consultora **Fast Future** pronostica que entre las 20 profesiones que mejor se adaptarán a los avances científicos y tecnológicos que se avecinan de aquí al año 2030 están las de granjero farmacéutico —que se dedicará a cultivar plantas modificadas genéticamente para que tengan a la vez propiedades alimenticias y terapéuticas—, instructor para la tercera edad, geomicrobiólogo —cuyo fin será crear microorganismos que ayuden a eliminar la polución—, policía medioambiental —un agente de la ley que luchará contra los ladrones de nubes y controlará el lanzamiento de **cohetes** de yoduro de plata para provocar lluvias, algo que ya se hace en India y en China— y las ya mencionadas de nanomédico —una mezcla de doctor e informático que, entre otras cosas, nos podrá implantar microchips que aumenten nuestra memoria, igual que se hace con un ordenador— y fabricante de órganos, que será un reparador de la salud capaz de combinar cirugía plástica, mecánica robótica y clonación genética para remplazar las partes dañadas de nuestro cuerpo.

Pero todo cambio requiere personas dispuestas a organizarlo y por eso también estarán en primera línea los vendedores de talento, que buscarán a los profesionales mejor preparados y los colocarán en organizaciones de todo el planeta; o los **gerentes** del bienestar, encargados de la salud laboral en las empresas.

nuestra integración social en Internet; o, como consecuencia de todo eso, para los psicólogos a distancia, que tratarán las adicciones y síndromes que los internautas puedan contraer mientras navegan. También les irá bien a los telecomunicólogos, que serán quienes mantengan la interconexión masiva de computadoras en un mundo en el que prácticamente nadie carecerá de una; y, por supuesto, a los creadores de videojuegos. Todo lo cual vuelve a decirnos que en el fondo van a cambiar más las formas que los moldes: los intermediarios se llamarán gestores, y poco más.

Para terminar, diremos que hay malas perspectivas para los medios de comunicación, donde parece que la actividad con más futuro será la de narrowcaster, es decir, la de experto en segmentación informativa, un profesional que combinará el periodismo, la publicidad y las relaciones públicas para dar noticias a la carta, destinadas a grupos específicos

> « ¿cuáles serán las profesiones más importantes y más lucrativas dentro de una o dos décadas, cuando ya no sea tan lógico soñar con ser médico, abogado o ingeniero de telecomunicaciones? »

Parece evidente que el kilómetro cero del futuro está en la palabra tecnología y, por eso, según **vaticinan** el estudio sobre las profesiones del futuro encargado por el Gobierno británico a Fast Future y otros, hechos por la empresa Iberestudios o por las universidades de Oxford y Barcelona, se acercan buenos tiempos para los abogados virtuales y los controladores de datos-basura, que nos protegerán de los hackers mezclando el Derecho y la Ingeniería Informática; y para los desarrolladores de aplicaciones para teléfonos móviles, los webgardeners, que se encargan de actualizar los contenidos de la Red, y los ayudantes de networking, que serán mitad educadores sociales, mitad relaciones públicas con objeto de mejorar de personas y adaptadas a sus intereses, teniendo en cuenta su nivel de vida, su religión, su estado civil, su lugar de residencia, etcétera. No parece que la palabra objetividad tenga sitio en ese proyecto con aires de plan de **fuga**.

El mundo cambia deprisa y el futuro, ese «espacio negro para muchos sueños, / espacio blanco para toda la nieve», según lo describió el poeta Pablo Neruda, empieza a dejarse ver en el horizonte. Cuando estemos allí, tendremos todo el día en los labios esas palabras que ahora suenan tan extranjeras, acuicultor, nanomédico, webgardeners, microemprendedores, bioinformático… Y a los que puedan ser definidos con alguna de ellas parece que les va a ir muy bien. El futuro ya no es lo que era, como dijo Paul Valéry. ■

PALABRAS CLAVE

el cohete aeronave usada para fines militares o científicos

el/la gerente mánager, directivo/a

vaticinar predecir, pronosticar

la fuga huida, abandono

DESPUÉS DE LEER

1 Comprensión Contesta las preguntas según el texto.

1. ¿Cuál será la moneda predominante en el futuro?
   a. El euro
   b. El dólar
   c. El yen
   d. La cibermoneda

2. ¿Cuáles de los siguientes profesionales serán los más demandados y mejor pagados en el futuro, según el artículo?
   a. Médicos, abogados e ingenieros de comunicaciones
   b. Granjeros farmacéuticos, geomicrobiólogos y periodistas
   c. *Hackers*, telecomunicólogos y relaciones públicas
   d. Fabricantes de órganos, banqueros de tiempo y nanomédicos

3. Según el artículo, ¿en qué consistirá el trabajo del granjero farmacéutico?
   a. En cultivar plantas con el fin de que tengan propiedades nutritivas y curativas
   b. En crear pastillas que contengan el alimento diario necesario para los individuos
   c. En modificar genéticamente las plantas para mejorar sus propiedades
   d. En implantar microchips a las plantas para acelerar su crecimiento

4. ¿Qué profesionales se encargarán de los aspectos sociales?
   a. Los nanomédicos y los *e-lancers*
   b. Los ayudantes de *networking* y los psicólogos a distancia
   c. Los telecomunicólogos
   d. Los microemprendedores y los terapeutas en línea

5. ¿Qué frase resume mejor el propósito del artículo?
   a. Informar al lector sobre el panorama profesional del futuro, según diferentes estudios y análisis
   b. Hacer recomendaciones a estudiantes que necesitan elegir una carrera
   c. Predecir la situación de los trabajadores autónomos en las próximas décadas
   d. Compartir con el lector los resultados de un estudio sobre el porvenir de la tecnología

CONCEPTOS CENTRALES

El propósito del artículo
Un artículo puede escribirse por muchas razones: informar, entretener, hacer una recomendación, etc. Lee con atención, analiza la manera en que se presenta la información y observa el tono con que está escrito para determinar el propósito del artículo.

2 Categorizar las profesiones Para cada una de las categorías de la siguiente tabla, escribe al menos dos profesiones mencionadas en el artículo.

LA SEGURIDAD	LOS SERVICIOS MÉDICOS	LOS SERVICIOS PERSONALIZADOS	INGENIERÍA / PRODUCTOS NOVEDOSOS
1.	1.	1.	1.
2.	2.	2.	2.

3 La tecnología necesaria Con un(a) compañero/a, analiza los trabajos y las profesiones que se describen en el artículo. Identifiquen cuáles creen que son posibles hoy en día, o que incluso son ya una realidad. Seleccionen cinco profesiones que todavía no son posibles por falta de la tecnología necesaria y expliquen qué se necesitaría para hacerlas realidad.

4 

Lugares diferentes ¿Serán iguales las necesidades de una gran ciudad que las de un pueblo pequeño? Con un(a) compañero/a, describe la importancia relativa que tendría cada una de las profesiones de la lista en estos dos lugares:

- Buenos Aires, Argentina: ciudad moderna, tecnológica e industrial
- Roatán, Honduras: una isla en el mar Caribe, con infraestructura mínima

granjero farmacéutico	fabricante de órganos
geomicrobiólogo	abogado virtual
policía medioambiental	controlador de datos-basura
nanomédico	*webgardener*

MI VOCABULARIO 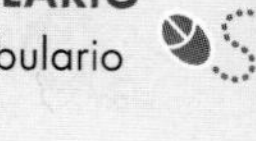
Utiliza tu vocabulario individual.

5 

Mensaje electrónico De la profesiones incluidas en la lectura, elige la que más te interese. Escríbele un mensaje electrónico a un potencial empleador para solicitarle trabajo (recuerda dirigirte a él/ella de manera formal y respetuosa). Tu mensaje debe incluir un saludo y una despedida y contestar estas preguntas:

- ¿Cuál es el trabajo que quieres?
- ¿Por qué te interesa el trabajo?
- ¿Cuáles habilidades te cualifican para el trabajo?
- ¿Cuál es una idea novedosa que podrías aportar al trabajo?

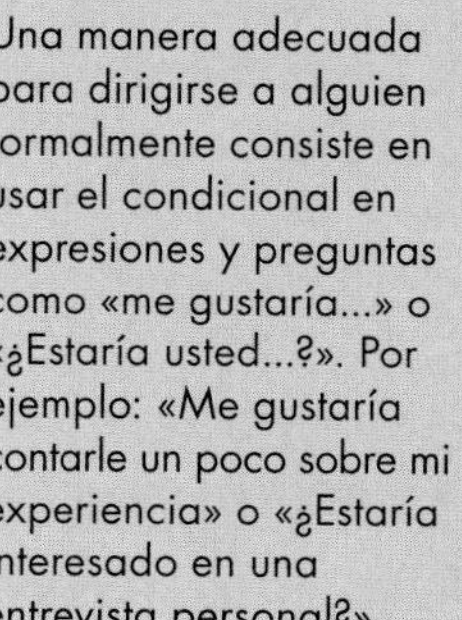

ESTRATEGIA

Utilizar lenguaje formal
Una manera adecuada para dirigirse a alguien formalmente consiste en usar el condicional en expresiones y preguntas como «me gustaría...» o «¿Estaría usted...?». Por ejemplo: «Me gustaría contarle un poco sobre mi experiencia» o «¿Estaría interesado en una entrevista personal?».

6 

Una entrevista de trabajo En parejas, representen una entrevista de trabajo basándose en la actividad anterior. Discutan las siguientes preguntas en su entrevista (u otras que consideren necesarias) e intercambien los papeles. Recuerden que esta debe ser una conversación formal.

1. ¿Cuál es el trabajo que le gustaría obtener?
2. ¿Qué experiencia lo/la ha preparado para el trabajo?
3. ¿Cuáles son las fortalezas que lo/la cualifican para esta labor?
4. ¿Cuál es el desafío más difícil que ha enfrentado en su vida? ¿Cómo reaccionó a ese desafío? ¿Cómo lo superó?
5. ¿Cuál es su expectativa salarial?

7 

Discusión grupal Contesta y comenta estas preguntas con toda la clase.

1. ¿Cuáles son las dificultades más graves a las que nos enfrentaremos como especie durante los próximos veinte años?
2. ¿Cuáles serán las causas de esas dificultades?
3. ¿Cómo las resolveremos?
4. ¿Cuál será el avance tecnológico más significativo en veinte años?

8 

Ensayo persuasivo ¿Cómo pueden las escuelas y universidades de hoy preparar a los estudiantes para el éxito en el mundo laboral a largo plazo? Escribe un ensayo persuasivo en el que incluyas:

- una breve descripción de los cambios más significativos en el mundo
- las habilidades y cualidades necesarias para el éxito profesional
- la manera en que las mejores escuelas preparan a sus estudiantes
- una comparación entre el mundo actual y el que podría ser en veinte años

RECURSOS 
Consulta la lista de apéndices en la p. 418.

AUDIO ▸ LA EQUIDAD DE GÉNERO EN LA DOCENCIA

PALABRAS CLAVE

la remuneración pago o salario

redundar resultar en algo; producir un efecto

la trata humana tráfico o comercio de personas

la equidad igualdad, tratamiento imparcial

la pauta norma o patrón

INTRODUCCIÓN Esta grabación es un fragmento de una entrevista a Mary Guinn Delaney, directora suplente de la oficina de la UNESCO en Santiago de Chile, en la que comenta la importancia de la igualdad de género en la profesión docente (el tema central del Día Mundial de los Docentes, que se celebra cada cinco de octubre). La entrevista fue emitida en Nueva York, en Radio ONU, un servicio de noticias de radio de las Naciones Unidas.

ANTES DE ESCUCHAR

ESTRATEGIA

Hacer predicciones El título y la información preliminar de un audio ayudan al oyente a predecir el contenido. Lee el título de la grabación y la descripción introductoria para prever los temas que se tratarán en la grabación.

1 **Predicciones** Observa el título, la introducción y el gráfico que acompaña a esta grabación (en la siguiente página) para predecir el tema central o contenido general de la grabación. Haz una lista de tus predicciones y anota algunas palabras clave que te permitan sustentarlas.

2 **El género y la docencia** Comenta con un(a) compañero/a la importancia del género en la eficacia e influencia de los maestros. ¿Creen que esta situación varía según el nivel educativo (primaria, secundaria o educación superior)? ¿Influye de alguna manera el género de los alumnos? Incluyan ejemplos de sus propias experiencias para sustentar sus opiniones.

MIENTRAS ESCUCHAS

MI VOCABULARIO

Anota el vocabulario nuevo a medida que lo aprendes.

1 **Identifica cognados** Mientras escuchas la primera vez, escribe palabras y expresiones que te parezcan cognados. Antes de escuchar la segunda vez, trata de inferir el significado de los términos que no conoces pero que quieres aprender. Luego busca el significado de estas palabras en el diccionario para verificar tus predicciones iniciales.

2 **Relacionar** Mientras escuchas la segunda vez, traza una línea para relacionar cada elemento de la primera columna con el elemento correspondiente en la segunda columna.

- 1966
- más de 60%
- las condiciones de la profesión docente
- la presencia de mujeres docentes
- 2.000.000
- educación universal para todos
- 2015

- número de maestros adicionales necesarios
- fecha para cumplir con la meta del milenio
- meta del milenio
- están deteriorándose
- firma de la Recomendación Conjunta de la UNESCO y la OIT relativa a la condición del personal docente
- resulta en muchas ventajas sociales
- número de mujeres docentes mundialmente

DESPUÉS DE ESCUCHAR

1 **La presencia femenina en el cuerpo docente** Con un(a) compañero/a, analiza el gráfico y examina el estado de la presencia femenina en el cuerpo docente. ¿Es igual en todas las regiones del mundo? ¿A qué creen que se deben esas diferencias?

La presencia femenina en el cuerpo docente va en aumento desde 1990

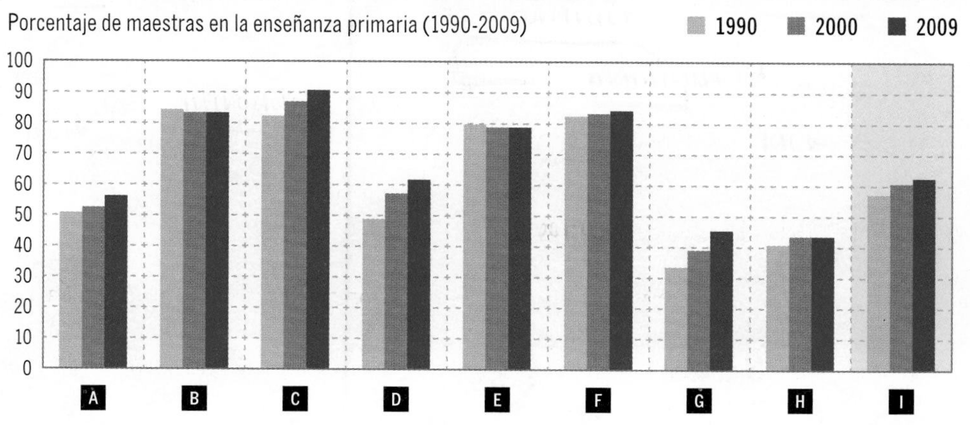

- **A** Estados Árabes
- **B** Europa Central y Oriental
- **C** Asia Central
- **D** Asia Oriental y el Pacífico
- **E** América Latina y el Caribe
- **F** América del Norte y Europa Occidental
- **G** Asia Meridional y Occidental (*)
- **H** África subsahariana
- **I** Mundo

(*) Los datos de Asia Meridional y Occidental corresponden al año 2007

Fuente: Instituto de Estadística de la UNESCO

2 **Resumen** Escribe un resumen del mensaje central de la entrevista. Debes incluir datos del audio y del gráfico para sustentar tu resumen. Considera las siguientes preguntas como guía.

1. ¿Cuáles son las condiciones de trabajo de las mujeres docentes en general?
2. ¿Qué ventajas sociales se desprenden de la presencia de las mujeres en la docencia? Cita ejemplos específicos expresados por la especialista de la UNESCO.
3. ¿Cómo está el progreso de Latinoamérica con respecto a los objetivos del milenio para el año 2015?
4. ¿Cuál debe ser el aspecto más importante para cumplir con la meta del milenio en Latinoamérica?

3 **Comparación cultural** ¿Por qué la equidad de género en la docencia debe ser una prioridad internacional? Explora en Internet el estado de la educación en un país hispanohablante. Investiga en español para encontrar datos sobre estos temas:

- la docencia y la equidad de género en ese país
- los avances destacados durante los últimos años
- el acceso a la enseñanza para hombres y mujeres
- las causas de las inequidades
- los beneficios posibles u observados al mejorar el acceso a la educación

Haz una presentación formal para compartir los resultados de tu investigación y contestar la pregunta inicial.

RECURSOS
Consulta la lista de apéndices en la p. 418.

4  **Discusión grupal** Con toda la clase, comparen el estado de la educación en varios de los países investigados por sus compañeros. Después compartan sus respuestas a esta pregunta: ¿Cuál fue el dato que más te llamó la atención y por qué?

CONEXIONES CULTURALES

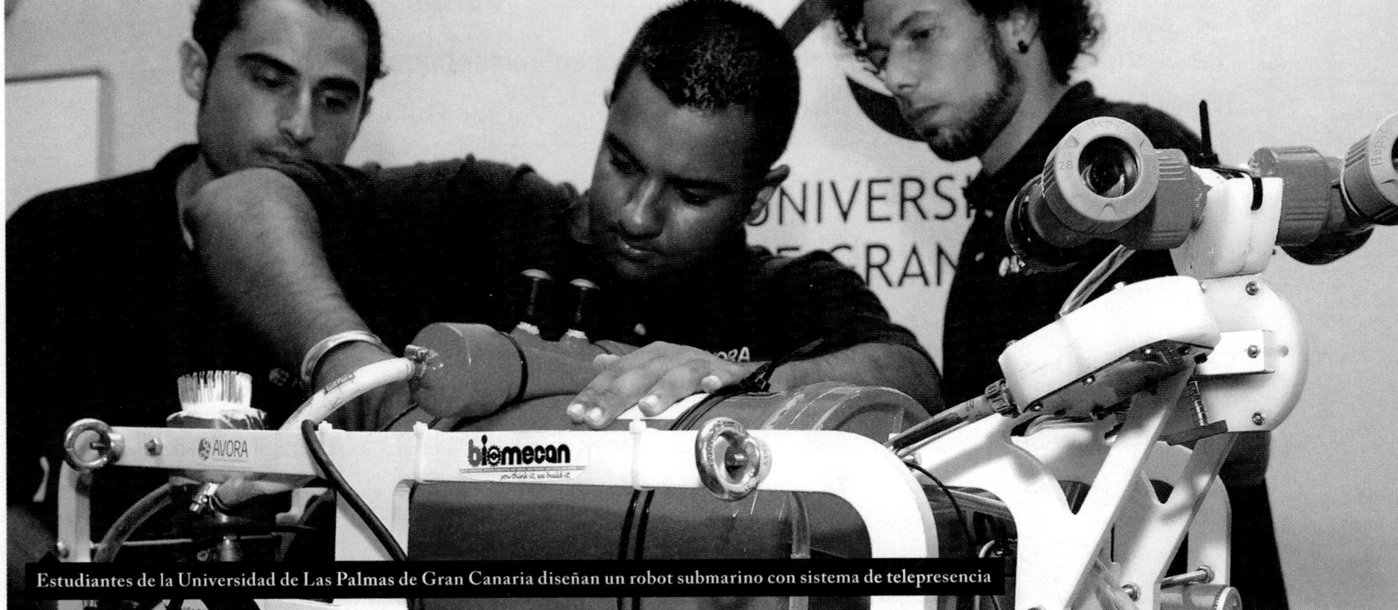

Estudiantes de la Universidad de Las Palmas de Gran Canaria diseñan un robot submarino con sistema de telepresencia

Elección del futuro

LA ELECCIÓN DE UNA CARRERA UNIVERSITARIA ES UNA receta cuyo ingrediente principal es la vocación, pero que también lleva una cucharada de visión de futuro y una pizca de sentido de la aventura. Sin embargo, en México, por ejemplo, ya sea por mantener una tradición familiar, buscar prestigio social o simplemente por una falsa percepción de las oportunidades laborales, muchos jóvenes eligen carreras tradicionales, como abogacía, psicología o arquitectura, sin tener en cuenta que en esas carreras existen más de 135.000 egresados por cada puesto de trabajo disponible. Esta situación hace que muchos de ellos deban trabajar en áreas diferentes de aquellas que estudiaron, que ganen un salario inferior a sus expectativas o que permanezcan desempleados.

Distinta es la perspectiva de quienes se animan a explorar nuevos horizontes, como la ingeniería aeronáutica en manufactura. De hecho, los egresados de esa carrera figuran entre los que perciben mayores ingresos en el país.

- ¿Están relacionados los paisajes y la vocación? ¡Claro! Por ejemplo, en la Universidad de Las Palmas de Gran Canaria, en España, la carrera de Ciencias y Tecnologías Marinas figura entre las más elegidas, pues la situación geográfica y oceánica de las islas es estratégica para estudiar e investigar los temas relacionados con el mar.
- Uno de los principales productos de exportación de Honduras es el café y hacían falta expertos en la materia. Por eso, la Universidad Nacional Autónoma de Honduras creó la carrera de Técnico en Control de Calidad del Café, con el objetivo de formar profesionales capaces de evaluar la calidad del grano. Esta es una carrera pionera e innovadora en Centroamérica.
- El programa Becas Bicentenario fue creado para incentivar a los jóvenes argentinos a estudiar carreras científicas y técnicas, consideradas prioritarias para el desarrollo económico del país. De esta manera, a la vez que se apuesta por el mejoramiento de la nación, se les da apoyo a los estudiantes de menos recursos.

Presentación oral: comparación cultural

Prepara una presentación oral sobre este tema:

- ¿Cómo influyen los factores externos en la elección de la carrera universitaria?

Compara tus observaciones acerca de las comunidades en las que has vivido con las de una región del mundo hispanohablante que te sea familiar. En tu presentación, puedes referirte a lo que has estudiado, vivido u observado.

contexto 2 El entretenimiento y la diversión

PUNTOS DE PARTIDA

No importa la edad, el nivel de educación o el estatus económico, todos queremos gozar de la vida. La música, el baile, los deportes y la cocina que preferimos; los espectáculos populares (de arte, cine, teatro o televisión), los pasatiempos y las bromas que compartimos; las situaciones que provocan la risa y la emoción... representan, mejor que nada, quiénes somos. Para entender bien cualquier cultura, hay que entender sus fuentes de diversión.

- ¿Qué significado cultural tiene la comida?
- ¿Cómo se reflejan las perspectivas culturales en las formas de diversión y entretenimiento?
- ¿Por qué es difícil entender las bromas de un idioma y una cultura que no sean los propios?

DESARROLLO DEL VOCABULARIO

MI VOCABULARIO
Anota el vocabulario nuevo a medida que lo aprendes.

1 Formas de entretenimiento Reflexiona sobre las formas de entretenimiento y las diversiones que prefieres. Elige las cuatro que más te gustan y contesta las preguntas.

ver películas	leer
escuchar música	ver la televisión
cocinar	conversar con amigos
practicar deportes en equipo	hacer excursiones al campo
tocar música	bailar
jugar videojuegos	ver espectáculos
mirar programas de deportes	ir de compras
hacer ejercicio (que no sea de equipo)	hacer proyectos creativos

1. ¿Qué tipo o género de actividades prefieres?
2. ¿Cuál es tu (artista, juego, deporte, programa, etc.) favorito?
3. ¿Cuánto tiempo pasas disfrutando de esta forma de entretenimiento por semana?
4. ¿En qué momento de la semana te dedicas a ella? ¿Con quién?
5. ¿Por qué te gusta más que cualquier otra?

2 Comentar las diversiones Túrnense con un(a) compañero/a para comentar las formas de entretenimiento y las diversiones que más les gustan de la Actividad 1. ¿Qué tienen en común y en qué se diferencian?

3 Lluvia de ideas Hay muchos factores que influyen en las preferencias personales. Pero, ¿cuánto influye nuestra forma de ser única y personal, y cuánto nuestro ambiente: familia, amigos, cultura, experiencias y oportunidades? Haz una lista de tus preferencias personales y clasifícalas según sean una parte integral de tu forma de ser o estén influidas por tu ambiente.

MI FORMA DE SER	MI AMBIENTE
1. *Me gusta reírme.*	1. *Hablo mucho en clase.*
2.	2.

LECTURA 2.1 ▸ RECETA DE MOLE COLORADO TLAXCALTECA

SOBRE LA LECTURA El mole es un plato muy popular en México; está asociado en particular con los estados de Puebla y Tlaxcala. El estado de Tlaxcala queda a unos 120 kilómetros al oeste del Distrito Federal y la gente tlaxcalteca ha vivido en la zona desde los tiempos prehispánicos. La receta de mole que se presenta en esta lectura es de origen indígena, pero los ingredientes representan el mestizaje de México: tiene ingredientes indígenas, europeos y árabes. En la lengua náhuatl, el término *mole* se refiere a cualquier tipo de salsa. Hoy en día hay muchas variedades de mole, pero el más característico incluye por lo menos cuatro tipos de chile y chocolate. Es típico servir este plato en las celebraciones.

MI VOCABULARIO
Anota el vocabulario nuevo a medida que lo aprendes.

ANTES DE LEER

1 **Identificar los alimentos** Escribe la categoría apropiada para cada grupo de alimentos: **frutas, verduras, carnes, nueces y semillas, especias.**

______ ______ ______ ______ ______

2 **Comentar las costumbres** Con un(a) compañero/a, contesten las preguntas y comenten las costumbres de sus familias con respecto a la alimentación.

1. ¿Desayunas antes de venir a la escuela? ¿Qué comes? ¿Dónde?
2. Describe un desayuno típico durante el fin de semana.
3. ¿Qué sueles comer para el almuerzo? ¿Y para la cena?
4. ¿Con qué frecuencia cenas con tu familia?
5. En tu casa, ¿ven la televisión, leen, usan los celulares o hacen algo más mientras comen?
6. ¿Con quién suelen comer ustedes en los días festivos o las cenas especiales?
7. ¿Qué revelan sus costumbres alimentarias sobre la cultura estadounidense?
8. Si pudieras cambiar una de las costumbres alimentarias en tu familia, ¿cuál sería?

3 **Calcular los equivalentes** Busca en Internet un convertidor de medidas para buscar los equivalentes de estas cantidades.

1. 50 gramos = ______ cucharadas
2. 150 gramos = ______ onzas
3. 200 gramos = ______ tazas
4. 3 cucharadas = ______ cucharaditas
5. 1 cucharadita = ______ gramos

RECETA

Para 12 personas

por **Laura B. de Caraza Campos**

Mole Colorado Tlaxcalteca

1 guajolote o **3** pollos cortados en piezas, **cocidos** con una cebolla
2 dientes de ajo
1 zanahoria
1 rama de apio
1 hoja de laurel

Para el mole:

150 gramos de manteca de cerdo
1 cebolla **rebanada** toscamente
5 dientes de ajo
1 plátano macho rebanado
1/2 tortilla tostada sobre el comal[1]
1 trozo de pan de manteca
200 gramos de ajonjolí tostado
200 gramos de cacahuates pelados y tostados
10 almendras
3 cucharadas de pepitas de calabaza tostadas
50 gramos de pasitas
1 raja de canela
3 clavos de olor
5 pimientas gordas
1 cucharadita de anís
1/8 de cucharadita de orégano
8 chiles mulatos, desvenados y en tiras
5 chiles anchos, desvenados y en tiras
5 chiles pasilla, desvenados y en tiras
8 chiles mecos, desvenados y en tiras
1 rueda de chocolate de metate[2]
Sal y azúcar al gusto

PREPARACIÓN

Se cuecen el guajolote o los pollos con los ingredientes y agua a cubrir. Una vez cocido se saca de su caldo, éste **se cuela** y se aparta.

EL MOLE

En una cazuela grande se pone a requemar la manteca, donde se **acitronan** la cebolla y el ajo, luego se añade el plátano macho y se fríe hasta que esté dorado, enseguida se agregan el resto de los ingredientes y se fríen rápidamente, pues si el ajonjolí, los cacahuates o los chiles se pasan de dorados, se **amarga** la salsa. Se **licúa** todo con un poco del caldo donde se cocieron el guajolote o los pollos y se cuela. Se vuelve a poner en la cazuela, se le añade el caldo necesario y se deja **sazonar** a fuego lento de 15 a 20 minutos. Se le agrega la carne, se deja hervir 10 minutos más y se sirve.

PRESENTACIÓN

Acompaña el mole con arroz rojo y frijoles de la olla.

ESTRATEGIA

Contextualizar
La mejor manera de asegurarte de que comprendes una receta es prepararla en la cocina. Si no te es posible cocinar, léela en la cocina y busca los utensilios e ingredientes de la receta. Si no lo encuentras todo, busca imágenes en Internet. Sigue los pasos de la receta, haciendo los gestos a medida que lees. Lo importante es que contextualices el vocabulario y que imagines los pasos.

PALABRAS CLAVE

cocer cocinar en un líquido
rebanar cortar en pedazos delgados
colar separar el líquido de los sólidos
acitronar freír hasta que tenga color marrón o que esté dorado
amargar tomar sabor amargo o desagradable
licuar hacer líquido
sazonar agregar especias para enriquecer el sabor

1 Disco de barro o de metal que se utiliza para cocer tortillas de maíz.
2 Piedra sobre la cual se muelen manualmente el maíz y otros granos.

DESPUÉS DE LEER

1

Comprensión Contesta las preguntas según la receta.

1. ¿Qué tipos de chile se necesitan para la receta?
2. ¿Qué cantidad de sal y azúcar se requiere?
3. ¿Cómo deben estar preparados los chiles antes de cocerlos?
4. ¿Qué se necesita hacer para no tener una salsa amarga?
5. ¿Hasta qué punto se debe freír el plátano macho?
6. ¿Cuántas porciones produce la receta?
7. ¿Con qué se puede acompañar este plato?

2

La importancia cultural del mole Vuelve a leer Sobre la lectura para contestar estas preguntas y comentarlas con un(a) compañero/a de clase.

1. Describe el significado histórico del mole en México.
2. ¿Cuáles son los ingredientes característicos del mole y cuál es su importancia cultural?
3. Típicamente, ¿cuándo se sirve el mole?
4. Comparen el mole con un plato de su estado o su región que tenga un significado cultural similar.

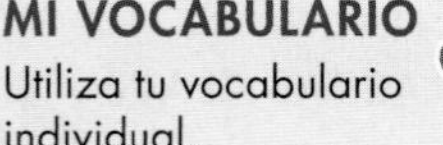

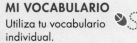

MI VOCABULARIO
Utiliza tu vocabulario individual.

3

Investigar los ingredientes Investiguen en grupos de tres los ingredientes de la receta de mole. Dividan los ingredientes entre las tres personas del grupo. Cada persona consulta la siguiente información sobre un ingrediente en particular para luego compartirla con el grupo.

1. La historia del ingrediente
   - ¿De dónde proviene?
   - ¿Quiénes lo utilizaron como alimento por primera vez?
   - ¿Cuándo y por qué se popularizó?
2. Una descripción del ingrediente
   - ¿Dónde se cultiva?
   - ¿Qué tipo de clima necesita?
   - ¿Qué aspecto tiene? ¿Cómo es el sabor?
3. Los usos del ingrediente hoy en día
   - ¿En qué ocasiones se suele comer?
   - ¿En qué otros platos se usa?
   - ¿Cómo se suele preparar?

4

Alimentos regionales Trabaja con toda la clase para hacer una lista de las comidas indígenas de la región donde viven ustedes. Busquen ejemplos para las siguientes categorías.

- alimentos cultivados antes de los tiempos coloniales
- alimentos cultivados hoy
- animales autóctonos
- animales criados en granjas hoy
- comidas o platos típicos de la región hoy
- influencias ajenas sobre la comida típica hoy

5  **Comparación cultural** Investiga en Internet sobre la gastronomía típica de México para compararla con la comida típica de tu país. En parejas, respondan a las preguntas y coméntenlas.

1. ¿Cuáles son los ingredientes principales de la dieta típicamente mexicana?
2. ¿Cuáles son los ingredientes principales de la dieta típica de tu país?
3. ¿Cómo se compara la dieta típica de Estados Unidos con la dieta de tu familia?
4. ¿Cómo se influyen mutuamente las gastronomías mexicana y estadounidense?
5. ¿Qué rasgos culturales se ven reflejados en las costumbres gastronómicas de ambos países?

6  **Presentación oral** Investiga un plato típico de un país hispanohablante. Muestra su elaboración como si fueras el/la cocinero/a estrella de un programa de cocina en televisión. Puedes grabar en video tu presentación en una cocina o en la clase puedes explicar la receta y mostrar su elaboración con imágenes de los ingredientes y los pasos importantes. Incluye estos datos:

- el nombre del plato y el país o región de origen
- una breve historia del plato y su significado cultural
- los ingredientes y los utensilios necesarios
- una explicación de cada paso necesario para la preparación del plato

ESTRATEGIA

Corregir errores
Si cometes un error cuando hablas, intenta corregirlo. Puedes usar una expresión como *Digo* o *Quiero decir* para introducir la corrección. La autocorrección demuestra que entiendes el lenguaje y que te importa hablar bien.

7  **Significados culturales** Uno de los rasgos culturales más importantes y que más definen a una sociedad y la diferencian de otra son sus costumbres alimenticias y su relación con la comida. Contesta y discute estas preguntas con toda la clase.

1. Explica cómo contribuyen los siguientes factores al significado cultural de una comida:
   - la historia agrícola de sus ingredientes
   - las costumbres de prepararla y consumirla
   - las adaptaciones de la receta
2. ¿En qué sentido la comida es un producto cultural?
3. ¿En qué sentido tu dieta es representativa de la cultura de tu región? ¿Cómo difiere?
4. ¿Cuál es la comida que mejor representa la región donde vives? ¿Por qué?
5. Describe la influencia de la cultura de tu país sobre las dietas de otras culturas.
6. Describe la influencia de otras culturas sobre la dieta de los ciudadanos de tu país.

8  **Gustos culinarios** Para muchas personas la cocina es todo un placer, e incluso consideran que es una actividad divertida y una manera especial de relacionarse con los demás. ¿A ti te gusta cocinar o prefieres que otros lo hagan por ti? ¿Crees que es una actividad entretenida? ¿Cuál receta preparas bien o te gustaría aprender a preparar y por qué? Habla con un(a) compañero/a sobre estas preguntas y sobre otros temas relacionados con sus gustos culinarios.

MI VOCABULARIO 
Utiliza tu vocabulario individual.

9   **Chefs famosos** Investiga sobre un chef hispanoamericano famoso y escribe una breve reseña en la que expliques por qué es un personaje importante en el mundo de la gastronomía. Algunos chefs sobresalientes son: Ferrán Adriá (España), José Ramón Castillo (México), Dolli Irigoyen (Argentina).

RECURSOS
Consulta la lista de apéndices en la p. 418.

LECTURA 2.2 ▸ ENTREVISTA CON MARTA HAZAS

SOBRE LA LECTURA Sara Reeves es una mujer inglesa joven, inteligente y guapa. Después de graduarse en Oxford a finales del siglo XIX, se fue a Andalucía, donde había pasado su infancia, y decidió quedarse allí. Además de ser sofisticada, Sara es valiente y sabe disparar escopetas, pero no es una persona real. Es la protagonista de la popular serie *Bandolera* (Antena 3, España) que está ambientada en el pueblo ficticio de Arazana. En esta lectura se presenta una entrevista con Marta Hazas, la actriz española que interpreta el papel de Sara Reeves. La entrevista se publicó en el sitio FormulaTV.com justo antes del estreno del capítulo 1.

ANTES DE LEER

MI VOCABULARIO
Anota el vocabulario nuevo a medida que lo aprendes.

1 **Encuesta** Responde a esta encuesta y después utilízala para entrevistar a uno(a) de tus compañeros/as. Anota sus respuestas y compáralas con las tuyas.

1. ¿Cómo ves los programas de televisión? Indica todas las opciones que apliquen.
- ☐ en el televisor, en vivo
- ☐ en grabaciones de video digital o en videos rentados
- ☐ en Internet

2. ¿Con quién ves la televisión? Indica todas las opciones que apliquen.
- ☐ con miembros de mi familia
- ☐ con mis amigos/as
- ☐ solo/a

3. ¿Qué sueles hacer mientras ves la televisión? Indica todas las opciones que apliquen.
- ☐ visitar sitios web relacionados con el programa que miro
- ☐ navegar en Internet (sitios no relacionados)
- ☐ comunicarme con amigos/as en redes sociales o por mensajes de texto
- ☐ quehaceres domésticos o tareas

4. ¿Qué tipo de programas prefieres? Indica todos los que apliquen:
- ☐ comedias
- ☐ programas de entrevistas nocturnos
- ☐ humor
- ☐ programas policiacos
- ☐ dramas
- ☐ telenovelas
- ☐ *reality shows*
- ☐ dibujos animados
- ☐ concursos
- ☐ deportes

5. ¿Cuál es tu programa favorito ahora?

2 **Comentar la encuesta** Trabaja con toda la clase para sintetizar todos los resultados de la encuesta de la Actividad 1. Luego, contesta las preguntas.

1. ¿Cuáles son las respuestas más comunes de cada categoría?
2. ¿Cuáles son los resultados más sorprendentes?
3. ¿Faltan preguntas en la encuesta? ¿Qué otras preguntas incluirías?
4. ¿Qué pueden indicar las preferencias televisivas sobre la personalidad de alguien?
5. ¿Cómo se ven reflejados los rasgos culturales en el entretenimiento televisivo?

FormulaTV

Marta Hazas:

"Tenemos un producto distinto, no temo a las comparaciones"

De la mano de Diagonal [empresa productora], este lunes 10 de enero llega a Antena 3 *Bandolera*, una nueva ficción diaria que mezcla la pasión y el amor con aventuras, traiciones y, sobre todo, muchas emociones. Se trata de una historia **a caballo entre** la realidad y la ficción, con personajes reales e inventados, que deambulan por el último tercio del siglo XIX, donde ricos y pobres comparten un mismo escenario de acción. La serie, protagonizada por Marta Hazas, se estrena de manera especial en *prime time* a las 22:00 horas.

FormulaTV ha tenido la oportunidad de hablar con la protagonista principal de esta nueva serie.

¿Qué te está seduciendo de *Bandolera*?

Muchas cosas. El personaje me parece un **bombón**. Es un personaje femenino maravilloso, una mujer de acción. Tengo la oportunidad de montar a caballo, de practicar esgrima, de disparar con un *Winchester*, de manejar un *Colt*... Por otro lado, tenía muchas ganas de poder hacer época. Cuando te pones la ropa, te transformas y te conviertes directamente en el personaje. Lo que me seduce, sobre todo, es la parte de acción del personaje.

¿Qué tienen los proyectos de época que tanto os gusta a los actores?

Es algo alejado de ti. Una quiere ser actriz precisamente para vivir mundos distintos, realidades nuevas y totalmente diferentes a la suya. Cuando te dan la oportunidad de ponerte un corsé, de cambiar tu registro, de cambiar tus modales, tu manera de moverte... todo ello te ayuda a crear un personaje alejado de ti. Es todo un reto.

¿No temes las comparaciones con otras series de época?

Yo creo que siempre pasa un poco. Cuando se estrenó *Hospital Central* hubo un *boom* de series de médicos y más tarde ocurrió lo mismo con *Policías* y *El comisario*. Siempre ocurre. Pero realmente no tengo miedo a las comparaciones porque me parece que tenemos un producto distinto entre manos. *Bandolera* **conjuga** una serie de elementos distintos a los que ahora mismo hay en **parrilla**.

PALABRAS CLAVE

a caballo entre (*figurativo*) dividido entre dos lugares

el bombón mujer bella y encantadora

conjugar combinar

la parrilla la programación de televisión (o radio)

ESTRATEGIA

Identificar perspectivas culturales
Observa bien la manera en que se expresan las perspectivas y preferencias. Identifica valores, gustos y expectativas que forman la base de los rasgos culturales. También compara las referencias culturales con tu propio punto de vista.

PALABRAS CLAVE

la sobremesa el momento después de comer

el rodaje la filmación

remontarse regresar a una época pasada

llano/a (lenguaje) sencillo y directo

la franja horaria tiempo, lugar en el horario

gratamente de manera agradable

compensar retribuir, satisfacer

FormulaTV

Es una serie que combina pasión y amor con aventuras. Una serie con muchas emociones. ¿Qué va a encontrar el espectador en esta nueva oferta?

Yo creo que se va a encontrar una alternativa en **la sobremesa** a la que poder engancharse. El espectador va a poder disfrutar de una serie con un contexto histórico muy nuestro, muy de la pintoresca española, de nuestros bandoleros. Además del formato telenovela que puede ser el triángulo amoroso y las tramas en el plano sentimental, destaca la aventura y la acción. *Bandolera* tiene muchos ingredientes, creo que es una serie que no cansa.

Sara Reeves, tu personaje, es una estudiante de Oxford. ¿Qué nos puedes contar de este papel?

Sara Reeves es una mujer que no se queda esperando a que la rescaten. Es una mujer que resuelve sus propios problemas, lo cual es algo muy nuevo para la época. Esta mujer va a llegar a España para indagar un poco más en sus raíces. Está enamorada de la cultura española y hay algo que le lleva a regresar a Andalucía, donde se crió.

Un regreso a España, a Andalucía, para encontrar sus raíces. ¿Hay otros motivos que provocan esa huida?

De pronto Sara, cuando llega a España, descubre más cosas por las que se sentía atraída. A medida que avance la serie se irán descubriendo cuáles son esos motivos. El espectador verá también el misterio que oculta el pasado de Sara, así como el de otros personajes de la serie.

¿Cómo estás viviendo el rodaje? ¿Te está sorprendiendo algo?

Te das cuenta de que damos por hecho una serie de cosas, por vivir en una democracia, sin embargo, al **remontarte** en el tiempo te sorprende un montón de cosas. Creo que la contextualización de la serie está muy bien recreada, al igual que lo está *Amar en tiempos revueltos*.

¿El lenguaje se va a cuidar?

Sí, el lenguaje es cuidado. Es un lenguaje también muy **llano**, es Andalucía en el siglo XIX, gente de la tierra, no es un lenguaje muy elaborado. Quizá yo soy la única que tiene un lenguaje mucho más culto.

¿Te hubiese gustado vivir esta época?

Creo que no. Me gusta verla a través de una serie de televisión, pero creo que las mujeres lo teníamos muy complicado para vivir en esta época. No es una época que me hubiese gustado vivir en absoluto.

¿Hay algo que tengas tú del personaje y el personaje de ti?

Yo creo que, al igual que Sara Reeves, soy soñadora y sí que intento perseguir las metas que me propongo. Tampoco suelo quedarme esperando a que me rescaten de los problemas o apuros. Pero en el resto de cosas, ella es mucho más heroína que yo.

Siempre hay miedo ante cualquier nuevo estreno. ¿Hay ganas ya de saber cómo va a reaccionar el público?

Claro, siempre cuando haces algo nuevo no sabes si va a funcionar. Nosotros trabajamos pensando que estamos haciendo un producto del que nos sentimos orgullosos. Yo me siento muy contenta de estar aquí. Estamos haciendo algo que nos gusta. Esperaremos a la respuesta del público porque sé que vamos a una **franja horaria** complicada.

Viendo las promociones, la ambientación, la música o la fotografía se ve que está bien cuidada...

Si, está muy cuidada. El primer capítulo será en *prime time* y el resto en la franja de sobremesa. Las imágenes de las *promos* me han sorprendido **gratamente**. Para el ritmo con el que se trabaja en una serie diaria está muy bien hecha.

¿Qué tal llevas el cambio de ficción semanal a ficción diaria?

Lo llevo bien. El ser protagonista supone tener muchísimas secuencias. Me he dado cuenta de que en *El internado* vivía muy bien [risas]. Aquí en *Bandolera* estoy muy contenta. Estoy trabajando más que nunca, pero el trabajo me **compensa** ■

DESPUÉS DE LEER

1 **Comprensión** Contesta las preguntas según el texto.

1. ¿Por qué FormulaTV.com quiso entrevistar a Marta Hazas?
2. ¿En qué época está ambientada la historia de la serie?
3. ¿Cuáles son los otros programas de televisión que se mencionan en la entrevista? ¿Por qué se hace alusión a ellos?
4. ¿Cuáles son los aspectos principales de la serie *Bandolera*?
5. ¿Qué es lo que más le gusta a Hazas de su personaje?
6. ¿Cómo describe Hazas el lenguaje de la serie?
7. ¿En qué sentido es diferente del lenguaje de Sara Reeves? ¿Por qué?
8. Para Hazas, ¿en qué sentido este trabajo representa un cambio con respecto a la última serie que hizo?

2 **Analizar el lenguaje** Contesta las preguntas sobre el lenguaje de la entrevista.

1. ¿Qué significa la frase «una historia a caballo entre la realidad y la ficción» (líneas 6-7)? Explica el juego de palabras.
2. Para Hazas, ¿qué aspecto del trabajo es «todo un reto» (línea 35)?
3. ¿En qué sentido «se va a cuidar» (línea 90) el lenguaje de la serie?
4. Explica la distinción entre el lenguaje llano y el lenguaje culto.
5. ¿Qué podemos inferir de la gente de Andalucía por su manera de hablar?
6. ¿A qué se refiere Hazas cuando dice que «tenía muchas ganas de poder hacer época» (líneas 21-22)?
7. ¿Qué significa la expresión «dar por hecho» (línea 83)?
8. En tu opinión, ¿qué suelen dar por hecho los que viven en una democracia?

3 **Un mensaje electrónico** Elige un actor o una actriz que te gustaría entrevistar para el periódico de tu escuela. Piensa en las preguntas que quisieras hacerle y escríbele un mensaje electrónico para iniciar la entrevista. En tu mensaje, debes:

- presentarte brevemente
- explicar el motivo de la entrevista
- mencionar los aspectos que admiras de su trabajo
- pedirle permiso para publicar sus respuestas
- hacerle un mínimo de cinco preguntas

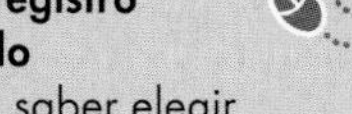

Usar el registro adecuado
Hay que saber elegir el registro apropiado cuando te diriges a alguien. Por ejemplo, debes usar la forma *Ud.* cuando te diriges a una persona desconocida y probablemente mayor que tú.

4 **Perspectivas diferentes** Observa atentamente las perspectivas que Marta Hazas expresa como actriz y las perspectivas culturales reflejadas en su nueva serie. En parejas, contesten y comenten las preguntas.

1. ¿Cuáles son las características de una serie de época que más atraen a los actores?
2. Explica por qué los actores las ven como rasgos atractivos.
3. En tu opinión, ¿cuáles son los rasgos de una serie de época que atraen a los espectadores?
4. ¿Cómo gestiona Hazas la incertidumbre de no saber la reacción del público?
5. ¿Cómo refleja la producción de programas nuevos las preferencias del público?
6. ¿Cómo refleja un programa de televisión la cultura del público?
7. En tu opinión, ¿cuáles elementos atraerían al público televisivo en tu país? Explica.
8. ¿Qué perspectivas culturales se ven reflejadas en *Bandolera*?

5 **Retrato de mujeres** Contesta las preguntas para analizar la representación de la mujer en la serie *Bandolera*.

1. ¿Cómo se representa a las mujeres en la serie?
2. ¿En qué sentido el personaje Sara Reeves es «muy nuevo para la época»?
3. ¿Es consistente el papel de Sara Reeves como representación auténtica de la época?
4. ¿Cómo se percibe el progreso cultural en el tratamiento de la protagonista?
5. Compara el tratamiento de la protagonista de *Bandolera* con el retrato típico de las mujeres en las telenovelas producidas en Estados Unidos.

6 

El bandolerismo Trabajen en grupos de tres para buscar en Internet las respuestas a estas preguntas.

1. ¿Qué es un bandolero?
2. ¿Cuáles condiciones de una sociedad tienden a producir los bandoleros?
3. Describe la versión estadounidense del bandolero.
4. ¿Cómo contribuyeron los siguientes factores al bandolerismo en Andalucía?
   - su ubicación geográfica y su terreno
   - sus condiciones económicas, sociales y políticas
5. Describe el tratamiento romántico que los bandoleros suelen recibir en la literatura, el cine y la televisión.
6. ¿Qué es el costumbrismo andaluz?
7. ¿Cuáles son algunos de los elementos culturales que se asocian con Andalucía?

RECURSOS
Consulta la lista de apéndices en la p. 418.

7 **Ensayo comparativo** Elige un programa de televisión de tu país y compáralo con *Bandolera*. Incluye estos elementos en tu ensayo:

- Describe los elementos más destacados de cada programa.
- Explica por qué atraen al público y describe las perspectivas culturales que transmiten.
- Compara los elementos de cada programa que parecen valorar los televidentes.
- Explica por qué los programas se pueden considerar productos culturales.

MI VOCABULARIO
Utiliza tu vocabulario individual.

8 

Una carta persuasiva Un director de telenovelas en Nueva York ha recibido una propuesta para producir una versión en inglés de *Bandolera* para el público estadounidense. ¿Crees que la adaptación tendría éxito? Escríbele una carta al director para persuadirlo, y explícale tus opiniones. Si crees que sí tendría éxito, ¿habrá que hacer algunos cambios por razones culturales? Explica brevemente qué tipo de adaptaciones habría que hacer.

9 

Presentación oral Busca en Internet la programación de una cadena de televisión famosa en un país de hispanoamérica (algunos ejemplos son: Antena 3 de España, TV Azteca de México, Caracol Televisión de Colombia y Televisión Nacional de Chile). Investiga sobre algún programa que sea particularmente exitoso y preséntalo a la clase. Incluye los siguientes aspectos en tu presentación:

- Describe brevemente el contenido del progama y su género (drama, comedia, *reality*, musical, actualidad...).
- Explica los motivos por los que el programa se ha vuelto tan popular.
- Explica de qué manera el programa refleja algunas perspectivas culturales del país donde se produce.
- Compara el programa con un programa popular en Estados Unidos.

AUDIO ▸ QUÉ DIFÍCIL ES HABLAR EL ESPAÑOL

INTRODUCCIÓN Este audio incluye varias estrofas de una canción subida a Internet desde Bogotá, Colombia, por el dúo Inténtalo Carito, integrado por dos hermanos. En su canción hacen una apreciación cultural y lingüística del idioma español, pero de una manera muy entretenida y, por supuesto, musical. Hacen referencia especial a la experiencia de aprender el español.

PALABRAS CLAVE

esforzarse trabajar muy duro para lograr un objetivo

conseguir lograr, tener éxito

darse por vencido abandonar algo demasiado difícil

enriquecer mejorar

la tara deficiencia, defecto

ANTES DE ESCUCHAR

1 **Encuesta personal** Lee estas oraciones y señala si estás de acuerdo o no con ellas. Explica por qué y da ejemplos para sustentar tus respuestas.

1. Es más fácil aprender inglés que español.
2. Es más fácil entender el inglés que el español.
3. Es más fácil pronunciar el inglés que el español.
4. El inglés se pronuncia tal y como se escribe. just like
5. El español no se pronuncia tal y como se escribe.

2 **Opiniones** En grupos pequeños, comparen sus respuestas de la Actividad 1. Luego, según las ideas que te aportaron tus compañeros, decide si cambiarías algunas de tus respuestas.

3 **Anglicismos** Con un(a) compañero/a, analicen los anglicismos (palabras provenientes del inglés) que aparecen en la siguiente estrofa de la canción e intenten deducir a cuáles palabras inglesas se refieren. Luego, investiguen otros cinco ejemplos de anglicismos (por ejemplo, bluyín [de *blue jean*] o parquin [de *parking*]) y compártanlos con toda la clase.

« El que cuida tu edificio es un «guachimán», y con los chicos de tu barrio sales a «janguear». Y la glorieta es un «rompoy», y te vistes con «overol». »

MIENTRAS ESCUCHAS

1 **Escucha una vez** Al escuchar la primera vez, escribe todos los sustantivos que hacen referencia a lugares geográficos del mundo hispanohablante.

2 **Escucha de nuevo** Al escuchar la segunda vez, escribe todas las palabras y expresiones que hacen referencia a la comunicación, la gramática o el vocabulario del idioma en general.

ESTRATEGIA

Explorar el léxico
Identificar palabras relacionadas con un tema específico te ayudará a captar el mensaje global.

DESPUÉS DE ESCUCHAR

1 **Comprensión** Indica si lo que dice cada oración es **cierto** o **falso** según la canción.

1. La lengua materna de los cantantes es el inglés.
2. A veces ellos cantan con un acento extranjero.
3. Según la canción, los regionalismos en el idioma español facilitan su comprensión.
4. La canción habla de una persona que intentó aprender el español durante un año.
5. Es fácil aprender español.
6. Saber palabras en inglés no te ayuda a entender el español.

2 **Interpretar y explicar** En grupos de tres o cuatro compañeros/as, vuelvan a escuchar la canción y discutan sus respuestas a estas preguntas.

1. La lengua materna de los cantantes es el español. ¿Cómo se sabe?
2. En la canción, ¿adónde fue la persona después de México? ¿Qué referencia geográfica te lleva a esta conclusión?
3. ¿Cómo interpretas: «me esforcé por hablar el idioma, pero yo nunca lo conseguí...»?
4. ¿Por qué dice también «Yo ya me doy por vencido, para mi país me voy»?
5. La canción afirma que con tantos anglicismos todo es más complicado. ¿Qué quiere decir esto? ¿Puedes identificar ejemplos en la canción?

3 **Pensamiento crítico** Mira de nuevo las respuestas que escribiste para la Actividad 3 de la sección Antes de escuchar. Analiza el tono y la letra de la canción. Luego, con un grupo de tres compañeros/as, discutan las preguntas otra vez.

MI VOCABULARIO
Utiliza tu vocabulario individual.

4 **El aprendizaje del español** Conversa con un(a) compañero/a sobre tus experiencias con el aprendizaje del idioma español. Hablen de sus motivaciones para estudiarlo, de alguna anécdota divertida y de las mayores dificultades que han encontrado en su proceso de aprendizaje. Mencionen también algunas diferencias culturales que han observado, según sus estudios o por experiencias personales, entre algunos países hispanoparlantes y expliquen cómo han complicado su aprendizaje.

RECURSOS
Consulta la lista de apéndices en la p. 418.

5 **Presentación oral** Para tu presentación oral, primero reflexiona sobre esta pregunta: ¿Por qué es difícil entender las bromas de otra lengua y otra cultura? Compara tus observaciones acerca de tu comunidad con tus observaciones de una región del mundo hispanohablante. Debes demostrar tu comprensión de aspectos culturales en el mundo hispanohablante y organizar tu presentación de manera clara, teniendo en cuenta los siguientes aspectos:

- incluir una tesis o declaración del propósito de tu presentación
- comparar tu propia comunidad con una región del mundo hispanohablante y explicar las semejanzas y diferencias
- citar ejemplos de lo que has aprendido y de tus experiencias para sustentar las ideas que presentas
- usar conectores para dar fluidez a tu presentación
- concluir con comentarios que resuman el tema o propósito

CONEXIONES CULTURALES

 Record & Submit

Cometas durante una ceremonia en el cementerio de Sumpango. Día de los muertos, Guatemala

El Festival del Viento y las Cometas

SIENTES QUE EL VIENTO TE HARÁ VOLAR; ENSEGUIDA MIRAS el cielo y ¿qué ves? Tiburones, cóndores, dragones, dinosaurios, mariposas gigantes... y todo de los más vivos colores. ¿Estás soñando? No. En el pueblo colombiano Villa de Leyva, aprovechando sus característicos vientos, desde 1975 se celebra cada agosto el Festival del Viento y las Cometas.

Construir una cometa, un artefacto que ha acompañado al hombre por más de veinticinco siglos, puede ser un entretenimiento pasajero más para muchos, pero para los habitantes de Villa de Leyva es un evento que se espera incluso un año entero. El festival es un espectáculo para todos los gustos. Hay profesionales que hacen demostraciones que impresionan tanto a los lugareños como a los turistas, que llegan de distintas partes del mundo. Pero también hay aficionados que aprovechan la ocasión para volver a ser niños, aunque solo sea por una tarde, y alzan sus cometas al cielo.

- El Akông es un juego tradicional de Guinea Ecuatorial que se parece a las damas. Una característica muy interesante de este juego es que todos los espectadores son «árbitros», lo que hace que sea muy participativo y divertido.
- Desde hace más de un siglo se celebran los Carnavales Tradicionales de El Callao, en Venezuela. En este pequeño pueblo minero en el estado de Bolívar, cada año las comparsas desfilan al ritmo del calipso ante los ojos de miles de visitantes de todo el mundo.
- El Encuentro Nacional de Juegos Autóctonos, en México, es una excusa para practicar y aprender juegos tan difundidos como el trompo o el balero y otros menos conocidos, como los juegos de pelota de mayas y aztecas. El encuentro se realiza cada año en una ciudad diferente y tiene como objetivo fomentar las tradiciones deportivas y recreativas.

Presentación oral: comparación cultural

Prepara una presentación oral sobre este tema:

- ¿Cómo se reflejan las perspectivas culturales en las formas de diversión y entretenimiento?

Compara tus observaciones acerca de las comunidades en las que has vivido con tus observaciones de una región del mundo hispanohablante que te sea familiar. En tu presentación, puedes referirte a lo que has estudiado, vivido, leído u observado.

léxico 1 Expresiones de transición

RECURSOS
Consulta las explicaciones gramaticales en las pp. 168-169.

Además de las conjunciones, se pueden utilizar otras expresiones de transición para enlazar oraciones e indicar los diferentes tipos de relaciones que existen entre ellas. Estas palabras y expresiones marcan la relación lógica entre las ideas y se suelen situar al principio o cerca del inicio de la oración. Las expresiones de transición se pueden dividir en categorías.

PARA ENLAZAR O AÑADIR IDEAS	
asimismo *also, in addition* **así/de ese modo** *so/in that way* **con relación/respecto a** *regarding* **como se puede ver** *as you/we/one can see* **además de** *in addition to* **por suerte/desgracia** *(un)fortunately* **por lo general** *generally* **de hecho** *in fact*	**Así**, con paciencia y dedicación resolveremos nuestros problemas. **Con relación a** las normas de circulación, es imprescindible cumplirlas. **Además de** no permitirnos entrar, nos dijo que no volviéramos. **Por desgracia**, no hay nadie que pueda ayudarnos. **Por lo general**, siempre hay gente dispuesta a colaborar.
PARA COMPARAR Y CONTRASTAR	
al igual que *like* **a diferencia de** *unlike* **en cambio/por el contrario** *in contrast* **en vez/lugar de** *instead of* **no obstante/sin embargo** *however* **por una parte/un lado** *on the one hand* **por otra (parte)/otro (lado)** *on the other hand*	**A diferencia de** los empleados con mayor antigüedad, a nosotros nos pagan menos. Intentamos entablar conversación; **en cambio**, él no nos dijo nada. Los individualistas, **en vez de** pedir ayuda, tienden a trabajar en solitario. **Por una parte**, me conviene el nuevo horario; pero, **por otra**, me costará acostumbrarme.
PARA MOSTRAR RELACIONES CAUSA-EFECTO	
a causa de *because of* **debido a** *due to, on account of* **entonces/por lo tanto** *therefore* **como resultado/consecuencia** *as a result* **por eso/por ese motivo/por esa razón** *for that reason*	**Debido al** precio del petróleo, las tarifas de vuelos han subido. No tuve tiempo de estudiar. **Como consecuencia**, no aprobé el examen. Pasé las vacaciones en la playa; **por eso** estoy tan bronceado.
PARA MOSTRAR ORDEN DE TIEMPO O ESPACIO	
antes de *before* **desde que/desde entonces** *since/since then* **al mismo tiempo** *at the same time* **a partir de** *starting* **al final** *in the end; at/toward the end* **en aquel entonces** *at that time, back then* **primero** *first* **después/luego** *later, then* **en primer/segundo lugar** *first/second of all* **al mismo tiempo** *at the same time*	**Antes de** mudarme a Madrid en 2005, no me interesaba el fútbol. **Desde entonces,** soy un verdadero fanático. Las entradas para el circo estarán disponibles **a partir del** 12 de diciembre. No me enteré de lo que pasó **al final** de la reunión. **En aquel entonces** muy pocas mujeres asistían a la universidad. **Primero**, cocina la cebolla. **Luego**, el ajo. Los dos llamaron **al mismo tiempo**.

PARA RESUMIR	
a fin de cuentas *in the end, after all* **en otras palabras/es decir** *that is to say* **después de todo** *after all* **en conclusión** *in conclusion* **en resumen/en resumidas cuentas** *in short* **en todo caso** *in any case* **al fin y al cabo** *in the end*	**A fin de cuentas**, él es quien paga el alquiler. **En otras palabras**, no quiero volver a verte. **Después de todo**, te dieron todo lo que tenían. **En resumen**, la fiesta se celebrará, con o sin dinero. **En todo caso**, aquí estaré siempre que me necesiten.

PRÁCTICA

1 

Completa cada oración con la expresión de transición más lógica de la lista. No repitas las expresiones.

a diferencia de	ahora que	en aquel entonces	por lo general
a partir de	después de todo	por desgracia	sin embargo

1. Ayer se estropeó la calefacción; ____________, no pasamos frío.
2. ____________ Javier, su hermano Andrés tiene el pelo corto.
3. ____________, por muy mal que os llevéis, es tu padre.
4. ____________, no hay nada que se pueda hacer para mejorar la situación.
5. ____________, en las casas no había agua corriente.
6. ____________, el clima mediterráneo es agradable casi todo el año.
7. Mejor salgamos de casa, ____________ no llueve.
8. ____________ ahora, quiero que todos aporten su granito de arena.

2

Completa el párrafo con una expresión de transición adecuada. También puedes usar conjunciones.

Sí. (1)____________ yo también soy mileurista. Pertenezco a ese dilatado grupo de españoles que, (2)____________ haber cursado estudios superiores, ganamos menos de mil euros al mes. (3)____________ no contamos con un trabajo y un sueldo acordes a nuestra preparación, nos pasamos la vida en empleos temporales que no satisfacen nuestras aspiraciones. (4)____________, ante la situación económica actual, y (5)____________ cada vez hay menos puestos de trabajo, no nos queda otro remedio que conformarnos con lo que hay. (6)____________, todos tenemos que pagar el alquiler, de una forma u otra. (7)____________ esta situación, y (8)____________ los agricultores y ancianos desaparecen, podemos decir que los nuevos pobres de hoy en día somos los jóvenes. (9)____________, formamos una nueva clase social de individuos cuyo nivel de vida será peor que el de sus padres. (10)____________, no sabemos lo que será de nosotros.

3

Escribe un párrafo sobre una experiencia que hayas tenido al buscar trabajo o solicitar una pasantía (*internship*). Utiliza tantas expresiones de transición como puedas para unir e introducir oraciones.

MODELO *Todo comenzó cuando vi un aviso para un puesto de verano. Por desgracia, el periodo de inscripción había finalizado. Sin embargo...*

Los sufijos

- La autora del párrafo de la página anterior acuñó una nueva palabra a partir de la expresión «mil euros».

  «El **mileurista** es aquel joven licenciado, con idiomas, posgrados, másters y cursillos (...) que no gana más de 1000 euros».

- Los sufijos son terminaciones que se agregan a la raíz de una palabra para añadirle información suplementaria. La nueva palabra formada se denomina **palabra derivada**. A menudo, este proceso de derivación puede suponer un cambio de categoría gramatical entre la palabra original y la palabra derivada. Dependiendo del cambio de categoría gramatical que se obtenga al añadir un sufijo, podemos dividir los sufijos en categorías. Aquí se presentan algunos ejemplos.

FORMACIÓN DE SUSTANTIVOS A PARTIR DE VERBOS		
-ada	**sentar** *to sit down* **acampar** *to camp*	**sentada** *sit-down protest* **acampada** *camping*
-ado	**peinar** *to comb* **afeitar** *to shave*	**peinado** *hairstyle* **afeitado** *shave*
-ancia	**tolerar** *to tolerate* **vigilar** *to watch*	**tolerancia** *tolerance* **vigilancia** *vigilance*
-anza	**enseñar** *to teach* **labrar** *to till*	**enseñanza** *teaching* **labranza** *tilling, farming*
-dero	**embarcar** *to embark* **fregar** *to wash*	**embarcadero** *pier* **fregadero** *sink*
-ción	**retener** *to retain* **asimilar** *to assimilate*	**retención** *retention* **asimilación** *assimilation*

FORMACIÓN DE SUSTANTIVOS A PARTIR DE ADJETIVOS		
-itud	**similar** *similar* **lento/a** *slow*	**similitud** *similarity* **lentitud** *slowness*
-ncia	**abundante** *abundant* **insistente** *insistent*	**abundancia** *abundance* **insistencia** *insistence*
-bilidad	**variable** *variable* **estable** *stable*	**variabilidad** *variability* **estabilidad** *stability*
-dad	**cruel** *cruel* **frío/a** *cold*	**crueldad** *cruelty* **frialdad** *coldness*
-ura	**loco/a** *crazy* **fresco/a** *fresh*	**locura** *craziness* **frescura** *freshness*
-ez	**redondo/a** *round* **exquisito/a** *exquisite*	**redondez** *roundness* **exquisitez** *exquisiteness*

FORMACIÓN DE ADJETIVOS A PARTIR DE SUSTANTIVOS		
-íaco/a	**Austria** *Austria* **paraíso** *paradise*	**austríaco/a** *Austrian* **paradisíaco/a** *paradisiacal*
-al	**constitución** *constitution* **provisión** *provision*	**constitucional** *constitutional* **provisional** *provisional*
-ar	**polo** *pole* **luna** *moon*	**polar** *polar* **lunar** *lunar*
-ático/a	**esquema** *diagram* **enigma** *enigma*	**esquemático/a** *schematic* **enigmático/a** *enigmatic*
-ario/a	**reglamento** *regulation* **suplemento** *supplement*	**reglamentario/a** *regulatory* **suplementario/a** *supplementary*

FORMACIÓN DE ADJETIVOS A PARTIR DE VERBOS		
-ado/a	**lavar** *to wash* **cualificar** *to qualify*	**lavado/a** *washed* **cualificado/a** *qualified*
-ante	**abundar** *to abound* **impresionar** *to impress*	**abundante** *abundant* **impresionante** *impressive*
-ible	**eludir** *to elude* **describir** *to describe*	**eludible** *avoidable* **descriptible** *describable*
-able	**variar** *to vary* **canjear** *to exchange*	**variable** *variable* **canjeable** *exchangeable*

¡ATENCIÓN!
Otros sufijos para formar adjetivos a partir de verbos:

llevar ⟶ lleva**dero/a** (*bearable*)

enamorar ⟶ enamora**dizo/a** (*that falls in love easily*)

FORMACIÓN DE VERBOS A PARTIR DE SUSTANTIVOS O ADJETIVOS		
-ificar	**edificio** *building* **ejemplo** *example*	**edificar** *to build* **ejemplificar** *to exemplify*
-ear	**agujero** *hole* **gol** *goal*	**agujerear** *to drill a hole* **golear** *to score a goal*
-ecer	**noche** *night* **rico/a** *rich* **pálido/a** *pale*	**anochecer** *to get dark* **enriquecer** *to enrich* **palidecer** *to turn pale*
-izar	**tierra** *land* **carbón** *carbon*	**aterrizar** *to land* **carbonizar** *to carbonize*

¡ATENCIÓN!
En ocasiones, cuando se añaden sufijos como **-ecer** o **-izar**, también se requiere añadir prefijos **(pp. 308-309)**.

anoch**ece**

FORMACIÓN DE SUSTANTIVOS A PARTIR DE SUSTANTIVOS: SUFIJOS QUE INDICAN GRUPO		
-ado/a	**profesor** *professor* **millón** *million*	**profesorado** *faculty* **millonada** *many millions*
-aje	**ropa** *clothes* **venda** *bandage*	**ropaje** *apparel* **vendaje** *bandages, dressing*
-edo/a	**roble** *oak tree* **árbol** *tree*	**robledo** *oak grove* **arboleda** *grove*
-ero	**refrán** *proverb* **avispa** *wasp*	**refranero** *collection of proverbs* **avispero** *wasps' nest*

FORMACIÓN DE SUSTANTIVOS A PARTIR DE SUSTANTIVOS: SUFIJOS QUE INDICAN OFICIOS O PROFESIÓN		
-ería	**pan** *bread* **ganado** *livestock*	**panadería** *bakery* **ganadería** *stockbreeding*
-ero/a	**pan** *bread* **zapato** *shoe*	**panadero/a** *baker* **zapatero/a** *shoe maker*
-ario/a	**biblioteca** *library* **función** *function*	**bibliotecario/a** *librarian* **funcionario/a** *government employee*
-ador(a)	**control** *control* **venta** *sale*	**controlador(a)** *controller* **vendedor(a)** *salesperson*
-ista	**mil euros** *a thousand euros* **flauta** *flute*	**mileurista** *a person who makes a thousand euros a month* **flautista** *flautist*

PRÁCTICA

1 Completa las analogías con las palabras adecuadas.

1. pan ⟶ panadería : helado ⟶ ____________
2. hervir ⟶ hervidero : embarcar ⟶ ____________
3. profesor ⟶ profesorado : elector ⟶ ____________
4. triste ⟶ entristecer : rico ⟶ ____________
5. asimilar ⟶ asimilación : globalizar ⟶ ____________
6. llave ⟶ llavero : canción ⟶ ____________
7. similar ⟶ similitud : alto ⟶ ____________
8. blanco ⟶ blancura : dulce ⟶ ____________
9. vigilar ⟶ vigilancia : tolerar ⟶ ____________
10. brillante ⟶ brillantez : fluido ⟶ ____________
11. edificio ⟶ edificar : plan ⟶ ____________
12. definir ⟶ definible : elegir ⟶ ____________

2 Relaciona cada definición con la palabra correcta de cada par.

1. ___ acción de perforar, agujero
2. ___ bosque de robles
3. ___ mamífero de cuatro patas con cuernos
4. ___ persona que cuida y organiza libros
5. ___ que reúne las cualificaciones necesarias
6. ___ conjunto de refranes
7. ___ grupo de profesores
8. ___ una persona con buen gusto para vestir

a. perforador/perforación
b. cualificación/cualificado
c. elegancia/elegante
d. profesorado/profesor
e. refranero/refrán
f. biblioteca/bibliotecario
g. roble/robledo
h. toro/torero

3 Escribe diez oraciones utilizando palabras derivadas de los términos de la lista.

comparar	determinar	emancipar	iniciar	precario	sentir	tiempo
desempleo	economía	euro	laborar	prever	sociedad	universidad

contexto 3 Los viajes y el ocio

PUNTOS DE PARTIDA

Viajar se ha convertido en una actividad de ocio cada vez más popular y más alcanzable. La experiencia de visitar sitios nuevos y conocer personas de culturas diferentes enriquece nuestras vidas y nos ayudan a apreciar y valorar la diversidad de nuestro mundo.

- ¿Cómo nos beneficiamos de las perspectivas de otras personas y culturas?
- ¿Cómo mostramos respeto por los lugares que visitamos?
- ¿De qué manera la ubicación geográfica de un país influye en su desarrollo turístico?

DESARROLLO DEL VOCABULARIO

MI VOCABULARIO
Anota el vocabulario nuevo a medida que lo aprendes.

1 Medios de transporte Para cada descripción, elige el medio de transporte apropiado.

	avión	barco	bicicleta
1. Necesitas usar un casco.	☐	☐	☐
2. Necesitas tener un salvavidas cerca.	☐	☐	☐
3. Necesitas abrocharte el cinturón de seguridad.	☐	☐	☐
4. Necesitas quedarte adentro.	☐	☐	☐
5. Las colinas son más difíciles.	☐	☐	☐
6. Hay que pasar por controles de seguridad.	☐	☐	☐
7. Despega y aterriza.	☐	☐	☐
8. Sale de un puerto.	☐	☐	☐
9. Es el modo de transporte más ecológico.	☐	☐	☐
10. Es el modo de transporte más rápido.	☐	☐	☐

2 ¿Adónde quisieras ir? Elige tu destino preferido para cada uno de estos medios de transporte: *a pie, barco de vela, carro, autobús, bicicleta, crucero, avión, canoa, helicóptero, nave espacial.* Comparte tus respuestas con un(a) compañero/a.

3 Elementos culturales En grupos de cuatro, elijan un país hispanohablante que les interese (un país diferente para cada grupo). Cada miembro del grupo elige un aspecto cultural de dicho país e investiga ejemplos específicos de ese aspecto, apoyándose con imágenes. Finalmente, el grupo presenta a toda la clase los cuatro aspectos investigados. Estos son algunos de los elementos culturales que pueden investigar:

- el arte (una obra o un[a] artista)
- el cine (una película, un actor [actriz] o director[a])
- la arquitectura (un edificio o un[a] arquitecto/a)
- la cocina (un plato típico o un[a] cocinero/a)
- la política (tipo de gobierno o uno[a] de sus líderes)
- la historia (una época o un evento)
- la música (una canción, un[a] músico/a o un género)
- el baile (bailes populares, un[a] bailarín[a] o un género)
- los deportes (un deporte, un equipo o un[a] atleta)
- la geografía (un lugar de interés o una región)
- la flora y la fauna (la biodiversidad, una especie animal o vegetal)

LECTURA 3.1 ▸ UN MENSAJE DE MARÍA JOSÉ

SOBRE LA LECTURA Esta lectura es un mensaje electrónico que le escribió una mujer española a su amiga estadounidense en noviembre de 2012. La autora del correo, María José Barón, vive en Ginebra con su esposo y sus hijos, Guillermo (11 años) y Miguel (9 años). Su amiga Amy vive en Boston y tiene dos hijos de la misma edad. Las dos mujeres se conocieron cuando estudiaban en la Universidad de Salamanca en la década de los ochenta. Ellas y sus familias se reúnen siempre que pueden y se comunican con regularidad por correo electrónico. Comparten sus experiencias de la cultura popular, la política y la vida familiar, al mismo tiempo que mantienen el contacto y la amistad.

ANTES DE LEER

1 **Tu tiempo libre** Haz una lista de las actividades que te gusta realizar en tu tiempo libre y enumera las cinco que prefieres por orden de importancia. Luego comparte tu lista con un(a) compañero/a.

2 **Las películas** Habla con un(a) compañero/a sobre una película que hayas visto recientemente y que te haya gustado mucho. Además de mencionar el género, los actores y la trama, comenten por qué decidieron verla, qué sentimientos o emociones les provocó y cuáles temas de la vida humana toca.

3 **Registro** Como con cualquier otro texto, al escribir un mensaje electrónico debemos prestar atención al registro que usamos dependiendo de la persona a la que va dirigido el mensaje. De la siguiente lista de elementos, elige los que usarías en un correo dirigido a tu mejor amigo/a (**A**) o a un profesor (**P**).

___ lenguaje coloquial
___ chistes
___ abreviaturas
___ tuteo
___ buena ortografía
___ expresiones de cortesía
___ lenguaje académico
___ emoticones
___ ejemplos y opiniones
___ anécdotas familiares

4 **Perspectivas culturales** Para cada frase, da una definición y explica su significado dentro de la cultura estadounidense. Después, comenten sus observaciones en grupos de cuatro o cinco estudiantes.

1. la colaboración
2. una catástrofe natural
3. el amor
4. el bienestar social
5. el bienestar financiero
6. la fuerza de la familia
7. la suerte
8. el destino

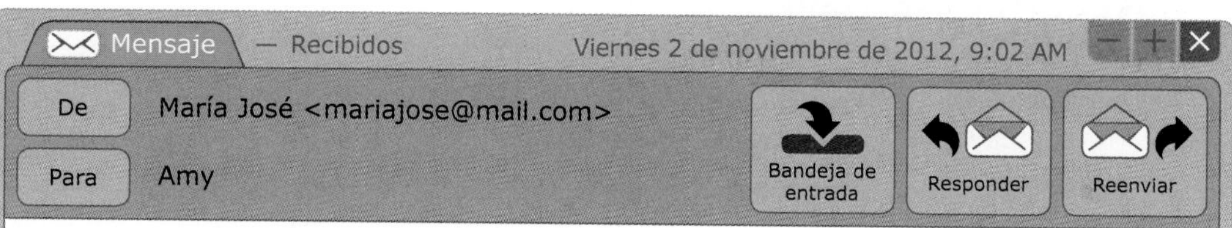

Querida Amy:

¡Qué guapos estaban los chicos en la foto de Halloween! Seguro que se lo pasaron genial. ¡A mis hijos les hubiera encantado salir con ellos para el *trick or treat!* Eso hubiera sido un sueño para Guillermo...

Es increíble todo lo que cuenta tu hermana sobre el huracán Sandy. Han pasado varios días y aún están sufriendo las consecuencias de estar sin **suministro** eléctrico, sin colegio y con carreteras cortadas. Espero que sigan todos bien, sobre todo tus padres por ser mayores, y dales a todos muchos recuerdos míos cuando hables con ellos. Ha sido una noticia tan **mediática** que la hemos estado siguiendo minuto a minuto desde Europa.

Pero lo que más me emociona es oír la buena colaboración que ha habido entre los vecinos. Esto me hace recordar una película española que **se estrenó** en octubre pero que ha sido filmada en inglés con actores americanos por lo que probablemente también será estrenada en USA, aunque no sé cuándo. Se llama *Lo imposible* y está dirigida por J. A. Bayona. Está basada en la historia real de una familia española (María Belón, su marido y sus hijos) que sufrió el tsunami de 2004 cuando pasaban unos días de vacaciones en Tailandia. Desde que se estrenó en España, **ha batido** todos los éxitos de taquilla y tal vez os gustaría ir a verla, aunque no te olvides de llevar pañuelos... Aquí a Ginebra llegará en dos semanas y no quiero perdérmela. La película recrea el tsunami para hablar de la condición humana. En un momento como el actual en el que desgraciadamente comenzamos a convivir con catástrofes naturales cada vez más habitualmente, y en el que otro «tsunami» financiero está devastando el bienestar social de millones de personas, creo que **cobra más fuerza** que nunca esta historia de amor, de generosidad, de la fuerza de la familia y, tristemente también, de la «suerte», de nuestro destino.

¡Mucha suerte en las próximas elecciones presidenciales!

Con mucho cariño,
María José

Más recientes

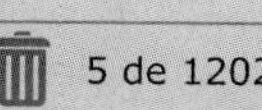

ESTRATEGIA

Analizar el estilo

Se puede conocer mucho de la autora y su relación con la receptora del mensaje si analizas el estilo de escritura. Mientras lees, observa el tono, el registro y los temas discutidos; busca referencias y expresiones regionales, e identifica perspectivas y comparaciones culturales. Considera lo que revela el estilo de escritura sobre la autora y su relación con la receptora.

PALABRAS CLAVE

suministro distribución, entrega

mediático/a relativo a los medios de comunicación

estrenarse ser presentado por primera vez (en especial, un espectáculo)

batir vencer, superar un récord

cobrar fuerza adquirir poder o valor, dar energía

DESPUÉS DE LEER

1 Comprensión Contesta las preguntas según el texto.

1. ¿De dónde es María José y dónde vive cuando escribe la carta?
2. ¿Con qué propósito escribió la carta?
3. ¿Quién es María Belón?
4. ¿Por qué recomienda María José que lleven pañuelos a la película?
5. ¿Cuál detalle sobre las noticias del huracán Sandy le pareció más interesante a María José?
6. ¿Por qué puso entre comillas la palabra «suerte» (línea 26)?

2 Analizar el estilo Contesta las preguntas con un(a) compañero/a para analizar el estilo del mensaje electrónico.

1. Describe el registro de la escritura.
2. ¿Cómo cambia el tono a lo largo del mensaje?
3. Haz una lista de los diferentes temas que menciona la autora.
4. ¿A cuáles regiones o sitios hace referencia? Indica el contexto de cada referencia.
5. ¿Cuál frase demuestra (por el vocabulario) que María José es de España y no de Latinoamérica?
6. ¿Cuáles son algunas comparaciones culturales implícitas o expresas en el mensaje?

3 Describir a la autora Según la información de Sobre la lectura y del mensaje electrónico que has leído y analizado, describe a María José. Piensa en detalles que resulten lógicos para componer su perfil. Incluye aspectos como estos:

- edad
- familia
- educación
- profesión
- intereses y creencias
- calidad de vida
- actividades de ocio
- experiencias y circunstancias que pueden influir en sus opiniones

RECURSOS
Consulta la lista de apéndices en la p. 418.

4 Un mensaje electrónico Escribe una posible versión del mensaje original que Amy le escribió a María José. Al escribir el mensaje recuerda incluir estos aspectos:

- saludar a María José y hacerle una o dos preguntas sobre su vida o su familia
- describir la foto adjunta (por ejemplo, quiénes aparecen en la foto o dónde están)
- relatar las experiencias de su hermana con el huracán Sandy y la colaboración de los vecinos
- expresar preocupaciones acerca de las próximas elecciones presidenciales

5 El destino ¿Crees que las personas que conozcas y las experiencias que tengas en la vida forman parte de un plan predeterminado? Con un(a) compañero/a de clase, habla sobre tus creencias personales acerca del destino y la suerte, y da ejemplos de tu propia experiencia o argumentos lógicos para apoyar tu punto de vista.

6 **La cultura y las celebraciones** Con un(a) compañero/a de clase, compara la manera como estas ocasiones se celebran en Estados Unidos y en países hispanohablantes.

1. Halloween
   - ¿Cómo le parecería la celebración de Halloween a una persona de otro país que lo experimentara por primera vez?
   - ¿En qué sentido es Halloween representativa de la cultura de Estados Unidos?
   - ¿Cuáles celebraciones de países hispanos tienen elementos comunes con Halloween?
2. Columbus Day
   - ¿Cuál es el significado de esta celebración?
   - ¿Cuáles son las semejanzas y diferencias con «El día de la raza» en otras naciones?
3. Día de la Independencia (4 de julio en Estados Unidos)
   - ¿Por qué es importante celebrar esta fecha?
   - ¿Cómo se celebra en Estados Unidos y cómo celebran su independencia otros países?

7 **Las perspectivas personales** Comenten estas preguntas en pequeños grupos.

RECURSOS
Consulta la lista de apéndices en la p. 418.

1. ¿Cómo influyen los siguientes elementos en nuestras opiniones y en la visión que tenemos de la vida?
   - la cultura popular
   - los valores de nuestros padres
   - la religión
   - la educación
   - el estatus socioeconómico del país y de nuestra familia
   - las experiencias
   - el lugar de origen
2. ¿Cuáles son algunos ejemplos de perspectivas diferentes entre las personas que tú conoces?
3. ¿Cuáles son los beneficios de tener amigos con opiniones diferentes?
4. ¿Qué define la calidad de vida?
5. ¿Qué condiciones culturales pueden influir en esa definición?

8 **Interpretar las perspectivas** La autora expresa unas ideas muy personales en la última oración de la carta. Vuelve a leerla antes de contestar y comentar las preguntas con un grupo de cinco o seis estudiantes.

MI VOCABULARIO
Utiliza tu vocabulario individual.

1. ¿Cuáles son las preocupaciones expresadas?
2. ¿Qué aspectos de su vida podrán influir en sus preocupaciones?
3. ¿Cuáles son los significados posibles de la palabra «suerte»?
4. ¿En que sentido(s) usa la autora la palabra «suerte»?
5. ¿A qué se refiere la autora con la palabra «destino»?
6. ¿Por qué usa la autora el adverbio «tristemente» para introducir «la suerte» y «el destino»?

9 **Narrar la trama** Elige una película o un cuento con un mensaje muy personal y profundo o con relevancia contemporánea. Usa el correo de María José como modelo para narrar la trama y compararla con sucesos contemporáneos relevantes. Incluye:

- el nombre de la película o el cuento
- un breve resumen de la trama
- por qué es relevante para ciertos eventos contemporáneos
- algo que podemos aprender, o algún aspecto inspirador o conmovedor de la historia

ESTRATEGIA

Resumir Cuando resumes la trama de un cuento o una película, necesitas decidir cuáles detalles son más importantes. Considera el público que te escucha y tus razones para compartir el resumen.

LECTURA 3.2 ▸ MUNDO DEL FIN DEL MUNDO (FRAGMENTO)

SOBRE EL AUTOR Luis Sepúlveda (n. 1949) es un aclamado autor, periodista y cineasta chileno. Llegó a ser uno de los escritores latinoamericanos más leídos en todo el mundo después de publicar su novela *Un viejo que leía novelas de amor* (1992), traducida a treinta y tres idiomas. En los años setenta, fue encarcelado por razones políticas durante la dictadura de Augusto Pinochet y luego se exilió. Desde entonces ha vivido en varios países de Suramérica, así como en Alemania y España.

SOBRE LA LECTURA Esta lectura es un fragmento del libro *Mundo del fin del mundo* (1994), en el que el narrador cuenta sus experiencias al pasar un verano a bordo de un ballenero cuando era adolescente. Fascinado con el libro *Moby Dick*, buscaba aventuras marinas similares. Décadas más tarde, regresó a las mismas aguas puras del Polo Sur como activista de Greenpeace persiguiendo piratas que mataban ballenas indiscriminadamente.

ANTES DE LEER

MI VOCABULARIO
Anota el vocabulario nuevo a medida que lo aprendes.

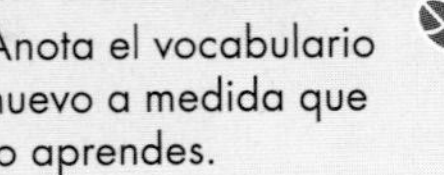

1 Accidentes geográficos Elige la mejor descripción para cada accidente geográfico.

___ un arrecife	a. una serie de montañas
___ una bahía	b. una piedra grande que sobresale del agua
___ un cabo	c. un pedazo enorme de hielo que flota en el mar
___ un canal	d. un estrecho marítimo que conecta dos masas de agua
___ una cordillera	e. un sitio por donde pasar en barco
___ una correntada	f. un banco formado en el mar por piedras y corales
___ un iceberg	g. una punta de tierra que penetra en el mar
___ un islote	h. tierra rodeada de agua por todas las partes, menos una
___ una laguna	i. una entrada a la mar rodeada por tierra, excepto por la apertura
___ un paso de mar	j. una masa de agua, generalmente dulce; un lago pequeño
___ una península	k. una corriente fuerte de agua

2 Interpretar el título Antes de leer el texto, trabajen en grupos de tres o cuatro estudiantes para hacer una lista de interpretaciones posibles para el título: *Mundo del fin del mundo*. ¿Cuáles son los significados posibles de «mundo» y «fin» en contextos diferentes?

3 En el mapa Antes de leer el texto, busca el Estrecho de Magallanes y el Paso Drake en un mapa y contesta las preguntas.

1. ¿En qué país está ubicado el Estrecho de Magallanes?
2. ¿Crees que estaría bien llamar a este lugar «el fin del mundo»? ¿Por qué?
3. Según la geografía de la zona, ¿qué parte parece la más difícil de navegar? ¿Por qué?
4. En tu opinión, ¿cuáles serían las ventajas y desventajas de navegar por el Estrecho de Magallanes en vez del Paso Drake?

4 **Las partes de un barco** Escribe el número que corresponde a cada parte del barco.

___ el ancla	___ la popa
___ el babor	___ la proa
___ la cubierta	___ el puente de mando
___ el estribor	___ la sala de máquinas

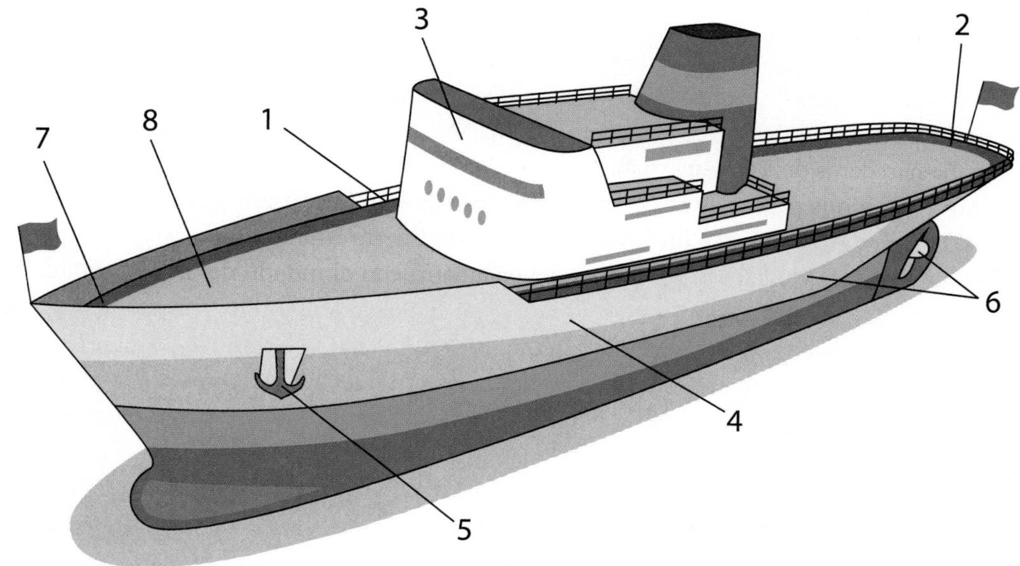

5 **Sinónimos** Encuentra un sinónimo para cada uno de estos términos entre las Palabras clave de las páginas 248-250:

1. sondear: ____________
2. embarcaciones: ____________
3. partir: ____________
4. hondura: ____________
5. puntudo: ____________
6. transparente: ____________

6 **La ruta del narrador** En un mapa, identifica los siguientes lugares del Cono Sur, que marcarán la ruta que sigue el narrador del fragmento que vas a leer:

Santiago de Chile	Isla Pacheco	Cabo Froward
Puerto Montt	Estrecho de Magallanes	Bahía Inútil
Canal de Moraleda	Península de Córdoba	Tierra del Fuego
Puerto Chacabuco	Península de Brunswick	Punta Arenas

7 **Un viaje inolvidable** Habla con un(a) compañero/a sobre un viaje que recuerdas de manera especial y en el cual obtuviste algún aprendizaje importante para tu vida. En su conversación, tengan en cuenta estos aspectos:

- qué edad tenías, dónde fue el viaje y cuánto tiempo duró
- con quién fuiste y qué medio(s) de transporte utilizaron
- qué aprendiste del viaje o de las personas que conociste allí
- por qué consideras que es un viaje inolvidable

MUNDO DEL FIN DEL MUNDO

(Fragmento)

por **Luis Sepúlveda**

PALABRAS CLAVE

fondear echar el ancla para explorar el fondo de las aguas que se navegan

la flota grupo de barcos

el ventisquero la parte alta de una montaña más expuesta al viento y la nieve

zarpar levantar el ancla, salir

el calado profundidad

EN CHILE, las vacaciones de verano duran de mediados de diciembre a mediados de marzo. Por otras lecturas supe que en los confines continentales preantárticos **fondeaban** varias pequeñas **flotas** de barcos balleneros, y ansiaba conocer a aquellos hombres a los que imaginaba herederos del capitán Ahab.

Convencer a mis padres de la necesidad de ese viaje sólo fue posible gracias a la ayuda de mi Tío Pepe, quien además me financió el pasaje hasta Puerto Montt.

Los primeros mil y tantos kilómetros del encuentro con el mundo del fin del mundo los hice en tren, hasta Puerto Montt. Allí, frente al mar, se terminan bruscamente las vías del ferrocarril. Después el país se divide en miles de islas, islotes, canales, pasos de mar, hasta las cercanías del Polo Sur y, en la parte continental, las cordilleras, los **ventisqueros**, los bosques impenetrables, los hielos eternos, las lagunas, los fiordos y los ríos caprichosos impiden el trazo de caminos o de vías ferrocarriles.

En Puerto Montt, por gestiones de mi Tío benefactor, me aceptaron como tripulante en un barco que unía esa ciudad con Punta Arenas, en el extremo sur de La Patagonia, y con Ushuaia, la más austral del mundo en la Tierra del Fuego, trayendo y llevando mercancías y pasajeros.

El capitán del *Estrella del Sur* se llamaba Miroslav Brandovic, y era un descendiente de emigrantes yugoslavos que conoció a mi Tío durante sus correrías por España y luego con los maquis[1] franceses. Me aceptó a bordo como pinche de cocina y apenas **zarpamos** recibí un afilado cuchillo y la orden de pelar un costal de papas.

El viaje duraba una semana. Eran unas mil millas las que debíamos navegar para llegar a Punta Arenas, y la nave se detenía frente a varias caletas o puertos de poco **calado** en Isla Grande de Chiloé, cargaba costales de papas, de cebollas, trenzas de ajos, fardos de gruesos ponchos de lana virgen, para continuar la navegación por las siempre animadas aguas de Corcovado antes de tomar la boca norte del Canal de Moraleda y avanzar en pos del Gran Fiordo de Aysén, única vía que conduce a la apacible quietud de Puerto Chacabuco.

En ese lugar protegido por cordilleras atracaba unas horas, apenas las necesarias para aprovechar el calado que concede la pleamar, y, finalizadas las faenas de carga, casi siempre de carne, iniciaba la navegación de regreso a la mar abierta.

Rumbo oeste noroeste hasta la salida del Gran Fiordo y alcanzar el Canal de Moraleda. Entonces, con rumbo norte se alejaba de las gélidas aguas de San Rafael, del ventisquero flotante, de las infortunadas embarcaciones atrapadas entre sus tentáculos de hielo muchas veces con tripulación completa.

Varias millas más al norte el *Estrella del Sur* torcía rumbo oeste, y cruzando el Archipiélago de las Guaitecas ganaba la mar abierta para seguir con la proa enfilada al sur casi en línea recta.

Creo que pelé toneladas de papas. Me despertaba a las cinco de la mañana para ayudar al panadero. Servía las mesas de la tripulación. Pelaba papas. Lavaba platos, ollas y servicios. Más papas. Desgrasaba la carne de los bifes. Más papas. Picaba cebollas para las empanadas. Vuelta a las papas. Y las pausas que los marinos aprovechaban para roncar a pierna suelta las destinaba a aprender cuanto pudiera acerca de la vida de a bordo.

1 Los maquis eran los guerrilleros antifacistas que opusieron resistencia al régimen de Franco. Su actividad comenzó durante la Guerra Civil Española (1936-1939).

Al sexto día de navegación tenía las manos llenas de callos y me sentía orgulloso. Aquel día, luego de servir el desayuno, fui llamado por el capitán Brandovic al puente de mando.

—¿Qué edad dices que tienes, **grumete**?

—Dieciséis. Bueno, pronto cumpliré los diecisiete, capitán.

—Bien, grumete. ¿Sabes qué es eso que brilla a babor?

—Un faro, capitán.

—No es cualquier faro. Es el Faro Pacheco. Estamos navegando frente al Grupo Evangelistas y nos preparamos para entrar al Estrecho de Magallanes. Ya tienes algo para contarle a tus nietos, grumete. ¡Un cuarto a babor y a media máquina! —ordenó el capitán Brandovic olvidándose de mi presencia.

Tenía dieciséis años y me sentía dichoso. Bajé a la cocina para seguir pelando papas, pero me encontré con una agradable sorpresa: el cocinero había cambiado el menú y por lo tanto no me necesitaba.

Me pasé el día entero en cubierta. Pese a estar en pleno verano, el viento del Pacífico calaba hasta los huesos, y, bien arropado con un poncho chilote, miré pasar los grupos de islas en nuestra navegación rumbo este sureste.

Conocía al dedillo aquellos nombres sugerentes de aventuras: Isla Cóndor, Isla Parker, Maldición de Drake, Puerto Misericordia, Isla Desolación, Isla Providencia, Peñón del Ahorcado…

Al mediodía el capitán y los oficiales se hicieron servir el almuerzo en el puente de mando. Comieron de pie sin dejar de mirar en momento alguno la **carta de navegación**, los instrumentos, y dialogando con la sala de máquinas en un lenguaje de cifras que sólo ellos comprendían.

Servía el café cuando el capitán se fijó de nuevo en mí:

—¿Qué diablos hacías helándote en cubierta, grumete? ¿Te quieres agarrar una pulmonía?

—Miraba el estrecho, capitán.

—Quédate aquí y lo verás mejor. Ahora empieza la parte jodida del viaje, grumete. Vamos a tomar el estrecho en el mejor sentido de la palabra. Mira. A babor tenemos la costa de la Península de Córdoba. Está bordeada de arrecifes **filudos** como dientes de tiburón. Y a estribor el panorama tampoco es mejor. Ahí tenemos la costa sureste de Isla Desolación. Arrecifes mortales y, como si no bastara, en pocas millas toparemos con las correntadas del Canal Abra, que trae toda la fuerza de la mar abierta. Ese **condenado** canal estuvo a punto de terminar con la suerte de Hernando de Magallanes. Grumete, puedes quedarte pero en boca cerrada no entran moscas. No la abras sin antes haber visto el Faro de Ulloa.

El *Estrella del Sur* navegaba a la mínima potencia de sus máquinas, y a eso de las siete de la tarde vimos los haces de plata del Faro de Ulloa centelleando en el horizonte de babor. Ahí se ensancha el Estrecho de Magallanes. La navegación se hizo más rápida y los hombres se volvieron menos tensos.

ESTRATEGIA

Visualizar
Mientras lees, visualiza la escena que el autor describe. Forma imágenes mentales de la geografía en que se encuentra el barco, los pasos estrechos por los cuales el capitán navega, el equipaje en el puente de mando, la atmósfera tensa, el sonido del motor, el viento glacial y otros detalles.

PALABRAS CLAVE

el grumete joven aprendiz de marino

la carta de navegación mapa detallado de aguas navegables

filudo/a afilado/a, con una punta que puede cortar

condenado/a maldito/a, molesto/a

PALABRAS CLAVE

el chorro líquido, gas o luz que fluye por una apertura

diáfano/a claro/a, cristalino/a

A las once de la noche los **chorros** de luz del faro de Cabo Froward bañaron el barco con una caricia de bienvenida, el capitán Brandovic dio la orden de poner la proa con rumbo norte, y el cocinero me reclamó para servir a la tripulación hambrienta.

Luego de fregar platos y trastos subí a cubierta. El cielo **diáfano** se veía tan bajo que daban ganas de estirar un brazo y tocar las estrellas. Y las luces de la ciudad se adivinaban también muy cercanas.

Punta Arenas se levanta en la costa oeste de la Península de Brunswick. En esa parte el Estrecho de Magallanes tiene unas veinte millas de ancho. Al otro lado empieza la Tierra del Fuego, y un poco más al sur, las aguas de Bahía Inútil forman en el estrecho una laguna de unas setenta millas de ancho.

Al día siguiente terminó el viaje de ida. Serví el último desayuno, y el capitán Brandovic se despidió de mí recordándome la fecha del regreso, en seis semanas. Me ofreció su mano fuerte de marino y un sobre con el que no contaba. En él había varios billetes. Toda una fortuna para un chico de dieciséis años.

—Muchas gracias, capitán.

—Nada que agradecer, grumete. El cocinero asegura que jamás tuvo mejor ayudante a bordo.

Estaba en Punta Arenas, tenía las manos encallecidas y en los bolsillos el primer dinero ganado trabajando. Luego de vagabundear unas horas por la ciudad busqué la casa de los Brito, también conocidos de mi Tío Pepe, quienes me recibieron con los brazos abiertos. ◣

DESPUÉS DE LEER

1 Comprensión Contesta las preguntas según el texto.

1. ¿Por qué tienen los chilenos sus vacaciones de verano durante los meses de diciembre, enero y febrero?
2. ¿En qué sentido se puede considerar a los hombres que el autor conoció como «herederos del capitán Ahab»?
3. ¿Cómo conoció el capitán al tío del narrador?
4. ¿Qué quiere decir el capitán cuando le dice al narrador: «puedes quedarte pero en boca cerrada no entran moscas»? ¿Por qué le dice eso el capitán?
5. ¿Qué recibió del capitán que no esperaba?
6. ¿Por qué la excursión fue significativa para el narrador?

RECURSOS

Consulta la lista de apéndices en la p. 418.

2 Las cualidades personales Contesta y comenta estas preguntas con un(a) compañero/a de clase.

1. ¿Cómo demostró el narrador las cualidades siguientes en la descripción del texto?
   - la persistencia
   - la humildad
   - la diligencia
   - la curiosidad
   - el respeto por los demás
   - el respeto por la naturaleza
   - la responsabilidad
   - la inocencia
2. ¿Cuáles fueron las cualidades que más contribuyeron a que su experiencia fuera satisfactoria?

3 **Comentar las lecciones** Con un(a) compañero/a, comenten las lecciones que el narrador pudo haber aprendido de sus experiencias a bordo del *Estrella del Sur*.

1. Haz una lista de cinco posibles lecciones que el narrador aprendió.
2. Explica la importancia de cada lección.
3. Describe otra manera de aprender las mismas lecciones.
4. ¿En qué sentido las lecciones aprendidas por la experiencia personal son más intensas y duraderas que las lecciones enseñadas por otros?

4 **El paso a la adultez** ¿En qué sentido se puede decir que la aventura del narrador representa su ingreso a la adultez? Con un(a) compañero/a, comenta los puntos siguientes, teniendo en cuenta el desarrollo personal del narrador.

1. cómo logró embarcarse en el *Estrella del Sur*
2. las experiencias que tuvo en la cocina
3. sus observaciones en cubierta y en el puente de mando
4. su cumplimiento de los deberes
5. el pago que recibió
6. las cualidades que demostró a lo largo de la travesía
7. su cumplimiento de una meta personal

5 **Discutir** Discute con toda la clase los temas que aborda el texto.

1. ¿Cuáles son los temas más importantes que presenta el texto?
2. ¿Cuáles son las lecciones que se pueden sacar del texto?
3. ¿Qué preguntas te gustaría hacerle al autor si tuvieras la oportunidad?
4. ¿Te gustaría hacer una excursión semejante? ¿Por qué?

MI VOCABULARIO
Utiliza tu vocabulario individual.

6 **Ensayo comparativo** Escribe un ensayo para explicar la diferencia entre el conocimiento adquirido de segunda mano (por ejemplo, mediante la lectura o viendo una película) y el conseguido de primera mano por la experiencia directa. Incluye estos elementos en tu ensayo:

- los beneficios, para el narrador, de ir en el *Estrella del Sur*
- un ejemplo propio en el que hayas aprendido algo por experiencia directa
- una experiencia nueva que te podría dejar aprendizajes significativos

RECURSOS
Consulta la lista de apéndices en la p. 418.

ESTRUCTURAS

Las oraciones condicionales (con si)

El viaje que el narrador describe podría haber terminado de forma diferente. Termina las oraciones condicionales usando la información del cuento y la forma verbal apropiada.

1. El narrador nunca se habría embarcado en aquel viaje si...
2. El narrador no habría tenido la oportunidad de mirar la navegación del Estrecho de Magallanes desde el puente de mando si...
3. El capitán le dice que no abra la boca si no...
4. El capitán no tendría que pagarle al muchacho si...
5. El narrador no va a encontrar la casa de los Brito si....

RECURSOS

Consulta las explicaciones gramaticales del **Apéndice A**, pp. 454-456.

AUDIO ▸ MEDIOAMBIENTE: VIAJES NATURALISTAS

PALABRAS CLAVE

sostenible que se puede defender; razonable

la propuesta idea; proposición que una persona le hace a otra

desplazarse viajar, transitar, trasladarse

el recorrido ruta o itinerario

apetitoso/a gustoso/a, sabroso/a, que excita el gusto o el apetito

el cetáceo una especie de mamífero a la que pertenecen la ballena y el delfín

INTRODUCCIÓN Este audio ha sido extraído de un *podcast* emitido por Radio 5, un canal de Radio Nacional de España. Fue subido al «audiokiosco» iVoox de Barcelona, España, el 19 de mayo de 2011. Este fragmento menciona oportunidades turísticas con el propósito de reunir al ser humano con el medioambiente y, a la vez, captar las imágenes de tales experiencias.

ANTES DE ESCUCHAR

1 **Explorar el contexto** En grupos pequeños, contesten las siguientes preguntas.

1. ¿Cuáles son algunos destinos turísticos populares que conoces? ¿Por qué son tan populares?
2. ¿Cómo eligen las personas sus recorridos vacacionales?
3. ¿Por qué son importantes las vacaciones para el ser humano?
4. Si pudieras viajar a algún lugar exótico, ¿adónde irías y por qué?

2 **El ecoturismo** Escribe una breve composición en la que definas lo que entiendes por **ecoturismo**. Incluye además las ventajas que identificas con esta práctica vacacional. Después, comparte tu composición con toda la clase.

3 **Actividades de tiempo libre** Con un(a) compañero/a de clase, habla de alguna actividad que te gustaría empezar a practicar durante tu tiempo libre. Considera tus aficiones, intereses y oportunidades para crecer personalmente, así como algunas actividades sociales. ¿Podrías practicarla durante un viaje?

MIENTRAS ESCUCHAS

MI VOCABULARIO
Anota el vocabulario nuevo a medida que lo aprendes.

1 **Escucha una vez** Al escuchar la primera vez, escribe palabras y frases en las categorías de la tabla de la página siguiente. Después, con un color diferente, añade más al escuchar la segunda vez.

personas y organizaciones	fuerta del turismo, carlos sanches, niños y jóvenes
países, continentes, océanos y mares	Sudamerica, Europa, playas del carriba
flora plants costa Rica	bosques. fotografías de la naturaleza
fauna animals	tortogas, quetzal
rasgos geográficos features	vocanes, playa, bosques
actividades (sustantivos y verbos)	parques, el océano, disfrutar bosques lluviosos, fotografía

DESPUÉS DE ESCUCHAR

1 **Colaborar y comparar** Trabaja con un(a) compañero/a de clase. Comparen sus tablas y el vocabulario apuntado, y añadan información que consideren clave para la comprensión del audio. Luego discutan esta pregunta: ¿Cuál es el propósito central de esta grabación?

MI VOCABULARIO 
Utiliza tu vocabulario individual.

2 **Mensaje electrónico persuasivo** Escribe un mensaje electrónico al (a la) director/a de tu escuela, para pedirle que les ofrezca a los estudiantes un viaje naturalista. Debes emplear el vocabulario que has aprendido en esta unidad temática y citar información del audio para apoyar tu solicitud y para persuadir al destinatario del mensaje.

RECURSOS
Consulta la lista de apéndices en la p. 418.

3 **Discusión socrática** En grupos pequeños, contesten las siguientes preguntas y añadan otras para extender la discusión.

1. ¿Por qué dice la locutora que esta oferta de turismo es «poco convencional»? ¿Qué quiere decir exactamente esto?
2. ¿Cómo afectaría este tipo de turismo al ser humano y al medioambiente?
3. ¿Qué quiere decir la expresión «disfrutar a pleno pulmón de la naturaleza» y por qué sería provechoso para las familias?
4. ¿Te interesa este tipo de turismo? Explica tu respuesta.
5. Si tuvieras que escoger entre un viaje a Costa Rica para participar en el programa de Carlos Sánchez o un viaje a la Ciudad de México, ¿cuál escogerías y por qué?

ESTRATEGIA

Hacer preguntas de seguimiento 
Cuando estás en una discusión, utiliza preguntas de seguimiento para clarificar (y también para cuestionar) los argumentos de tus compañeros de clase y para extender la discusión. Esto te ayudará a reflexionar sobre el tema con más profundidad.

Preguntas de seguimiento para clarificar y extender una discusión

- ¿Por qué dices eso?
- ¿Qué quieres decir?
- ¿Puedes darme un ejemplo?
- Por favor, ¿puedes explicar lo que dijiste?
- ¿Cómo llegaste a saber esto?
- ¿Son estas razones suficientemente buenas?
- ¿Qué evidencia existe para apoyar lo que estás diciendo?
- ¿Por qué es importante ______________________?
- ¿Qué estás insinuando?
- ¿Cuál era tu idea al formular esta pregunta?

CONEXIONES CULTURALES

Vista de Machu Picchu desde el Camino del Inca

Astroturismo en Panamá

¿A QUIÉN NO LE GUSTA DISFRUTAR DE UNA BUENA VISTA panorámica? El Observatorio Astronómico de Panamá brinda una vista privilegiada de las estrellas y del firmamento de noche.

El observatorio está ubicado en Penonomé, una ciudad con cielo despejado, atmósfera limpia y baja contaminación del aire, lo que permite la observación de fenómenos como los eclipses y otras maravillas de la naturaleza. Equipado con una sala de exhibiciones con pantallas LCD, este mirador celeste ofrece visitas y actividades programadas.

Penonomé representa una novedosa alternativa en Panamá, donde el turismo ya es de por sí muy importante. Muchos fanáticos de la astronomía viajan a este observatorio para ver con sus propios ojos los secretos que esconde el firmamento de noche. Tal es la pasión que despierta el turismo hacia este tipo de destinos que se ha acuñado la palabra «astroturismo».

- ¿Puede haber 400 años sin lluvias? En el desierto de Atacama, en Chile, sí. No te pierdas la visita a los salares y los géiseres de esa región, que es la más seca del mundo. Sin embargo, este desierto es muy importante para la economía chilena, pues es rico en recursos minerales metálicos como cobre, oro, hierro y plata.
- ¿Qué mejor que llegar a Machu Picchu por el Camino del Inca? Los 42 kilómetros a 4000 metros de altura permiten conocer la red de caminos de esa civilización precolombina, que supo adaptarse a aquella difícil geografía para cultivar la tierra y lograr el desarrollo de la ciudad.
- La isla de Providencia, en el Caribe colombiano, es un lugar ideal para bucear y descubrir la infinidad de especies que viven detrás de la tercera barrera coralina más grande del mundo. Los isleños han sabido aprovechar sus recursos para atraer turistas de todo el mundo cada año.

Presentación oral: comparación cultural

Prepara una presentación oral sobre este tema:

- ¿De qué manera la ubicación geográfica de un país influye en su desarrollo turístico?

Compara tus observaciones acerca de las comunidades en las que has vivido con tus observaciones de una región del mundo hispanohablante que te sea familiar. En tu presentación, puedes referirte a lo que has estudiado, vivido u observado.

contexto 4 Las relaciones personales

PUNTOS DE PARTIDA
Los seres humanos somos sociables por naturaleza. El amor y la amistad nos nutren tanto como el agua y el alimento. Pero las relaciones personales no son fáciles. Las personas a quienes más amamos nos desilusionan a veces, y pueden llegar a inspirarnos antipatía y rencor. Para sobrevivir los inevitables altibajos, hay que aceptar a los amigos tal y como son, y comunicarse con ellos de manera honesta.

- ¿Cómo pueden las etapas de la vida definir nuestras relaciones?
- ¿Cómo pueden las emociones interferir en la comunicación entre amigos y familiares?
- ¿Qué gestos, acciones o palabras son manifestaciones de afecto y amistad entre las personas?

DESARROLLO DEL VOCABULARIO

MI VOCABULARIO
Anota el vocabulario nuevo a medida que lo aprendes.

1 **Etapas de la vida** Para cada etapa de la vida, añade información sobre la edad, las personas importantes y los intereses o actividades que la caracterizan.

ETAPA	EDAD	PERSONA(S) IMPORTANTE(S)	INTERESES O ACTIVIDADES
bebé	*nacimiento – 1 año*	*mamá*	*comer y dormir*
preescolar			
niñez			
juventud			
adultez			
vejez			

2 **Amigos** Con un(a) compañero/a de clase, contesta y comenta estas preguntas.

1. ¿Quién fue tu primer(a) amigo/a? ¿Cuántos años tenías cuando lo/a conociste?
2. ¿A qué les gustaba jugar? ¿Por qué peleaban ustedes?
3. ¿Cómo y dónde se conocieron? ¿Todavía son amigos/as?

3 **La influencia ajena** ¿Cómo cambia tu comportamiento cuando estás con diferentes personas? Apunta qué personas o situaciones han provocado en ti cada emoción o actitud de la lista.

- seriedad
- tontería
- responsabilidad
- competitividad
- enfado
- orgullo
- vergüenza
- rabia
- honestidad
- relajación
- comodidad
- felicidad

4 **Definir la amistad** Con un(a) compañero/a, charla sobre lo que significa la amistad para ti. Incluye ejemplos y la descripción de alguien que cumple con las características de tu definición.

LECTURA 4.1 ▸ LA EVOLUCIÓN DE LA AMISTAD

SOBRE LA LECTURA ¿Cómo defines tú la amistad? ¿Ha cambiado tu definición desde la niñez? En este artículo, publicado en la sección «Vida y Estilo» del sitio Terra.cl (Chile), Karen Uribarri Guzmán presenta algunas ideas sobre el proceso de formar amistades y su evolución a lo largo de la vida. La autora explora los factores que modifican la amistad, cómo estos influyen en las cualidades que buscamos en un amigo y en la importancia relativa de los amigos durante las diferentes etapas de la vida.

ANTES DE LEER

MI VOCABULARIO
Anota el vocabulario nuevo a medida que lo aprendes.

1 Diferentes amistades Elige la mejor descripción para cada tipo de relación, según tus propias experiencias.

a. la amistad pura, siempre sincera	d. una amistad perdurable que varía a lo largo de la vida
b. una relación que alterna entre el cariño y las peleas	e. una relación poco perdurable
c. una amistad circunstancial	f. una amistad forjada por experiencias compartidas

1. un(a) amigo/a del campamento de verano: ______
2. los compañeros de equipo, un club o alguna otra actividad: ______
3. el/la primer(a) novio/a: ______
4. los vecinos: ______
5. los amigos de la niñez: ______
6. los amigos que te entienden mejor: ______

2 Describir la relación Describe cómo es tu relación con cada persona de la lista. Comparte tus experiencias con un grupo pequeño.

- madre
- padre
- hermano/a mayor
- hermano/a menor
- maestro/a
- amigo/a
- novio/a
- compañero/a de clase
- vecino/a
- abuelo/a

RECURSOS
Consulta la lista de apéndices en la p. 418.

3 Una historia de amistad Describe brevemente una experiencia con la cual aprendiste el significado de la amistad en algún momento de tu vida. Incluye estos aspectos en tu descripción:

- Contexto: tu edad, dónde y con quién estabas, qué hacías en ese momento
- ¿Qué pasó? Es decir, ¿cuáles fueron las circunstancias de aquella experiencia?
- ¿Por qué fue una experiencia importante?
- ¿Qué te enseñó sobre el significado de la amistad?
- ¿De esa vivencia quedaste con una amistad que perdura?

La evolución de la amistad

por Karen Uribarri Guzmán

En la niñez: Pureza

Al observar dos niños jugar, podemos darnos cuenta de que la amistad entre ellos es sincera. Se quieren y se odian con la misma intensidad, y pasan de una pelea al amor más profundo en cosa de minutos. Son así, simples, de sentimientos puros y sin **caretas**. La amistad entre los niños es, sin duda, la mejor en calidad. «Hay dos factores fundamentales que hacen que la amistad varíe a lo largo de la vida: Ellos son la existencia de un "factor **aglutinante**" y el otro es el "sentido de búsqueda, de **apertura**". Cuando la persona es niño o joven se dan los dos elementos con mucha fuerza. En el colegio, se crea algo que se llama "el espíritu del colegio". Es un sello que marca de por vida (por ejemplo, los ignacianos[1], los old georgians, los ex alumnos del Instituto Nacional). Esto va acompañado de las "experiencias de vida en conjunto", ya sea en el deporte, en las academias literarias, matemáticas, en los clubes de debate, en los trabajos de verano, etcétera», explica el sociólogo Patricio Dooner Díaz.

En la juventud: Idealismo

Años de juventud, de crecimiento, de adquisición de muchos conocimientos y, por supuesto, de nuevas amistades. Es la época de la Universidad y de los primeros trabajos. Aquí las amistades son distintas, son circunstanciales y pueden llegar a ser incluso más **homogéneas**, pues buscamos a quienes más se parecen a nosotros. Y si bien algunas veces podemos acercarnos a un nuevo amigo por interés, por

ESTRATEGIA

Evaluar
Mientras lees, considera si estás de acuerdo con el punto de vista de la autora, si te interesa y te parece válida la información presentada.

PALABRAS CLAVE

la careta máscara; fingimiento

aglutinante que pega o une una cosa a otra

la apertura actitud favorable a la comprensión de ideas o experiencias; acción de abrir

homogéneo/a del mismo tipo o naturaleza, uniforme

1 Los ignacianos son alumnos o graduados de las instituciones de San Ignacio.

PALABRAS CLAVE

perdurable que perdura o permanece en el tiempo

la ductilidad flexibilidad o maleabilidad

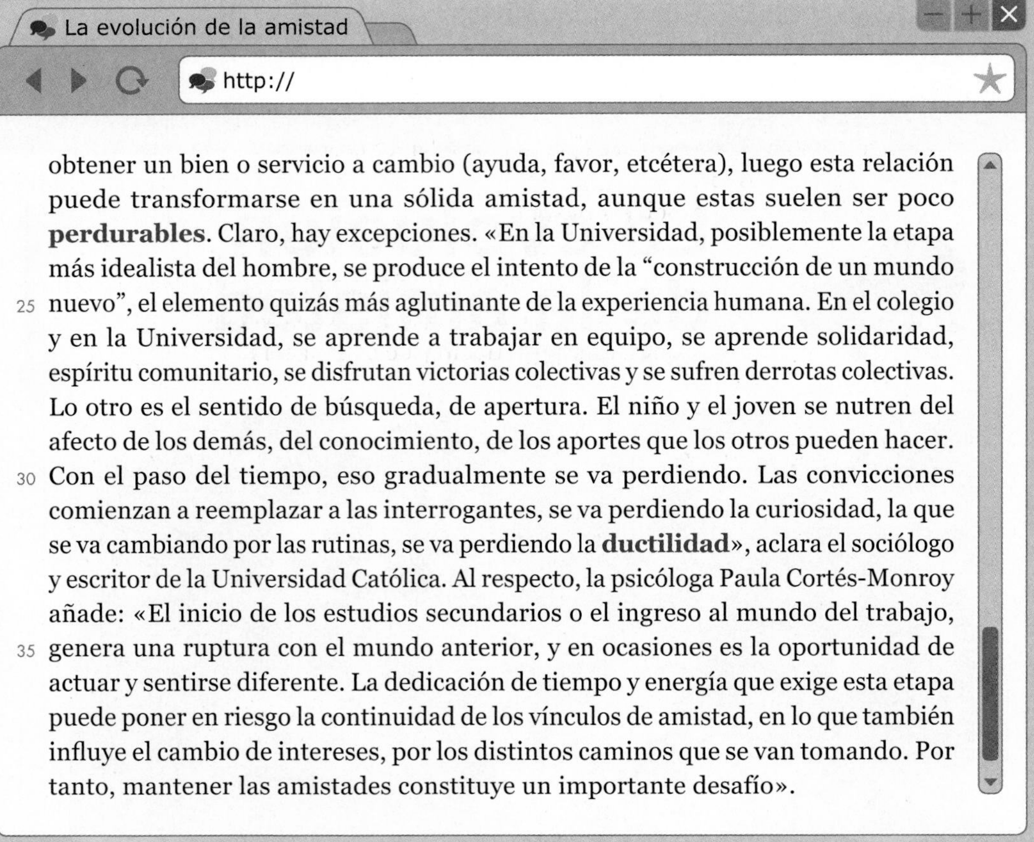

obtener un bien o servicio a cambio (ayuda, favor, etcétera), luego esta relación puede transformarse en una sólida amistad, aunque estas suelen ser poco **perdurables**. Claro, hay excepciones. «En la Universidad, posiblemente la etapa más idealista del hombre, se produce el intento de la "construcción de un mundo nuevo", el elemento quizás más aglutinante de la experiencia humana. En el colegio y en la Universidad, se aprende a trabajar en equipo, se aprende solidaridad, espíritu comunitario, se disfrutan victorias colectivas y se sufren derrotas colectivas. Lo otro es el sentido de búsqueda, de apertura. El niño y el joven se nutren del afecto de los demás, del conocimiento, de los aportes que los otros pueden hacer. Con el paso del tiempo, eso gradualmente se va perdiendo. Las convicciones comienzan a reemplazar a las interrogantes, se va perdiendo la curiosidad, la que se va cambiando por las rutinas, se va perdiendo la **ductilidad**», aclara el sociólogo y escritor de la Universidad Católica. Al respecto, la psicóloga Paula Cortés-Monroy añade: «El inicio de los estudios secundarios o el ingreso al mundo del trabajo, genera una ruptura con el mundo anterior, y en ocasiones es la oportunidad de actuar y sentirse diferente. La dedicación de tiempo y energía que exige esta etapa puede poner en riesgo la continuidad de los vínculos de amistad, en lo que también influye el cambio de intereses, por los distintos caminos que se van tomando. Por tanto, mantener las amistades constituye un importante desafío».

DESPUÉS DE LEER

1 Comprensión Contesta las siguientes preguntas con oraciones completas.

1. ¿Cuál es el propósito del artículo?
2. ¿Cómo caracteriza la autora la amistad entre los niños?
3. ¿Cuáles son los factores fundamentales de la amistad y cuándo son más fuertes?
4. Según la autora, ¿cuándo intentamos construir un mundo nuevo? ¿Por qué es esta una etapa significativa?
5. ¿Qué es «el espíritu del colegio» (líneas 9-10)?
6. ¿Qué tipo de amigo buscamos en la universidad y justo después?
7. ¿Cuándo perdemos la ductilidad?
8. ¿Qué da validez a los argumentos de la autora?

2 La voz de la autora Con un(a) compañero/a de clase, contesta estas preguntas y comenta el estilo de la autora.

1. ¿De qué trata el artículo?
2. ¿Qué tipo de información presenta la autora?
3. ¿Qué fuentes utiliza para sustentar sus argumentos?
4. ¿A quiénes parece representar la voz de la autora?
5. ¿Qué ventaja y qué desventaja tiene el uso de la voz de la autora?

3 **Evaluar la información** Contesta estas preguntas para evaluar la información del artículo.

1. ¿La autora presenta opiniones o hechos?
2. ¿A quiénes está dirigida la información del artículo?
3. ¿Estás de acuerdo con las ideas presentadas por la autora?
4. ¿Las experiencias sobre la amistad que la autora presenta son semejantes a las tuyas?
5. ¿En qué datos está basado el artículo?
6. ¿El uso de «nosotros» le da autoridad a la voz de la autora? ¿Por qué?

4 **Identificar puntos de vista** Con un(a) compañero/a de clase, comenta si estas perspectivas están representadas en el artículo y de qué manera.

- el punto de vista femenino
- la perspectiva adulta
- elementos de la cultura chilena
- la visión del mundo infantil
- conceptos psicológicos
- la perspectiva del mundo digital

5 **Nuevas amistades** En pequeños grupos, analicen la siguiente oración tomada de la lectura. Expliquen si están o no de acuerdo con ella y mencionen experiencias personales o anécdotas que apoyen sus opiniones.

> « Y si bien algunas veces podemos acercarnos a un nuevo amigo por interés [...] luego esta relación puede transformarse en una sólida amistad. 

MI VOCABULARIO
Utiliza tu vocabulario individual.

6  **Los factores de la amistad** Describe los siguientes factores en el contexto de la amistad. ¿Qué significa cada uno para ti? ¿Cómo influyen en las relaciones?

- el factor aglutinante
- la pureza de la niñez
- el espíritu de colegio
- el uso de teléfonos celulares
- la popularidad de las redes sociales
- los valores de los padres
- el proceso de independizarse
- la experiencia universitaria

7  **Presentación oral** Imita el tono de la autora para presentar tu propia idea sobre la evolución de la amistad. Debes exponer tus ideas con autoridad, como experto/a en el tema. En tu presentación, comenta la importancia que tiene la amistad en diversas etapas de la vida y explica cómo se forman las amistades fuertes.

ESTRATEGIA

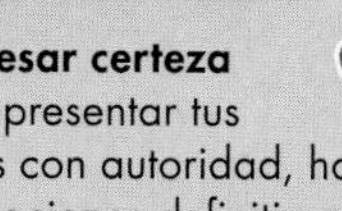
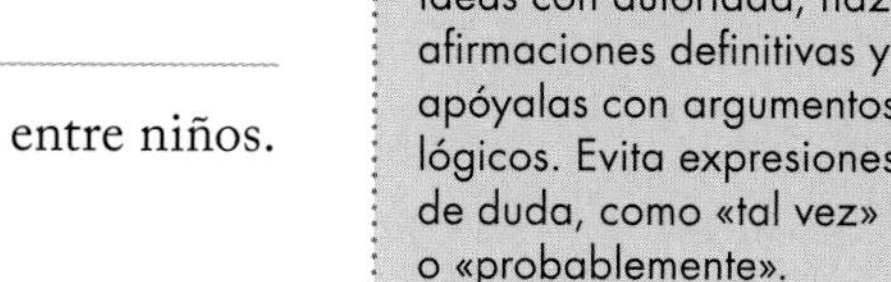
Expresar certeza
Para presentar tus ideas con autoridad, haz afirmaciones definitivas y apóyalas con argumentos lógicos. Evita expresiones de duda, como «tal vez» o «probablemente».

8  **Las amistades de la niñez** Lee de nuevo esta cita sobre las amistades entre niños.

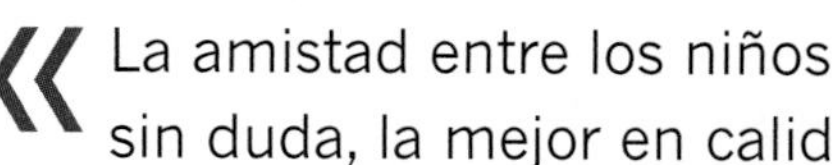
> « La amistad entre los niños es, sin duda, la mejor en calidad. 

Escribe un ensayo en el que defiendas tu postura, a favor o en contra de la cita. Apoya tus opiniones con razonamientos lógicos, citas de la lectura y ejemplos de tu propia experiencia.

RECURSOS
Consulta la lista de apéndices en la p. 418.

LECTURA 4.2 ▸ CARTAS DE MAMÁ

SOBRE EL AUTOR Julio Cortázar (1914-1984) nació en Bruselas, Bélgica, donde su padre era diplomático. En 1918, la familia regresó a su nativa Argentina y allí vivió Cortázar hasta 1951, año en que se mudó a París debido a su oposición al gobierno de Juan Domingo Perón. La preocupación por Argentina que vemos en sus obras revela la inquietud interna que le causó el exilio voluntario. Se destaca como autor por romper las convenciones clásicas del cuento. Estudiante del surrealismo, a Cortázar le gusta explorar el espacio del subconsciente.

SOBRE LA LECTURA «Cartas de mamá» fue publicado en el libro *La autopista del sur y otros cuentos* (1966). Como muchos de los cuentos de Cortázar, este se beneficia de una brevedad que permite la variedad de interpretaciones. Invita al lector a ser testigo de un conflicto interno en la mente del protagonista, cuyo matrimonio sufre problemas no resueltos. Cortázar ofrece la información suficiente para plantear preguntas sobre la honestidad y la mentira en una relación. Las respuestas las deja para el lector.

ANTES DE LEER

MI VOCABULARIO
Anota el vocabulario nuevo a medida que lo aprendes.

1 **Elegir las características** ¿Cuáles son las características que valoras más en un(a) novio/a? Elige las tres más importantes y explica por qué las has seleccionado. Comparte tus respuestas con un(a) compañero/a y añadan a la lista otros aspectos que consideren importantes.

- la lealtad
- la sinceridad
- el sentido del humor
- la inteligencia
- la belleza física
- los intereses comunes
- la generosidad
- la empatía
- la creatividad
- la pasión

2 **Relaciones difíciles** Con un(a) compañero/a de clase, contesten y comenten las siguientes preguntas sobre las relaciones difíciles.

1. ¿Qué haces cuando no te llevas bien con una persona?
2. ¿Qué haces cuando un(a) amigo/a te ofende o hace algo que te causa dolor?
3. ¿Hay personas a las que intentas evitar? ¿Por qué?
4. ¿Cómo resuelves las disputas con tus familiares y amigos?
5. ¿Cuándo pueden terminar en ruptura las disputas de una relación?
6. ¿Qué pasa cuando evitas a una persona después de una ruptura?
7. ¿Cómo puede un problema personal afectar tus relaciones con otras personas?
8. ¿Crees que evadir un problema puede causar aún más problemas?

3 **Empezar de nuevo** En grupos de tres o cuatro, contesten y comenten las preguntas sobre las oportunidades de empezar de nuevo.

1. ¿Cuáles son los posibles significados de «empezar de nuevo»?
2. ¿Cuándo es común tener una oportunidad para «empezar de nuevo»?
3. ¿Cuándo es posible borrar el pasado para «empezar de nuevo»?
4. ¿Cuáles son las ventajas y desventajas de «empezar de nuevo»?

CARTAS DE MAMÁ

por **Julio Cortázar**

(Fragmento)

ESA MAÑANA había sido una de las tantas mañanas en que llegaba carta de mamá. Con Laura hablaban poco del pasado, casi nunca del caserón de Flores. No es que a Luis no le gustara acordarse de Buenos Aires. Más bien se trataba de evadir nombres (las personas, evadidas hacía ya tanto tiempo, pero los nombres, los verdaderos fantasmas que son los nombres, esa duración **pertinaz**). [...]

Sacó la carta del sobre, sin ilusiones: el párrafo estaba ahí, bien claro. Era perfectamente absurdo pero estaba ahí. Su primera reacción, después de la sorpresa, el golpe en plena nuca, era como siempre de defensa. Laura no debía leer la carta de mamá. Por más ridículo que fuese el error, la confusión de nombres (mamá había querido escribir «Víctor» y había puesto «Nico»), de todos modos Laura **se afligiría**, sería estúpido. De cuando en cuando se pierden cartas; ojalá ésta se hubiera ido al fondo del mar. Ahora tendría que tirarla al water de la oficina, y por supuesto unos días después Laura **se extrañaría**: «Qué raro, no ha llegado carta de tu madre.» Nunca decía *tu mamá*, tal vez porque había perdido a la suya siendo niña. Entonces él contestaría: «De veras, es raro. Le voy a mandar unas líneas hoy mismo», y las mandaría, asombrándose del silencio de mamá. La vida seguiría igual, la oficina, el cine por las noches, Laura siempre tranquila, bondadosa, atenta a sus deseos. Al bajar del autobús en la rue de Rennes se preguntó bruscamente (no era una pregunta, pero cómo decirlo de otro modo) por qué no quería mostrarle a Laura la carta de mamá. No por ella, por lo que ella pudiera sentir. No le importaba gran cosa lo que ella pudiera sentir, mientras lo **disimulara**. (¿No le importaba gran cosa lo que ella pudiera sentir, mientras lo disimulara?) No, no le importaba gran cosa. (¿No le importaba?) Pero la primera verdad, suponiendo que hubiera otra detrás, la verdad inmediata, por decirlo así, era que le importaba la cara que pondría Laura, la actitud de Laura. Y le importaba por él, naturalmente, por el efecto que le haría la forma en que a Laura iba a importarle la carta de mamá. Sus ojos caerían en un momento dado sobre el nombre de Nico, y él sabía que el **mentón** de Laura empezaría a temblar ligeramente, y después Laura diría: «Pero qué raro... ¿qué le habrá pasado a tu madre?» Y él habría sabido todo el tiempo que Laura se contenía para no gritar, para no esconder entre las manos un rostro desfigurado ya por el llanto, por el dibujo del nombre de Nico temblándole en la boca.

En la agencia de publicidad donde trabajaba como diseñador, releyó la carta, una de las tantas cartas de mamá, sin nada de extraordinario fuera del párrafo donde se había equivocado de nombre. Pensó si no podría borrar la palabra, reemplazar Nico por Víctor, sencillamente reemplazar el error por la verdad, y volver con la carta a casa para que Laura la leyera. Las cartas de mamá interesaban siempre a Laura, aunque de una manera indefinible no le estuvieran destinadas. Mamá le escribía a él; agregaba al final, a veces a mitad de la carta, saludos muy cariñosos para Laura. No importaba, las leía con el mismo interés, vacilando ante alguna palabra ya retorcida por el reuma y la miopía. «Tomo Saridón, y el doctor me ha dado un poco de salicilato...» Las cartas se posaban dos o tres días sobre la mesa de dibujo; Luis hubiera querido tirarlas apenas las contestaba, pero Laura las releía, a las mujeres les gusta releer las cartas, mirarlas de un lado y de otro, parecen extraer un segundo sentido cada vez que vuelven a sacarlas y a mirarlas. Las cartas de mamá eran breves, con

PALABRAS CLAVE

pertinaz duradero/a, obstinado/a

afligirse entristecerse, apenarse

extrañarse sorprenderse

disimular ocultar, encubrir algo que se siente y padece

el mentón la barbilla

PALABRAS CLAVE
el acuse de recibo notificación de que se ha recibido algo (usualmente por correo)
a quemarropa de forma directa, sin rodeos
atento/a cortés, educado/a, formal
innoble despreciable, indigno/a
ladear inclinar hacia un lado

noticias domésticas, una que otra referencia al orden nacional (pero esas cosas que ya se sabían por los telegramas de *Le Monde*, llegaban siempre tarde por su mano). Hasta podía pensarse que las cartas eran siempre la misma, escueta y mediocre, sin nada interesante. Lo mejor de mamá era que nunca se había abandonado a la tristeza que debía causarle la ausencia de su hijo y de su nuera, ni siquiera al dolor —tan a gritos, tan a lágrimas al principio— por la muerte de Nico. Nunca, en los dos años que llevaban ya en París, mamá había mencionado a Nico en sus cartas. Era como Laura, que tampoco lo nombraba. Ninguna de las dos lo nombraba, y hacía más de dos años que Nico había muerto. La repentina mención de su nombre a mitad de la carta era casi un escándalo. Ya el solo hecho de que el nombre de Nico apareciera de golpe en una frase, con la N larga y temblorosa, la o con una cola torcida; pero era peor, porque el nombre se situaba en una frase incomprensible y absurda, en algo que no podía ser otra cosa que un anuncio de senilidad. De golpe mamá perdía la noción del tiempo, se imaginaba que... El párrafo venía después de un breve **acuse de recibo** de una carta de Laura. Un punto apenas marcado con la débil tinta azul comprada en el almacén del barrio, y **a quemarropa**: «Esta mañana Nico preguntó por ustedes.» El resto seguía como siempre: la salud, la prima Matilde se había caído y tenía una clavícula sacada, los perros estaban bien. Pero Nico había preguntado por ellos.

En realidad hubiera sido fácil cambiar Nico por Víctor, que era el que sin duda había preguntado por ellos. El primo Víctor, tan **atento** siempre. Víctor tenía dos letras más que Nico, pero con una goma y habilidad se podían cambiar los nombres. Esta mañana Víctor preguntó por ustedes. Tan natural que Víctor pasara a visitar a mamá y le preguntara por los ausentes. [...]

No, no le mostraría la carta. Era **innoble** sustituir un nombre por otro, era intolerable que Laura leyera la frase de mamá. Su grotesco error, su tonta torpeza de un instante —la veía luchando con una pluma vieja, con el papel que se **ladeaba**, con su vista insuficiente—, crecería con Laura como una semilla fácil. Mejor tirar la carta (la tiró esa tarde misma) y por la noche ir al cine con Laura, olvidarse lo antes posible de que Víctor había preguntado por ellos. Aunque fuera Víctor, el primo tan bien educado, olvidarse de que Víctor había preguntado por ellos.

DESPUÉS DE LEER

CONCEPTOS CENTRALES

El narrador
Un relato puede narrarse desde diferentes puntos de vista. Cuando la persona que relata los hechos es el protagonista, se dice que la narración está en *primera persona*. Cuando el narrador es una persona ajena a los acontecimientos, con conocimiento total de los personajes y del mundo en el que se desarrolla la historia, se dice que es un *narrador omnisciente*.

1 Comprensión Elige la mejor respuesta para cada pregunta, según el texto.

1. ¿Quién es el narrador del cuento?
   a. Un narrador omnisciente
   b. Luis
   c. El fantasma de Nico
   d. El hijo de Luis
2. ¿A qué tuvo Luis una reacción defensiva?
   a. A las noticias de Víctor
   b. A la muerte de Nico
   c. A la tristeza de Laura
   d. Al error de nombre en la carta de su madre
3. ¿Por qué quiere Luis proteger a Laura del error en la carta de su madre?
   a. Porque él no quiere que Laura se entristezca
   b. Porque no quiere que ella se enfade con él
   c. Porque él no quiere ver su reacción
   d. Porque quiere protegerla de la evidencia de la senilidad de su madre

4. ¿Por qué no reemplazó Luis «el error por la verdad» en la carta?
   a. Porque él quería evadir la verdad
   b. Porque sería innoble sustituir un nombre por otro
   c. Porque sería intolerable que Laura leyera la frase
   d. Porque Víctor tiene dos letras más que Nico y por lo tanto el cambio sería obvio

5. ¿Qué puedes inferir del hecho de que Luis prefiera olvidar que Víctor había preguntado por ellos?
   a. Es doloroso para Luis pensar en los amigos y parientes que están tan lejos.
   b. Luis se siente culpable escondiendo la carta y su contenido de Laura.
   c. Es una mentira; Víctor no preguntó por ellos.
   d. Luis teme que Laura esté enamorada de Víctor.

2 **Apoyar las interpretaciones** Busca pistas en el cuento que apoyen las siguientes interpretaciones. Luego, decide si estás de acuerdo o no con cada una de ellas. Comenta tus impresiones con un(a) compañero/a de clase.

1. En la mente de la madre de Luis, Laura y Nico están vinculados.
2. Laura y Nico estaban enamorados.
3. Luis y Laura fueron a París para escapar de sus problemas matrimoniales.
4. No se puede escapar del fantasma de un nombre.
5. Luis no ama a Laura.
6. Mantener el secreto de la carta es como mentir a Laura.

ESTRATEGIA

Interpretar la ambigüedad
La ambigüedad en la literatura permite diferentes interpretaciones. Cada lector(a) puede interpretar una frase ambigua por sí mismo/a, pero no todas las interpretaciones son iguales. Para encontrar una interpretación lógica, busca pistas en el texto y considera las posibles intenciones del autor.

3 **¿Quién era Nico?** En grupos pequeños, discutan cuál es la relación, exactamente, entre Nico, Luis y Laura. Busquen pistas en el texto para apoyar sus opiniones. Luego discútanlas con toda la clase.

4 **Interpretar y explicar** En grupos de tres o cuatro, comenten las interpretaciones posibles que encierran las siguientes citas. Expliquen a qué se refiere cada una y su significado en el contexto del cuento.

- «los verdaderos fantasmas que son los nombres» (línea 4)
- «No por ella, por lo que ella pudiera sentir» (línea 18)
- «un rostro desfigurado ya por el llanto» (líneas 26-27)
- «de una manera indefinible no le estuvieran destinadas» (línea 32)
- «el nombre se situaba en una frase incomprensible y absurda» (líneas 48-49)
- «crecería con Laura como una semilla fácil» (líneas 61-62)

5 **Explicar las consecuencias** Con un(a) compañero/a, explica las posibles consecuencias que cada decisión tendría para Luis.

¿Qué pasaría si Luis...

1. ...le mostrara la carta a Laura?
2. ...cambiara el nombre «Nico» por «Víctor»?
3. ...tirara la carta y le dijera a Laura que nunca llegó?
4. ...le dijera a Laura que leyó la carta y la tiró?

¿Qué harías tú si estuvieras en el lugar de Luis? Explica tu respuesta.

6

Una carta Escríbele una carta a Luis o a Laura. Incluye los siguientes puntos en tu carta:

- razones por las que no se pueden evadir los problemas
- consejos para resolver sus diferencias
- una experiencia personal sobre enfrentarse a una verdad difícil de aceptar
- al menos una pregunta para él/ella

7

Analizar Lee de nuevo este fragmento y contesta las preguntas para analizar su importancia en el contexto del cuento.

> « No le importaba gran cosa lo que ella pudiera sentir, mientras lo disimulara. (¿No le importaba gran cosa lo que ella pudiera sentir, mientras lo disimulara?) No, no le importaba gran cosa. (¿No le importaba?) Pero la primera verdad, suponiendo que hubiera otra detrás, la verdad inmediata, por decirlo así, era que le importaba la cara que pondría Laura, la actitud de Laura. Y le importaba por él, naturalmente, por el efecto que le haría la forma en que a Laura iba a importarle la carta de mamá. »

1. ¿Cuál es la «primera verdad»?
2. ¿Cuál es la «otra [verdad] detrás»?
3. ¿Cuál es la actitud de Luis que muestra el narrador? ¿Por qué tendrá Luis esa actitud?
4. ¿Qué revela la cita de la relación entre Luis y Laura?
5. ¿Qué función tiene el uso de paréntesis?
6. ¿Cuál es la ventaja de usar un narrador omnisciente en vez de usar al protagonista?

MI VOCABULARIO
Utiliza tu vocabulario individual.

8

Temas para discutir La clase se divide en cuatro grupos. Cada grupo debe elegir uno de los cinco temas siguientes y discutirlo en detalle. Comenten el significado del tema en el contexto del cuento y relaciónenlo también con experiencias de sus propias vidas.

- la fascinación de Laura con las cartas
- la evasión de los problemas
- la importancia de una comunicación honesta y abierta
- la importancia de releer lo que se escribe
- las grandes consecuencias que puede tener un descuido o un error, así sea muy pequeño

RECURSOS
Consulta la lista de apéndices en la p. 418.

9

Cuento corto Cuando el cuento empieza, Luis y Laura viven en París, pero el problema que se presenta se deriva de acontecimientos que ocurrieron en Buenos Aires años atrás. Imagina lo que pudo haber pasado y escribe un cuento corto en el que describas lo que pasó entre Luis, Laura y Nico. Utiliza evidencia del texto para apoyar tus ideas.

AUDIO ▸ EL ARTE DE COMUNICAR

INTRODUCCIÓN Este fragmento auditivo procede del programa *Sana-Mente*, patrocinado por Caracol Radio, una cadena radial colombiana. El presentador del programa, el doctor Santiago Rojas, conversa con Francisco Gavilán, psicólogo y autor del libro *No se lo digas a nadie… así*, sobre la importancia de comunicarse con inteligencia emocional.

PALABRAS CLAVE

humillar herir el amor propio o la dignidad de alguien, ofender, degradar

la empatía capacidad de compartir las emociones de otros y ponerse en su situación

deteriorar afectar negativamente, empeorar, degenerar, destruir, romper

arrastrar llevar consigo algo pesado, literal o figurativamente

el/la interlocutor(a) cada una de las personas que toman parte en un diálogo

ANTES DE ESCUCHAR

1 **Lluvia de palabras** En una tabla como esta, anota tantas palabras como puedas bajo cada categoría, relacionadas con las emociones y los sentimientos. Después, comparte tus listas con tus compañeros y añade las palabras que no tenías.

	ADJETIVOS	SUSTANTIVOS	VERBOS
Negativo			
Positivo			

2 **Reflexión personal: malentendidos** Piensa en una situación de comunicación personal en la que, por no pensar antes de hablar, ofendiste a alguien sin querer o fuiste ofendido/a por otra persona que solo quería ayudarte. Escribe un párrafo para explicar y analizar la situación. Utiliza estas preguntas como guía.

- ¿Qué y cómo ocurrió?
- ¿Cómo te sentiste y cómo se sintió la otra persona?
- ¿Qué pasó después?
- ¿Cómo es la relación con esa persona ahora?
- ¿Qué podrían haber hecho o dicho de manera diferente para evitar problemas?

MI VOCABULARIO
Utiliza tu vocabulario individual.

MIENTRAS ESCUCHAS

1 **Escucha una vez** Antes de escuchar la grabación por primera vez, observa las preguntas incluidas en la tabla de apuntes y piensa en sus posibles respuestas. Luego escucha el audio y anota palabras u oraciones clave frente a cada pregunta. Comparte tus apuntes con un(a) compañero/a.

PREGUNTAS	APUNTES
1. ¿Qué se debe hacer antes de hablar de manera irreflexiva?	
2. ¿Cuál es la propuesta de Francisco Gavilán?	
3. ¿En qué momento surge el conflicto en un diálogo?	

2 **Escucha de nuevo** Después de escuchar la grabación por segunda vez, responde a las preguntas de la tabla de apuntes con oraciones completas.

DESPUÉS DE ESCUCHAR

1 **Comprensión y síntesis** Con toda la clase, contesten las siguientes preguntas.

1. ¿Por qué el audio se llama «El arte de comunicar»? ¿Es realmente un arte?
2. Explica el título del libro de Francisco Gavilán y cómo se relaciona con el tema del audio.
3. ¿Cómo definirías la expresión «inteligencia emocional»?
4. ¿Cuáles son las causas de los malentendidos?
5. ¿Cómo se logra comunicar la empatía y al mismo tiempo cumplir el objetivo del diálogo con el/la interlocutor(a)?

MI VOCABULARIO
Utiliza tu vocabulario individual.

2 **Lecciones literarias** Piensa en un cuento, poema, novela, obra de teatro, programa de televisión o película que conoces y en donde tuvo lugar un malentendido que contribuyó a un resultado trágico o triste. Identifica la causa y el efecto del resultado negativo al analizar la conversación entre los personajes.

3 **Reinventar la conversación** Con un(a) compañero/a de clase, recrea la conversación de la Actividad 2 para invertir el resultado de negativo a positivo. Consideren las siguientes preguntas:

- ¿Qué deberían haber dicho los personajes para evitar el conflicto? ¿Cómo lo deberían haber dicho?
- ¿En qué sentido el resultado habría sido diferente?

4 **Comunicación interpersonal** Piensa en cómo manejarías la siguiente situación. Luego representa la escena con un(a) compañero/a de clase.

Tienes un(a) amigo/a que no estudia, parece estar perdiendo peso, tiene un aspecto muy desarreglado y falta mucho a clase. Sospechas que está pasando por una depresión a causa de la reciente separación de sus padres. Si tuvieras la oportunidad de ayudarlo/a o de darle consejos:

- ¿Cómo lo harías sin deteriorar la buena relación que tienes con él/ella?
- ¿Qué le dirías sin ofenderlo/la y sin humillarlo/la?
- ¿Te preocuparía una situación negativa como resultado de tu franqueza?
- ¿Por qué sería difícil, o fácil, comunicarle tus consejos?

RECURSOS
Consulta la lista de apéndices en la p. 418.

5 **Un ensayo persuasivo** Escribe un ensayo en el que invites a todos tus compañeros a expresar sus sentimientos de manera adecuada. Teniendo en cuenta lo que señala Francisco Gavilán, escribe tu ensayo incluyendo estas partes:

- Un párrafo introductorio en el que menciones la importancia de comunicar los sentimientos de manera adecuada
- Un párrafo de desarrollo que incluya algunas de las sugerencias del doctor Gavilán y otras que consideres pertinentes
- Un párrafo de conclusión en el que indiques de qué manera la vida comunitaria se verá favorecida por estos cambios de actitud

CONEXIONES CULTURALES

Un saludo común entre amigas de países hispanos

El voseo

YA CONOCES LA DISTINCIÓN ENTRE EL *TÚ* Y EL *USTED*. Sabes que en España la segunda persona del plural es *vosotros* y en Latinoamérica es *ustedes*. Pero, ¿sabías que en Guatemala y otros países centroamericanos, y también en ciertas regiones del Cono Sur, las personas con cierto grado de familiaridad se tratan de *vos* en vez de hacerlo de *tú*? De hecho, usar el *vos* es una práctica generalizada en Argentina, Paraguay y Uruguay, tanto en su forma hablada como en su forma escrita, y es casi la norma en el trato de las personas. Por eso, si vas a uno de esos países, no te sorprendas que alguien te pregunte: *¿vos cómo te llamás?*

El uso del *vos*, o voseo, surgió del español antiguo, en el que se usaba como gesto de extremo respeto, incluso para dirigirse a los emperadores. Si bien esta costumbre cayó en desuso en la península ibérica, sobrevivió en los sitios que estaban más aislados en la época de la Colonia. Con el tiempo, evolucionó para convertirse en una señal de afecto y confianza.

- ¿Saludarías a una persona con un beso en la mejilla en el momento de conocerla? Esta es una costumbre muy difundida en varios países hispanohablantes, como Uruguay. Y en muchos otros países, además, las personas cercanas, como los amigos y los familiares, también se saludan con un beso en la mejilla cuando se encuentran.
- El padre y el padrino de un niño son compadres entre sí. Pero más allá de eso, en Chile la palabra «compadre», o «compa», se usa para referirse a una persona muy querida. En el caso de las mujeres, se usa la palabra «comadre». Los compadres y las comadres suelen ser amigos muy cercanos que se acompañan «en las buenas y en las malas».
- El tereré, la bebida oficial de Paraguay, es una infusión fría que se prepara con yerba mate. Ofrecer un tereré a un recién llegado es un claro signo de cortesía y aprecio, y compartir un tereré entre amigos es un momento muy especial.

Presentación oral: comparación cultural

Prepara una presentación oral sobre este tema:

- ¿Qué gestos, acciones o palabras son manifestaciones de afecto y amistad entre las personas?

Compara tus observaciones acerca de las comunidades en las que has vivido con tus observaciones de una región del mundo hispanohablante que te sea familiar. En tu presentación, puedes referirte a lo que has estudiado, vivido u observado.

Numerales cardinales

- Los numerales cardinales expresan cantidad. Dependiendo de su formación, los cardinales se dividen en:

  cardinales simples, formados por un solo número (**uno**, **dos**, **diez**, **mil**) y **cardinales compuestos**, formados por varios cardinales simples (**dieciséis**, **treinta y cinco**). Los siguientes cardinales se escriben en una sola palabra.

dieciséis	diecisiete	dieciocho	diecinueve

veintiuno	veinticuatro	veintisiete
veintidós	veinticinco	veintiocho
veintitrés	veintiséis	veintinueve

doscientos	cuatrocientos	seiscientos	ochocientos
trescientos	quinientos	setecientos	novecientos

- Los demás cardinales compuestos se forman añadiendo la conjunción **y** o combinando los componentes sin necesidad de conjunción: **treinta y cinco**, **cincuenta y nueve**, **ciento dos**, **mil quinientos veinte**, etc.

- Cuando actúan como sustantivos, los cardinales son siempre masculinos: **el diecisiete**, **tres millones**. Sin embargo, cuando actúan como adjetivos o pronombres no tienen variación de género.

  Encontramos **dieciocho** plantas exóticas.

- Como excepción a esta regla, el cardinal **uno** y los cardinales correspondientes a las centenas adoptan el género del sustantivo al que se refieren.

  Debemos enviar treinta y **una** invitaciones. Hemos recibido **doscientas** solicitudes.

- Además, el cardinal **uno** seguido de un sustantivo masculino pierde la o.

  Más de **un millón** de personas asistió a la manifestación contra el desempleo.

¡ATENCIÓN!
En este ejemplo también sería válido poner el verbo en plural (**asistieron**), ya que la concordancia se puede dar entre **personas** y el verbo o entre **un millón** y el verbo.

- Los cardinales también se utilizan para expresar porcentaje, combinándolos con **por ciento** o con el signo **%**. Se puede utilizar el artículo indeterminado **un** o el artículo determinado **el** delante del porcentaje. Sin embargo, en expresiones matemáticas se suele utilizar el artículo determinado **el**.

  El/Un 52% del electorado votó que sí. **El** 50% de ocho es cuatro.

- Cuando el sustantivo que sigue a la expresión de porcentaje va en plural, el verbo puede ir tanto en singular como en plural. Sin embargo, cuando este sustantivo va en singular, el verbo debe ir siempre en singular.

  El veinte por ciento de los asistentes dijo/dijeron que no **le/les** gustó el concierto.
  En las pasadas elecciones, **votó el setenta por ciento de la población**.

¡ATENCIÓN!
No se usa espacio o puntuación después del primer dígito en cualquier número entre 1000 y 9999.

Colón llegó a América en **1492**.

Yo gano **6000** pesos y mi hermano, **10.000.**

- Tradicionalmente, en los números expresados en cifras se utiliza la coma para separar la parte entera de la parte decimal (**π = 3,1416**) y el punto para separar grupos de tres dígitos (**3.000.000**). Sin embargo, también es correcto usar el punto para los decimales (**π = 3.1416**) y la coma para grupos de tres dígitos (**3,000,000**).

- Para expresar precios, se suele utilizar la preposición **con** entre la parte entera y la parte decimal del número.

  Esta camisa vale **veinte dólares con cincuenta centavos**.

- El signo de dólar o de peso en los precios siempre va delante del número: **$2.50**. Sin embargo, el signo de euro generalmente va detrás: **2.50€**.

- A diferencia del inglés, en español no es correcto expresar las fechas separándolas en grupos de dos números (*nineteen eighty-seven: 1987*). Se debe enumerar la cifra entera: **mil novecientos ochenta y siete**. Los números de cuatro cifras terminados en doble cero no se deben expresar en grupos de dos cifras como en inglés (*twelve hundred: 1200*). La forma correcta es **mil doscientos**.

- Las fechas se expresan comenzando siempre por el día, seguido del mes y el año.

  26/4/1968 = **26 de abril de 1968**

- Para indicar los siglos, se deben utilizar los números romanos: **siglo XXI**. Los siglos se deben leer como números cardinales: **el siglo veintiuno**.

Numerales colectivos

- Los numerales colectivos expresan el número de componentes de un grupo: **par, pareja**. Pueden agruparse en las siguientes categorías según su función:

USO	NÚMERO COLECTIVO
Para designar la cantidad exacta de unidades en un grupo	**decena**, **docena**, **quincena** Quiero una **docena** de huevos.
Para designar conjuntos musicales	**dúo**, **trío**, **cuarteto**, **quinteto**, **sexteto**, **septeto**, **octeto** Escuché a un **sexteto** de cuerdas.
Para referirse a un grupo con un número aproximado de unidades	**veintena**, **treintena**, **cuarentena**, **centena/centenar** Invitaron a la fiesta a una **treintena** de personas.
Para hacer referencia a la edad de personas o cosas	**quinceañero**, **veinteañero**, **treintañero**, **cuarentón**, **cincuentón**, **octogenario**, **centenario**, **milenario** Mario tiene treinta años, pero su novia es una **cuarentona**.

Numerales ordinales

- Los numerales ordinales expresan el orden en una serie. Generalmente son adjetivos y suelen ir antepuestos al sustantivo, aunque también pueden ir detrás de él. Se abrevian con un número ordinal y una **o** o una **a** superíndice (*superscript*) o, a veces, con números romanos.

  Vivo en el **cuarto piso**.
  Acabo de estudiar la **lección tercera**.
  El rey de España es Juan Carlos **I** (**primero**).
  Mi hermano está en **7.º** (**séptimo**) grado.

¡ATENCIÓN!
La fracción del euro se expresa con el término **céntimo** y no **centavo**.

¡ATENCIÓN!
1.000.000.000.000
un billón = *one trillion*

1.000.000.000
mil millones (a veces, **un millardo**) = *one billion*

¡ATENCIÓN!
Mientras que *dozen* puede referirse a un grupo de aproximadamente 12 unidades, **docena** se utiliza para referirse exactamente a 12 unidades.

¡ATENCIÓN!
Observa que cuando dos ordinales forman una sola palabra, el primero pierde el acentro gráfico y no cambia de género.

vigésimo primero
vigésima segunda
vigesimoprimero
vigesimosegunda

- También pueden actuar como pronombres y, algunos de ellos, como adverbios.

    Siempre ha sido la **primera** de su clase.
    Primero dime lo que pasa.

- Todos los ordinales deben concordar en género y número con el sustantivo que modifican o al que reemplazan: **primero/a(s), vigésimo/a(s),** etc.

REPRESENTACIÓN	ORDINAL	REPRESENTACIÓN	ORDINAL
1.º, 1.ª, 1.er	primero/a, primer	14.º, 14.ª	decimocuarto/a o décimo/a cuarto/a
2.º, 2.ª	segundo/a	20.º, 20.ª	vigésimo/a
3.º, 3.ª, 3.er	tercero/a, tercer	21.º, 21.ª, 21.er	vigesimoprimero/a o vigésimo/a primero/a vigesimoprimer o vigésimo primer
4.º, 4.ª	cuarto/a	22.º, 22.ª	vigesimosegundo/a o vigésimo/a segundo/a
5.º, 5.ª	quinto/a	30.º, 30.ª	trigésimo/a
6.º, 6.ª	sexto/a	40.º, 40.ª	cuadragésimo/a
7.º, 7.ª	séptimo/a	50.º, 50.ª	quincuagésimo/a
8.º, 8.ª	octavo/a	60.º, 60.ª	sexagésimo/a
9.º, 9.ª	noveno/a	70.º, 70.ª	septuagésimo/a
10.º, 10.ª	décimo/a	80.º, 80.ª	octogésimo/a
11.º, 11.ª	undécimo/a, decimoprimer(a) o décimo/a primero/a	90.º, 90.ª	nonagésimo/a
12.º, 12.ª	duodécimo/a, decimosegundo/a o décimo/a segundo/a	100.º, 100.ª	centésimo/a
13.º, 13.ª, 13.er	decimotercero/a o décimo/a tercero/a decimotercer o décimo tercer	120.º, 120.ª	centésimo/a vigésimo/a

Numerales fraccionarios

- Los numerales fraccionarios pueden ser adjetivos o sustantivos. De 1/11 en adelante acaban en **-avo/a** (**onceavo/a, quinceavo/a**). Los anteriores a 1/11 siguen la misma forma que los ordinales, excepto 1/2, que se expresa como **mitad** o **medio** cuando es sustantivo y **medio/a** cuando actúa como adjetivo; y 1/3, que se expresa **tercio** como sustantivo y tiene la misma forma que el ordinal cuando actúa como adjetivo. Como sustantivos, son siempre masculinos con la excepción de **mitad**.

    Ya me he leído la **mitad** de la novela.
    Ya me he leído **media** novela.

    Un **tercio** de los asistentes dijo que sí.
    La **tercera** parte de los asistentes dijo que sí.

PRÁCTICA

1

Completa las oraciones con el numeral cardinal, ordinal, colectivo o fraccionario correspondiente a los números entre paréntesis.

1. Nuestro club de lectores se reúne el ____________ (3) jueves de cada mes.
2. Estoy harto. Esta es la ____________ (5) vez que llega tarde.
3. Mercedes tiene un gran talento musical. Quedó ____________ (2) en un concurso de violín de su ciudad.
4. La chica que conocí ayer no me pareció muy mayor. Debe ser una ____________ (15).
5. No creo que se retrase mucho. Llegará en un ____________ (4) de hora.
6. ____________ (1/6) de la población mundial vive en China.
7. En el mundo hay cerca de ______________________________ (500 000 000) de personas que hablan español.
8. En la actualidad, la población mundial ha llegado a los ______________________________ ____________ (7 000 000 000) de personas.
9. La Navidad se celebra el ____________ (25) de diciembre.

2

Reemplaza los números en paréntesis con su forma lingüística. Haz los cambios que sean necesarios.

1. El precio de la gasolina está a ____________ ($2.75) el galón.
2. Juan es vendedor a comisión y le pagan ____________ (10%) de todo lo que vende.
3. Según la información meteorológica de hoy, hay ____________ (40%) de probabilidad de lluvia.
4. No pude comprar el libro que me pediste porque me faltaban ____________ ($23.46).
5. El papa Juan ____________ (XXIII) fue beatificado en el año ____________ (2000) junto al papa Pío ____________ (IX).
6. La película ____________ (*2001*): *Una odisea en el espacio* es una de mis favoritas.
7. ____________ (1/7) de los asistentes a la reunión votó que no.

3

Elaboren un breve informe estadístico con información acerca de la escuela San Martín. Para ello, formen oraciones combinando los componentes de las tres columnas siguientes.

MODELO **El setenta y cinco por ciento de los estudiantes se gradúa(n) antes de cuatro años.**

1/3	estudiantes	se gradúa antes de cuatro años
50%	profesores	han conseguido el 2.° puesto en la competición de natación
1/2	tiempo	prefiere la clase de matemáticas
100%	padres	quieren que sus hijos estudien literatura
la mayoría	recursos	se dedican al pago de material escolar
$254	presupuesto	sirve para pagar los sueldos de los profesores
3		detestan la comida de la escuela
75%		hablan 3 idiomas
		se dedica a actividades extraescolares

EN BREVE

Los estilos de vida

PUNTOS DE PARTIDA

El estilo de vida es el conjunto de comportamientos, actitudes y costumbres que adoptan las personas en su vida cotidiana. En él se reflejan la forma particular que tiene un individuo de entender el mundo, así como el entorno social y cultural en el que se desarrolla.

- ¿Cómo definen los individuos su estilo de vida?
- ¿Cómo puede afectar al medioambiente el estilo de vida de los individuos?
- ¿Cómo contribuyen los factores sociales, culturales y económicos a perfilar el estilo de vida?

DESARROLLO DEL VOCABULARIO

MI VOCABULARIO
Utiliza tu vocabulario individual.

1  **Tu estilo de vida** Escribe cuáles son los principales factores que, en tu opinión, definen tu estilo de vida. Por ejemplo, ¿qué comes? ¿dónde comes? ¿qué actividades practicas en tu tiempo libre? ¿qué tipo de música escuchas? ¿Cómo te gusta vestirte? ¿Practicas algún deporte? ¿Practicas alguna religión? Piensa en otros factores que definen tu estilo de vida y luego, en parejas, comparen las semejanzas y diferencias.

RECURSOS
Consulta la lista de apéndices en la p. 418.

2  **El estilo de vida y el consumismo** En la sociedad moderna es común que una persona defina su estilo de vida mediante los productos que consume. Estos productos son a veces necesarios y otras veces no lo son. ¿Qué productos de consumo definen el estilo de vida de una persona? Crea una lista con toda la clase.

AMPLIACIÓN

1 **El estilo de vida de los jóvenes españoles** Observa la gráfica y contesta las preguntas.

Fuente: Instituto Nacional de Estadística, España

¿Cómo pasan el tiempo libre los españoles?

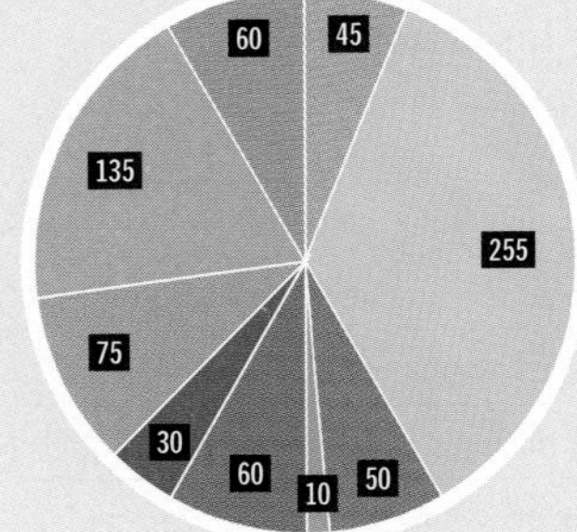

- Trabajo remunerado
- Estudios
- Hogar y familia
- Trabajo voluntario
- Vida social y diversión
- Deportes y actividades al aire libre
- Aficiones y computadoras
- Medios de comunicación
- No especificado

1. ¿Qué muestra la gráfica?
2. ¿Cómo describirías el estilo de vida de los españoles?
3. ¿Cómo se compara el tiempo libre de los españoles con el tiempo que dedican a sus obligaciones? ¿Crees que es un estilo de vida equilibrado? ¿Por qué?
4. ¿Cómo se compara con tu propio estilo de vida?

PUNTOS DE PARTIDA

Las tradiciones representan la historia de una sociedad. Los valores sociales son creencias que esa sociedad comparte. Así, las sociedades de todo el mundo están definidas por la suma de sus tradiciones y sus valores.

- ¿Qué papel cumplen las tradiciones en una sociedad?
- ¿Cuáles son los valores sociales que definen a una sociedad?
- ¿Cuáles son los valores sociales que transcienden las fronteras políticas?

DESARROLLO DEL VOCABULARIO

MI VOCABULARIO
Utiliza tu vocabulario individual.

1 Las tradiciones de mi país Trabaja con un(a) compañero/a. Piensen en tres días festivos importantes en su país y escriban al menos cinco tradiciones relacionadas con cada uno de ellos. Por ejemplo, ¿cómo se acostumbra celebrar el Día de Acción de Gracias o el Día de la Independencia? Después, discutan cómo esas tradiciones definen la cultura general del país. ¿Son tradiciones profundas? ¿Superficiales? ¿Heroicas? ¿Optimistas? Justifiquen sus opiniones con ejemplos específicos.

RECURSOS
Consulta la lista de apéndices en la p. 418.

2 Los valores sociales de mi país Piensa en un valor social importante para la cultura de tu país. Puedes escoger uno de los valores sociales de la siguiente lista u otro diferente que consideres valioso. Escribe un ensayo en el que expliques por qué crees que es un valor importante. Enumera también los aspectos de la sociedad en los que se ve reflejado. Finalmente, narra una anécdota que ejemplifique ese valor social.

la búsqueda de la felicidad
la compasión
el deber civil
los derechos de las minorías
la fe
la gratitud
la honestidad
el individualismo
la integridad
la justicia
la libertad
el patriotismo
la perseverancia
la privacidad
la sabiduría
la tolerancia
el trabajo en equipo
el valor

AMPLIACIÓN

1 El valor social de la paz Benito Juárez (1806-1872), quien fue presidente de México, pronunció la siguiente frase célebre después de una guerra que terminó con el Segundo Imperio Mexicano. En grupos de tres o cuatro, lean la cita y contesten las preguntas.

> « Entre los individuos, como entre las naciones, el respeto al derecho ajeno es la paz. »

1. En sus propias palabras, expliquen la frase célebre de Benito Juárez. ¿Qué es el respeto? ¿Qué es el derecho ajeno? ¿Qué relación tienen estos valores sociales con la paz?
2. ¿Están de acuerdo con la frase?
3. ¿Cómo se respeta el derecho ajeno entre los individuos? ¿Y entre las naciones?

Huevos fritos con chorizo y con patatas

VAMOS A COCINAR CON JOSÉ ANDRÉS

HUEVOS FRITOS CON CHORIZO Y CON PATATAS

A PRIMERA VISTA

¿Qué hacen las personas de la foto? ¿Cuál de las dos está a cargo de preparar el plato y cuál es su ayudante?

SOBRE EL CORTO *Vamos a cocinar con José Andrés* es un programa de televisión en el que el cocinero José Andrés le muestra al público, desde su propia cocina, una receta para preparar en casa. En el capítulo «Huevos fritos con chorizo y con patatas», José Andrés busca los mejores ingredientes en el mercado y luego invita a la actriz Ana Duato a preparar un delicioso plato.

ANTES DE VER

1 **Analiza el título** ¿Qué ingredientes se mencionan en el título del video? ¿Qué ingrediente tiene un nombre diferente en España y en Hispanoamérica? ¿De qué país son el cocinero José Andrés y la actriz Ana Duato? ¿Lo adivinas?

ESTRATEGIA

Analizar el título
El título de un video condensa a veces gran parte de su contenido. Analizar el título te ayuda a deducir el tema y el contexto centrales.

2 **La cocina** En parejas, háganse la siguiente entrevista.

1. ¿Te gusta cocinar? ¿Qué platos sabes cocinar?
2. ¿Conoces la cocina de España? ¿Qué platos son tradicionales de España? ¿De qué país es tu cocina favorita? ¿Qué platos e ingredientes son tradicionales de ese país?

MIENTRAS MIRAS

PALABRAS CLAVE

la sartén instrumento para cocinar
la guindilla planta picante
hundir(se) sumergir(se)
la sobrasada carne de cerdo
envolver cubrir algo totalmente

Vendedor: «Tenemos huevos auténticos de dos yemas. Al mismo precio todos. A mí me gustan un poquitín más los huevos morenos».

1. ¿Qué crees que significa la palabra *yema*? ¿Alguna vez has partido un huevo con dos yemas?
2. En la foto hay dos tipos de huevos. ¿Cuáles prefiere el vendedor?

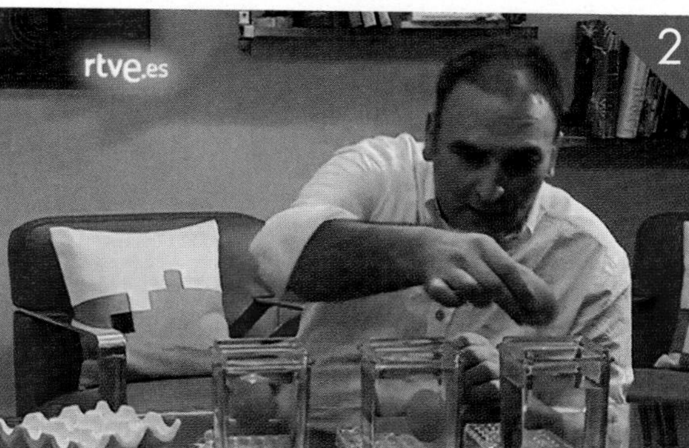

José Andrés: «¿Cómo saber que el huevo no se ha quedado olvidado allá en una esquina y nos están dando un huevo viejo?».

1. ¿Por qué pone José Andrés los huevos en el agua?
2. ¿Qué pasa con el primer huevo: flota o **se hunde**? ¿Y el segundo huevo? ¿Y el tercero?

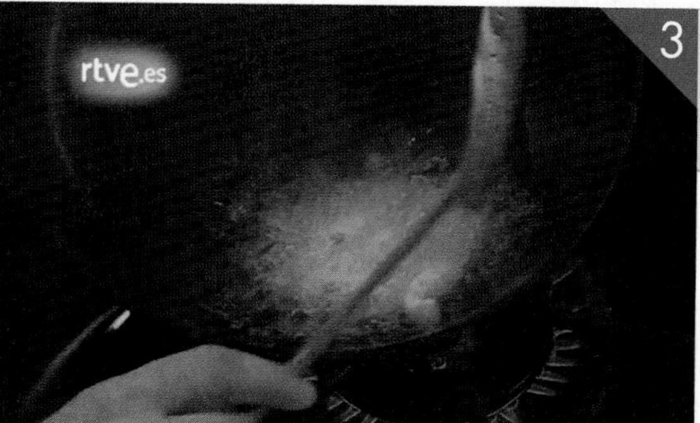

José Andrés: «La clara siempre tiene que **envolver** a la yema para que la yema nos quede bien crudita y la clara crujiente».

1. ¿Qué significa la palabra *clara* en el contexto de los huevos?
2. ¿Qué crees que significan las palabras *crudo/a* y *crujiente*?

DESPUÉS DE VER

1

Las hierbas y las aves Busca en el diccionario el significado de las siguientes hierbas y aves. Luego, subraya las hierbas y las aves que se mencionan en el video.

1. **hierbas:** albahaca, estragón, menta, orégano, perejil, romero, salvia, tomillo
2. **aves:** águila, avestruz, codorniz, gallina, golondrina, oca, pata

---

2

Comprensión Contesta las preguntas según el video.

1. ¿Por qué le dice José Andrés al vendedor que tiene que cambiar el menú? ¿Cuánto dinero tiene para hacer las compras?
2. Según José Andrés, ¿qué huevos son mejores: los blancos o los morenos?
3. ¿Qué indica el primer número de la serie impresa en los huevos?
4. ¿Por qué le quita José Andrés las semillas a la guindilla?
5. ¿Para qué sirve el experimento de poner los huevos en agua? ¿Qué pasa con los huevos más frescos? ¿Por qué pasa eso?
6. ¿Cómo ayuda Ana a José Andrés? ¿Qué prepara ella?
7. ¿Por qué hunde José Andrés la cuchara en el aceite antes de poner el huevo?

3

Interpretación En parejas, contesten las preguntas.

1. Al principio del video dice José Andrés que es «cocinero de profesión, pero, sobre todo, de vocación». ¿Cuál es la diferencia entre una profesión y una vocación?
2. Al mostrar su casa, José Andrés muestra primero las especias y luego las hierbas. ¿Cuál es la diferencia entre una especia y una hierba?
3. José Andrés dice que a través de un olor uno puede viajar a lugares que no había imaginado. ¿Qué quiere decir con eso?
4. José Andrés dice que la cocina de su casa es «el punto de encuentro entre lo tradicional y lo moderno». ¿A qué se refiere?
5. De acuerdo con lo que viste en el video, ¿crees que los huevos fritos con chorizo y con patatas son fáciles de preparar? Si tuvieras todos los ingredientes, ¿intentarías prepararlos? ¿Por qué?

MI VOCABULARIO
Utiliza tu vocabulario individual.

4

Investigación y presentación Busca en Internet el plato de un país hispanohablante que te guste o que te gustaría probar. Escribe la lista de ingredientes y la receta. Luego, presenta tu plato ante la clase. Si puedes, trae una foto para mostrar el plato que elegiste. Estas son algunas sugerencias:

1. **Argentina:** dulce de leche, choripán, empanadas, locro, asado
2. **Cuba:** moros y cristianos, lechón asado, sándwich cubano, ropa vieja, yuca con mojo
3. **España:** patatas bravas, churros, gazpacho, tortilla de patatas, pulpo a la gallega
4. **México:** quesadillas, tacos, guacamole, frijoles refritos, chiles rellenos
5. **Perú:** ceviche, picante de cuy, ají de gallina, causa rellena, lomo saltado

---

RECURSOS
Consulta la lista de apéndices en la p. 418.

5

Carta a José Andrés Escríbele una carta al cocinero José Andrés. Puedes preguntarle acerca de los aceites, las especias y las hierbas que tiene en su casa, sobre el mercado en el que compra los ingredientes, sobre la receta de huevos con chorizo y con patatas o sobre cualquier otra receta española que te interese.

ENSAYO ARGUMENTATIVO

El discurso argumentativo busca inclinar la balanza hacia un lado y, para eso, necesita el peso de las pruebas. Es un razonamiento en párrafos que progresivamente expone una idea a los lectores para que la adopten, compartan una serie de valores y una forma de pensar, o, al menos, acepten los argumentos presentados como válidos y respetables.

A diferencia del ensayo de opinión, el foco no está tanto en la opinión que se expresa, sino en la justificación de esa opinión. Nunca pueden faltar la investigación y la reflexión previas del tema, porque no solo hay que conocer bien la postura que sostenemos nosotros, sino también la opuesta, para poder refutarla en el ensayo. En el proceso de recolección de datos, tal vez halles información que te haga cambiar tu posición.

Tema de composición

Lee de nuevo las preguntas esenciales del tema:

- ¿Cómo definen los individuos y las sociedades su propia calidad de vida?
- ¿Cómo influyen los productos culturales, las prácticas y las perspectivas de la gente en la vida contemporánea?
- ¿Cuáles son los desafíos de la vida contemporánea?

Utilizando las preguntas como base, escribe un ensayo argumentativo sobre algún aspecto del tema.

ANTES DE ESCRIBIR

Después de elegir el tema, investígalo bien —información sobre estudios sociológicos, encuestas, anécdotas, citas— y concéntrate en la tesis que presentarás.

ESCRIBIR EL BORRADOR

Revisa atentamente la estructura de tu ensayo y organiza un plan con toda la información que hayas decidido incluir: esto te ayudará a exponer bien tu tema y a desarrollar tu tesis específica.

ESCRIBIR LA VERSIÓN FINAL

Mientras editas tu borrador en equipo, presta atención a las brechas lógicas que pueden haberse dado en la redacción: ¿se entienden los pasos de una idea a otra? ¿Faltan ideas que le den más fuerza a la exposición? ¿Está la tesis claramente relacionada con los argumentos? Cuando hayan terminado el proceso de edición en equipo, utiliza todos los consejos que te sirvan para mejorar el borrador de tu ensayo y pásalo en limpio.

ESTRATEGIA

Organizar tu ensayo
Una estructura común y eficaz para el ensayo argumentativo es la de cinco párrafos:
Párrafo 1: Presenta la tesis.
Párrafo 2: Refuta el punto de vista opuesto.
Párrafo 3: Da evidencia que apoya la tesis.
Párrafo 4: Amplía la información con datos y analogías.
Párrafo 5: Resume y reafirma lo planteado y cierra con una conclusión clara y firme.

Tema 5

Los desafíos mundiales

PREGUNTAS ESENCIALES

- ¿Cuáles son los desafíos sociales, políticos y medioambientales que enfrentan las sociedades del mundo?
- ¿Cuáles son los orígenes de esos desafíos?
- ¿Cuáles son algunas posibles soluciones a esos desafíos?

CONTENIDO

▸▸ Glaciar Grey, Parque Nacional Torres del Paine, Chile

contexto 1 Los temas económicos

PUNTOS DE PARTIDA

Todos nos vemos afectados por los temas económicos que mueven al mundo. El comercio, la industria, los gobiernos y los ciudadanos prosperan bajo una economía sana y fuerte, y sufren bajo una economía en declive. Los seres humanos aspiramos a mantener cierto control sobre el nivel económico personal para así gozar de una vida digna.

- ¿Qué soluciones existen para mejorar el nivel económico de las personas más vulnerables en un país en vías de desarrollo?
- ¿Cuál es el papel de las empresas transnacionales en el desarrollo de la economía mundial? ¿Contribuyen al bienestar económico o forman parte de los problemas económicos?
- ¿De qué manera pueden influir las características geográficas de un territorio en la economía de su población?

DESARROLLO DEL VOCABULARIO

MI VOCABULARIO
Anota el vocabulario nuevo a medida que lo aprendes.

1

¿Cómo están relacionadas? Explica la relación entre los siguientes pares de palabras. Luego escribe una oración utilizando una palabra de cada par.

1. aumento/incremento
2. beneficios/ganancias
3. éxito/logro
4. préstamos/garantías
5. productos/servicios
6. promover/distribuir
7. responsabilidad/iniciativa
8. subvenciones/recursos económicos

2

¿Cómo te afectan? ¿Qué temas económicos te afectan a ti y a tu familia? ¿A tu comunidad? ¿Y a tu país? Clasifica cada uno de los siguientes temas según el grupo al que afecta. Luego compartan sus ideas en pequeños grupos.

Me afectan a mí y a mi familia	
Afectan a mi comunidad	
Afectan a mi país	

1. la bolsa
2. la deuda
3. las finanzas
4. los gastos
5. los impuestos
6. los ingresos
7. la inversión
8. el presupuesto
9. la renta
10. la tasa de interés

3

La autonomía económica ¿Cuáles son los beneficios de ser económicamente independiente? ¿Hay alguna desventaja? En parejas, escriban definiciones de estos términos e inclúyanlos en una conversación sobre la autonomía económica personal y empresarial.

1. el préstamo bancario
2. el crédito bancario
3. el interés
4. el capital
5. las subvenciones
6. la inversión
7. la flexibilidad
8. la deuda

LECTURA 1.1 ▸ MANUAL DEL PERFECTO IDIOTA LATINOAMERICANO

SOBRE LA LECTURA El *Manual del perfecto idiota latinoamericano* es una colección de trece ensayos que examinan de forma satírica la historia de América Latina y la manera de pensar de los intelectuales latinoamericanos. Según los autores (el colombiano Plinio Apuleyo Mendoza, el cubano Carlos Alberto Montaner y el español-peruano Álvaro Vargas Llosa), el «idiota» es aquel que se ve a sí mismo como víctima y considera que el mundo occidental y la economía capitalista son los culpables de los males de los países pobres.

En este fragmento de su obra, los autores se refieren al asunto de las multinacionales y plantean reflexiones sobre su conveniencia o no para los países latinoamericanos.

ANTES DE LEER

1 **En otras palabras** Elige el sinónimo apropiado para cada una de estas expresiones tomadas de la lectura. Luego escribe una oración con cada una de ellas para demostrar que entiendes su significado.

1. ___ *ipso facto* (línea 50)	a. como último recurso
2. ___ en última instancia (línea 58)	b. está disponible
3. ___ a la larga (línea 61)	c. pasado mucho tiempo
4. ___ está al alcance (líneas 70-71)	d. por ese mismo hecho
5. ___ dar salida (líneas 77-78)	e. vender un género o mercancía

MI VOCABULARIO
Anota el vocabulario nuevo a medida que lo aprendes.

2 **Investigación de una empresa** ¿Qué efectos tienen las empresas transnacionales en la economía de los países en vías de desarrollo? ¿Sabías que en la primera mitad del siglo XX la compañía estadounidense United Fruit tenía una de las marinas privadas más grandes del mundo y poseía el 70% de la tierra privada de Guatemala, así como su sistema de ferrocarriles? En grupos, investiguen sobre la presencia de United Fruit en Guatemala (o sobre la presencia de alguna otra multinacional en un país hispanoamericano) y elaboren un reportaje para la clase. Prepárense para responder a las preguntas que sus compañeros puedan tener.

3 **Las transnacionales** En parejas, elijan una de estas preguntas y debátanla. Cada persona debe tomar una posición opuesta a la de su compañero/a.

1. ¿Qué ventajas y desventajas aportan al país anfitrión las empresas transnacionales?
2. ¿Crees que las transnacionales fomentan la comprensión entre los empleados de diferentes nacionalidades? ¿Por qué?

ESTRATEGIA

Pedir aclaraciones
Si hay algo que no entiendes completamente, haz preguntas para verificar la información.

4 **En mi opinión** Basándote en lo que hablaste con tu compañero/a en la Actividad 3, escribe un párrafo en el que defiendas tu posición frente al tema de las transnacionales. En tu composición, incluye detalles que surgieron durante su conversación y otras ideas que tengas.

MANUAL DEL PERFECTO IDIOTA LATINOAMERICANO (Fragmento)

«Las empresas transnacionales saquean nuestras riquezas y constituyen una nueva forma del colonialismo.»

ESTRATEGIA

Reconocer el tono
Reconocer el tono del autor te ayuda a comprender mejor la lectura. Mientras lees, anota las palabras o expresiones que te sirven como pistas para identificar el tono del autor.

PALABRAS CLAVE

la coima soborno (Chile, Perú, Río de la Plata)
la utilidad provecho que se saca de algo
liar bártulos prepararse para marcharse
la testarudez cualidad de terco, obstinado
la zancadilla acción que consiste en tropezar o derribar a alguien metiéndole el pie
desligarse separarse

UNO SE PREGUNTA por qué para saquear nuestras riquezas las potencias como Estados Unidos, Europa y Japón utilizan un mecanismo tan extraño como el de las transnacionales y no una fórmula más expeditiva, como un ejército. Es un misterio la razón por la que estos ladrones de riqueza ajena gastan dinero en hacer estudios, construir plantas, trasladar maquinaria, tecnología y gerentes, promover productos, distribuir mercancía y emplear trabajadores, para no hablar de las **coimas** de rigor, indispensable elemento de los costos operativos. Es aún más extraño el hecho de que en tantos de estos casos las buenas **utilidades** muchas veces sirven para hacer que estos enemigos de nuestra prosperidad gasten más dinero en ampliar su producción. ¿Por qué no evitar toda esta onerosa pantomima y enviar de una vez a la soldadesca para cargar, a punto de carajos, con nuestra cornucopia?

Por una sencilla razón: porque una corporación transnacional no es un Estado sino una empresa, totalmente incapaz de usar la fuerza física contra ningún país. Aunque en el pasado meterse con una empresa transnacional estadounidense en América Latina podía traer represalias militares, hace ya varias décadas que no es así. Las empresas vienen cuando se les permite venir, se van cuando se las obliga a irse. Lo raro es que sigan viniendo a nuestros países pese a haber sido tantas veces en el pasado reciente obligadas por nuestros gobiernos a **liar bártulos**. Con curiosa **testarudez** el capital extranjero vuelve allí donde ha recibido las peores **zancadillas**. Le gusta que lo azoten. Es más masoquista que los héroes del Marqués de Sade.

Claro, una empresa transnacional no es un fondo de caridad. No regala dinero a un país en el que invierte, precisamente porque eso es lo que hace: invertir, actividad que no puede **desligarse** del objetivo, perfectamente respetable, de conseguir beneficios. Si la General Motors o la Coca-Cola se dedicaran a montar toda la costosa cadena de producción antes señalada y no quisieran un centavo de utilidad por ello, habría que perderles el respeto *ipso facto*. Si ellas se dedicaran a la filantropía, desaparecerían en muy poco tiempo.

Lo que hacen, más bien, es buscar ganancias. El mundo se mueve en función de la expectativa de obtener beneficios. Todo el **andamiaje** moderno reposa sobre esa columna. Hasta la ingeniería genética y la biotecnología, que son en última instancia nada menos que experimentos manipuladores de los genes humanos y animales, sólo pueden a la larga dar los resultados médicos si las compañías que invierten fortunas en la investigación científica creen que podrán obtener ganancias (es por eso que existe hoy algo tan controvertido como patentes de genes humanos). A lo mejor algún día la ingeniería genética producirá un intelectual latinoamericano capaz de entender que la búsqueda del beneficio es sana y moral.

A nosotros nos conviene —y esto está al alcance del más **oligofrénico** patriota— que esas empresas instaladas en nuestros países obtengan beneficios. Es más: conviene que ganen miles de millones, y, si fuera posible, también billones de dólares. Ellas traen dinero, tecnología y trabajo, y todo el beneficio que obtengan vendrá de haber logrado dar salida a los bienes y servicios que produzcan. Si esos bienes los venden internamente, el mercado local habrá crecido. Si se exportan, el país habrá logrado una salida para productos locales que de otra forma no habría conseguido, beneficiándose con la decisión que tomará la empresa de mantener e incluso expandir sus inversiones en el país donde ha instalado sus negocios. Para cualquier bípedo en uso de razón todo esto debería ser más fácil de digerir que la lechuga. ◣

PALABRAS CLAVE

el andamiaje conjunto de bases teóricas

oligofrénico/a idiota, imbécil

DESPUÉS DE LEER

1 **Comprensión** Según el texto, elige la mejor respuesta para cada pregunta.

1. ¿Cuál es el tono del ensayo?
 a. Inquietante, preocupante
 b. Sarcástico, irónico
 c. Compasivo
 d. Persuasivo

2. ¿Cuál es la actitud de los autores respecto a las transnacionales?
 a. Deberían dejar de hacer negocios en Latinoamérica.
 b. Abusan de su poder en Latinoamérica.
 c. Sus constantes inversiones son buenas para los países latinoamericanos.
 d. Malgastan mucho dinero en Latinoamérica.

3. ¿Qué alternativa sugieren los autores a las grandes potencias para aprovecharse de las riquezas de los demás países?
 a. Maquinaria pesada
 b. Un ejército
 c. Las transnacionales
 d. Tecnología y gerentes

4. Según los autores, ¿cuál no es una entidad altruista?
 a. Una gran potencia mundial
 b. Un ladrón de la riqueza
 c. Un hombre de negocios
 d. Una empresa transnacional

5. ¿Qué pasaría si las grandes empresas transnacionales se dedicaran a la filantropía?
 a. Podrían ganar más beneficios.
 b. Alegrarían la vida de mucha gente.
 c. Cerrarían rápidamente.
 d. Ganarían mucho más dinero.

CONCEPTOS CENTRALES

Sacar conclusiones
Para sacar conclusiones, analiza los argumentos a favor y en contra que exponen los autores de un tema en particular. Evalúa qué argumentos tienen más peso y a partir de ellos extrae conclusiones acerca de la actitud global de los autores sobre el tema.

2 **Los puntos centrales** Con un(a) compañero/a, anoten los puntos centrales que tratan los autores del ensayo. Expliquen su postura frente a los siguientes temas:

- los gobiernos de Estados Unidos, Europa y Japón
- el constante ir y venir de las transnacionales a Latinoamérica
- la relación entre la presencia de las transnacionales y las economías de los países latinoamericanos

MI VOCABULARIO
Utiliza tu vocabulario individual.

3 **Opiniones** ¿Estás de acuerdo con la siguiente cita del ensayo?

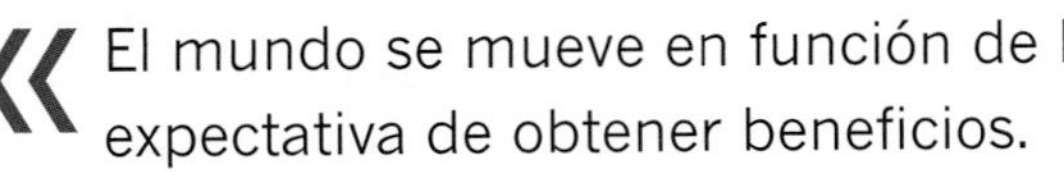

Intercambia tus opiniones con un(a) compañero/a.

RECURSOS
Consulta la lista de apéndices en la p. 418.

4  **Un experimento económico** Trabaja con un(a) compañero/a para explorar más a fondo cómo funcionan las compañías. Primero, inventen un producto que quisieran lanzar al mercado, formando una compañía. ¿Qué decisiones deberán tomar para asegurar el éxito de la compañía? Luego discutan los siguientes temas.

1. El mercado: ¿A qué consumidores está dirigido el producto?
2. El inventario: ¿Qué cantidad de productos se debe producir? ¿Qué pasará si no se venden?
3. Las ventas: ¿Por qué canales van a vender el producto? ¿En Internet? ¿En una tienda?
4. El precio: ¿Qué precio le van a fijar? ¿Cuánto van a ganar por producto vendido?
5. El personal: ¿Cuántos empleados necesitan para elaborar la cantidad de productos que tienen planeada? ¿Cómo les van a pagar si todavía no se ha vendido el producto?
6. Los ingresos: Si el producto tiene éxito, ¿cómo van a invertir los ingresos? ¿En contratar a más empleados? ¿En desarrollar un nuevo producto?

ESTRUCTURAS

Infinitivos

Observa cómo los autores usan el infinitivo en el ensayo. Recuerda que los infinitivos pueden utilizarse como sustantivos y pueden ir precedidos por preposiciones o ciertos verbos como *deber*, *poder* y *permitir*.

Vuelve a leer el ensayo. Subraya los infinitivos usados como sustantivos y rodea con un círculo los que van precedidos de preposiciones o verbos.

MODELO meterse (Aunque en el pasado meterse...) (línea 26)
para (saquear) (líneas 1-2), podrán (obtener) (líneas 63-64)

RECURSOS 
Consulta las explicaciones gramaticales del **Apéndice A**, pp. 447-450.

LECTURA 1.2 ▸ MICROPRÉSTAMOS

SOBRE LA LECTURA Las organizaciones que ofrecen micropréstamos fomentan la autonomía de las comunidades. Una de estas organizaciones es la Asociación MAPU, compuesta de voluntarios y registrada en España, pero con sede en la Patagonia argentina. MAPU significa *tierra* en la lengua de los mapuches, los indígenas de la región.

El siguiente texto, tomado de la página web de la Asociación MAPU, trata sobre cómo y por qué se establecen los micropréstamos y a quiénes benefician.

ANTES DE LEER

1 Palabras relacionadas Completa las oraciones con las palabras de la lista. Luego ubica las palabras en la lectura y léelas en su contexto para mejorar tu comprensión.

MI VOCABULARIO 
Anota el vocabulario nuevo a medida que lo aprendes.

autónoma (línea 25)	capacitación (línea 16)	micro (línea 1)
solidaridad (línea 35)	iniciativa (línea 4)	remunerado (línea 45)

1. Si un macropréstamo es un préstamo de bastante dinero, un micro préstamo es uno de poco dinero.
2. Si eres capaz de hacer algo, tienes la capacitación para lograrlo.
3. Si uno inicia algo, toma la iniciativa.
4. Si una región tiene autonomía, decimos que es una región autónoma.
5. Si todos los miembros de una organización son solidarios, muestran su solidaridad.
6. Si el personal de una organización no recibe remuneración por su trabajo, es personal no remunerado.

2 La Patagonia Haz una investigación sobre la región de la Patagonia argentina, en el extremo sur del continente americano. Trata de obtener información sobre estos aspectos:

- una descripción de la geografía de la región y de sus recursos naturales
- una descripción de la población que la habita, en especial los mapuches
- las oportunidades que la geografía de la región ofrece para el crecimiento económico de sus pobladores (por ejemplo, agricultura, ganadería o artesanía)

3 ¿Qué opinan? En grupos, lean las siguientes oraciones y comenten si están de acuerdo o no con ellas. Expliquen sus respuestas.

1. Los bancos no te dan préstamos si no tienes bienes inmuebles.
2. Tienen más éxito los proyectos que benefician a la misma comunidad que los lleva a cabo.
3. El mundo no necesita más organizaciones de voluntarios porque no son muy eficaces.
4. Los proyectos que se desarrollan a miles de kilómetros no me afectan en absoluto.
5. El voluntariado sirve para mejorar las relaciones entre comunidades y culturas.
6. Antes de graduarse de la escuela secundaria o la universidad, debería ser obligatorio hacer un voluntariado.

ESTRATEGIA

Predecir
Antes de leer el texto, mira el título, la introducción y las fotos para buscar pistas sobre el tema de la lectura.

PALABRAS CLAVE

autogestionado/a administrado/a con la participación de todos
el monto la cantidad
el compromiso la obligación contraída
emprender empezar (una empresa o proyecto)
pretender querer llevar a cabo algo
aportar proporcionar, dar
ejercer practicar

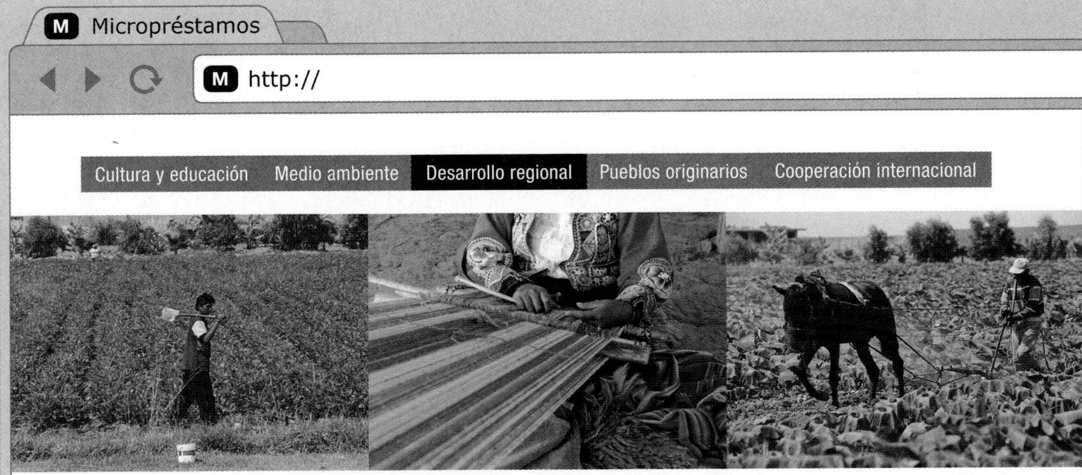

MICROPRÉSTAMOS

A través del proyecto de micropréstamos se facilita a grupos locales, que no logran conseguir los recursos económicos o las garantías para obtener un crédito bancario, cantidades determinadas de dinero para que desarrollen actividades económicas **autogestionadas**, fruto de su propia iniciativa.

El objetivo del micropréstamo es que los beneficiarios logren una autonomía económica que les permita desarrollar actividades acordes a su propio estilo de vida, en armonía con el entorno y una calidad de vida superior a la economía de subsistencia.

El **monto** del micropréstamo variará según las características y necesidades del proyecto de desarrollo y de la capacidad de la Asociación MAPU.
El préstamo sin interés y a devolver en cuotas tiene dos ventajas por sobre la donación. El dinero que beneficia a un grupo puede beneficiar a otro cuando este dinero es devuelto. El acuerdo de devolver el dinero implica indirectamente un **compromiso** con el éxito del proyecto, con quienes **emprenden** el proyecto y con quienes tienen o pueden llegar a tener otros proyectos.

APOYO Y CAPACITACIÓN

La sola iniciativa y el capital inicial para desarrollar un proyecto no alcanzan, ya que también hace falta información, contactos, asesoramiento, técnicos, profesionales, estudios de mercado, etc... A través de los voluntarios, de los miembros y simpatizantes y de los contactos de la Asociación MAPU **se pretende aportar** todas las herramientas posibles para el éxito y la sostenibilidad de los proyectos emprendidos.

INICIATIVA PROPIA

«Nadie mejor que los propios sujetos de desarrollo para **ejercer** su gestión en forma autónoma». Las buenas intenciones no traen beneficios cuando son ajenos a los beneficiarios y por eso muchos proyectos de vivienda, agricultura, mejoras sanitarias, etc. han fracasado simplemente porque los destinatarios de estos beneficios no estaban interesados en ellos o no los consideraban como tales. La iniciativa propia es clave del éxito de cualquier proyecto de desarrollo. Claro está que la iniciativa se puede sembrar, motivar y estimular, sumándole a ésta una vez que ha germinado la información y las herramientas para darle forma.

BENEFICIARIOS

Consideramos que es más provechoso darle prioridad a proyectos que surjan de grupos de personas por sobre los individuos. El hecho de que sea un grupo el que se organice significa que tiene en mayor o menor medida la idea de solidaridad, de organización, de responsabilidad como comunidad... es decir, mayor tendencia a la «economía solidaria», por encima del individualismo **netamente** capitalista. Sin embargo, si el proyecto de un individuo tiene posibilidades de beneficiar o incluir en las actividades a un grupo, también se puede considerar.

Cada micropréstamo será evaluado y sometido a votación por parte de los miembros de MAPU. En cada proyecto se evaluará la **factibilidad** y la posibilidad que tiene MAPU de aportar asistencia técnica y recurso humano para acompañar el proyecto, al menos durante la etapa inicial.

Debido a que MAPU es una organización pequeña, de carácter voluntario (no cuenta con personal remunerado) y autogestionado (no recibe subvenciones ni préstamos), el proyecto de micropréstamos se mantendrá en una escala manejable con pocos recursos humanos.

Los proyectos se evaluarán, coordinarán y seguirán desde la sede en Argentina de la Asociación MAPU, en Esquel,[1] Chubut, desde donde se evaluarán por vía virtual con el resto de los miembros de MAPU con derecho a voto.

Los fondos para los micropréstamos se **recaudan** a través de las cuotas de socios, de las cuotas de gestión de voluntariados y de actividades desarrolladas por la Asociación MAPU.

DESARROLLO REGIONAL

Según sus estatutos, el principal objetivo de la Asociación MAPU es el de «promover y realizar acciones, proyectos y programas de desarrollo autosustentable y de economía solidaria en la región Patagónica argentina y chilena... orientados a mejorar la calidad de vida, la salud, la educación y la comunicación, y a aumentar las capacidades autóctonas, los medios materiales... de las comunidades rurales y de los pueblos originarios».

Para acercarse a este propósito, MAPU organiza y coordina proyectos orientados a ofrecer oportunidades de desarrollo a las gentes de la región patagónica.

PALABRAS CLAVE

netamente puramente

la factibilidad cualidad de ser posible o realizable

recaudar cobrar

1 **Esquel** es una ciudad del noroeste de la provincia de Chubut, Argentina. Sus principales actividades económicas son la ganadería y el turismo.

DESPUÉS DE LEER

Comprensión Contesta las siguientes preguntas con oraciones completas.

1. ¿Cuál es el objetivo de un micropréstamo?
2. ¿De qué depende el monto del préstamo?
3. ¿Qué ventajas tienen los micropréstamos en comparación con los préstamos bancarios?
4. Aparte del capital, ¿qué más se necesita para llevar a cabo un proyecto?
5. ¿A qué se atribuye el fracaso de algunos proyectos?
6. ¿Por qué la Asociación MAPU prefiere los proyectos en grupo a los individuales?
7. ¿Cómo se decide qué proyectos serán realizables?
8. ¿Cómo se mantiene el proyecto de micropréstamos en una escala manejable?
9. ¿Cómo se comunican los miembros de la Asociación MAPU que no están presentes en Argentina?
10. ¿Cómo se recaudan los fondos para los micropréstamos?

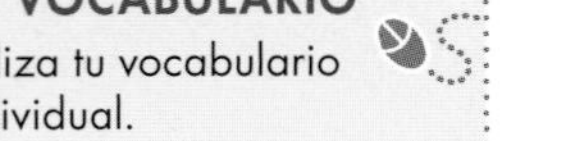

MI VOCABULARIO
Utiliza tu vocabulario individual.

2 **Semejanzas y diferencias** ¿Cuáles son las semejanzas y diferencias entre los préstamos bancarios y los micropréstamos? Trabaja con un(a) compañero/a para hacer una lista de las características que tienen en común y las que los diferencian. Busquen información de la lectura que les pueda ayudar.

Semejanzas	Diferencias
______________	______________
______________	______________
______________	______________

3 **Debate** Trabaja con un(a) compañero/a. Imagina que acabas de volver de un viaje a la Patagonia argentina y te gustaría hacer algo para ayudar a que los habitantes aprovechen mejor sus recursos naturales y mejorar su economía.

Eres partidario/a de darles micropréstamos a los habitantes de la región, pero tu compañero/a está en contra y cree que la única solución son los préstamos bancarios. Cada uno intentará convencer al otro de que tiene la razón.

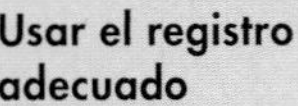

ESTRATEGIA

Usar el registro adecuado
Hay que saber usar el registro apropiado cuando te diriges a alguien. Por ejemplo, debes usar la forma *usted* cuando te diriges a una persona desconocida y probablemente mayor que tú.

4 **Un mensaje electrónico** Después de conocer las necesidades y los esfuerzos de las comunidades en la Patagonia argentina, quieres trabajar como voluntario/a con la Asociación MAPU. Escríbele un mensaje electrónico a la directora de la asociación para explicarle tu interés por ayudar. Luego de escribir el correo, revísalo para verificar el uso correcto de la ortografía y la gramática, e incluso del registro, y haz las correcciones necesarias. No dejes de mencionar los siguientes aspectos en tu mensaje:

- tus inquietudes y habilidades para ayudar a los más vulnerables
- tus conocimientos de español y tu disponibilidad para viajar a la zona
- alguna experiencia previa como voluntario/a o como empleado/a de organizaciones sin ánimo de lucro
- las ideas que tienes para ayudarle a la comunidad a mejorar sus condiciones económicas, con base en los recursos que tienen a su alcance
- alguna pregunta que le quieras hacer a la directora de la asociación, en relación con el trabajo voluntario que pretendes realizar

5 

Solicitar un micropréstamo En parejas, imaginen que son ciudadanos de una zona rural en la que quieren desarrollar un proyecto, pero no tienen recursos económicos. Por eso deben solicitarle un micropréstamo a la Asociación MAPU. Recuerden que esta asociación promueve proyectos «orientados a mejorar la calidad de vida, la salud, la educación y la comunicación».

Piensen en el proyecto que quieren desarrollar y descríbanlo en una o dos oraciones. Luego hagan una lista de los beneficios para su comunidad y los posibles obstáculos.

Beneficios	Obstáculos
__________	__________
__________	__________
__________	__________

6

Elaborar la propuesta Trabajando con tu compañero/a de la Actividad 5, elaboren una propuesta formal que le van a entregar al comité de selección. En la propuesta deben incluir:

- una descripción detallada del proyecto y de sus beneficios para la comunidad
- un argumento convincente de las razones por las que el comité debe seleccionar su proyecto y financiarlo
- una descripción de los pasos que se deben seguir para completar el proyecto, un cronograma y un presupuesto razonable
- la manera como aprovecharán los recursos humanos y naturales disponibles en la región donde se llevará a cabo el proyecto

RECURSOS
Consulta la lista de apéndices en la p. 418.

7 

Presentación de la propuesta Las parejas de las Actividades 5 y 6 deben preparar presentaciones formales de sus propuestas para explicarlas ante toda la clase. Los otros estudiantes atienden las presentaciones, toman apuntes y preparan preguntas. Escuchen bien para luego realizar la Actividad 8 con la clase entera.

8 

Comité de selección Mientras las parejas presentan sus proyectos, los otros estudiantes de la clase deben evaluarlos según los criterios de abajo, como si fueran el comité de selección. Después de todas las presentaciones, decidan qué proyecto será el más exitoso y expliquen por qué lo han seleccionado. Estos son los criterios:

- potencial del proyecto para mejorar la comunidad
- claridad del argumento y de la presentación
- factibilidad logística y económica
- aprovechamiento de los recursos naturales

9 

Evaluación escrita Después de conocer todas las propuestas, debes escribir una breve evaluación de la que más te gusta, como una recomendación que enviarás al comité de selección. Debes incluir estos aspectos en tu evaluación:

- Describe brevemente los puntos generales de la propuesta.
- Explica las razones por las que consideras que esta propuesta es mejor que las demás.
- Menciona los beneficios que esta propuesta reportará para la comunidad, y de qué manera es un proyecto que promueve la economía solidaria.
- Agradécele al comité por tener en cuenta tus opiniones.

Audio
Auto-graded
My Vocabulary
Partner Chat
Strategy
Write & Submit

AUDIO ▸ CLASE MEDIA CRECE EN AMÉRICA LATINA Y EL CARIBE

PALABRAS CLAVE

acceder tener acceso a algo
sintetizar abreviar
equilibrado/a prudente
arrojar generar, producir
formal estable
terciario/a educación superior (más allá de la secundaria)
los estamentos sectores semejantes de la sociedad

MI VOCABULARIO
Anota el vocabulario nuevo a medida que lo aprendes.

INTRODUCCIÓN Esta grabación es un fragmento de una entrevista que Radio ONU, la emisora oficial de las Naciones Unidas, le hizo a Sergio Jellinek. A través de esta emisora y su página en Internet, la ONU informa sobre lo que pasa en su sede de Nueva York y en sus agencias por el mundo, a la vez que promueve los derechos humanos, la igualdad de género, el medioambiente, la economía y otros temas trascendentales.

ANTES DE ESCUCHAR

1 **Palabras afines** Relaciona las expresiones de la primera columna con las de la segunda columna. Luego lee de nuevo las palabras de la segunda columna; las vas a escuchar en la grabación.

1. ___ conseguir	a. acceso
2. ___ anotar	b. vulnerable
3. ___ suceso	c. lograr
4. ___ aumento	d. ampliación
5. ___ entrada	e. fenómeno
6. ___ susceptible a empeorar	f. registrar

2 **Tabla de apuntes** Lee las preguntas de la primera columna. Después, anota palabras y oraciones en la tabla mientras escuchas la grabación.

PREGUNTAS FUNDAMENTALES	APUNTES
¿Cuál es el propósito de la entrevista?	
¿Quién es el entrevistado?	
¿Qué países y zonas se mencionan?	
¿A qué se debe el incremento de la clase media?	
¿Qué período de tiempo abarca el estudio?	
¿Qué impacto tiene el mayor nivel educativo de la gente?	
¿Qué impacto tiene la mayor participación de las mujeres?	

MIENTRAS ESCUCHAS

1 **Escucha una vez** Escucha la grabación para captar las ideas generales.

2 **Escucha de nuevo** Ahora, con base en lo que escuchas, escribe las respuestas para cada pregunta de la tabla de apuntes, así como otras palabras y expresiones relacionadas con el tema.

ESTRATEGIA

Identificar la idea principal
Fíjate en las ideas principales de la grabación y no te pierdas en los detalles.

MI VOCABULARIO
Utiliza tu vocabulario individual.

DESPUÉS DE ESCUCHAR

1 **Comprensión** En grupos de tres o cuatro, contesten las siguientes preguntas usando la información de sus tablas de apuntes.

1. ¿Quién es Sergio Jellinek?
2. ¿Qué países han experimentado el mayor crecimiento?
3. ¿Qué ha resultado de la combinación del equilibrio económico de la región citada y la ampliación de oportunidades para los más vulnerables?
4. Según Sergio Jellinek, aparte del mayor nivel educativo de los trabajadores, ¿qué otros dos factores han contribuido al crecimiento económico de los latinoamericanos?
5. ¿Por qué ha mejorado el nivel educativo de los trabajadores?
6. ¿Qué es lo que el señor Jellinek considera un fenómeno «histórico»?

2 **Los efectos de la educación** Con un(a) compañero/a, respondan a estas preguntas relacionadas con los efectos de la educación en la economía.

1. ¿De qué manera los avances en la educación permiten mejorar las condiciones materiales de las personas?
2. ¿Qué efecto tiene sobre la economía el mayor acceso de las mujeres a la educación superior?

3 **Lemas** El lema de la Radio ONU es «conectar la ONU con los pueblos del mundo». ¿Cuál sería un lema apropiado para promover el acceso de un pueblo a una mejora en su vida económica? Trabaja con un(a) compañero/a y creen uno. Luego compartan su lema con la clase.

4 **Ensayo de reflexión y síntesis** Con base en lo que has estudiado en este contexto, escribe un ensayo en el que respondas a esta pregunta: ¿De qué manera el entorno influye en el desarrollo económico de una comunidad? El ensayo debe contener al menos tres párrafos, así:

RECURSOS
Consulta la lista de apéndices en la p. 418.

1. Un párrafo introductorio que:
   - presente el contexto del ensayo.
   - incluya una oración que responda a la pregunta, que es tu tesis.
2. Un párrafo de explicación que:
   - exponga uno o dos argumentos que apoyen tu tesis.
   - aporte ejemplos que sustenten tus argumentos.
3. Un párrafo de conclusión que:
   - resuma los argumentos que sustentan la tesis.
   - vuelva a plantear la tesis en otros términos.

CONEXIONES CULTURALES

Un vendedor de pinturas en las playas dominicanas

El turismo en la República Dominicana

VIVIR EN UN PARAÍSO COMO LA REPÚBLICA DOMINICANA puede parecer exótico y atractivo. ¡Menuda novedad! Pero quizás nunca te hayas puesto a pensar que también brinda ventajas en términos económicos. Eso es algo que los habitantes de la República Dominicana saben perfectamente. Si bien ese país es famoso por sus encantadoras playas, también ofrece otras alternativas a los visitantes, como el ecoturismo y el turismo cultural.

En los últimos años, el turismo se ha convertido en la cuarta fuente de ingresos de la República Dominicana. Y, lo que es aún más importante, esta industria ayuda a que gran parte de la población tenga trabajo. ¡Pero no creas que solo como guías turísticos! El turismo ayuda a fomentar la actividad económica en diversos sectores: se construyen hoteles, se producen alimentos, se crean artesanías y hasta se desarrollan presentaciones artísticas y espectáculos musicales.

- El clima tropical de Paraguay es ideal para el cultivo de la yerba mate, una planta que se usa en una infusión tradicional de la región. Aproximadamente el 5% de la producción se exporta a destinos tan lejanos como Japón.
- El Banco Mundial le otorgó un crédito al gobierno de Bolivia para realizar mejoras en un aeropuerto y una carretera. Estas obras favorecerán el turismo y el transporte de los productos de la región, y traerán muchos beneficios para sus habitantes.
- Un grupo de pequeños y medianos productores de café y miel de El Salvador decidieron unirse para mejorar su productividad y sus ventas, lo que a su vez genera más empleo y promueve el crecimiento del sector.

Presentación oral: comparación cultural

Prepara una presentación en la que contestes a la pregunta:

- ¿Cuál es la importancia de las características geográficas de un lugar para su crecimiento económico?

Compara tus observaciones de las comunidades en las que has vivido con tus observaciones de una región del mundo hispanohablante que te sea familiar.

contexto 2 Los temas del medioambiente

PUNTOS DE PARTIDA

El medioambiente es el entorno que nos rodea. En él conviven seres vivos (como personas, animales y plantas) y elementos inertes (como el aire y el agua), por lo que la manera en la que se relacionan entre sí es de gran importancia. Algunas de estas relaciones son mutuamente beneficiosas, mientras que otras son perjudiciales.

- ¿Qué impacto tienen las actividades humanas en el medioambiente? ¿Cómo afecta el medioambiente a los seres humanos?
- ¿Cómo se puede fomentar el interés por el cuidado de nuestro entorno?
- ¿Por qué participan las personas en causas medioambientales?

DESARROLLO DEL VOCABULARIO

MI VOCABULARIO
Anota el vocabulario nuevo a medida que lo aprendes.

1 **Cambios ambientales** Explica el efecto que los siguientes fenómenos tienen en el medioambiente o de qué forma han sido afectados por los cambios que este ha sufrido.

- el calentamiento global
- los combustibles fósiles
- el consumo sostenible
- el derretimiento de la masa polar
- el efecto invernadero
- la energía solar
- la industrialización
- las inundaciones
- la preservación de la naturaleza
- el reciclaje
- los recursos naturales
- la sequía
- el transporte público

2 **El cambio climático y tú** Piensa en cómo te ha afectado el cambio climático de manera directa o cómo ha afectado de alguna forma la vida de tu familia, tus amigos o algún lugar que conoces. Considera cuáles han sido las causas y cuáles son las posibles soluciones. Comparte tus experiencias con un(a) compañero/a.

3 **¡A luchar por el medioambiente!** En grupos, hablen de la importancia de proteger el medioambiente. Una persona del grupo debe anotar las razones más importantes y también algunas soluciones. Luego creen un foro sobre el medioambiente en el que participe toda la clase.

4 **Un mensaje electrónico** Imagina que eres una persona mayor y que has vuelto a tu ciudad después de una ausencia de más de cincuenta años. Escríbeles un mensaje electrónico a tus nietos en el que describas los cambios que has observado en el medioambiente y cómo estos han afectado a tu ciudad natal.

5 **Afirmación** Con un(a) compañero/a, comenta la siguiente afirmación. Uno/a de ustedes debe estar de acuerdo con la afirmación, y el/la otro/a en contra.

> « El futuro de nuestro planeta está condenado a la destrucción si no cuidamos del medioambiente y si no remediamos el calentamiento global. »

LECTURA 2.1 ▸ LA DESGLACIACIÓN DE LA CORDILLERA ANDINA

SOBRE LA LECTURA Este artículo fue escrito por Simeon Tegel, un periodista bilingüe de Inglaterra radicado en Lima, Perú. Entre otros temas, escribe sobre el medioambiente. Visitó la Cordillera Blanca en el Parque Nacional Huascarán para ver de primera mano el derretimiento de los glaciares, un fenómeno con consecuencias graves. Los glaciares son una fuente de agua muy importante para gran parte de la población peruana, pero también son íconos religiosos. Su pérdida afectará la agricultura, el suministro de agua, la salud y la cultura de millones de peruanos.

ANTES DE LEER

ESTRATEGIA

Utilizar lo que sabes Cuando encuentres una palabra nueva, busca elementos que te sean familiares: semejanzas con palabras en inglés, prefijos y sufijos, y raíces comunes con otras palabras en español.

MI VOCABULARIO Anota el vocabulario nuevo a medida que lo aprendes.

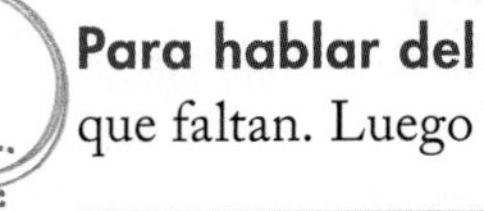

1 **Para hablar del tema** Completa la tabla con los sustantivos, verbos o adjetivos que faltan. Luego forma una oración con una palabra de cada grupo.

SUSTANTIVO	VERBO	ADJETIVO
la vista	ver	visto
el poder	poder	poderoso
el calentamiento	calentar	caliente
el avance	avanzar	avanzado
el peligro	peligrar	peligroso
la cubierta	cubrir	cubierto
el aumento	aumentar	aumentado

2 **El medioambiente** Contesta las siguientes preguntas sobre el medioambiente.

1. ¿Qué efectos del cambio climático se notan en tu comunidad??
2. ¿Cuáles son los riesgos más importantes del calentamiento global?
3. ¿Qué haces tú o hace tu familia para reducir la contaminación?
4. ¿Qué medidas ha tomado tu comunidad para proteger el medioambiente?

3 **Las actividades del invierno** En grupos, hablen de la influencia que el calentamiento global tiene hoy, y que puede tener en el futuro, sobre las actividades del invierno.

LA DESGLACIACIÓN DE LA CORDILLERA ANDINA

«Como el Ártico, los Andes son uno de los ambientes naturales donde más se sienten los primeros impactos del cambio climático. La nieve y el hielo están desapareciendo, con graves consecuencias para la región. Visitamos las alturas de la sierra peruana para constatar los cambios.

por Simeon Tegel

Desde el glaciar Yanapaccha, de 5.460 metros y situado en el corazón de la Cordillera Blanca, en los Andes peruanos, la vista no podría ser más imponente. **Empinadas** cumbres nevadas llegan hasta el horizonte mientras que abajo, a través de las nubes, quebradas **escarpadas** desembocan en lagunas de una turquesa perfecta.

Pero, mientras los **crampones** crujen en el hielo duro de la mañana, queda claro que no todo va bien en este espectacular paisaje. «El glaciar parece un paciente muriendo de un virus,» dice Richard Hidalgo, uno de los más destacados montañistas peruanos. «La enfermedad lo está carcomiendo desde adentro.» El cambio climático empieza a **asolar** la Cordillera Blanca.

Las cifras no mienten. Entre 2000 y 2010, un glaciar promedio de la Cordillera Blanca ha retrocedido 250 metros, según César Portocarrero, de la Unidad de Glaciología y Recursos Hídricos del Ministerio de Agricultura peruano. Y entre 1970 y 2010, la Cordillera Blanca ha perdido un 34% de área de sus glaciares, un total de 244 kilómetros cuadrados.

Pero, explica Richard, el problema de los glaciares no solamente se ubica en el **retroceso**. Mientras que recorremos Yanapaccha su preocupación se intensifica. Una gran parte de la zona inferior del glaciar está plagado de manchas negras, charcos fangosos, lagunitas que se congelan cada noche y se **derriten** todas las tardes, y pozos enormes. Secciones largas del glaciar parecen cóncavas mientras que el río de hielo debajo de la nieve comprimida se tuerce y derrite paulatinamente.

PALABRAS CLAVE

empinado/a, escarpado/a inclinado/a, (terreno) abrupto

crampón pieza de metal que sirve para escalar o caminar sobre la nieve

asolar destruir, arruinar

el retroceso el revés, la regresión

derretir convertir en líquido

PALABRAS CLAVE

la escorrentía el torrente, la pérdida de líquido

desbordamiento efecto de rebasar el límite, salirse de los bordes

un deslave caída de tierra

arrojar echar, vaciar

abastecer proveer, suministrar

trepar escalar, subir

msnm acrónimo para metros sobre el nivel del mar

«Las condiciones actuales dan más miedo,» dice Richard, reconociendo la naturaleza peligrosa de su deporte. «Hay que ser más cuidadoso». Richard lo sabe. Es un guía internacionalmente certificado y reconocido, que ha subido dos de las 14 cumbres por encima de los ocho mil metros. Ahora va a intentarlo con Manaslu, en Nepal, el octavo pico más alto del mundo.

Pero para Richard todas estas experiencias son lo de menos. El año pasado perdió a su colega, el guía estadounidense Tyler Anderson. Richard cree que Tyler ha sido el primer montañista fallecido en la Cordillera Blanca por el cambio climático.

Nadie sabe con certeza la causa, pero parece que Tyler murió cuando colapsó una vasta sección del glaciar alrededor de una grieta. Tyler, de 37 años, cayó unos 20 metros y se rompió el cuello. Él poseía un gran conocimiento de Yanapaccha y, para un montañista de sus capacidades, la ruta era nada más que una caminata con altura. «Esta grieta no era normal,» dice Richard, quien participó en el rescate del cuerpo de su amigo. «Había un laberinto de huecos adentro del glaciar. Nunca había visto algo parecido.»

Pero los peligros del paisaje en transición de la Cordillera Blanca tienen un potencial alcance mucho más grande que el de la comunidad montañista. Mientras que se derriten, los glaciares pierden tracción con las laderas de las montañas, aumentando así el riesgo de masivas avalanchas poco naturales. A la vez, las **escorrentías** de los glaciares forman enormes lagos con riesgo de **desbordamiento**. Abajo, mucho más abajo, hay zonas pobladas. La amenaza se intensifica por la posibilidad de un **deslave**, avalancha o caída de rocas al lago. Y no hay que olvidar que toda la zona es sísmica.

Uno de estos lagos, Palcacocha, hace peligrar Huaraz, la capital de la región Ancash, con sus 120,000 habitantes. Su volumen actual de 17 millones de metros cúbicos es 34 veces mayor que en los años setenta y las autoridades llevan calificando Palcacocha desde 2009 como lugar de «amenaza muy alta» de derramarse. Con las heridas aún profundas, de la catástrofe de Yungay, cuando un alud enorme borró este pueblo junto con unas 20,000 personas en 1970, la población de la zona toma la posibilidad muy en serio.

Pero la problemática de la desglaciación andina también alcanza la costa. Allí vive más del 60% de la población del país, unos 20 millones de peruanos, en uno de los desiertos más áridos del mundo. Dependen en gran parte de la escorrentía andina para el abastecimiento del agua. Actualmente los glaciares sirven como repositorios enormes del líquido, **arrojando** el agua durante el verano costero, cuando más se necesita. Con solamente 2% de la escorrentía andina destinada para la costa —el otro 98% va hacia la selva— el reto ya muy grande de **abastecer** a todos los peruanos con agua solo se agudizará con la desglaciación.

Trepando más arriba, el glaciar de Yanapaccha parece recuperarse. Por fin, casi toda su superficie es de un blanco uniforme, interrumpido solamente por las largas fisuras delgadas que suelen ocurrir normalmente mientras que el glaciar avanza, milímetro por milímetro, hacia abajo. Sin embargo, aun aquí aparecen casi de manera arbitraria unos pozos extraños, la primera manifestación de la enfermedad que viene desde abajo.

Arriba de nosotros descuella la cara imponente de la cumbre sur de Huascarán, la cumbre más alta del Perú con casi 7,000 **msnm**. Y otra vez, las cosas no son como parecen. Richard me explica cómo, hace apenas tres años, toda esta pared de granito gris estaba cubierta con una capa honda de nieve y hielo. Gracias al cambio climático, la cara deslumbrante ya es demasiado resbalosa para que la nevada se le pueda pegar.

Los cambios están sucediendo tan rápido que Richard los ve de una temporada a otra. «No puedo imaginar cómo será en 10 años», dice. Aunque las dos cumbres de Huascarán y la garganta vasta entre ellas, a unos 6,000 msnm, actualmente quedan tapadas por una blanca manta gruesa, el Ingeniero Portocarrero no descarta que la montaña pudiera quedar sin nieve alrededor del año 2050. Si sucede eso, la Cordillera Blanca habrá sufrido la última indignidad de ver su nombre volverse nada más que un recuerdo de la majestuosidad obsoleta de un paisaje desaparecido.

DESPUÉS DE LEER

1 Comprensión Según el texto, elige la mejor respuesta para cada pregunta.

1. ¿Cuál es el propósito del artículo?
   a. Convencer a los lectores de que existe el fenómeno del calentamiento global
   b. Ofrecer varios puntos de vista sobre el tema del cambio climático
   c. Pedir ayuda financiera para las víctimas del cambio climático
   d. Demostrar la rapidez de los cambios climáticos y sus consecuencias

2. ¿Por qué el autor describe al glaciar como un paciente?
   a. Tiene una enfermedad que lo destruye desde adentro.
   b. Tiene manchas y charcos fangosos.
   c. Se tuerce y derrite paulatinamente.
   d. Es demasiado resbaloso.

3. ¿Por qué se dice que Tyler Anderson murió a causa del cambio climático?
   a. No había suficiente agua para que se mantuviera hidratado.
   b. La contaminación lo enfermó.
   c. El calentamiento causó una avalancha.
   d. El derretimiento había formado huecos bajo la superficie del glaciar.

4. ¿Qué porcentaje del área de sus glaciares ha perdido la Cordillera Blanca entre 1970 y 2010?
   a. 2%
   b. 34%
   c. 60%
   d. 66%

5. ¿Por qué será difícil recobrar los glaciares después de perderlos?
   a. La nieve no se pega a las rocas deslumbrantes.
   b. Ya no nieva en las montañas de la Cordillera Blanca.
   c. La nieve se derrite rápidamente en las lagunitas.
   d. La Cordillera Blanca es una zona sísmica.

6. ¿Cuál es la consecuencia más grave que puede resultar de la desglaciación de la Cordillera Blanca?
   a. La indignidad de tener un nombre obsoleto
   b. El fallecimiento de más montañistas
   c. La pérdida de la fuente de agua más importante para la región
   d. El riesgo de un colapso

CONCEPTOS CENTRALES

Deducir Usa el contexto del artículo y elementos lingüísticos cercanos a la frase (por ejemplo, palabras familiares) para deducir su significado y elegir la mejor respuesta.

2 Las causas y las consecuencias Trabaja con un(a) compañero/a de clase para explicar cómo las catástrofes siguientes pueden resultar de la desglaciación de la Cordillera Blanca y cómo pueden afectar a los peruanos.

CATÁSTROFE	CAUSA	CONSECUENCIA
1. el desbordamiento del lago Palcacocha	las escorrentías	inundación (flooding)
2. la escasez de agua para las poblaciones costeras	menos escorrentías	sequía (drought)
3. las avalanchas y los deslaves	derretimiento y inestabilidad de los glaciares	fallecimiento, daño

MI VOCABULARIO
Utiliza tu vocabulario individual.

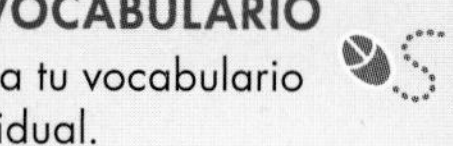

3 

Problemas globales y locales En tu opinión, ¿cuáles son los problemas o asuntos que más afectan al medioambiente mundial? ¿Y los que más afectan al medioambiente de tu comunidad? Anótalos. Luego, habla con un(a) compañero/a sobre dos de estos problemas. Explícale por qué consideras que estos problemas son graves y entre ambos planteen posibles soluciones.

RECURSOS
Consulta la lista de apéndices en la p. 418.

4 

Presentación oral Piensa en el tema del cambio climático. ¿Es un asunto que nos concierne a todos los seres humanos? ¿Lo consideras un desafío mundial? ¿Por qué? Justifica tu análisis y prepara una presentación para la clase en la que des respuesta a estas preguntas.

5

La religión inca La religión inca está estrechamente vinculada a la naturaleza. Ríos, montañas, volcanes y otros fenómenos diversos tienen un profundo sentido religioso. Haz una investigación en Internet para explicar el significado religioso de estos aspectos en las culturas andinas. Luego discute esta pregunta con un grupo de compañeros: ¿en qué medida el cambio climático puede afectar la religiosidad aborigen peruana?

1. Pariacaca
2. Qoyllur Rit'i
3. Apus
4. Illapa

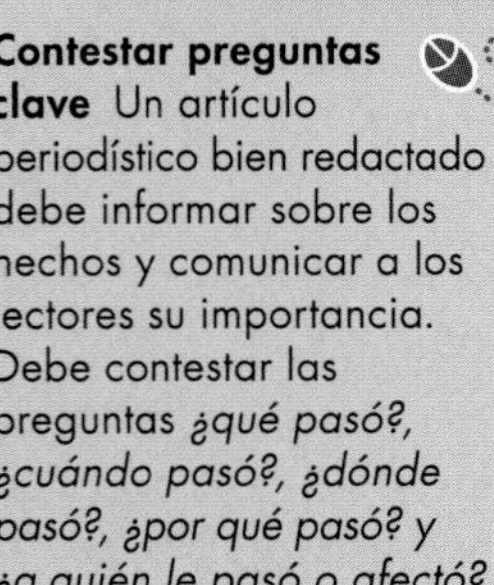

Contestar preguntas clave Un artículo periodístico bien redactado debe informar sobre los hechos y comunicar a los lectores su importancia. Debe contestar las preguntas *¿qué pasó?, ¿cuándo pasó?, ¿dónde pasó?, ¿por qué pasó?* y *¿a quién le pasó o afectó?*

6 

En el periódico Basándote en la información del texto y la que encuentras en línea sobre la religión andina, escribe un artículo periodístico sobre la importancia cultural y religiosa de la pérdida de glaciares en Perú.

- Primero, describe lo que pasa y la manera como afecta a la gente de Perú.
- Di por qué los glaciares se derriten e incluye datos sobre la rapidez con la que este fenómeno ocurre.
- Explica las implicaciones religiosas de la pérdida de los glaciares.
- Repasa lo que has escrito y corrige los posibles errores que hayas cometido.

ESTRUCTURAS

Verbos modales

Los verbos modales son un tipo de verbos auxiliares. Aparecen antes del verbo principal, el cual siempre va en infinitivo. Los verbos modales más comunes son *deber, haber, pensar, poder, querer, saber, soler* y *tener que*.

Vuelve a leer «La desglaciación de la cordillera andina». Busca los verbos modales y escríbelos en una lista junto con los verbos principales a los que modifican. Repasa la lista y subraya cualquier frase que contenga una estructura que nunca hayas visto antes.

MODELO Línea 2: *podría ser*

RECURSOS 
Consulta las explicaciones gramaticales del **Apéndice A,** pp. 457-460.

LECTURA 2.2 ▸ ENCUESTA DE CONSUMO SUSTENTABLE EN CHILE

SOBRE LA LECTURA El consumo sustentable se refiere a la acción de comprar y utilizar productos sin poner en peligro al medioambiente ni la vida de los seres vivos que habitamos el planeta. Significa respetar los recursos naturales, tratar de renovarlos y no abusar de ellos.

La tabla y la gráfica que se presentan a continuación resumen los resultados de una encuesta realizada en Chile por la Universidad Andrés Bello e Ipsos, una compañía de investigación de mercados que se especializa en estudios mediante encuestas. Para este estudio se entrevistaron cerca de ochocientos ciudadanos chilenos con el fin de conocer sus opiniones acerca del tema e identificar sus prácticas personales como consumidores «verdes». Para una mejor comprensión, los resultados se presentan de forma esquemática y mediante porcentajes.

ANTES DE LEER

1 **Palabras relacionadas** Relaciona las expresiones de la primera columna con las de la segunda columna. Explica el significado de cada una de ellas y escribe una oración con una expresión de cada pareja.

1. ___ sustentable	a. llevar a cabo
2. ___ movilizarse	b. cuestionario
3. ___ apoyar	c. sostenible
4. ___ realizar	d. sentirse preparado
5. ___ estar dispuesto	e. ayudar
6. ___ encuesta	f. ponerse en actividad

2 **¿Qué opinas?** Lee las siguientes oraciones y expresa si estás de acuerdo o no con ellas. Justifica tus respuestas. Luego, en grupos, compartan sus opiniones.

1. El consumo verde no es práctico porque los productos cuestan demasiado.
2. No hay por qué viajar acompañado en el carro porque las emisiones de CO_2 son iguales si viajan una o cuatro personas.
3. Nuestra comunidad fomenta el consumo verde.
4. Los individuos no tienen mucha voz en los asuntos medioambientales.
5. Es imposible convertir a un consumidor empedernido en un consumidor verde.

MI VOCABULARIO
Utiliza tu vocabulario individual.

3 **El consumidor verde** ¿Qué palabras describen al consumidor verde? Piensa en cómo es este tipo de consumidor (características) y en lo que hace (prácticas). Luego, trabaja con un(a) compañero/a y preparen una tabla como esta.

CARACTERÍSTICAS	PRÁCTICAS

ESTRATEGIA

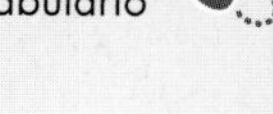

Generar una lluvia de palabras
Piensa en lo que sabes del consumo sustentable y anota palabras y expresiones relacionadas con el tema.

ESTRATEGIA

Evaluar No hay que creer todo lo que se lee. Sé analítico/a y considera las fuentes de los hechos y el rigor de la organización que patrocinó el estudio o la encuesta.

PALABRAS CLAVE

sustentable que se puede mantener o conservar

el trabajo de campo investigación que se lleva a cabo en el mismo lugar donde ocurre o se produce un fenómeno

contemplar analizar, examinar

involucrado/a envuelto/a, implicado/a

ENCUESTA DE CONSUMO SUSTENTABLE EN CHILE

El trabajo de campo de la encuesta fue realizado entre el 4 y el 11 de junio de 2012 y contempló un total de 800 entrevistas a hombres y mujeres mayores de 18 años, habitantes de diversas ciudades del país.

Resultados publicados el 21 junio de 2012

Porcentaje de encuestados

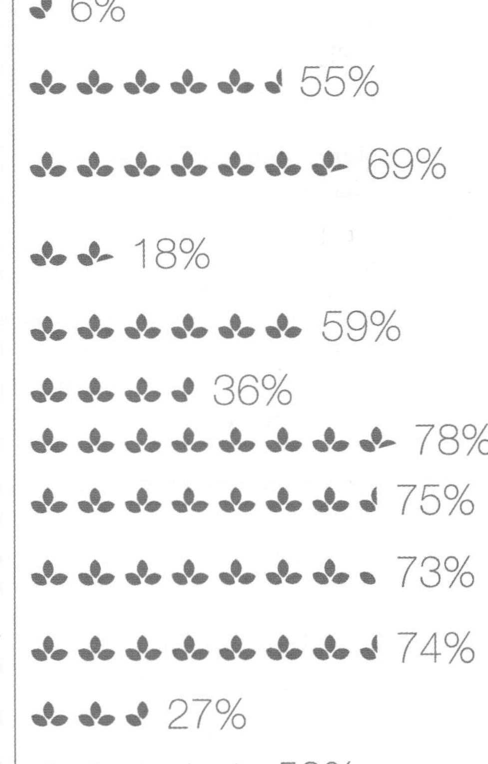

Está **involucrado** activamente en grupos que apoyan asuntos medioambientales	6%
Consideraría unirse a un grupo que apoye asuntos medioambientales	55%
Cree que los esfuerzos individuales en materia medioambiental no valen la pena si el gobierno chileno y las industrias no toman medidas	69%
Cree que el gobierno chileno está trabajando muy duro para asegurar que tengamos un medioambiente limpio	18%
Cree que las compañías realizan afirmaciones falsas sobre el real impacto medioambiental de sus productos	59%
Se identifica como consumidor verde	36%
Tiene claro qué son los productos verdes	78%
Tiene entre 18 y 24 años y se identifica con el consumo verde	75%
Tiene entre 25 y 39 años y se identifica con el consumo verde	73%
Dice estar dispuesto a pagar más por un producto que cuide el medioambiente	74%
Reconoce que no ha comprado productos verdes	27%
Viaja acompañado en el auto menos de una vez por semana o muy pocas veces al año	50%

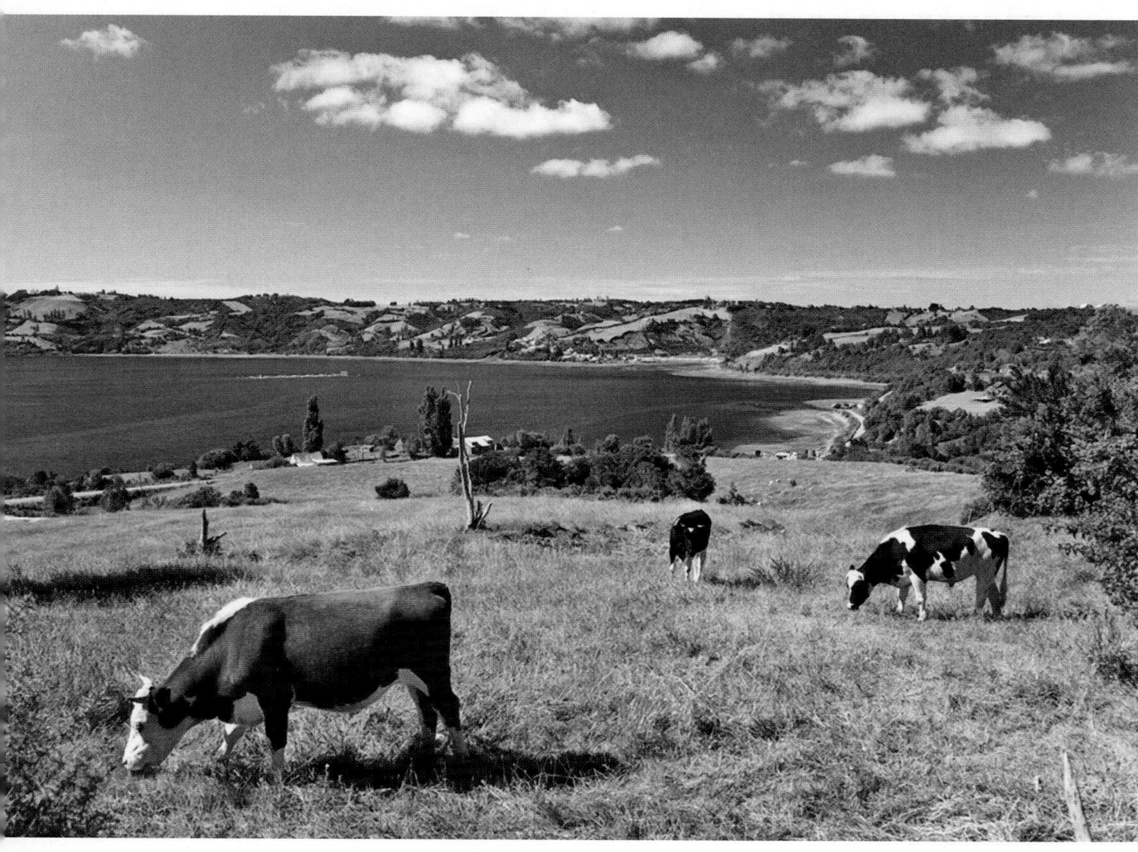

PALABRAS CLAVE

escaso/a poco/a, limitado/a

la credibilidad cualidad de creíble, posible

Consumo verde

Sistema de transporte

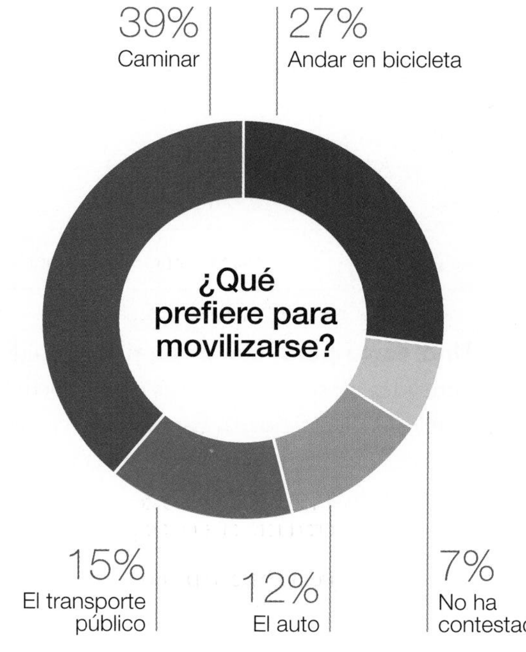

DESPUÉS DE LEER

ESTRATEGIA

Parafrasear
Para evitar malentendidos cuando hablas con una persona, si ves que no te entiende puedes reformular la oración o la pregunta. Usa esta estrategia cuando entrevistes a alguien o cuando trabajes en parejas o en grupos.

1 **Comprensión** Contesta las siguientes preguntas.

1. ¿Quiénes se identifican más con el consumo verde, los jóvenes de entre 18 y 24 años, o los adultos mayores de 25? ¿A qué crees que se debe?
2. ¿Qué datos te confirman que los encuestados están involucrados o pensando en unirse a un grupo que se ocupa de asuntos medioambientales?
3. ¿Qué datos te confirman que los encuestados entienden lo que son los productos verdes?
4. ¿A qué se debe la poca credibilidad en los productos verdes?
5. ¿Por qué crees que solo el 36% se identifica como consumidor verde si una mayoría está identificada con el consumo verde?
6. Si 800 personas de tu país contestaran la pregunta sobre el sistema de transporte, ¿crees que los resultados serían similares? ¿Por qué?

2 **Más preguntas** ¿Qué otras preguntas hubieras incluido en la encuesta? Escribe por lo menos tres preguntas diferentes y explica por qué sería necesario incluirlas en una investigación sobre el consumo sustentable.

3 

Comparación cultural Trabaja con un(a) compañero/a. Cada uno/a entrevista a cinco personas, haciéndoles las mismas preguntas de la encuesta realizada en Chile. Preparen los resultados en una tabla y en una gráfica, y compárenlos con las respuestas de los chilenos. ¿En qué sentido son similares? ¿Cómo se diferencian? Luego reúnanse con otras dos parejas y comparen los datos obtenidos.

4 

¿Qué medidas tomar? El 69% de los chilenos entrevistados cree que «los esfuerzos individuales en materia medioambiental no valen la pena si el gobierno y las industrias no toman medidas». ¿Qué medidas se deben tomar? Crea un cuadro como este y apunta tus ideas. Luego, en parejas, elijan una medida y conversen sobre cómo se podría llevar a cabo.

MEDIDA	EL GOBIERNO	LA INDUSTRIA
1.		
2.		
3.		

RECURSOS
Consulta la lista de apéndices en la p. 418.

5 

Una carta persuasiva En tu comunidad hay un alto porcentaje de personas cuyas actitudes no son respetuosas con el medioambiente (por ejemplo, desperdician el agua o la electricidad). Escribe una carta abierta para el periódico local, en la que intentes persuadir a estas personas para que adopten hábitos más verdes. En tu carta debes abordar estos temas:

- los efectos negativos que sus malos hábitos producen en el medioambiente
- las medidas que pueden tomar para reducir dichos efectos negativos
- las razones por las que deberían convertirse en consumidores verdes

AUDIO ▸ CAPACITACIÓN A LOS JÓVENES SOBRE EL MEDIOAMBIENTE

INTRODUCCIÓN Esta grabación es parte de un programa de noticias de la televisión nicaragüense. El presentador y dos representantes de organizaciones oficiales hablan de un taller sobre el medioambiente, seguidos por comentarios de algunos participantes. La Ley 392 que se menciona en la grabación pone en práctica «todas las acciones de conservación, promoción y protección al medioambiente relacionadas con la juventud».

PALABRAS CLAVE

la capacitación entrenamiento para desempeñar un trabajo o adquirir habilidades

impartido/a ofrecido/a, dado/a

brindar proporcionar a alguien alguna cosa u oportunidad

la tala acción de cortar un árbol

la sensibilización acción que hace que una persona sea más consciente de algo

ANTES DE ESCUCHAR

1 **Sugerencias** Lee las siguientes sugerencias sobre cómo proteger el medioambiente. Luego, con un(a) compañero/a, habla de la importancia que tiene cada una. Identifica aquellas que están más relacionadas con la situación en tu comunidad y explica lo que están haciendo los ciudadanos para corregir el problema.

- Hay que combatir el calentamiento global.
- Hay que proteger el medioambiente para tener un buen futuro.
- No hay que destruir los bosques.
- Hay que evitar los productos químicos.

MIENTRAS ESCUCHAS

1 **Escucha una vez** Escucha la grabación para captar las ideas generales.

2 **Escucha de nuevo** Ahora, con base en lo que escuchas, escribe palabras y expresiones relacionadas con cada pregunta de la tabla de apuntes.

PREGUNTAS FUNDAMENTALES	APUNTES
¿Cuál es el objetivo del taller?	
¿Quiénes participan?	
¿Quién o qué lo patrocina?	
¿Por qué se celebra?	
¿A quién beneficia?	
¿Cómo es la reacción de los participantes?	

ESTRATEGIA

Activar conocimientos anteriores
Para comprender mejor las ideas centrales de la grabación, repasa lo que ya sabes sobre el medioambiente. Anota varias maneras de proteger nuestro medio natural.

MI VOCABULARIO

Anota el vocabulario nuevo a medida que lo aprendes.

DESPUÉS DE ESCUCHAR

1 **Comprensión** En grupos de tres o cuatro, contesten las siguientes preguntas usando la información de la tabla de apuntes.

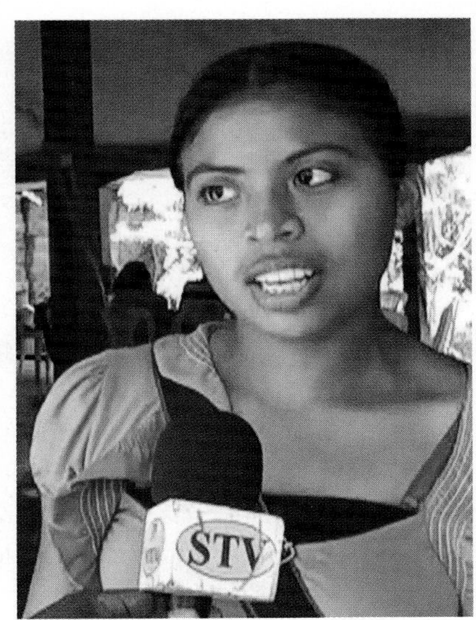

1. La Ley 392 pone en práctica el derecho a un medioambiente sano, pero ¿qué deber le propone a los jóvenes?
2. Según uno de los representantes, los jóvenes deben tener representación legal y jurídica. ¿Cómo lo van a conseguir?
3. ¿Qué es un «promotor» del medioambiente? Según la grabación, ¿quiénes son los promotores del medioambiente?
4. Según el técnico, el señor Ferrufino, el taller es un espacio de participación sobre ejercicios de derecho y ciudadanía. ¿Cómo cumple el taller con esta descripción?
5. Después del taller, ¿por qué se trasladan los jóvenes a la zona del Puente Real? ¿Creen que sus acciones tendrán resultados allí? Expliquen por qué.

2 **¿Qué harías?** Como director(a) de una organización cuyo objetivo es fomentar el interés por el cambio climático, debes adelantar diversas acciones. ¿Qué harías para inculcarle este interés a la población? Escribe tus sugerencias y luego trabaja con un(a) compañero/a para elaborar un plan eficaz en la comunidad.

3  **Un taller escolar** En pequeños grupos, planeen la realización de un taller sobre temas medioambientales en su escuela y presenten su propuesta a toda la clase. Mencionen los temas que se tratarían, los expertos que invitarían y la manera como los resultados del taller beneficiarían a toda la comunidad.

MI VOCABULARIO
Utiliza tu vocabulario individual.

4   **Presentación oral** Lee el siguiente dicho nativo americano y contesta la pregunta.

> « Solo cuando el último árbol esté muerto, el último pez atrapado, el último río envenenado, te darás cuenta de que no puedes comer dinero. 

- ¿Cómo interpretas este mensaje? ¿Ves el futuro del medioambiente con ojos optimistas o pesimistas?

RECURSOS
Consulta la lista de apéndices en la p. 418.

5   **Ensayo de reflexión y síntesis** Usando lo que has aprendido en este Contexto, escribe un ensayo sobre este tema: ¿Por qué los asuntos del medioambiente, el consumo sustentable y el cambio climático son desafíos mundiales? El ensayo debe incluir tres párrafos: introducción, desarrollo y conclusión.

CONEXIONES CULTURALES

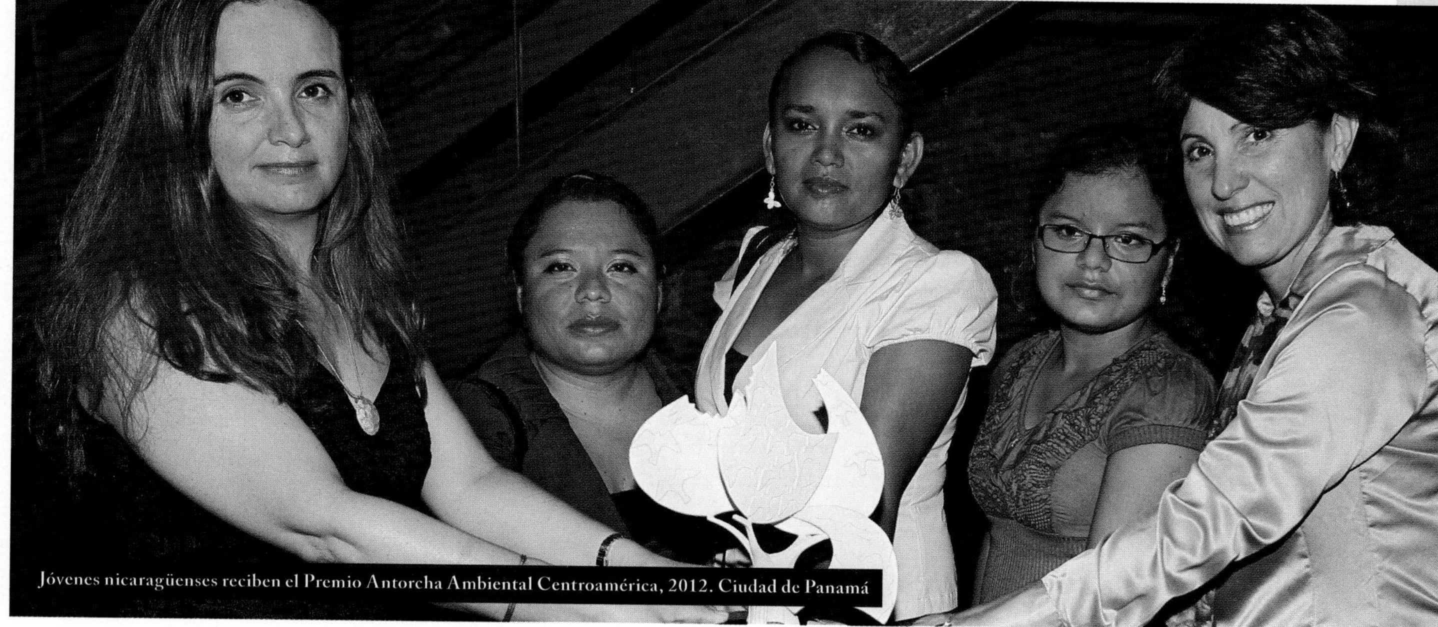

Jóvenes nicaragüenses reciben el Premio Antorcha Ambiental Centroamérica, 2012. Ciudad de Panamá

Para vivir todos juntos

SI OBSERVAS EL LUGAR DONDE VIVES, ¿QUÉ ENCUENTRAS? Probablemente hay casas, carreteras y edificios. Pero esas construcciones no siempre estuvieron allí. ¿Te has puesto a pensar qué había antes? Seguramente había selvas, bosques o praderas, con muchos animales y plantas que ahora se han quedado sin su hábitat debido a la invasión de los seres humanos.

Por eso, en Nicaragua se fundó la Asociación Movimiento de Jóvenes de Ometepe (una isla ubicada en el Gran Lago de Nicaragua), que se dedica a mejorar los espacios que aún les quedan a la flora y la fauna de su región. La asociación está conformada por hombres y mujeres jóvenes preocupados no solo por las comunidades humanas sino también por el medioambiente. Uno de sus principales objetivos es asegurarse de que los ayuntamientos cumplan con sus planes ambientales. Cada día, más personas se suman a la iniciativa para que tanto las plantas como los animales estén a salvo... ¡y se sientan como en casa!

◢ Un estudiante de ingeniería chileno creó un proyecto para hacer ladrillos de plástico triturado para ser utilizado en diversas construcciones. Este es un paso importante en un país donde actualmente se recicla solo el 8% del plástico.

▶▶ La sobrepesca y la contaminación de las aguas están produciendo estragos en el mar y en las costas de Perú. Por eso, los surfistas más importantes de ese país se unieron para exigir al gobierno que tome medidas para conservar la flora y la fauna marinas.

◢ La Universidad de Costa Rica propuso que los hoteles cumplieran con una serie de requisitos para garantizar que, además de brindar un buen servicio a los turistas, fueran cuidadosos con el medioambiente. De esta manera las personas se están formando en la importante habilidad de ejercer un turismo responsable y respetuoso con la naturaleza.

reciclaje, organizaciones, etc.

Presentación oral: comparación cultural

Prepara una presentación oral sobre este tema:

- ¿Cuál es la actitud de las personas con respecto a las causas medioambientales?

Compara tus observaciones de las comunidades en las que has vivido con tus observaciones de una región del mundo hispanohablante que te sea familiar.

tomar medidas → to take steps / measures

léxico 1 Cognados falsos

Los cognados falsos son palabras que se asemejan en su forma o en su pronunciación (o de ambas maneras) a palabras de otra lengua, pero que realmente tienen significados diferentes. También se los denomina «falsos amigos» porque tienen una apariencia familiar, pero en realidad son engañosos y, por tanto, hay que tener cuidado con ellos.

Ana está **embarazada**. *Ana is **pregnant**.*
Ana está **avergonzada**. *Ana is **embarrassed**.*
Antonio trajo una **carpeta**. *Antonio brought a **folder**.*
Antonio trajo una **alfombra**. *Antonio brought a **carpet**.*

Sustantivos

LA PALABRA	NO SIGNIFICA	SINO	EJEMPLOS
abogado	*avocado*	*lawyer*	El **abogado** conocía todas las leyes.
conductor	*conductor*	*driver*	Carlos es buen **conductor**.
desgracia	*disgrace*	*misfortune*	¡Qué **desgracia** no tener nada de dinero!
éxito	*exit*	*success*	El proyecto será todo un **éxito**.
grosería	*grocery*	*vulgarity*	¡Para ya de decir **groserías**!
lectura	*lecture*	*reading*	El profesor nos asignó varias **lecturas**.
aviso	*advice*	*warning, ad*	Ya le dio dos **avisos** para que pagara.

Adjetivos

LA PALABRA	NO SIGNIFICA	SINO	EJEMPLOS
comprensivo/a	*comprehensive*	*understanding*	Ella es muy **comprensiva**.
fastidioso/a	*fastidious*	*annoying*	¡Qué sonido **fastidioso**!
gratuito/a	*gratuity*	*free (of charge)*	La entrada es **gratuita**.
largo/a	*large*	*long*	Es una película muy **larga**.
sensible	*sensible*	*sensitive*	Luis es muy **sensible**.
simpático/a	*sympathetic*	*nice*	Víctor es muy **simpático**.

Verbos

LA PALABRA	NO SIGNIFICA	SINO	EJEMPLOS
asistir	*to assist*	*to attend*	No podré **asistir** a la conferencia.
atender	*to attend*	*to assist*	La enfermera **atenderá** pacientes todo el día.
contestar	*to contest*	*to answer*	**Contesta** mi pregunta, por favor.
molestar	*to molest*	*to bother*	No debes **molestar** a tus compañeras.
quitar	*to quit*	*to take off*	¡Qué calor hace! ¡Me voy a **quitar** el abrigo!
realizar	*to realize*	*to carry out*	Pudieron **realizar** la investigación.

Adverbios

LA PALABRA	NO SIGNIFICA	SINO	EJEMPLOS
actualmente	*actually*	*currently*	**Actualmente** vivo fuera del país.
eventualmente	*eventually*	*possibly, probably*	**Eventualmente**, tendremos algunos problemas.
últimamente	*ultimately*	*lately*	He trabajado mucho **últimamente**.

◢ En algunos casos, la confusión se puede presentar según el contexto. **Acciones** puede significar *actions* or *stock/shares*. **Firma** puede significar *firm* (*company*) o *signature*. En estos casos, resulta muy útil acudir al diccionario.

Esta es una **firma** sólida.
This is a solid firm.

Ponga aquí su **firma**, por favor.
Please sign here.

¡ATENCIÓN!
Otros ejemplos:
advertir *to warn*
champiñón *mushroom*
colegio *school*
diversión *entertainment*
fábrica *factory*
grabar *to record*
librería *bookstore*
pariente *relative*
recordar *to remember*
resto *remains/remainder*
salado/a *salty*
suceso *event*

PRÁCTICA

1 Completa las oraciones del párrafo con una de las palabras entre paréntesis. Busca en el diccionario las palabras que no conozcas.

Un fantástico concierto
Hoy iré con Luis, mi mejor amigo, a un concierto de Daniel Barenboim, el famoso (1)__________ (conductor/director) argentino. Ana no podrá ir con nosotros porque no tiene (2)__________ (moneda/dinero). Es que la entrada no es (3)__________ (gratuita/propina): ¡Cuesta 50 dólares! Además, ella tiene un compromiso con sus abuelos y otros (4)__________ (padres/parientes). Es una lástima que no pueda (5)__________ (atender/asistir) al concierto porque ella es muy (6)__________ (sensata/sensible) y se emociona mucho con la música. Además está (7)__________ (embarazada/avergonzada) y dicen que a los bebés antes de nacer les conviene escuchar música clásica. ¡Pero en fin!... (8)__________ (Eventualmente/Finalmente) nos reuniremos con ella el fin de semana para saborear una deliciosa (9)__________ (salada/ensalada) con (10)__________ (campeones/champiñones) mientras escuchamos el CD de Barenboim, ¡pues me lo voy a comprar después del concierto!

2 Traduce estas oraciones al inglés.

1. Con la ayuda de un abogado, realizaremos una encuesta en mi colegio.
2. Esperamos no molestar a los estudiantes con esta encuesta y que ellos contesten las preguntas con sinceridad.
3. El cuestionario es un poco largo, pero es importante para el mejoramiento de nuestra institución.
4. Esperamos tener éxito con la encuesta y eventualmente, con los resultados, obtener más dinero por parte del gobierno.

3 Escribe una oración con cada par de palabras

1. realizar/darse cuenta
2. suceso/éxito
3. lectura/conferencia
4. librería/biblioteca
5. sensible/sensato
6. colegio/universidad

Los prefijos

- Los prefijos son morfemas que se anteponen a las palabras y modifican el significado o crean nuevas palabras, pero conservan la categoría gramatical.

—¿Este automóvil es veloz? —No es veloz; es **ultra**veloz.

- La mayoría de los prefijos del español provienen del latín o del griego. Pueden anteponerse a sustantivos, adjetivos, verbos y adverbios.

El Apolo 13 era un **super**cohete.
Eva va a una escuela **poli**técnica.
Los meteorólogos **pre**dicen el clima.
Esta tarea está **in**usualmente difícil.

- Los prefijos del español y del inglés no siempre coinciden.

¡ATENCIÓN!
En muchos de los casos presentados en la tabla, hay pequeñas diferencias ortográficas entre el prefijo español y el prefijo inglés.

PREFIJO	SIGNIFICADO	EJEMPLOS
a-/**an-** + *vocal*	privación o negación	**a**típico, **an**estesia
ante-	anterioridad en espacio anterioridad en tiempo	**ante**sala **ante**noche
bi-/bis-	dos	**bi**lateral, **bis**nieto
circun-/circum-	alrededor	**circun**ferencia, **circum**polar
con-/com-/co-	reunión cooperación	**con**vivir, **com**paginar **co**director
contra-	oposición o contraposición	**contra**decir, **contra**atacar (to ***counter***-*attack*)
de-	hacia abajo disociar o separar reforzar el significado	**de**preciar, **de**glutir (*gulp* ***down***) **de**marcar **de**clarar
des-	significado opuesto privación	**des**orden (***dis****order*) **des**techado (*home****less***)
dis-	negación contrariedad	**dis**capacidad, **dis**función (***dys****function*) **dis**gustar
endo-	en el interior	**endo**gámico **endo**ameba (***end****ameba*)
entre-	posición intermedia relacionar cosas	**entre**abrir (*to open* ***half****way*) **entre**lazar (***inter****twine*)
ex-	fuera más allá que ya no es	**ex**temporáneo **ex**tender **ex**presidente (*former/****ex****-president*)
hiper-	exceso grado superior	**hiper**tensión **hiper**vínculo
hipo-	insuficiencia debajo de	**hipo**tiroidismo **hipo**tálamo
i- + r/l / **im-** + b/p **in-** + *vocal*	negación o privación adentro, al interior	**in**usual (***un****usual*); **i**lógico; **im**probable **in**troducir
mono-/mon-	uno	**monó**gamo
pluri-	varios	**pluri**celular (***multi****cellular*)
pos-/post- + s	después de	**pos**guerra, **post**surrealismo
pre-	anterior a (lugar o tiempo)	**pre**calentar

PREFIJO	SIGNIFICADO	EJEMPLOS
pro-	en lugar de ante, delante de impulsar negar	**pro**nombre **pró**logo **pro**mover **pro**hibir
re-	repetición movimiento hacia atrás intensificación oposición o resistencia	**re**iterar **re**tornar **re**forzar **re**plicar
sobre-	exceso, superposición	**sobre**peso (***over**weight*)
sub-/so-/su-	debajo de	**sub**terráneo, **so**meter, **su**poner
super-	encima de alto grado excelencia	**super**intendente **super**poblado (***over**populated*) **super**hombre
tras-/trans-	al otro lado, a través de	**tras**atlántico, **trans**atlántico
ultra-	más allá de exceso	**ultra**mar (***over**seas*) **ultra**moderno

◢ Muchos otros prefijos son idénticos en inglés.

antidemocrático	**infra**rrojo	**intra**net	**perí**metro	**tri**ángulo
extracurricular	**inter**ceptar	**multi**color	**retro**activamente	**uni**lateral

¡ATENCIÓN!

En español los prefijos se escriben unidos a la palabra, a excepción de **anti-** o **pro-** con siglas o nombres propios.

anti-ETA
anti-Pinochet
pro-Gandhi

PRÁCTICA

1 Lee las siguientes oraciones y completa las palabras con el prefijo correcto.

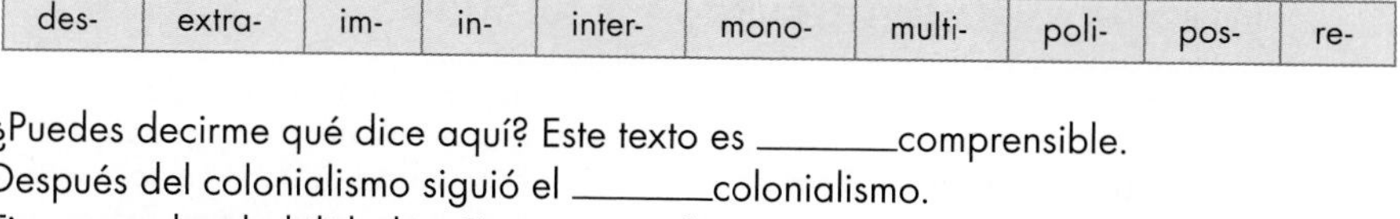

des-	extra-	im-	in-	inter-	mono-	multi-	poli-	pos-	re-

1. ¿Puedes decirme qué dice aquí? Este texto es ________comprensible.
2. Después del colonialismo siguió el ________colonialismo.
3. Tienes muchas habilidades. Eres ________facética.
4. Ese periodista siempre dice lo mismo. Es _______temático.
5. ¡Qué caos! Definitivamente eres muy ________ordenado.
6. Los acuerdos políticos deben ser ________laterales.
7. En el congreso participarán invitados de ocho países; es ________nacional.
8. Nada es _______posible si trabajas para lograrlo.
9. Esta noticia no es oficial. Es ________oficial.

2 Lee la definición y escribe la palabra correcta.

1. ______________________________: que no es típico
2. ______________________________: la mitad de un círculo
3. ______________________________: que no es lógico
4. ______________________________: reemplaza al nombre
5. ______________________________: no gustar
6. ______________________________: después de la guerra

léxico 3 Verbos seguidos de preposición

Auto-graded Write & Submit

RECURSOS 

Consulta las explicaciones gramaticales del **Apéndice A,** pp. 457-460.

¡ATENCIÓN!

Olvidar puede usarse de cuatro maneras.

Olvidé algo.
Me olvidé algo.
Me olvidé de algo.
Se me olvidó algo.

◢ Al igual que en inglés, muchos verbos en español van siempre seguidos de una preposición.

VERBOS NORMALMENTE SEGUIDOS POR SUSTANTIVO O INFINITIVO	
acordarse **de** *to remember*	encargarse **de** *to be in charge* ***of***
acostumbrarse **a** *to be/get accustomed* ***to***	enseñar **a** *to teach (sb.) how to do sth.**
adaptarse **a** *to adapt* ***to***	hartarse **de** *to be fed up* ***with***
aficionarse **a** *to become fond* ***of***	ir **a** *to be going (to do sth.)*
animar **a** *to encourage* ***to***	morirse **por** *to be crazy* ***about*** *sth. or sb.*
aspirar **a** *to aspire* ***to***	ocuparse **de** *to take care* ***of***
ayudar **a** *to help*	olvidarse **de** *to forget*
cansarse **de** *to get tired* ***of***	oponerse **a** *to oppose sth.*
concentrarse **en** *to concentrate* ***on***	pensar **en** *to think* ***about***
condenar **a** *to sentence (sb.)** ***to***	preocuparse **por** *to worry* ***about***
conformarse **con** *to be satisfied* ***with***	renunciar **a** *to give up*
dedicarse **a** *to devote oneself* ***to***	resistirse **a** *to resist*

VERBOS NORMALMENTE SEGUIDOS POR INFINITIVO	
acabar **de** *to have just finished doing sth.*	empezar **a** *to start*
alegrarse **de** *to be glad*	insistir **en** *to insist* ***on*** *doing sth.*
arrepentirse **de** *to regret*	llegar **a** *to succeed* ***in*** *doing sth.*
arriesgarse **a** *to risk doing sth.*	negarse **a** *to refuse* ***to***
atreverse **a** *to dare* ***to*** *do sth.*	ponerse **a** *to begin doing sth.*
cesar **de** *to cease* ***to***	prestarse **a** *to offer oneself to do sth.*
comenzar **a** *to begin (to do sth.)*	probar **a** *to try to do sth.*
comprometerse **a** *to commit (to do sth.)*	quedar **en** *to agree to do sth.*
convenir **en** *to agree* ***on***	tardar **en** *to take time to do sth.*
dedicarse **a** *to devote oneself* ***to***	tener ganas **de** *to feel like doing sth.*
dejar **de** *to stop doing sth.*	tratar **de** *to try* ***to***
disponerse **a** *to get ready* ***to***	volver **a** *to (verb) again*

VERBOS NORMALMENTE SEGUIDOS POR SUSTANTIVO	
acompañar **a** *to keep sb. company*	depender **de** *to depend* ***on***
agarrarse **de** *to clutch*	despedirse **de** *to say goodbye* ***to***
alejarse **de** *to move away* ***from***	enamorarse **de** *to fall in love* ***with***
burlarse **de** *to mock*	encontrarse **con** *to meet (encounter)*
caber **en** *to fit*	enterarse **de** *to find out (****about****)*
carecer **de** *to lack*	entrar **en** *to enter (a place)*
casarse **con** *to marry*	fijarse **en** *to notice*
compadecerse **de** *to sympathize* ***with***	oler **a** *to smell like*
comprometerse **con** *to get engaged* ***to***	reírse **de** *to laugh* ***at***
confiar **en** *to trust*	soñar **con** *to dream* ***about*** *(of)*
contar **con** *to count* ***on***	viajar **en** *to travel* ***by***

**sth.* representa *something; sb.* representa *someone, somebody*

◢ Al contrario que los verbos de la lista anterior, también hay verbos que en español no llevan preposición, pero en inglés, sí.

acordar *to agree* ***on***	lograr *to succeed* ***in***
agradecer *to be grateful* ***for***	mirar *to look* ***at***
aprovechar *to take advantage* ***of***	pagar *to pay* ***for***
buscar *to look* ***for***	pedir *to ask* ***for***
cuidar *to care* ***for***	pensar *to plan* ***on***
desear *to long* ***for***	proporcionar *to provide* ***with***
entregar *to present* ***with***	quitar *to take* ***off***
escuchar *to listen* ***to***	solicitar *to apply* ***for***
esperar *to hope* ***for***	suplicar *to beg* ***for***

◢ A menudo, las diferencias entre los dos idiomas en cuanto al uso de estas preposiciones conduce a cometer errores. Por ejemplo, algunos hispanohablantes que viven en países de habla inglesa utilizan la preposición correspondiente al inglés.

Esperé el autobús una hora.
I waited ***for*** *the bus for an hour.*
Soñé **con** mi amigo Daniel.
I dreamed ***about*** *my friend Daniel.*
Víctor solicitó el nuevo puesto.
Víctor applied ***for*** *the new position.*

◢ En muchos casos, la preposición coincide en ambos idiomas.

acercarse **a** *to get close* ***to***	librarse **de** *to get rid* ***of***
amenazar **con** *to threaten* ***with***	obligar **a** *to force* ***to***
aprender **a** *to learn* ***to***	optar **por** *to opt* ***for***
aprovecharse **de** *to take advantage* ***of***	reflexionar **sobre** *to reflect* ***on***
avergonzarse **de** *to be ashamed* ***of***	ser acusado/a **de** *to be accused* ***of***
empeñarse **en** *to insist* ***on***	tender **a** *to tend* ***to***
estar dispuesto/a **a** *to be willing* ***to***	traducirse **en** *to result* ***in***
gritar **a** *to shout* ***at***	venir **de** *to come* ***from***
insistir **en** *to insist* ***on***	votar **por** *to vote* ***for***

◢ Al contrario que los verbos de la lista anterior, también hay verbos que en español llevan preposición, pero en inglés, no.

VERBO	EJEMPLO
pecar **de** *to sin, to be too + adjective*	Pecó **de** inocente. *He was too naive.*
presumir **de** *to boast (about/of)*	Presume **de** generoso. *He boasts about being generous.*
tenerse **por** *to consider oneself*	Javier se tiene **por** experto. *Javier considers himself an expert.*
tildar/tachar a alguien **de** *to brand somebody (as)*	Me molestó que me tildara/tachara **de** mentirosa. *It bothered me that he branded me (as) a liar.*

PRÁCTICA

1 

Completa las conversaciones con las preposiciones correctas. Si no es necesario usar una preposición, indícalo con una **X**.

1. —¿Qué te pasa? ¿Estás pensando ____________ el trabajo?
   —Sí, creo que no me he acostumbrado ____________ mi nuevo puesto.
2. —Se nota que estás enamorado ____________ Sofía. Cada vez que sales con ella hueles ____________ perfume.
3. —Hoy te estás negando ____________ todo.
   —¡Cállate y no me amenaces ____________ irte!
4. —Me olvidé ____________ llamar a mis padres.
   —Pero ellos no esperan ____________ tu llamada todos los días.
5. —¿Has quedado con Esmeralda ____________ ir a almorzar?
   —Sí, es que me parece una chica muy interesante. Los dos nos dedicamos ____________ la política.
6. —¡No te atrevas ____________ interrumpir a Sergio!
   —¿Por qué?
   —Porque está concentrándose ____________ los estudios.
7. —Últimamente he estado soñando mucho. Ayer, por ejemplo, soñé ____________ Eva.
8. —¿Te has enterado ____________ las últimas noticias?
   —No, siempre confío ____________ que tú me cuentes los chismes.
   —Bueno, ¡después de tantos años Ana y Pedro están dispuestos ____________ tener hijos!

2

Traduce las oraciones al español usando verbos seguidos de preposición.

1. I have just finished cleaning the house, so please take off your shoes.
2. It took him four days to finish the book.
3. This dog refuses to follow any orders.
4. Esteban took advantage of the situation.
5. We all have to commit to working together.
6. Can you teach me how to play guitar?

3

Haz cinco preguntas personales a un(a) compañero/a combinando los verbos y las preposiciones de la lista.

avergonzarse	hacer lo posible	preocuparse	a
conformarse	hartarse	tardar	con de
enamorarse	negarse	tener ganas	en
encargarse	pensar	volver	por

4  

Escribe un párrafo utilizando seis de estos verbos preposicionales.

arrepentirse de	dejar de	fijarse en	reírse de	ser acusado/a de	tenerse por
dedicarse a	depender de	presumir de	renunciar a	tachar de	tratar de

contexto 3 La población y la demografía

PUNTOS DE PARTIDA

La demografía es el estudio estadístico de la población humana: sus características, su estructura y su desarrollo. Incluye el análisis de datos sobre la natalidad, la mortalidad, la movilidad y el cambio de las comunidades humanas a través del tiempo. Los estudios demográficos nos ayudan a comprender diferentes culturas y saber por qué algunas poblaciones sobreviven mientras que otras desaparecen.

- ¿Qué desafíos mundiales tienen que ver con los cambios en la población humana?
- ¿Qué beneficios tiene una sociedad que respeta y cuida a sus ancianos?
- ¿Por qué es importante preservar los documentos de una sociedad?

DESARROLLO DEL VOCABULARIO

MI VOCABULARIO
Anota el vocabulario nuevo a medida que lo aprendes.

1 La demografía En parejas, expliquen qué relación tienen estas expresiones con el tema de la población y la demografía.

- las crisis económicas
- el desplazamiento
- la educación
- el envejecimiento
- las estadísticas
- la explosión demográfica
- la inmigración
- los menores de edad
- la mortalidad
- la natalidad
- el patrimonio documental
- los pronósticos

2 Los problemas de la humanidad En grupos pequeños, conversen sobre los dos o tres problemas más graves con los que se enfrenta la población mundial y elaboren una lista de posibles soluciones para dichos problemas. Estas son algunas sugerencias:

- la explosión demográfica
- la hambruna
- la falta de agua potable
- la escasez de servicios públicos
- los conflictos armados
- el desempleo

3 Las personas mayores Piensa en algo específico que has aprendido de una persona mayor (bien sea uno de tus abuelos, un profesor o un vecino adulto). Puede ser una anécdota que te haya contado, la descripción de su vida cuando era joven o algún consejo que te haya dado. Luego comenta tu información con la de un(a) compañero/a.

4 ¿Cómo te ves en 50 años? Piensa en cómo eres ahora. Haz una lista de los adjetivos que te describen hoy, tus actividades favoritas, habilidades y logros actuales. Luego imagina cómo serías en 50 años y añade a la lista los datos que corresponden a tu futuro. Al final, compara tu trabajo con el de un(a) compañero/a para analizar las similitudes y diferencias.

¿CUÁNDO?	ADJETIVOS	ACTIVIDADES FAVORITAS	HABILIDADES Y LOGROS
Ahora			
En 50 años			

LECTURA 3.1 ▸ ARRUGAS (FRAGMENTO)

SOBRE EL AUTOR Paco Roca nació en Valencia, España, en 1969. Desde pequeño quería trabajar dibujando y en la actualidad se desempeña tanto en la ilustración como en el cómic. Los cómics de Roca tienden a tratar temas sociales. Recibió el Premio Goya al mejor guión adaptado para al cine de su novela gráfica *Arrugas*.

SOBRE LA LECTURA No es muy común que los ancianos protagonicen novelas gráficas o películas animadas, pero *Arrugas* cuenta la vida de un señor mayor en una residencia de ancianos. La historia muestra la soledad de las personas de la tercera edad, a la vez que inspira cariño hacia ellas. Esta novela gráfica fue publicada en 2007.

ANTES DE LEER

1 

La vejez En grupos, clasifiquen las palabras según tengan connotaciones positivas o negativas. Expliquen su significado y justifiquen sus opiniones.

el aislamiento	la movilidad
la amistad	la responsabilidad
las arrugas	la residencia de ancianos
la demencia senil	la senilidad
envejecer	la soledad
el éxito	el valor
la gratitud	la vejez
la independencia	la viudez

MI VOCABULARIO
Utiliza tu vocabulario individual.

2 

Con los ancianos Con un(a) compañero/a de clase, contesten estas preguntas y compartan sus experiencias y perspectivas personales en cuanto a sus relaciones con personas ancianas.

1. ¿Tienes alguna relación con una persona de la tercera edad? Describe cómo es esa persona y la relación que tienes con ella.
2. ¿Cómo puede beneficiarse un(a) joven de las interacciones con personas mayores?
3. ¿Cuáles son algunas razones por las cuales se debe cuidar y tratar con respeto a los ancianos, sean conocidos o desconocidos?
4. ¿En qué sentido los ancianos suelen depender de los jóvenes?
5. ¿Cuáles son las responsabilidades que los jóvenes deben tener con respecto a los adultos mayores?

RECURSOS
Consulta la lista de apéndices en la p. 418.

3 

Las edades ¿Crees que las personas mayores prefieren rodearse de personas de su misma edad, o que les gusta vivir con personas de diferentes edades? ¿Cómo te gustaría vivir a ti? ¿Optarías por vivir en un mundo donde predominara gente de tu misma generación? ¿Crees que te gustaría vivir en una comunidad o residencia de ancianos cuando llegues a la vejez? Escribe al menos dos párrafos en los que contestes a estas preguntas.

ARRUGAS

(Fragmento) por **Paco Roca**

ESTRATEGIA

Observar detalles
Los detalles visuales contribuyen al ambiente de la situación. Observa bien los detalles que incluye el autor para establecer el contexto emocional.

PALABRAS CLAVE

en definitiva en resumen, en conclusión

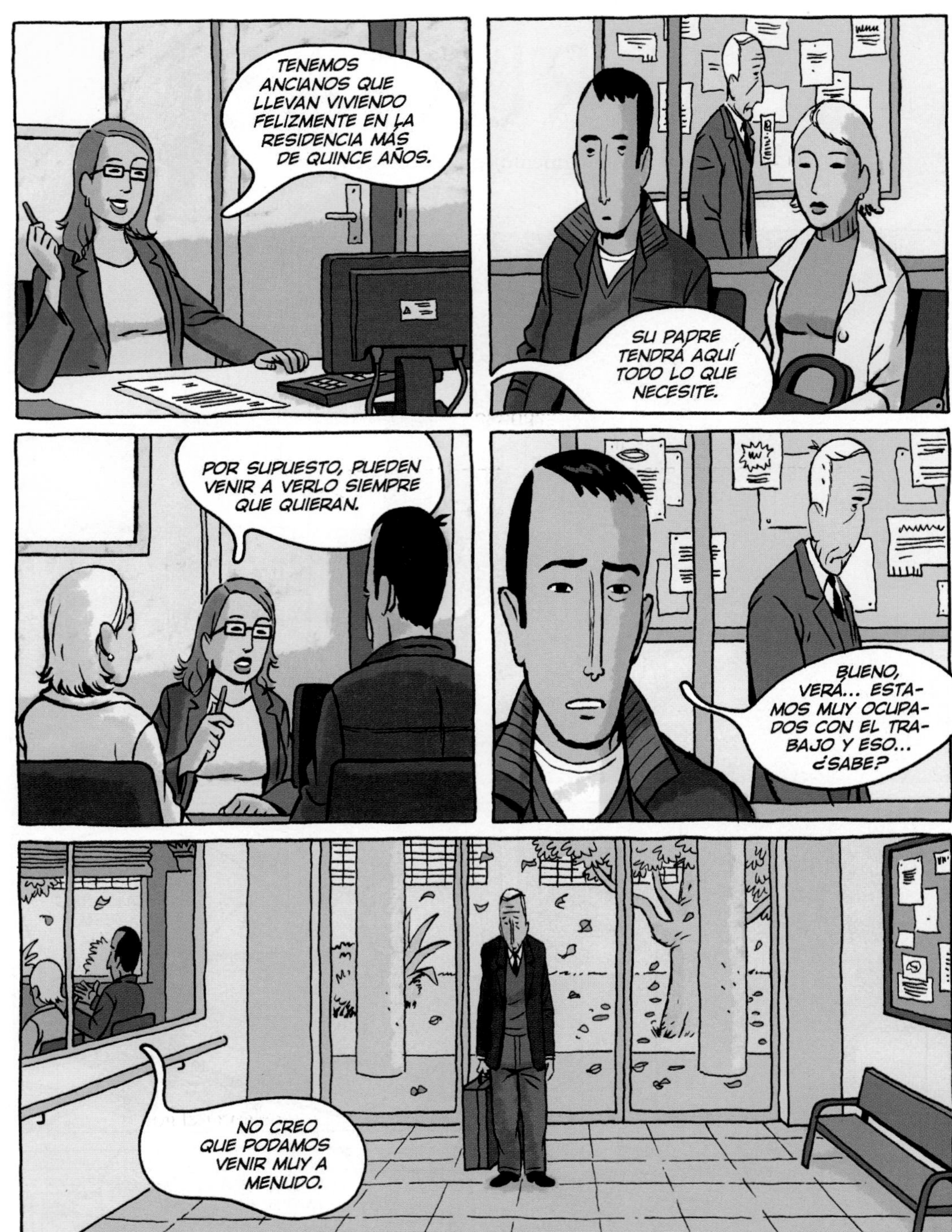

DESPUÉS DE LEER

1 **Describir a los personajes** Observa los aspectos físicos que se destacan de cada personaje de la lectura. Haz una lista de tres o cuatro adjetivos (sin repetir ninguno) que describan a cada personaje.

2 **Comprensión** Contesta las siguientes preguntas, según la lectura.

1. ¿Por qué el autor escribió la novela gráfica?
2. ¿Dónde tiene lugar la historia? ¿Quiénes son los personajes?
3. ¿En qué estación del año tiene lugar? ¿Por qué crees que el autor ubica la acción durante esta temporada?
4. ¿Cuáles son las consideraciones que tiene en cuenta la pareja de jóvenes al tomar decisiones sobre el anciano?
5. ¿Qué expresa la última viñeta del anciano que llega a la residencia? ¿Cómo lo comunica el autor?

3 **Interpretación** Con un(a) compañero/a de clase, contesten y comenten las preguntas sobre la lectura.

1. Describe la cara del hijo. Compárala con la cara de su padre.
2. ¿Qué hace el padre mientras que su hijo habla en la oficina?
3. ¿Por qué crees que el padre no entra en la oficina?
4. ¿Cómo está vestido y qué lleva en la mano?
5. ¿Qué revela su aspecto físico acerca de su actitud hacia lo que está pasando?
6. ¿Cómo se sentirá el padre?
7. ¿Cómo te sentirías tú en su lugar?
8. Si fueras el hijo, ¿harías lo mismo?

4 **Aspectos de la vejez** Roca dice que la vejez es «un tema demasiado amplio» y que por eso se enfoca en las residencias de ancianos. Aparte del tema que eligió Roca, ¿qué otros aspectos de la vejez merecen la atención de los medios de comunicación? Intercambia tus ideas con un(a) compañero/a.

5  **Inferir** ¿Qué se puede inferir de la siguiente afirmación de la directora de la residencia de ancianos: «Tenemos ancianos que llevan viviendo felizmente en la residencia más de quince años»? ¿Qué conclusiones extraes de la actitud de Paco Roca acerca del tema de la vejez? ¿Crees que la esperanza de vida aumentará o disminuirá en el futuro? Comparte tus respuestas con un(a) compañero/a.

MI VOCABULARIO 
Utiliza tu vocabulario individual.

6 **Soluciones** En pequeños grupos, piensen en algunas soluciones sociales para mejorar la calidad de vida de los ancianos. Analicen estas preguntas y después compartan sus ideas con toda la clase: ¿cómo podemos contribuir individual y colectivamente para proporcionar bienestar a los ancianos? ¿Qué acciones debe adelantar el gobierno local y nacional para garantizar una buena calidad de vida para todos los ancianos?

7  **Comparación cultural** ¿Se trata a las personas de la tercera edad de la misma forma en todas las culturas? Investiga en Internet acerca de las diferencias culturales respecto a la vejez. Luego prepara una presentación oral en la que compares el tratamiento de los ancianos en tu propia cultura con el de otra.

8   **Ensayo persuasivo** Este cómic revela las dificultades que enfrentan las familias al tomar la decisión de trasladar a un ser querido a una residencia de ancianos. ¿Bajo qué circunstancias es esta una buena decisión? ¿Cuándo no se debe hacer? Escribe un ensayo persuasivo en el que defiendas tu punto de vista.

RECURSOS
Consulta la lista de apéndices en la p. 418.

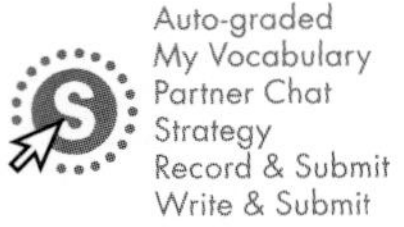

LECTURA 3.2 ▸ LA POBLACIÓN URBANA MUNDIAL CRECERÁ UN 75% HASTA LOS 6300 MILLONES EN 2050

SOBRE LA LECTURA Los datos sobre la natalidad y la mortalidad mundial han interesado a los seres humanos desde hace mucho tiempo. ¿Quién no se ha preguntado alguna vez si la Tierra tiene capacidad para acomodar a esa masa humana que sigue creciendo? ¿Cuáles son los desafíos que nos plantea el constante crecimiento demográfico para el futuro cercano?

Esta lectura, tomada del periódico *El comercio* de Ecuador, describe en qué medida crecerá la población mundial —y, específicamente, la población urbana— en los próximos cuarenta años. También hace mención a las consecuencias positivas y a los efectos potencialmente negativos de este crecimiento.

ANTES DE LEER

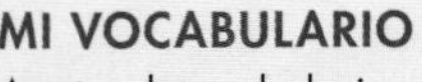

MI VOCABULARIO
Anota el vocabulario nuevo a medida que lo aprendes.

1 **Vocabulario en contexto** Busca en la lectura las palabras de la columna izquierda y léelas en su contexto. Luego decide qué definición de la columna derecha equivale al significado de cada una de las palabras.

1. albergar (línea 8)	a. movimiento hacia adelante
2. situar (línea 12)	b. hablar sobre un tema específico
3. alza (línea 20)	c. hacer énfasis
4. cifra (línea 21)	d. aumento, incremento
5. avance (línea 21)	e. número
6. desafío (línea 28)	f. dar espacio para vivir
7. mitigar (línea 29)	g. identificar
8. deterioro (línea 30)	h. proceso que hace las cosas peores
9. abordar (línea 36)	i. disminuir, hacer menos malo
10. subrayar (línea 41)	j. complicación

2  **La explosión demográfica** ¿Qué es una explosión demográfica? ¿Cuáles son sus consecuencias y cómo se puede evitar? ¿Crees que una explosión demográfica en otra parte del mundo te puede afectar a ti o a tu país? ¿Por qué? ¿Qué pueden hacer los gobiernos para controlar las altas tasas de crecimiento demográfico? En parejas, respondan a estas preguntas u otras que puedan estar relacionadas con el tema, y sustenten sus opiniones al respecto.

3  **Soluciones globales** En grupos, imaginen que forman parte de un consejo estudiantil de la Organización de las Naciones Unidas (ONU). Para su reunión de hoy, tienen que proponer algunas soluciones a la explosión demográfica mundial y la alta tasa de mortalidad en los países en vías de desarrollo. Hagan una lluvia de ideas para identificar los problemas que resulten de este desafío mundial y luego propongan soluciones. Presenten sus ideas a la clase.

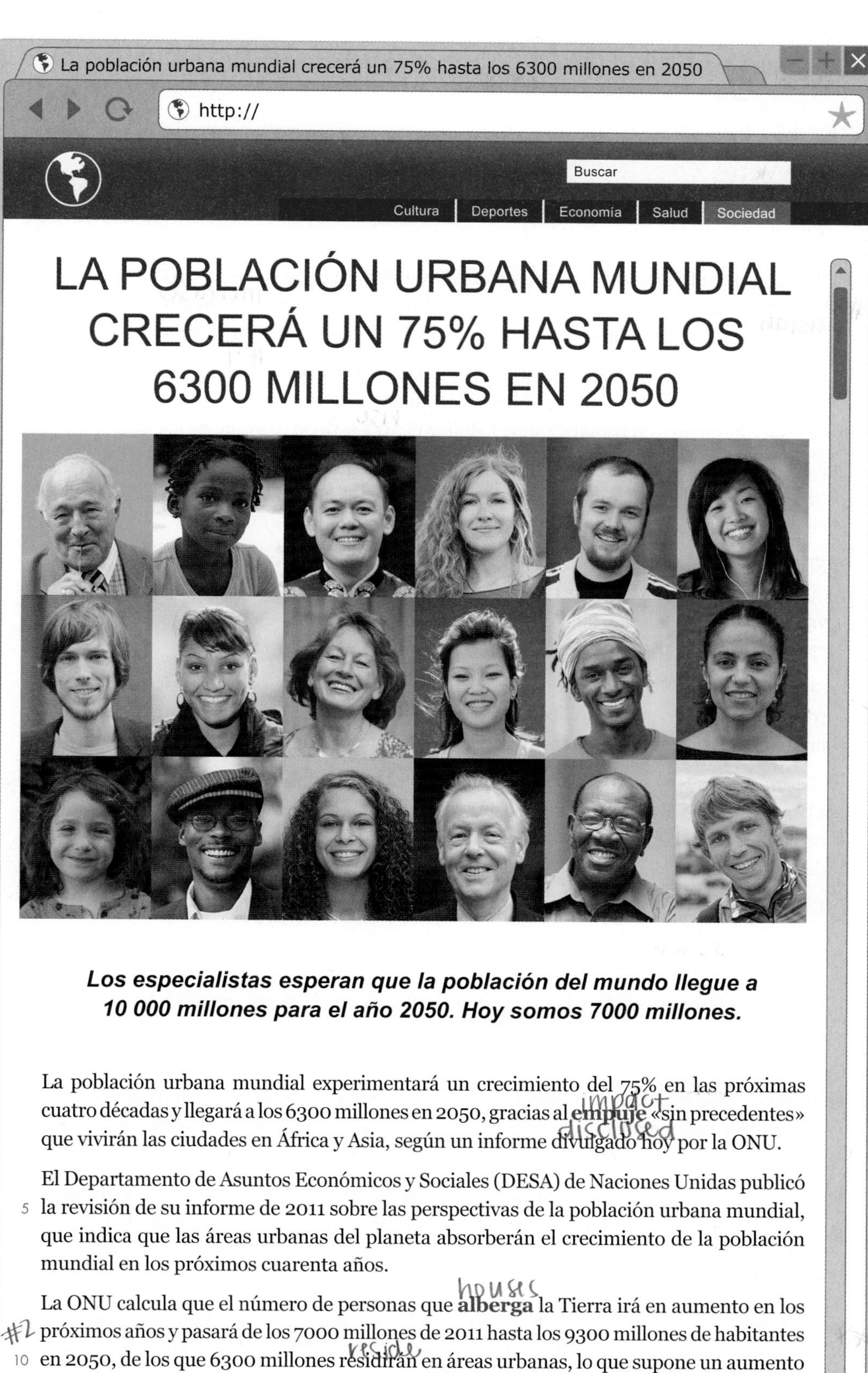

LA POBLACIÓN URBANA MUNDIAL CRECERÁ UN 75% HASTA LOS 6300 MILLONES EN 2050

Los especialistas esperan que la población del mundo llegue a 10 000 millones para el año 2050. Hoy somos 7000 millones.

La población urbana mundial experimentará un crecimiento del 75% en las próximas cuatro décadas y llegará a los 6300 millones en 2050, gracias al **empuje** «sin precedentes» que vivirán las ciudades en África y Asia, según un informe divulgado hoy por la ONU.

El Departamento de Asuntos Económicos y Sociales (DESA) de Naciones Unidas publicó la revisión de su informe de 2011 sobre las perspectivas de la población urbana mundial, que indica que las áreas urbanas del planeta absorberán el crecimiento de la población mundial en los próximos cuarenta años.

La ONU calcula que el número de personas que **alberga** la Tierra irá en aumento en los próximos años y pasará de los 7000 millones de 2011 hasta los 9300 millones de habitantes en 2050, de los que 6300 millones residirán en áreas urbanas, lo que supone un aumento de 2700 millones o del 75% con respecto a las cifras actuales.

ESTRATEGIA

Tomar apuntes
Los apuntes te ayudan a fijarte en la información más relevante de un texto y retenerla. Mientras lees el artículo, anota los datos más importantes.

PALABRAS CLAVE

el empuje avance, crecimiento

albergar guardar, contener

PALABRAS CLAVE

situar ubicar, localizar

el/la aportador(a) persona o cosa que contribuye

el incremento aumento, crecimiento

alza aumento, subida, elevamiento

alcanzar tener acceso a alguien o a algo

proveer dar, ofrecer

mitigar disminuir, aplacar

recabar hacer una compilación de datos

la previsión preparación que se hace para eventos futuros

de cara a teniendo en mente, tomando en cuenta

la cumbre reunión de personas con autoridad

lanzar hacer, poner en movimiento

subrayar enfatizar, llamar la atención sobre algo

darse con encontrarse con

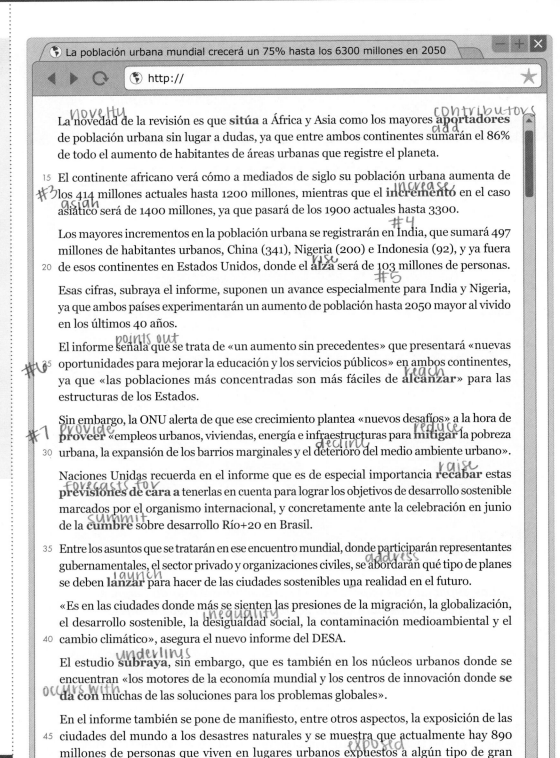

La población urbana mundial crecerá un 75% hasta los 6300 millones en 2050

http://

La novedad de la revisión es que **sitúa** a África y Asia como los mayores **aportadores** de población urbana sin lugar a dudas, ya que entre ambos continentes sumarán el 86% de todo el aumento de habitantes de áreas urbanas que registre el planeta.

El continente africano verá cómo a mediados de siglo su población urbana aumenta de los 414 millones actuales hasta 1200 millones, mientras que el **incremento** en el caso asiático será de 1400 millones, ya que pasará de los 1900 actuales hasta 3300.

Los mayores incrementos en la población urbana se registrarán en India, que sumará 497 millones de habitantes urbanos, China (341), Nigeria (200) e Indonesia (92), y ya fuera de esos continentes en Estados Unidos, donde el **alza** será de 103 millones de personas.

Esas cifras, subraya el informe, suponen un avance especialmente para India y Nigeria, ya que ambos países experimentarán un aumento de población hasta 2050 mayor al vivido en los últimos 40 años.

El informe señala que se trata de «un aumento sin precedentes» que presentará «nuevas oportunidades para mejorar la educación y los servicios públicos» en ambos continentes, ya que «las poblaciones más concentradas son más fáciles de **alcanzar**» para las estructuras de los Estados.

Sin embargo, la ONU alerta de que ese crecimiento plantea «nuevos desafíos» a la hora de **proveer** «empleos urbanos, viviendas, energía e infraestructuras para **mitigar** la pobreza urbana, la expansión de los barrios marginales y el deterioro del medio ambiente urbano».

Naciones Unidas recuerda en el informe que es de especial importancia **recabar** estas **previsiones de cara a** tenerlas en cuenta para lograr los objetivos de desarrollo sostenible marcados por el organismo internacional, y concretamente ante la celebración en junio de la **cumbre** sobre desarrollo Río+20 en Brasil.

Entre los asuntos que se tratarán en ese encuentro mundial, donde participarán representantes gubernamentales, el sector privado y organizaciones civiles, se abordarán qué tipo de planes se deben **lanzar** para hacer de las ciudades sostenibles una realidad en el futuro.

«Es en las ciudades donde más se sienten las presiones de la migración, la globalización, el desarrollo sostenible, la desigualdad social, la contaminación medioambiental y el cambio climático», asegura el nuevo informe del DESA.

El estudio **subraya**, sin embargo, que es también en los núcleos urbanos donde se encuentran «los motores de la economía mundial y los centros de innovación donde **se da con** muchas de las soluciones para los problemas globales».

En el informe también se pone de manifiesto, entre otros aspectos, la exposición de las ciudades del mundo a los desastres naturales y se muestra que actualmente hay 890 millones de personas que viven en lugares urbanos expuestos a algún tipo de gran desastre natural.

Las ciudades europeas y africanas son las menos expuestas, mientras que las de América Latina y el Caribe, América del Norte y Asia son las que tienen mayor potencial de verse afectadas por amenazas naturales.

ESTRATEGIA

Resumir Hacer un resumen de lo que has leído te ayuda a tener en cuenta lo más relevante.

DESPUÉS DE LEER

¿Cierto o falso? Indica si cada una de estas afirmaciones es **cierta** o **falsa**, según el artículo. Corrige los enunciados falsos.

1. Para el año 2050, la población mundial habrá aumentado el 75%.
2. En el año 2050, la población mundial será de más de 9000 millones de personas.
3. En África, la población urbana aumentará casi 800 millones de personas.
4. De los países asiáticos, China tendrá el mayor aumento de población urbana.
5. El aumento de la población urbana en Estados Unidos es comparable con el incremento de la de Indonesia.
6. Entre más gente viva en la ciudad, más fácil es que tenga acceso a la educación.
7. Se espera que en el 2050 haya suficientes empleos para todos los habitantes de las ciudades.
8. Colombia y Estados Unidos están más expuestos a los desastres naturales que París y el Cairo.

Comprensión Contesta las siguientes preguntas, según la lectura.

1. ¿Qué continentes contribuirán principalmente al aumento de la población urbana en los próximos cuarenta años?
2. ¿Qué diferencia (en millones de personas) habrá en el planeta entre los años 2011 y 2050?
3. ¿Cuántos millones de personas vivirán en las zonas urbanas en 2050? ¿Qué porcentaje de crecimiento representa ese número?
4. ¿Cuáles son los cuatro países asiáticos y africanos donde se verá el mayor incremento en la población urbana?
5. ¿Cómo se compara el crecimiento de las poblaciones urbanas en Estados Unidos con el crecimiento en los cuatro países de África y Asia mencionados?
6. Según la lectura, ¿qué ventajas potenciales hay en el aumento de la población urbana en África y Asia? ¿A qué se deben esas ventajas?
7. ¿Cuáles son los desafíos que presenta el crecimiento de la población urbana?
8. De acuerdo con el DESA, ¿qué problemas son más evidentes en las ciudades y dónde suelen encontrarse las soluciones a estos problemas?

ESTRATEGIA

Repasar apuntes
Consulta los apuntes que tomaste para contestar las preguntas.

3

Interpretación Con un(a) compañero/a de clase, contesten las siguientes preguntas de acuerdo con sus opiniones y con la información de la lectura.

1. ¿A qué tipo de lectura corresponde el texto? ¿Es un ensayo crítico o un ensayo informativo? ¿Ofrece el autor del texto sus opiniones?
2. ¿Por qué creen que África y Asia son los continentes en los que más crecerán las poblaciones urbanas?
3. Además de África y Asia, hay un país que va a tener un gran aumento en su población urbana. ¿Cuál país es? ¿Por qué creen que va a aumentar tanto la población urbana en ese país?
4. En su opinión, ¿a qué se debe que cada vez más personas vivan en las ciudades en vez de vivir en el campo?
5. ¿Cuáles son algunas de las ventajas actuales de vivir en una ciudad? ¿Y cuáles son las ventajas de vivir en el campo? ¿Creen que estas ventajas van a ser las mismas en el año 2050?
6. ¿Cuáles son algunos de los problemas que causa actualmente la sobrepoblación urbana?

4

Nuevos desafíos El artículo menciona los «nuevos desafíos» que el mundo va a tener que enfrentar como consecuencia del crecimiento urbano. Con un(a) compañero/a, explica cada uno de estos desafíos. ¿A qué se refiere cada uno? Compartan su opinión con el resto de la clase.

- empleos urbanos
- viviendas
- energía
- infraestructuras para mitigar la pobreza urbana
- expansión de los barrios marginales
- deterioro del medioambiente urbano

RECURSOS
Consulta la lista de apéndices en la p. 418.

5

Un resumen Escribe un resumen detallado del artículo que acabas de leer. Usa los apuntes que tomaste y vuelve a leer el texto si necesitas más información. Recuerda que para hacer un buen resumen resulta útil extraer la idea principal de cada párrafo. Una vez que termines tu composición, intercambia tu trabajo con un(a) compañero/a, quien lo revisará y hará comentarios. Después de leer sus comentarios, haz los cambios que consideres necesarios.

ESTRATEGIA

Captar interés Para crear interés, empieza tu presentación con un título o una oración principal que sea original. Incluye también palabras que faciliten la transición de una idea a otra.

6

Presentación oral La demografía es el estudio de las poblaciones humanas. Investiga en Internet sobre la importancia que tiene el trabajo de los demógrafos. ¿Cómo contribuyen a la sociedad sus predicciones acerca de los cambios en la población? ¿Qué impacto tienen los estudios demográficos en campos como la salud pública, la política o la economía? Prepara una breve presentación oral en la que respondas a estas preguntas.

7

El aumento de la población Reflexiona sobre estas preguntas relacionadas con el aumento de la población mundial. Luego comparte tus opiniones con un(a) compañero/a.

1. En tu opinión, ¿qué número representaría la población ideal para el año 2050?
2. ¿Cómo se beneficia un país por el aumento de su población?
3. En la actualidad, una de cada nueve personas tiene 60 años o más. Para el 2050, será una de cada cinco personas. ¿A qué crees que se deba este cambio?
4. En tu opinión, ¿crees que es fácil predecir el aumento de la población en el mundo? ¿Por qué sí o por qué no?

MI VOCABULARIO
Utiliza tu vocabulario individual.

8

El rol del gobierno Discutan como clase el rol apropiado del gobierno con respecto a la cantidad de población que debe tener un país. Consideren estas preguntas y agreguen otros temas que estimen relevantes.

1. ¿Deben los gobiernos tomar una parte en restringir o en fomentar el aumento de la población?
2. ¿Quiénes son los responsables de asegurar que la población no crezca a un nivel que ya no pueda sostenerse en el planeta?
3. ¿Es ético implementar una política de un niño por pareja? ¿Cuándo? ¿Por qué?
4. ¿Qué más podrían hacer los gobiernos para controlar la población? Haz una lista de cinco ideas.
5. Describe las situaciones bajo las cuales sería justificado implementar cada idea.

AUDIO ▸ PARA PRESERVAR LOS RECUERDOS Y LA HISTORIA

INTRODUCCIÓN La demografía estudia estadísticamente la estructura y la dinámica de las poblaciones, así como los procesos concretos que determinan su formación, conservación y desaparición. Una población tiende a perpetuarse y a permanecer en el tiempo, pero eso no significa que sea eterna. Tampoco son eternos los recuerdos que deja tras de sí.

Esta grabación es un fragmento de un programa de Radio ONU en el que se discute la importancia de preservar el patrimonio documental de una sociedad.

PALABRAS CLAVE

atesorado/a acumulado/a, preservado/a
la desazón decepción o disgusto
embargar retener
postular proponer, pedir
pugnar solicitar con empeño

ANTES DE ESCUCHAR

1  **Tus documentos** Piensa en los documentos personales que más valoras. En caso de una emergencia, ¿cuáles llevarías contigo? ¿Por qué? ¿Son de valor oficial o sentimental? Luego, en grupos, hablen sobre el tipo de documentos que rescatarían y las razones para hacerlo.

MIENTRAS ESCUCHAS

1 **Escucha una vez** Escucha la grabación una vez para captar las ideas generales y toma apuntes en la columna de la derecha. Esta información te servirá para contestar las preguntas más adelante.

ESTRATEGIA

Predecir Poder predecir el tema y el vocabulario antes de escuchar una grabación te ayudará a comprender lo que escuchas. Una de las claves fundamentales es el título.

PREGUNTAS FUNDAMENTALES	APUNTES
◆ ¿Qué es «Memoria del Mundo»?	
◆ ¿Cuáles son los objetivos de «Memoria del Mundo»?	
◆ ¿Dónde se pueden encontrar documentos relevantes de una sociedad?	
◆ ¿Qué hacen las instituciones con los documentos reconocidos y registrados?	
◆ ¿Qué impacto tienen las nuevas tecnologías sobre los documentos?	
◆ ¿Cómo se preserva el patrimonio digital?	

2 **Escucha de nuevo** Ahora, con base en lo que escuchas, responde a las preguntas de la columna de la izquierda de la tabla de apuntes.

DESPUÉS DE ESCUCHAR

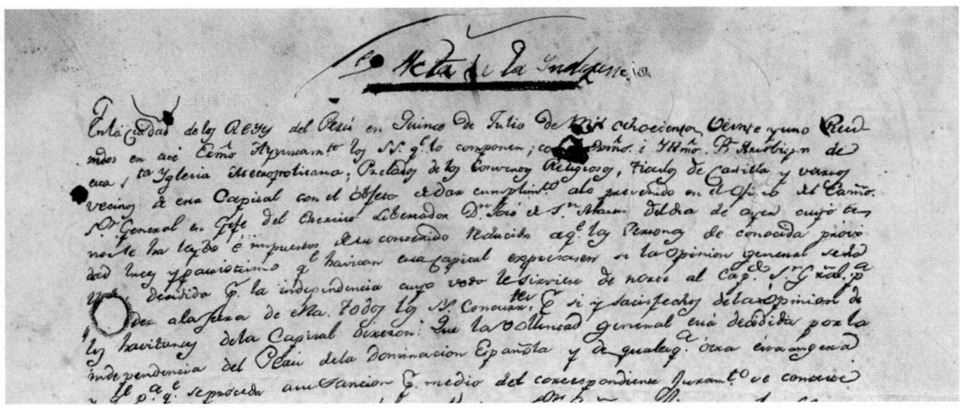
Acta de la Independencia

Acta de independencia (fragmento), firmada el 15 de julio de 1821 en el Cabildo de Lima, Perú

1 **Comprensión** En grupos, contesten las siguientes preguntas usando la información de sus tablas de apuntes.

1. Por lo general, ¿cuál es la diferencia entre los documentos de una familia y los de una sociedad?
2. ¿Para qué fue diseñado el programa «Memoria del Mundo»?
3. ¿Cuáles son los objetivos del programa «Memoria del Mundo»?
4. ¿En qué instituciones, según Guilherme Canela, hay documentos relevantes para la memoria?
5. ¿Qué pasa después de que una institución reconoce y registra el documento?
6. Menciona un problema en la preservación de documentos causado por el cambio acelerado en la tecnología.
7. Según el señor Canela, ¿qué elemento «es fundamental» para la preservación del patrimonio digital?

2 **Los documentos** En parejas, elaboren una lista de los documentos oficiales que preservan la memoria de su comunidad. ¿Cuáles son los fundamentales? Luego redacten una lista de documentos personales. ¿En qué se diferencian los documentos oficiales de los personales?

RECURSOS
Consulta la lista de apéndices en la p. 418.

3 **Ensayo de reflexión y síntesis** Con base en lo que has estudiado en este contexto, escribe un ensayo sobre este tema: ¿Qué impacto tienen los grandes cambios demográficos en la población mundial? El ensayo debe tener al menos tres párrafos:

1. Un párrafo de introducción que:
   - presente el contexto del ensayo.
   - incluya una oración que responda a la pregunta, que será tu tesis.
2. Un párrafo de explicación que:
   - exponga uno o dos argumentos que apoyen tu tesis.
   - dé ejemplos que sustenten tus argumentos.
3. Un párrafo de conclusión que:
   - resuma los argumentos que llevan a la tesis.
   - vuelva a plantear la tesis en otras palabras.

CONEXIONES CULTURALES

Los embotellamientos son comunes en las grandes ciudades latinoamericanas

Un método ingenioso para viajar

¿NO CANSA MUCHO DESPLAZARSE A DIARIO EN UNA gran ciudad? El desarrollo económico hace que muchas personas se muden del campo a los centros urbanos, donde suele haber mejores oportunidades de trabajo. Y viajar por la ciudad no es poca cosa, porque en muchas capitales de Latinoamérica hay demasiadas personas, pero, sobre todo... ¡demasiados carros!

En Uruguay encontraron una manera ingeniosa de solucionar el inconveniente y de hacer de las ciudades lugares más amables donde movilizarse. Gracias al portal en Internet «Voy contigo», las personas comparten los viajes en carro. Todos los usuarios se registran, los conductores ofrecen lugares en sus carros y los pasajeros se suman. Los beneficios son muchos: hay menos carros en la calle, se comparten los gastos de gasolina y peaje, disminuye la contaminación y ¡hasta se generan buenas amistades!

- En San Juan de Puerto Rico ahora es fácil evitar los embotellamientos. Transporte Marítimo Metro es un sistema que permite llegar en barco a los sitios más concurridos de la ciudad. Esto ha facilitado la movilidad en este importante centro urbano caribeño.
- La bicicleta no provoca embotellamientos, es respetuosa con el medioambiente y su uso es bueno para la salud. En la Ciudad de México hay un sistema de bicicletas públicas llamado Ecobici. Solo los usuarios registrados pueden tomar una bicicleta. Tienen 45 minutos para usarla y luego la devuelven en la estación más cercana a su destino. Esto ha permitido no solo reducir el tráfico de esta gran ciudad sino también contribuir a la limpieza del aire.
- El Transmilenio de Bogotá es una red integrada de autovías por donde circulan autobuses especiales. Miles de personas emplean este medio masivo de transporte diariamente. Este sistema ha intentado solucionar el problema de transporte de una de las urbes más grandes de América Latina, con cerca de siete millones de habitantes.

Presentación oral: comparación cultural

Prepara una presentación sobre este tema:

- ¿Cuáles son algunos de los problemas relacionados con el aumento de la población? ¿Cuáles son algunas soluciones?

Compara tus observaciones acerca de las comunidades en las que has vivido con tus observaciones de una región del mundo hispanohablante que te sea familiar.

contexto 4 El bienestar social

PUNTOS DE PARTIDA

El bienestar social les permite a los ciudadanos disfrutar una vida satisfactoria con educación, salarios dignos y seguridad ciudadana, entre muchas otras cosas. El bienestar social, junto con el bienestar físico, ambiental y económico, es vital para que una sociedad funcione adecuadamente.

- Entre los muchos desafíos que enfrentan los ciudadanos, ¿qué importancia tiene el bienestar social?
- ¿Cuál es el papel de los individuos y del gobierno en el bienestar social de una comunidad?
- ¿Cómo contribuye el bienestar social al estado de ánimo y a la buena salud de una persona?

DESARROLLO DEL VOCABULARIO

MI VOCABULARIO
Anota el vocabulario nuevo a medida que lo aprendes.

1 El bienestar de la comunidad Estas palabras están asociadas con el bienestar social. Clasifica cada una según la relaciones con el bienestar físico (**F**), ambiental (**A**) o económico (**E**). Una misma palabra puede pertenecer a varias categorías.

___ congestión
___ contaminación
___ delincuencia
___ derechos humanos
___ desigualdad
___ desplazados
___ deterioro de la infraestructura
___ educación pública
___ igualdad
___ inmigración
___ justicia
___ oportunidades
___ organizaciones de voluntarios
___ política social
___ protección policial
___ reciclaje
___ recolección de basuras
___ refugio político
___ seguro de desempleo
___ seguros médicos
___ servicios públicos
___ transporte público
___ urbanismo
___ violencia

2 La comunidad ideal Elabora una lista de las características y los servicios que tendría una comunidad ideal. Luego compara tu lista con la de un(a) compañero/a de clase. ¿Qué semejanzas y diferencias encuentran en sus listas?

3 Problemas comunes En parejas, completen este diagrama de Venn para ilustrar algunos de los problemas más graves relacionados con el bienestar social en el mundo y en su comunidad.

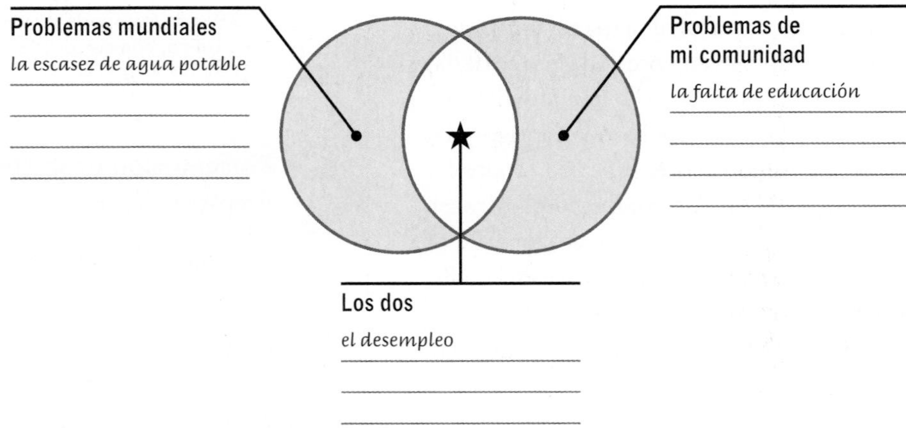

LECTURA 4.1 ▸ DÉFICIT DE ESPACIO PÚBLICO AHOGA A LOS BOGOTANOS

SOBRE LA LECTURA Los espacios públicos de una comunidad, que incluyen calles y aceras, plazas, parques, mercados y playas, son vitales para el bienestar físico y psicológico de los ciudadanos. Estos espacios ayudan a promover la interacción social y les dan a los ciudadanos la sensación de ser parte de la comunidad. Infortunadamente, una de las consecuencias del crecimiento demográfico es la falta de espacio público. Esta situación se presenta sobre todo en zonas urbanas.

En esta lectura, tomada de la edición electrónica del periódico *El Nuevo Siglo* de Bogotá, Colombia, se analizan algunos de los obstáculos que impiden a los bogotanos gozar del espacio público.

ANTES DE LEER

MI VOCABULARIO Anota el vocabulario nuevo a medida que lo aprendes.

1 **Sinónimos** Reconocer sinónimos es una manera de descifrar palabras nuevas. Observa los siguientes pares de palabras sinónimas y analiza su significado. Luego lee las palabras dentro del artículo para comprenderlas mejor.

1. asfixiar (línea 5)/ahogar
2. indebido (línea 7)/ilícito
3. elocuente (línea 15)/persuasivo
4. auge (línea 35)/progreso, florecimiento
5. querella (línea 61)/discusión
6. engrosar (línea 91)/aumentar

2 **En mi comunidad** Contesta las preguntas sobre los espacios públicos de tu comunidad.

1. ¿Cómo son los espacios públicos de tu comunidad? ¿Hay espacio suficiente para el comercio y los peatones? ¿Hay suficientes zonas verdes?
2. ¿Cómo comparten los ciudadanos los espacios públicos de tu comunidad y qué influencia tienen dichos espacios en las personas? ¿Cómo los usas tú?
3. ¿Cómo se podrían mejorar los espacios públicos de tu comunidad?

ESTRATEGIA

Relacionar los temas Para comprender mejor una lectura difícil, establece relaciones con temas que te sean familiares. Mientras lees este artículo, piensa en los espacios públicos de tu comunidad.

3 **Semejanzas y diferencias** Analiza el título del artículo («Déficit de espacio público ahoga a los bogotanos») e imagina de qué trata. ¿Cómo crees que se diferencian (o se asemejan) los espacios públicos de una urbe como Bogotá, Colombia, y los de tu comunidad? Escribe una lista de semejanzas y diferencias, y compara tu lista con la de un(a) compañero/a.

SEMEJANZAS	DIFERENCIAS

DÉFICIT DE ESPACIO PÚBLICO AHOGA A LOS BOGOTANOS

PALABRAS CLAVE

el pasacalles (la valla) aviso publicitario colgado sobre las calles o en los andenes

la falencia error, falta o equivocación

la adecuación ajuste o mejoramiento

el andén acera o corredor para que los peatones caminen

ambulante que va de un lugar a otro; itinerante

HAY OCASIONES en que los habitantes de Bogotá, cuando hay congestión en las vías públicas, principalmente en el centro, sienten que se asfixian. Eso no es gratis.

Además de que el espacio público tiene indebido aprovechamiento económico, cerramientos ilegales, basuras, endurecimiento de zonas verdes, estacionamiento de vehículos, **pasacalles**, avisos, **vallas** publicitarias y ventas informales, entre muchísimas otras **falencias**, hay un gran faltante de metros cuadrados para que cada uno de los ocho millones de habitantes pueda respirar.

Los datos son elocuentes. Según la Organización Mundial de la Salud (OMS), cada habitante tiene derecho a 15 metros cuadrados de espacio público, pero un bogotano no cuenta ni con la tercera parte.

Frente a estas cifras, las únicas ciudades que superan a Bogotá por la falta de espacio público son Río de Janeiro y Ciudad de México, que cuentan ambas con 3,5 metros cuadrados, mientras la capital colombiana llega a 4,35 metros cuadrados por habitante.

Ello a pesar de que la presión ha disminuido, pues mientras el espacio público peatonal por habitante entre 2000 y 2002 fue de 2,93 metros cuadrados, entre 2002 y 2003 hubo un incremento sustancial de este indicador, a 4,83 metros cuadrados, por la **adecuación** y construcción de **andenes** ligados a las primeras fases de Transmilenio, al incremento de zonas verdes como resultado del auge inmobiliario y a la recuperación de espacio público en toda la ciudad. Estas cifras no han cambiado en los últimos años.

Sobre la invasión del espacio público por vendedores **ambulantes**, los expertos opinan que el problema es de orden nacional, ya que la mayoría de las personas que se dedican a esta actividad son colombianos desplazados por la violencia que buscan futuro en las grandes ciudades.

Pero un estudio de la Personería de Bogotá sobre el Sistema de Espacio Público Peatonal en la ciudad demuestra cómo y por qué el ciudadano cuenta con menos de la mitad de metros cuadrados (4,35) que le corresponden según la OMS, no obstante importantes avances como la ampliación de andenes, la construcción de nuevos parques y la adecuación de plazoletas, entre otros.

Según información estadística proveniente de las Personerías y Alcaldías Locales, correspondiente a la gestión realizada sobre los usos, abusos y contradicciones encontrados en el espacio público, hay una alta impunidad en cuanto a las infracciones relacionadas con el espacio público, pues la cifra de querellas por la violación de este derecho ciudadano es igual de alta al número de veces en que se archivan.

Por otro lado, aunque la Secretaría de Desarrollo Económico (SED), a través del Instituto para la Economía Social (IPES), tiene claro que dentro del «Espacio Público para la Inclusión» se deben tener previstas medidas alternativas que protejan los derechos de las personas que desarrollan actividades informales que les permitan **subsistir**, también lo es que al analizar los resultados de sus políticas, planes y programas, su cumplimiento es deficiente contra las necesidades de esta población.

Del mismo modo, se evidenció la presencia de las ventas de alimentos en vía pública, o lo que es igual, la venta callejera de alimentos como comidas preparadas o alimentos sin cocinar, como productos cárnicos, donde se rompe toda cadena de higiene y protección, que pone en alto riesgo la salud y la vida de las personas.

Aunque se observa que la gestión del IPES está lejos de cubrir las necesidades de la ciudad en materia de alternativas para solucionar la ocupación del espacio público por parte de la economía informal, es importante aclarar que día a día llegan cinco familias de desplazados que en menos de un mes engrosan la lista de vendedores que ocupan el espacio público. ◣

PALABRAS CLAVE

subsistir sobrevivir; ganar lo necesario para vivir

DESPUÉS DE LEER

1 Los problemas de la ciudad

El artículo cita varios problemas del espacio público en la ciudad de Bogotá. Identifica por lo menos seis de estos problemas y anótalos en este organizador gráfico.

PROBLEMAS DE ESPACIO PÚBLICO

- *basuras*
- ______
- ______
- ______
- ______
- ______

2 Causa y efecto

Completa el siguiente cuadro con las causas y los efectos que se mencionan en el artículo.

CAUSAS	EFECTOS
Congestión en las vías públicas	*Los habitantes sienten que se asfixian.*
Adecuación y construcción de andenes	
	Las personas buscan un mejor futuro en las grandes ciudades.
La mayor parte de las querellas se archivan.	
	La salud y la vida de las personas se pone en riesgo.
Cada día llegan a la ciudad más familias desplazadas.	

ESTRATEGIA

Identificar causas y efectos

Con frecuencia, los textos informativos presentan las causas y los efectos de los fenómenos que describen. Saber la relación entre causa y efecto te ayudará a entender qué pasó y por qué motivos, y quizás te permita tener una posición crítica frente al tema.

3 Comparaciones

En el artículo se mencionan otras dos urbes latinoamericanas: Ciudad de México y Río de Janeiro. Haz una búsqueda en Internet sobre estas dos ciudades (o sobre otras que te interesen). ¿Qué problemas de espacio público tienen en común con Bogotá? ¿Qué semejanzas y diferencias tienen con la ciudad donde tú vives?

Escribe un artículo de una página en el que expongas tus hallazgos.

RECURSOS

Consulta la lista de apéndices en la p. 418.

4 

De 1 a 10... Elabora una lista de diez problemas relacionados con el espacio público en cualquier ciudad del mundo y enuméralos de 1 a 10, según su importancia: el 1 es muy poco importante y el 10 es un problema muy grave. Luego discute tu lista con toda la clase.

5 

El espacio público ideal Con un(a) compañero/a, diseñen una ciudad que ofrezca el óptimo uso del espacio público para sus habitantes. Elaboren un plano (o mapa) del centro de la ciudad, donde ilustren el mejor lugar para ubicar sus diferentes elementos: los vendedores, las vallas, las basuras, el transporte público, entre otros.

ESTRATEGIA

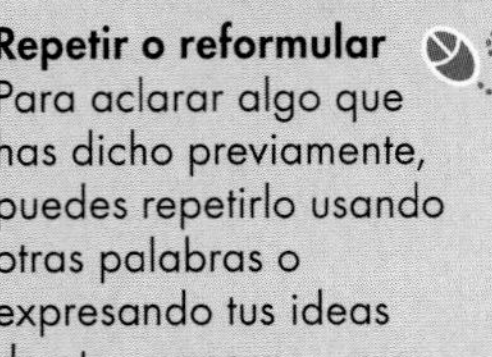

Repetir o reformular
Para aclarar algo que has dicho previamente, puedes repetirlo usando otras palabras o expresando tus ideas de otra manera.

6 

Presentación del proyecto Con base en la actividad anterior, hagan una presentación oral en la que expongan su proyecto y el mapa que elaboraron. Sigan la estructura de abajo. Prepárense para responder a las preguntas que el grupo pueda tener.

- Primero, definan los problemas que buscaban solucionar.
- Presenten las soluciones.
- Describan la eficacia de las soluciones que han mencionado.
- Presenten el plano y expliquen por qué lo diseñaron así.

7 

Ensayo persuasivo Imagina que tu comunidad tiene un problema similar al de los bogotanos. Escribe una propuesta para solucionarlo o reducirlo. Incluye en tu propuesta las soluciones que pudieran implementar:

- los ciudadanos de tu comunidad
- el gobierno local
- el gobierno estatal
- el gobierno nacional

ESTRUCTURAS

El *se* impersonal

Con base en la lectura, escribe 3 problemas y 3 necesidades de la ciudad de Bogotá en cuanto al espacio público, usando el *se* impersonal. Utiliza los verbos del recuadro u otros que consideres necesarios.

archivar	desarrollar	informar	ocupar	requerir
considerar	desplazar	necesitar	poder	tener
deber	evidenciar	observar	poner	ubicar

Problemas:

MODELO Con la venta de alimentos callejeros, la vida de los ciudadanos *se pone* en riesgo.

Necesidades:

MODELO *Se requiere* construir y adecuar andenes.

RECURSOS 
Consulta las explicaciones gramaticales del **Apéndice A**, pp. 452-453.

LECTURA 4.2 ▸ EL PAÍS DE LA CASUALIDAD

SOBRE LA LECTURA Inmigrar a otro país puede ser una durísima prueba para el ser humano. Abandonar la familia, adaptarse a costumbres ajenas y aprender a comunicarse en otro idioma son solo algunos de los desafíos a los que se debe enfrentar el inmigrante, bien sea que cuente con recursos o que estos sean limitados.

En esta lectura, tomada de *El País* (uno de los periódicos españoles de mayor difusión), se presentan las experiencias de dos mujeres inmigrantes en España: una de ellas es una africana de muy pocos recursos y la otra una brasileña de una familia privilegiada. Es interesante observar cómo las dos historias, aunque son muy diferentes, se conectan en el relato.

ANTES DE LEER

1 Palabras relacionadas Empareja cada palabra de la primera columna con una palabra relacionada de la segunda. Explica su significado y usa una palabra de cada pareja para escribir una oración.

1. ___ escasos	a. nacimiento
2. ___ natal	b. validez
3. ___ temía	c. lamentar
4. ___ prever	d. sanidad
5. ___ válido	e. refugiado
6. ___ lamentable	f. temeroso
7. ___ sano	g. escasez
8. ___ refugio	h. previsión

2 ¿Qué opinas sobre la inmigración? En grupos de cuatro, discutan las siguientes afirmaciones relacionadas con la inmigración en tu país. Para hacer la discusión más interesante, dos estudiantes se deben poner a favor de cada afirmación y dos en contra.

1. Todos los inmigrantes ilegales deben abandonar el país inmediata y voluntariamente. Si no, corren el riesgo de ser deportados.
2. Todo inmigrante, sea legal o no, tiene derecho a estar en el país mientras no tenga antecedentes criminales.
3. La inmigración es la clave del éxito de este país.
4. Debemos mandar más policías y militares a las fronteras para evitar la inmigración ilegal.
5. Los hijos de un(a) inmigrante ilegal que llegaron a este país siendo niños y que han vivido aquí casi toda su vida tienen derecho a pedir la ciudadanía si son estudiantes o prometen cumplir el servicio militar. Jamás deben ser deportados.

ESTRATEGIA

Utilizar lo que sabes Para entender mejor lo que se describe en una lectura, relaciónalo con lo que ya sabes sobre el tema. Al leer este artículo, piensa en las condiciones de los inmigrantes que están ilegalmente en tu país.

3 Diario de un(a) inmigrante Imagina que has tenido que abandonar tu país y buscar una nueva vida en otro lugar. Escribe unos cuantos párrafos en tu diario que reflejen tus temores y esperanzas. Incluye también un «plan de acción» para buscar oportunidades como inmigrante.

MI VOCABULARIO 
Utiliza tu vocabulario individual.

PALABRAS CLAVE

la carga el peso

presa del miedo llena de miedo o temores

la patera una embarcación pequeña y de fondo plano

el centro de acogida el refugio

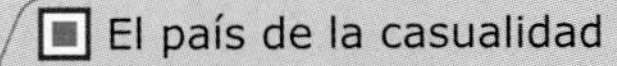

EL PAÍS DE LA CASUALIDAD

Por CARLA GUIMARÃES

Inicio Actualidad Reportajes Foro Contacto

No es casual el deterioro de la sanidad pública en España, tampoco lo es la exclusión de los inmigrantes sin papeles.

Según la Real Academia Española (RAE), «casualidad» es una combinación de circunstancias que no se pueden prever ni evitar. Casualmente nací en Brasil. [...] También fue una casualidad haber nacido en una familia con recursos, que pudo pagar mis estudios en un colegio privado (infelizmente la enseñanza pública en Brasil es lamentable) y, más adelante, en una universidad concertada.[1] Si dejamos de lado mi mérito personal, la casualidad fue quizás uno de los aspectos más relevantes a la hora de establecer mis oportunidades frente a otros miles de brasileños que, casualmente, nacieron en hogares con menos recursos. También fue la casualidad que me hizo conocer a Jane.

Jane nació en Gambia,[2] en una familia de escasos recursos. Se casó muy joven con un hombre a quien conocía poco. A partir de este momento, dejó de ser una **carga** para su familia y pasó a ser un problema para su marido. Jane no sabía muy bien por qué, pero su esposo siempre estaba enfadado, nada de lo que ella hacía estaba bien. Él empezó a pegarla a los pocos meses de casados y la violencia se convirtió en una rutina. Su familia le aconsejó aguantarlo, pero el día que él le arrojó una olla con agua hirviendo encima, Jane decidió huir. Se fue a Marruecos por voluntad propia, no por casualidad, y jamás pensó que un día terminaría en España. Tampoco fue la casualidad lo que le trajo a la costa de Almería, sino una llamada de su marido amenazándole de muerte. ¿Cómo la había encontrado en Marruecos? Jane nunca supo responder a esta pregunta. **Presa del miedo**, buscó sitio en una **patera** y desembarcó en España a finales de 2010. Hace ya más de un año que está en un **centro de acogida** a la espera de una decisión de la justicia sobre su situación legal en el país. Jane solicitó ser acogida como refugiada, ya que regresar a Gambia sería su sentencia de muerte.

Casualmente me encontraba en Madrid a mediados de agosto, cuando me llamaron de una ONG[3] donde colaboro. Querían que fuera a traducir a Jane, que no hablaba bien español. Tenía que recogerla en el centro de acogida y llevarla a un hospital para una consulta médica. Ella tenía fuertes migrañas, tanto, que un día llegó a desmayarse del dolor.

1 Universidad sostenida con fondos públicos, pero gestionada por el sector privado
2 El país más pequeño de África; su idioma oficial es el inglés
3 Sigla para «Organización no gubernamental»

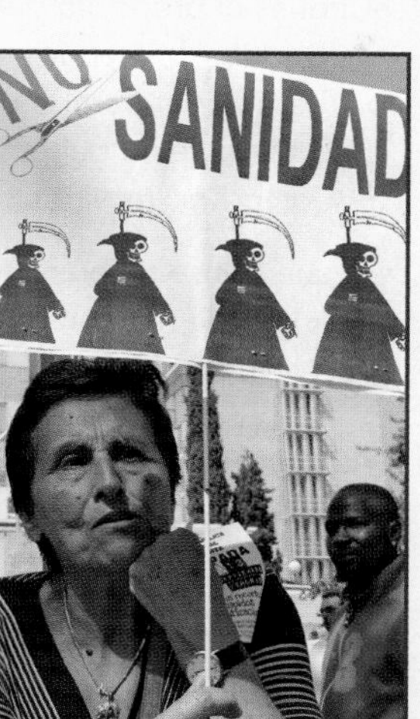

Jane aún no tenía una tarjeta sanitaria, solo un resguardo.[4] Se supone que ya deberían haberle enviado la tarjeta, pero ella temía lo peor. Jane estaba en tierra de nadie, en el limbo reservado para los que están **en trámite**, los que están a punto de ser legales o ilegales. La espera por una respuesta era exasperante y la posibilidad de que esta respuesta fuera negativa era quizás una de las causas de sus terribles migrañas.

Tuve que acompañarla dos veces al mismo hospital. La primera vez ni siquiera llegamos a ser atendidas. [...] La segunda vez tuvimos más suerte, la cola era menor y una doctora muy simpática estuvo casi media hora con Jane. A la salida, mientras cogíamos citas para hacer los exámenes que la médica solicitó, una funcionaria del hospital llamó la atención sobre la fecha del resguardo de Jane. Estaba **caducada**. El resguardo ya no era válido y, sin la tarjeta, ya no podrían atenderle. Nadie había notado este detalle. Fue por pura casualidad que Jane consiguió ser atendida este día. Para las demás citas, tendría que esperar en el limbo, a ver si le enviaban la tarjeta, a ver si le concedían o no un derecho fundamental.

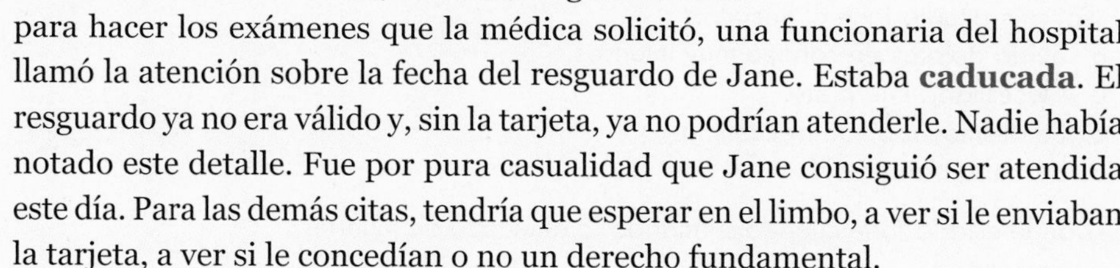

No es casualidad el deterioro de la sanidad pública en España, tampoco lo es la exclusión de los inmigrantes sin papeles. Es fruto de una ideología donde **prima el azar** por encima de la igualdad de oportunidades. Si todos tienen acceso a las mismas oportunidades, es el esfuerzo o el talento personal lo que nos va a diferenciar. Cuando prima la desigualdad es la casualidad lo que, en gran medida, va a definir nuestro destino. La casualidad de haber nacido en una familia con recursos y la casualidad de haber nacido en España. A los pobres y sin papeles les quedará la caridad, que según un **epígrafe** de la RAE es la limosna que se da o auxilio que se presta a los necesitados. Algo que sí está bien visto por los ideólogos de la casualidad, porque es otra forma de **recalcar** que hay unos (los caritativos) que son superiores a los otros (los necesitados).

Cuando emigré a España lo hice por voluntad propia. Y no porque no me gustara vivir en Brasil (tuve la suerte de tener una vida muy feliz allí), sino porque decidí ponerme en una situación donde la casualidad no jugara a mi favor. Jane también lo hizo por voluntad propia y por el motivo opuesto al mío. No creo que Jane espere la caridad del gobierno, sino la igualdad de oportunidades que no encontró en su país natal y que, en poco tiempo, tampoco encontrará en España. No es casualidad que los que imponen los **recortes** al resto de los españoles pertenezcan a las clases privilegiadas.

PALABRAS CLAVE

en trámite que está siendo procesado

caducado/a no válido/a; que ha pasado su fecha de vigencia

primar predominar, prevalecer

el azar la casualidad

el epígrafe el enunciado, la cita

recalcar enfatizar, hacer hincapié

los recortes reducciones, descuentos

4 Documento en el que consta que se ha hecho un pago o una gestión

DESPUÉS DE LEER

CONCEPTOS CENTRALES

El punto de vista del autor
Para comprender óptimamente una lectura, busca respuestas a preguntas como: ¿Qué dice el autor? ¿Por qué lo dice? ¿Cómo lo dice?

1 **Comprensión** Escoge la respuesta correcta según la lectura.

1. ¿Cuál es el propósito del artículo?
   a. Describir los servicios sanitarios de España
   b. Presentar el perfil de una inmigrante típica
   c. Tratar el tema del papel que desempeña el azar en la vida
   d. Comparar las vidas de dos extranjeras en España
2. ¿A quiénes se refieren «los inmigrantes sin papeles»? (línea 53)
   a. A los que no leen periódicos
   b. A los indocumentados
   c. A los analfabetos
   d. A los que tienen pocos recursos
3. ¿Cuál es la percepción de la autora sobre el papel de la casualidad en la vida?
   a. La casualidad define nuestro destino cuando todos tienen acceso a la igualdad.
   b. El azar no cumple ningún papel en nuestra vida.
   c. La casualidad define nuestro destino cuando prima la desigualdad.
   d. La casualidad favorece la abundancia de oportunidades para todos.
4. ¿Por qué acudió Jane al hospital?
   a. Sufría dolores de cabeza muy intensos.
   b. Necesitaba intérprete.
   c. Se desmayaba con frecuencia.
   d. Buscaba trabajo allí.
5. ¿Dónde estaba Jane cuando su marido la amenazó de muerte?
   a. En Madrid
   b. En Marruecos
   c. En Almería
   d. En Gambia
6. Según la autora, ¿a qué se debe el hecho de que ella misma emigrara a España?
   a. A la coincidencia
   b. A la casualidad
   c. A la buena suerte
   d. A su propia voluntad

MI VOCABULARIO
Uiliza tu vocabulario individual.

2  **¿Qué es la casualidad?** En el artículo has leído la definición de la palabra *casualidad* según la Real Academia Española. Ahora te toca definirla con tus propias palabras en un breve párrafo. Explica también el papel que la casualidad ha cumplido en tu vida.

3  **¿Cambio de suerte?** Imagina que, por cuestiones del destino, te viste obligado/a a abandonar tu país y a radicarte en otro. Después de pasar por muchas dificultades, quieres proponer cambios para que el ingreso y la permanencia de los inmigrantes sean más humanos. En grupos, hagan una lista de las acciones que podrían adelantar el gobierno, las ONG y la sociedad civil para mejorar o regular la situación de los inmigantes.

4  **¿Qué opinas?** ¿Crees que todos los que viven en una comunidad tienen derecho a los mismos beneficios de salud, sin importar si están legalmente o no en el país? Explica por qué e intercambia opiniones con un compañero/a. Para hacer la discusión más interesante, un(a) estudiante debe estar a favor y otro(a) en contra.

5 **Las ONG** Como su nombre lo indica, las organizaciones no gubernamentales son entidades conformadas por la sociedad civil con diversos intereses (sociales, políticos, deportivos, ecológicos, entre muchos otros). Sus acciones son muy importantes para mejorar el bienestar social de los ciudadanos, especialmente en países donde el Estado no ofrece muchas garantías.

En la columna de la izquierda del cuadro podrás observar algunas ONG de países iberoamericanos. Trata de encontrar (en Internet o en otras fuentes) ONG similares en tu país y redacta una breve descripción de ellas en la columna de la derecha.

ONG IBEROAMERICANAS	ONG EN TU PAÍS (CON FINES SIMILARES)
CESAL (Cooperación al desarrollo) (España). Promueve el desarrollo humano de las personas más desfavorecidas a través de proyectos de cooperación en 17 países del mundo.	
Fundación Jóvenes por los Derechos Humanos (Argentina). Busca informar y concienciar a las personas y a la sociedad sobre la defensa de los derechos humanos.	
Econatura y Desarrollo (Panamá). Trabaja por la preservación y conservación del medioambiente, gestionando programas y proyectos sostenibles.	
Amigos con calor humano (Colombia). Ofrece programas de salud, inclusión social e inclusión productiva a personas con discapacidad, de cualquier edad, y a sus familias.	
Eduvida (Perú). Busca crear propuestas innovadoras para el trabajo en salud preventiva en las escuelas, comedores populares y parroquias.	

6  **Una ONG propia** Con un grupo de compañeros/as, planeen la conformación de una ONG propia, orientada a ayudar a una comunidad específica de la ciudad o el estado donde viven. Escriban la página inicial de su sitio web, donde detallen su misión, sus objetivos y la población beneficiada con su labor. Para decorar la página inicial, busquen algunas fotos que comuniquen su misión.

MI VOCABULARIO 
Utiliza tu vocabulario individual.

7  **Un artículo periodístico** Imagina que trabajas en un centro de acogida (o en una ONG) para inmigrantes en tu comunidad. Escribe un artículo para el periódico local explicando los problemas que ellos enfrentan, sobre todo las diferencias culturales entre sus países y el tuyo, y sugiere algunas soluciones para esos problemas. Puedes incluir estos elementos en tu artículo:

- Describe el centro de acogida y las personas que están allí.
- Describe algunas diferencias culturales que existen entre los inmigrantes y los residentes de tu comunidad.
- Sugiere algunas soluciones para los posibles malentendidos culturales entre los inmigrantes y los residentes locales.
- Describe cómo es su rutina diaria y cuáles son los principales problemas a los que se ven enfrentados.

RECURSOS 
Consulta la lista de apéndices en la p. 418.

AUDIO ▸ LAS CIUDADES SON DE LOS CIUDADANOS

INTRODUCCIÓN Este audio es parte de una entrevista a varios alcaldes de ciudades capitales de países hispanohablantes que han enfrentado desafíos relacionados con la calidad de vida de sus ciudadanos. Fue emitido el 15 de marzo de 2013 desde Nueva York por Radio ONU con el fin de anunciar un encuentro que tuvo como objetivo compartir las estrategias que los alcaldes han implementado para brindar seguridad y bienestar en las ciudades.

Algunos de los alcaldes entrevistados en el programa hablan sobre las políticas que les han resultado efectivas para combatir la violencia y procurar una mejor calidad de vida para los habitantes de sus respectivas ciudades.

PALABRAS CLAVE

auspiciar patrocinar, fomentar o apoyar algún proyecto

el alcalde/la alcaldesa la persona que gobierna un ayuntamiento de un pueblo o una ciudad

impulsar incitar, estimular, promover

vinculado unido, asociado, relacionado

apostar depositar la confianza en algo o alguien

el patrullaje se refiere a la acción de vigilar para salvaguardar y proteger el orden; acción de una patrulla.

ANTES DE ESCUCHAR

1 **Las ciudades** Con un(a) compañero/a, exploren algunas ciudades siguiendo estos pasos:

1. Sin usar ninguna fuente, hagan una lista de seis países hispanohablantes e indiquen cuáles son sus ciudades capitales.
   - ____________ ◆ ____________ ◆ ____________
   - ____________ ◆ ____________ ◆ ____________
2. Después, consulten un mapa para confirmar sus respuestas
3. ¿Qué saben de cada capital?
4. ¿Qué quiere decir la expresión «Las ciudades son de los ciudadanos»?

2 **Tabla de apuntes** Piensa en los problemas predominantes de los centros urbanos del mundo. ¿Cuáles son las dificultades principales que amenazan la seguridad de los ciudadanos? Anota tus ideas en la columna de la izquierda de esta tabla de apuntes. Luego, cuando escuches la grabación, podrás anotar algunas soluciones en la columna de la derecha.

PROBLEMAS URBANOS	POSIBLES SOLUCIONES

MIENTRAS ESCUCHAS

ESTRATEGIA

Anotar cognados
Fíjate en los cognados y en las palabras relacionadas con otras que ya conoces.

1 **Escucha una vez** Escucha la grabación para captar las ideas generales.

2 **Escucha de nuevo** Ahora, con base en lo que escuchas, completa la tabla de apuntes de la Actividad 2 de la sección Antes de escuchar. ¿Qué soluciones han propuesto o encontrado los alcaldes entrevistados para mejorar la situación?

DESPUÉS DE ESCUCHAR

1

Emparejar Empareja los fragmentos de las dos columnas para formar oraciones correctas con base en la entrevista:

1. ___ Esa política ha logrado que
2. ___ La nueva política del alcalde de Bogotá
3. ___ Joan Clos
4. ___ La ciudad de Bogotá
5. ___ San Salvador
6. ___ Gustavo Petro

a. tiene una política de desarme.
b. es el ex alcalde de Barcelona.
c. tiene bajas en criminalidad por la participación ciudadana.
d. es el alcalde de Bogotá.
e. comenzó el 1° de enero de 2013.
f. la tasa de homicidios en la ciudad de Bogotá bajara.

2 **Comprensión** Contesta las siguientes preguntas, según lo que se dice en la grabación.

1. ¿Según la locutora, ¿qué sucede cuando los habitantes se sienten cómodos en la calle y disfrutan de los espacios públicos?
2. ¿Qué organización auspició el encuentro de alcaldes de todo el mundo en Nueva York?
3. Según el audio, ¿quiénes participan en la Red Global de Ciudades Seguras?
4. ¿Qué objetivo tiene la Red Global de Ciudades Seguras?
5. Según Joan Clos, ¿gracias a qué política se ven mejoras importantes en la criminalidad?
6. ¿Qué dice Gustavo Petro con respecto al desarme generalizado entre la población?

MI VOCABULARIO

Utiliza tu vocabulario individual.

3 **¿Cuál es la solución?** Trabaja con un(a) compañero/a para hacer una lista de posibles soluciones para una ciudad donde hay mucho crimen y poco respeto hacia los ciudadanos, y donde además los niveles de educación son bajos y las tasas de desempleo son altas. Luego presenten sus soluciones a la clase.

4

Un poco más allá Con un(a) compañero/a, investiguen sobre la situación de alguna ciudad capital hispanohablante con relación a estos aspectos: 1) la tasa de delitos de la ciudad, 2) los tipos de delitos más comunes, 3) si ha subido o bajado la tasa de delitos actualmente, 4) otros problemas que tenga la ciudad y 5) gráficos de información que sustenten sus hallazgos. Compartan sus investigaciones con la clase en la forma de una presentación oral. Destaquen las semejanzas y diferencias que existen entre la seguridad en la ciudad que ustedes investigaron y la de las capitales presentadas por los otros miembros de la clase.

5

Carta a un funcionario Escribe una carta para publicarla en un periódico de una ciudad capital hispanoamericana. La carta debe ir dirigida a un funcionario de la ciudad que se enfrenta a graves problemas de seguridad y orden público en su ciudad. Incluye estos aspectos en tu carta y otros que consideres necesarios:

- Expresa tu preocupación por los graves problemas que enfrenta la ciudad.
- Preséntale algunas sugerencias que, en tu opinión, podrían mejorar la situación.
- Señala algunos ejemplos de ciudades que han atravesado por situaciones similares y la manera como han salido adelante.
- Felicítalo por la importante labor que ha venido desempeñando.
- Despídete muy cordialmente.

RECURSOS

Consulta la lista de apéndices en la p. 418.

CONEXIONES CULTURALES

Los participantes en «Subida por la vida» en el cráter del Volcán de Agua, Guatemala

Subida por la vida, 2012

¿QUÉ SE PUEDE HACER PARA LLAMAR LA ATENCIÓN sobre los problemas de una comunidad y proponer soluciones? Entre otras actividades, se pueden organizar campañas solidarias, jornadas educativas o festivales de música y danza en los que todos participen. En Guatemala se hace todo eso... ¡pero en la cima de un volcán!

La campaña «Rompe el ciclo» organizó una subida masiva al cráter del Volcán de Agua (que tiene una altura de 3.750 metros sobre el nivel del mar) para inspirar un cambio en los jóvenes y en especial en cuanto a su actitud hacia la violencia doméstica. El mensaje es que el cambio más grande empieza en el corazón de cada uno y de allí se extiende al hogar y la comunidad. Después de un día de reflexión, las dieciocho mil personas que subieron a la cima (entre las que se encontraban deportistas, diplomáticos, artistas, personas discapacitadas y miembros de diferentes organizaciones públicas y privadas) se tomaron de las manos sobre un corazón gigante alrededor del cráter del volcán.

▶▶ En Argentina, la campaña «1 minuto de vos» incentiva a las personas a donar un minuto de su tiempo a distintas actividades para lograr un mayor bienestar social entre todos. Con este programa, los organizadores pretenden generar cambios en la sociedad.

◢ En Honduras, el Instituto de la Niñez y la Familia se encarga de brindar a los niños la educación y el tiempo que sus padres muchas veces no pueden darles porque tienen que trabajar.

◢ El gobierno de Ecuador creó el programa «Desnutrición Cero», que se encarga de asistir a mamás embarazadas para que sus hijos puedan estar siempre bien alimentados y cuidados, incluso antes de nacer.

Presentación oral: comparación cultural

Prepara una presentación sobre este tema:

- ¿Cuál es el papel de los individuos y del gobierno en el bienestar social de una comunidad?

Compara tus observaciones acerca de las comunidades en las que has vivido con tus observaciones de una región del mundo hispanohablante que te sea familiar.

Palabras compuestas

- Los sufijos y los prefijos permiten crear palabras a partir de otras palabras. Otro proceso para formar palabras consiste en combinar dos (y a veces más) términos de sentido independiente.

salvapantallas
(salva) + (pantallas)
verbo + sust.

agridulce
(agrio) + (dulce)
adj. + adj.

bienvenido
(bien) + (venido)
adv. + part.

- En algunos casos, por motivos gramaticales o fonéticos, las palabras que conforman el nuevo término sufren pequeñas modificaciones:

  Pelirrojo (*red-haired*) está conformada por 'pelo' + 'rojo', pero la **o** final cambia a **i**. Algo similar ocurre con **altibajo**, formada por 'alto' + 'bajo', o **cejijunto**, formada por 'ceja' + 'junto'.

  Cuando al unir dos palabras queda una **r** en medio de dos vocales, se convierte en **rr: pelirrojo, grecorromano, pararrayos**.

- Podemos combinar muchos tipos de palabras.

CATEGORÍA GRAMATICAL	EJEMPLOS
sustantivo + sustantivo	aguafiestas, baloncesto, bocacalle, compraventa, puntapié, telaraña
sustantivo + adjetivo	aguardiente, caradura, Nochebuena, pasodoble, pelirrojo
adjetivo + sustantivo	altorrelieve, bajamar, malhumor, mediodía, medianoche
verbo + sustantivo	abrelatas, guardabosque, lavaplatos, quitanieves, rascacielos, sacacorchos
adjetivo + adjetivo	agridulce, altibajo, claroscuro, sordomudo
verbo + verbo	hazmerreír, vaivén
adverbio + adjetivo	biempensante, malhumorado, malpensado
adverbio + verbo	bienestar, menospreciar, maldecir, malquerer
pronombre + verbo	cualquiera, quehacer, quienquiera
usando preposiciones	contracorriente, parabién, sinsabor, sobremesa
usando más de dos palabras	correveidile, enhorabuena, nomeolvides, sabelotodo

- Muchas combinaciones comunes de adjetivos, especialmente cuando se trata de adjetivos cortos, se escriben sin guión.

  socioeconómico psicosocial judeocristiano hispanoamericano

- Cuando se pone énfasis en el carácter individual de cada adjetivo, o cuando se trata de adjetivos muy largos (sobre todo palabras esdrújulas), estos van unidos por un guión. En este caso cada palabra conserva su acentuación original y solo el segundo adjetivo concuerda en género y número con el sustantivo (el primero mantiene su forma neutra).

  lección **teórico-práctica**
  relaciones **espacio-temporales**
  proceso **físico-químico**
  debates **lingüístico-psicológicos**

- En algunos casos se crean palabras compuestas por la aposición de dos sustantivos que forman un concepto, y van separadas por un espacio, sin guión: **sofá cama** u **hombre rana**. Se pluraliza solo el primer componente: **sofás cama** y **hombres rana**.

¡ATENCIÓN!
Las palabras compuestas por dos sustantivos se pueden escribir con guión, pero cuando se vuelven muy comunes pierden el guión.

¡ATENCIÓN!
Hay dos excepciones para la formación del plural: **cualquiera** y **quienquiera**, que forman el plural en el primer componente: **cualesquiera, quienesquiera.**

- Las palabras compuestas que forman un solo término (sin guión o espacio) hacen el plural como cualquier otra palabra, agregando **-s** o **-es** al final.

  telaraña**s** puntapié**s** altibajo**s** parasol**es** quehacer**es** sinsabor**es**

- Las palabras compuestas que funcionan como adjetivos concuerdan en género y número con el sustantivo al que modifican, tal como ocurre con cualquier otro adjetivo.

  María tiene dos hijas pelirroj**as**. Me encantan las comidas agridulce**s**.

- Las palabras compuestas siguen las mismas reglas de acentuación que las demás: **espantapájaros, paracaídas, mediodía**. Aunque dos palabras sueltas no lleven tilde, al combinarse deben aplicarse las reglas de acentuación: **puntapié, sinfín,** etc.

- Se puede ser creativo a la hora de formar palabras nuevas por composición. Algunos ejemplos son: **cantamañanas, pintalabios** y **rodillijunto** ('rodilla' + 'junto').

PRÁCTICA

1 Completa las oraciones con palabras compuestas a partir de las palabras simples de la lista. Haz los cambios adecuados.

alto	buena	en	hora	media	noche	práctico	sofá
bajo	cama	hacer	lavar	mesa	platos	que	teórico

1. Juan, por favor pon los utensilios en el ____________.
2. Andrés siempre hace los ____________ de la casa. Es muy responsable.
3. Ayer estudié hasta muy tarde y me fui a dormir hacia la ____________.
4. El examen es ____________.
5. ¿De verdad que has pasado el examen? ¡____________!
6. En la vida todos tenemos ____________.
7. Se pueden quedar a dormir en mi casa. Tengo dos ____________.

2 En parejas, usen los dos grupos de palabras para crear quince palabras compuestas. Pueden ayudarse con un diccionario.

abre	lava
agua	para
bien	porta
guarda	quita

amada	coches	fiestas	manos	retratos
aventurado	costas	folios	monedas	sal
botellas	equipajes	latas	nieves	sol
cartas	espaldas	manchas	platos	venidos

3 Escribe dos breves párrafos usando las palabras indicadas y otras palabras compuestas. Puedes usarlas en cualquier orden y forma. Sé creativo/a.

1. aguafiestas - pelirrojo - sacacorchos - medianoche - malhumorado
2. mediodía - parasol - rascacielos - agridulce - claroscuro

EN BREVE

El pensamiento filosófico y la religión

PUNTOS DE PARTIDA

En todos los lugares del mundo y en todas las épocas de la historia, el ser humano se ha preguntado cuál es el origen y el sentido de la vida, y qué ocurre después de la muerte.

- ¿Cuáles son las religiones predominantes del mundo? ¿En qué se basan principalmente?
- ¿Existe un cambio generacional respecto a las creencias religiosas? ¿Son creyentes los jóvenes de hoy en día del mismo modo que lo son sus padres? ¿Y sus abuelos?
- ¿Cuál es el papel de la filosofía en el mundo actual? ¿Es el mismo que el de hace cien años?

DESARROLLO DEL VOCABULARIO

1 **La filosofía** En parejas, definan las siguientes palabras relacionadas con la filosofía: *realidad, razón, lenguaje, mente, espíritu, existencia*. Luego compartan sus definiciones con otra pareja.

MI VOCABULARIO
Anota el vocabulario nuevo a medida que lo aprendes.

2 **La libertad religiosa** En grupos, discutan las siguientes preguntas: ¿Por qué es importante la libertad religiosa? ¿Por qué creen que forma parte de la Constitución? ¿Cómo sería el país en el que vives si no existiera la libertad religiosa?

AMPLIACIÓN

1 **Las religiones en el mundo** Mira la gráfica y contesta las preguntas.

Fuente: *ChartsBin statistics collector team*, 2009

1. ¿Conoces todas las religiones que aparecen en la gráfica? ¿Qué sabes acerca de ellas?
2. ¿Cómo se compara la información de la gráfica con la diversidad en tu comunidad?

2 **Entrevista** Entrevista a una persona de tu comunidad que practique una religión con la cual no estés muy familiarizado/a, o investiga en Internet acerca de alguna. Presenta la información ante la clase. Incluye las regiones del mundo donde más se practica, el número de creyentes en Estados Unidos y otros datos de interés.

RECURSOS
Consulta la lista de apéndices en la p. 418.

EN BREVE

La conciencia social

PUNTOS DE PARTIDA

La conciencia social es el entendimiento de que existe un bien común y la creencia de que hay un vínculo entre los individuos —incluso entre personas que no se conocen— que beneficia a todos de manera colectiva.

- ¿Mediante qué formas expresa el ser humano la conciencia social? ¿Qué casos de conciencia social son popularmente conocidos?
- ¿Qué tipos de organizaciones benéficas, sin fines de lucro, existen en el mundo?
- ¿Cuáles son las causas para las que se necesita más ayuda de organizaciones benéficas o de voluntarios? ¿De qué formas se recaudan los fondos necesarios para una obra benéfica?

DESARROLLO DEL VOCABULARIO

MI VOCABULARIO
Anota el vocabulario nuevo a medida que lo aprendes.

1 **Causas de beneficencia** Con un(a) compañero/a, escriban una lista de problemas que requieren ayuda benéfica en su comunidad y otra lista de problemas que requieren atención a nivel global. Compartan sus listas con la clase.

AMPLIACIÓN

1 **Agua potable** Este mapa muestra el porcentaje de personas que tienen acceso a agua potable en todo el mundo. En grupos, respondan a las preguntas.

Porcentaje de la población (%)

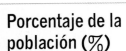

- <50
- 50-75
- 76-90
- >90
- No hay datos disponibles
- No aplica

Fuente: Organización Mundial de la Salud, 2012

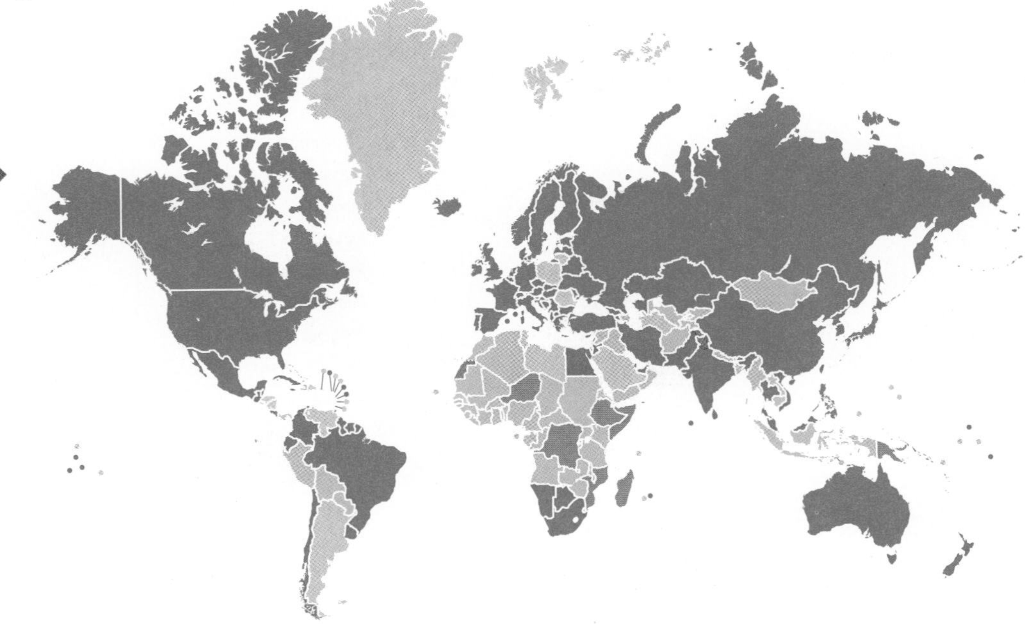

1. ¿Cuál es el continente más afectado por la falta de agua potable?
2. ¿Qué relación hay entre el acceso a agua potable y la pobreza de un país?
3. ¿Cómo afecta la escasez de agua la vida diaria de las personas?

Escrito, producido y dirigido por **CARLOS BOUVIER**
GEMA ZELARAYÁN • CAMILA BERTONE
GEMA SANTOYO • JAVIER MEJÍA

PECERA

Un cortometraje del océano

SOBRE EL CORTO *Pecera* es un cortometraje escrito, dirigido y producido por el español Carlos Bouvier. La historia de *Pecera* surgió como consecuencia de una experiencia laboral negativa que tuvo el director. En sus palabras, el cortometraje es «una venganza». *Pecera* ganó en 2011 el premio al Mejor Cortometraje de Ficción Nacional en el Certamen Nacional de Cortometrajes de Medina del Campo.

A PRIMERA VISTA
¿En dónde están las tres mujeres de la foto? ¿Cuál crees que sea la relación entre ellas?

ANTES DE VER

1 **Empleado/a de oficina** En grupos pequeños, discutan los siguientes aspectos de la vida laboral en una oficina típica.

1. seguro médico
2. horario de trabajo
3. estabilidad económica
4. tener un jefe/una jefa

2 **Identifica la idea principal** Observa las tres imágenes de esta página y lee las citas correspondientes a cada foto. Con base en las fotos y el diálogo, escribe un párrafo breve para decir cuál es la idea principal de estas escenas. Luego imagina cuál podrá ser la siguiente escena y escribe otro párrafo en el que la describas.

ESTRATEGIA

Identificar la idea principal te ayuda a comprender los aspectos fundamentales de una escena complicada y a no perderte en los detalles.

MIENTRAS MIRAS

PALABRAS CLAVE

despedir quitarle a alguien su trabajo
improcedente sin causas o motivos válidos
la indemnización el dinero que se le da a una persona cuando es despedida
firmar escribir una persona su nombre en un documento
estar/encontrarse de baja no trabajar por motivos de salud
echar despedir
ayudante asistente

1

Lucía: «La empresa para la que estás trabajando ha dado por finalizado tu contrato».

1. ¿Cómo le explica Lucía a María que ya no tiene trabajo?
2. ¿Cómo reacciona María inicialmente? ¿Cambia su actitud en algún momento?

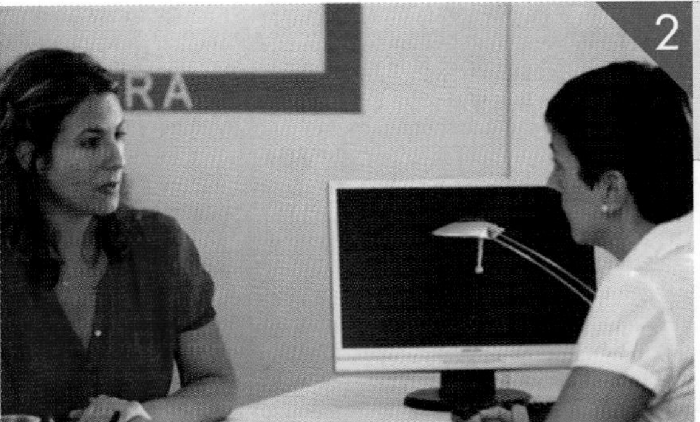

2

María: «Y estando yo así **de baja**, ¿me pueden **echar** sin más?».

1. ¿A qué se refiere María? ¿Por qué está de baja?
2. ¿Cuál es la situación de las compañeras de trabajo de María?

3

Lola: «Encantada de haberte conocido. Ahí está la puerta. No hace falta que vuelvas».

1. ¿Qué condición le pone Lola a María para que esta pueda trabajar otra vez con la compañía en un futuro?
2. Según Lola, ¿qué debe hacer María si no firma el documento?

DESPUÉS DE VER

1 **Vocabulario en contexto** Completa las siguientes citas con términos del recuadro Palabras clave de la página 344. Haz los cambios necesarios.

1. «Si seguimos pagando __________ vamos a tener que recortar e, incluso, cerrar».
2. «¿De cuál de tus dos __________ podrías prescindir?»
3. «¿Quieres volver a trabajar con nosotros? [...] Pues __________».
4. «Es una excusa para __________ por encontrarme __________».
5. «¿Sabes cuántos despidos __________ tenemos sobre la mesa?»

2 **Comprensión** Contesta las preguntas.

1. ¿Quién es el hombre que habla con Lola al principio del video?
2. ¿Por qué dice el hombre que la compañía debe dejar de pagar indemnizaciones?
3. ¿Para qué Lucía llama a María a su oficina?
4. ¿Cuál es el trabajo de María? ¿En qué consiste?
5. Lucía dice que hay «una bajada en el volumen de trabajo». ¿Por qué esta explicación no tiene sentido para María?
6. ¿Cuál es el verdadero motivo por el que quieren despedir a María?
7. ¿Qué descubrimos cuando María, Lucía y Lola se reúnen a discutir la conversación?
8. ¿Cómo van a decidir a cuál ayudante despedir?

3 **Interpretación** Contesten las preguntas en grupos pequeños.

1. ¿Qué es una pecera?. ¿Por qué creen que el cortometraje se llama *Pecera*? ¿Qué relación hay entre la vida de los peces y la vida de los empleados de una oficina? ¿Cuál es el aspecto de las oficinas que se muestran en el corto?
2. El corto está dedicado a «todos esos trabajadores que se dedican a robar a otros trabajadores». ¿Por qué creen que el director les dedica el corto a ellos?
3. La historia sucede «en una oficina de trabajo temporal cualquiera». ¿Qué quiere decir con esto el director? ¿Cuál creen ustedes que sea la opinión del director con respecto a las oficinas de este tipo?
4. En su opinión, ¿qué va a pasar con las ayudantes de Lola? ¿Cuál de las dos creen que firmará el documento que permite que la compañía no pague una indemnización? ¿Por qué es irónico que una de las ayudantes vaya a perder su trabajo?

4 **Retos laborales** Con un(a) compañero/a, elige uno de estos temas para discutir qué relevancia tiene en el país donde vives.

- el desempleo
- los despidos sin justa causa
- los empleos en muy malas condiciones o muy mal remunerados
- el abuso laboral por parte de los supervisores/las supervisoras
- las oportunidades de ser un trabajador independiente (sin jefes)

MI VOCABULARIO
Utiliza tu vocabulario individual.

5 **Mis conclusiones** Escribe un ensayo de una página en el que saques tus propias conclusiones sobre el tema laboral en el estado donde vives. ¿Hay mucho desempleo? ¿Hay leyes efectivas para proteger a los empleados? ¿Hay muchas personas que deciden dejar sus empleos y trabajar independientemente?

RECURSOS
Consulta la lista de apéndices en la p. 418.

ENSAYO DE OPINIÓN

¿Quién no ha discutido en una cafetería con amigos, compañeros o un grupo de desconocidos por distintas opiniones sobre algún tema apasionante? Cada uno tenía su opinión, pensaba que era la mejor y trataba de convencer al otro presentando argumentos de peso. Según el *Diccionario de la Real Academia Española,* una opinión es un «dictamen o juicio que se forma de algo cuestionable», es decir, una postura frente a un tema que no es un dogma ni es inapelable. Esta postura es subjetiva y surge como resultado de una interpretación personal. Puede ser fácil tener una opinión sobre algo, pero demostrarlo por escrito, de manera comprensible, lógica y clara para los demás, es algo bastante más complicado.

El ensayo de opinión es un texto formal, que tiene la misma estructura del ensayo narrativo. Sin embargo, en este tipo de ensayo no se puede simplemente trasmitir nuestra mirada sobre algo o postular una idea con respecto a un tema, sino que es preciso demostrar que nuestra opinión vale, que tenemos razón. Y siempre debemos escuchar las opiniones contrarias a la nuestra para poder discutir sus distintos puntos de vista y ganarles el debate. Los elementos básicos del ensayo de opinión son:

Tesis	Responde directamente a la pregunta «¿Cuál es mi opinión sobre...?». Se presenta en la introducción y se desarrolla en el resto del ensayo. La tesis debe ser clara, concisa y concreta; no es conveniente mezclar muchos temas porque pierde precisión, ni utilizar expresiones como «quizás» o «tal vez». En esta parte no debes incluir detalles o información que no sea estrictamente necesaria. Una introducción tradicional presenta el tema, introduce una tesis y muchas veces adelanta la conclusión. La tesis debe ser original, sin caer en obviedades ni afirmaciones caprichosas que no tengan base lógica.
Argumentos	Sin argumentos que la defiendan, no hay tesis que presentar. Aunque tu opinión sea apasionada, debes expresarla en un lenguaje objetivo, a partir de un conocimiento fundamentado del tema y de la presentación de evidencia que sustente lo que afirmas. Para ofrecer una base coherente, se recurre principalmente a la lógica y a la experiencia personal; se puede mencionar o citar a otros, pero sin olvidar que tu ensayo no trata de las opiniones de los demás, sino de la tuya. Otros argumentos que se utilizan son la refutación, que se ocupa de rechazar la opinión contraria; la analogía, que busca similitudes entre dos casos; y la opinión general.
Oración tema	Los argumentos se organizan en los párrafos del cuerpo del ensayo, cada uno con una oración tema que establece y resume la idea principal para que luego el resto del párrafo la desarrolle. De esta manera, delimita la información que se incluirá allí, lo que ayuda mucho a la claridad y organización del texto, y facilita la comprensión. En la oración tema es importante evitar frases como «En mi opinión...», «Considero que...», etc., que resultan redundantes en un ensayo de opinión; también el lenguaje figurativo puede confundir al lector.
Conclusión	Es la parte más compleja del ensayo. Debes retomar la introducción; sintetizar los puntos principales del ensayo, relacionándolos, pero sin repetir literalmente las oraciones; y cerrar la exposición, si el espacio lo permite, con la demostración de la importancia que tienen tus descubrimientos. Nada nuevo puede aparecer en esta parte, aunque sí puedes dejar el final abierto e incluso plantear algunos interrogantes. Citar a alguien famoso en el final es una forma de tomar prestado su prestigio para cerrar tu ensayo con autoridad.

Tema de composición

Lee de nuevo las preguntas esenciales del tema:

- ¿Cuáles son los desafíos sociales, políticos y del medioambiente que enfrentan las sociedades del mundo?
- ¿Cuáles son los orígenes de esos desafíos?
- ¿Cuáles son algunas posibles soluciones a esos desafíos?

Utilizando las preguntas como base, escribe un ensayo de opinión sobre algún aspecto del tema.

ANTES DE ESCRIBIR

Tras haber elegido el tema, escribe la tesis (tu opinión). No te preocupes por la concisión de la frase: tienes tiempo de pulirla a medida que redactas el ensayo. Investiga a fondo el tema en busca de argumentos creíbles y fiables que apoyen tu tesis, y haz una lista. Anota correctamente cualquier cita que quieras mencionar y a quién pertenece. Un buen método para desarrollar un ensayo de opinión es comenzar con la opinión contraria a la tuya y luego refutarla, demostrando sus puntos débiles para destacar que tu opinión es la que vale. Pero nunca insultes ni ataques a nadie, porque eso afecta tu credibilidad.

ESCRIBIR EL BORRADOR

Organiza el ensayo según la estructura de introducción, desarrollo y conclusión. En cada párrafo, anota una única oración tema que exprese un argumento de apoyo de la tesis; debe ser una oración completa y afirmativa. Explica bien los ejemplos que utilices y, si refutas algo, hazlo de manera que se entiendan bien los dos puntos de vista: el tuyo y el contrario.

ESTRATEGIA

Defender tu tesis
Empieza con una afirmación clara. Defiende tu tesis con argumentos lógicos, y termina con una conclusión que resuma lo propuesto en la introducción.

ESCRIBIR LA VERSIÓN FINAL

Una vez que tengas tu borrador listo, fíjate si en el desarrollo hay frases que, en tu opinión, tienen más fuerza y podrían reubicarse en la introducción o en la conclusión. Es importante que los argumentos sean suficientes, que estén presentados con autoridad y redactados con claridad para que resulte fácil seguirlos.

La opinión del autor no debe quedar mezclada con las opiniones de otras personas o con las referencias citadas. Además, es necesario que la conclusión tenga un valor que trascienda lo personal para interesar a un público amplio. Después de redactar tu ensayo, escribe la versión final.

Tema 6

Las identidades personales y públicas

PREGUNTAS ESENCIALES

- ¿Cómo se expresan los distintos aspectos de la identidad en diversas situaciones?
- ¿Cómo influyen la lengua y la cultura en la identidad de una persona?
- ¿Cómo se desarrolla la identidad de una persona a lo largo del tiempo?

CONTENIDO

▸▸ La Habana, Cuba

contexto 1 La enajenación y la asimilación

PUNTOS DE PARTIDA

Un individuo puede sentirse aislado cuando no se considera miembro de la sociedad en la que vive. Sin embargo, mientras asimila una cultura diferente y se adapta a un nuevo entorno, corre el riesgo de perder una buena parte de su identidad original. Estos dos fenómenos, la enajenación y la asimilación, pueden afectar el sentido de identidad de una persona y modificar sus valores culturales.

- ¿Cómo se relacionan nuestra vida privada y nuestra vida pública?
- ¿Cuáles son los beneficios de la asimilación cultural?
- ¿Qué importancia tiene la integración de los inmigrantes y de las etnias originarias en el desarrollo cultural de una sociedad?

DESARROLLO DEL VOCABULARIO

MI VOCABULARIO
Anota el vocabulario nuevo a medida que lo aprendes.

1 **Palabras relacionadas** Piensa en el significado de las palabras *asimilación* y *enajenación* y en los términos que relacionas con cada una de ellas. Haz una lluvia de ideas con un grupo de compañeros/as y completen los organizadores gráficos. Luego, comparen las palabras que escribieron con los demás grupos y discutan las similitudes y diferencias que encuentren.

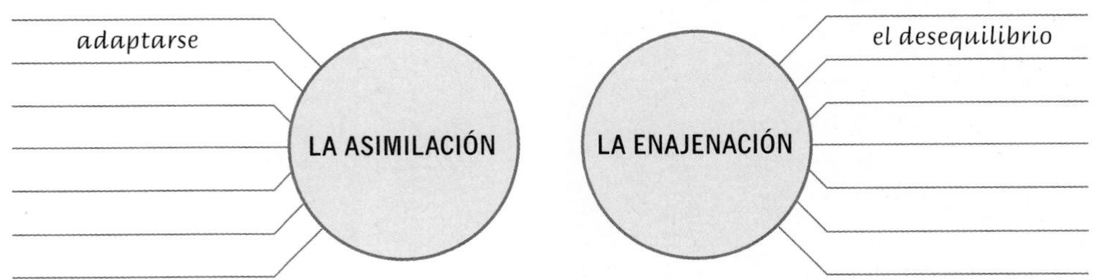

2 **Identidades alternas** ¿Crees que cada uno de nosotros tiene una identidad pública y una identidad privada? ¿Te sientes una persona cuando estás con tu familia y otra cuando estás con ciertos amigos o compañeros de clase? Piensa en algunas situaciones en las cuales te sientes o te has sentido partido/a en dos, como si fueras dos personas diferentes. Habla con un(a) compañero/a sobre tus pensamientos y experiencias relacionadas con este tema.

3 **Los efectos de la enajenación** ¿Qué efectos negativos causa la enajenación en el ser humano? ¿Puede tener efectos positivos? ¿Cuáles son? Con un grupo de compañeros/as, elaboren un listado de los efectos de la enajenación en el ser humano. Luego discutan su lista con toda la clase.

4 **Sugerencias** ¿Qué le aconsejarías a un(a) extranjero/a que lleva mucho tiempo viviendo en tu país, pero que no consigue adaptarse a la cultura ni al estilo de vida? ¿Cuáles son las mejores estrategias para aprender el idioma e integrarse en la cultura? ¿A qué lugares puede asistir y dónde puede encontrar acogida y orientación? Escríbele un mensaje electrónico y dale consejos para facilitar su proceso de adaptación a su nueva vida.

LECTURA 1.1 ▸ BORGES Y YO

SOBRE EL AUTOR Jorge Luis Borges nació en Buenos Aires en 1899. Durante su trayectoria literaria escribió poemas, ensayos y, sobre todo, cuentos. En sus creaciones de ficción explora sus principales preocupaciones, como la identidad del yo, la muerte y el tiempo, entre otras. Los espejos y los laberintos son símbolos recurrentes en sus obras literarias. En 1961 compartió el Premio del Congreso Internacional de Escritores con Samuel Beckett y en 1980 recibió el prestigioso Premio Cervantes. Murió en Ginebra en 1986. Es considerado uno de los escritores más importantes del siglo XX.

SOBRE LA LECTURA En este cuento, Borges expone dos facetas de su personalidad: su yo y otro Borges. Al hacerlo, describe interesantes aspectos de su cotidianidad y de sus gustos, y plantea la otra realidad que supone ser un autor reconocido. Al yuxtaponer su realidad privada y pública, Borges destaca el sentido de enajenación que puede experimentar cualquier individuo frente a la sociedad.

ANTES DE LEER

1 **¿Qué significan?** Relaciona cada palabra de la primera columna con una palabra de la segunda. Después, léelas en su contexto para mejorar tu comprensión.

1. ___ compartir (línea 11)
2. ___ vanidoso (línea 12)
3. ___ atributos (línea 13)
4. ___ ceder (línea 25)
5. ___ perseverar (línea 28)
6. ___ laborioso (línea 32)

a. intrincado
b. persistir
c. tener en común
d. características
e. transferir
f. presumido

2 **Las características** ¿Cuáles son las cinco palabras que definen tu carácter? En grupos de tres o cuatro, hablen de las cualidades que consideren elementos fundamentales de sus identidades individuales.

3 **Las dos caras** Piensa en alguna persona célebre del mundo del espectáculo, los deportes, la política o las artes, o incluso analiza una figura histórica que te llame la atención. Redacta una breve descripción de su imagen pública y luego describe cómo crees que podrá ser su imagen privada.

4 **Características distintas** Elige dos circunstancias de cada una de las columnas de la tabla y describe cómo te comportas en cada situación. Enfócate en tus distintas maneras de actuar y reflexiona sobre cómo cambian tu comportamiento y tus actitudes. Explica cómo te sientes en cada caso.

LUGARES	SITUACIONES	CON... (PERSONAS)
tu propia casa la casa de un amigo la clase o el trabajo en línea (anónimo o no) una fiesta	entrevista de trabajo entrenamiento o partido deportivo ensayo o representación músical haces algo difícil por primera vez estás muy cómodo, haces algo fácil	ciertos amigos tus padres abuelos desconocidos niños

MI VOCABULARIO
Utiliza tu vocabulario individual.

ESTRATEGIA

Visualizar
Mientras lees, forma imágenes mentales para representar a los dos Borges. Al visualizar lo que les gusta hacer y cómo son, podrás comprender mejor cómo los describe el autor.

PALABRAS CLAVE

demorarse detenerse o entretenerse en algún lugar

el zaguán entrada, vestíbulo

el cancel puerta interior

la terna lista o grupo de tres personas

tramar planear y ejecutar con habilidad una cosa complicada

constar ser cierto y evidente algo

el rasgueo acción de tocar la guitarra u otro instrumento de cuerda

el arrabal barrio en las afueras de la ciudad

BORGES Y YO

por **Jorge Luis Borges**

AL OTRO, a Borges, es a quien le ocurren las cosas. Yo camino por Buenos Aires y **me demoro**, acaso ya mecánicamente, para mirar el arco de un **zaguán** y la puerta **cancel**; de Borges tengo noticias por el correo y veo su nombre en una **terna** de profesores o en un diccionario biográfico. Me gustan los relojes de arena, los mapas, la tipografía del siglo XVIII, las etimologías, el sabor del café y la prosa de Stevenson[1]; el otro comparte esas preferencias, pero de un modo vanidoso que las convierte en atributos de un actor. Sería exagerado afirmar que nuestra relación es hostil; yo vivo, yo me dejo vivir, para que Borges pueda **tramar** su literatura y esa literatura me justifica. Nada me cuesta confesar que ha logrado ciertas páginas válidas, pero esas páginas no me pueden salvar, quizá porque lo bueno ya no es de nadie, ni siquiera del otro, sino del lenguaje o la tradición. Por lo demás, yo estoy destinado a perderme, definitivamente, y sólo algún instante de mí podrá sobrevivir en el otro. Poco a poco voy cediéndole todo, aunque me **consta** su perversa costumbre de falsear y magnificar. Spinoza[2] entendió que todas las cosas quieren perseverar en su ser; la piedra eternamente quiere ser piedra y el tigre un tigre. Yo he de quedar en Borges, no en mí (si es que alguien soy), pero me reconozco menos en sus libros que en muchos otros o que en el laborioso **rasgueo** de una guitarra. Hace años yo traté de librarme de él y pasé de las mitologías del **arrabal** a los juegos con el tiempo y con lo infinito, pero esos juegos son de Borges ahora y tendré que idear otras cosas. Así mi vida es una fuga y todo lo pierdo y todo es del olvido, o del otro.

No sé cuál de los dos escribe esta página.

1 **Robert Louis Stevenson:** escritor escocés de finales del siglo XVIII; fue admirado por Borges, Hemingway y Kipling, entre otros.

2 **Baruch Spinoza:** filósofo holandés del siglo XVII

DESPUÉS DE LEER

1 Comprensión Contesta las preguntas según el cuento.

1. ¿Cómo se entera el «yo» de lo que hace el otro Borges?
2. Aunque los dos Borges comparten gustos similares, ¿de qué modo comparte estos gustos el «otro» Borges?
3. ¿Para qué el «yo» deja vivir al otro Borges?
4. ¿Qué frase indica que el «yo» reconoce el éxito literario del otro Borges?
5. ¿A quién o a qué pertenece «lo bueno» de las páginas válidas?
6. ¿Quién tiene la «perversa costumbre de falsear y magnificar»?
7. ¿Cómo se reconoce el «yo» del cuento?
8. ¿En qué sentido es el «otro» como un actor?
9. ¿Qué sugiere el autor sobre el futuro de la relación entre los dos Borges?
10. ¿Qué significa la última oración del cuento?

2 Interpretación Con un(a) compañero/a, analicen esta cita del texto. ¿Qué sentido tiene dentro del contexto general de la lectura? ¿Qué relación tiene con el tema de la identidad individual? ¿Qué nos podría revelar sobre el estilo literario de Borges? Compartan sus ideas con toda la clase.

> « Todas las cosas quieren perseverar en su ser; la piedra eternamente quiere ser piedra y el tigre un tigre. »

3 Los dos Borges Escribe dos listas, una con las características del Borges privado y una con las del Borges público. Luego, con un(a) compañero/a, comparen las características de las dos listas y piensen en cuál de los dos Borges les parece más humano. Expliquen sus observaciones.

MI VOCABULARIO
Utiliza tu vocabulario individual

4 Lo público y lo privado ¿Qué sucedería con tu «yo» si en el futuro te convirtieras en una figura célebre en tu profesión? ¿Cómo cambiarían tu identidad pública y tu identidad privada? ¿Qué conflictos tendrías que enfrentar y cómo podrías conciliar ambas facetas de tu personalidad? Escribe al menos dos párrafos en los que describas cómo sería esta situación.

5 Otros autores Busca en Internet información sobre un autor o una autora de habla inglesa que haya tocado un tema similar al que desarrolla Borges en esta lectura. Ten en cuenta que Borges tuvo mucha influencia de la literatura en lengua inglesa (por ejemplo, de Henry James, Walt Whitman y James Joyce). Elige un texto (puede ser un poema, un cuento corto, un párrafo de un ensayo) y prepara una presentación oral en la que expongas ante la clase una comparación de ambos autores. Intenta responder a estas preguntas u otras que consideres necesarias:

- ¿Qué semejanzas y diferencias, en general, puedes señalar entre ambos autores?
- ¿Cuáles son sus temas más recurrentes?
- ¿Cómo se acerca cada uno al tema de la identidad privada y la identidad pública?
- Lee un fragmento del texto que elegiste y compáralo con «Borges y yo».

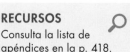

RECURSOS
Consulta la lista de apéndices en la p. 418.

6 

Investigar Investiga uno de los siguientes pensamientos filosóficos, que tienen algún vínculo con la obra general de Jorge Luis Borges. Escribe un resumen breve de la idea principal y explica cómo se relaciona con las ideas que expone Borges en su texto «Borges y yo». Utiliza alguno de los tres pensamientos para analizar el concepto de «dualidad» en tu ensayo.

- «la unidad del alma y el cuerpo» en la filosofía de Spinoza
- la filosofía china de «yin y yang»
- los espejos como dualidad del universo

7 

El idioma ¿Cómo contribuye el idioma que habla una persona a formar su identidad? Si una persona vive en un país donde hay dos o más idiomas oficiales, ¿cómo se revela este hecho en su identidad? Intercambia opiniones con un grupo de compañeros/as.

8 

Rasgos personales Haz una lista de cinco de tus rasgos personales distintivos que atribuyas a tus orígenes étnicos y coméntalos con un(a) compañero/a. Pueden ser atributos físicos, características de tu personalidad o creencias. Para cada uno:

- Identifica el orígen étnico del rasgo.
- Identifica otro(s) familiar(es) o antepasado(s) que comparten el rasgo.
- Explica cómo contribuye a tu identidad personal.

9 

La literatura y la vida Habla con un(a) compañero/a sobre tus experiencias con la literatura, bien sea de manera directa (tus vivencias personales con la lectura o la escritura) o indirecta (lo que conoces de las experiencias de otras personas). ¿Hay en la literatura un mundo paralelo al de la realidad? Cuando leemos o escribimos ficción, ¿podemos explorar otros rasgos de nuestra personalidad o de nuestro yo cotidiano?

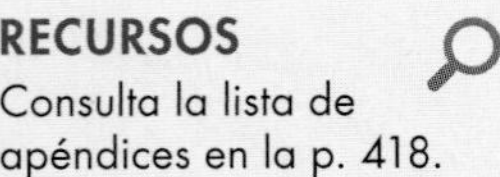

RECURSOS
Consulta la lista de apéndices en la p. 418.

10 

Correo electrónico ¿Alguna vez te has sentido arrinconado por tus amigos? Responde a este correo electrónico de un amigo, intentando aliviar sus preocupaciones. En tu respuesta, debes hacer referencia al tema de la identidad personal y la identidad pública; es decir, cómo uno se percibe a sí mismo/a y cómo lo perciben los demás.

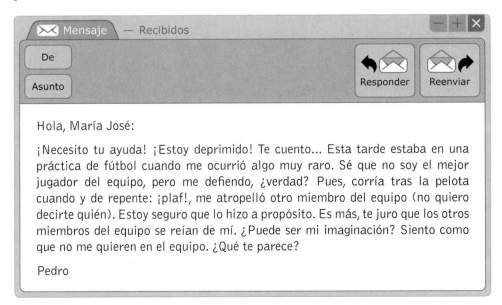

Hola, María José:

¡Necesito tu ayuda! ¡Estoy deprimido! Te cuento... Esta tarde estaba en una práctica de fútbol cuando me ocurrió algo muy raro. Sé que no soy el mejor jugador del equipo, pero me defiendo, ¿verdad? Pues, corría tras la pelota cuando y de repente: ¡plaf!, me atropelló otro miembro del equipo (no quiero decirte quién). Estoy seguro que lo hizo a propósito. Es más, te juro que los otros miembros del equipo se reían de mí. ¿Puede ser mi imaginación? Siento como que no me quieren en el equipo. ¿Qué te parece?

Pedro

LECTURA 1.2 ▸ EXPULSADOS (FRAGMENTO)

SOBRE EL AUTOR Francisco Jiménez nació en San Pedro Tlaquepaque, México, en 1943. En 1947, su familia emigró a Estados Unidos en busca de trabajo y una vida mejor. En California, le gustaba ir a la escuela cuando no tenía que trabajar en el campo. A pesar de los obstáculos, se distinguió como estudiante. Actualmente es profesor en el Departamento de Idiomas y Literaturas Modernas de la Universidad Santa Clara y director del Programa de Estudios Étnicos. Sus cuentos han ganado varios premios literarios.

SOBRE LA LECTURA El fragmento que sigue forma parte de un cuento publicado en 2002 como parte de la colección *Senderos fonterizos*. Trata de las experiencias personales del autor y su familia cuando luchaban por sobrevivir como trabajadores migrantes. El cuento muestra los desafíos que enfrentaron como extranjeros en una tierra donde su lugar es incierto. A la vez que intentaba integrarse, Jiménez guardaba el secreto de su estatus ilegal, símbolo de su enajenación.

ANTES DE LEER

1 

Palabras afines Relaciona cada palabra de la primera columna con otra de la segunda columna que signifique lo mismo. Después de leer el cuento, busca las palabras de la primera columna en la lectura y léelas en su contexto para analizar cómo se usan.

MI VOCABULARIO Anota el vocabulario nuevo a medida que lo aprendes.

1. ___ expulsar (título)	a. mudarse
2. ___ trasladarse (línea 13)	b. faltar
3. ___ escasear (línea 52)	c. deportar
4. ___ las barracas (línea 61)	d. el campamento
5. ___ el preámbulo (línea 78)	e. temer
6. ___ temblar (línea 98)	f. la introducción

2

La asimilación cultural Con un grupo de compañeros/as definan la *asimilación cultural*. Después de establecer una definición aceptada por todos, preparen juntos una lista de las ventajas y los desafíos que enfrentan los inmigrantes hispanos que quieren asimilarse en la cultura estadounidense.

3 

Los grupos étnicos y la identidad ¿Qué define mejor a un grupo étnico: sus rasgos físicos, su idioma, su actitud ante la vida u otros factores? ¿Cómo contribuye nuestro grupo étnico a definir nuestra identidad, tanto pública como privada? ¿Nuestro sentido de identidad viene solamente de nuestro grupo étnico? ¿Qué otros factores influyen? Habla sobre el tema con un(a) compañero/a e intercambien sus opiniones.

Utiliza tu vocabulario individual.

4 

Inmigrantes indocumentados En grupos grandes o con la clase entera, hagan una lluvia de ideas acerca del término «inmigrante indocumentado». ¿A quiénes suele referirse? ¿De dónde proceden estas personas? ¿Por qué dejan su país? ¿Qué riesgos asumen al emigrar? ¿Cuáles son los beneficios posibles? ¿Cómo se benefician los países de acogida con la presencia de inmigrantes indocumentados? ¿Cuáles son las desventajas de la inmigración ilegal? ¿Qué pasos deben dar los gobiernos para mejorar sus políticas hacia los indocumentados?

EXPULSADOS

(Fragmento) por **Francisco Jiménez**

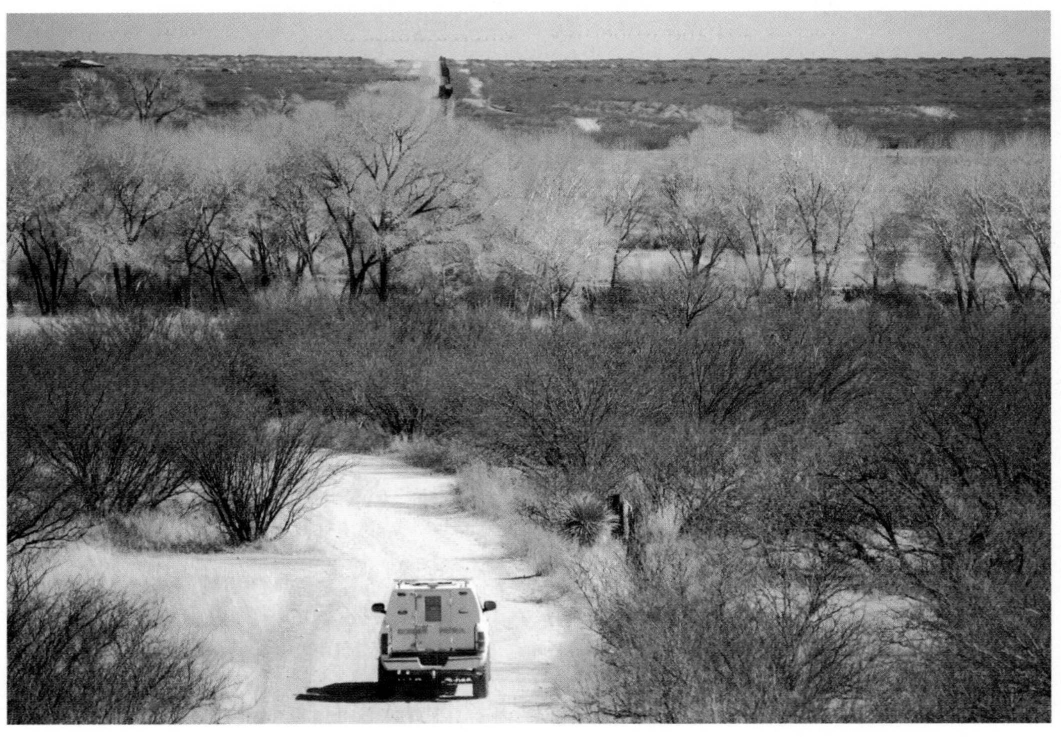

ESTRATEGIA

Ponerte en el lugar del personaje
Para entender mejor las experiencias de un personaje, intenta imaginar que eres él o ella. ¿Cómo te sentirías tú en la misma situación? Si sientes empatía por el personaje podrás entender mejor sus sentimientos y motivaciones.

PALABRAS CLAVE

pelón cabeza sin pelo, por extensión, tierra sin vegetación

trasladarse mudarse

un cerco de alambre una valla de metal que marca el perímetro

YO VIVÍ CON UN MIEDO constante durante diez años largos desde que era un niño de cuatro años hasta que cumplí los catorce. Todo empezó allá a finales de los años 40 cuando Papá, Mamá, mi hermano mayor, Roberto, y yo salimos de El Rancho Blanco, un pueblecito enclavado entre lomas secas y **pelonas**, muchas millas al norte de Guadalajara, Jalisco, México y nos dirigimos a California, con la esperanza de dejar atrás nuestra vida de pobreza. Recuerdo lo emocionado que yo estaba mientras me **trasladaba** en un tren de segunda clase que iba hacia el norte desde Guadalajara hacia Mexicali. Viajamos durante dos días y dos noches. Cuando llegamos a la frontera de México y los Estados Unidos, Papá nos dijo que teníamos que cruzar el **cerco de alambre** sin ser vistos por la migra, los funcionarios de inmigración vestidos de uniforme verde. Durante la noche cavamos un hoyo debajo del cerco de alambre y nos deslizamos como serpientes debajo de éste hasta llegar al otro lado.

—Si alguien les pregunta dónde nacieron —dijo Papá firmemente—, díganles que en Colton, California. Si la migra los agarra, los echará de regreso a México.

Fuimos recogidos por una mujer a quien Papá había contactado en Mexicali. Él le pagó para que nos llevara en su carro a un campamento de carpas para trabajadores que estaba en las afueras de Guadalupe, un pueblito junto a la costa. A partir de ese día, durante los siguientes diez años, mientras nosotros viajábamos de un lugar a otro a través de California, siguiendo las cosechas y viviendo en campos para trabajadores migrantes, yo viví con el miedo de ser agarrado por la Patrulla Fronteriza.

A medida que yo crecía, aumentaba mi miedo de ser deportado. Yo no quería regresar a México porque me gustaba ir a la escuela, aun cuando era difícil para mí, especialmente la clase de inglés. Yo disfrutaba aprendiendo, y sabía que no había escuela en El Rancho Blanco. Cada año Roberto y yo perdíamos varios meses de clase para ayudar a Papá y a Mamá a trabajar en el campo. Luchábamos duramente para sobrevivir, especialmente durante el invierno, cuando el trabajo escaseaba. Las cosas empeoraron cuando Papá empezó a **padecer** de la espalda y tuvo problemas para **pizcar** las cosechas. Afortunadamente, en el invierno de 1957, Roberto encontró un trabajo permanente de medio tiempo como **conserje** en Main Street Elementary School en Santa María, California.

Nosotros nos establecimos en el Rancho Bonetti, donde habíamos vivido en barracas del ejército de modo intermitente durante los últimos años. El trabajo de mi hermano y el mío —**desahijando** lechuga y pizcando zanahorias después de clase y en los fines de semana— ayudaba a mantener a mi familia. Yo estaba emocionado porque nos habíamos establecido finalmente en un solo lugar. Ya no teníamos que mudarnos a Fresno al final de cada verano y perder las clases durante dos meses y medio para pizcar uvas y algodón y vivir en carpas o en viejos garajes.

Pero lo que yo más temía sucedió ese mismo año. Me encontraba en la clase de estudios sociales en el octavo grado en El Camino Junior High School en Santa María. Estaba preparándome para recitar el preámbulo a la Declaración de Independencia, que nuestra clase tenía que memorizar. Había trabajado duro para memorizarlo y me sentía con mucha confianza. Mientras esperaba que la clase empezara me senté en mi escritorio y recité en silencio una última vez:

Nosotros consideramos estas verdades evidentes: que todos los hombres nacen iguales; que ellos fueron dotados por su Creador con ciertos derechos inalienables, entre los cuales están la vida, la libertad y la búsqueda de la felicidad…

Yo estaba listo.

Después de que sonó la campana, la señorita Ehlis, mi maestra de inglés y de estudios sociales, empezó a pasar lista. Fue interrumpida por unos golpes en la puerta. Cuando la abrió, vi al director de la escuela y a un hombre detrás de él.

Tan pronto vi el uniforme verde, me entró pánico. Yo temblaba y podía sentir mi corazón golpeando contra mi pecho como si quisiera escaparse también. Mis ojos se nublaron. La señorita Ehlis y el **funcionario** caminaron hacia mí.

—Es él —dijo ella suavemente poniendo su mano derecha sobre mi hombro.

—¿Tú eres Francisco Jiménez? —preguntó él con firmeza. Su **ronca** voz resonó en mis oídos.

—Sí —respondí, secándome las lágrimas y clavando mi vista en sus negras botas grandes y **relucientes**—. En ese momento yo deseé haber sido otro, alguien con un nombre diferente. Mi maestra tenía una mirada triste y adolorida. Yo salí de la clase, siguiendo al funcionario de inmigración, dirigiéndonos a su carro que llevaba un letrero en la puerta que decía BORDER PATROL. Me senté en el asiento de adelante y nos dirigimos por Broadway a Santa María High School para recoger a Roberto, quien estaba en su segundo año. Mientras los carros pasaban junto a nosotros, yo me deslicé hacia abajo en el asiento y mantuve mi cabeza **agachada**. El funcionario estacionó el carro frente a la escuela y me ordenó que lo esperara mientras él entraba al edificio de la administración.

Pocos minutos después, el funcionario regresó seguido de Roberto. La cara de mi hermano estaba blanca como un papel. El funcionario me dijo que me sentara en el asiento trasero junto con Roberto.

—Nos agarraron, hermanito —dijo Roberto, temblando y echándome el brazo sobre mi hombro. ◣

PALABRAS CLAVE

padecer sufrir

pizcar cosechar, tomar el fruto de las plantas

el/la conserje la persona que limpia y mantiene un edificio

desahijar cosechar o hacer plantas menos densas

el/la funcionario/a oficial, empleado/a público/a

ronco/a fuerte y grave (cuando describe una voz o un sonido)

reluciente brillante, con superficie lisa que refleja luz

agachado/a inclinado/a, doblado/a

ESTRATEGIA

Resumir

Hacer un resumen de lo que has leído te ayudará a captar las ideas principales y comprender mejor la lectura.

DESPUÉS DE LEER

1

Comprensión Contesta las siguientes preguntas.

1. ¿Por qué la familia del narrador decidió trasladarse a Estados Unidos?
2. Describe cómo la familia logró cruzar la frontera para entrar a Estados Unidos.
3. ¿Dónde vivieron durante los primeros diez años?
4. ¿Por qué Francisco no quería regresar a México?
5. ¿Cómo ayudó Francisco a mantener a su familia?
6. ¿Por qué Francisco estaba emocionado de vivir en las barracas del ejército en el Rancho Bonetti?
7. ¿Por qué el trabajo de memorizar y recitar el preámbulo a la Declaración de Independencia es un acto de asimilación?
8. Describe el miedo con el que Francisco vivía y la manera como ese miedo fue cambiando con los años.

2

Encontrar los lugares Consulta un mapa para identificar los lugares mencionados en el cuento y contestar estas preguntas.

1. ¿A cuántas millas de Tlaquepaque queda Mexicali?
2. ¿A cuántas millas de Mexicali queda Guadalupe, CA?
3. ¿A cuántas millas de Santa María, CA, queda Fresno, CA?

3

La perspectiva del narrador Considera el preámbulo a la Declaración de Independencia desde la perspectiva del narrador del cuento. Describe cuál sería su perspectiva mientras la memorizaba, considerando su interés por aprender y las oportunidades que tenía en Estados Unidos. Describe también cómo cambiaría para él el significado de aquellas palabras después de ser detenido. Discute tus ideas con un(a) compañero/a.

> « Nosotros consideramos estas verdades evidentes: que todos los hombres nacen iguales; que ellos fueron dotados por su Creador con ciertos derechos inalienables, entre los cuales están la vida, la libertad y la búsqueda de la felicidad...

RECURSOS
Consulta la lista de apéndices en la p. 418.

4

Comparaciones Compara tus propias experiencias con las de Francisco Jiménez. Escribe un breve texto comparativo teniendo en cuenta estos aspectos:

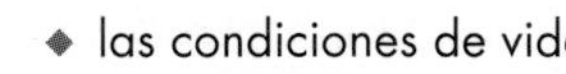

- las condiciones de vida
- sus experiencias en la escuela
- sus responsabilidades fuera de la escuela
- el miedo con el que Francisco vivía

5

La imagen del inmigrante indocumentado En general, ¿cómo se retrata a los inmigrantes indocumentados en los medios de comunicación? ¿Te parece que presentan una imagen favorable, desfavorable o neutral? Habla sobre este tema con un(a) compañero/a.

6 

Otra escena Vuelve a leer el fragmento de «Expulsados» y escribe la escena que podría seguir. Piensa en los posibles diálogos entre Francisco y su hermano, su profesora o sus compañeros, o incluso en un diálogo de toda la familia en sus últimos momentos en Estados Unidos o de regreso en México. Al escribir tu escena, ten en cuenta incluir estos elementos:

- las reflexiones de Francisco sobre sus experiencias en Estados Unidos y la manera como estas influyeron en la formación de su identidad
- la actitud de sus compañeros y su profesora frente a la expulsión de la familia Jiménez
- las dificultades de Francisco y su hermano para adaptarse de nuevo a la cultura mexicana

MI VOCABULARIO 
Utiliza tu vocabulario individual.

7

Discusión grupal Reflexiona sobre estas preguntas y prepárate para discutirlas con toda la clase:

1. ¿Cuál es el efecto o la influencia de la integración de los inmigrantes en el desarrollo cultural de una sociedad?
2. ¿Qué efectos tiene la experiencia migratoria sobre la identidad personal?
3. ¿Cuál debe ser el rol de la familia en el proceso de asimilación cultural?

8

El proceso de naturalización Los miembros de una familia inmigrante en tu pueblo o en tu ciudad quieren hacerse ciudadanos de Estados Unidos, pero no saben si es posible. Llevan más de diez años viviendo en tu pueblo y son miembros honorables de la comunidad, pero no tienen visas y tienen miedo de ser deportados. Ayúdalos a encontrar más información sobre los derechos de los inmigrantes indocumentados y el proceso de naturalización. Escríbeles una lista de consejos: cinco cosas que deben hacer; y una lista de recursos: cinco sitios web u organizaciones que deben consultar para pedir ayuda.

9 

Los estereotipos Piensa en los estereotipos que los medios de comunicación divulgan sobre los grupos minoritarios. ¿Cómo podemos erradicarlos y presentar un retrato más fiel? En una breve presentación oral a tus compañeros/as, presenta tu plan para eliminar estas imágenes estereotipadas.

ESTRATEGIA

Hablar con precisión
Antes de hacer tu presentación, ensaya lo que vas a decir delante de un espejo. Acuérdate de hablar tranquilamente y con precisión, evitando el uso excesivo de palabras como *¿verdad?, bueno, este...*, etc.

10 

Ensayo persuasivo Basándote en el cuento, en las políticas actuales hacia los inmigrantes indocumentados y en tus propias opiniones, piensa en argumentos a favor y en contra de la deportación de la familia Jiménez después de ser detenida. Considera estas cuestiones:

- ¿Cómo contribuyeron los miembros de la familia a su comunidad?
- ¿Por qué se puede considerar ilegal su llegada y estancia en Estados Unidos?
- ¿Por qué la deportación podría afectar a Francisco personalmente?

Llena una tabla como la de abajo con tus apuntes. Luego escoge un lado y escribe una crítica o una defensa de su deportación. Tu conocimiento de los argumentos a favor y en contra te ayudará a explorar el tema profundamente y verlo desde múltiples perspectivas.

CRÍTICA	DEFENSA

AUDIO ▸ UNA LEY PARA FORTALECER EL GUARANÍ EN PARAGUAY

PALABRAS CLAVE
el alcance importancia
la normativa conjunto de regulaciones o normas
las huellas señales
caberle corresponderle

INTRODUCCIÓN El guaraní es una lengua oficial de Paraguay, Bolivia, una provincia de Argentina y parte de Brasil. Es única entre las lenguas indígenas de las Américas, ya que la hablan muchas personas que no son indígenas. En las zonas rurales, es a menudo el único idioma con el que se comunica la gente. Antes de la llegada de los españoles y los portugueses a Sudamérica, fue el idioma que más se hablaba en estas regiones del sur. La palabra *guaraní* se deriva de la palabra *guariní*, que significa «guerra» o «guerrero». Algunas palabras comunes como *tucán* y *jaguar* son de origen guaraní. Esta grabación es parte de un programa de Radio ONU que también trata otros temas de interés.

ANTES DE ESCUCHAR

1 **¿Cómo protegemos las culturas?** Aparte de ayudar a preservar el idioma de un grupo étnico y minoritario de un país, ¿qué más es necesario hacer para conservar las culturas de estos grupos? Hagan una lista de sugerencias en grupos pequeños.

ESTRATEGIA

Usar lo que sabes
Para comprender mejor la grabación, anota aquellas palabras que son cognados o que están relacionadas con palabras que ya conoces.

2 **Tabla de apuntes** Lee las preguntas como preparación para escuchar la grabación. Tendrás la oportunidad de completar la tabla más adelante, mientras escuchas.

PREGUNTAS FUNDAMENTALES	APUNTES
¿Qué es el guaraní y quiénes lo hablan?	
¿Dónde se habla el guaraní?	
¿Cómo es reconocido por el gobierno?	
¿Quién es Susi Delgado?	
¿Cuántas personas lo hablan?	
¿Qué importancia tiene este idioma?	
¿Qué factores han contribuido a la supervivencia del guaraní?	

MIENTRAS ESCUCHAS

1 **Escucha una vez** Escucha la grabación para captar las ideas generales.

2 **Escucha de nuevo** Ahora, de acuerdo con lo que escuchas, escribe las respuestas a cada pregunta de la tabla de apuntes, junto con palabras y expresiones relacionadas con cada una de ellas.

DESPUÉS DE ESCUCHAR

1 

Comprensión En grupos de tres o cuatro, contesten las preguntas de sus tablas de apuntes. Luego respondan a estas preguntas.

1. ¿Qué porcentaje de la población de Paraguay habla guaraní?
2. ¿Cuál es la situación legal del guaraní actualmente y a qué se debe?
3. ¿Por qué es importante esta lengua?
4. ¿Qué opinan algunos lingüistas especialistas en el guaraní?
5. ¿Qué papel cumplen las madres para garantizar la supervivencia del guaraní?

2 

¿Cómo se asimilan? ¿Cómo crees que las minorías étnicas consiguen asimilarse a la cultura dominante de un país? Discute este tema con un(a) compañero/a. En su discusión, hagan referencia no solo a Estados Unidos sino también a países del mundo hispanohablante que les sean familiares.

MI VOCABULARIO 
Utiliza tu vocabulario individual.

3 

Un debate Debate con un compañero/a una de las siguientes posiciones. No importa que de verdad estés de acuerdo con esa postura; debes poder construir argumentos lógicos, sólidos y convincentes para defender cualquiera de las dos opciones.

- La muerte de una lengua señala la muerte de una cultura y esta es una tragedia que se debe evitar; necesitamos tomar medidas para preservar las lenguas y culturas minoritarias.
- La muerte de las lenguas es simplemente un proceso inevitable de la evolución sociocultural y lingüística; no hay que tomar medidas para preservarlas.

RECURSOS
Consulta la lista de apéndices en la p. 418.

4 

Ensayo de reflexión y síntesis Basándote en lo que has estudiado en este Contexto, escribe un ensayo sobre este tema: ¿Qué papel cumplen la enajenación y la asimilación en la identidad, tanto pública como privada, de una persona?

El ensayo debe tener al menos tres párrafos:

- un párrafo de introducción que presente tu tesis, o posición sobre el tema
- un párrafo de explicación que exponga uno o dos argumentos que apoyen tu tesis, con ejempos que sustenten tus argumentos
- un párrafo de conclusión que resuma los argumentos que respaldan la tesis

ESTRATEGIA

Hacer un esquema
Antes de escribir tu ensayo, organiza tus apuntes en un esquema, utilizando números romanos en mayúsculas (I, II, III, etc.) para identificar las secciones del ensayo, letras mayúsculas para las ideas principales de cada sección (A, B, C, etc.), luego números (1, 2, 3, etc.) y números romanos en minúsculas (i, ii, iii, etc.) para las siguientes subcategorías de ideas. Organizar tus ideas de antemano te ayudará a desarrollar una versión final más pulida, coherente y eficaz.

5 

Otras lenguas Investiga sobre otra lengua autóctona de la región latinoamericana y prepara una presentación oral para tu clase. En tu presentación incluye información sobre la importancia cultural de esa lengua, el número de personas que la hablan y si los gobiernos de las regiones donde se habla están haciendo algo para protegerla o promoverla. Puedes investigar sobre una de estas lenguas o sobre otra que te llame la atención:

- náhuatl: México, El Salvador y otras naciones centroamericanas
- lenguas mayas: varios países centroamericanos
- quechua: varios países andinos, principalmente Perú, Ecuador y Bolivia
- aimara: Bolivia, Perú, Chile y Argentina

CONEXIONES CULTURALES

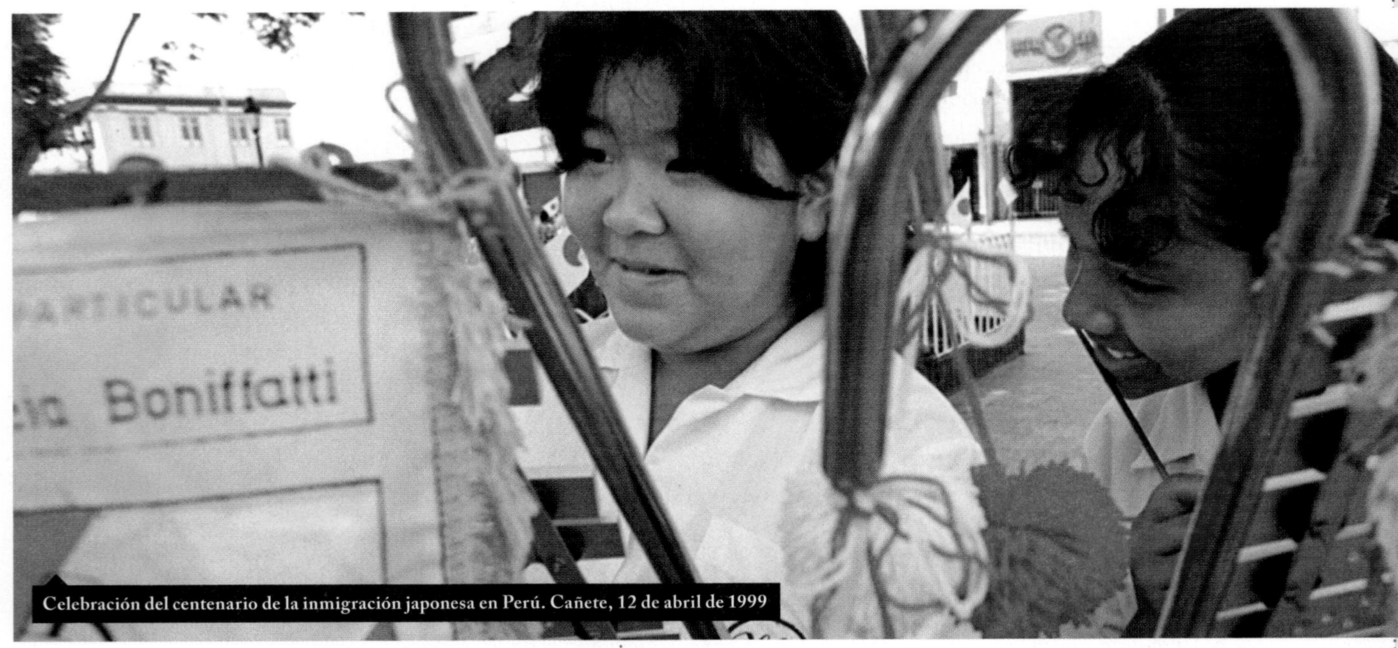

Celebración del centenario de la inmigración japonesa en Perú. Cañete, 12 de abril de 1999

Los árabes en Paraguay

EN PARAGUAY PREDOMINA LA VEGETACIÓN FRONDOSA y el clima tropical. ¿Esperarías encontrar una mezquita allí? Pues quizá te sorprenda saber que en ese país hay una comunidad árabe numerosa y próspera.

Los primeros árabes llegaron con los españoles durante la conquista en el siglo XVI. Luego, desde 1872 hasta la Primera Guerra Mundial, llegó una oleada de ciudadanos del Imperio Turco Otomano. Por eso hasta el día de hoy a los árabes se les suele llamar «turcos». Debido a la situación política de varios países del Medio Oriente tras la caída del Imperio, a partir de 1960 llegó una segunda oleada de inmigrantes en busca de una vida mejor y de nuevos horizontes.

En Paraguay, los árabes abrieron los primeros centros comerciales y se destacaron en la industria textil y en la construcción. Hoy en día esta comunidad está muy integrada con el resto de la sociedad, y algunos de sus miembros ¡hasta hablan guaraní!

- En 1899, la superpoblación en Japón hizo que muchos campesinos de ese país emigraran a Perú. Allí, hoy en día hay hasta cinco generaciones de descendientes de inmigrantes japoneses que aún conservan sus tradiciones. Los japoneses han tenido entonces una gran influencia en la cultura peruana; incluso, uno de los expresidentes del país es de descendencia japonesa: Alberto Fujimori (presidente entre 1990 y 2000)
- En las décadas de 1940 y 1950, el gobierno de Venezuela promovió la llegada de unos 300.000 italianos. Más tarde, el país tendría dos presidentes de origen italiano: Jaime Lusinchi y Raúl Leoni.
- Desde 2007 funciona en Colombia un instituto educativo que actualmente brinda educación multicultural a unos 3200 niños de etnias variadas. En un mismo salón de clases conviven niños afrocolombianos, indígenas de las áreas rurales y periurbanas y niños urbanizados de la ciudad. Así se llevan a cabo actividades para intercambiar las tradiciones de sus pueblos.

Presentación oral: comparación cultural

Prepara una presentación oral sobre este tema:

- ¿Qué importancia tiene la integración de los inmigrantes y de las etnias originarias en el desarrollo cultural de una sociedad?

Compara tus observaciones acerca de las comunidades en las que has vivido con tus observaciones de una región del mundo hispanohablante que te sea familiar. En tu presentación, puedes referirte a lo que has estudiado, vivido, observado, etc.

contexto 2 La autoestima

PUNTOS DE PARTIDA

Nuestra autoimagen —la imagen que tenemos de nosotros mismos— está formada por una serie de datos objetivos como la estatura y el color de los ojos, pero también incluye la opinión que nos hemos formado sobre nuestra persona. Esta opinión se basa en nuestras experiencias y la interpretación que les damos, así como en las opiniones que otros tienen sobre nosotros. La autoimagen a menudo responde a la pregunta «¿qué creo que los demás piensan de mí?».

- ¿Cuáles son los factores que afectan la autoimagen y la autoestima de una persona?
- ¿Qué impacto tiene la opinión de nuestros amigos y familiares en nuestra autoimagen y autoestima?
- ¿Qué características definen a las personas que superan obstáculos para desarrollar una vida productiva?

DESARROLLO DEL VOCABULARIO

MI VOCABULARIO
Anota el vocabulario nuevo a medida que lo aprendes.

1 **Palabras relacionadas** En grupos pequeños, identifiquen conexiones entre estas expresiones y organícenlas en cuatro grupos de palabras relacionadas. Expliquen las agrupaciones y cómo se vinculan los conceptos con la autoestima.

- ansiedad
- compararse con los demás
- complacer a los demás
- comportamientos no saludables
- confianza en sí mismo/a
- construir relaciones significativas
- comportamiento irregular
- idealizar
- imágenes perfectas del cuerpo
- inseguridad
- juzgarse muy severamente
- manipular
- mirarse mucho al espejo
- sentirse inferior/superior
- obsesiones
- percepciones subjetivas
- respetar
- tener en cuenta «el qué dirán»
- tener valores
- trastornos alimenticios

2 **La autoestima** Define el concepto de *autoestima* con tus propias palabras y luego trabaja con cuatro o cinco compañeros/as para comparar sus definiciones. Entre todos, elijan la definición más apropiada y compártanla con los otros grupos. Luego, entre todos, elaboren la definición más completa posible.

3 **Las características** En general, ¿qué características comparten las personas con una buena autoestima? ¿Y las que tienen problemas de autoestima? Con un(a) compañero/a, anoten en una lista las características de cada grupo. Luego reúnanse con otra pareja y completen sus listas mutuamente.

PERSONAS CON AUTOESTIMA ALTA	PERSONAS CON AUTOESTIMA BAJA
la confianza	*la inseguridad*

LECTURA 2.1 ▸ CLASES DE AUTOESTIMA

SOBRE LA LECTURA La autoestima es nuestra propia valoración como seres humanos. Se conforma de las percepciones, los pensamientos, las apreciaciones y los sentimientos orientados a nosotros mismos. Es la manera en que nos vemos física, psicológica, intelectual y socialmente, y la evaluación que hacemos de esta percepción. Afecta nuestra manera de comportarnos y la forma en que nos tratamos a nosotros mismos y a los demás.

La siguiente lista de características, junto con la imagen y el texto que la acompañan, fueron tomadas de la página web de una escuela colombiana que tiene como objetivos incrementar la autoestima de sus estudiantes y promover la creación de proyectos de vida.

ANTES DE LEER

MI VOCABULARIO
Utiliza tu vocabulario individual.

1 **Buenos consejos** ¿A quién le darías los siguientes consejos? En parejas, describan las circunstancias en las que ofrecerían cada consejo. Expliquen cómo le ayudaría a la persona a transformar su autoimagen positivamente.

1. No te compares constantemente con los demás.
2. Piensa en todo lo que has logrado.
3. Prueba o aprende cosas nuevas.
4. Intenta cambiar solamente lo que puedes.
5. Establece metas razonables.
6. Valora tus ideas y opiniones.
7. Refuerza tus valores y cualidades.
8. Mantén o aumenta tus relaciones sociales.
9. Goza de la vida.

2 **¿A quién admiras?** Piensa en alguien que admiras. Puede ser alguien famoso/a o una persona de tu entorno cercano. ¿Qué características la hacen ser una persona admirable? Haz una lista. ¿Crees que esa persona tiene una buena autoestima? Explica por qué. Luego, comparte tus ideas con un(a) compañero/a.

3  **Perfil psicológico de un personaje** Piensa en un personaje complejo de una película o una novela, y haz una lista de sus características psicológicas. Luego, apunta los eventos de la película o novela que crees que han contribuido a la formación de su personalidad. Escribe una descripción del personaje desde la perspectiva psicológica. Usa la imaginación para elaborar un perfil completo, aunque no coincida totalmente con la película o novela. Ten en cuenta estos temas:

- El concepto que tenía el personaje de sí mismo/a
- Los rasgos psicológicos que contribuyeron a su alta o baja autoestima
- Si tenía algún defecto físico o una dificultad de interacción social, ¿qué hizo para superarla?

CLASES DE AUTOESTIMA

¿Te sientes menos? ¿Sientes que no puedes lograr tus **metas**?

Comienza por levantar tu valor propio y tu autoestima.

Diez semanas de superación personal.

Deja de ser víctima y conviértete en un campeón.

CARACTERÍSTICAS QUE INDICAN BUENA AUTOESTIMA	CARACTERÍSTICAS QUE INDICAN BAJA AUTOESTIMA
◆ Creer firmemente en ciertos valores y estar dispuesto a defenderlos. ◆ Actuar confiado en su propio **juicio**, sin miedo a que a otros les pueda parecer mal. ◆ No pensar excesivamente en lo ya pasado o lo que podrá pasar. ◆ Confianza en sí mismo frente a posibles problemas. ◆ No sentirse inferior a cualquier otra persona. ◆ Considerarse una persona valiosa dentro de su entorno próximo. ◆ No dejarse manipular. ◆ Ser capaz de disfrutar de aspectos agradables de la vida. ◆ Saber respetar las normas de **convivencia**.	◆ Autocrítica dura y constante. ◆ **Sensibilidad** extrema hacia la crítica. ◆ Indecisión crónica. ◆ Deseo innecesario por **complacer** a los demás; no saber decir no. ◆ Perfeccionismo exagerado consigo mismo. ◆ **Culpabilidad** excesiva por los errores, exagerando la magnitud de estos sin llegar a perdonarse. ◆ Irritabilidad constante hacia los demás y hacia sí mismo. ◆ Tendencia a ser negativo en la vida.

ESTRATEGIA

Activar conocimientos previos Antes de leer el texto, piensa en lo que ya sabes sobre la autoestima y anótalo. Después de leer, compara estas ideas con lo que has aprendido del texto para poder ampliar tus conocimientos sobre el tema.

PALABRAS CLAVE

las metas fines u objetivos

el juicio facultad para juzgar y actuar

la convivencia cohabitación o coexistencia

la sensibilidad susceptibilidad o capacidad de captar cambios o impresiones

complacer agradar

la culpabilidad sentimiento negativo por haber cometido una falta

DESPUÉS DE LEER

1 **Comprensión** Contesta las preguntas según el texto.

1. ¿Qué se aconseja defender para mantener una buena autoestima?
2. ¿Para qué se necesita la confianza en uno mismo?
3. ¿Qué se aconseja con respecto al pasado?
4. ¿Qué se recomienda sobre los aspectos agradables de la vida?
5. ¿Qué indica el saber llevarse bien con los demás?
6. ¿Qué cualidad crónica es una señal de baja autoestima?
7. ¿Qué siente una persona con baja autoestima con respecto a los errores?

2  **Definiciones** Encuentra la palabra clave relacionada con cada una de estas definiciones:

1. Es la capacidad de vivir en armonía con los demás. ____________
2. Es lo que caracteriza a una persona que percibe lo que ocurre a su alrededor. ____________
3. Es lo que quieres lograr en tu vida. ____________
4. Es lo que solemos sentir cuando nos equivocamos. ____________
5. Es lo que una persona pierde cuando se vuelve loca. ____________

3 **¿Autoimagen o autoestima?** ¿Qué relación hay entre la autoimagen y la autoestima? Discute esta relación con tres o cuatro compañeros/as de clase. Luego, compartan sus conclusiones con otros grupos para ver lo que todos opinan.

4  **La importancia de ser positivo** Con un(a) compañero/a, habla sobre el papel que cumple la actitud positiva en la autoestima y de los efectos adversos de tener una actitud negativa. Hagan referencia a casos concretos de su vida o de la vida de alguien que conozcan bien.

5  **La confianza es la base**
¿Conoces la pirámide alimenticia para conservar la salud? Piensa en cómo sería la pirámide de la autoestima y trabaja con un(a) compañero/a para diseñarla usando «la confianza» como el ingrediente principal. Indiquen cuáles serían los otros elementos y sus proporciones. Cuando terminen de diseñar su pirámide, reúnanse con otras parejas para comparar sus opiniones.

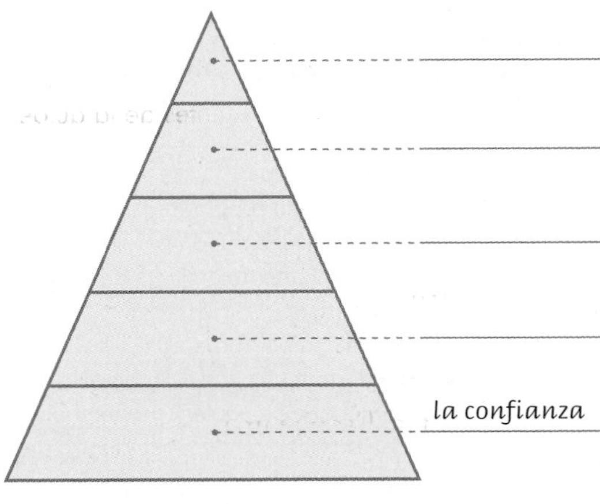

MI VOCABULARIO
Utiliza tu vocabulario individual.

6   **Unas metas personales** Observa la pirámide que elaboraste en la Actividad 5 y analiza cuáles aspectos necesitas reforzar para tener una mejor actitud en la vida y una autoestima más alta. Incluye algunos datos sobre los factores externos que han influido para que tu pirámide no sea más equilibrada. Luego escribe una entrada en tu diario con unas metas personales a corto y largo plazo para superar las deficiencias. Más adelante podrás comprobar si has mejorado en el tiempo que te has fijado.

7

El efecto de los logros ¿Qué repercusión tiene sobre la autoestima el hecho de lograr metas y alcanzar los objetivos que uno se propone? ¿Crees que siempre da lugar a una autoestima más alta o es posible que no la afecte en absoluto? Intercambia tus opiniones sobre este tema con un(a) compañero/a.

8

Una cita La siguiente cita es de Anthony Trollope, uno de los novelistas ingleses más respetados de la época victoriana. Analicen su significado en pequeños grupos, relacionándola con lo que han aprendido en este Contexto.

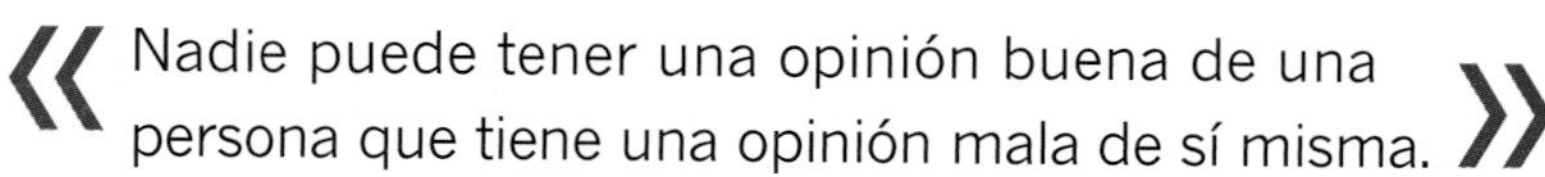

9

Presentación oral Imagina que eres el/la director(a) de una academia que ofrece clases para aumentar la autoestima de sus alumnos. Describe tu academia en una presentación oral para convencer a los interesados (tus compañeros) de que se matriculen en un curso. Debes establecer las metas de las clases y la manera como las vas a alcanzar. Incluye estos aspectos en tu presentación:

- el tipo de clases, los espacios donde se llevarán a cabo y los maestros que las ofrecerán
- los temas más importantes que se tratarán en las clases
- las actividades individuales y las actividades colectivas
- las actividades en clase y fuera de clase
- los resultados positivos que los estudiantes observarán en sus vidas

ESTRATEGIA

Prepararte
Una buena y eficaz presentación oral depende en gran medida de la preparación. Ensaya lo que vas a decir varias veces en voz alta y delante de un espejo. Usa pausas para enfatizar ciertas ideas, y emplea palabras claras y concisas.

RECURSOS
Consulta la lista de apéndices en la p. 418.

10

Un ensayo persuasivo Escribe un ensayo de una página para enviarlo al periódico de tu escuela. El objetivo principal es invitar a los lectores a reflexionar sobre la importancia de tener actitudes positivas y una autoestima alta, y exponer algunas formas de lograrlo. Incluye estos elementos en tu ensayo:

- por qué es importante tener una autoestima alta
- cuáles son los ingredientes de la autoestima
- cuáles son las consecuencias de tener una baja autoestima
- qué pensamientos y actitudes favorecen un alto concepto de uno mismo y cuáles lo desfavorecen
- qué puedes hacer para mantener una alta autoestima y cómo puedes ayudar a otros a desarrollarla

11

Ayuda Acabas de leer este comentario de un usuario de una red social que frecuentas. Escribe una respuesta para ayudar a esta persona.

Hola. Tengo 17 años y me encuentro muy deprimido porque no logro sentirme bien conmigo mismo. Soy muy tímido y me da temor tener amigos. Si me invitan a salir, usualmente me niego porque pienso que soy aburrido y que me invitan solo por compasión. Por favor ayúdenme.

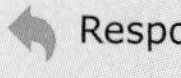
Responder:

Auto-graded
My Vocabulary
Partner Chat
Strategy
Write & Submit

LECTURA 2.2 ▸ LAS REDES SOCIALES Y LA AUTOESTIMA DE LOS JÓVENES

SOBRE LA LECTURA No hay duda de que las redes sociales ofrecen diversas maneras de estar en contacto con nuestros amigos y familiares. Sin embargo, a veces abusamos del tiempo que les dedicamos y nos preocupamos demasiado por lo que dicen los demás sobre sí mismos y sobre nosotros. En la siguiente lectura, tomada de la página web de CNN en México, se analiza el lado negativo de ciertas redes sociales, como la obsesión de algunos usuarios con su imagen corporal, situación que puede llevar a trastornos como la anorexia y la bulimia.

ANTES DE LEER

MI VOCABULARIO
Anota el vocabulario nuevo a medida que lo aprendes.

1 **La inseguridad** Todos nos sentimos inseguros en ciertos momentos de la vida pero, afortunadamente, la mayoría de las veces dominamos estas inseguridades. Con un grupo de cuatro o cinco compañeros, hagan una lista de las inseguridades típicas de los adolescentes y ofrezcan consejos para superarlas. Luego compartan sus recomendaciones con toda la clase.

2 **Las comparaciones** ¿Por qué nos comparamos con los demás? ¿Crees que lo hacemos para confirmar que todos somos parecidos, que los demás son inferiores o que nosotros somos superiores? ¿Cómo afectan las comparaciones a la autoestima? Habla sobre el tema con un(a) compañero/a.

3 **Las opiniones de los demás** Todos nos hemos preocupado por nuestra autoimagen alguna vez, pero, ¿crees que les damos demasiada importancia a las opiniones de otras personas sobre nuestro carácter o aspecto físico? ¿Cómo afectan esas opiniones a nuestra autoestima? Intercambia tus opiniones sobre este tema con cuatro o cinco compañeros. En su discusión, tengan en cuenta estos temas:

- la influencia de los medios de comunicación y de las redes sociales
- el anonimato que ofrece Internet
- la importancia de un círculo de amigos con quienes poder conversar sobre nuestras inseguridades
- la importancia de conversar con los adultos sobre estos temas
- en qué momento se debe buscar ayuda profesional

4 **Describir tus fortalezas** Haz una lista de tus mejores cualidades. ¿De qué estás orgulloso/a? ¿Qué te hace único/a? ¿Por cuáles características te respetan tus amigos, tus padres, tus maestros? Redacta un ensayo para describir en detalle dos o tres fortalezas tuyas. Explica cómo y cuándo te han ayudado y qué revelan sobre tu persona.

LAS REDES SOCIALES PUEDEN CAMBIAR LA AUTOESTIMA DE LOS JÓVENES

(Fragmento)

por **Amanda Enayati**

ESTRATEGIA

Utilizar lo que sabes
La aplicación de tus conocimientos previos te ayuda a entender mejor un texto. Mientras lees el artículo, usa lo que sabes de las redes sociales y las preocupaciones de algunos jóvenes con respecto a su autoimagen. Piensa en conexiones o experiencias propias, de amigos o familiares que se pueden relacionar con el tema del artículo.

> Estudios revelan que el uso frecuente de estos medios puede generar un cambio en la percepción de la figura corporal de los adolescentes

UN DÍA de 2011, Amanda Coleman decidió cerrar su Facebook.

No fue un impulso, sino una decisión construida lentamente; una serie de conversaciones **inquietantes**, y a veces angustiosas.

Coleman, estudiante universitaria y presidenta de su hermandad, pasaba mucho tiempo aconsejando a niñas más jóvenes de su universidad, [aquejadas por inseguridades que] [...] eran alimentadas con frecuencia por los sitios de redes sociales, [especialmente por Facebook.]

Las niñas sabían que estaban en la universidad para estudiar, pero pasaban horas en la computadora, obsesionadas con las fotos y **actualizaciones** de estatus, y comparándose con sus amigos y los amigos de sus amigos, dijo [Coleman].

¿Qué ha cambiado?

Antes de que existieran las redes sociales, teníamos imágenes de celebridades perfectas. Las veíamos en [los medios] [...] pero no nos quedábamos mirándolas durante horas cada día. [...]

Con las redes sociales, el campo de competencia se expandió dramáticamente. Ahora compites con las mejores fotografías y con las exuberantes actualizaciones de estado de cada chica que conoces. [...]

Entre las amigas de Coleman, las comparaciones constantes y la **escalada** de inseguridades se tradujeron en un **patrón de privación** de los alimentos y de ejercicio **incesante**. [...]

Algunas de las chicas en la hermandad de Coleman comenzaron a frecuentar comunidades en línea a favor de los **trastornos** alimenticios, donde [...] los usuarios se animan mutuamente en comportamientos de anorexia y bulimia y presentan fotografías de celebridades y modelos **demacradas**, e imágenes de antes y después de chicas buscando mostrar más piel y huesos.

También encontró que los sentimientos de inseguridad eran extrañamente

PALABRAS CLAVE

inquietante que causa desasosiego o que perturba

la actualización efecto de poner algo al día

la escalada aumento

el patrón de privación modelo o esquema de abstención

incesante que no se detiene o no acaba

el trastorno alteración de la salud física o mental

demacrado/a flaco/a y agotado/a debido a la falta de nutrición o sueño

PALABRAS CLAVE

ubicuo/a presente en todas partes

la recompensa retribución, gratificación

agraciadamente con gracia o facilidad

sistémico/a relativo/a a la totalidad de un sistema

el altercado disputa o enfrentamiento violento

misógino/a que odia a las mujeres

contagiosos, dispersándose entre grupos de amigos que normalmente tienen una imagen saludable del cuerpo.

«Los sitios de redes sociales son parte de un escenario de medios **ubicuo** que forma lo que los niños conocen como ideal de cuerpo en la sociedad», observó Dina Borzekowski, profesora de la Escuela de Salud Pública Johns Hopkins Bloomberg, quien se especializa en niños, salud y medios.

«Los medios sociales han tenido un impacto enorme en las imágenes del cuerpo de los niños. Los mensajes y las imágenes son más específicos; si el mensaje viene de un "amigo", se percibe como más creíble y significativo».

« Los medios sociales han tenido un impacto enorme en las imágenes del cuerpo de los niños. Los mensajes y las imágenes son más específicos; si el mensaje viene de un "amigo", se percibe como más creíble y significativo. »

«Cuando hablas de comportamientos no saludables como los trastornos alimenticios, [...] depresión, e incluso violencia, hay otros jóvenes que están dando instrucciones y apoyo, hacia comportamientos positivos y negativos», dijo Sahara Byrne, profesora asistente de comunicación en la Universidad de Cornell. «Son los jóvenes quienes están creando mucho de esto, para bien o para mal». [...]

«Si tienes a una chica que sube una foto de ella misma viéndose muy delgada y con poca ropa, y una serie de comentarios diciendo que se ve "hermosa" o "ardiente", allí es cuando se presentan problemas porque otras pueden buscar la misma **recompensa**», dice Byrne.

Susceptibilidad en los medios

Algunos de los jóvenes sienten ansiedad por presentaciones idealizadas de sí mismos en Facebook, observó Alice Marwick, doctora e investigadora en medios sociales en Microsoft Research, en Nueva Inglaterra, Estados Unidos. Pero, dice, «muchos de los adolescentes no tienen problemas integrando estas cosas en sus vidas. Muchos navegan en los sitios muy **agraciadamente**».

«Debemos ver qué mensajes se están enviando en la cultura popular. Existen algunas cuestiones **sistémicas** en juego aquí y no podemos echarles la culpa a los individuos».

«Estamos viviendo en una cultura con actitudes extremadamente disfuncionales sobre el peso». De acuerdo con Marwick, los sitios que [promueven la anorexia y la bulimia] [...] no son nuevos. Han existido desde hace una década. [...]

Pero estas plataformas también son usadas para enviar mensajes positivos.

Recientemente, algunas de las celebridades jóvenes han participado en los **altercados** en Twitter, para denunciar elementos culturales que pueden incrementar los trastornos alimenticios.

En noviembre pasado, justo después de una ola de bromas crueles, **misóginas** y videos de YouTube sobre su peso, Miley Cyrus, de 18 años, publicó una fotografía de una mujer demacrada junto a un tuit que decía: «Al decirle gordas a chicas como yo, esto es lo que provocan en otras personas». También compartió una imagen de Marilyn Monroe que decía: «prueba de que puedes ser adorada por miles de hombres incluso cuando tus muslos se tocan».

Demi Lovato, quien fue tratada por depresión y trastornos alimenticios en 2010, ha estado usando Twitter para vengarse de las bromas impertinentes sobre los trastornos alimenticios. En un documental reciente, Lovato admitió que ha recaído un par de veces desde su tratamiento y aunque puede que nunca se recupere totalmente de sus problemas, está haciendo lo mejor que puede para tenerlos bajo control.

El papel fundamental del apoyo de los adultos

En general, observó Borzekowski, «hay gente mucho más susceptible a la influencia de los medios que otros. Los mensajes y las imágenes [que impulsan la anorexia y la bulimia] [...] pueden inspirar a algunas pero provocar repulsión en otras».

En su experiencia, los niños que tienen más riesgo son los que se exponen más a los mensajes de los medios, y tienen menos exposición a los mensajes racionales y claros de los adultos que los apoyan y de los líderes de la comunidad.

Sin embargo, la investigación de Byrne muestra que mientras los padres más tratan de **restringir** el uso de los medios a los niños, estos intentarán nuevas formas de acceder a ellos o generarán resentimiento en contra de sus padres porque sienten que no les permiten formar parte de una conversación cultural mucho más grande.

Cuando se trata de la tecnología, las dinámicas de los niños y la familia están cambiando drásticamente, dijo Byrne, y tendremos que reaccionar durante un tiempo. [...]

PALABRAS CLAVE

restringir reducir, limitar

DESPUÉS DE LEER

1 Comprensión Elige la mejor respuesta para cada pregunta, según el artículo.

1. ¿A qué atribuyen algunos estudios un cambio en la percepción de la figura corporal de los jóvenes?
a. A las dietas
b. A los medios de comunicación
c. A las hermandades universitarias
d. A las modelos muy delgadas

2. ¿Por qué cerró Amanda Coleman su cuenta en Facebook?
a. Terminó sus estudios.
b. Se cansó de darles consejos a las otras universitarias.
c. Se hartó del papel prominente y negativo de las redes sociales en la vida de sus compañeras.
d. Se dio cuenta de que pasaba demasiado tiempo frente a la computadora.

3. ¿Qué provocó los cambios en el régimen alimenticio y de ejercicio entre las compañeras de Coleman?
a. Las comparaciones constantes entre amigos y el aumento de inseguridades
b. Un aumento en el grado de competitividad
c. Las fotos que estas chicas subieron en Facebook
d. Las imágenes de celebridades

4. ¿Qué motivó a Miley Cyrus a publicar la foto de una mujer muy delgada junto con un *tuit*?
a. Quería mostrar cómo quedó una chica después de hacer una dieta.
b. Quería mostrar a una mujer con baja autoestima.
c. Quería mostrar lo que es una mujer con un cuerpo ideal.
d. Quería responder a los ataques sobre su peso.

CONCEPTOS CENTRALES

Causa y efecto
Establecer la relación entre causa y efecto te ayudará a comprender los motivos de las personas citadas en el artículo.

5. Según la profesora Borzekowski, ¿qué niños tienen más riesgo de padecer anorexia o bulimia?
   a. Los que no se exponen a los mensajes de los medios ni a los mensajes irracionales
   b. Los que tienen poca autoestima
   c. Los que se exponen más a los mensajes de los medios y tienen menos exposición a los mensajes racionales de los adultos
   d. Los que se exponen menos a los mensajes de los medios y tienen más exposición a los mensajes racionales de los adultos

2 **¿Hecho u opinión?** Nuestras percepciones sobre nosotros mismos y sobre los otros se basan en hechos y opiniones. Estudia las características de los hechos y las opiniones que se muestran en las siguientes listas. Luego, trabaja con tres o cuatro compañeros para buscar en la lectura fragmentos que ejemplifiquen cada una de esas características.

Hecho	Opinión
◆ Es objetivo.	◆ Es subjetivo.
◆ Se puede verificar.	◆ No se puede verificar.
◆ Presenta datos.	◆ Presenta pensamientos/creencias/suposiciones.
◆ Informa sobre la realidad.	◆ Interpreta la realidad.
◆ Se presenta sin prejuicios.	◆ Se presenta con prejuicios.

MI VOCABULARIO
Utiliza tu vocabulario individual.

3  **Relacionar las lecturas** ¿Cómo se relaciona el texto que acabas de leer con el anterior sobre la autoestima (p. 365)? Compara ambas lecturas con un(a) compañero/a e intercambien ideas sobre los temas que tratan ambos textos. ¿Cuál de los dos te parece más interesante y por qué? ¿Cuál consideras que es más importante para los adolescentes de hoy en día?

ESTRATEGIA

Usar el vocabulario adecuado Practica el vocabulario que has aprendido en este Contexto para demostrar tu conocimiento.

4 **Un correo electrónico** Un(a) amigo/a te ha enviado un correo electrónico en el que te cuenta que está intentando liberarse de una autoimagen negativa de su aspecto físico. Contéstale y dale consejos para motivarlo/a a solucionar su problema. Pregúntale qué le ha llevado a sentirse así y si ha intentado hablar del tema con sus padres o sus maestros.

Cuando hayas terminado, revisa lo que escribiste para verificar que la ortografía y la gramática sean correctas y haz las modificaciones necesarias.

RECURSOS
Consulta la lista de apéndices en la p. 418.

5   **Explicar por qué** Contesta las preguntas con información de la lectura y añade tus propias reflexiones. Indica si estás de acuerdo o no y explica por qué.

- ¿Por qué las redes sociales contribuyen tanto a la inseguridad de los jóvenes?
- ¿Cómo se pueden usar las redes sociales de manera más saludable?

6  **Algunas soluciones** Trabaja con un(a) compañero/a para generar una lista de soluciones posibles a los problemas presentados en el texto. Elijan una o dos de las mejores ideas para desarrollarlas más ampliamente. Preparen una explicación breve de la solución que propongan y preséntenla a la clase. Para sus propuestas, consideren los siguientes aspectos:

- el rol de los padres/adultos en el uso de la tecnología por los jóvenes
- las consecuencias de los comentarios negativos en línea
- los aspectos positivos y negativos de las redes sociales

AUDIO ▸ JÓVENES DISCAPACITADOS SE REÚNEN A DISFRUTAR DE POESÍAS

INTRODUCCIÓN Esta grabación proviene de un reportaje televisivo sobre la Fundación Dominicana de Ciegos (FUDCI), que apoya a jóvenes invidentes. La grabación muestra la creatividad literaria y artística de varios jóvenes con discapacidad visual que se reúnen a disfrutar de la poesía en el grupo literario La esquina Borges.

En la grabación se mencionan las siguientes personas: Jorge Luis Borges (1899-1986), escritor argentino de poemas, cuentos y ensayos; Juan Bosch (1909-2001), político, historiador, educador y primer presidente dominicano elegido democráticamente; Roberto Cavada (1971-), popular presentador de noticias cubano radicado en República Dominicana.

PALABRAS CLAVE

integrar componer, conformar
el patrocinio ayuda prestada por alguien con poder o influencia
vidente que ve
la antítesis lo opuesto
hechizar cautivar
sustentarse apoyarse, mantenerse

ANTES DE ESCUCHAR

1 **Figuras retóricas** En esta grabación vas a escuchar a una joven mencionar las siguientes figuras retóricas: *paradoja, símil, metonimia, metáfora* e *hipérbole*. En parejas, investiguen la definición de estas figuras y den por lo menos un ejemplo de cada una de ellas.

MIENTRAS ESCUCHAS

1 **Escucha una vez** Escucha la grabación para reconocer las ideas generales. Toma apuntes sobre cada uno de los temas de esta tabla. Esto te ayudará a reconocer las ideas más importantes.

PREGUNTAS FUNDAMENTALES	APUNTES
¿Qué es La esquina Borges?	
¿Quién fue Jorge Luis Borges?	
¿Qué carreras estudian estos jóvenes?	
¿Con qué fin trabajan tan arduamente los chicos de La esquina Borges?	
Además de leer poesías, ¿a qué más se dedican estos chicos?	

ESTRATEGIA

Relacionar
Hacer conexiones entre las percepciones que tenías sobre el tema de la grabación y lo que oyes te ayudará a comprender mejor el contenido.

2 **Escucha de nuevo** Ahora, de acuerdo con lo que escuchas, escribe palabras y expresiones relacionadas con cada pregunta de la tabla de apuntes, así como las respectivas respuestas.

DESPUÉS DE ESCUCHAR

1 **Comprensión** En grupos de tres o cuatro, contesten las siguientes preguntas usando la información de sus tablas de apuntes.

1. ¿Qué es La esquina Borges?
2. ¿Para qué se reúnen los jóvenes de La esquina Borges?
3. ¿Por qué los chicos se identifican con Jorge Luis Borges?
4. Completa la cita: «La ceguera no es una condición física, sino ______________».
5. ¿Con qué fin trabajan tan arduamente los chicos de La esquina Borges?
6. Además de leer poesías, ¿qué más hacen estos chicos?

MI VOCABULARIO
Utiliza tu vocabulario individual.

2 **En otras palabras** Jorge Luis, un miembro del grupo de La esquina Borges, dice lo siguiente con respecto a la discapacidad:

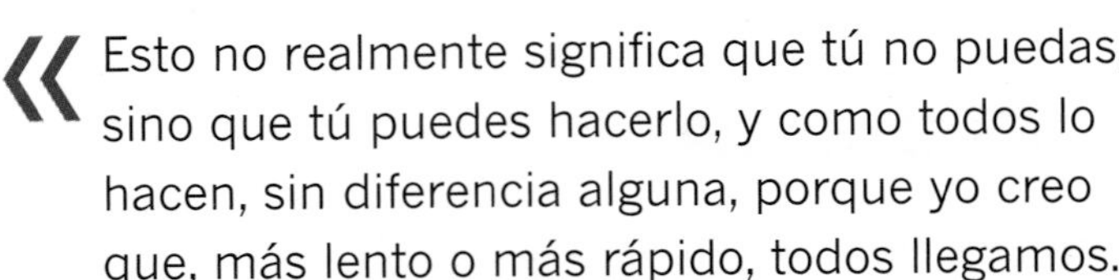

« Esto no realmente significa que tú no puedas, sino que tú puedes hacerlo, y como todos lo hacen, sin diferencia alguna, porque yo creo que, más lento o más rápido, todos llegamos. »

En parejas, analicen la frase y escriban con sus propias palabras lo que esto significa.

RECURSOS
Consulta la lista de apéndices en la p. 418.

3 **Un club escolar** En grupos de tres, diseñen la conformación de un club escolar para reforzar las actitudes positivas de los miembros de su escuela. Puede ser un club literario (similar a La esquina Borges), deportivo, artístico o de otro tipo. Le deben asignar un nombre al club y especificar el tipo de actividades que realizarán. También deben indicar claramente cómo ayudará este club a fomentar las actitudes positivas de sus miembros. Compartan sus ideas con otros dos grupos.

4 **Ensayo de reflexión y síntesis** ¿Cómo se relacionan los dos textos y la grabación con respecto al tema de la autoimagen y la autoestima? Escribe un ensayo citando ejemplos de las tres fuentes. Incluye lo que has aprendido sobre los obstáculos que las personas deben vencer para tener una autoimagen sana y una autoestima saludable. El ensayo debe tener al menos tres párrafos:

1. Un párrafo de introducción que:
   - presente el contexto del ensayo
   - incluya una oración que responda a la pregunta, que es tu tesis
2. Un párrafo de explicación que:
   - exponga uno o dos argumentos que apoyen tu tesis
   - dé ejemplos que sustenten tus argumentos
3. Un párrafo de conclusión que:
   - resuma los argumentos que llevan a la tesis
   - vuelva a plantear la tesis con otras palabras

CONEXIONES CULTURALES

Plaza Mayor, Antigua, Guatemala

La autoestima y el rendimiento escolar

IMAGINA QUE ASISTES A UNA ESCUELA EN LA QUE TODOS hablan un idioma que no entiendes. ¿Cómo te sentirías? En Guatemala, muchos estudiantes mayas ya no tendrán ese problema gracias a la educación bilingüe intercultural.

Estudiar en una escuela donde no se habla la lengua materna daña la autoestima. Los estudiantes se autolimitan y se excluyen de las actividades diarias. El rendimiento escolar se ve afectado, pues los estudiantes faltan a clases o abandonan la escuela. Esto permite entender por qué solo siete de cada mil integrantes de los pueblos originarios de Guatemala asisten a la universidad.

Para aumentar el deseo de superación de los estudiantes, desde 2010 la Escuela de Formación de Profesores de Enseñanza Media de la Universidad de San Carlos de Guatemala ofrece una licenciatura en educación intercultural, con énfasis en la cultura maya.

- En Costa Rica hay 140.000 jóvenes «nini» (ni estudian ni trabajan). En muchas ocasiones esta situación es causa de baja autoestima, que los lleva a creer que nadie los aceptará en un trabajo o que no son buenos para estudiar. Por este motivo, el gobierno costarricense está buscando alternativas para generar mayores oportunidades educativas y laborales entre los jóvenes.
- En México, más del 30% de los jóvenes entre 12 y 19 años padece de obesidad. Esta enfermedad daña su autoestima, pues están en una etapa en la que piensan equivocadamente que solo importa la apariencia. Esta situación ha prendido las alarmas en la sociedad mexicana, que ahora busca alternativas para reducir los problemas de sobrepeso entre sus jóvenes.
- En España, el 20% de los jóvenes menores de 35 años volverá a vivir con sus padres debido a la crisis económica, lo que afecta su autoestima y su valoración de la formación académica.

Presentación oral: comparación cultural

Prepara una presentación oral sobre este tema:

- ¿Cuáles son los factores que afectan la autoimagen y la autoestima de una persona?

Compara tus observaciones sobre esos factores en las comunidades que has vivido con tus observaciones de una región del mundo hispanohablante que te sea familiar.

Amanda Coleman (México)
yo (Bburg, Estados Unidos)

léxico 1 Verbos y expresiones para indicar cambios

- Hay muchas formas de indicar transformación o cambio de acción mediante el uso de diferentes verbos y expresiones.

- Los verbos pueden dividirse en aquellos que expresan un estado físico o psicológico, temporal o permanente, y aquellos que expresan un cambio de estado o transformación.

  Miguel Ángel ya **está** harto de tanto viajar.

  estado

  Ha llegado a ser un director bastante famoso.

  transformación

- La voz pasiva con **ser** tiene un sentido de transformación activo y voluntario, y es equivalente a la pasiva del inglés con *to be* o *to get*. Por el contrario, **estar** + *participio* expresa resultado, estado y permanencia.

  Las casas vacías **fueron ocupadas** por los estudiantes.

  cambio

  Las casas vacías **están ocupadas** por los estudiantes.

  resultado

- El verbo **ser** en presente o pretérito imperfecto tiene un sentido de estado y permanencia, mientras que su uso en pretérito perfecto simple expresa cambio y suele traducirse al inglés con el verbo *to become*.

  La situación **es** imposible de entender.
  The situation is impossible to understand.

  La situación **era** imposible de entender.
  The situation was impossible to understand.

  La situación **fue** imposible de entender.
  The situation became impossible to understand.

- Los verbos que expresan cambios climatológicos (**ponerse**, **hacerse**, **volverse**, **amanecer**, **anochecer**) también indican transformación. Estos se suelen traducir al inglés por *to become*, *to get* o *to turn*.

  Íbamos a salir a caminar, pero **se puso** muy nublado.
  We were going to leave for a walk, but it got very cloudy.

  En invierno **se hace** de noche muy temprano.
  In the winter, it gets dark very early.

  Por favor, vuelve a casa en cuanto **anochezca**.
  Please, return home as soon as it gets dark.

- Cuando **volverse** se utiliza con un sustantivo, se debe emplear un artículo.

  El sol se puso y el cielo **se volvió un** mar de estrellas.
  The sun set and the sky became a sea of stars.

Algunos verbos siempre expresan cambio y transformación.

VERBO	EXPRESA	EJEMPLO
volverse + adj./ art. + sust.	cambio permanente de cualidad o clase	**Se ha vuelto** insoportable. *He has become unbearable.* **Te has vuelto** una persona trabajadora. *You have turned into a hard-working person.*
quedarse + adj.	cambio de estado como resultado de un proceso	María **se quedó** sin dinero. *María went broke.*
ponerse + adj.	cambio de situación momentáneo en el estado de salud o de ánimo, color o aspecto físico, o comportamiento	**Se puso** muy enfermo. *He became very sick.*
hacer(se) + adj.	cambio de estado, cualidad o situación, con participación activa del sujeto	Pablo **se hizo** famoso. *Pablo became famous.*
hacer(se) + sust.	cambio de cargo, profesión o situación personal, precedido de un proceso largo	Después de mucho esfuerzo, **se hizo** médica. *After a lot of effort, she became a doctor.*
llegar a ser + sust.	cambio de cargo, profesión o situación personal, precedido de un proceso largo	Después de muchos fracasos, **llegó a ser** la empresaria más prominente de su país. *After a lot of failures, she became her country's most prominente business owner.*
convertir(se) en + sust. o adj. sustantivado	cambio, transformación profunda	**Se ha convertido** en la actriz más famosa de España. *She has become the most famous actress in Spain.*
caer + sust./adj.	cambio abrupto, repentino, generalmente con un sentido negativo	Lo delataron y **cayó** prisionero. *He was reported and was imprisoned.* Mi padre **cayó** enfermo. *My father got sick.*
cambiar de + sust.	cambio definitivo	No lo comprendo; **cambia de** opinión cada vez que le pregunto. *I don't understand; he changes his mind every time I ask him.*

En español hay una larga lista de verbos reflexivos de cambio formados a partir de adjetivos.

agrandarse	empacharse	enfurecerse	oxidarse
alegrarse	enamorarse	enrojecerse	refrescarse
apaciguarse	enemistarse	ensuciarse	ruborizarse
bajarse	enfadarse	llenarse	sonrojarse
calentarse	enfermarse	maquillarse	subirse
cansarse	enfriarse	marchitarse	tranquilizarse

Se enriqueció gracias al trabajo y a la generosidad de los demás.
She became rich thanks to everyone's work and generosity.

PRÁCTICA

1 Reescribe estas oraciones usando verbos que indiquen cambio o progresión.

1. Juan recibió una mala noticia y ahora está enojado.
2. Después de tantos años de estudio, Teresa ya es jueza.
3. Alejandra no ha venido a trabajar porque está enferma.
4. Cada vez que le pregunto, siempre tiene una opinión diferente.
5. A base de trabajo y dedicación, ahora es un escritor muy famoso.
6. Parece mentira; ahora ya es todo un caballero.
7. Desde que ganó la lotería está insoportable.
8. En los años 70, los pantalones de campana estaban de moda.
9. Siempre que veo una película dramática, estoy triste.
10. Enrique ya no me cae bien; es un antipático.

2 Para cada una de estas ilustraciones, escribe una pequeña descripción utilizando verbos o expresiones que indiquen cambio.

1. 

2. 

3. 

4. 

3 Traduce estas oraciones al español utilizando expresiones que indiquen cambio o progresión. Después compáralas con las de un(a) compañero/a.

1. As she heard the news, her eyes became bigger and bigger.
2. You have never been interested in politics, and now you want to become the mayor of our town? That's just ridiculous!
3. He was taken prisoner.
4. After they ran out of water, the trip became unbearable.
5. Big Band music became fashionable in the 30's and 40's.
6. After being in the sun all day, I jumped in the pool to cool off.
7. She became very upset and told me that she would never let me use her car again.
8. Over the years, he has become very liberal.
9. It's getting dark; let's go back home.
10. Carlos has become an advocate (**defensor**) for animal rights.

4 Escribe un párrafo en el que utilices cinco de las palabras y expresiones de la siguiente lista.

alegrarse	hacerse	amanecer	ponerse
llenarse	volverse	quedarse	llegar a ser

El lenguaje académico

- El lenguaje, tanto oral como escrito, puede utilizarse con diferentes niveles de formalidad, dependiendo del contexto y del propósito de comunicación. En un extremo tenemos el **lenguaje común oral**, caracterizado, entre otros aspectos, por la alta complejidad gramatical, el vocabulario reducido, la subjetividad y el uso de coloquialismos. En el otro extremo tenemos el **lenguaje académico escrito**, caracterizado por la simplicidad gramatical, el vocabulario extenso y especializado y el tono personal.

LENGUAJE COMÚN ORAL	LENGUAJE ACADÉMICO ESCRITO
Oye, ¿podemos juntarnos y ver si hay algún trabajo para mí?	Solicito a usted la oportunidad de concederme una entrevista de trabajo.
Te decía que lo que queremos es hablarte del proyecto político que estamos planeando y que hemos estado preparando desde que llegó el presidente el otro día.	Nos dirigimos a usted con la finalidad de comunicarle nuestro proyecto político. Este se inició con la llegada del señor presidente a nuestras oficinas.
Quería avisarle que le vamos a dar el crédito que solicitó para su empresa a fines de marzo.	Por la presente, le comunicamos la concesión del crédito empresarial que solicitó el día 23 marzo del presente año.
¿Por qué en este mundo que dicen que es tan libre, donde dicen que se puede ir a cualquier lado y donde se pueden comprar cosas de todos lados, no dejan que la gente viaje a donde quiera?	¿Por qué, en un mundo de inmediato trasiego de mercancías y valores, se impide el libre movimiento de las personas?
Quieren que a los hijos les vaya bien en el colegio y que puedan ir a la universidad y se adapten y se incorporen a la vida normal de la gente que forma parte de la clase media de Estados Unidos.	Desean que sus hijos tengan éxito académico y se incorporen a las corrientes centrales de la vida en Estados Unidos.
Lo que dice Carlos Fuentes para apoyar su tesis tiene mucho sentido.	Cabe señalar la autoridad de los argumentos aducidos por el escritor Carlos Fuentes para apoyar su tesis.

- Tanto el lenguaje común como el lenguaje académico presentan distintos **registros**, es decir, en función de los destinatarios y de las circunstancias, se adopta una forma de expresarse u otra. Los registros pueden ser **formales** o **informales**. Una carta familiar, por ejemplo, tiene un tono distinto que el de una carta dirigida al director del colegio en el que estudiamos. De igual modo, un representante de productos médicos no habla igual con sus colegas en una reunión interna de la empresa que cuando le explica a un médico las propiedades de un nuevo dispositivo quirúrgico disponible en el mercado.

- Un buen dominio del idioma requiere el manejo correcto de distintos registros. Por ejemplo, al solicitarle trabajo al director de una empresa no sería adecuado decir algo como: «Amigo, ¿por qué no me buscas un carguito allá en tu oficina?». Sin embargo, este registro puede resultar adecuado cuando uno habla con un buen amigo, con el que hay cercanía y familiaridad.

- La utilización de un registro elevado en una situación informal también resulta inadecuada y, en ocasiones, pedante, o incluso graciosa o sarcástica.

    Mamá, deseo informarte que disfruto con el noticiario vespertino.

- La principal función del lenguaje académico es transmitir ideas de forma objetiva, rigurosa, concisa y precisa. Estas son sus características principales:

Densidad léxica La riqueza y variedad en el uso del vocabulario hace que la exposición de conceptos e ideas sea más precisa.

Los elefantes, rinocerontes e hipopótamos son mamíferos de piel muy gruesa y dura. Algunos comen solo plantas. Otros comen plantas y carne. Tienen pezuñas en los pies. (*Definición en un diccionario para niños*)

Paquidermo: Se dice de los mamíferos artiodáctilos, omnívoros o herbívoros, de piel muy gruesa y dura. (*Definición en un diccionario académico*)

Condensación de la información Se eligen frases y expresiones cargadas de información. En particular, se recurre a nominalizaciones que permiten condensar la información y hacerla más impersonal y abstracta.

INFORMACIÓN NO CONDENSADA	INFORMACIÓN CONDENSADA
El juez **le permitió independizarse de sus padres**.	El juez **autorizó su emancipación**.
Tras las negociaciones, **los trabajadores lograron que les pagaran más dinero**.	Las negociaciones tuvieron como resultado un **incremento salarial**.

Objetividad Se evita el uso de la primera persona y de verbos de opinión. Se recurre a construcciones impersonales en las que se omite el agente.

VERSIÓN PERSONALIZADA	VERSIÓN IMPERSONAL
La gente relaciona a los inmigrantes con personas que trabajan en fábricas.	Es importante notar la tradicional vinculación de los inmigrantes con la clase trabajadora.
VERSIÓN SUBJETIVA	**VERSIÓN OBJETIVA**
Las políticas migratorias del siglo pasado me parecen absurdas.	Las políticas migratorias del siglo pasado no se adaptan a la realidad contemporánea.

Vocabulario especializado Se elige el vocabulario apropiado al tema sobre el que se escribe.

VOCABULARIO NO ESPECIALIZADO	VOCABULARIO ESPECIALIZADO
El personaje más importante compara implícitamente a su hermano con un perrito muerto de hambre.	El protagonista se refiere a su hermano con una metáfora sobre un perro famélico.
El autor dice que el costo de la batalla fue tal que al final no valió la pena.	El autor define el enfrentamiento como una batalla pírrica.

Simplicidad gramatical, rigor y concisión La espontaneidad del lenguaje común, en especial el lenguaje oral, lleva a estructuras más largas y más complejas gramaticalmente. El lenguaje académico se planea de manera cuidadosa, por lo que el resultado son estructuras sencillas y organizadas lógicamente.

> En la página 57 tienes mucha información actual sobre los temas del programa, y también pusimos ahí unos resúmenes de los trabajos; ah, y no te olvides de mirar también en esa página la lista de los materiales que consultamos.

> La información actual sobre los temas del programa, los resúmenes de los trabajos y las fuentes utilizadas se exponen en la página 57.

PRÁCTICA

1

Indica si estas oraciones usan vocabulario especializado o vocabulario no especializado.

1. El recuento de leucocitos se encuentra fuera del rango de referencia.
2. Mi hermano no fue a la reunión de trabajo porque estaba enfermo.
3. En este barrio hay mucha gente inmigrante que busca trabajo.
4. El narrador omnisciente se expresa en la primera persona con complejas metáforas.
5. Perro: animal doméstico que es el mejor amigo del hombre
6. El desempleo se encuentra en aumento entre las comunidades de inmigrantes.
7. Felino: animal perteneciente a la familia de los félidos
8. Los más recientes datos del Ministerio señalan que el nivel de desempleo llegó a los dos dígitos.
9. Elena está muy angustiada porque lleva dos meses sin empleo.
10. El informe se realizó a partir de datos provenientes de una base de datos georreferenciada de la Unión Europea.

2

Reescribe estas oraciones para que resulten adecuadas en un contexto académico escrito.

1. La conclusión que saca el escritor me parece una barrabasada que no tiene nada que ver con las razones que explica antes.
2. Los gatitos y los leones son como primos lejanos.
3. Cuando te duela la barriga, tómate esta pastilla y echa una cabezadita (*nap*).
4. Mire, profe, mañana no puedo tomar el examen, así que, ¿por qué no me lo cambia para la próxima semana?
5. Los grillos son unos bichitos negros que hacen un ruido muy molesto.
6. El ecuador es algo así como una línea inventada que rodea el centro del planeta.
7. José Zorrilla escribió todo tipo de poemas.
8. A Vargas Llosa le dieron el Premio Nobel de los escritores.
9. El presidente anda diciendo por ahí que el cambio del sistema financiero es muy bueno.
10. Al gobierno no le gusta nada la violencia de la calle.

3

Escribe dos mensajes de correo electrónico en los que solicitas trabajo en una empresa. El primer mensaje se lo envías a una amiga que trabaja allí; el segundo está dirigido al director de la empresa. Debes tener en cuenta el lenguaje que usas en cada caso.

Los anglicismos

- Es frecuente que las lenguas se influencien unas a otras y que, al entrar en contacto por diversos motivos (cercanía entre dos países, comercio, inmigración, etc.), se modifiquen y «se presten» términos entre sí. Este fenómeno ha ocurrido desde la antigüedad, pero se ha multiplicado últimamente por la velocidad de las comunicaciones y por el mayor movimiento de personas entre unas naciones y otras.
- El español ha incorporado palabras de varios idiomas (**extranjerismos**), entre ellos del inglés. A las palabras provenientes del inglés se las denomina **anglicismos**. Estos préstamos lingüísticos llegan al español por diferentes motivos: por avances tecnológicos desarrollados en países de habla inglesa, por influencia de la moda o de los medios de comunicación, o por simple «contagio» entre los hablantes. Compara las siguientes oraciones.

  Vamos al **mall** a comprar unos **blue jeans**.
  Vamos al **centro comercial** a comprar unos **vaqueros**.

- Algunos anglicismos permanecen sin modificar, como es el caso de ***flash*** o ***boom***; otros adaptan su escritura y entran a formar parte del léxico de la lengua, como **champú** o **fútbol**; y muchos otros conviven con sus equivalentes en español, como *software* y **programa(s) de computación**, o *mouse* y **ratón**.
- La mayor parte de los anglicismos se encuentran en áreas como la tecnología, la administración, los deportes o la alimentación.

ÁREA	ANGLICISMO	EQUIVALENTE EN ESPAÑOL (SI LO HAY)
Tecnología	software hardware mouse blog	programa(s) (de computación) equipo(s) (de computación) ratón bitácora*
Administración y negocios	marketing outsourcing eslogan mall	mercadeo o mercadotecnia subcontratación/tercerización (de servicios) lema o consigna centro comercial
Deporte	fútbol basquetbol/básquetbol spinning	balompié* baloncesto ---
Moda y belleza	(blue) jeans shorts light champú	vaqueros/tejanos pantalón corto ligero/liviano/bajo en calorías ---
Recreación	resort chatear show hobby	centro turístico/centro vacacional --- espectáculo pasatiempo/afición
Alimentos y bebidas	sándwich bistec (de *beefsteak*) beicon o bacón cóctel o coctel	emparedado/bocadillo (Esp.) --- panceta (ahumada)/tocino ---

* Algunos equivalentes en español son de uso muy poco común. En esos casos, se recomienda usar el anglicismo.

- Se recomienda escribir en cursiva los extranjerismos no adaptados (como ***flash*** o ***boom)*** porque todavía no han sido incorporados al diccionario como palabras propias del español, sino como voces inglesas. Por el contrario, palabras como **eslogan** (de *slogan*) o **cheque** (de *check*), adaptadas al diccionario como palabras propias y que siguen la ortografía del español, no deben escribirse en cursiva.

  Ayer fui al ***mall*** a comprar un ***software*** que necesitaba y después fui a mi restaurante favorito, donde me comí un sándwich delicioso.

- Algunas expresiones inglesas se han vuelto comunes en el habla cotidiana de los hispanoparlantes, como *OK*, ***bye*** o ***full***: «Tener la agenda ***full*** », «Estar ***in/out*** ». Si bien esto es aceptable en el lenguaje informal oral, estos anglicismos deben evitarse en el lenguaje formal o escrito.

- El comportamiento de los anglicismos varía en cada país hispanoparlante. Por ejemplo, en Colombia la expresión ***blue jean*** está muy extendida, mientras que en otros países se dice **vaqueros**, **tejanos** o **mahones**. Excepto en casos específicos en los que el anglicismo es la mejor opción, se recomienda usar el equivalente en español.

- El español ha tomado palabras de otras lenguas como el francés (**galicismos**), el italiano (**italianismos**) o el árabe (**arabismos**).

GALICISMOS	bulevar, cabaré, chalet, chef, matiné, *tour*
ITALIANISMOS	acuarela (*watercolor*), batuta (*baton*), góndola, grafiti, tempo
ARABISMOS	ajedrez (*chess*), almohada (*pillow*), guitarra, ojalá

¿Te gustó el ***tour*** de Boston? ¿Te gustó la visita guiada de Boston?

¡ATENCIÓN!
Los hispanohablantes que viven en Estados Unidos suelen ser más propensos (*prone*) a utilizar anglicismos por el contacto natural que tienen con la lengua inglesa todos los días.

PRÁCTICA

1 Empareja los anglicismos con sus palabras equivalentes en español.

1. blue jeans	6. marketing
2. hardware	7. mouse
3. beicon	8. outsourcing
4. light	9. parking
5. mall	10. resort

a. centro comercial	f. mercadeo
b. centro vacacional	g. ratón
c. equipo(s)	h. panceta ahumada
d. estacionamiento	i. subcontratación
e. ligero/liviano	j. vaqueros

2 Reemplaza los anglicismos por palabras del español.

1. Me compré unos *jeans* muy bonitos, pero como estoy un poco gordito, no me van bien. Por eso estoy consumiendo comida *light* y jugando basquetbol.
2. Para nuestras próximas vacaciones de verano nos vamos a hospedar en un *resort* en el Caribe, con un *show* diferente cada día.

contexto 3 La identidad nacional y la identidad étnica

PUNTOS DE PARTIDA

La Real Academia Española define *identidad* como el «conjunto de rasgos propios de un individuo o de una colectividad que los caracterizan frente a los demás». Cada colectividad —sea un país o un grupo étnico— y cada individuo son únicos en su historia, en sus recuerdos y en la manera como se ven con respecto a los demás.

- ¿Cómo contribuye la historia de un país a la formación de su identidad?
- ¿Qué factores tienen más influencia a la hora de determinar tu identidad? ¿Por qué?
- ¿Cómo puede convivir la identidad de un individuo de una minoría étnica con la identidad nacional que define a la población mayoritaria?

DESARROLLO DEL VOCABULARIO

MI VOCABULARIO
Anota el vocabulario nuevo a medida que lo aprendes.

1 **¿Cómo se relacionan?** Estudia las siguientes palabras relacionadas con la identidad. Luego, en grupos pequeños, elijan cinco palabras y expliquen cómo se vinculan con el concepto de *identidad*.

- afinidad
- aproximación
- armonía
- asimilación
- características
- comunidad
- compatibilidad
- compenetración
- conformidad
- etnicidad
- experiencia
- herencia
- homogeneidad
- igualdad
- individualismo
- lenguaje
- personalidad
- rasgos
- similitud
- singularidad
- uniformidad

2 **¿Cómo se forma la identidad?** Haz una lista de algunos de los acontecimientos, individuos, lugares o experiencias que te han marcado y han contribuido a formar tu identidad. Luego, compara tu lista con la de un(a) compañero/a y explícale por qué esos factores han sido decisivos para formarla.

ACONTECIMIENTOS	INDIVIDUOS	LUGARES	EXPERIENCIAS
Nos mudamos.	*mi hermana mayor*	*el pueblo de mis abuelos*	*Me rompí el brazo.*

3 **La influencia de la historia** ¿Qué nos enseña la historia? ¿Cómo puede ayudarnos a comprender cómo es nuestro país y cómo son los demás países? Con un(a) compañero/a, elijan un caso que ejemplifique la influencia que tiene la historia sobre nuestras percepciones de nosotros mismos y de los demás. Intercambien sus ideas y puntos de vista sobre el tema.

4 **Tu identidad nacional** ¿Te identificas como norteamericano/a? ¿Qué significa para ti ser estadounidense? En tu opinión, ¿qué factores son los que más influyen en tu sentido de identidad nacional? ¿Son factores geográficos? ¿Factores étnicos? ¿Factores religiosos? Comparte tus ideas con un(a) compañero/a.

LECTURA 3.1 ▸ HISTORIA VERDADERA DE LA CONQUISTA DE LA NUEVA ESPAÑA (FRAGMENTO)

SOBRE EL AUTOR Bernal Díaz del Castillo nació en España en 1495 en la ciudad de Medina del Campo y en 1514 zarpó para el Nuevo Mundo por primera vez. Participó en diversos acontecimientos de la conquista de México como soldado de Hernán Cortés y disfrutó de una larga vida, poco común en aquella época. Escribió la *Historia verdadera de la conquista de la Nueva España* a partir de las notas de su diario y de su excelente memoria. Su obra quedó terminada el 26 de febrero de 1568.

SOBRE LA LECTURA La *Historia verdadera de la conquista de la Nueva España* tiene un gran valor histórico puesto que es testimonio de un acontecimiento muy importante para la historia de la humanidad. Presenta a los lectores «cosas nunca oídas, ni vistas, ni aún soñadas» porque precisamente estas imágenes y experiencias venían de otro mundo: el Nuevo Mundo de las Américas. Díaz del Castillo narra los hechos y sus impresiones de una forma sencilla, llena de detalles que había ido anotando en su diario y guardando en su memoria.

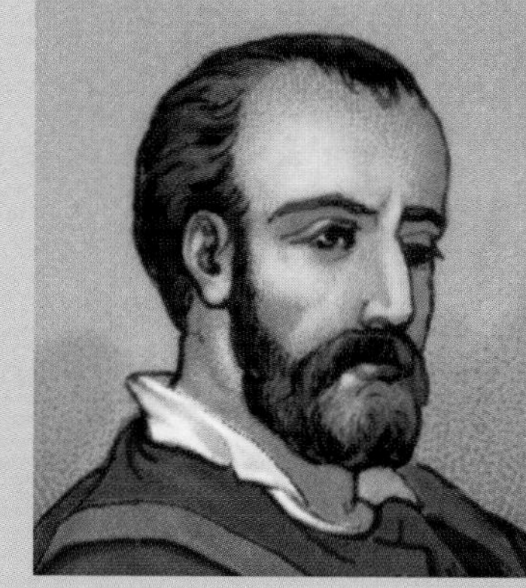

ANTES DE LEER

1 **Interpretación de la historia** Fíjate en la palabra «verdadera» en el título de la lectura. ¿Qué te indica sobre la narración? ¿Crees que la historia que se cuenta es lo que realmente sucedió? En parejas, compartan sus ideas sobre cómo esperan que el título refleje el contenido de la lectura.

ESTRATEGIA

Analizar el título Lee el título para deducir el tema central. ¿Crees que la lectura va a ser una narración personal o un artículo objetivo?

2 **Primeras impresiones** Si un extraterrestre visitara tu comunidad, ¿qué impresiones se llevaría a su planeta? ¿Qué opinaría sobre la identidad de los habitantes de tu región? Trabajen en grupos de tres o cuatro y describan las posibles impresiones que provocarían en el visitante que los observara por primera vez.

3 **Una visita** Cuando visitas un lugar nuevo, ¿qué sueles ver primero y a qué lugares prefieres ir? ¿Por qué? Después de leer el fragmento, compara tus lugares de interés con los de los españoles cuando llegaron a México.

MI VOCABULARIO

Utiliza tu vocabulario individual.

4 **Reflejos de una cultura** ¿Qué sitios en una comunidad te parecen más representativos de su cultura? ¿Qué actividades o costumbres son las más representativas? ¿Por qué? Intercambia tus opiniones con un(a) compañero/a y haz referencia no solo a tu propia cultura, sino también a otras culturas que conozcas.

5 **La historia** Los países y las civilizaciones tienen una historia sobre la cual se ha formado su identidad. ¿Cómo crees que el encuentro entre los españoles y los indígenas influyó en la identidad del pueblo mexicano? Investiga en Internet sobre la historia de la conquista de México y escribe un breve análisis en el que expongas tus reflexiones sobre esta pregunta.

PALABRAS CLAVE

el aposento cuarto, habitación
el adoratorio templo pagano
apearse bajarse
el/la vasallo/a criado/a
el cetro vara usada como insignia por ciertas dignidades
sahumar dar humo aromático
apercibido/a dispuesto/a, preparado/a

HISTORIA VERDADERA DE LA CONQUISTA DE LA NUEVA ESPAÑA

por **Bernal Díaz del Castillo** (Fragmento)

CÓMO NUESTRO CAPITÁN SALIÓ A VER LA CIUDAD DE MÉJICO

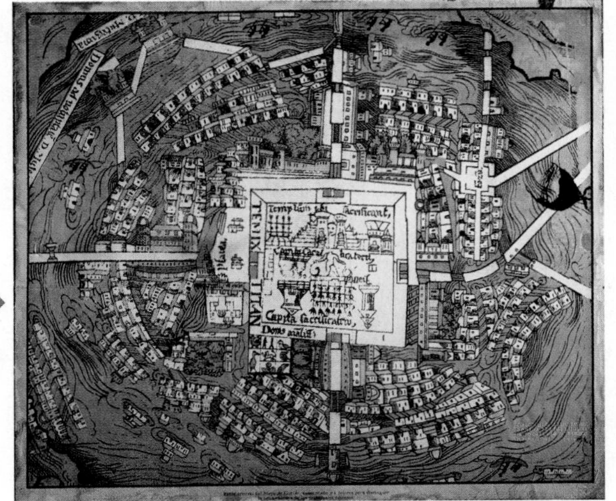

Mapa de Tenochtitlán (Ciudad de México). Atribuido a Hernán Cortés (1485-1547), en su segunda carta a Carlos V (1500-1558).

Como hacía ya cuatro días que estábamos en Méjico[1] y no salí[2] el capitán ni ninguno de nosotros de los **aposentos**, excepto a las casas y huertas, nos dijo Cortés que sería bien ir a la plaza mayor y ver el gran **adoratorio** de su Huichilobos[3], y que quería enviarlo a decir al gran Montezuma[4] que lo tuviese por bien.

Y Montezuma, como lo supo, envió a decir que fuésemos mucho en buena hora, y por otra parte temió no le fuésemos a hacer algún deshonor a sus ídolos, y acordó ir él en persona con muchos de sus principales.

En sus ricas andas[5] salió de sus palacios hasta la mitad del camino. Junto a unos adoratorios **se apeó** de las andas porque tenía por gran deshonor de sus ídolos ir hasta su casa y adoratorio de aquella manera, y llevábanle del brazo grandes principales. Iban delante de él señores de **vasallos**, y llevaban delante dos bastones como **cetros**, alzados en alto, que era señal que iba allí el gran Montezuma; y cuando iba en las andas llevaba una varita medio de oro y medio de palo, levantada, como vara de justicia. Así se fue y subió en su gran cu[6], acompañado de muchos papas, y comenzó a **sahumar** y hacer otras ceremonias al Huichilobos.

Dejemos a Montezuma, que ya había ido adelante, y volvamos a Cortés y a nuestros capitanes y soldados, que como siempre teníamos por costumbre de noche y de día estar armados, y así nos veía estar Montezuma cuando le íbamos a ver, no lo tenía por cosa nueva. Digo esto porque a caballo nuestro capitán con todos los demás que tenían caballos, y la mayor parte de nuestros soldados muy **apercibidos**, fuimos al Tatelulco, e iban muchos caciques que Montezuma envió para que nos acompañasen.

Cuando llegamos a la gran plaza, como no habíamos visto tal cosa, quedamos admirados de la multitud de gente y mercaderías que en el había y del gran concierto y regimiento que en todo tenían. Los principales que iban con nosotros nos lo iban mostrando. Cada género de mercaderías estaban por sí, y tenían situados y señalados sus asientos. Comencemos por los mercaderes de oro y plata y piedras ricas, plumas y mantas y cosas labradas, y otras mercaderías de indios esclavos y esclavas. Traían tantos de ellos a vender a aquella plaza como traen los

1 ortografía correcta de México en aquella época
2 salió (en ortografía de la época)
3 nombre que los españoles le dieron a Huitzilopochtli, dios de la guerra y dios protector de los mexicas
4 Moctezuma (1466-1520) fue el rey del Imperio azteca desde 1502 hasta 1520. Su grafía actual es con *c* y no con *n*.
5 tablero o plataforma sostenida por dos barras horizontales para llevar algo o a alguien
6 templo o adoratorio

portugueses los negros de Guinea, y traíanlos atados en unas varas largas con colleras a los **pescuezos**, porque no se les huyesen, y otros dejaban sueltos.

Luego estaban otros mercaderes que vendían ropa más basta y algodón y cosas de hilo torcido, y cacahuateros que vendían cacao, y de esta manera estaban cuantos géneros de mercaderías hay en toda la Nueva España, puesto por su concierto, de la manera que hay en mi tierra, que es Medina del Campo, donde se hacen las ferias, que en cada calle están sus mercaderías por sí. Así estaban en esta gran plaza, y los que vendían mantas de henequén y sogas y cotaras, que son los zapatos que calzan y hacen del mismo árbol, y raíces muy dulces cocidas, y otras rebusterías[7], que sacan del mismo árbol, todo estaba en una parte de la plaza; y cueros de tigres, de leones y de nutrias, y de adives y venados y de otras **alimañas** y tejones y gatos monteses, de ellos **adobados** y otros sin adobar, estaban en otra parte, y otros géneros de cosas y mercaderías. ◣

ESTRATEGIA

Tomar apuntes y subrayar Anota información importante mientras lees y subraya la oración principal de cada párrafo. Esto te ayudará a verificar tu comprensión de la idea central.

PALABRAS CLAVE

el pescuezo parte posterior del cuello

la alimaña animal dañino para el ganado

adobado/a sazonado/a, condimentado/a

DESPUÉS DE LEER

1 Comprensión Contesta las siguientes preguntas según el fragmento.

1. ¿Cuáles fueron los dos lugares que visitaron los españoles antes de ir a la plaza mayor?
2. ¿A qué llamaron Huichilobos los españoles?
3. ¿Por qué decidió Moctezuma acompañar a Cortés y sus soldados en la salida?
4. ¿En qué viajaba Moctezuma habitualmente?
5. ¿Por qué subió Moctezuma al adoratorio a pie?
6. ¿Por qué no se extrañó Moctezuma al ver a los españoles armados?
7. Después de ver al gran cu, ¿adónde fueron Cortés y sus soldados? ¿Cómo se trasladaron?
8. ¿Qué pistas muestran que los esclavos no podían escapar?
9. ¿Qué le llamó la atención a Díaz del Castillo en el mercado?
10. ¿Con qué compara Díaz del Castillo las mercaderías que vio en la gran plaza?

2 En el mercado Vuelve a leer los párrafos que describen los productos que los españoles vieron en la gran plaza. ¿Cuáles se podrían ver hoy día en un mercado de pueblo? Trabaja con un(a) compañero/a y hagan un diagrama de Venn. Un círculo debe mostrar los productos típicos de la época de Moctezuma que no se verían hoy en día en un mercado. El otro, solo productos que se venderían actualmente. En la intersección incluyan productos que se podrían ver en los dos mercados.

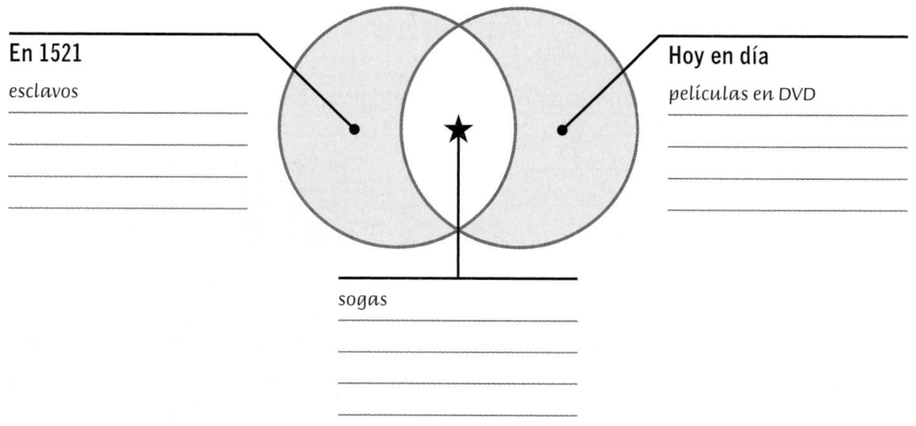

7 reposterías

MI VOCABULARIO
Utiliza tu vocabulario individual.

3 

Otra conquista Con un(a) compañero/a, compara la conquista de México con la conquista del Oeste de Estados Unidos. Al contraponer los dos grupos de pioneros, comparen estos elementos:

- sus características
- sus objetivos
- su relación con los indígenas
- sus ambiciones por los recursos naturales
- los métodos que usaron para colonizar y dominar
- la herencia que dejaron en el territorio y sus influencias sobre la identidad local

4  

¿Cómo se aprende la historia? ¿Cuál es la manera más fiable de aprender la historia de un lugar? ¿Estudiar las antigüedades y reliquias, leer relatos narrados por testigos de los eventos o leer libros escritos por grandes historiadores? Comparte tus opiniones con un(a) compañero/a e incluye argumentos a favor y en contra de las fuentes mencionadas. Indica cuál es el método que más te gusta para acercarte a la historia.

RECURSOS
Consulta la lista de apéndices en la p. 418.

5 

Una nueva conquista En grupos, discutan cómo sería la invasión y conquista de un país en el siglo XXI. ¿Qué diferencias habría entre una conquista hoy en día y la de la Nueva España? Tengan en cuenta:

- las alianzas internacionales
- los ejércitos modernos y la tecnología
- el tipo de recursos naturales que se buscarían
- las organizaciones que apoyan a las víctimas y los refugiados
- la manera como las naciones defenderían sus culturas y protegerían los elementos que las identifican y diferencian de otras

6 

Una crónica ¿Cómo sería la crónica sobre un evento contemporáneo importante? Elige un acontecimiento de la historia contemporánea de tu país o de un país hispano sobre el que estés informado y escribe por lo menos dos párrafos en los que detalles los hechos como si hubieras sido testigo de ellos. Pueden ser acontecimientos sociales (elecciones, protestas, manifestaciones, etc.), grandes eventos deportivos o algún otro suceso importante.

ESTRATEGIA

Repetir y expresar de otra manera
Cuando expresas conceptos complejos o quieres persuadir, es natural que necesites repetir tus ideas de otra manera para que te entiendan. Utiliza expresiones como: *como ya dije, como dije antes* o *como decía antes* para repetir ideas y decirlas de otro modo.

7 

La diplomacia Imagina que eres un(a) diplomático/a de Cortés y tu misión es convencer a Moctezuma de que los españoles han venido como aliados y no quieren conquistar sus tierras ni hacerles daño. ¿Cómo se podría beneficiar Moctezuma al acoger a los españoles? ¿Qué tienen los españoles para ofrecerles a los nativos? Prepara una breve presentación oral y expón tus argumentos. ¡Sé claro y convincente!

8 

Un cacique azteca Escribe un relato histórico desde el punto de vista de un cacique azteca que observa a los españoles llegar a su tierra. Nunca antes había visto hombres tan diferentes y es la primera vez que ve un caballo. Describe no solo lo que observa, sino también lo que piensa de los visitantes y lo que teme o lo que espera del encuentro.

LECTURA 3.2 ▸ RUINA Y RECONSTRUCCIÓN

(FRAGMENTO)

SOBRE LA AUTORA Lucía M. Suárez es profesora de español en Amherst College, Massachusetts. Nació en España de padres cubanos y se mudó con su familia a Nueva Jersey a los tres meses de edad. Ha sido galardonada con becas de Ford, Harvard y Mellon. Su más reciente ensayo personal apareció en el libro *Abuelas hispanas: Desde la memoria y el recuerdo* (2012). Es coeditora, junto con Ruth Behar, de la exitosa colección *The Portable Island: Cubans at Home in the World* (2008).

SOBRE LA LECTURA El ensayo personal que sigue forma parte del libro *Mourning Cuba*, que aún se encuentra en proceso de escritura. Trata de la experiencia de una cubano-americana que recorre la ciudad natal de sus padres, la cual abandonaron en 1963. A través de nuevas conversaciones y lazos personales, la autora explora el presente de La Habana.

ANTES DE LEER

1 **La inmigración** ¿Qué palabras relacionas con el tema de la inmigración? Con un(a), compañero/a, escriban palabras o expresiones que estén asociadas con la palabra central del organizador gráfico. Cuando terminen, compartan sus listas con otra pareja y discutan el significado de los términos.

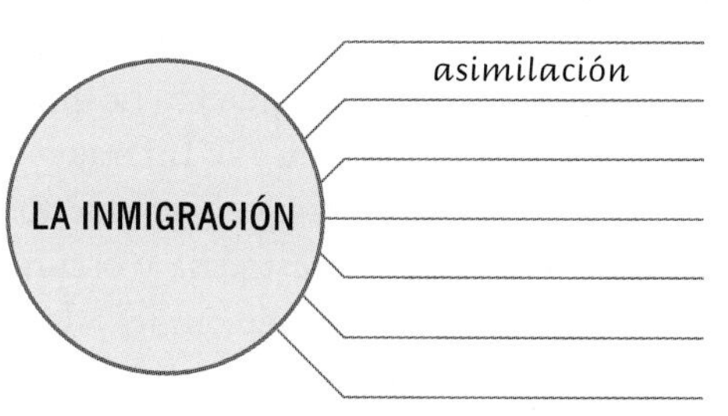

MI VOCABULARIO
Anota el vocabulario nuevo a medida que lo aprendes.

2 **Las razones** A menudo, los inmigrantes dan algunas de las siguientes razones para explicar por qué abandonaron sus países de origen. ¿Cuál de ellas justificaría que dejaras tu país? ¿Por qué? Escribe uno o dos párrafos sobre este tema. Si se te ocurre otra razón para justificar tu propia emigración, elabórala.

- aventura
- búsqueda de nuevas oportunidades profesionales
- casamiento con alguien de otro país
- continuación de los estudios
- falta de trabajo u oportunidades
- guerra
- inestabilidad política
- pérdida de libertades fundamentales

MI VOCABULARIO
Utiliza tu vocabulario individual.

3 **La experiencia cubana** Investiga sobre las razones que han tenido algunos cubanos para abandonar su país de origen. ¿Qué los ha motivado a partir? ¿Cómo ha sido su experiencia? ¿De qué manera la emigración ha influido en su identidad? ¿Cómo ven a su país desde fuera y qué sienten cuando regresan de visita? ¿Cómo son las relaciones entre los emigrantes y quienes permanecen en la isla? Discute estas preguntas y otras similares con un grupo de compañeros/as.

4 **El regreso** ¿Alguna vez has vuelto a un lugar que conocías de pequeño/a pero que no has visitado desde tu niñez? ¿Cómo te pareció? Con un(a) compañero/a, describan la experiencia de volver. ¿Cómo los hizo sentir? ¿Qué diferencias encontraron entre la realidad del lugar y sus recuerdos?

ESTRATEGIA

Relacionar la lectura con experiencias propias Mientras lees, reflexiona sobre tu propia búsqueda o investigación de tus lazos familiares. Esto te conectará con las experiencias de la autora.

PALABRAS CLAVE

forjar formar, fabricar
toparse tropezar, encontrarse
el/la anfitrión/anfitriona persona que recibe invitados
el hada ser fantástico de los cuentos dotado de poderes sobrenaturales
derrumbado/a hundido/a, derribado/a
el tufo de moho olor molesto causado por la humedad o la descomposición
husmear curiosear, tratar de enterarse de algo que no es asunto de uno
permutar cambiar una cosa por otra
ingeniárselas inventar o conseguir algo con habilidad o creatividad especial

RUINA Y RECONSTRUCCIÓN

(Fragmento) por **Lucía M. Suárez**

CUANDO visité la ciudad en 2009, ya no me quedaba familia en La Habana. Mi abuelo había muerto y la mayoría de mis familiares se comunicaba desde sus nuevos hogares en Madrid y Barcelona. Como en viajes pasados, caminaba sin cansarme con la intención de **forjar** nuevos lazos con el país que mis padres habían abandonado en 1963; y al igual que en visitas previas, **me topé** por todas partes con incesantes contradicciones y la triste realidad de que todo en esa ciudad está siempre cambiando.

[...]

Lily, mi **anfitriona** en Centro Habana, es un **hada** que combina milagrosamente ingredientes difíciles de encontrar para crear maravillosos platos gourmet. Ella y su esposo, Chino, tienen una *casa particular* (un apartamento privado registrado con el Estado, que ofrece cuartos para que turistas o estudiantes puedan hospedarse con una familia) en el cuarto piso de un viejísimo edificio en la esquina de Calle Infanta y San Lázaro.

Cuando llegué en taxi del aeropuerto, Chino me esperaba abajo, frente a la puerta turquesa que daba a una entrada estrecha y oscura, seguida de unas empinadas escaleras de mármol. Se encontraban en tal mal estado que les faltaban esquinas y la baranda estaba a punto de desprenderse de la pared. Mientras Chino buscaba su llave para pasar por un portón de hierro nuevo que contrastaba con el decaimiento del pasillo, la vecina del tercer piso abrió bruscamente la puerta de su apartamento para salir al corredor. Sin mucha sutileza, traté de ver lo que más pude cuando su puerta se abrió; y vi una pared **derrumbada** y olí **el tufo de moho** que revela el daño estructural causado por agua y encierro. La señora me clavó una de esas miradas que matan, dejándome claro que mi curiosidad no era bienvenida. Sin duda, en su lugar tampoco me hubiera gustado que una turista **husmeara** en mi humilde hogar. Seguí a Chino, ascendiendo con calma las últimas escaleras que llevaban al apartamento donde me esperaba Lily con una sonrisa espectacular y un gran abrazo acogedor. Cerca a nosotros, alguien terminaba una esquinita de la nueva escalera que conducía al tejado. Inmediatamente entendí que, justamente porque ella hacía negocios con extranjeros, tenía acceso a cemento, cal, pintura y otros materiales de construcción de los que otros cubanos no disponían. Lo que no sabía era cuánto tiempo le tomó a ella y a su familia arreglar ese apartamento que ahora lucía tan cómodo y luminoso.

Lily es una mujer robusta que irradia optimismo y alegría a pesar de las dificultades y pérdidas que ha sufrido. Durante los años más difíciles del periodo especial (época de condiciones de guerra en tiempos de paz, 1991-1996, más o menos), llevó a su familia a vivir en el campo porque en la ciudad no había comida. Lloró cuando me contó que había perdido un hijo recién nacido porque en el hospital no tenían medicinas. También compartió la historia de cómo **permutó** su casa vieja por el apartamento donde estábamos sentadas. Cuando llegaron, no tenía ventanas para protegerlos de los vientos violentos de los muchos huracanes que afligen a Cuba. Con paciencia, ella y Chino intercambiaron servicios y objetos viejos por artículos que transformarían su hogar y negocio. Dado que el espacio era limitado, construyeron una «barbacoa» —un entrepiso dentro del cuarto—. Los apartamentos antiguos tenían techos muy altos, y los cubanos **se las ingeniaban** para levantar un segundo piso frente a una ventana dentro del mismo cuarto. A los huéspedes les encantaba y regresaban para quedarse ahí, frente a una ventana vieja, arqueada, que daba a la calle. Lamentablemente, estas construcciones que habían aparecido por toda La Habana Vieja y Centro Habana agregaban peso a estructuras que no podían soportarlas. Muchas se derrumbaron, hiriendo o matando a pobres inocentes. El gobierno las declaró ilegales. Así que la barbacoa de la casa de Lily y Chino se tuvo que tumbar.

Lo **palpable** en las memorias de Lily es que nuevas esperanzas se construían constantemente encima de ruinas físicas y emocionales. Los derrumbes, la decadencia física causada por la humedad de la isla y la falta de recursos para arreglos regulares formaban la realidad de Lily y Chino. No obstante, su visión positiva y sus continuos esfuerzos para triunfar contra la **intemperie** subrayaban la esperanza que los **alentaba** siempre. Durante mis largas caminatas por la ciudad me tropezaba con ruinas y derrumbes; igualmente, descubrí modalidades de renovación e innovación creativas, cuando no oficiales.

[...]

Meditaba sobre esto cuando llegué a la Plaza Vieja, un espacio que ha visto una renovación impresionante, luciendo ahora el Café Escorial, varios museos, promesas de un nuevo planetario, apartamentos lujosos para los extranjeros, apartamentos cómodos para los cubanos y una escuelita. El contraste entre las estructuras en ruinas y la renovación acentuaba la posibilidad imaginada en 1991 cuando el gobierno introdujo planes agresivos para atraer el turismo, que a su vez, decía el gobierno, ayudaría a mantener los sueños de la revolución para los cubanos. Los museos eran gratis y los pioneritos (los estudiantes de la escuela primaria en sus uniformes rojos) se veían felices corriendo en la bella plaza. Una señora a la entrada de una galería me habló de los logros de la revolución. Pronunció con sinceridad: «Estoy orgullosa de esta reconstrucción y del hecho de que nuestros niños puedan beneficiarse de lo que trae el turismo».

[...]

Era casi convincente esta señora. Pero me pregunté: ¿Si antes había *cuarteríos* (apartamentos divididos en cuartos llenos de más personas que lo debido), qué pasaba cuando se convertían en apartamentos donde solo unos cuantos podían quedarse? ¿Qué les pasaba a los otros que no tuvieron la dicha de quedarse en los pocos edificios renovados con el cubano local en mente?

En una iglesia fuera de la plaza hablé con un guía de turismo. Mi pregunta lo llevó a mostrarme la Virgencita de Loreto, la patrona del hogar, a la cual le rezaban cada vez más personas. Me respondió que quienes no se quedaban en los apartamentos renovados, que eran muy pocos, se reubicaban en asilos. Los asilos eran edificios sin sabor, repletos de personas marginadas y de alta criminalidad que el gobierno y el turista ignoraban. Lo observé con detenimiento. ¿Me decía la verdad? ¿Existiría una verdad entre el orgullo de la primera señora y el desprecio de este señor?

[...]

¿Cómo se podrá sobrevivir no solo a las ruinas, que rápidamente están desapareciendo, sino también a los cambios efectuados por la renovación?[1] ◣

PALABRAS CLAVE

palpable patente, claro/a

la intemperie el tiempo, clima

alentar animar

DESPUÉS DE LEER

1 Comprensión Contesta las siguientes preguntas según la lectura.

1. ¿Qué se puede inferir sobre la familia de la autora?
2. ¿Cuál fue el propósito de la visita de la autora a La Habana en 2009?
3. ¿Quiénes son Chino y Lily?
4. ¿Qué es una casa particular?
5. ¿Qué es una barbacoa?

1 Uno de esos cambios traídos por la renovación es la Oficina del Historiador. Creada en 1938 y dirigida actualmente por Eusebio Leal Spengler, es responsable de transformar la ciudad vieja y decaída en un centro de memoria y honra histórica.

6. ¿Por qué prohibieron las barbacoas en Cuba?
7. ¿Cuáles son las ruinas a las que se refiere la autora?
8. ¿Cómo se las ingeniaron Lily y Chino para arreglar y amueblar su apartamento?
9. ¿Cuáles son las evidencias físicas de que la renovación marcha bien en la Plaza Vieja?

2 **Dos perspectivas** Describe las dos perspectivas de la sociedad cubana ante las cuales se encuentra la autora. ¿Dónde radican las diferencias de estas perspectivas? ¿Cuál es la actitud de la autora ante ellas? ¿Qué indican estas perspectivas sobre la identidad nacional cubana?

Ruina y reconstrucción en La Habana Vieja, Cuba

ESTRATEGIA

Elaborar un borrador La brevedad y la concisión son el resultado de la revisión continua del texto y la corrección del escrito. El objetivo del borrador es expresar todas las ideas antes de organizarlas.

3   **¿Quién es Lily?** A partir de lo que has leído sobre Lily, elabora un perfil psicológico que describa su carácter. Primero escribe un borrador donde incluyas datos de la lectura y tu propia apreciación sobre la naturaleza de los seres humanos. Luego, organiza estos datos para completar el perfil y escribe la versión final.

4    **Vivir entre ruinas** ¿Cómo crees que las personas consiguen sobrevivir en circunstancias con muchas privaciones? Con un(a) compañero/a, haz una lista de características que les ayudan a las personas a superar situaciones difíciles y seguir adelante. Luego, hablen sobre cómo reaccionarían ustedes si tuvieran que vivir con ciertas privaciones y cómo enfrentarían la adversidad.

MI VOCABULARIO
Utiliza tu vocabulario individual.

5  **Diálogos** En esta historia se pueden entrever varios diálogos. Con un(a) compañero/a, imaginen y escriban uno de los posibles diálogos entre la narradora y alguno de los personajes: Lily, Chino, la mujer a la entrada de la galería o el guía de turismo. Prepárense para representar el diálogo delante de la clase.

6 

El ambiente Vuelve a leer las diez primeras líneas del tercer párrafo de la narración, donde se describe un ambiente decadente y pesimista. En parejas, busquen y anoten en la primera columna todas las palabras y expresiones que ayudan a describir ese ambiente. En la segunda columna, anoten palabras que puedan sustituir a las primeras para describir un ambiente mucho más optimista. Finalmente reescriban el párrafo utilizando las nuevas expresiones.

AMBIENTE DECADENTE	AMBIENTE OPTIMISTA

7 

Tus raíces ¿Tiene tu familia alguna costumbre o tradición que se practica desde hace mucho tiempo? Puede ser un rito, una comida, un atuendo o una ceremonia, entre otras cosas. ¿Sabes cuál es el origen? ¿Qué significado tenía en el pasado y qué valor emocional tiene hoy en tu familia? Escribe un correo electrónico a un(a) amigo/a de otro país y cuéntale esa costumbre. Incluye datos concretos, junto con tus propios pensamientos sobre tu familia y tu identidad.

Después de escribir el correo, revísalo para verificar que la ortografía y la gramática sean correctas, y haz las correcciones necesarias.

RECURSOS
Consulta la lista de apéndices en la p. 418.

8 

La identidad nacional Prepara una presentación oral sobre esta pregunta: ¿Cómo contribuye la historia de un país a la formación de su identidad? En tu presentación, menciona la experiencia cubana en particular y compárala con otra nación hispanoamericana que te sea familiar. Además, establece comparaciones o relaciones con elementos identitarios de tu país o tu estado.

ESTRUCTURAS

Discurso indirecto

Hay dos maneras de expresar lo que alguien dijo. Una es a través del discurso directo, cuando usamos comillas o un guión largo para indicar las palabras:

—Pasen por mi casa —nos dijo Ana.

Otra es el discurso indirecto, cuando informamos de lo que alguien dijo:

Ana nos dijo que pasáramos por su casa.

Busca en la lectura ejemplos de reflexiones de la narradora que puedan convertirse en discurso indirecto (por ejemplo, «ella pensó que...»).

Línea 59: Pronunció con seriedad: «Estoy orgullosa de esta reconstrucción...».
Pronunció con seriedad que estaba orgullosa de esa reconstrucción...

RECURSOS 
Consulta las explicaciones gramaticales del **Apéndice A,** pp. 461-464.

AUDIO ▸ VISITA AL SALTO ÁNGEL DE LA MANO DE UN GUÍA INDÍGENA

PALABRAS CLAVE

proveniente originario/a

autóctono/a originario/a del lugar donde vive, aborigen

subrayar dar énfasis a algo, recalcar

la morada vivienda

la cima punto más alto de una montaña

INTRODUCCIÓN El Salto Ángel es una cascada de 979 metros de altura en medio de la selva venezolana; es la cascada más alta del mundo. Aunque los indígenas de la zona la conocían desde hacía siglos, no fue hasta 1937 que el resto del mundo supo de su existencia. Ese año, un aviador estadounidense, Jimmie Angel, aterrizó cerca del salto y vivió para contarlo. En poco tiempo, visitantes de todas partes del mundo llegaban para ver esta maravilla de la naturaleza.

Esta grabación es parte de un programa de Radio ONU sobre el Salto Ángel. En ella se describe cómo los indígenas del área se mantienen gracias al turismo mientras disfrutan de una vida dedicada al respeto y el cuidado de la naturaleza.

ANTES DE ESCUCHAR

1 **Los grupos étnicos** ¿Qué importancia tienen los pequeños grupos étnicos de una nación? ¿Cómo se puede garantizar su supervivencia? Habla sobre este tema con un(a) compañero/a. En su conversación, hagan referencia a los grupos étnicos de su país y a los de países hispanohablantes.

MIENTRAS ESCUCHAS

ESTRATEGIA

Resumir Hacer pequeños resúmenes de lo que se dice en la grabación te ayudará a comprender lo que escuchas.

1 **Escucha una vez** Escucha la grabación para captar las ideas generales. Mientras escuchas, toma apuntes sobre los temas incluidos en esta tabla.

PREGUNTAS FUNDAMENTALES	APUNTES
¿Dónde está el Salto Ángel?	
¿Quiénes son los pemones?	
¿Cómo se ganan la vida los pemones?	
¿Quién es Dakó y a qué se dedica?	
¿De qué les habla Dakó durante el recorrido al salto?	
¿En qué se basa la cultura de los pemones?	
¿Qué son los tepuyes?	

2 **Escucha de nuevo** Ahora comparte tus apuntes con un(a) compañero/a para que entre ambos reúnan la mayor cantidad de información posible. Esto les ayudará a contestar las preguntas de la siguiente sección.

DESPUÉS DE ESCUCHAR

1 **Comprensión** En grupos de tres o cuatro, contesten las siguientes preguntas usando la información de sus tablas de apuntes.

1. Mencionen tres características geográficas de la región descrita en el audio.
2. Mencionen dos aspectos relevantes de la cultura de los pemones.
3. ¿Qué información reciben los turistas que suben al Salto Ángel con Dakó?
4. Según la cultura pemón, ¿dónde viven los dioses?

2 **Palabras de Dakó** Con un(a) compañero/a, analicen estas palabras pronunciadas por Dakó en el audio. ¿Qué revela esta cita sobre la cultura de los pemones?

> « En nuestra cultura sabemos que toda cosa que tenga vida tiene su dios; entonces, más que todo, es el respeto al dios de todas esas cosas.

MI VOCABULARIO
Utiliza tu vocabulario individual.

3  **Otra cultura** Busca información sobre una cultura de tu país que tenga una relación muy estrecha con su entorno natural. Compárala con la de los pemones. ¿Qué semejanzas y diferencias encuentras? Prepara una presentación oral para exponer tus hallazgos a toda la clase.

4  **Ensayo de reflexión y síntesis** De acuerdo con lo que has estudiado en este Contexto, escribe un ensayo sobre este tema: ¿Cómo nos ayudan los lazos con el pasado a comprender nuestra identidad nacional y étnica?

El ensayo debe tener al menos tres párrafos:

1. Un párrafo de introducción que:
   - presente el contexto del ensayo
   - incluya una oración que responda al argumento de tu tesis
2. Un párrafo de explicación que:
   - exponga uno o dos argumentos que apoyen tu tesis
   - dé ejemplos que sustenten tus argumentos
3. Un párrafo de conclusión que:
   - resuma los argumentos que llevan a la tesis
   - vuelva a plantear la tesis en otras palabras

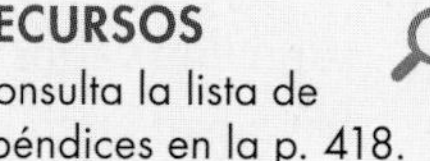

RECURSOS
Consulta la lista de apéndices en la p. 418.

CONEXIONES CULTURALES

Simón Bolívar entrega la bandera después de la Batalla de Carabobo (detalle). Arturo Michelena, 1883

Las naciones del bicentenario

EL COMIENZO DEL SIGLO XIX FUE UN PERIODO AGITADO en toda América. El espíritu revolucionario que dio origen a la independencia estadounidense en 1776 y a la Revolución Francesa en 1789 se esparció rápidamente por todo el continente. Poco después, hace ya unos 200 años, en las diferentes naciones surgieron varios movimientos independentistas que buscaban liberarse del dominio español y crear una identidad nacional propia.

Uno de los países que nacieron en aquellos años fue Perú. Durante mucho tiempo, los patriotas peruanos intentaron independizarse, pero dada la importancia estratégica y económica que esa región tenía para España, todos los levantamientos fueron sofocados. Sin embargo, tanto desde el norte como desde el sur soplaban vientos de libertad. Gracias a personajes como José de San Martín y Simón Bolívar, Perú logró su tan ansiada independencia el 28 de julio de 1821.

▶▶ Después de independizarse de España, muchas regiones latinoamericanas se empobrecieron debido a las luchas internas, los grandes préstamos que tuvieron que solicitar y la imposibilidad de competir con la industria europea. Actualmente, muchos países de Latinoamérica siguen luchando por establecer economías estables.

◢ A raíz de la independencia, la estructura política de los países emancipados se debilitó, lo cual provocó el desarrollo del caudillismo. Los caudillos tomaron las riendas del poder político, económico y social, y establecieron dictaduras. Esta situación histórica ha provocado que la mayoría de los países de Latinoamérica hayan tenido dificultades para establecer democracias firmes y duraderas.

Presentación oral: comparación cultural

Prepara una presentación oral sobre este tema:

- ¿Cómo influye el contexto histórico en la formación de la identidad de los países?

Compara tus observaciones acerca de las comunidades en las que has vivido con tus observaciones de una región del mundo hispanohablante que te sea familiar.

contexto 4 Los intereses personales

PUNTOS DE PARTIDA

Nuestros intereses personales pueden ser muy variados y son un factor importante para definir nuestra identidad. Al igual que esta, evolucionan a través de los años reflejando nuevos conocimientos, habilidades, valores y actitudes ante la vida. Nuestros intereses personales nos ayudan a establecer conexiones con los demás, lo cual es fundamental para que una sociedad funcione óptimamente.

- ¿Cómo influyen nuestros intereses personales en nuestra identidad y en nuestra vida diaria?
- Por lo general, ¿las personas disfrutan más de sus pasatiempos e intereses personales si los pueden compartir con otros?
- ¿Influye la edad de un individuo en sus intereses personales y en la elección de pasatiempos?

DESARROLLO DEL VOCABULARIO

MI VOCABULARIO
Anota el vocabulario nuevo a medida que lo aprendes.

1 Palabras y pasatiempos Lee las siguientes palabras relacionadas con los intereses personales. Piensa en un pasatiempo y escoge cinco de estas palabras con las que pueda asociarse. Si se te ocurre una palabra que no está en la lista, también puedes utilizarla. Explica la relación entre ese pasatiempo y las palabras que elegiste.

- aprender
- compartir
- conocer
- creatividad
- disfrutar
- distracción
- investigar
- pasión
- relajarse
- espíritu aventurero
- tiempo libre
- transformar

2 ¿Por qué eliges un pasatiempo? Completa la encuesta sobre las razones a la hora de elegir y practicar un pasatiempo. Después, en pequeños grupos, sumen todas sus respuestas para descubrir el factor que tiene más peso y luego compartan sus resultados con los de otros grupos.

	Siempre	A veces	Nunca
1. Mi familia/mis amistades me animan a hacerlo.	☐	☐	☐
2. Hay muchas oportunidades para practicarlo.	☐	☐	☐
3. Una persona famosa influye en mi decisión.	☐	☐	☐
4. Lo hago para mantenerme en forma.	☐	☐	☐
5. Me divierte.	☐	☐	☐
6. Me relaja.	☐	☐	☐
7. Está de moda.	☐	☐	☐
8. Va a generar interés en mis solicitudes universitarias.	☐	☐	☐
9. Quiero conocer a otros con intereses similares.	☐	☐	☐
10. Siempre me ha interesado.	☐	☐	☐
11. Mi mejor amigo/a lo practica.	☐	☐	☐
12. Quiero desarrollar nuevos talentos.	☐	☐	☐

3 Amigos y pasatiempos Trabaja con un(a) compañero/a y hazle las siguientes preguntas: ¿Compartes algún pasatiempo con un(a) amigo/a? ¿Qué impacto ha tenido en su amistad? ¿Su relación sería diferente si no practicaran ese pasatiempo? Intercambien preguntas, respuestas y comentarios.

LECTURA 4.1 ▸ RESTAURADORES DE AUTOS CON AIRES DE ESTRELLA

SOBRE LA LECTURA A menudo, los pasatiempos se convierten en trabajos o carreras. El empeño e interés que muestran algunas personas en estas actividades las convierte en empleados o encargados apasionados y entusiastas. Son afortunados los que pueden desarrollar su vida profesional de esta manera.

En esta lectura, tomada de la edición electrónica del diario argentino *La Nación*, se describe cómo un padre y su hijo convirtieron el fervor por sus intereses personales en un trabajo original: la restauración de autos y motos antiguos. El éxito de su negocio los ha llevado incluso a la televisión, donde serán las estrellas de una serie de seis programas.

ANTES DE LEER

1 **Red de palabras** En parejas, piensen en las cualidades que conducen al éxito escolar y profesional, y completen la red de palabras. Expliquen las razones por las que eligieron esas cualidades. Luego, trabajen con otra pareja para comparar y discutir sus respuestas.

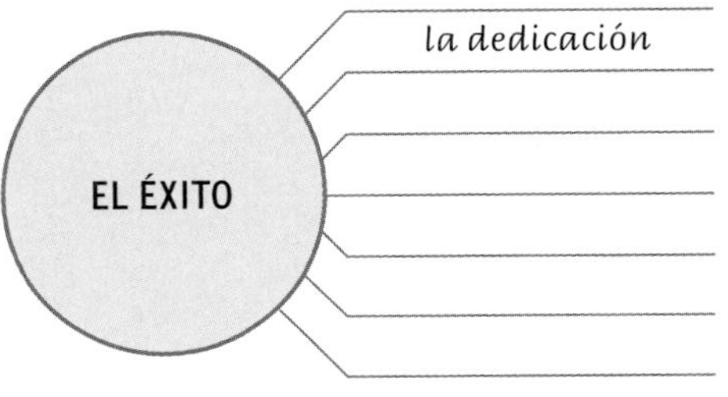

2 **¿Trabajar en familia?** Una persona que conoces quiere establecer un negocio con un familiar o con un(a) amigo/a. ¿Cuáles crees que serían las consecuencias de iniciar un negocio así? Habla con un(a) compañero/a sobre las ventajas y desventajas de trabajar con alguien con quien se tienen lazos muy estrechos.

3 **Tus pasatiempos** Piensa en cómo algunos de tus pasatiempos e intereses podrían convertirse en una carrera profesional. Luego, trabaja con tres o cuatro compañeros/as y compartan sus ideas. Describan los trabajos que resultarían de sus intereses personales y los pasos que deberían seguir para recorrer ese camino.

MI VOCABULARIO
Utiliza tu vocabulario individual.

4 **Un ensayo** Escribe un breve ensayo para explicar cómo han influido tus intereses en la formación de tus valores personales. Piensa en la influencia que han tenido tanto tus pasatiempos como los amigos que has conseguido en tu formación como persona. Incluye además en tu ensayo una reflexión sobre la relación entre tu identidad y tus actividades de tiempo libre.

RECURSOS
Consulta la lista de apéndices en la p. 418.

5 **Jóvenes latinoamericanos** Investiga en Internet sobre los intereses particulares de cierto grupo de jóvenes en algún país hispanohablante; por ejemplo, una afición, un deporte especial o el hábito de coleccionar algún tipo de objetos. Presenta tus hallazgos a la clase y apoya tu presentación con imágenes. Recuerda además establecer comparaciones con los jóvenes de tu región.

Restauradores de autos con aires de estrella

por Agustín Lafforgue

Luis y Diego Carvotta, padre e hijo, dedican sus días a la restauración de autos y motos antiguos. Lo que empezó como un hobby se transformó en un trabajo y llegará, incluso, a la televisión.

Muchas veces cuando uno llega a un lugar de trabajo desconocido puede, a simple vista, advertir lo que allí se hace. Y ese es el caso al **arribar** al taller de los Carvotta, ubicado en Villa Adelina, partido de San Isidro, en el Norte del Gran Buenos Aires.

En lo que es una recreación de un bar de los años 20, además de una mesa de pool, carteles, un **surtidor**, insignias de cuanta marca uno imagine, se pueden encontrar objetos de autos históricos y hasta fotos de las «criaturas» recuperadas, y le permiten a uno darse cuenta de que allí se restauran autos y motos. Los encargados son Luis (56 años) y Diego (25), padre e hijo.

El vínculo entre esta familia, ya que los demás miembros también tienen alguna responsabilidad en el negocio, nació con la pasión de Luis, quien desde muy chico fue un investigador de los vehículos. Y en 1985 lo **cristalizó** en este proyecto denominado «Ave Fénix», porque según manifiestan, «las restauraciones **resurgen** de las cenizas» como el ave mitológica, cuando decidieron **apostar por** esto para transformar este hobby en una fuente de ingresos para la familia.

ESTRATEGIA

Buscar claves en el título
El título de un texto nos proporciona una idea específica de su contenido. Según el título, ¿crees que el texto es una narrativa personal, un cuento de ficción o un artículo informativo?

PALABRAS CLAVE

arribar llegar
el surtidor aparato que reparte gasolina
cristalizar obtener un resultado
resurgir volver a aparecer
apostar por depositar confianza en una iniciativa

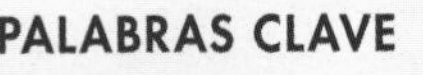

PALABRAS CLAVE

hacer a cero
dejar como nuevo, hacerlo como el original

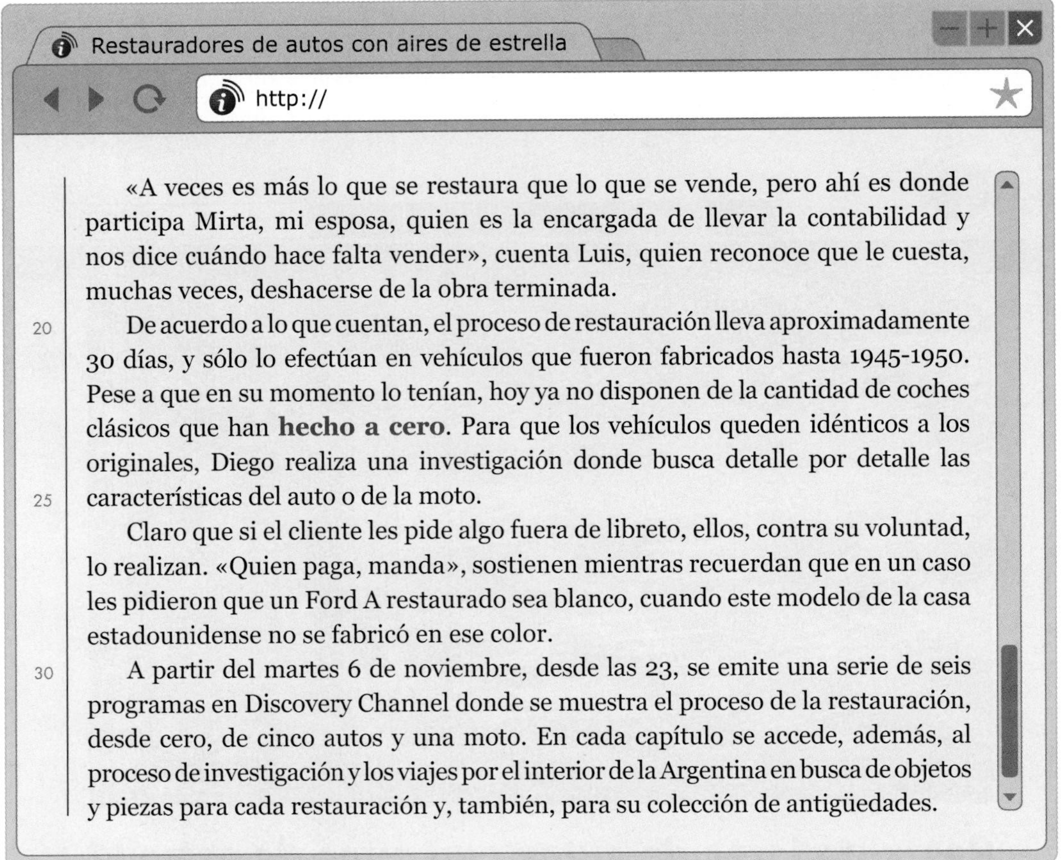

Restauradores de autos con aires de estrella

http://

«A veces es más lo que se restaura que lo que se vende, pero ahí es donde participa Mirta, mi esposa, quien es la encargada de llevar la contabilidad y nos dice cuándo hace falta vender», cuenta Luis, quien reconoce que le cuesta, muchas veces, deshacerse de la obra terminada.

De acuerdo a lo que cuentan, el proceso de restauración lleva aproximadamente 30 días, y sólo lo efectúan en vehículos que fueron fabricados hasta 1945-1950. Pese a que en su momento lo tenían, hoy ya no disponen de la cantidad de coches clásicos que han **hecho a cero**. Para que los vehículos queden idénticos a los originales, Diego realiza una investigación donde busca detalle por detalle las características del auto o de la moto.

Claro que si el cliente les pide algo fuera de libreto, ellos, contra su voluntad, lo realizan. «Quien paga, manda», sostienen mientras recuerdan que en un caso les pidieron que un Ford A restaurado sea blanco, cuando este modelo de la casa estadounidense no se fabricó en ese color.

A partir del martes 6 de noviembre, desde las 23, se emite una serie de seis programas en Discovery Channel donde se muestra el proceso de la restauración, desde cero, de cinco autos y una moto. En cada capítulo se accede, además, al proceso de investigación y los viajes por el interior de la Argentina en busca de objetos y piezas para cada restauración y, también, para su colección de antigüedades.

DESPUÉS DE LEER

1

Comprensión Contesta las preguntas según el artículo.

1. ¿Cómo surgió el negocio de los Carvotta?
2. ¿Cómo es el taller de los Carvotta?
3. ¿Qué son las «criaturas» recuperadas?
4. ¿Qué es el proyecto denominado «Ave Fénix»?
5. ¿Por qué es apropiada la comparación con el ave Fénix?
6. ¿Qué papel tiene la esposa de Luis en el negocio?
7. ¿Cuánto tiempo tardan en hacer una restauración?
8. ¿Cómo se aseguran de que los autos queden idénticos a los originales?
9. ¿Qué van a mostrar en un programa del canal Discovery?
10. ¿Por qué viajan padre e hijo por el interior de Argentina?

MI VOCABULARIO
Utiliza tu vocabulario individual.

2

Un mensaje electrónico Un(a) amigo/a te escribe un mensaje electrónico en el que te cuenta que está aburridísimo/a de su trabajo porque no le interesa en absoluto. Sabes que esta persona tiene muchos intereses personales que podrían orientarla hacia un trabajo que le agrade. Ten en cuenta dos o más de estos intereses y explícale en un mensaje electrónico cómo buscar un trabajo en el que pueda aplicarlos. Te puede resultar más fácil completar la actividad si piensas en una persona específica.

3 **Un coche clásico** Has tenido la genial idea de regalarle a alguien —o a ti mismo/a— un coche clásico restaurado. Escríbeles una carta a los Carvotta para explicarles qué tipo de coche quieres que restauren y por qué. Incluye algunas especificaciones, como el color que te gustaría o el diseño del tapizado.

ESTRATEGIA

Describir claramente Para que las personas que reciben la carta comprendan lo que les pides, debes incluir todos los detalles (antigüedad y tipo de coche, color, etc.) y las razones específicas para restaurarlo.

4  **¿Te cuesta venderlo?** Luis dice que a veces le cuesta vender lo que ha creado. ¿Por qué dice esto? ¿A ti te costaría vender o regalar algo que te ha costado mucho trabajo hacer o sería un gran placer? Explica por qué y coméntalo con un grupo.

5  **Hacer un análisis** Lee esta cita del político, historiador y escritor español Antonio Cánovas del Castillo (1828-1897).

 No hay más alianzas que las que trazan los intereses. 

Luego, trabaja con un(a) compañero/a y analícenla. ¿Por qué a los seres humanos nos unen los intereses que tenemos en común?

6  **Soluciones** Estás de visita en la casa de un señor que posee muchos objetos automovilísticos antiguos y recuerdas que tienes un(a) amigo/a que está muy interesado en restaurar autos. ¿Qué podrías hacer para presentarlos y, de esa manera, ayudarlos a iniciar un nuevo negocio? Trabaja con un par de compañeros/as y creen un diálogo acerca de esa situación.

7  **Un anuncio** En parejas, preparen un anuncio de radio que promocione el negocio de los Carvotta. Ensayen el anuncio y luego hagan una presentación ante la clase como si estuvieran hablando en la radio.

ESTRATEGIA

Demostrar conocimiento Es importante articular y demostrar tu conocimiento. Utiliza la información que has obtenido del artículo para hablar como un(a) experto/a. Presenta lo que sabes con confianza para convencer a los radioyentes.

8  **Concurso de diseño** Una compañía de coches quiere incorporar las ideas de los jóvenes en una serie nueva de coches. Patrocinan un concurso en el que grupos de dos o tres estudiantes diseñan un coche nuevo. El grupo que gane tendrá la oportunidad de trabajar con la compañía para crear un prototipo real.

En grupos de tres, diseñen un coche para el concurso. Deben explicar los rasgos más importantes e indicar qué tipo de persona va a querer comprarlo y por qué. Consideren los siguientes aspectos:

- el diseño exterior: apariencia, tamaño y forma
- el diseño interior: comodidad, rasgos para atraer al tipo de persona al que se le venderá
- el rendimiento: las habilidades del coche, cómo se desplaza
- la eficiencia energética: qué combustible se usa y cuánto se requiere para accionar el motor

9  **Tus propias aficiones** Piensa en alguna actividad que te gusta mucho o que te gustaría practicar. Luego escribe un ensayo de una página para motivar a tus amigos y compañeros a practicar la afición que tanto te gusta. En tu ensayo, explicá por qué la actividad es divertida o incluso por qué es mejor que otras similares.

RECURSOS 

Consulta la lista de apéndices en la p. 418.

LECTURA 4.2 ▸ JOGGING

SOBRE EL AUTOR Juan Antonio Ramos nació en Puerto Rico en 1948. Además de escritor, ha sido profesor en las universidades de Puerto Rico y de Pennsylvania. En muchos de sus cuentos, novelas, ensayos y obras de teatro trata la realidad social de la clase media puertorriqueña. Este destacado autor ha recibido varios premios literarios.

SOBRE LA LECTURA En la siguiente lectura, tomada de la colección de cuentos *Hilando mortajas* (1983), Ramos describe la discreta metamorfosis de un hombre que decide practicar un deporte. El protagonista, Alfredo, es un hombre de clase media que, por curiosidad, decide experimentar con el *jogging*, y poco a poco esta nueva afición lo va transformando.

ANTES DE LEER

MI VOCABULARIO
Anota el vocabulario nuevo a medida que lo aprendes.

1  **Expresiones idiomáticas** Relaciona las siguientes expresiones del cuento con su significado. Después de leer, busca cada expresión en el texto para comprobar tu comprensión.

1. ___ a lo sumo (línea 3)
2. ___ aparatoso atuendo (línea 13)
3. ___ arrollador follón (línea 13)
4. ___ contra viento y marea (línea 24)
5. ___ fulano… sutano (líneas 41-42)
6. ___ de buenas a primeras (línea 43)

a. a pesar de los obstáculos
b. personas indeterminadas
c. indumentaria llamativa
d. como máximo
e. alboroto, lío
f. de repente

2  **Pasatiempos de riesgo** Imagina que tienes un pasatiempo que se podría considerar peligroso; por ejemplo, el *snowboarding* o el alpinismo. Entrevístate con un(a) compañero/a en línea acerca del tema. Háganse preguntas como: ¿Te atraen las actividades de riesgo? ¿Te da miedo practicarlas? ¿Conoces a alguien que practique un pasatiempo de alto riesgo? ¿Hay algún deporte de alto riesgo que te gustaría practicar? ¿En qué lugares se puede practicar?

3  **Opiniones** ¿Piensas que la preocupación de algunas personas por estar en buena forma física se puede convertir en una obsesión? ¿Cómo se sabe cuando esto ocurre? ¿Qué le dirías a un(a) amigo/a que está obsesionado/a con su aspecto físico? ¿Qué le dirías a uno/a que nunca hace ejercicio? Contesta estas preguntas y discútelas con un grupo pequeño.

4  **Una explicación** ¿Alguna vez has empezado un pasatiempo o una actividad con mucho entusiasmo pero, al cabo de un tiempo, fuiste perdiendo el interés o la motivación? ¿Cuál crees que fue el motivo? Si esto nunca te ha pasado, explica por qué a veces les ocurre a otras personas. Escribe por lo menos dos párrafos en los que expliques brevemente tu respuesta.

JOGGING

por **Juan Antonio Ramos**

A Luis Rafael Sánchez[1]

ALFREDO no recuerda cuándo vio los primeros joggers en la urbanización, pero lo cierto es que le parecieron ridículos y absurdos, y no se imaginaba patrocinando esa fiebre que duraría, como todas las fiebres, seis meses a lo sumo. Los seis meses pasaron y la urbanización siguió poblándose de trotadores a toda hora, con distintos estilos e indumentarias, en distintos grupos y rutas, y de distintos sexos y edades. Asimismo, los periódicos se fueron contaminando de partes insignificantes, que pronto ganaron categoría de artículos y finalmente de reportajes, con fotos y testimonios de individuos saludables y contentos, que echaban bendiciones a la medicinal costumbre de correr.

La primera vez que Alfredo corrió fue en una tarde calurosa de junio. Seleccionó como punto de partida la avenida colindante a Villa Olga, la cual está retirada de su vecindario inmediato. Se fue en el carro a espaldas de su mujer (los nenes estarían jugando en el parque). Lucía un suit verde y unos tenis atléticos. Pensó que Gloria se escandalizaría no solo al saber que él también era víctima del arrollador follón, sino al constatar el dinero invertido en el aparatoso atuendo. Cerró bien el carro, empuñó las llaves, miró a todos lados, y arrancó en un trote indeciso, seguro de que algún observador oculto lo estaría comparando con una albóndiga astronauta.[2]

Regresó a su casa frustrado, convencido de que eso no era lo suyo. Por suerte Gloria no estaba, así que se metió al baño sin dilación sintiendo en sus pantorrillas los primeros rigores del descabellado desarreglo.

Al día siguiente, tras haber superado la depresión de la tarde anterior, estuvo puntual en el mismo sitio. Caminó un **trecho**, mirando alternadamente hacia el carro, hasta que ensayó un trotecito que para su sorpresa, lo llevó a recorrer el doble de la distancia del primer día. Así estuvo dos días más hasta que se lo confesó a su mujer, quien, sin dejarlo terminar, estalló en unas carcajadas tan ofensivas que estuvieron a punto de hundirlo definitivamente.

Pero Alfredo estaba decidido, y contra viento y marea persistiría hasta correr como un maratonista. Pronto pudo **estrujarle** los primeros resultados a Gloria cuando le mostró la panza levemente rebajada. Para esos días Alfredo se atrevía a salir corriendo de su casa. Abandonaba apresuradamente las calles comprometedoras y siempre alcanzaba a imaginar alguna **rechifla** antipática.

El progreso alcanzado por Alfredo era tan sorprendente que podía ir hasta la avenida y regresar sin tomar descansos. Para su **regocijo**, perdía peso continuamente, al punto que el uniforme le empezó a bailar. Tenía tal dominio de su ruta que podía señalar en qué lugares había perros, qué calles estaban más despejadas de tránsito, y qué **tramos** se hacían más tortuosos por los pedruscos, los chichones o los hoyos.[3]

Un buen día se aventuró a salir de la urbanización por un casi ignorado **boquete** que daba a Pájaros. Comprendió que tenía que correr con cuidado debido a que la carretera era más estrecha, sin aceras, en curvas y los carros pasaban volando bajito. También pensó que el lugar le era prácticamente desconocido y que quienes se arriesgaban a lanzarse por allí lo hacían en

ESTRATEGIA

Avanzar y volver atrás
Al encontrar una palabra desconocida, pásala por alto y lee hasta el final de la oración o del párrafo. Usando el contexto, vuelve a la oración y léela de nuevo para deducir su significado.

PALABRAS CLAVE

el trecho cierta distancia
estrujar apretar; en este contexto: alardear
la rechifla silbido de desaprobación
el regocijo alegría
el tramo una parte de un camino
el boquete paso o entrada

1 Luis Rafael Sánchez, también conocido como «Wico», es uno de los dramaturgos más destacados de Puerto Rico.
2 La insignia oficial de la NASA se conoce como la «albóndiga» por su forma redonda.
3 piedras; hinchazones; baches, agujeros

PALABRAS CLAVE

orondo/a lleno/a de presunción
anonadado/a desconcertado/a
paulatino/a lento/a, paso a paso
regodeado/a entregado/a completamente a un placer
el colmado tienda de comestibles
la grama césped
el/la mojigato/a que disimula humildad, hipócrita
deglutir tragar
derrochar gastar en abundancia
el predio terreno
virar volver, girar
la vaina cosa, asunto
la manzana espacio urbano, generalmente cuadrangular, delimitado con calles por todos sus lados.

grupo… Se concentró en lo que hacía y de aquel experimento obtuvo una nueva ruta que pasearía **orondo** y referirá, restándole importancia, a los **anonadados** vecinos en el bar de Caquín.

Los vecinos fueron los primeros en darse cuenta de la **paulatina** y gradual transformación de Alfredo, quien caminaba **regodeado** al **colmado** de la esquina, saludando, preguntando por la salud de quien fuera, admirando el verdor de las **gramas**, felicitando a fulano por el arreglo hecho a la casa, envidiando cordialmente el automóvil recién adquirido por sutano… Los compañeros de trabajo repararon de buenas a primeras, en el frugal almuerzo de Alfredo, y adjudicaron únicamente a la dieta las libras perdidas. Notaron, además, que Alfredo ya no se encerraba en su oficina al mediodía, y en cambio se quedaba a escuchar los chistes y chismes y hasta hacía sus aportaciones. No se sabe quién corrió la voz de que Alfredo se tiraba al cuerpo camisas Pierre Cardin, usaba pantalones más entallados, y se preocupaba por cubrir con mejor gusto su calvita incipiente. […] Gloria tardó más que nadie en reconocer los cambios experimentados por Alfredo. Los empezó a advertir en las tardes, cuando exigía menos arroz y habichuelas. Luego se maravilló cuando su compañero decidió prescindir de los granos para conformarse con carnes y vegetales. […]

Por otro lado, como corredor, Alfredo estaba muy lejos de ser aquel **mojigato** trotón que se recluía en un paraje desierto. No solo **deglutía** con sus fortalecidas piernas distancias respetables, sino que además, **derrochaba** gracia y precisión en sus movimientos. Ahora adoptaba al correr una posición erguida, los brazos y las piernas se movían en perfecta armonía y a un ritmo uniforme. Aspiraba el aire por las fosas nasales y lo expulsaba por la boca, tal y como lo aconsejaban los magacines especializados en la materia. Dejaba caer los brazos para relajarse o para librarse de calambres. Su tranco se ajustaba a las exigencias de la superficie. A medida que perfeccionaba su estilo y aumentaba su resistencia, se imponía retos más estimulantes, que estuvieran a la altura de sus recién adquiridas aptitudes.

Ese ánimo expansionista y aventurero fue lo que lo llevó una tarde a torcer a la izquierda y no a la derecha como acostumbraba al salir de la urbanización, y al cabo de un rato se encontró con **predios** desconocidos que prometían seguras compensaciones. Era una carretera más angosta y sinuosa que la de Pájaros. No recordaba haberla transitado. Los alrededores poseían una belleza y quietud poco disfrutadas por él y la gente de su vecindario. Había muy pocas casas y la brisa estaba en todas partes. El silencio era alterado por ocasionales chillidos, o por la enramada crujiente, y, en aquel momento, por voces que Alfredo captó a la distancia. Conforme avanzaba percibía con mayor claridad altos susurros de dos, quizá tres hombres emboscados que al advertirlo estremecieron el ramaje que los ocultaba. Alfredo creyó verlos agachados hacia un bulto que aparentemente arrastraban. Sintió miedo, no halló prudente **virar**, pero lo hizo apretando el paso. [...]

—¿Volviste? —mira a su marido con una suerte de lastimoso asombro—. Muchacho, te ves muerto.

Alfredo entra encorvado, con las manos en la cintura, pisando las gotas de sudor que se desprenden de la punta de la nariz.

—Tú has cogido esa **vaina** muy a pecho, Alfredo. Enfríate primero antes de bañarte. ¿Quieres agua?

Alfredo hace un gesto confuso con la mano y Gloria opta por dejarlo tranquilo. La inevitable escena regresa a él tan pronto cierra los ojos. Gloria descongela el pollo y comienza a mondar las papas de la dieta. Alfredo la observa pensativo y abrumado por la decepción y el abrupto recorte que tendrá que hacerle a sus inmodestas aspiraciones. *Será cuestión de dar vueltitas a la* ***manzana*** *como hace todo el mundo…*

—Pon a cocinar un poco de arroz —ordena malhumorado mientras se saca los tenis. ◣

DESPUÉS DE LEER

1 **Comprensión** Elige la mejor respuesta para cada pregunta.

1. ¿Cuál es el propósito del cuento?
   a. Describir los beneficios del *jogging* para la salud física y psicológica.
   b. Aconsejar sobre los lugares idóneos para practicar el *jogging*.
   c. Describir la importancia de hacer ejercicio y llevar una dieta sana.
   d. Describir una nueva experiencia.
2. ¿Qué indican las siguientes frases sobre el carácter de Alfredo?
   «Seleccionó como punto de partida la avenida [...] la cual está retirada de su vecindario inmediato» (líneas 9-10).
   «Se fue [...] a espaldas de su mujer [...] miró a todos lados» (líneas 10-14).
   a. Su afán de actuar en secreto
   b. El sentimiento de inseguridad en sí mismo
   c. Su carácter analítico
   d. Su suspicacia
3. ¿A qué se le atribuye el interés de Alfredo por buscar nuevos caminos para practicar el *jogging*?
   a. A su carácter indeciso
   b. A su espíritu aventurero
   c. A la moda
   d. Al aburrimiento
4. ¿Qué nos dice la siguiente oración sobre el estado de ánimo de Alfredo?
   «*Será cuestión de dar vueltitas a la manzana como hace todo el mundo*» (líneas 81-82).
   a. Está algo abatido.
   b. Está cansado de buscar rutas nuevas.
   c. Se da cuenta de que no es un gran atleta.
   d. Debe seguir con el *jogging*.
5. ¿Qué indican las últimas palabras de Alfredo?
   «Pon a cocinar un poco de arroz» (línea 83).
   a. Es mandón y le gusta darle órdenes a su esposa.
   b. Está algo desanimado y puede que vuelva a las viejas costumbres.
   c. Tiene hambre y quiere comer.
   d. Mientras se está cocinado el arroz, piensa decirle a su esposa lo que pasó.

2 **Alfredo** Escribe un par de párrafos para explicar la transformación, tanto psicológica como física, que sufrió el protagonista del cuento, así como los hábitos que dejó y las nuevas costumbres que adoptó al comenzar a practicar deporte. Incluye en tu composición una explicación de las razones que lo motivaron a empezar a practicar el *jogging* de manera constante, y una respuesta para esta pregunta: ¿Crees que Alfredo va a seguir corriendo? ¿Por qué?

3 **El bulto** En grupos pequeños, discutan sobre qué podría haber en el bulto y la razón por la cual los hombres estaban arrastrándolo (escena descrita en las líneas 69-70). Teniendo esto en cuenta, escriban otro final para la historia. Luego compártanlo con otros grupos e intercambien preguntas sobre el final que cada grupo eligió para el cuento.

CONCEPTOS CENTRALES

Las características del personaje
Los atributos de un personaje se pueden inferir a partir de lo que este hace. Para asignarle características a un personaje, presta atención a la manera en que actúa y a la reacción que tienen los demás personajes ante sus acciones.

4 

Identificar los beneficios Trabaja con un(a) compañero/a y escriban las palabras del cuento que describen los beneficios y los resultados físicos y psicológicos de correr o hacer *jogging*. Luego, hablen de cómo se relacionan estas palabras con otros deportes o actividades para estar en forma.

MI VOCABULARIO
Utiliza tu vocabulario individual.

5 

Las implicaciones culturales Reflexiona sobre estas preguntas relacionadas con las implicaciones culturales de las acciones descritas en el texto. Luego discute las respuestas con toda la clase.

1. Describe la actitud que tenía Alfredo hacia el *jogging* antes de empezar a practicarlo.
2. ¿De qué manera cambian sus opiniones sobre este deporte a lo largo del cuento? ¿Por qué motivos cambian?
3. ¿Cómo presenta el narrador el *jogging* para explicar que es una práctica que choca con las costumbres y la cultura de su comunidad?
4. ¿Es significativa su decisión de intentar, en público, una práctica inusual? ¿Por qué?

6 

Gloria Con un(a) compañero/a, analiza la relación de Alfredo con Gloria, su esposa. Luego escriban el diálogo en el que Alfredo le confiesa a ella su afición secreta al *jogging*. Prepárense para representar el diálogo ante toda la clase.

7  

Una experiencia personal Puede ser muy difícil intentar algo nuevo, especialmente algo que se considera inusual. Recuerda un momento de tu vida cuando te sentiste inseguro/a al intentar una actividad nueva. Describe lo que pasó. ¿Qué hacías? ¿Cómo reaccionaron tu familia y tus amigos? ¿Cómo te influyeron sus reacciones? ¿Llegaste a practicar la actividad? ¿Encontraste a otras personas con las cuales disfrutar la actividad o la practicaste de manera solitaria?

ESTRUCTURAS

El gerundio y el participio

El gerundio se puede unir a *estar* y a otros verbos para expresar acciones progresivas. También puede realizar la función de adverbio. El participio se usa en los tiempos compuestos, en la voz pasiva y como adjetivo.

Vuelve a leer el artículo y busca ejemplos de gerundios y participios en dichos contextos (sintácticos). Indica el uso de cada ejemplo.

MODELO Línea 4: ***siguió poblándose*** (acción progresiva)
Línea 13: ***el dinero invertido*** (adjetivo)
Línea 19: ***haber superado*** (tiempo compuesto)
Línea 66: ***era alterado*** (voz pasiva)

RECURSOS 
Consulta las explicaciones gramaticales del **Apéndice A**, pp. 448-450.

AUDIO ▸ XV FESTIVAL DE JAZZ EN TOLEDO

Audio
My Vocabulary
Partner Chat
Strategy
Write & Submit

INTRODUCCIÓN Esta grabación proviene de una emisión de *Radio 5* de RTVE y describe un evento que ocurre desde hace varios años en Toledo, España: un gran festival de música jazz. El narrador menciona las características y ventajas del festival y su importancia, además de presentar la información que ofrecen dos colaboradores del evento.

PALABRAS CLAVE

la terraza espacio al aire libre para sentarse fuera de un café

el ayuntamiento el gobierno municipal

los últimos coletazos estar a punto de terminar

el concejal miembro del concejo municipal

el/la funcionario/a persona que trabaja para el gobierno

ANTES DE ESCUCHAR

1 **Un festival propio** Con un(a) compañero/a, diseñen su propio festival —puede ser de cualquier tipo de expresión artística—. Describan qué espectáculos incluirían, dónde y cuándo tendría lugar, y otros detalles similares. Diseñen además un póster de su festival (como el que aparece en la página 408). Presenten sus planes al resto de la clase.

2 **Activar el conocimiento previo** Habla con un(a) compañero/a sobre lo que saben del jazz y sus músicos, y del baile *Lindy Hop*. Mencionen algunos aspectos culturales e históricos del jazz en Estados Unidos y de qué manera este ritmo musical ha llegado a otros países del mundo, especialmente en Hispanoamérica.

MIENTRAS ESCUCHAS

1 **Escucha una vez** Escucha la grabación para captar las ideas generales. Anota palabras y expresiones relacionadas con cada pregunta de la tabla de apuntes.

PREGUNTAS FUNDAMENTALES	APUNTES
¿Cuáles son los horarios del festival?	
¿Cuánto tendrán que pagar los espectadores?	
¿Dónde tendrá lugar el festival en Toledo?	
¿Cuál es la propuesta del festival? ¿Para qué servirá?	
¿Quiénes colaborarán para cumplir con la propuesta?	
¿Qué otro evento tendrá lugar durante el festival?	
¿Dónde tiene sus raíces el *Lindy Hop*, según la profesora? Explica con detalles.	

ESTRATEGIA

Visualizar
Al escuchar la grabación, imagina lo que se describe para tener una idea más clara del contexto. Visualizar lo que se narra te permitirá crear una imagen más vívida de lo que se dice y, en este caso, te permitirá sentir el ritmo como si estuvieses en Toledo.

2 **Escucha de nuevo** Ahora, con base en lo que escuchas, trata de escribir respuestas completas para cada una de las preguntas de la tabla.

MI VOCABULARIO
Utiliza tu vocabulario individual.

DESPUÉS DE ESCUCHAR

1 **Comprensión** En pequeños grupos, analicen los apuntes de sus tablas y contesten las preguntas de la manera más completa posible. Luego compartan sus respuestas con toda la clase.

2 **Festivales** Con un(a) compañero/a, contesta las siguientes preguntas sobre el Festival de Jazz de Toledo y sobre festivales similares en el municipio o el estado donde viven.

1. ¿Por qué dice el locutor que el Festival de Jazz de Toledo «pretende servir para rejuvenecer las noches toledanas en los últimos coletazos del verano»?
2. ¿Por qué podemos inferir que el festival es un proyecto colaborativo? ¿Qué dice el concejal de cultura Jesús Nicolás que nos permite hacer esta inferencia?
3. ¿El gobierno municipal o estatal de donde ustedes viven patrocina un festival o una actividad similar al Festival de Jazz de Toledo?
4. Describan un festival al que hayan asistido recientemente. ¿Recuerdan alguna expresión artística (música, pintura, danza o teatro) que refleje mezclas culturales?

RECURSOS
Consulta la lista de apéndices en la p. 418.

3 **Ensayo de reflexión y síntesis** Con base en lo que has estudiado en este Contexto, escribe un ensayo sobre este tema: ¿Nuestros intereses personales sirven para unirnos más o para separarnos de las demás personas?

El ensayo debe tener al menos tres párrafos, así:

1. Un párrafo de introducción que:
   - presente el contexto del ensayo
   - incluya una oración que responda a la pregunta, que es tu tesis
2. Un párrafo de explicación que:
   - exponga uno o dos argumentos que apoyen tu tesis
   - dé ejemplos que sustenten tus argumentos
3. Un párrafo de conclusión que:
   - resuma los argumentos que llevan a la tesis
   - vuelva a plantear la tesis en otras palabras

CONEXIONES CULTURALES

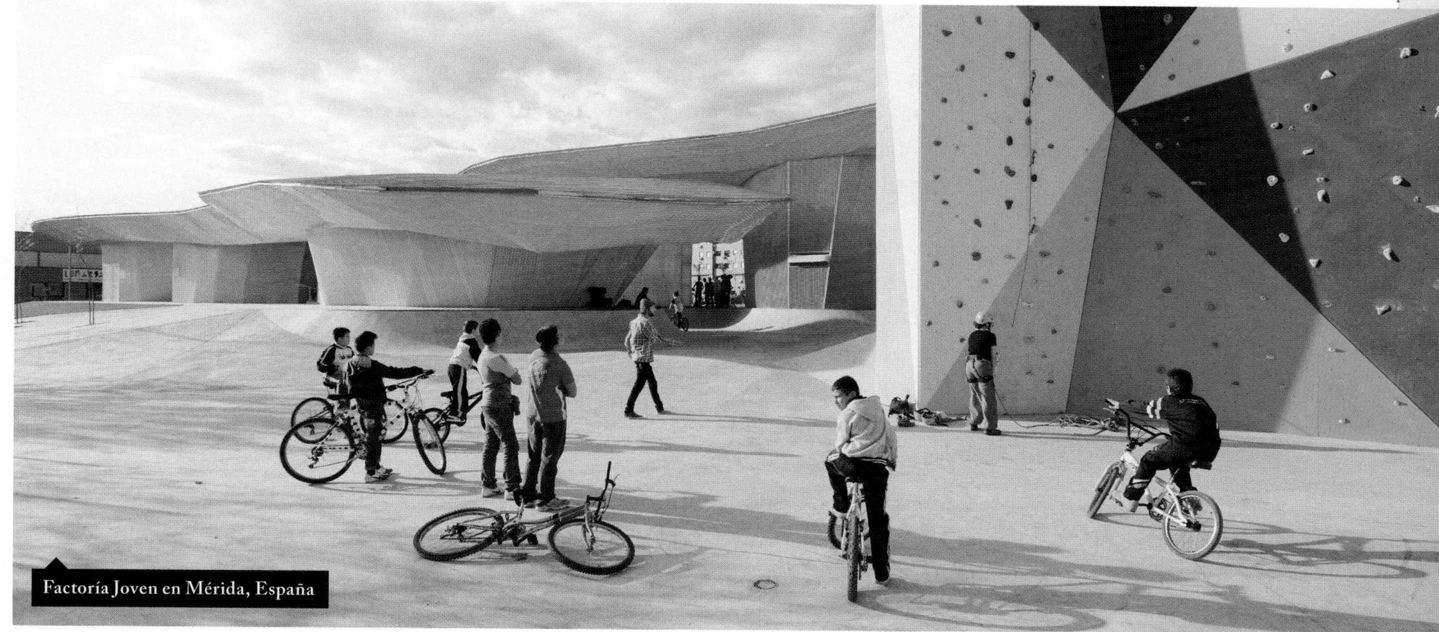

Factoría Joven en Mérida, España

Un lugar donde vivir la juventud

¿EXISTEN LUGARES DISEÑADOS PARA LOS JÓVENES DONDE puedan practicar patinaje y ciclismo, bailar *hip hop*, asistir a talleres de capacitación, dar rienda suelta a la creatividad e incluso practicar escalada, todo bajo un mismo techo? Pues sí existen: en varias ciudades de España.

Las Factorías Joven son centros recreativos vanguardistas, creados especialmente para los españoles de entre 14 y 30 años. ¿Y quién mejor que los principales interesados para diseñarlos? Como nadie conoce mejor los intereses de los jóvenes que ellos mismos, son precisamente los usuarios los encargados de dar propuestas a los arquitectos, quienes las convierten en realidad. Estos espacios cuentan con los más diversos recursos para llevar a cabo actividades audiovisuales, musicales, plásticas, teatrales e incluso deportivas. También disponen de sectores de descanso, donde la única consigna es relajarse y disfrutar.

- El *hip hop* se volvió tan importante para los jóvenes colombianos, que en el Instituto de Patrimonio de Bogotá se propuso declararlo patrimonio cultural intangible de la ciudad. En otras ciudades del país este ritmo musical también se ha vuelto muy popular.
- Miles de jóvenes peruanos disfrutan del juego para teléfonos móviles *Inka Madness*. El jugador debe superar desafíos entre los elementos típicos de las culturas incaica y peruana. El objetivo no es solo divertirse, sino también aprender a valorar la propia historia; es entonces una forma divertida y muy original mediante la cual los jóvenes se acercan a la historia de su país.
- La bachata es un ritmo bailable urbano originario de la República Dominicana, que combina el bolero con otros ritmos afroantillanos. Ha causado furor entre los jóvenes dominicanos, pero también en casi toda Latinoamérica. Este no es el único ritmo dominicano que ha cruzado las fronteras del país: durante las décadas de los ochenta y los noventa el merengue se extendió por todo el continente y el mundo entero.

Presentación oral: comparación cultural

Prepara una presentación oral sobre este tema:

- ¿Cuáles son las similitudes y las diferencias de los intereses de los jóvenes de Estados Unidos, España y Latinoamérica? ¿Cómo influyen en su identidad?

Compara tus observaciones acerca de las comunidades en las que has vivido con tus observaciones de una región del mundo hispanohablante que te sea familiar.

Notas y referencias bibliográficas

- A menudo, es necesario utilizar notas en los ensayos, que pueden ser de dos clases: notas aclaratorias o notas bibliográficas. Las **notas aclaratorias** se introducen para ampliar un tema, aclarar alguna cuestión, presentar la traducción de algún texto, exponer la opinión de otro autor, etc. Deben ser breves y es recomendable limitar su número, pues un texto recargado de notas puede desorientar y aburrir al lector.

- Las **notas bibliográficas** se utilizan para especificar las fuentes. Remiten al lector a otras obras que tratan los temas discutidos mediante expresiones como «Con relación a este tema, puede consultarse…» o «El autor *x* opina lo contrario en su obra…»; o directamente se señalan las fuentes, como se indica más adelante.

- Tanto las notas aclaratorias como las bibliográficas pueden ir al pie de página (*footnotes*) o al final del ensayo (*endnotes*). En general, son más utilizadas las notas al pie de página, porque le facilitan al lector su trabajo; pero, en caso de que el ensayo lleve muchas notas, es mejor ponerlas al final.

- Al usar citas, ya sean directas o indirectas, se debe especificar la fuente mediante notas bibliográficas, que se señalan con números superíndices (*superscript*) inmediatamente después del texto parafraseado o de la cita textual.

- Las referencias bibliográficas deben ir completas, es decir, en ellas se deben consignar todos los datos que le permitan al lector ubicar la fuente a la que se remite. Las fuentes más comúnmente citadas son los materiales impresos (libros y publicaciones periódicas).

- Al igual que en inglés, en español existen diferentes maneras de escribir una referencia bibliográfica. Esta es una de las más corrientes:

  Estructura:
  Apellido, Nombre. «Título de la sección», en: *Título de la obra*, Ciudad de publicación: Editorial, año, pp. xxx-xxx.

  Ejemplos:
  Eco, Umberto. *Cómo se hace una tesis*, Barcelona: Gedisa, 1975, pp. 188-214.

  Cassany, Daniel. «Párrafos», en: *La cocina de la escritura*, Barcelona: Anagrama, 1993, pp. 82-93.

- Este es uno de los formatos estándar en español para citar una publicación periódica:

  Estructura:
  Apellido, Nombre. «Título del artículo». *Título de la revista o periódico* vol. # (año): pp. xxx-xxx.

  Ejemplos:
  Bushnell, David. «Las independencias comparadas: las Américas del Norte y del Sur». *Historia crítica* vol. 41 (2010): pp. 20-37.

  Martín, Pedro. «La poesía cubana no está bloqueada». *El Colombiano*, Medellín, 13 de febrero de 1993: 12B.

- Para citar una página web, además de los datos anteriores, se debe indicar que se trata de un artículo en línea. Hasta hace poco se recomendaba dar la dirección completa de la página, pero ahora se recomienda solamente indicar que la información se encuentra en línea, e incluir la fecha en la que se accedió a la misma.

  Murueta, Marco Eduardo. «Subjetividad y praxis: la diversidad de los contextos culturales» [en línea]. Acceso: 2 de enero de 2011.

- Al final del ensayo se debe incluir un listado con todas las obras citadas. El listado bibliográfico debe ir en estricto orden alfabético, según los apellidos de los autores, y debe contener los datos completos.

- Dado que las referencias bibliográficas deben ser indicaciones claras y breves, en ellas se usan varias abreviaturas que sintetizan la información; casi todas ellas provienen del latín.

Ídem (o ***Íd.***)	Se utiliza para indicar que se cita al mismo autor de la nota previa. Eco, Umberto. *Cómo se hace una tesis*, Barcelona: Gedisa, 1975, pp. 188-214. *Íd. El nombre de la rosa*, Buenos Aires: Lumen, 1980. (mismo autor, diferente obra)
Ibídem (o ***Ibíd.***)	Se usa para indicar que una nota es exactamente igual a la anterior. Eco, Umberto. *Cómo se hace una tesis*, Barcelona: Gedisa, 1975, pp. 188-214. *Ibíd.*, p. 90. (mismo autor y misma obra, pero diferente página).
et al.	Significa «y otros» y se usa en casos de obras escritas por varios autores (más de tres). En este caso se pone el apellido del primer autor y después la abreviatura *et al.*

PRÁCTICA

1 Organiza los elementos que se presentan en cada caso para elaborar una referencia bibliográfica adecuada. Incluye los signos de puntuación necesarios.

MODELO (1997) / «Azar, necesidad y arte en los atomistas y en Platón» / pp. 21-70 / Rodríguez, Marcelino / 30.1 / *Anuario filosófico*

Rodríguez, Marcelino. «Azar, necesidad y arte en los atomistas y en Platón», *Anuario filosófico* 30.1 (1997): pp. 21-70.

1. «Juan Ramón Jiménez y Rubén Darío: naturaleza e intimidad en 'Arias tristes'» / pp. 237-247 / (1994) / *Anales de literatura hispanoamericana* / 1.23 / Martínez Domingo, José María
2. Bogotá / en / «La novela colombiana después de García Márquez» / tomo 2 / Cano Gaviria, Ricardo / pp. 351-408 / *Manual de literatura colombiana* / Editorial Planeta
3. 2001 / Alfaguara / *El lenguaje de la pasión* / Vargas Llosa, Mario / Madrid / pp. 15-30

2 En parejas, tomen al menos tres materiales bibliográficos diferentes (libros, revistas, sitios web) y seleccionen capítulos o artículos de los mismos. Anoten las referencias bibliográficas como aparecerían al final de un trabajo de investigación.

contexto 5

EN BREVE **Las creencias personales**

PUNTOS DE PARTIDA

Nuestro sistema de creencias define la manera como vemos el mundo y la forma en que actuamos. Según ese sistema, asumimos una postura con respecto a diferentes asuntos, conceptos y problemas.

- ¿Cuándo se considera que una persona es exitosa y en qué consiste el éxito?
- ¿Es el perfeccionismo un atributo beneficioso o perjudicial para una persona?
- ¿Qué beneficios y qué desventajas experimentan los individuos que son competitivos?

DESARROLLO DEL VOCABULARIO

MI VOCABULARIO
Anota el vocabulario nuevo a medida que lo aprendes.

1 **Mi sistema de creencias** Con un(a) compañero/a, discutan qué opinan sobre los siguientes términos. ¿Cuáles son positivos y cuáles son negativos?

- amabilidad
- autoestima
- autonomía (independencia)
- cooperación
- egoísmo
- lealtad
- liderazgo
- obediencia
- religiosidad

2 **Ajustes al sistema de creencias** Cuando somos niños, nuestro sistema de creencias está formado casi por completo por lo que nos dicen los adultos, pero luego lo modificamos de acuerdo con nuestras experiencias personales. Escribe un ejemplo de una creencia que hayas modificado. Si lo deseas, comparte tu ejemplo con la clase.

AMPLIACIÓN

1 **La tolerancia** Explica con tus propias palabras la siguiente cita y piensa en un ejemplo específico que la ilustre. Puede ser una anécdota personal, un hecho histórico o una situación hipotética. Comparte tus reflexiones con un(a) compañero/a.

John F. Kennedy (1917-1963)

« La tolerancia no implica una falta de compromiso con nuestras propias creencias, sino que condena la opresión o la persecución de los otros. »

2 **Tus creencias** ¿Cuál de las siguientes citas expresa mejor tus opiniones? Si ninguna se ajusta a tus ideas, puedes buscar otra en Internet. Presenta la cita ante la clase usando ejemplos específicos para explicar el porqué de tu elección.

Bertrand Russell (1872-1970)

« Nunca moriría por causa de mis creencias, porque podría estar equivocado. »

Henry David Thoreau (1817-1862)

« Vive tus creencias y podrás cambiar el mundo. »

PUNTOS DE PARTIDA

Los héroes son personas que ponen lo mejor de sí al servicio de la humanidad, que actúan a favor de los necesitados o en defensa de la integridad.

- ¿Cuáles son las cualidades que convierten a una persona en héroe?
- ¿En qué consisten los actos de heroísmo en la comunidad o en el mundo entero? ¿Qué efectos tienen?
- Hay gente que cree que los héroes nacen, no se hacen. ¿Cualquier persona puede llegar a ser un héroe?

DESARROLLO DEL VOCABULARIO

1 **Los atributos de un héroe** En pequeños grupos, lean la siguiente lista de atributos comúnmente asociados a los héroes. En su opinión, ¿cuáles son los tres más importantes? Si consideran que en la lista falta alguna cualidad importante, pueden agregarla. Expliquen al resto de la clase por qué eligieron esos tres atributos.

- compasión
- dedicación
- determinación
- honor
- humildad
- perseverancia
- resiliencia
- sacrificio
- valor

MI VOCABULARIO
Anota el vocabulario nuevo a medida que lo aprendes.

2 **Clases de héroes** Existen diversas clases de héroes. Con un(a) compañero/a, describan las características de un héroe en cada uno de los siguientes ámbitos: la sociedad, la política y los deportes. ¿En qué consiste el heroísmo en cada uno de estos ámbitos? ¿Qué tienen en común los héroes sociales, los héroes políticos y los héroes deportivos? ¿En qué se diferencian? Sustenten sus respuestas con ejemplos.

AMPLIACIÓN

1 **Los héroes de la vida cotidiana** En esta cita, el escritor argentino Marcelo Birmajer distingue a los héroes trágicos de los héroes cotidianos. Escribe una lista de personas y situaciones de tu entorno que podrían requerir la ayuda de un héroe de la vida cotidiana (por ejemplo, una anciana que necesita cruzar la calle).

> « Uno puede dar la vida por cualquier cosa y sentirse un héroe, pero los verdaderos héroes son los que nos ayudan a vivir. »

Marcelo Birmajer (1966-)

2 **Un héroe personal** ¿Tienes un héroe o una heroína personal? ¿Es una persona que está viva o se trata de un personaje histórico? ¿Es una persona famosa o un héroe de la vida cotidiana? Si no tienes un héroe o una heroína, haz una investigación para encontrar a una persona que reúna cualidades que sean importantes para ti. Escribe un ensayo para describir a esa persona y explicar cómo puede influir positivamente en los jóvenes.

RECURSOS
Consulta la lista de apéndices en la p. 418.

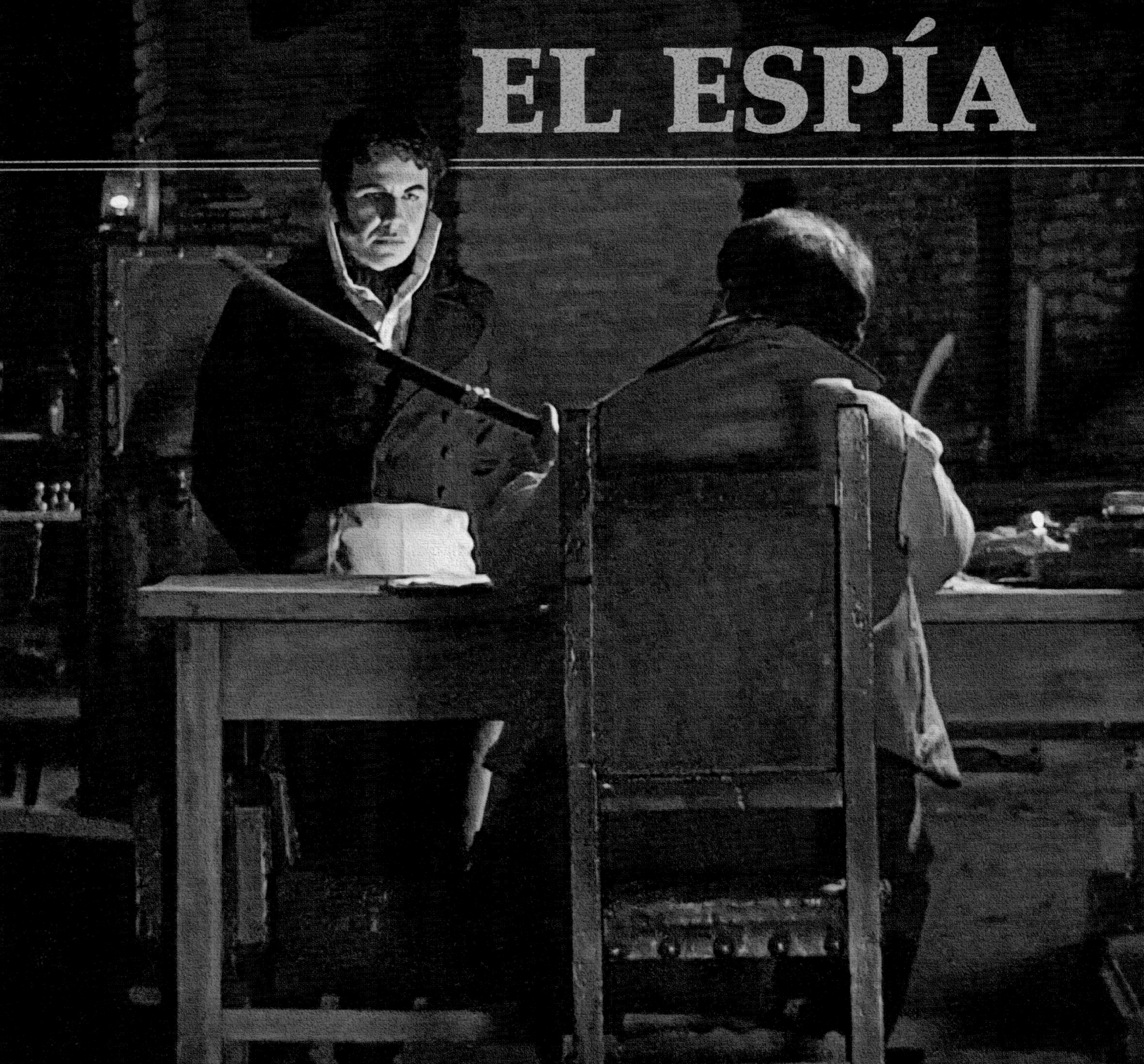

A PRIMERA VISTA
Mira los colores, la luz y las sombras de la foto. ¿A qué género crees que pertenece el corto? ¿Es un drama o una comedia?

SOBRE EL CORTO *El espía* es un cortometraje que forma parte de la colección *25 miradas – 200 minutos.* Fue creado en 2010 para conmemorar el bicentenario de la República Argentina y patrocinado por la Secretaría de Cultura de la Nación de ese país. El director, Juan Bautista Stagnaro, es uno de los más reconocidos de Argentina.

ANTES DE VER

1 **Buscar indicios** Observa bien la foto de la página 414. ¿En qué época crees que sucede la historia? ¿Por qué crees que uno de los hombres está sentado y el otro de pie? ¿Qué tiene en la mano el hombre que está sentado? ¿Qué expresa el lenguaje corporal del hombre que está de pie?

2 **Los símbolos patrios** Discutan estas preguntas en grupos pequeños. ¿Por qué todos los países del mundo tienen una bandera y un himno nacional? ¿Qué representan estos símbolos? ¿Qué es el patriotismo? ¿Te consideras una persona patriota? ¿Por qué? ¿Cómo puede una persona demostrar su patriotismo?

ESTRATEGIA

Buscar indicios te ayuda a identificar detalles que pueden darte pistas sobre el tema, la trama y el tono del corto.

MIENTRAS MIRAS

1

Inspector: «Nuestro informante en Londres hace tiempo nos había dicho de su llegada. ¿Por qué vino?».

1. ¿Qué responde el hombre? ¿Por qué fue a Argentina?
2. ¿Dónde nació el hombre? ¿Dónde ha vivido toda su vida?

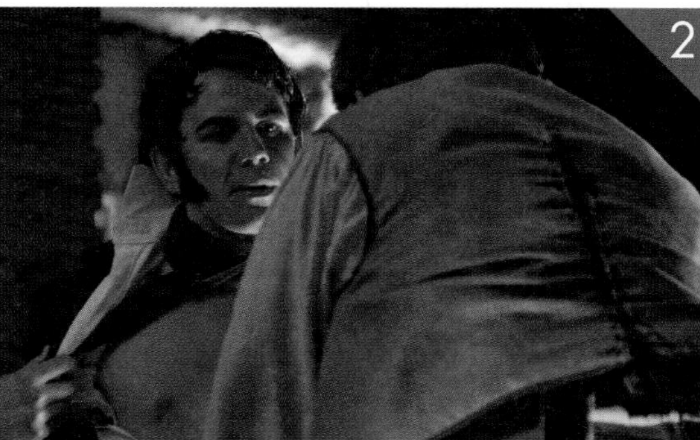

2

Hombre: «¿Qué esperaba ver? ¿Un tatuaje? ¿La cruz de los masones? ¿La marca del Diablo?».

1. ¿Por qué le exige el inspector al hombre que se quite la chaqueta?
2. ¿Qué tiene el hombre en el pecho?

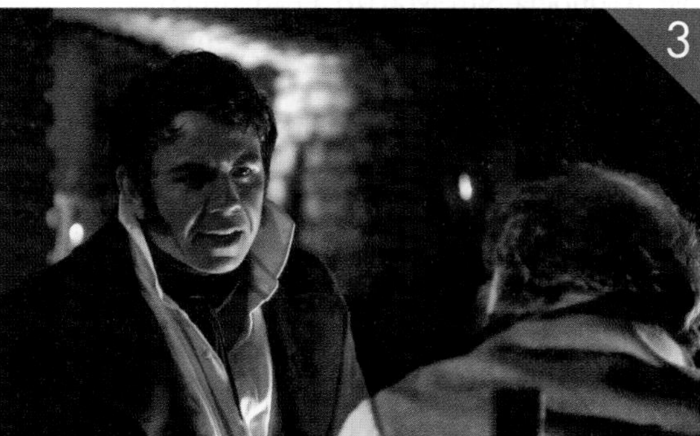

3

Hombre: «Quiero la libertad de los pueblos de América para que puedan elegir libremente a su gobierno».

1. ¿Qué dice el hombre que le va a suceder si el inspector lo regresa a España?
2. ¿Por qué acepta el inspector que el hombre se quede en Argentina?

PALABRAS CLAVE

la espada instrumento de combate largo y cortante
el teniente oficial militar
la aduana oficina que regula el tráfico entre dos fronteras
el sufrir el dolor
la logia asamblea o fraternidad de masones
el tatuaje marca de tinta permanente que se hace en el cuerpo
capitulado/a encargado/a de una misión militar

APÉNDICES

TIEMPO PRESENTE; *SER* Y *ESTAR*

◢ Tanto el **presente simple** como el **presente continuo** narran y describen eventos, pero la manera como cada uno de estos tiempos verbales se usa es diferente. Observa cómo se usan en las siguientes oraciones.

Los lentes **son** caros. (*descripción simple*)

Los diseñadores **influyen** mucho en las tendencias de los jóvenes. (*descripción de acciones y estados habituales*)

Estamos diseñando una nueva colección. (*narración de una acción que se realiza en el presente*)

El presente simple

PRINCIPALES USOS DEL PRESENTE SIMPLE	
describir cualidades y estados permanentes	Las cosas **tienen** vida propia —pregonaba el gitano con áspero acento. En Chile, las vacaciones de verano **duran** de mediados de diciembre a mediados de marzo.
narrar eventos presentes	Un señor **toma** el tranvía después de comprar el diario.
narrar eventos en el futuro cercano	Media hora más tarde **desciende** con el mismo diario...
el presente histórico	Julio Cortázar (1914-1984) **nace** en Bruselas, de padres argentinos.
narrar eventos pasados de manera más inmediata	Ayer salía clase cuando, de repente, ¡me **encuentro** con un grupo de *hipsters*!

◢ El último ejemplo corresponde algunas veces al uso informal del tiempo presente en inglés para relatar un evento pasado:

So yesterday, **I'm walking** past the library and I **see** Tyler. He **says** to me...

El presente continuo

◢ Para formar el presente continuo, combina una forma del tiempo presente de **estar** con el gerundio (la terminación **-ando**, **-iendo**) de otro verbo.

PRINCIPALES USOS DEL PRESENTE CONTINUO	
narrar una acción en progreso	**Están preparando** una encuesta sobre las marcas de moda.
expresar un evento que se considera inusual, pasajero o sorprendente	Patricia siempre compra su ropa en tiendas, pero hoy **está comprando** en línea.
expresar un hecho que se repite constantemente	Los jóvenes siempre **están cambiando** y **renovando** sus estilos.

◢ Algunos verbos cambian su grafía en el gerundio: los verbos terminados en **-ir** cuya raíz cambia (**durmiendo**, **pidiendo**, **diciendo**) y verbos como **creer**, **traer**, **construir** y **oír** (**creyendo**, **trayendo**, **construyendo**, **oyendo**).

¡ATENCIÓN!

En español se utiliza más el presente simple que el presente continuo. A diferencia del inglés, el presente continuo no se usa para describir estados o condiciones.

El niño **lleva** una chaqueta roja.

The boy is ***wearing*** *a red jacket.*

Ser y estar

- Los verbos **ser** y **estar** expresan *to be*, pero sus significados son diferentes. En general, **ser** se usa para describir la esencia y la identidad de algo. **Estar** se emplea para describir la condición, el estado o la ubicación; el hablante percibe estos rasgos como circunstanciales o temporales, más que inherentes.

- **Ser** se utiliza:

para identificar a alguien o algo	El autor de *Rayuela* **es** Julio Cortázar.
para describir rasgos físicos, personalidad y otras características que se perciben como inherentes o permanentes	**Es** tierno y mimoso igual que un niño... El vestido **es** elegante. Los burros **son** muy fuertes.
para indicar posesión	El sombrero **es** de Alicia.
para describir de qué está hecho algo	El cinturón **es** de cuero.
para identificar el lugar donde ocurren los hechos	La feria **es** en la plaza, todos los domingos.

- **Estar** se usa:

para describir estados que se perciben como temporales o no inherentes	¡Qué bonito **está** el campo en la primavera! Cuando Platero **está** de buen humor, parece un niño.
para describir un cambio de estado	En invierno los árboles **están** marchitos.
para identificar la ubicación de alguien o algo	Los niños **están** en el parque.
para narrar una acción en desarrollo, usando el presente continuo	¿De qué **están hablando** Daniel y sus padres?

¡ATENCIÓN!
Observa cómo el verbo **ser**, al usarse para expresar características inherentes, se traduce generalmente como *to be* en inglés. **Estar**, usado para designar características que se consideran menos permanentes, se traduce con frecuencia como un verbo más específico que refleje mejor el contexto.

- El uso de un adjetivo con **ser** o **estar** puede cambiar la connotación o el significado del adjetivo.

Los niños del pueblo no **son** nada **callados**. *The village children aren't quiet at all.*	Todos **están callados**, escuchando a la niña cantar. *Everyone is (falls, remains) silent, listening to the girl sing.*
Para ti, ¿**es** interesante o **aburrido** este cuento? *In your opinion, is this story boring or interesting?*	Cuando Platero **está aburrido**, se duerme. *When Platero is (feels) bored, he falls asleep.*
El comerciante **es** más **rico** que los hombres del campo. *The businessman is wealthier than the men from the countryside.*	¡Qué **ricos están** los higos y las uvas! *The figs and grapes are (taste) so delicious!*
El hombre con el cigarro no **es guapo**. *The man with the cigarette isn't handsome.*	¡Qué **guapas están** las niñas, todas vestidas de blanco! *How pretty the girls are (look), all dressed in white!*
Según el narrador, Platero **es** muy **listo**. *According to the narrator, Platero is very clever.*	Ya **están listos** Platero y su dueño para ir al pueblo. *Platero and his owner are ready to go to the village.*

PRÁCTICA

1 Completa las oraciones con los verbos correspondientes en el tiempo presente simple.

La moda se (1)____________ (definir) como las costumbres que (2)____________ (marcar) alguna época o lugar específicos, en especial aquellas relacionadas con el vestido, los adornos o la decoración; (3)____________ (referirse), en definitiva, a lo que se (4)____________ (considerar) actual en un periodo determinado, y a las tendencias prevalentes. La moda también (5)____________ (relacionarse) con el gusto masivo, impuesto o adquirido, frente a la ropa, los colores, los accesorios y todo lo concerniente al embellecimiento. Y no (6)____________ (tener) que ver solo con las mujeres, pues cada vez más los hombres (7)____________ (interesarse) por estar al día en asuntos de moda.

2 Imagina que eres periodista y quieres hacer un reportaje sobre un desfile de modas. Explica si usarías **ser** o **estar** en las siguientes situaciones y por qué.

MODELO to say that a dress is beautiful
ser; la belleza del vestido es una característica inherente

1. to describe the color of a pair of shoes
2. to ask a designer how he is feeling today
3. to ask where the fashion show will take place
4. to ask who a hat belongs to
5. to say how pretty the runway looks with all the decorations
6. to say that the models seem tired today
7. to ask what the models are doing at this moment
8. to say that this is the most important fashion show in town
9. to ask where the guest designers are from
10. to say that a purse is made from very fine leather

3 Para cada una de estas ilustraciones, escribe tres oraciones. Una oración debe incluir un verbo en el tiempo presente simple; otra debe usar el presente continuo, y la tercera debe incluir **ser** o **estar**.

PREPOSICIONES

- Las preposiciones conectan partes de las oraciones para expresar una relación entre dichas partes.

  El *mall* fue la primera gran competencia **para** Sábado Gigante.
  El centro comercial está ubicado **entre** dos avenidas.

a *to, at, into*	**en** *in, on, at, into*	**por** *because of, by, by means of, for, through, down, up, along*
ante *in front of, before, facing*	**entre** *between, among*	**según** *according to, depending on*
bajo *beneath, under*	**excepto/salvo** *except*	**sin** *without*
con *with*	**hacia** *toward(s), about, around*	**sobre** *about, on, over, on top of*
contra *against, despite*	**hasta** *as far as, until, up to*	**tras** *behind, after*
de *of, about, from, as*	**mediante** *by means of*	**versus** *against, versus*
desde *from*	**para** *for, to, in order to, by*	**vía** *via, through*
durante *during*		

¡ATENCIÓN!

La preposición **con** forma las siguientes contracciones:

con + mí ⟶ **conmigo**
con + ti ⟶ **contigo**

¿Con quién van los chicos?
¿**Conmigo** o **contigo**?

La contracción **consigo** significa *with himself/herself* y se forma a partir de **con + sí**:

El narrador habla **consigo** mismo mientras camina.

- En español no siempre se usan las preposiciones como se usan en inglés (**pp. 310-312**).

  tocar a la puerta = *to knock **on** the door* **consistir en** = *to consist **of***

- Las preposiciones del español suelen tener varios equivalentes en inglés. Observa los diferentes significados de las preposiciones **a** y **en** en los siguientes ejemplos:

Platero se va **al** prado.	*Platero goes off **to** the meadow.*
El hombre viene **a** nosotros.	*The man comes **toward** us.*
El museo abre **a** las diez.	*The museum opens **at** ten.*
Está **a** la vuelta.	*It's **around** the corner.*
Tardaron dos horas **en** llegar al pueblo.	*It took them two hours **to** get to the village.*
En el camino, se encontraron con un hombre.	***On** the way they met up with a man.*
En el verano hace mucho calor.	***In (During)** the summer it's very hot.*
Las fotos de los niños están **en** esa mesa.	*The photos of the kids are **on (on top of)** that table.*

- En español, al igual que en inglés, las preposiciones pueden combinarse para formar preposiciones compuestas (**locuciones preposicionales**). A continuación se presentan algunos ejemplos.

acerca de *about*	**con respecto a** *with respect to; in reference to*	**encima de** *on top of*
además de *as well as*	**de acuerdo con** *in accordance with*	**en contra de** *against*
al lado de *next to*	**debajo de** *below*	**en medio de** *in the middle of*
alrededor de *around*	**delante de** *in front of*	**frente a** *opposite; facing*
antes de *before* (time)	**dentro de** *within; inside of*	**fuera de** *outside of*
a partir de *starting from*	**después de** *after* (time)	**junto a** *next to; close to*
cerca de *near*	**detrás de** *behind*	**lejos de** *far from*

Antes de leer *Platero y yo*, la obra de Juan Ramón Jiménez, yo no sabía mucho **acerca de** los burros.

Me imagino a Platero **en medio del** prado; **junto a** él está el narrador y **detrás de** ellos se ven las colinas, el pueblo, el río...

- Como ya sabes, tanto **por** como **para** pueden significar *for*, pero sus usos varían. En general, **para** expresa un destino y un propósito, mientras que **por** expresa el motivo o la causa.

USOS DE *PARA*	
indicar propósito o destino	Las flores son **para** María. Van al *mall* **para** comprar unas camisas.
indicar dirección	Iban **para** el pueblo cuando se encontraron con el hombre.
indicar un tiempo específico en el futuro	**Para** el mes que viene, ya tendré una nueva computadora.
indicar necesidad; expresar *in order to*	**Para** aprender otro idioma, hay que tener paciencia.
expresar *by* o *for* con respecto al tiempo	Necesito leer el cuento **para** el martes.
indicar opinión o reacción	**Para** Platero, lo más importante es comer.
expresar *considering*	*Platero y yo* es complejo **para** ser un cuento infantil.
USOS DE *POR*	
expresar causa o motivo	Se nota el amor del narrador **por** su amigo. Todos admiran al animal **por** su belleza.
describir un intercambio	¿Cuánto pagaste **por** tu bicicleta?
expresar *all over, through, in, along*	Subieron **por** el camino.
expresar *during*	Llegaron a la iglesia **por** la mañana.
significar *by means of*	Llamaron a los niños **por** teléfono.
expresar *by* en construcciones pasivas	El cuento fue escrito **por** Juan Ramón Jiménez.

¡ATENCIÓN!

Expresiones comunes con **para**:

no es para tanto
it's not such a big deal

para colmo
to top it all off

para decir (la) verdad
to tell you the truth

para mañana
for/by tomorrow

para siempre
forever

¡ATENCIÓN!

Expresiones comunes con **por**:

por cierto *by the way*

¡**Por** Dios! *For God's sake!*

por ejemplo *for example*

por fin *finally*

por lo tanto *therefore*

por lo visto *apparently*

por si acaso *just in case*

por supuesto *of course*

por último *finally, last*

PRÁCTICA

1 Completa el párrafo sobre el escritor Julio Cortázar con la opción correcta.

(1)____________ (Junto a/De) padres argentinos, Julio Cortázar nace (2)____________ (en/a) Bruselas. Es (3)____________ (en/a) 1914, mientras los obuses estallan (4)____________ (dentro de/en) la ciudad. Su padre, técnico (5)____________ (sobre/en) materias económicas, está (6)____________ (detrás de/al frente de) una delegación comercial que trabaja (7)____________ (con/en) la embajada argentina (8)____________ (en/a) Bélgica. (9)____________ (Desde/De) su infancia y adolescencia Cortázar recuerda la desaparición de su padre, quien, (10)____________ (mientras/cuando) tiene solo seis años, los abandona (11)____________ (por/para) siempre. (12)____________ (A/En) los doce o trece años, escribe sonetos que son «un plagio involuntario de Poe». Un médico le receta «prohibirle los libros (13)____________ (durante/mediante) cuatro o cinco meses. Lo cual fue un sacrificio tan grande que mi madre, una mujer sensible e inteligente, me los devolvió».

ADJETIVOS

Auto-graded

REPASO
La mayoría de los adjetivos concuerdan en género y número con los sustantivos que modifican: **burro hermoso, casa hermosa, prados hermosos, flores hermosas**. Los adjetivos con terminaciones neutras (como los que terminan en **-e**, **-s** y **-l**), solo muestran concordancia en número: **burro grande, casa grande, prados grandes, flores grandes**.

Ubicación

- Cuando se encuentran después de un sustantivo, los adjetivos distinguen ese sustantivo específico de otros en el mismo grupo.

una tarde **gris**	un pueblo **andaluz**	un río **seco**

- Los adjetivos pueden ir antes de un sustantivo para hacer énfasis en una característica particular, para indicar que es inherente o para crear un efecto o tono estilístico.

Remedios Varo era una **talentosa** pintora.	Las **bellas** obras de la artista

- En ciertos casos, colocar el adjetivo antes del sustantivo indica un juicio de valor por parte del hablante. Compara:

Paseamos por las **hermosas** calles. *(for the speaker, all the streets are lovely, not just some)*
Paseamos por las calles **hermosas**. *(some of the streets are lovely, but not all)*

- Cuando se emplea más de un adjetivo para describir un sustantivo, el adjetivo que distingue al sustantivo de otros de su clase va justo después del sustantivo:

una interesante **novela inglesa**	un famoso **ingeniero químico** francés
una **novela inglesa** interesante	un **ingeniero químico** francés famoso

- Los números ordinales se colocan antes del sustantivo (**el primer capítulo**). Otros adjetivos que indican orden, también suelen ir antes del sustantivo (**las últimas calles, los próximos días**).

- Los adjetivos de cantidad, posesión o volumen van también antes del sustantivo:

Julián se comió **cuatro** manzanas.	El narrador está orgulloso de **su** padre.	Ellos pasan **mucho** tiempo juntos.

- Algunos adjetivos cambian de significado dependiendo del lugar en que estén colocados en relación con el sustantivo (antes o después).

REPASO
El adjetivo **grande** se reduce a **gran** antes de los sustantivos singulares masculino y femenino: **un gran libro, una gran idea**. Los adjetivos **bueno, malo, primero** y **tercero** pierden la **-o** antes de los sustantivos singulares masculinos: **hace buen/mal tiempo, el primer día**.

ADJETIVO	COLOCADO DESPUÉS	COLOCADO ANTES
cierto/a	una respuesta **cierta** *a right answer*	una **cierta** actitud *a certain attitude*
grande	una ciudad **grande** *a big city*	un **gran** país *a great country*
medio/a	el sueldo **medio** *the average salary*	un trabajo de **medio** tiempo *a part-time job*
mismo/a	el artículo **mismo** *the article itself*	el **mismo** problema *the same problem*
nuevo/a	una chaqueta **nueva** *a (brand) new jacket*	un **nuevo** amigo *a new/different friend*
pobre	el hombre **pobre** *the man who is poor*	el **pobre** hombre *the unfortunate man*

ADJETIVO	COLOCADO DESPUÉS	COLOCADO ANTES
puro/a	el agua **pura** *the pure (uncontaminated) water*	la pura **verdad** *the whole (entire) truth*
único/a	un amor **único** *a unique love*	mi **único** amor *my only love*
viejo/a	una amiga **vieja** *an old friend (age)*	una **vieja** amiga *an old friend (friend for a long time)*

Comparativos y superlativos

- Al igual que en inglés, en español pueden usarse los adjetivos para formar comparativos (**comparatives**) y superlativos (**superlatives**).

ADJETIVO	COMPARATIVO	SUPERLATIVO
elegante *elegant*	**más/menos** elegante(s) **que** *more/less elegant than*	**el/la/los/las más/menos** elegante(s) **de** *the most/least elegant of/in*

- Para formar comparaciones de igualdad, usa la fórmula **tan** + *adjetivo* + **como.**

  Las obras de Remedios Varo son **tan famosas como** las de Frida Kahlo.

- Algunos adjetivos comunes tienen comparativos y superlativos irregulares.

  bueno/a → **mejor** → **el/la mejor**
  malo/a → **peor** → **el/la peor**
  grande *y* **viejo/a** → **mayor** → **el/la mayor**
  pequeño/a *y* **joven** → **menor** → **el/la menor**

- Cuando **grande** y **pequeño** se refieren al tamaño y no a la edad o la calidad, se utilizan las formas regulares de comparativo y superlativo.

  El libro es más grande de lo que pensaba, pero más pequeño que mi diccionario.

- Cuando **bueno/a** y **malo/a** se refieren a la calidad moral de una persona, se utilizan las formas regulares de comparativo y superlativo.

  Tengo a la mujer **más buena** del mundo. Ese hombre es **más malo** que el demonio.

- El superlativo absoluto (**absolute superlative**) expresa *very* o *extremely*. Para formar el superlativo absoluto de los adjetivos, suprime la última letra y añade **-ísimo/a/os/as**.

  interesante → **interesantísimo**
  muchas → **muchísimas**
  guapo → **guapísimo**
  fea → **feísima**

- Los superlativos absolutos de las palabras terminadas en **-z** (o **-c**, **-g** antes de la **-o** final) cambian la grafía.

  rico → **riquísimo**
  largo → **larguísimo**
  loca → **loquísima**
  andaluz → **andalucísimo**

- Para formar el superlativo absoluto de las palabras terminadas en **-n** o **-r**, añade **-císimo/a/os/as.**

  joven → **jovencísimo**
  mayor → **mayorcísimo**

¡ATENCIÓN!

La terminación del superlativo **-ísima** puede usarse también con adverbios terminados en **-mente**.

Habla **clarísimamente**.

En el caso de los adverbios cortos que son iguales a los adjetivos, se emplea **-ísimo**.

Corre **rapidísimo.**

PRÁCTICA

1 

Cerca del municipio de Moguer (España) hay un espacio natural que se llama La Laguna de Palos y Las Madres. Completa la descripción del lugar con la frase correcta. Presta atención a la posición de los adjetivos.

1. La Laguna de Palos y Las Madres es una laguna de ___________ (agua dulce/dulce agua), no salada.
2. El lugar está formado por ___________ (lagunas cuatro/cuatro lagunas).
3. Allí viven ___________ (tipos varios/varios tipos) de aves, como las garzas y las águilas.
4. La laguna es también un lugar de paso para muchas ___________ (aves migratorias/migratorias aves).
5. Algunas de ___________ (aves esas/esas aves) migran desde el ___________ (continente africano/africano continente).
6. Se encuentran allí unas ___________ (especies amenazadas/amenazadas especies).
7. Puedes hacer un recorrido por un ___________ (sendero corto/corto sendero).
8. Es un lugar de ___________ (importancia mucha/mucha importancia) para las plantas y animales de la zona.
9. En los alrededores existen ___________ (plantaciones forestales/forestales plantaciones) de pino.
10. Es un ___________ (lugar gran/gran lugar).

2

Expresa tus opiniones sobre los siguientes aspectos. Para cada grupo, escribe dos oraciones: una con comparativos y otra con superlativos. Incluye algunos ejemplos del superlativo absoluto en tus oraciones.

MODELO burros/perros/gatos (inteligente)
Los gatos son **más inteligentes que** *los burros, creo. Pero, para mí, los perros son* **los más inteligentes de** *todos. De hecho, son* **inteligentísimos**.

1. poemas/novelas/cuentos (difícil)
2. Carlos Fuentes/Mario Vargas Llosa/Gabriel García Márquez (famoso)
3. Santiago de Chile/Concepción/Punta Arenas (lejos)
4. playa/lago/río (divertido)
5. comida española/comida italiana/comida mexicana (bueno)
6. uvas/peras/naranjas (rico)
7. establo/mansión/casucha (elegante)
8. Nueva York/Madrid/Londres (estresante)

3

Describe en un párrafo a una persona que admiras y compárala con otras. Usa algunos de los adjetivos de la lista u otros que has aprendido.

alto/bajo	intelectual/deportista	callado/extrovertido
delgado/corpulento	célebre/desconocido	estadounidense/europeo

NARRACIÓN EN PASADO

◢ El español usa varios tiempos verbales para describir sucesos pasados, como se observa en estos ejemplos tomados de *La siesta del martes*, un cuento de Gabriel García Márquez.

PRETÉRITO PERFECTO SIMPLE — PRETÉRITO IMPERFECTO

Cuando **volvió** al asiento la madre le **esperaba** para comer.

PRETÉRITO PERFECTO SIMPLE

Se levantó, buscó a tientas en el ropero un revólver arcaico que nadie **había disparado** desde los tiempos del coronel Aureliano Buendía, y **fue** a la sala.

PRETÉRITO PLUSCUAMPERFECTO — CAMBIO

REPASO
Los cuatro tiempos verbales más importantes para expresar sucesos pasados son el pretérito perfecto simple, el pretérito imperfecto, el pretérito perfecto compuesto y el pretérito pluscuamperfecto.

El pretérito perfecto simple y el pretérito imperfecto

◢ El **pretérito perfecto simple** y **el pretérito imperfecto** expresan diferentes aspectos de las acciones y estados pasados. Este cuadro resume sus usos.

USOS DEL PRETÉRITO PERFECTO SIMPLE	
expresar acciones que se consideran terminadas	Bajo esa premisa **nació** Tiempo de Juego. Los jóvenes **consiguieron** una sede.
indicar el comienzo o el final de un estado o acción	Después de que la escuela de fútbol **se consolidó**, los jóvenes **comenzaron** a realizar actividades diferentes.
hacer referencia a un cambio de estado	Los jóvenes **se volvieron** deportista y no **regresaron** a sus antiguos vicios.
narrar una serie de eventos	La fundación **comenzó** a operar como una escuela de fútbol, **adoptó** una metodología de fútbol con valores y **aquirió** una sede.
USOS DEL PRETÉRITO IMPERFECTO	
expresar acciones habituales en el pasado	Los miembros de la fundación **jugaban** fútbol y **realizaban** actividades artísticas, mientras **estrechaban** sus lazos de amistad.
hacer referencia a acciones o estados que estaban en marcha, incompletos o en desarrollo en el pasado	El pueblo **flotaba** en calor. La niña tenía doce años y **era** la primera vez que **viajaba**. Una banda de músicos **tocaba** una pieza alegre bajo el sol aplastante.
hacer referencia a un evento futuro desde un punto anterior en el tiempo	La mujer dijo que **iban** a la cancha de fútbol.

¡ATENCIÓN!
El pretérito imperfecto también describe lo que sucedía o estaba en desarrollo al tiempo que sucedía otra acción en el pasado.

Varios pasajeros **dormían** cuando el tren se detuvo en la estación.

◢ Con frecuencia, el pretérito perfecto simple y el pretérito imperfecto se utilizan juntos. El imperfecto proporciona información del contexto, mientras que el pretérito perfecto narra los eventos o establece el desarrollo de las acciones dentro de dicho contexto. Miremos otro ejemplo de García Márquez:

Eran los únicos pasajeros en el escueto vagón de tercera clase. Como el humo de la locomotora **siguió** entrando por la ventanilla, la niña **abandonó** el puesto y **puso** en su lugar los únicos objetos que **llevaban**: una bolsa de material plástico con cosas de comer y un ramo de flores envuelto en papel de periódicos.

¡ATENCIÓN!
Al igual que el imperfecto simple, el imperfecto progresivo relata acciones que estaban en progreso en el momento en cuestión.

Todos **estaban durmiendo** cuando llegaron al pueblo

- Algunos verbos comunes cambian de significado en estas dos formas del pretérito. Observa que el significado también puede cambiar dependiendo de si el enunciado es afirmativo o negativo.

VERBO	PRETÉRITO PERFECTO SIMPLE	PRETÉRITO IMPERFECTO
tener	*recibir* El padre **tuvo** una visita inesperada: la madre y su hija.	*tener* La hija **tenía** dificultades para abrir la persiana.
saber	*enterarse de; descubrir* **Supieron** que Carlos murió el lunes.	*saber* El padre no **sabía** quiénes eran.
querer	*intentar (sin tener éxito necesariamente)* La mujer **quiso** visitar el pueblo donde había pasado su juventud.	*querer* La gente del pueblo se asomaba a la ventana porque **quería** ver qué sucedía.
no querer	*rehusarse a* La mujer **no quiso** irse de la casa del padre sin verlo.	*no querer* El ama de casa **no quería** despertar al padre.
conocer	*conocer (por primera vez)* Cuando el padre **conoció** a la mujer, se quedó muy sorprendido.	*saber sobre; tener cercanía,* Nadie **conocía** a Carlos en ese pueblo.
poder	*arreglárselas para; lograr hacer* La mujer **pudo** convencer al ama de casa de que fuera a buscar al padre.	*ser capaz de; tener la habilidad* En la distancia, **se podía** escuchar la música que tocaba la banda.
no poder	*no ser capaz de (y no hacerlo)* La chica **no pudo** abrir la ventana del vagón.	*ser incapaz de (en sentido general)* **No se podía** respirar en el vagón a causa del calor.

- Dado el énfasis del pretérito perfecto y del pretérito imperfecto en diferentes aspectos del pasado (terminado/completo vs. incompleto/en curso), es común que se utilicen diferentes grupos de conjunciones y expresiones adverbiales con cada tiempo verbal.

EXPRESIONES CON EL PRETÉRITO PERFECTO SIMPLE	EXPRESIONES CON EL PRETÉRITO IMPERFECTO
anoche *last night*	**a medida que** *as*
ayer *yesterday*	**a veces** *sometimes*
de repente *suddenly*	**con frecuencia** *frequently*
entonces *then*	**en aquel entonces** *back then*
finalmente *finally*	**mientras** *while*
inmediatamente *immediately*	**muchas veces** *often*
primero *first*	**(casi) nunca** *(almost) never*
una vez *once, one time*	**(casi) siempre** *(almost) always*
el verano/mes/año pasado *last summer/month/year*	**todos los días/meses/años** *every day/month/year*

Pretérito perfecto compuesto vs. pretérito perfecto simple

- El pretérito perfecto compuesto (*present perfect*) describe sucesos pasados que aún tienen relación con el momento actual.

  Todavía no **han llegado** al pueblo. (*pero pronto lo harán*)
  Muchas personas **han venido** al partido de esta tarde. (*y siguen allí*)

- El pretérito, en contraste, describe eventos firmemente arraigados en el pasado que ya no tienen relación con el momento presente.

  Finalmente **llegaron** al pueblo. (*llegaron; se acabó su viaje*)
  Muchas personas **fueron** al partido ese día. (*ese día terminó*)

- El pretérito perfecto compuesto suele usarse con adverbios como **esta semana, hoy, todavía, ya, alguna vez (dos veces, tres veces), nunca** y **siempre**.

  Ya he leído tres novelas de Gabriel García Márquez. (*hasta ahora*)
  ¿**Has ido alguna** vez a Colombia? (*alguna vez en la vida, hasta ahora*)

¡ATENCIÓN!
El *pretérito perfecto simple* también es conocido como **pretérito indefinido** o simplemente **pretérito**. El *pretérito perfecto compuesto* también se conoce como **pretérito perfecto** e incluso como **presente perfecto**, por influencia del inglés.

El pretérito perfecto simple y el pretérito pluscuamperfecto

- El pretérito pluscuamperfecto (*past perfect*) se refiere a acciones que tuvieron lugar antes de otro suceso en el pasado.

  Cuando las chicas llegaron, el partido ya **había comenzado**.

- Junto con el pretérito perfecto simple, el pretérito pluscuamperfecto relaciona la secuencia de acontecimientos pasados, aclarando que un acontecimiento (pretérito pluscuamperfecto) tuvo lugar antes del otro (pretérito perfecto simple).

  Cuando las chicas **regresaron** a la cancha, **observaron** que el partido ya **había comenzado**.

- El pretérito pluscuamperfecto puede usarse también por sí solo. En tales casos, sin embargo, las acciones pasadas posteriores quedan sugeridas por el contexto o se explican más adelante.

  Todo **había empezado** el lunes de la semana anterior, a las tres de la madrugada y a pocas cuadras de allí. (*Este enunciado es seguido por una serie de eventos que tuvieron lugar después del lunes pasado.*)

¡ATENCIÓN!
El pasado perfecto progresivo describe acciones pasadas en progreso que sucedieron antes de otra acción pasada. Combina el pasado perfecto de **estar** con un gerundio.

Al despedirse de la mujer y su hija, el padre se asomó a la ventana y vio que casi todo el pueblo **había estado esperando** afuera.

PRÁCTICA

1 Elige la opción correcta para completar cada oración.

1. García Márquez (publicó/ha publicado) este cuento en 1962.
2. García Márquez (ha estudiado/había estudiado) derecho antes de convertirse en escritor.
3. Mientras (vivía/había vivido) en Europa, escribió guiones.
4. García Márquez (recibió/había recibido) el Premio Nobel de Literatura en 1982.
5. Ayer (compraba/compré) *Cien años de soledad*, pero no (he comenzado/había comenzado) a leerlo.
6. Lo (compré/había comprado) el año pasado, pero lo (perdí/he perdido) hace un mes, cuando me mudé.

2 Completa cada pregunta sobre la lectura «Tiempo de Juego» (pp. 6-7) con la forma correcta del verbo entre paréntesis. Utiliza los tiempos del pasado. Después, en parejas, contesten las preguntas prestando atención a los tiempos verbales.

1. ¿Cuándo ____________ (nacer) oficialmente el Club Independiente Cazucá?
2. ¿De qué color ____________ (ser) las camisetas del equipo?
3. ¿Qué días se ____________ (jugar) los partidos inicialmente?
4. ¿En qué sector ____________ (vivir) los jóvenes de Tiempo de Juego?
5. ¿En qué universidad ____________ (estudiar) Andrés Wiesner?
6. ¿Qué valores ____________ (inculcar) Tiempo de Juego?
7. ¿Dónde se ____________ (realizar) las actividades artísticas y otros eventos?
8. ¿Quién ____________ (dirige) los entrenamientos y los partidos?
9. ¿Cuál fue la metodología que ____________ (adoptar) Tiempo de Juego?

3 Completa la siguiente noticia con la forma del pretérito o del imperfecto de los verbos de la lista.

abandonar	necesitar
descubrir	poder
encontrar	salir
estar	ser
hacer	tener
llevar	traer
morir	vivir

Hoy (1)____________ Pedro López, el paciente más viejo del hospital Soma. Él (2)____________ en la habitación 702 durante 80 años. Solamente (3)____________ del hospital una vez durante dos días para conocer el mar. Lo (4)____________ el doctor Peña, un amable doctor que enfermó y (5)____________ hace ya sesenta años.
Don Pedro no (6)____________ familia. Sus padres lo (7)____________ cuando (8)____________ tres años y desde entonces, como (9)____________ un niño con muchas enfermedades, (10)____________ que vivir en el hospital. (11)____________ un hombre amable, y aunque no (12)____________ hablar, tampoco (13)____________ hacerlo, sus ojos expresaban lo necesario para entenderlo.
Don Pedro (14)____________ muy enfermo desde (15)____________ seis meses. Al principio solo (16)____________ una infección en la garganta, poco después, los médicos (17)____________ que (18)____________ problemas en el corazón. Esta mañana las enfermeras que le (19)____________ su desayuno a diario lo (20)____________ sin vida en su cama, en la habitación 702.

4 Escribe un relato sobre un viaje que hayas hecho en el que sucedieron cosas inesperadas. Tu relato debe incluir una variedad de tiempos verbales en el pasado. Utiliza estos puntos como guía.

- adónde fuiste, cuándo, con quiénes y por qué
- de dónde vino la idea de hacer este viaje
- cómo eran el lugar y tus compañeros de viaje
- qué sucedió, cómo te sentiste y qué dijiste
- qué habías pensado antes del viaje y cómo te cambió la experiencia
- qué otros viajes has hecho desde aquel entonces

ORACIONES ADJETIVAS RELATIVAS

- Las oraciones adjetivas relativas son cláusulas subordinadas que funcionan como adjetivos, pues modifican a un sustantivo o pronombre de la oración principal. Se introducen por medio de **pronombres relativos** o **adverbios relativos**. El sustantivo o pronombre de la oración principal al que se alude se llama antecedente.

ANTECEDENTE PRONOMBRE RELATIVO

Esa es la escuela **que** fundaron aquí la semana pasada.

- Las oraciones adjetivas relativas pueden ser *explicativas* o *especificativas*. Las oraciones relativas explicativas ofrecen información adicional sobre el antecedente y van entre comas. Las oraciones relativas especificativas identifican el antecedente en un grupo y no van separadas por comas.

Explicativas
Desde la casa, **que queda en la cima de la colina,** se ve una de las escuelas flotantes.
(*La oración añade información sobre la casa*).

Especificativas
Desde la casa **que queda en la cima de la colina** se ve una de las escuelas flotantes.
(*La oración identifica una casa entre un grupo de casas*).

- Utiliza las oraciones relativas para evitar repeticiones y para crear una oración más descriptiva, con un estilo más fluido.

Esa es la escuela. Fundaron la escuela aquí la semana pasada.

Esa es la escuela **que fundaron aquí la semana pasada**.

PRONOMBRES RELATIVOS	INGLÉS	USO
(lo) que	*that, which, who, whom*	◆ Es el pronombre relativo más común. ◆ Se refiere tanto a personas como a objetos. ◆ Es el único pronombre relativo que puede utilizarse sin preposición en las oraciones relativas especificativas.
quien(es)	*who, whom*	◆ Se refiere a una persona o personas. ◆ Concuerda en número con *el antecedente* de la oración principal. ◆ Puede usarse en oraciones relativas especificativas solo si hay una preposición.
el/la/lo que, los/las que	*that, which, who, whom*	◆ Se usa en lugar de **que** o **quien.** ◆ Puede emplearse en oraciones relativas especificativas solo si hay una preposición.
el/la cual, los/las cuales	*that, which, who, whom*	◆ Sigue las mismas reglas de **el/la que**, **los/las que**, pero se usa más en la lengua escrita o en el habla formal.
cuyo/a(s)	*whose*	◆ Hace referencia a personas u objetos. ◆ Se emplea siempre junto con un sustantivo. ◆ Concuerda en género y número con la persona o la cosa a la que hace referencia.

¡ATENCIÓN!
Las partículas interrogativas **qué**, **quién(es)** y **cuál(es)** tienen los acentos marcados, pero los pronombres relativos **que**, **quien(es)** y **cual(es)** no.

- Después de las preposiciones **a, de, en** y **con**, usa **que** o **el/la que, los/las que, el/la cual** o **los/las cuales** cuando el antecedente no es una persona.

  Si el antecedente es una persona, utiliza **quien(es)** o un artículo + **que/cual**.

  La casa **en (la) que** vivo tiene tres pisos.
  La casa **en la cual** vivo tiene tres pisos.

  La mujer **con quien** hablé es de Cali.
  La mujer **con la que/cual** hablé es de Cali.

- Después de todas las demás preposiciones, debe usarse **que** con un artículo definido.

  Tengo un examen **para el que** tengo que estudiar mucho.
  La casa **sobre la que** te hablé sigue disponible.

- Puede omitirse la preposición cuando es igual a la usada delante del antecedente.

  En la casa **en la que** vivo hay fantasmas.
  En la casa **que** vivo hay fantasmas.

  Fui **hacia** el lugar **hacia el que** iban todos.
  Fui hacia el lugar **que** iban todos.

- Todos los pronombres relativos pueden usarse en oraciones relativas explicativas. Las oraciones relativas especificativas no pueden introducirse con **el/la que/cual** o **los/las que/cuales**, a menos que se utilice una preposición.

  Mis padres, **que/quienes** murieron en el ochenta y cinco, también están en ese cementerio.
  Tengo un hermano **que** vive en El Salvador.
  Compré una casa **cuya** dueña anterior ahora vive en París.
  Tengo un primo **con quien/con el que** me llevo muy bien.
  Fui a la biblioteca, **la cual** se encuentra junto al banco.

- En inglés, pueden omitirse los pronombres relativos algunas veces. En español, los pronombres relativos siempre son necesarios.

  ¿Me prestas el libro que compraste?
  Can I borrow the book (that) you bought?

  Estrenan mañana la película sobre la que te hablé.
  Tomorrow they release the movie (that) I talked to you about.

- Los adverbios relativos **donde, cuando** y **como** pueden reemplazar a **en que** o **en** + *artículo* + **que/cual. Como** no se utiliza con frecuencia en este caso.

  El cementerio **donde** está enterrado queda lejos.

  El cementerio **en el que/cual** está enterrado queda lejos.

  El momento **cuando** te vi, supe quién eras.

  El momento **en el que** te vi, supe quién eras.

  No me gusta la manera **como** te vistes.

  No me gusta la manera **en que** te vistes.

PRÁCTICA

1 Completa las oraciones con el pronombre relativo o el adverbio relativo correcto.

1. Pablo Neruda fue un poeta chileno __________ ganó el Premio Nobel de Literatura en 1971.
2. Fue un escritor a __________ le interesaba la política.
3. Mientras estaba en Barcelona como cónsul chileno, conoció a Rafael Alberti y a Federico García Lorca, con __________ participó en un círculo literario.
4. En el momento __________ finalizó la Guerra Civil Española, ayudó a muchos españoles a exiliarse en Chile.
5. Neruda tuvo que exiliarse de Chile y vivió en diversos países europeos, __________ siguió escribiendo su poesía.
6. El *Canto General*, __________ versos reflejan un compromiso social con toda América Latina, es una de sus obras más conocidas.

2 Relaciona los elementos para formar oraciones completas.

1. __ El libro	a. quien trabajé durante diez años se jubila este mes.
2. __ El abogado con	b. el que viajamos a Honduras era muy cómodo.
3. __ El autobús en	c. que me prestaste el mes pasado me gustó mucho.
4. __ Mis tíos	d. la cual viví en Buenos Aires era muy bohemia.
5. __ La familia con	e. cuyos hijos viven en Madrid vienen a almorzar mañana.

3 Reescribe este párrafo agregando cláusulas relativas explicativas y especificativas a los sustantivos subrayados.

MODELO En medio de las montañas queda el pueblo.

En medio de las montañas queda el pueblo en el que vive la familia González.

En medio de las montañas queda el pueblo. El pueblo es atravesado por un río. Allí se ubica la casa. La familia tiene cinco hijos. Los lunes, todos bajan a la ciudad. Algunos trabajan en la fábrica. Las dos niñas más pequeñas van a la escuela.

4 Combina las oraciones del siguiente párrafo utilizando pronombres y adverbios relativos. Puedes agregar detalles adicionales a cada oración.

El semestre que viene iré a estudiar a Cusco. Cusco es una ciudad con muchos sitios arqueológicos. Viviré en una pensión con otros estudiantes. Los estudiantes vienen de Europa, Sudamérica y Estados Unidos. Haré algunas visitas turísticas a pueblos cercanos. Los pueblos tienen ruinas y mercados típicos. Me recomendaron probar la comida local. Los platos típicos de la comida local son los pimientos rellenos y el maíz con queso.

CONSTRUCCIONES PASIVAS

- Al igual que en inglés, en español se puede expresar una acción en construcciones tanto activas como pasivas.

  Los aztecas **fundaron** Tenochtitlán. (*activa*)
  Tenochtitlán **fue fundada** por los aztecas. (*pasiva*)
  ¿Sabes en qué año **se fundó** Tenochtitlán? (*pasiva*)

- Las construcciones activas hacen énfasis en **el agente**, la persona o cosa que realiza una acción. En contraste, las construcciones pasivas realzan la acción en sí misma, más que el agente que la realiza. La voz pasiva enuncia que un sujeto *recibe* la acción, en lugar de *realizar* dicha acción.

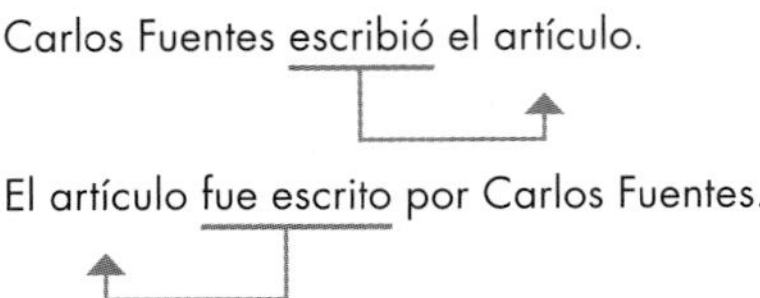

Carlos Fuentes escribió el artículo.
El artículo fue escrito por Carlos Fuentes.

- El español tiene diferentes formas de expresar las acciones pasivas. En esta lección, aprenderás sobre la voz pasiva con **ser** y las construcciones pasivas con **se**.

- Usar construcciones pasivas puede ser una técnica importante al escribir. La elección de una voz activa o una construcción pasiva define si el escritor asigna o no responsabilidad por una acción. Si una acción está ligada estrechamente al núcleo de un argumento, sería más apropiado usar la voz activa; si una acción es información de contexto o si el autor desea afirmar algo, pero no necesariamente centrarse en ello o defenderlo, es más adecuado usar una construcción pasiva.

¡ATENCIÓN!

Para formar el participio, omite la terminación del infinitivo (**-ar, -er, -ir**) y añade las siguientes terminaciones:

verbos con **-ar** ⟶ **-ado**
verbos con **-er** ⟶ **-ido**
verbos con **-er** ⟶ **-ido**

Recuerda que varios verbos comunes tienen participios irregulares:

abrir ⟶ abierto
decir ⟶ dicho
escribir ⟶ escrito
hacer ⟶ hecho
poner ⟶ puesto

La voz pasiva con *ser*

- Esta voz pasiva se forma combinando el verbo **ser** con el participio de otro verbo. En esta construcción, el verbo **ser** concuerda con el sustantivo que recibe la acción.

  Fuentes dice que todas las naves **fueron quemadas**.

  El mensaje **fue enviado** a Tlaxcala al día siguiente.

- Observa que el participio del verbo principal debe concordar en género y número con el sustantivo que recibe la acción.

  Una **crónica** muy famosa de la conquista fue **escrita** por Bernal Díaz.

- Usa **por** para indicar quién es el agente en las construcciones pasivas con **ser**.

  Este ensayo fue escrito **por** Carlos Fuentes.
  Los aztecas fueron traicionados **por** sus aliados.

◢ La forma pasiva con **ser** se usa con mayor frecuencia en los tiempos pretérito, futuro y las construcciones perfectas.

> El discurso **fue traducido** por la Malinche.
> Los mapas de Tenochtitlán **serán examinados** por los archivistas.
> ¿De verdad **ha sido olvidado** Hernán Cortés?

¡ATENCIÓN!
La voz pasiva con **ser** es menos común en español que en inglés. Se usa generalmente en el habla formal y la lengua escrita.

◢ Es raro su uso con el pretérito imperfecto, el presente simple o progresivo, excepto cuando el tiempo presente indica una acción en desarrollo, atemporal o en el presente histórico.

> Los **eventos** de la Noche Triste **son recordados** por todos los mexicanos.

◢ Nota la diferencia de significado entre la forma pasiva con **ser** y la perífrasis verbal **estar** + *participio*. El pasivo con **ser** indica una acción. En contraste, **estar** + *participio* señala un estado o condición.

> Los mensajes al emperador **fueron escondidos** por los soldados.
> Los mensajes al emperador **estaban escondidos** dentro de la pared.

◢ La formación pasiva con **ser** nunca se utiliza como objeto indirecto. En su lugar, el español utiliza otras construcciones para expresar la idea de que algo es hecho a alguien.

Inglés:	*He was told the legend of Quetzalcoátl.*
Equivalentes en español:	Le contaron la leyenda de Quetzalcoátl.
	Se le contó la leyenda de Quetzalcoátl.

◢ **Quedar(se)** y **resultar** pueden usarse también en construcciones pasivas. Al contrario del verbo **ser** con un participio, estos dos verbos subrayan la condición o el resultado que surgió del hecho, más que el hecho mismo.

> Los soldados **quedaron asombrados** al ver la gran ciudad de Tenochtitlán.
> Miles de personas **resultaron heridas** en las matanzas de Cholula.

Construcciones pasivas con *se*

◢ Las construcciones pasivas con **se** son otra manera de expresar acciones pasivas. Coloca el pronombre **se** antes del singular o plural en tercera persona de un verbo transitivo. El verbo siempre debe concordar con el sustantivo que recibe la acción.

Más **piezas** aztecas **se hallaron** en el palacio. (*plural*)

CONCUERDA CON **PIEZA**

La **pieza** más grande, una máscara de oro, **se exhibe** en el Museo de Antropología. (*singular*)

¡ATENCIÓN!
Las construcciones pasivas con **se** pueden formarse únicamente con verbos transitivos, nunca con intransitivos. Aprenderás más sobre la diferencia entre verbos transitivos e intransitivos cuando estudies la forma impersonal **se** en la **p. 452**.

◢ Las construcciones pasivas con **se** son más comunes en el habla informal y cotidiana que la voz pasiva con **ser**.

> Muchos objetos aztecas **se hallaron** en las ruinas.

- El agente nunca se expresa en estas construcciones; se le considera poco importante o desconocido. La construcción **por** + *agente* no puede usarse.

  Mucho ha cambiado desde que América **fue descubierta por Colón.**
  A lot has changed since the American Continent was discovered by Columbus.

  Mucho ha cambiado desde que **se descubrió** América.
  *A lot has changed since the American Continent **was discovered**.*

¡ATENCIÓN!
Un infinitivo o una oración nominal pueden ser el sujeto de una construcción pasiva con **se**.

Se permite **tomar fotografías**.

Se comenta **que abrirán un nuevo museo**.

- Para entender las semejanzas y diferencias entre las construcciones activa y pasiva, compara los siguientes ejemplos.

ACTIVA	VOZ PASIVA CON *SER*	VOZ PASIVA CON *SE*
Hernán Cortés **fundó** la sociedad indohispana en 1519.	La sociedad indohispana **fue fundada** por Hernán Cortés en 1519.	**Se fundó** la sociedad indohispana en 1519.
Cortés **aprovechó** las tensiones entre los pueblos del imperio azteca.	Las tensiones entre los pueblos del imperio azteca **fueron aprovechadas** por Cortés.	**Se aprovecharon** las tensiones entre los pueblos del imperio azteca.

- Cuando los sustantivos se refieren a personas o se consideran animados, puede confundirse la forma pasiva **se** con el **se** recíproco o el **se** reflexivo. En español, esta confusión puede llevar a la ambigüedad.

- En casos como estos, utiliza la construcción impersonal **se** + *verbo transitivo en singular* + *personal* **a** + *sustantivo*.

  Según Fuentes, **se desprecia a los indígenas**.
  According to Fuentes, the indigenous peoples are despised.

¡ATENCIÓN!
Observa que en este caso el verbo es singular, aun cuando el sustantivo al que se refiere es plural. Mira las **pp. 451-452**.

PRÁCTICA

1 Completa las oraciones con la voz pasiva con **ser**, usando el verbo entre paréntesis. En algunos casos, hay más de un tiempo verbal posible.

MODELO Según Fuentes, Cortés ____________ (olvidar) por los mexicanos.
Según Fuentes, Cortés es / ha sido / fue olvidado *por los mexicanos.*

Fuentes escribe que la cultura indígena (1)____________ (destruir) cuando llegaron los españoles. Él opina que la crueldad de Cortés (2)____________ (demostrar) por sus acciones. Algunos opinan que al principio Cortés (3)____________ (recibir) como un dios azteca. Todos sus discursos a los aztecas (4)____________ (traducir) por doña Marina, conocida como la Malinche. Según Fuentes, con la llegada de Cortés, una civilización (5)____________ (derrumbar) y otra nueva (6)____________ (crear). Por ejemplo, la religión católica (7)____________ (adaptar) a las creencias indígenas. La gran ciudad de Tenochtitlán (8)____________ (conquistar) en 1521 y sus palacios y templos (9)____________ (quemar). Fuentes añade que Cortés también (10)____________ (derrotar) por la corona española. Cortés (11)____________ (condenar) por los emisarios del Rey. Sin embargo, los relatos de la conquista todavía (12)____________ (leer) hoy en día.

2 Reescribe estas oraciones usando la voz pasiva con **ser**.

MODELO En noviembre de 1519, los soldados españoles encarcelaron a Moctezuma.
En noviembre de 1519, Moctezuma fue encarcelado por los soldados españoles.

1. En 1502, los aztecas nombraron emperador a Moctezuma.
2. Los españoles conquistaron Cuba entre 1511-1514 y establecieron una fortaleza allí.
3. En 1517, los habitantes del imperio azteca observaron varios presagios de catástrofe.
4. Cortés desobedece las órdenes del gobernador de Cuba y sale para México en febrero de 1519.
5. Después de llegar a Cempoala en junio de 1519, los españoles quemaron sus naves.
6. En octubre de 1519, los españoles masacraron a miles de personas en Cholula.
7. En mayo de 1520, el gobernador de Cuba mandó un ejército a México para quitarle el poder a Cortés.
8. En junio de 1520, murió Moctezuma. No se sabe quién lo mató.
9. El 30 de junio de 1520, los españoles abandonaron Tenochtitlán.
10. En mayo de 1521, los españoles asediaron la capital.

3 Eres director(a) de un museo. Explica lo que sucede allí usando la forma pasiva con **se,** las palabras dadas y tus propias ideas para formar oraciones.

MODELO libros sobre la conquista / vender / en ¿? (lugar)
Se venden libros sobre la conquista en la librería. / Los libros sobre la conquista se venden en la librería.

1. collares y máscaras de oro / exhibir / en ¿?
2. película sobre Cortés / dar / a las ¿? (hora)
3. visitas guiadas / ofrecer / en ¿? (idiomas)
4. pinturas coloniales / restaurar / en ¿?
5. bailes indígenas / presentar / a las ¿?
6. exposición / promocionar / en ¿? (lugar)
7. salones principales / abrir / todos los días menos ¿?
8. teléfonos celulares y cámaras / prohibir / en ¿?
9. cafetería y restaurante / abrir / a las ¿?
10. hablar alto / no permitir / ¿?

4  En grupos de tres, preparen el texto para el folleto informativo de un museo. El folleto debe incluir lo siguiente:

- una descripción del museo que use la voz pasiva con **ser** y construcciones pasivas con **se**
- las reglas del museo, usando construcciones pasivas con **se**

MODELO ***El museo fue fundado en...***
En la sala..., se exhiben...
Se prohíbe fumar.

EL FUTURO Y EL CONDICIONAL 

- En español, como en inglés, se emplea el futuro para hacer predicciones y el condicional para formular especulaciones.

El futuro

- Se usa el tiempo futuro para expresar lo que sucederá.

  ¿Cuándo **llegarán** los españoles a Tenochtitlán?
  Un equipo de arqueólogos de la UNAM **estará** a cargo de las excavaciones.

- Las oraciones con el condicional **si** en tiempo presente pueden combinarse con oraciones en futuro para expresar probabilidad.

  Si vamos a Tlaxcala, **veremos** las ruinas, ¿no?

- En el habla informal y cotidiana, el tiempo presente simple o la forma **ir** + **a** + *infinitivo* se emplean para señalar eventos futuros. Esto es especialmente cierto cuando el suceso ya está programado, o sucederá en un marco de tiempo conocido. Los indicadores de tiempo, como **luego, mañana, este fin de semana**, etc., se emplean con el presente simple para indicar que se refiere a un evento futuro.

  Vamos esta tarde a la Plaza de las Tres Culturas.
  ¿**Vas a terminar** la lectura sobre Cortés para **mañana**?

- El uso más común del tiempo futuro en el español hablado es para indicar una conjetura, predicción o especulación sobre un acontecimiento en el presente. En este uso, el futuro transmite la idea de *I wonder...*, *I bet...*, *It must/might be...*, *It's probably...*, etc.

  ¿Cuántas piedras **habrá** en la Pirámide del Sol?
  I wonder *how many stones* ***there are*** *in the Pyramid of the Sun.*

  Esa pieza de allí **será** de los aztecas, ¿no crees?
  That item there ***is probably*** *from the Aztecs, don't you think?*

- Observa que el futuro compuesto se emplea con frecuencia para hacer suposiciones o conjeturas sobre lo que sucedió.

  —¿Dónde **estará** Fernando?
  —*Where* ***could*** *Fernando* ***be****?*

  —No sé, **se habrá ido** al Templo Mayor con el resto del grupo.
  —*I don't know;* ***he must have gone*** *to the Templo Mayor with the rest of the group.*

- Para hablar sobre un hecho futuro desde el punto de vista del pasado, usa el condicional o la forma **ir** + **a** + *infinitivo* en la forma imperfecta. Compara los siguientes ejemplos:

  Moctezuma **dice** que los españoles **se quedarán** en el palacio.
  Moctezuma ***says*** *that the Spaniards* ***will remain*** *in the palace.*

  Moctezuma **dijo** que los españoles se **quedarían/se iban a quedar** en el palacio.
  Moctezuma said that the Spaniards ***would remain/were going to remain*** *in the palace.*

El condicional

- Se emplea el condicional simple para expresar lo que sucedería o lo que alguien haría bajo ciertas circunstancias.

  Me **gustaría** saber más sobre los aztecas.
  Sería interesante ver los códices aztecas sobre estos eventos.

- Su uso es muy común en oraciones que contienen la forma **si** + *imperfecto del subjuntivo* para hacer afirmaciones hipotéticas o contrarias a la realidad.

  Si pudieras regresar al pasado, ¿**querrías** vivir durante la época de la conquista?
  ¿Qué le **dirías** a Cortés si **pudieras** hablar con él?

- El condicional simple se emplea también para expresar una suposición, predicción o especulación sobre un hecho pasado. En este uso, el condicional comunica la idea de *I wonder...*, *I bet...*, *It must have been / It would have been...*, *It was probably...*, etc.

  Para construir sus pirámides, los aztecas **necesitarían** a miles de trabajadores, ¿no?
  *To build their pyramids, the Aztecs **would have needed** thousands of workers, don't you think?*

  ¿Cómo **moverían** piedras de ese tamaño sin la rueda?
  *How **could they have moved** stones of that size without the wheel?*

  ¿Cuántas personas **morirían** a causa de la conquista?
  *How many people **must have died** because of the conquest?*

- El condicional simple de los verbos **poder, deber** y **querer** expresa con frecuencia peticiones formales y se utiliza para suavizar órdenes.

  ¿**Podría** usted explicarme cómo se va a la Plaza de las Tres Culturas?
  Deberías leer más sobre la conquista antes de formular tus opiniones.

- También puede usarse el condicional para hablar sobre un evento futuro desde el punto de vista del pasado. Compara estos ejemplos.

  ¿Piensas que los aztecas **van a derrotar** a los españoles?
  ¿Pensabas que los aztecas **derrotarían** a los españoles?

- Para hablar sobre algo que podría haber sucedido, pero no pasó, utiliza el condicional perfecto.

  Los aztecas **habrían derrotado** a los españoles.
  Él no **habría vendido** esa piedra al museo si hubiera sabido el valor que tenía.

- El condicional perfecto también expresa suposición o probabilidad sobre un evento pasado.

  ¿Los aztecas **habrían conquistado** a los españoles si hubieran tenido avances navales sofisticados?

  En ese caso, quizá sí que los **habrían conquistado**.

¡ATENCIÓN!

En inglés, para expresar probabilidad de un hecho, para preguntarse por algo o especular sobre ello, usas expresiones como *I bet...*; *I wonder...*; *probably*; *it must be...*; etc. además de una forma verbal. En español, no se necesitan estas expresiones adicionales. Los tiempos futuro y condicional, usados en ese contexto, comunican el significado de dichas expresiones.

¡ATENCIÓN!

Aprenderás sobre las oraciones con el condicional **si** en las **pp. 454-455**.

PRÁCTICA

1 Completa cada predicción con el futuro del verbo entre paréntesis.

1. Unos hombres blancos y altos ____________ (venir) del Este.
2. Ellos ____________ (salir) del mar y ____________ (traer) palos que echen humo.
3. Los mensajeros ____________ (llegar) con sus demandas.
4. Entonces los enemigos de los aztecas ____________ (armarse) para la guerra.
5. Tú ____________ (intentar) salvarte, pero no ____________ (poder).
6. Nosotros les ____________ (entregar) oro, plumas y joyas a los hombres, pero eso no ____________ (ser) suficiente.
7. Nadie ____________ (escaparse) del peligro.
8. Casi todos nosotros ____________ (morirse).
9. Yo nunca ____________ (volver) a ver a mi esposa ni a mis hijos.
10. Nuestra civilización ____________ (desaparecer) para siempre.
11. Pero de español y azteca, ____________ (haber) una nueva raza.
12. Nosotros ____________ (sobrevivir) en nuestros descendientes.

2 Un grupo universitario está organizando un viaje a la Ciudad de México. ¿Qué podrían hacer todos allí? En parejas, escriban ocho oraciones combinando un elemento de cada columna. Usen el condicional y el condicional perfecto.

MODELO *Mis amigos y yo* ***subiríamos*** *a la Pirámide del Sol.*

yo	poder ir a	Xochimilco
la profesora de español	leer	Pirámide del Sol
mis compañeros	visitar	Plaza de las Tres Culturas
mi mejor amigo/a	subir	Templo Mayor
mi novio/a y yo	explorar	Museo Nacional de Antropología
todos nosotros	estudiar	códices aztecas
los guías	viajar a/con	clase de náhuatl
tú	conocer (a)	el calendario azteca
el profesor de historia	sacar fotos de	tumba de Hernán Cortés
	tomar	trono de Moctezuma
	hacer una excursión a	monumento al lugar de encuentro de Moctezuma y Cortés

3 Imagina que eres azteca o español(a) y que estás en Tenochtitlán en 1519. ¿Qué harías? ¿Cómo te sentirías? Escribe cinco oraciones para cada categoría. Usa verbos del recuadro conjugados en el condicional.

MODELO *Si fuera azteca, trataría de defender a mi familia.*

buscar	enfermarse	ir	morir	pensar	querer	salir	tener
decir	explorar	luchar	pedir	poder	saber	sentirse	tratar de

- Si fuera azteca...
- Si fuera español(a)...

EL SUBJUNTIVO 

Auto-graded

- En español, a diferencia del inglés, el modo subjuntivo es frecuente. Mientras que el indicativo describe cosas que el hablante considera ciertas, el subjuntivo expresa la actitud que toma hacia los eventos. También se emplea para hablar sobre sucesos que se consideran incompletos, hipotéticos o inciertos. Al igual que el indicativo, el modo subjuntivo tiene diferentes tiempos para hacer referencia a eventos pasados, presentes y futuros.

  Carolina dice que sus amigos también **ganan** solo mil euros al mes.
  (hecho; indicativo)
  Carolina says her friends also only make a thousand euros a month.

  A todos les frustra que no **hayan podido** conseguir mejores trabajos.
  (actitud; subjuntivo)
  They are all frustrated that they have not been able to find better jobs.

  En cuanto se graduó, Carolina **encontró** un trabajo en una agencia.
  (hecho; indicativo)
  As soon as she graduated, Carolina found a job in an agency.

  A Belén le gustaría tener hijos en cuanto **tenga** un mejor puesto.
  (incierto; subjuntivo)
  Belén would like to have children as soon as she has a better position.

- El subjuntivo se emplea principalmente en tres tipos de oraciones subordinadas.

  ORACIÓN PRINCIPAL — ORACIÓN NOMINAL SUBORDINADA
  [Es natural] que [los jóvenes se sientan decepcionados si ganan poco].

  ORACIÓN PRINCIPAL — ORACIÓN ADJETIVA SUBORDINADA
  [Carolina quería un puesto] que [correspondiera a su nivel de preparación].

  ORACIÓN PRINCIPAL — ORACIÓN ADVERBIAL SUBORDINADA
  [Las cosas no cambiarán] a menos que [baje el número de universitarios].

El subjuntivo en oraciones sustantivas

- Una oración sustantiva, o nominal, es un grupo de palabras que actúan como sustantivo. Las oraciones nominales subordinadas actúan como objetos directos del verbo en la oración principal.

  Todos esperan que **el futuro sea mejor**.
  Nadie dudaba que **los jóvenes universitarios estuvieran muy preparados**.

- Si una oración tiene una oración principal y una sustantiva subordinada, el verbo de la oración subordinada puede estar en los modos indicativo o subjuntivo, dependiendo del verbo de la oración principal. Se emplea el subjuntivo si el verbo de la oración principal tiene un sujeto diferente al verbo de la oración subordinada, y si el verbo de la oración principal expresa uno de estos conceptos:

  determinación, anhelo, influencia o necesidad
  emociones o juicio
  duda, negación, probabilidad (o falta de ella)

¡ATENCIÓN!

Si no hay cambio de sujeto entre el verbo de la oración principal y el verbo de la oración sustantiva subordinada, no se emplea el subjuntivo. En lugar de este, se utiliza el infinitivo.

Ella **quiere comprar** su propia casa.

Quiero que ella **compre** su propia casa.

◢ A continuación se presentan algunos verbos y expresiones comunes para manifestar determinación, anhelo, influencia o necesidad:

aconsejar que	es necesario que	ojalá (que)
desear que	es urgente que	pedir que
decir que	esperar que	recomendar que
es importante que	insistir en que	sugerir que

Ha sido necesario que estos jóvenes **manejen** bien sus finanzas.
El novio de Belén **insistía en que tomara** sus exámenes para hacerse psicóloga, pero no pudo.

◢ Estos son algunos verbos y expresiones comunes de emoción o juicio:

alegrarse de que	es raro que	me/te/le... extraña que
enojarse de que	es ridículo que	me/te/le... gusta que
es bueno que	es sorprendente que	me/te/le... molesta que
es fácil/difícil que	es terrible que	me/te/le... sorprende que
es interesante que	es triste que	sentir que
es natural que	es una lástima que	temer que

Me sorprende que solo el 40% de los universitarios **tenga** un buen trabajo.
Era natural que todos **tuvieran** expectativas más altas.

¡ATENCIÓN!
Cuando se usa en una oración el opuesto de estas expresiones para enunciar certidumbre o un hecho cierto, se emplea el indicativo.

Carolina **no niega** que ella y sus amigos **son** privilegiados desde cierto punto de vista.

◢ Estos son algunos verbos y expresiones comunes de duda, negación, probabilidad o improbabilidad:

dudar (de) que	es probable que	no es posible que
es imposible que	negar que	no es que
es increíble que	no creer que	no es verdad que
es posible que	no es cierto que	no estar seguro/a de que

No es que ellos **vivan** mal, pero su vida no es lo que esperaban.
Nadie **dudó** que esta generación **fuera a vivir** mejor que sus padres.

◢ Son cuatro los tiempos verbales más comunes en el subjuntivo: presente, presente perfecto, imperfecto y pasado perfecto. El tiempo verbal en la oración subordinada depende de si la acción sucedió antes, al mismo tiempo o después de la acción en la oración principal.

ORACIÓN PRINCIPAL		**ORACIÓN SUBORDINADA** (La acción sucede al mismo tiempo o después de la acción de la oración principal).	
Presente	**Es importante** que	los jóvenes no **se desanimen**.	*Presente del subjuntivo*
Futuro	**Será difícil** que	las cosas **cambien** pronto.	
Pretérito perfecto compuesto	**Se ha recomendado** que	**se limiten** las plazas universitarias disponibles.	

ORACIÓN PRINCIPAL		**ORACIÓN SUBORDINADA** (La acción sucede al mismo tiempo o después de la acción de la oración principal).	
Pretérito perfecto	**Fue imposible** que	Carolina **pagara** la piscina.	*Pretérito imperfecto del subjuntivo*
Pretérito imperfecto	Sus padres **esperaban** que	Daniel **encontrara** trabajo.	
Pluscuamperfecto	**Le habían dicho** que	**estudiara** para otro máster.	
Condicional simple	**A Belén le gustaría** que	ella y su novio **pudieran** casarse.	
Condicional perfecto	**Habría sido ideal** que	todos **consiguieran** trabajo.	

ORACIÓN PRINCIPAL		**ORACIÓN SUBORDINADA** (La acción sucede antes de la acción de la oración principal).	
Presente	**Espero** que	no **se hayan desanimado**.	*Pretérito perfecto/ imperfecto del subjuntivo*
Futuro	**A sus padres les gustará** que	Carolina **haya podido ahorrar**.	
Pretérito perfecto compuesto	No **me ha sorprendido** que	las chicas **decidieran** compartir piso.	

ORACIÓN PRINCIPAL		**ORACIÓN SUBORDINADA** (La acción sucede al mismo tiempo o antes de la acción de la oración principal).	
Pretérito	**A Belén le frustró** que	no **hubiera podido** tomar el examen.	*Pretérito imperfecto/ Pluscuamperfecto en modo subjuntivo*
Pretérito imperfecto	Antes **no era necesario** que	uno **tuviera** un título.	
Pluscuamperfecto	Nadie **había creído** que	**fuera** tan difícil encontrar trabajo.	
Condicional simple	No **me sorprendería** que	**hubieran decidido** no casarse.	
Condicional perfecto	Yo **habría preferido** que	ella **hubiera tomado** sus exámenes.	

El subjuntivo en oraciones adjetivas

- Una oración subordinada puede funcionar también como adjetivo. Las oraciones adjetivas describen la persona o la cosa de la que se habla en la oración principal, que se conoce como el antecedente.

  Todos quieren [un trabajo] [que les permita vivir con más seguridad].
  Carolina necesita [unas clases de baile] [que no sean muy caras].

- El verbo de la cláusula subordinada puede estar en subjuntivo o indicativo, dependiendo del verbo que haya en la oración principal. Se utiliza el subjuntivo si la oración adjetiva describe a alguien o algo desconocido, que no existe o cuya existencia se niega o cuestiona de alguna manera, y si el verbo de la oración principal tiene un sujeto diferente al verbo de la oración subordinada.

¡ATENCIÓN!

Si la oración adjetiva describe algo que se conoce, que existe o cuya existencia no se cuestiona, se emplea el indicativo.

Carolina tiene una amiga que **trabaja** en Madrid.

Pero

Carolina quiere un trabajo que **pague** más de 1000 euros al mes.

Les gustaría un apartamento que **fuera** más grande y menos caro.
Belén sueña con encontrar un puesto que **tenga** un contrato definido.
No hay nadie que no **se preocupe** por su futuro.
No tengo ningún amigo que **haya conseguido** un buen puesto.

El subjuntivo en las oraciones adverbiales

- Algunas cláusulas adverbiales pueden actuar como adverbios, señalando cuándo o cómo se hace algo. Las oraciones adverbiales están conectadas a la oración principal mediante conjunciones.

Daniel no puede gastar más **hasta que** aumenten sus ingresos.
Compartieron un piso **a fin de que** les fuera posible pagar el alquiler.

¡ATENCIÓN!
Nota que siempre se usa el subjuntivo después de **antes de que**, sin importar si la acción es habitual, en el futuro o esté completa.

- Utiliza el subjuntivo después de conjunciones de tiempo (**p. 100; pp. 168-169**) cuando la oración principal indique un evento futuro o inconcluso. Usa el indicativo cuando la oración principal señale eventos que son habituales o que están concluidos.

Necesita encontrar otro trabajo **antes de que** ella y su novio **puedan** casarse. *(future/uncompleted event; subjunctive)*

Carolina no va a su clase **hasta que sale** del trabajo. *(habitual event; indicative)*
Ella esperaba trabajar en el cine **cuando se graduó**. *(completed; indicative)*

¡ATENCIÓN!
Si no cambia el sujeto, se omite **que** y se emplea un infinitivo en lugar del subjuntivo.

Daniel ya no compra el periódico **para** no **gastar** demasiado.

Carolina no encontrará trabajo en el cine **sin conocer** a más gente en ese mundo.

- Las conjunciones que indican cómo o en qué circunstancias se realiza una acción suelen llamarse conjunciones de propósito o contingencia. Algunas de estas conjunciones comunes en español son **a fin de que, a menos que, con tal de que, en caso de que, para que** y **sin que**. Después de estas conjunciones se emplea el subjuntivo cuando cambia el sujeto entre el verbo de la oración principal y el de la oración subordinada.

Sería difícil encontrar un trabajo seguro **a menos que tuvieras** mucha suerte.
Carolina y sus amigas tendrán que seguir así **sin que** la situación **mejore**.

- La conjunción **aunque** va seguida del indicativo cuando quiere decir *aun cuando* y se refiere a eventos que son reales o han sucedido. Usa el subjuntivo después de **aunque** para expresar *aun cuando* o *aunque*, y para hablar sobre eventos que podrían ser o no ciertos.

Aunque la situación económica **es** grave, muchos siguen con sus esperanzas para un futuro mejor.

Aunque no **consigas** un trabajo este año, lo importante es ponerte en contacto con mucha gente.

El subjuntivo en oraciones principales

- Aunque el subjuntivo aparece principalmente en oraciones subordinadas, puede emplearse en ciertos casos en una oración principal.

- Utiliza el subjuntivo después de **quizás, tal vez, posiblemente** y expresiones similares, para resaltar la falta de certidumbre sobre el evento.

Quizás Belén **encuentre** otro trabajo. Tal vez todo **sea** más fácil en el futuro.

- Siempre se usa el subjuntivo después de **ojalá (que)**. El tiempo verbal usado depende del marco de tiempo del evento.

  Ojalá **supiéramos** las dificultades que nos esperan en el futuro.
  Ojalá Belén **haya aprobado** el examen esta vez.

- Se usa el subjuntivo después de la palabra **que** cuando la oración principal está implicada, y cuando la oración completa habría requerido el uso del subjuntivo.

  Que **tengas** mucha suerte en tus oposiciones. (***Espero**... está implícito.*)
  Que te **vaya** bien en la entrevista.

PRÁCTICA

1 Empareja las frases para formar oraciones lógicas.

1. Carolina no irá a la fiesta a menos que ___
2. Habríamos llegado antes si ___
3. Hoy es mi cumpleaños. Espero que mis amigos ___
4. Iría a Argentina si ___
5. Mis padres siempre me decían que ___

a. ahorrara dinero para el futuro.
b. me hayan preparado una fiesta.
c. hubiéramos tomado un taxi.
d. haya cobrado.
e. tuviera dinero ahorrado.

2 Completa las oraciones con el indicativo o el subjuntivo del verbo entre paréntesis.

1. Carolina es una muchacha de 27 años que ____________ (tener) un problema: solo gana 1000 euros al mes.
2. Ella ha hecho muchos esfuerzos para que su situación ____________ (mejorar), como buscar otros trabajos y tomar más cursos.
3. El problema es que ____________ (haber) pocos trabajos buenos y demasiadas personas como Carolina: jóvenes con título universitario.
4. Carolina conoce a muchísimas personas que ____________ (estar) en una situación parecida a la de ella.
5. Es casi imposible que ____________ (crearse) suficientes trabajos acordes al nivel de preparación de este grupo.
6. Carolina siempre soñaba con trabajar en el cine después de que ella y sus compañeros ____________ (graduarse) de la universidad.
7. Le frustró que no ____________ (encontrar) el puesto que deseaba, pero no se desanimó.
8. Es bueno que ella ____________ (conseguir) trabajo en una agencia de publicidad, aunque el puesto no ____________ (ser) el que ella deseaba.
9. Claro, Carolina quería un puesto que le ____________ (permitir) ahorrar algo, hacer planes para casarse, comprar su propia casa...
10. En contraste, sus padres, como muchos de esa generación, consiguieron buenos trabajos y compraron una casa tan pronto como ____________ (casarse).
11. Era natural que todos ____________ (esperar) lo mismo para Carolina y su generación.
12. Ahora Carolina lleva una vida divertida, pero insegura; tiene que manejar sus gastos con cuidado a fin de que ____________ (haber) suficiente dinero para todo.
13. Ella dijo que ya ____________ (cansarse) de su forma de vida.
14. Me preocupa que ella ____________ (seguir) así por mucho tiempo.

3 Completa las oraciones sobre tu vida y tus expectativas, y las de otras personas. Usa el subjuntivo o el indicativo y añade los detalles necesarios. Presta atención al tiempo verbal en tus respuestas.

MODELO Quiero un apartamento que...
Quiero un apartamento que esté cerca de la universidad. Mi hermano tenía un apartamento que compartía con tres muchachos.

1. Tengo un trabajo que...
2. Cuando era joven, mi padre/madre tenía un trabajo que...
3. Quiero un trabajo que...
4. Cuando tenía mi edad, mi padre/madre quería un trabajo que...
5. Estudio una carrera que...
6. Escogí esa carrera porque quería una carrera que...
7. En mi trabajo actual, gano un sueldo que...
8. Cuando era estudiante, mi padre/madre ganaba un sueldo que...
9. Claro, en el futuro me encantaría tener un sueldo que...
10. Mi meta es encontrar un trabajo después de que...

4 Combina un elemento de cada grupo para formar ocho oraciones lógicas sobre tu situación económica y la de los demás.

MODELO ***Mis padres me ayudan con la matrícula para que yo pueda pagar el alquiler.***

yo
mis padres
mi colega de trabajo
mi jefe/a
mi mejor amigo/a
mis compañeros de clase

ahorrar	ganar
ayudar	gastar
comer	pagar
compartir	trabajar
contratar	vivir
dar	volver

a fin de que
a menos que
con tal de que
en caso de que
para que
sin que

5 En parejas, reaccionen a las distintas situaciones y recomienden qué hacer. Usen oraciones sustantivas, adjetivas y adverbiales. También pueden usar el subjuntivo en la oración principal. Presten atención al uso del subjuntivo y a los tiempos verbales.

MODELO Carolina está muy preparada. Sin embargo, no ha encontrado trabajo.
No me sorprende que ella esté así. ¡Ojalá mejore la situación!

1. Todos comparten piso; no tienen dinero suficiente para comprar casa propia.
2. Algunos creen que no podrán casarse ni tener hijos, por motivos económicos.
3. Hay demasiados universitarios. No hay buenos puestos para todos.
4. Muchos llegaron a la universidad y no pudieron seguir su carrera preferida, porque no había espacio. Muchos no encontraron trabajo al graduarse.
5. Daniel es arquitecto y habla tres idiomas, pero no puede permitirse comprar el periódico. Él cree que la sociedad los ha tirado a la basura a él y a los demás.
6. Carolina y sus amigos no saben lo que va a pasar. Llevan una vida de eterno estudiante, pero ya no son estudiantes.
7. Pero algunos dicen que esta generación vive mejor que las anteriores.

INFINITIVOS Y PARTICIPIOS

- El infinitivo es una forma verbal terminada en **-ar**, **-er** o **-ir**.

  ¿Cuándo vas a **graduarte**? Me gustaría **conocer** París. Quiero **vivir** en la ciudad.

- El gerundio es la forma verbal terminada en **-ando** o **-iendo**, que se emplea a menudo para hablar de acciones en desarrollo.

  Estuve **buscando** trabajo dos meses.
  Estaba **saliendo** del trabajo cuando me caí.

- El participio se utiliza principalmente para formar verbos compuestos y la voz pasiva.

  Ella **ha trabajado** mucho estos últimos años.
  La oferta de trabajo **fue rechazada**.

- Observa que *gerund* y **gerundio son falsos cognados**. El gerundio inglés es la forma *-ing* de un verbo usado como sustantivo: *Reading is fun*. El participio presente en inglés es idéntico al gerundio, pero funciona como verbo: *I am reading*. En español, el **gerundio** actúa como el participio presente del inglés: **Estoy leyendo**. Este **gerundio** no puede usarse nunca para nominalizar. En lugar de ello, se emplea el infinitivo: **Leer es divertido**.

El infinitivo

- El infinitivo puede actuar como sustantivo.

  Saber otro idioma es una ventaja.
  Knowing another language is an advantage.

  Leer sobre el desempleo es deprimente.
  Reading about unemployment is depressing.

- Cuando se emplea como sustantivo, el infinitivo en español puede ser equivalente a la forma del gerundio *-ing* en inglés.

  Ser universitario no garantiza que consigas un buen trabajo.
  ***Being** a university graduate doesn't guarantee you'll get a good job.*

  Buscar trabajo me pone nervioso.
  ***Looking** for work makes me nervous.*

  No es fácil **encontrar** una solución.
  ***Finding** a solution is not easy.*

- Ya sabes que el infinitivo puede seguir a la expresión **hay que** y otras formas verbales conjugadas como **deber, necesitar, pensar, poder, querer, saber** y **soler**, cuando el verbo principal y el infinitivo indican la misma persona:

  Daniel **sabe hablar** tres idiomas. Belén **quiere comprar** una casa.

- Si el sujeto del verbo principal y el del verbo subordinado son diferentes, el segundo debe ir conjugado.

  Piensa **tomar** otro curso.
  She's planning on taking another class.

  Piensa que **toma** otro curso.
  She thinks that he/she (someone else) is taking another class.

¡ATENCIÓN!

Cuando el infinitivo es modificado por un adjetivo, usa el artículo determinante **el**.

Cambiar de trabajo causa mucho estrés.

El constante cambiar de trabajo causa mucho estrés.

◢ Con unos cuantos verbos (como **creer, decir** y **dudar**), puedes usar *verbo + infinitivo* o dos verbos conjugados, aun cuando sean diferentes los sujetos del verbo principal y del verbo subordinado.

Creo tener todo para la entrevista.
I believe I have everything for the interview.

Creo que **tengo** todo para la entrevista.
I believe I have everything for the interview.

Dice sentirse desanimada.
She says she feels discouraged.

Dice que **se siente** desanimada.
She says she feels discouraged.

◢ En general, después de un infinitivo va una preposición. Ya has visto el uso del infinitivo después de preposiciones y muchas otras construcciones de *verbo + preposición*: **acabar de, aprender a, comenzar a, enseñar a, dejar de, insistir en, luchar por,** etc.

Por trabajar tanto, se enfermó.
Se acostumbraron a vivir con incertidumbre.

Vive **sin trabajar**.
Los jóvenes **soñaban con tener** éxito.

◢ Puede emplearse el infinitivo después de verbos de percepción, como **ver, oír, sentir** y **escuchar**. En este caso, el infinitivo indica que se ha concluido la acción.

Lo **vi salir** de la entrevista.
I saw him leave the interview.

La **escuché quejarse** de su trabajo.
I listened to her complain about her job.

◢ Puede emplearse un infinitivo como imperativo en textos escritos y en señales, especialmente en forma negativa.

No fumar. No pisar. No tocar.

El gerundio

◢ Ya sabes que los gerundios pueden combinarse con el verbo **estar** para expresar acciones en progreso. Existen varios verbos, como **andar, ir, llevar, venir, salir, seguir** y **terminar**, que también se combinan con el gerundio. Cada una de esas construcciones transmite un matiz de significado diferente.

Daniel **anda quejándose** de su mala suerte.
Daniel is going around complaining about his bad luck.

◢ También es común en español el uso del gerundio como adverbio.

Contestó **riéndose** que le habían ofrecido el puesto.
Ganó experiencia laboral **trabajando** en una agencia de viajes.

◢ El participio presente en inglés no siempre es equivalente al gerundio en español **-ando/-iendo**. Por ejemplo, en español generalmente no se usa el gerundio como adjetivo. En su lugar, se utiliza una cláusula con un verbo conjugado.

muchas personas **que buscan** trabajo
*a lot of people **looking** for work*

un aspirante **que manda** su currículum
*an applicant **sending** his résumé*

◢ Puede utilizarse el gerundio después de verbos de percepción, como **ver, oír, sentir** y **escuchar**. En este caso, el gerundio indica que la acción estaba en progreso. Aprenderás más sobre estos verbos en las **pp. 457-459**.

Lo **vi saliendo** de la entrevista.
I saw him leaving the interview.

La **escuché quejándose** de su trabajo.
I listened to her complaining about her job.

El participio

- Ya sabes usar el participio en verbos compuestos para expresar acciones pasadas. También puede usarse como adjetivo. En este caso, el participio debe concordar en género y número con el sustantivo que modifica.

  Los jóvenes españoles pasan por una crisis laboral **complicada**.
  Somos unos aspirantes **preparadísimos** sin oportunidades.

- En el caso de los verbos que tienen un participio regular y uno irregular, solo se usa como adjetivo la forma irregular.

  las papas **fritas** *the potato chips/French fries*
  los documentos **impresos** *the printed documents*
  los uniformes **provistos** *the provided uniforms*

- En ocasiones, los participios forman parte de una oración.

  Aceptó el puesto, **convencido** de que no le quedaba mejor opción.
  Estos jóvenes, todos **graduados** desde hace años, siguen viviendo como estudiantes.
  Atraído por la posibilidad de cambio, comenzó una nueva carrera.

- Una oración participia absoluta, que muchas veces no tiene traducción exacta en inglés, suele ir al comienzo de algunos enunciados.

  Una vez **terminado** el curso, se puso a buscar trabajo otra vez.
  Once the class had ended, she began to look for work once more.

  Llegados a la feria laboral, vimos que ya no dejaban entrar a más gente.
  Having arrived at the job fair, we saw that they weren't letting more people in.

PRÁCTICA

1 Completa las oraciones con la forma apropiada del verbo entre paréntesis.

Después de (1)________ (visitar) a unos amigos en Alemania, Carolina se dio cuenta de que ellos vivían mucho mejor que ella. Por eso, ella decidió (2)________ (escribir) una carta al periódico (3)________ (explicar) su situación. Ella dice (4)________ (ser) una joven de 27 años, con una preparación estupenda. Es sorprendente (5)________ (saber) que solo gana 1000 euros al mes. Sin embargo, hay muchas personas que se encuentran en una situación (6)________ (parecer). Han empezado a (7)________ (llamarse) *mileuristas*.

(8)________ (Vivir) como Carolina no es fácil. No puede (9)________ (ahorrar); aun (10)________ (compartir) un piso con tres chicas, apenas cubre sus gastos. Carolina soñaba con (11)________ (hacerse) productora de cine, pero ese sueño ha (12)________ (ser) imposible de realizar. Ahora, (13)________ (resignar) ante su situación actual, ella vive sin (14)________ (pedirle) demasiado al futuro. Es natural que muchos mileuristas se sientan (15)________ (decepcionar) después de trabajar muchos años sin (16)________ (lograr) sus metas.

2 En parejas, contesten las preguntas sobre su vida y su situación actual. Incluyan un infinitivo, un gerundio o un participio en cada respuesta.

1. ¿Estás trabajando ahora? ¿Estás pensando en buscar otro trabajo después de graduarte?
2. ¿Dónde prefieres vivir: en la ciudad o en el campo? ¿Solo/a o con amigos?
3. Para ti, ¿ganarse la vida es fácil o difícil? ¿Por qué?
4. ¿Cuáles son las ventajas y desventajas de ser estudiante universitario?
5. ¿Qué es lo más importante: encontrar un trabajo que te interese o uno que pague bien?
6. Pensando en tu futuro, ¿cómo te sientes: entusiasmado/a, desilusionado/a, confundido/a...?
7. Antes de llegar a la universidad, ¿qué querías ser?
8. ¿Con qué sueñas ahora? ¿Qué te gustaría aprender a hacer?
9. Una vez terminadas tus clases, ¿qué vas a hacer?

3 Traduce estas oraciones. En cada oración, presta atención al uso de los infinitivos, gerundios y participios.

1. Looking for a job takes time.
2. I need to write my résumé.
3. Which are the students graduating this spring?
4. She says she has an interview tomorrow.
5. Have you gotten used to working there?
6. Finding a job before graduating will be hard.
7. I saw him drop off his résumé.
8. Predicting the future is impossible.
9. You can learn a lot working as an intern (*pasante*).
10. He ended up going back to school.
11. Why are you going around complaining about your job?
12. Did you hear them talking about the job fair?
13. I want to learn to design web pages.
14. You need to be prepared and organized for your interview.

4 Para cada imagen, escribe tres oraciones: una con un infinitivo, otra con un gerundio y la tercera con un participio. Usa tu imaginación y añade los detalles necesarios.

De pequeña había hecho natación.
Ahora estoy entrenando para un maratón.
Practicar deportes es clave para tener una buena salud.

1.

2.

3.

OTROS USOS DE *SE*

Auto-graded

- Como leíste en las **pp. 434-436**, **se** puede usarse para formar construcciones pasivas. **Se** también es sustituto de **le** o **les** en oraciones donde se usan pronombres de objeto directo e indirecto juntos.

  —¿A quién **le cuenta** Felipe todos sus problemas?
  —Creo que **se los cuenta** a sus mejores amigos.

Se reflexivo y recíproco

- **Se** funciona como pronombre reflexivo de la tercera persona, tanto singular como plural.

  Una mariposa **se posó** en su mano.
  ¿Cómo **se metieron** en tantos problemas?

- Es común el uso de **se** junto a muchos verbos comunes que expresan sentimientos y estados, aunque dichos verbos no indiquen realmente una acción reflexiva. Algunos verbos de este grupo incluyen: **sentirse, enojarse, alegrarse, molestarse, desesperarse, darse cuenta, ponerse, volverse** y **hacerse**.

  El pobre narrador **se enfermó**.
  Ahora **se preocupan** todos por él.
  Cada vez que tose, **se altera**.

- **Se** puede emplearse también como pronombre recíproco en tercera persona, para indicar la idea de *each other* o *one another*.

  Julián y Patricia **se aman** desde que son adolescentes.
  El escritor y la lectora **se escribían** mensajes de correo electrónico.

- **Se** puede emplearse con cualquier pronombre de objeto indirecto y con ciertos verbos para indicar un evento inesperado o no intencional. Los verbos que se emplean con frecuencia en esta construcción incluyen: **acabar, caer, romper, ocurrir, perder, quemar** y **olvidar**. En esta construcción, **se** es invariable. El pronombre de objeto indirecto cambia dependiendo de a quién le sucede la acción; el verbo está siempre en tercera persona, singular o plural, dependiendo del sujeto.

  A aquella mariposa **se le cayó** un ala.
  Se me ocurre que el narrador está delirando.
  Por un momento, **se nos olvidó** que estaba enfermo.

- **Se** puede emplearse con algunos verbos para añadir una variante de significado. Este matiz es difícil de traducir al inglés. Por lo general expresa o enfatiza la totalidad de una acción, pero también puede indicar disfrute, esfuerzo, logro, etc. El uso de **se** es opcional en tales casos.

  Él **(se) comió** tres naranjas.
  He ate three whole oranges.

  (Se) leyó el cuento de cabo a rabo sin entenderlo.
  She read the entire story without understanding it.

  Víctor **(se) merece** un premio.
  Víctor deserves an award.

¡ATENCIÓN!

En las acciones reflexivas, **se** puede representar ya sea el objeto directo o el objeto indirecto de una acción.

El narrador no puede **dormirse** por la tos.
(*objeto directo*)

Se toca la garganta.
(*objeto indirecto*)

◢ Muchos verbos en español, como **ganar(se), marchar(se), llevar(se), establecer(se)** y **tirar(se)** pueden usarse con o sin **se**. Observa que el significado del verbo a menudo cambia, en ocasiones muy sutilmente, cuando se usa el verbo con el pronombre.

Parece que el narrador está enfermo.
It seems like the narrator is sick.

Todas las mariposas blancas **se parecen**.
All the white butterflies look alike.

¡ATENCIÓN!

Recuerda que **se**, como todos los demás pronombres, viene antes de un solo verbo conjugado, o puede añadirse al final de un infinitivo o gerundio.

El paciente va a levantar**se**/ **se** va a levantar.

El paciente **se** está levantando/está levantándo**se**.

◢ Por el contrario, hay otros verbos, como **arrepentirse, atreverse, fugarse, quejarse** y **suicidarse**, que solo pueden utilizarse con **se**.

Los presos decidieron **fugarse**.
Se atrevió a llamarla después de todo.

El *se* impersonal

◢ En español, el **se impersonal** expresa la idea de un sujeto no especificado que realiza una acción. En inglés, esta idea suele expresarse usando *they, you, people, one,* etc.

No se trabajaba mucho en ese hospital.
People didn't work a lot in that hospital.

◢ El **se** impersonal siempre se emplea con verbos en tercera persona singular. La mayoría de las veces, el verbo es intransitivo; es decir, no tiene objeto directo.

Se habla mucho de mejorar el espacio público.

◢ A veces, puede usarse el **se** impersonal con un verbo transitivo. Observa que el verbo siempre va en la tercera persona singular, y que **se** precede siempre al verbo.

En la facultad de medicina **se estudia** anatomía humana.

◢ También puede usarse el **se** impersonal con los verbos **ser** y **estar**.

Cuando **se es** honesto con uno mismo, **se es** más feliz.
No **se está** bien en esta ciudad.

◢ Recuerda que el **se** pasivo y el **se** impersonal expresan cosas diferentes y se usan de manera distinta. El **se** pasivo se emplea únicamente con verbos transitivos, y el verbo puede estar en tercera personal singular o plural. El objeto de la oración activa se convierte en el sujeto gramatical de la oración pasiva con **se**. Por el contrario, una construcción con **se** impersonal no tiene sujeto gramatical.

Se presentaron varios síntomas muy graves.
(***se pasivo: Varios síntomas*** *es el sujeto de la oración*).

Se habló de reducir la contaminación en el centro de la ciudad.
(***se impersonal***)

◢ Cuando el objeto directo de un verbo transitivo es una persona, se requiere el **a** personal. En las oraciones con **se** impersonal, puede reemplazarse el objeto directo con un pronombre de objeto directo o con un pronombre de objeto indirecto.

Se invitó **a los/las doctores/as**. Se **los/las** invitó. Se **les** invitó.

PRÁCTICA

1 

Después de leer el artículo «Déficit de espacio público ahoga a los bogotanos» (**pp. 328-329**), elige la opción correcta para completar cada oración.

1. Este artículo ____________ (habla/se habla) del poco espacio público en la ciudad.
2. El informe ____________ (publicó/se publicó) hace pocos años.
3. El periodista afirma que los ciudadanos sienten que ____________ (se asfixian/asfixian).
4. La Organización Mundial de la Salud ____________ (afirma/se afirma) que cada habitante tiene derecho a 15 metros cuadrados de espacio público.
5. El informe señala que en Bogotá la mayor parte de las querellas por violación de espacio público ____________ (archivan/se archivan).
6. Las ventas callejeras de alimentos ____________ (ponen/se ponen) en riesgo la salud de las personas.

2 Reescribe las oraciones. En cada oración, utiliza un verbo con **se**.

MODELO Podemos subir al segundo piso de la clínica por aquí.
Se puede subir al segundo piso de la clínica por aquí.

1. El paciente mira al médico y el médico mira al paciente.
2. No es posible encontrar una cura para su enfermedad.
3. Puedes visitar a los pacientes entre las diez y las doce, todos los días.
4. La enfermera le trae la medicina al paciente por la mañana.
5. El paciente está acostado en la cama, pero no está dormido.
6. ¿Han desarrollado una vacuna contra la tuberculosis?
7. El paciente pasó la noche entera tosiendo y pensando.
8. Juan besa a María y María besa a Juan.
9. Puedes ver que está muy enfermo.
10. Dejó caer la novela que leía.

3 Para cada imagen, escribe dos oraciones con **se**. Usa tu imaginación y añade los detalles necesarios.

MODELO *Se está muy bien en la piscina.*
Cristina y Miguel se están enamorando.

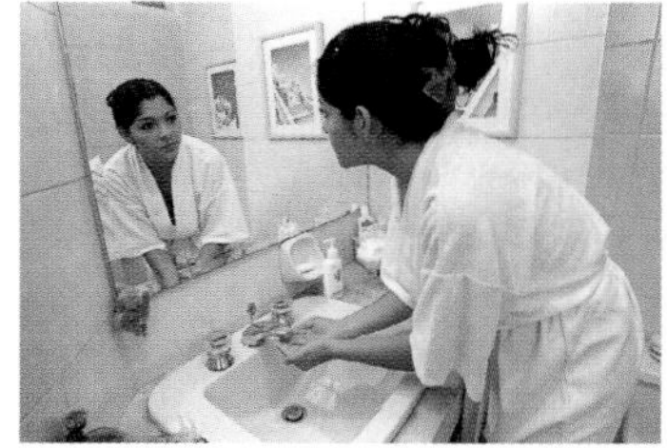

ORACIONES CON *SI*

Auto-graded

- Las **oraciones con si** se emplean para expresar acciones condicionales. Estas acciones son eventos que van a suceder, podrían suceder, sucederían o habrían sucedido en ciertas condiciones. Una oración con **si** tiene dos partes: la oración con **si** y una oración principal.

  [Si el paciente tiene tuberculosis,] [va a morir.]

  ORACIÓN CON ***SI*** ORACIÓN PRINCIPAL

  [María se habría contagiado] [si no se hubiera puesto la vacuna.]

  ORACIÓN PRINCIPAL ORACIÓN CON ***SI***

- El enunciado con **si** puede ser el primero o el segundo dentro de una oración. Observa que se utiliza coma únicamente cuando la oración con **si** va en primer lugar.

  Te enfermarás si sigues comiendo demasiados dulces.
  Si sigues comiendo demasiados dulces, te enfermarás.

- Existen diferentes tipos de oraciones con **si**. Cada tipo emplea tiempos verbales específicos que expresan las condiciones en las que puede cumplirse o podría cumplirse la acción.

  Si te cuidas, no te enfermarás.
  Iría a Europa si no estuviera enferma.
  Si no hubiera tenido la gripe, habría podido jugar el partido.
  Si quieres mejorarte, toma la medicina.

- Un tipo de oración con **si** se llama *posible* o *abierta*. Consiste en acciones que podrían suceder o no en el futuro. En este caso, el verbo en la cláusula con **si** va siempre en presente indicativo. Existen varios tiempos verbales posibles para la oración principal, dependiendo de lo que el hablante quiera expresar.

TIEMPO DE LA CLÁUSULA CON SI	TIEMPO DE LA ORACIÓN PRINCIPAL	EJEMPLO
presente indicativo	futuro	Si **te enfermas**, **irás** a la clínica. *If you get sick, you'll go to the clinic.*
presente indicativo	**ir** + **a** + infinitivo	Si **te enfermas**, **vas a ir** a la clínica. *If you get sick, you are going to go to the clinic.*
presente indicativo	presente indicativo	Si **te enfermas**, **vas** a la clínica. *If you get sick, you go to the clinic.*
presente indicativo	imperativo	Si **te enfermas**, **ve** a la clínica. *If you get sick, go to the clinic.*

- Otro tipo de oración con **si** se llama *hipotética* o *contrafactual*. Estas oraciones expresan acciones que el hablante considera posibilidades remotas en el presente o el futuro, o situaciones que se sabe son imposibles en el presente o el futuro. Aquí, el verbo en la cláusula con **si** está siempre en el modo subjuntivo imperfecto y el verbo de la oración principal está en el condicional simple.

TIEMPO DE LA ORACIÓN CON *SI*	TIEMPO DE LA ORACIÓN PRINCIPAL	EJEMPLO
subjuntivo imperfecto	condicional simple	Si **te enfermaras, irías** a la clínica. *If you got (were to get) sick, you would go to the clinic.*

◢ Otro tipo de oración con **si** expresa una acción o condición que no se cumplió o no tuvo lugar en el pasado. En este caso, el verbo de la cláusula con **si** está en el pluscuamperfecto del subjuntivo, y el verbo de la oración principal suele estar en condicional perfecto.

TIEMPO DE LA ORACIÓN CON *SI*	TIEMPO DE LA ORACIÓN PRINCIPAL	EJEMPLO
pluscuamperfecto subjuntivo	condicional perfecto	Si **te hubieras enfermado, habrías ido** a la clínica. *If you had gotten sick, you would have gone to the clinic.*

◢ En las oraciones con **si** que expresan acciones y condiciones no cumplidas, también puede utilizarse en la oración principal la terminación **-era** del pluscuamperfecto del subjuntivo. La terminación **-ese** puede utilizarse en la cláusula con **si**, pero no en la principal.

Si **te hubieras/hubieses enfermado, habrías/hubieras ido** a la clínica.
If you had gotten sick, you would have gone to the clinic.

◢ Las oraciones con **si** se emplean también para indicar acciones que tienen o tuvieron lugar realmente. En este caso, **si** expresa la idea de *cuando* y pueden considerarse sinónimos.

Si me enfermo, voy a la clínica de la universidad.
If/When I get sick, I go to the university clinic.

Si se enfermaba, iba a la clínica de la universidad.
If/When he would get sick, he would go to the university clinic.

◢ Para expresar la idea de *si* sin emplear una cláusula con **si**, pueden usarse expresiones como:

Yo que tú, iría a la clínica.
En tu lugar, iría a la clínica.
De haber sabido que estaba enfermo, habría ido a la clínica.
En esa situación, yo habría ido a la clínica.

◢ Las conjunciones **donde, como** y **mientras** pueden expresar una condición o la idea de *si* cuando van seguidas por el subjuntivo.

Donde no **encuentre** trabajo, no tendré dinero.
If I can't find work, I won't have money.

Como no me **digas** la verdad, les voy a preguntar a tus padres.
If you don't tell me the truth, I'll ask your parents.

Mientras yo **tenga** salud, trabajaré diariamente.
As long as I have my health, I'll work every day.

PRÁCTICA

Completa las oraciones con la forma correcta del verbo entre paréntesis. Presta atención a qué tipo de condición se expresa para determinar el tiempo verbal correcto.

1. Si te sientes mal, ______ (tener) que descansar.
2. Si no ______ (mejorarte) para mañana, te llevaré al médico.
3. Si nosotros no ______ (tener) vacunas contra muchas enfermedades, sería espantoso.
4. Por ejemplo, si los científicos no ______ (poder) eliminar la viruela (*smallpox*), millones de personas habrían muerto.
5. Sería maravilloso si ______ (haber) una vacuna contra el VIH/sida.
6. Yo no ______ (ir) a clase si tuviera fiebre.
7. Los estudiantes pueden acudir a la clínica de la universidad si ______ (estar) enfermos.

2

Contesta estas preguntas. Usa una cláusula con **si** en cada respuesta.

1. Si no estudias para el próximo examen de español, ¿qué va a suceder?
2. Si no fueras estudiante, ¿qué serías?
3. Si no hubieras asistido a esta universidad, ¿adónde habrías ido?
4. ¿Qué haces si no entiendes algo en la clase de español?
5. En la escuela secundaria, si tenías problemas en una clase, ¿quién te ayudaba?

3

¿Qué harías y cómo serían las cosas si fueras cada una de las siguientes personas?

el presidente de tu país	Shakira	El Hombre Araña
Bill Gates	Brad Pitt	Rafael Nadal

Primero escribe una oración por persona, usando una cláusula con **si**.

MODELO Shakira
Si fuera Shakira, daría un concierto gratis en...

Ahora pregúntale a un(a) compañero/a de clase qué haría él o ella en las mismas circunstancias. ¿Tienen ustedes las mismas ideas?

MODELO ***—¿Qué harías si fueras el presidente?***
—Primero, trataría de... ¿Y tú?
—Pues, no haría eso. Yo eliminaría...

4

Escoge una de las siguientes situaciones y escribe un párrafo de seis a ocho oraciones sobre qué harías y cómo sería todo si esa situación sucediera de verdad.

MODELO ***Si viviera en el pasado, me gustaría vivir durante... porque sería... Yo...***

ganar la lotería	ser invisible (o tener otro poder mágico)
encontrar una cura para el cáncer	tener telepatía
ser famoso/a	vivir en el pasado (o el futuro)

PERÍFRASIS VERBALES Y VERBOS MODALES

- Las **perífrasis verbales** son combinaciones de dos verbos, un **verbo auxiliar** y un **verbo principal** en una sola frase verbal.

  Vargas Llosa **lleva ganados** muchísimos premios, incluyendo el Nobel de Literatura.
  En uno de sus ensayos, Vargas Llosa **se pone a describir** un viaje que hizo a Argentina.
  Durante el viaje, **empezó a leer** una novela titulada *Santa Evita*.
  Al cabo de una semana, **terminó enamorándose** de la obra y de su protagonista.

- En una perífrasis verbal se conjuga el verbo auxiliar. El verbo principal puede ser un **infinitivo**, un **gerundio** o un **participio**.

  Trataré de resumir el ensayo de Vargas Llosa. *(infinitivo)*
  Estuvo viajando por Argentina por una semana. *(gerundio)*
  Tengo leídos cinco libros de Vargas Llosa. *(participio)*

¡ATENCIÓN!
Una perífrasis verbal puede contener más de una frase verbal.

Voy a tratar de resumir el ensayo.

- Una perífrasis verbal depende tanto del verbo auxiliar como del verbo principal para tener significado. Sin embargo, el verbo principal lleva el significado más importante de la frase verbal. Con frecuencia, el verbo principal y el verbo auxiliar van acompañados de una preposición o una conjunción.

  Tardó unos días **en** leer la novela *Santa Evita*.
  Opina que hay **que** leerla y disfrutarla.

Verbos auxiliares modales

- Los **verbos modales** son un tipo de verbo auxiliar. Estos verbos se llaman *modales* porque expresan el estado de ánimo o la actitud del hablante hacia la acción del verbo principal. Algunas de las actitudes expresadas por los modales incluyen: obligación o necesidad, intención, posibilidad y repetición. El siguiente cuadro muestra los verbos modales auxiliares más comunes en español y sus usos.

VERBO	ACTITUD	EJEMPLO
deber	obligación	**Debemos terminar** de leer el ensayo para la próxima clase.
deber de	probabilidad, suposición	Vargas Llosa **debe de ser** muy inteligente.
haber de	obligación, intención	**Has de conocer** Buenos Aires algún día.
haber que	necesidad (se utiliza solamente en la tercera persona singular)	Para entender a los argentinos, **hay que saber** qué es el peronismo.
pensar	intención	**Pienso ver** la película *Evita* este fin de semana.
poder	posibilidad, sugerencia, ser capaz de/ tener permitido	¿**Puedes explicarme** qué significa *peronismo*? **Podemos ir** al cementerio de la Recoleta mañana si quieres.
querer	necesidad/deseo	**Quiero saber** más sobre la vida de Eva Perón.
saber	habilidad	Está claro que Vargas Llosa **sabe escribir** muy bien.
soler	repetición	En general, **suelo leer** libros en línea.
tener que	obligación	**Tengo que reconocer** que la historia de Eva Perón es increíble.

- Recuerda que los significados de **tener que, poder, querer** y **saber** cambian cuando se usan en tiempo pretérito (mira la **p. 428**).

  Al final, ella **pudo** lograr su meta de hacerse actriz famosa.
  At the end, she achieved her goal of becoming a famous actress.

  Él nunca **supo** dónde estaba enterrada.
  He never found out where she was buried.

Perífrasis verbales con infinitivos

- El español, como el inglés, tiene numerosas construcciones de tipo *verbo + infinitivo*. Además de los verbos modales, se presentan aquí otros verbos que frecuentemente se combinan con infinitivos para formar perífrasis verbales. Mira las listas en las **pp. 310-311** para ver otros verbos comunes seguidos de un infinitivo.

VERBO	SIGNIFICADO	EJEMPLO
acabar de	*to have just done sth.*	**Acabo de empezar a leer** una novela de Junot Díaz.
acabar por	*to end up doing sth.*	La discusión no había sido tan seria y **acabaron por reconciliarse**.
comenzar a, entrar a, ponerse a	*to start or begin to do sth.*	**Comencé a leer** las novelas de Vargas Llosa el verano pasado. Barack Obama **entró a gobernar** en 2009. Después de reunir todos los temas, **nos pusimos a escribir**.
dejar de	*to stop doing sth.*	El público **dejó de aplaudir** súbitamente.
empezar por	*to start by doing sth.*	Alumnos, **empiecen por definir** el tema del ensayo.
estar por	*to be about to*	Los autores **están por firmar** los autógrafos.
ir a	*to urge (sb.) to do sth.*	**¡Vamos a leer!**
pasar a	*to proceed to do sth.*	Después de un breve aperitivo, los invitados **pasarán a almorzar** al salón principal.
soler, acostumbrar (a)	*to be in the habit of doing sth.*	**Suelo elegir** un autor nuevo cada verano. Los escritores **acostumbraban usar** pluma.
venir a	*to finally do/happen*	Después de una larga carrera, **vino a ganar** el Premio Nobel.
volver a	*to do sth. again*	**Vuelvo a pedírtelo:** devuélveme el libro.

Perífrasis verbales con participios

- En las perífrasis verbales con participios, el participio concuerda en género y número con el sustantivo que describe o al que hace referencia. Estas perífrasis se centran en el resultado de una acción o proceso.

VERBO	EJEMPLOS
dejar	Este ensayo nos **dejó sorprendidos**.
encontrarse	El cadáver de Eva Perón **se encontraba escondido** en un cementerio italiano.
estar	El ensayo **está escrito** en un tono muy característico de Vargas Llosa.
ir	El nombre que **iba tallado** en la tumba italiana no era el verdadero.
llevar	Ya **llevamos ahorrados** casi mil dólares para nuestro viaje a Argentina.
quedarse	Todos **se quedaron horrorizados** ante el escándalo del secuestro del cuerpo.
resultar	La conferencia que dio Vargas Llosa **resultó grabada** y **publicada** en Internet.
seguir	Eva Perón **sigue venerada** por miles de argentinos.
tener	**Tengo entendido** que Eva Perón es parte de la mitología argentina.
venir	Nadie sabía que era el cuerpo de Perón, porque **venía escondido** bajo otro nombre.
verse	A causa del cáncer, Eva Perón **se vio obligada** a retirarse de la vida pública.

Perífrasis verbales con gerundios

- Estas perífrasis se emplean para comunicar acciones en progreso.

  Andaba viajando por Argentina cuando empezó a leer *Santa Evita*.

- Las perífrasis formadas con **estar** + *gerundio* suelen denominarse *tiempos continuos o progresivos*. El siguiente cuadro muestra otros verbos auxiliares que también se combinan con el gerundio.

VERBO	SIGNIFICADO	EJEMPLO
acabar	*to end up + -ing*	Dos maestras **acabaron publicando** sus memorias.
andar	*to go around + -ing*	¿Por qué **andas diciendo** que esta novela es fácil?
ir	*to be + -ing gradually over a period of time*	Ya **voy viendo** que la historia de Eva Perón es bastante complicada.
llevar	*to be + -ing for a certain period of time*	**Llevo una semana tratando** de terminar esta novela.
quedarse	*to continue + -ing something*	**Me quedé pensando** en la extraña historia de Eva Perón por varios días.
salir	*to wind up or end up + -ing*	Después de leer el ensayo, todos **salimos queriendo** saber más de esta historia.
seguir, continuar	*to keep on + -ing*	**Seguimos pensando** en ir a Argentina el año que viene.
venir	*to be + -ing something over a period of time*	Carlos, mi amigo argentino, **viene diciéndome** que debemos ir a Argentina.
vivir	*to be constantly + -ing something*	Como Carlos es de Buenos Aires, **vive diciéndome** que es la mejor ciudad del mundo.

PRÁCTICA

1 Completa el pasaje sobre Mario Vargas Llosa con la forma correcta del verbo.

Hay que (1)__________ (saber) algo de la vida de Mario Vargas Llosa para entender mejor su obra. Él ha sabido (2)__________ (combinar) elementos autobiográficos y ficticios en varias de sus obras. Por ejemplo, se vio (3)__________ (obligar) por su padre a (4)__________ (asistir) a un colegio militar. A la edad de 19 años, y en contra de la voluntad de su padre, quiso (5)__________ (casarse) con una tía política y lo hizo. La historia de sus amores con su tía llegaría a (6)__________ (ser) un tema principal de su novela *La tía Julia y el escribidor*. Apenas había acabado de (7)__________ (graduarse) del colegio militar cuando comenzó a (8)__________ (trabajar) como columnista para varios periódicos. Quería (9)__________ (vivir) en París y se fue a vivir allí a la edad de 22 años. Se quedó seis años (10)__________ (escribir) en esa ciudad. Acabó (11)__________ (divorciarse) de su tía y volvió a (12)__________ (instalarse) en Lima. Decidió presentarse como candidato a la presidencia de Perú en 1990. Perdió las elecciones, pero para muchos sigue (13)__________ (ser) uno de los escritores más admirados de América Latina. En octubre de 2010 resultó (14)__________ (ser) el ganador del Premio Nobel.

2 ¿Qué hicieron estas personas durante un viaje a Argentina? Combina los elementos dados para formar ocho oraciones con perífrasis verbales usando el infinitivo.

MODELO *La profesora de español empezó a planear una excursión a las pampas.*

yo	comenzar a	tomar una clase de tango
la profesora de español	continuar	asistir a un partido de polo
los turistas	dejar de	hacer una excursión a las pampas
mis compañeros de clase	estar por	quedarse en un rancho y montar a caballo
mi compañera de cuarto	ir a	pasear por la Avenida 9 de Julio
todos nosotros	pasar a	recorrer el barrio de La Boca
los guías argentinos	tener que	explorar la Patagonia
tú	volver a	esquiar en los Andes

3 Para cada situación, escribe por lo menos dos oraciones. En la primera, utiliza una perífrasis verbal con un participio. En la segunda, utiliza una perífrasis verbal con un gerundio. Usa una variedad de modos y tiempos verbales en tus oraciones.

MODELO tu clase más difícil este año
Mi clase más difícil este año es física; ahora estoy trabajando con un experimento que tengo medio acabado. Anoche me quedé trabajando en el laboratorio hasta muy tarde.

- un conflicto que tienes (o tuviste) con tu novio/a
- la próxima fiesta que vas a dar (o la última que diste)
- tus planes para las próximas vacaciones
- tus planes después de graduarte
- los exámenes finales

DISCURSO INDIRECTO

◢ En español, como en inglés, existen dos formas de informar lo que alguien dijo. Una forma es el **discurso directo**, en el que se resaltan las palabras exactas de la persona entre comillas.

DISCURSO DIRECTO

Mario Vargas Llosa escribe: «... detesto con toda mi alma a los caudillos...».
Mario Vargas Llosa writes, «...I hate leaders with all my heart...»

◢ Otra forma es usar el estilo indirecto, conocido también como **discurso indirecto**. El discurso indirecto comunica las palabras de una persona sin repetirlas literalmente o sin ponerlas entre comillas. En lugar de ello, las palabras de la persona se transforman en una oración subordinada, que corresponde gramaticalmente con la oración principal; las dos se unen mediante la palabra **que**.

DISCURSO INDIRECTO

Mario Vargas Llosa escribe **que** detesta con toda su alma a los caudillos.
*Mario Vargas Llosa writes **that** he hates leaders with all his heart.*

◢ Los verbos usados comúnmente en español para introducir el discurso indirecto incluyen:

agregar	comentar	escribir	notar	reiterar
anunciar	contestar	explicar	opinar	repetir
añadir	decir	informar	preguntar	responder

◢ Cuando el discurso directo se cambia a discurso indirecto pueden requerirse varios cambios, como sujeto y tiempo del verbo, pronombres, adjetivos posesivos y demostrativos, y adverbios.

Vargas Llosa dice: «Desde entonces **me lo he encontrado** muchas veces».
Vargas Llosa dice que desde entonces **se lo ha encontrado** muchas veces.

La profesora dijo: «**Vamos a ver** la película *Evita* **esta** semana».
La profesora dijo que **íbamos a ver** la película *Evita* **esa** semana.

Elena comentó: «No **creo** que **pueda** terminar de leer la novela de Vargas Llosa para **mañana**».
Elena comentó que no **creía** que **pudiera** terminar de leer la novela de Vargas Llosa para **el día siguiente**.

◢ Cuando el verbo que introduce el discurso indirecto está en tiempo presente o futuro, el tiempo verbal que contiene el discurso indirecto no necesita cambiarse (aunque la forma puede cambiar para ajustarse al sujeto gramatical).

DISCURSO DIRECTO	DISCURSO INDIRECTO
Comenta Vargas Llosa: «Lo **sé** porque yo era el demente que las daba... ». (presente del indicativo)	**Comenta** Vargas Llosa que lo **sabe** porque él era el demente que las daba. (presente del indicativo)

- Cuando el verbo que introduce el discurso indirecto está en pasado, y el verbo en el discurso directo original está en pretérito imperfecto o pluscuamperfecto, no se necesita cambiar el tiempo verbal.

DISCURSO DIRECTO	DISCURSO INDIRECTO
Vargas Llosa **explicó**: «[Eloy Martínez] **enseñaba** en la Universidad de Rutgers». *(pretérito imperfecto del indicativo)*	Vargas Llosa **explicó** que Eloy Martínez **enseñaba** en la Universidad de Rutgers. *(pretérito imperfecto del indicativo)*
La profesora **preguntó**: «**¿Sabían** ustedes que el cadáver de Eva Perón **había sido embalsamado?**». (pretérito imperfecto del indicativo, pluscuamperfecto del indicativo)	La profesora nos **preguntó** si **sabíamos** que el cadáver de Eva Perón **había sido embalsamado**. (imperfecto del indicativo, pretérito perfecto del indicativo)

- En otros casos, cuando se cambia el discurso indirecto al pretérito, el tiempo verbal en el discurso indirecto cambiará dependiendo del tiempo usado en el discurso directo original.

DISCURSO DIRECTO	DISCURSO INDIRECTO
Vargas Llosa dijo: «Todo **puede** ser novela». *(presente del indicativo)*	Vargas Llosa dijo que todo **podía** ser novela. *(imperfecto del indicativo)*
Afirmó Vargas Llosa: «No **es** de extrañar que Tomás Eloy Martínez **sea** capaz de cualquier cosa». *(presente del indicativo, presente del subjuntivo)*	Afirmó Vargas Llosa que no **era** de extrañar que Tomás Eloy Martínez **fuera** capaz de cualquier cosa. *(pretérito imperfecto del indicativo, imperfecto del subjuntivo)*
Escribió: «Esta historia **ha sido contada** muchas veces». *(pretérito perfecto compuesto del indicativo)*	Escribió que esa historia **había sido contada** muchas veces. *(pretérito pluscuamperfecto del indicativo)*
Agregó Vargas Llosa: «*Santa Evita* me **derrotó** desde la primera página...». *(pretérito perfecto simple)*	Agregó Vargas Llosa que *Santa Evita* lo **había derrotado** desde la primera página. *(pretérito pluscuamperfecto del indicativo)*
La profesora dijo: «**Vamos a terminar** de leer el ensayo mañana». *(presente del indicativo de* **ir** *+ infinitivo)*	La profesora dijo que **íbamos a terminar/ terminaríamos** de leer el ensayo al día siguiente. *(imperfecto del indicativo de* **ir** *+ infinitivo o condicional simple)*
Agregó: «**Espero** que no **se olviden** de traer sus artículos pasados a máquina». *(presente del indicativo, presente del subjuntivo)*	Agregó que **esperaba** que no **nos olvidáramos** de traer nuestros artículos pasados a máquina. *(pretérito imperfecto del indicativo, imperfecto del subjuntivo)*

- Los pretéritos pluscuamperfectos no sufren cambios de tiempo.

DISCURSO DIRECTO	DISCURSO INDIRECTO
La profesora dijo: «Si **hubiéramos tenido** tiempo, **habríamos visto** el resto de *Evita*». *(pretérito pluscuamperfecto del subjuntivo, condicional perfecto)*	La profesora dijo que si **hubiéramos tenido** tiempo, **habríamos visto** el resto de *Evita*. *(pretérito pluscuamperfecto del subjuntivo, condicional perfecto)*

- Cuando se comunican preguntas, los pronombres interrogativos conservan el acento.

DISCURSO DIRECTO	DISCURSO INDIRECTO
El estudiante preguntó: «**¿Cuándo** murió Juan Domingo Perón?»	El estudiante preguntó **cuándo** había muerto Juan Domingo Perón.

- Al comunicar órdenes, usa el subjuntivo. La elección del tiempo verbal (presente o imperfecto del subjuntivo) depende del tiempo del verbo que se comunica.

DISCURSO DIRECTO	DISCURSO INDIRECTO
«**Lee** *Santa Evita*».	Mi compañero me **recomienda** que **lea** *Santa Evita*. Mi compañero me **recomendó** que **leyera** *Santa Evita*.

- Al cambiar el discurso indirecto al pretérito, algunos cambios comunes en demostrativos y adverbios son:

este ⟶ **ese**
ese ⟶ **aquel**
hoy ⟶ **ese (mismo) día**
ayer ⟶ **el día anterior**
ahora mismo ⟶ **en aquel momento, en ese mismo momento**
mañana ⟶ **el día siguiente**

REPASO
Para repasar las oraciones con **si**, mira las **pp. 454-455.**

- Pero observa que tales cambios no son automáticos; el contexto indicará cuándo debe hacerse un cambio.

Rafael me preguntó: «¿Puedes ayudarme **esta tarde** con el ensayo?».

Rafael me preguntó si podía ayudarlo **esa tarde** con el ensayo.
(la tarde está en el pasado)

Rafael me preguntó si podía ayudarlo **esta tarde** con el ensayo.
(la tarde aún está en el futuro)

PRÁCTICA

1

Estás haciendo una visita a la tumba de Eva Perón en Buenos Aires. Después de la visita, explícale a tu amigo/a qué dijo el guía durante la visita.

MODELO Eva Ibarguren fue hija ilegítima de Juan Duarte y Juana Ibarguren.
El guía dijo que Eva Ibarguren había sido hija ilegítima de Juan Duarte y Juana Ibarguren.

1. Se crió en Los Toldos, un pequeño pueblo de la provincia de Buenos Aires.
2. Desde joven soñaba con ser actriz y, cuando tenía solo 15 años, se mudó a la ciudad de Buenos Aires.
3. No era común que una joven de las provincias fuera a la capital.
4. En 1944, cuando tenía 22 años, conoció a Juan Perón.
5. En aquel momento, las mujeres de Argentina no tenían derechos políticos.
6. Evita se destacó por su interés en la justicia social.
7. A algunos no les gustaba que ella quisiera desempeñar un papel político.
8. Más tarde, como esposa del presidente, Eva Perón promovería leyes en contra de la discriminación de los hijos ilegítimos. Eva Perón murió de cáncer en 1952, a la edad de 33 años.
9. Es increíble que su cuerpo fuera robado y que desapareciera.
10. En 1957 el cuerpo fue trasladado a Milán y enterrado en una tumba secreta.
11. Fue devuelto en 1971 y en 1974 se construyó un mausoleo en Buenos Aires para sus restos.
12. Hoy la tumba de Evita se encuentra en el Cementerio de la Recoleta.
13. ¿Quieren saber más acerca de Evita?
14. ¡Vengan mañana a la visita guiada especial sobre «los secretos de Evita»!

2 **Mi compañero/a dijo que...**

Pregúntale a un(a) compañero/a sobre estos temas. Anota sus respuestas.

MODELO sus planes para el fin de semana
—¿Qué vas a hacer este fin de semana?
—Voy a ir a Boston para visitar a mi amigo Greg. Vamos a...

- sus planes para el fin de semana
- la mejor clase de la universidad
- la peor clase de la universidad
- el último examen de la clase de español
- la última película que vio
- el último libro que leyó
- lo último que compró
- algo que hace su compañero/a de casa que no le guste
- las próximas vacaciones
- sus planes de futuro

Resume las respuestas de tu compañero/a y explica qué dijo.

MODELO *Mi compañero/a me contó que iba a ir a Boston para visitar a su amigo Greg. Dijo que ellos iban a...*

---

3 Imagina que estás en casa de tus padres durante las vacaciones universitarias. Tus padres te están volviendo loco/a. Lee lo que te dicen y, después, escribe un correo electrónico a tu mejor amigo/a para quejarte de la situación. Explícale todo lo que te dijeron tus padres.

Tus padres dijeron:
«No puedes usar mi coche hoy porque lo necesito para ir al trabajo».
«No voy a lavar tu ropa. Ya sabes lavarla tú».
«No te puedo prestar $50.00. Te mandé dinero la semana pasada».
«Si sales esta noche con tus amigos, tendrás que volver antes de las doce».
«Limpia el garaje, corta el pasto y riega las plantas».
«Bueno, el mes pasado convertimos tu habitación en una oficina. ¿No te importa, verdad?».
«Mañana vamos a cenar a casa de la tía Berta. Tienes que ponerte algo formal y ser puntual».
«No dejes las toallas mojadas y la ropa sucia en el baño o las voy a tirar a la basura».

---

4 Ahora ponte en el lugar de tu padre o madre en la situación de la **Actividad 3**. Llamas por teléfono a un(a) amigo/a y hablas con él/ella sobre la visita. Explica qué le dijiste a tu hijo/a y qué te dijo él/ella.

MODELO *¡Mi hija está insoportable! Cuando le dije hoy que no podía usar mi coche porque lo necesitaba, ella me contestó que no era justo...*

INTERPERSONAL WRITING: E-MAIL REPLY

TASK DESCRIPTION AND EXPECTATIONS

- Reply to an e-mail message
- You will have 15 minutes to read the e-mail and write your reply
- You must:
  - use a formal form of address
  - include an appropriate greeting
  - respond to all questions and requests in the message
  - ask for more details about something mentioned in the message
- Task comprises 12.5% of your total free response score

SCORING GUIDELINE	STRATEGIES TO REACH A 5
Maintains the exchange with a response that is clearly appropriate within the context of the task	◆ Take time to read the *Tema curricular* and the *Introducción* before reading the e-mail message. Use this information to start thinking about the task, theme, context, and setting. ◆ Budget your time wisely in order to complete the task. In the 15 minutes provided, you must read the e-mail and compose a comprehensive reply. ◆ Pay attention to cultural references and include others as appropriate. ◆ Prepare a brief outline before composing your reply.
Provides required information (e.g., responses to questions, request for details) with frequent elaboration	◆ Make sure to request more details about something mentioned in the message. This is a required part of the task and must be included in your e-mail reply. ◆ Avoid having to reread parts of the e-mail: underline or circle key words or sections that prompt you for information you need to answer or provide, or for which you need to ask for more details. This helps conserve time and guides your thought process. ◆ Respond as fully as possible, making sure to answer questions, provide information, or state your opinion as requested. ◆ It is expected that you answer the email completely and with detail. There is no set number of words required.
Fully understandable, with ease and clarity of expression; occasional errors do not impede comprehensibility	◆ Use circumlocution and paraphrasing to get your point across. ◆ Monitor the pace and flow of what you are communicating. ◆ Use transitional phrases and cohesive devices to add fluency to your e-mail communication. See the *Expresiones que facilitan la comunicación* in Apéndice C (p. 472).
Varied and appropriate vocabulary and idiomatic language	◆ Concentrate on using rich vocabulary and culturally appropriate idiomatic expressions. ◆ Avoid overuse of elementary, common vocabulary. "Reach outside the box" to impress the reader. See *Expresiones para la comunicación* in Apéndice D (p. 474).
Accuracy and variety in grammar, syntax and usage, with few errors	◆ Avoid spelling errors. Leave time to reread and edit your work. ◆ Avoid elementary errors and focus on correct word order. ◆ Note the tenses used in the e-mail and respond accordingly, taking your cues from the context. ◆ Conjugate verbs correctly, double-checking all your verb endings. ◆ Be consistent in your use of standard writing conventions (e.g., capitalization, spelling, accents).

SCORING GUIDELINE	STRATEGIES TO REACH A 5
Mostly consistent use of register appropriate for the situation; control of cultural conventions appropriate for formal correspondence (e.g., greeting, closing), despite occasional errors	◆ Use the formal register – *usted* – throughout your e-mail message. ◆ Be consistent, not only with verbs, but also with pronouns and possessives. ◆ Make sure to use an appropriate, formal salutation and closing. ◆ Take care to know whether you are addressing a male or female for: *Estimado* or *Estimada* and other expressions with gender. ◆ See *Expresiones que indican registro* in Apéndice E (p. 475).
Variety of simple and compound sentences, and some complex sentences	◆ Impress the Exam Reader by raising your level of communication using a variety of structures. Include compound sentences and complex structures rather than sticking to basic language. ◆ Consider the fact that a perfectly written e-mail, *with no errors at all*, would not be scored at a 5, if it is composed of only elementary, "safe" structures, because it would not follow the scoring guidelines.

PRESENTATIONAL WRITING: PERSUASIVE ESSAY

TASK DESCRIPTION AND EXPECTATIONS

- You will write a persuasive essay to submit to a Spanish writing contest.
- Integrate skills (listening, reading, writing) within two modes of communication: Interpretive (oral and written) and Presentational (writing).
- Base your essay on three *fuentes* or sources that present different points of view on the same topic: one article, one table or graphic, one audio.
- You will have 55 minutes total:
    - 6 minutes to (a) read the *Tema curricular* and *Tema del ensayo* or prompt; (b) read source 1; and (c) study source 2
    - Up to 9 minutes to listen to the audio source twice; be sure to take notes while you listen
    - 40 minutes to plan and write your persuasive essay, addressing the *Tema del ensayo* or prompt.
- Present the sources' different viewpoints on the topic and also clearly indicate your own viewpoint and defend it thoroughly.
- Cite information from all three sources, while also identifying them appropriately, to support your persuasive essay.
- You will have access to the print sources and any notes you may have taken on the audio during the entire 40-minute writing period.
- Focus on synthesis, not on simply summarizing the sources!
- Task comprises 12.5% of your total free response score.

SCORING GUIDELINE	STRATEGIES TO REACH A 5
Effective treatment of topic within the context of the task	◆ Take time to read the *Tema curricular* and the *Tema del ensayo*, which is essentially the prompt for your persuasive essay. ◆ Underline, circle, or jot down key words and phrases in the instructions and *Tema curricular* and *Tema del ensayo*, to help you focus. Do the same with the *Introducción* that precedes each of the three sources. This helps conserve time later and guides your thought process. ◆ Budget your time wisely: In the 40 minutes provided after reading and listening, you must plan and write your persuasive essay.
Demonstrates a high degree of comprehension of the sources' viewpoints, with very few, minor inaccuracies	◆ As you read and listen, underline and take notes on information that you know will support your writing. Refer to the key words that you noted in the instructions and the *Tema del ensayo*. ◆ Show evidence of your understanding and interpretation of all three sources. Do not simply copy or restate what you read or hear without doing your own evaluation and synthesis in your own words. See *Expresiones para citar fuentes* in Apéndice F (p. 476).
Integrates content from all three sources in support of the essay	◆ As you develop your thesis, support it with evidence from the sources, adding your own evaluation or analysis. Base your essay on your key ideas, not on summarizing each source independently. ◆ You MUST use all three sources in your essay; it is crucial to a high score. Provide details and examples from the three viewpoints presented in the sources. ◆ Identify the sources so that the Reader clearly sees the connection that you are making, and to which source. ◆ Remember that there are other ways to express *dice* and *piensa*. See *Expresiones para citar fuentes* in Apéndice F (p. 476). ◆ Paraphrase: use your own language in citing information from the sources to show your own ability to compose in Spanish. If you cite directly from sources, keep it brief and use Spanish quotation marks « ». Readers need evidence of how YOU communicate Spanish.
Presents and defends the student's own viewpoint on the topic with a high degree of clarity; develops a persuasive argument with coherence and detail	◆ Make sure to state your viewpoint early in the essay, in the introductory paragraph. ◆ Develop your essay logically to show understanding of the sources, but add your own perspective, in your own words. ◆ Be discriminatory in which information you choose to cite from the sources; choose information that helps support your viewpoint. ◆ Explain interesting details from the sources to support your essay rather than a general reference to sources outside the context of the prompt. ◆ See the *Lista de revision de ensayos* in Apéndice H (p. 478).
Organized essay; effective use of transitional elements or cohesive devices	◆ Prepare an outline to plan the paragraphs, integrate sources, and defend your viewpoint. Make sure to include the key words you have noted. ◆ Organize your essay into well-developed clear paragraphs that include: ‣ An introductory paragraph clarifying your intent or thesis ‣ 2–3 paragraphs in which you develop main ideas, supported with information from the sources ‣ A closing paragraph that synthesizes your remarks and emphasizes your viewpoint while addressing the *Tema del ensayo* ◆ Use transitional phrases and cohesive devices to add fluency to your presentation, especially when moving from one point to another and between paragraphs. See the *Expresiones que facilitan la comunicación* in Apéndice C (p. 472).
Fully understandable, with ease and clarity of expression; occasional errors do not impede comprehensibility	◆ Refer back to the *Tema del ensayo* to make sure that you are defending your viewpoint and not veering off course. ◆ Refrain from copying information from the sources in a random manner, with no regard to supporting your main points. ◆ Keep a logical flow throughout the essay.

SCORING GUIDELINE	STRATEGIES TO REACH A 5
Varied and appropriate vocabulary and idiomatic language	◆ Concentrate on using rich vocabulary and culturally appropriate idiomatic expressions. ◆ Use vocabulary that supports your viewpoint and reflects the topic. ◆ Avoid overuse of elementary, common vocabulary. "Reach outside the box" to impress the Reader. ◆ Avoid English or other language interference, e.g. *población* is correct, not "populación." See *Cognados falsos* in Apéndice G (p. 477).
Accuracy and variety in grammar, syntax and usage, with few errors	◆ Use correct word order and avoid spelling errors. ◆ Avoid elementary errors, which affect your score more adversely than errors made in taking risks with more advanced structures. ◆ Leave time to edit your work, checking for common errors, such as *ser* v. *estar*, *por* v. *para*, preterite v. imperfect, verb forms, personal *a*, correct use of articles and pronouns, and noun/adjective agreement. ◆ Use a variety of verb tenses and both indicative and subjunctive moods. ◆ Use formal, academic language. ◆ Be consistent in use of standard conventions of the written language (e.g., capitalization, orthography, accents).
Develops paragraph-length discourse with a variety of simple and compound sentences, and some complex sentences	◆ Impress the Exam Reader by raising your level of communication using a variety of structures. Include compound sentences and complex structures rather than sticking to basic language.

INTERPERSONAL SPEAKING: CONVERSATION

TASK DESCRIPTION AND EXPECTATIONS

- Simulated Conversation is a role play with the following format:
    - Brief description of the situation
    - Outline of each turn of the conversation
- 1 minute to preview the conversation
- Five opportunities to speak. There is no text of what the other person will actually say.
- 20 seconds per response. Student should provide creative, meaningful responses.
- Task comprises 12.5% of your total free response score

SCORING GUIDELINE	STRATEGIES TO REACH A 5
Maintains the exchange with a series of responses that is clearly appropriate within the context of the task	◆ Carefully read the *Tema curricular* and the *Introducción* provided before the outline of the conversation. Use this information to identify the theme, context, and setting. ◆ In the 1 minute provided, underline or circle key words and jot down ideas to help guide and focus your thought process once the conversation begins. ◆ Pay attention to cultural references and respond or comment as appropriate. ◆ Address each bullet point, trying to keep a smooth flow to the conversation. Cross off or check prompts completed. This helps to avoid getting lost or confused.

<table>
<tr><th>SCORING GUIDELINE</th><th>STRATEGIES TO REACH A 5</th></tr>
<tr><td>Provides required information (e.g., responses to questions, statement and support of opinion) with frequent elaboration</td><td>

- Become familiar with prompting verbs so you can respond as directed. Common terms:

<table>
<tr><td>acepta</td><td>describe</td><td>expresa</td><td>insiste</td><td>pregunta</td><td>saluda</td></tr>
<tr><td>aconseja</td><td>despide</td><td>finaliza</td><td>menciona</td><td>propón</td><td>sugiere</td></tr>
<tr><td>cuenta</td><td>di</td><td>haz</td><td>ofrece</td><td>reacciona</td><td>trata de</td></tr>
<tr><td>da</td><td>explica</td><td>incluye</td><td>pide</td><td>recomienda</td><td></td></tr>
</table>

- Speak continuously. Avoid gaps while you are gathering your thoughts to respond. See *Expresiones para la conversación* in Apéndice D (p. 474).
- Say something that fits the theme or topic of the conversation, even if you are unsure of what was prompted.
- Respond as fully as possible in accordance with the prompt provided. Make sure to answer the question, and to comment or react to what is said.
- Make sure to ask an appropriate question, if prompted, within the context of the conversation.
- Know how to request clarification, if prompted. See *Expresiones para la conversación* in Apéndice D (p. 474).
- Speak for the full 20 seconds given for each prompt, but "finish" what you need to say.
</td></tr>
<tr><td>Fully understandable, with ease and clarity of expression; occasional errors do not impede comprehensibility</td><td>

- Use circumlocution and paraphrasing to get your point across.
- Pay attention to the pacing and flow of what you are communicating.
</td></tr>
<tr><td>Varied and appropriate vocabulary and idiomatic language</td><td>

- Concentrate on using rich vocabulary and culturally appropriate idiomatic expressions.
- Avoid overuse of elementary, common vocabulary. "Reach outside the box" to impress the listener or scorer.
- Deduce meaning of unfamiliar words used in the conversation.
</td></tr>
<tr><td>Accuracy and variety in grammar, syntax and usage, with few errors</td><td>

- Try to avoid elementary errors and focus on correct word order.
- Listen for tenses used by your speaking partner in questions and statements and respond accordingly.
- Use a variety of structures rather than sticking to only safe elementary structures.
- Use a variety of simple and compound sentences.
- If asked to offer advice, use the subjunctive appropriately.
</td></tr>
<tr><td>Mostly consistent use of register appropriate for the conversation</td><td>

- Be careful with register. Should you use *tú* or *usted*? Make sure to be consistent once you decide, not only with verbs, but also with pronouns and possessives.
- Pay attention to the context: Is this a business call or an interview? Are you speaking with a friend or family member? Make sure to use appropriate greetings and leave-taking expressions, according to with whom you are speaking.
- See *Expresiones que indican registro* in Apéndice E (p. 475).
</td></tr>
<tr><td>Pronunciation, intonation and pacing make the response comprehensible; errors do not impede comprehensibility</td><td>

- Show that you know what you are saying through your voice intonation. Examples: If you are asking a question, it should sound like a question. If you are showing surprise, your voice should help communicate that surprise.
- Use correct, consistent pronunciation that is easily understood by native speakers.
- Avoid pronunciation errors that impede comprehensibility.
</td></tr>
<tr><td>Clarification or self-correction (if present) improves comprehensibility</td><td>

- Paraphrase and use circumlocution to clarify what you are trying to communicate.
- Self-correct if you hear yourself make an error.
</td></tr>
</table>

PRESENTATIONAL SPEAKING: CULTURAL COMPARISON

TASK DESCRIPTION AND EXPECTATIONS

- Deliver a well-organized oral presentation to your class on a specific topic.
- You will have 4 minutes to read the presentation topic and prepare your presentation.
- You will have 2 minutes to record your presentation.
- You must:
  - include an appropriate introduction, clarifying your intent or thesis
  - compare your own community to an area of the Spanish-speaking world with which you are familiar, explaining similarities and differences
  - cite examples from your previous learning and experiences to support what you present as you compare and contrast the 2 cultures
  - show your understanding of the cultural features of the Spanish-speaking world that you are comparing, within the context of the topic
  - use paragraph-length discourse with cohesive devices
  - close the presentation with concluding remarks that summarize the topic or intent of your presentation
- Task comprises 12.5% of your total free response score

SCORING GUIDELINE	STRATEGIES TO REACH A 5
Effective treatment of topic within the context of the task	◆ Take time to carefully read not only the directions but also the *Tema curricular* and the *Tema de presentación*. The *Tema de presentación* presents a question and a detailed explanation of how to address the theme. ◆ Decide which Spanish-speaking culture(s) you would like to compare with your own, as you reflect on your past learning and experiences. ◆ Underline, circle, or jot down key words and phrases in the instructions and *Tema de presentación*, to help you focus. This helps conserve time and guides your thought process. ◆ Budget your time wisely: You only have 4 minutes to carefully read and plan. ◆ Prepare an outline to follow and guide your presentation, making sure to include key words and expressions noted.
Clearly compares the student's own community with the target culture, including supporting details and relevant examples	◆ Your presentation should be structured as a comparison. Always give examples that enhance the comparative aspect of the presentation. ◆ Refer to what you have studied, read, and observed through first-hand experiences with exchange students or traveling. ◆ Provide details and examples to support both the similarities and differences that you present. ◆ Avoid clichés and stereotypes and go beyond generalizations. ◆ Make logical and relevant comparisons. Example: compare a city to a city, rather than a city to an entire country or continent.

SCORING GUIDELINE	STRATEGIES TO REACH A 5
Demonstrates understanding of the target culture, despite a few minor inaccuracies	◆ Choose a Spanish-speaking culture with which you feel very familiar and knowledgeable. ◆ Show cultural knowledge by providing details about geography, history, fine arts, politics, social customs, and other culturally specific information within the *Tema de presentación* provided. ◆ Avoid general statements that do not demonstrate true cultural learning. For example, say: *Mientras los estadounidenses se reúnen en Times Square para celebrar la Nochevieja., el enfoque de los españoles son las 12 uvas que se comen en la Plaza Mayor.* (These details show true knowledge of the culture).
Organized presentation; effective use of transitional elements or cohesive devices.	◆ Present with a clear, logical organization, as follows: ‣ Introduction: State your intent, maybe even using a rhetorical question to draw in the audience. ‣ Body: 2–3 main points where you compare and contrast similarities and differences citing cultural evidence. Use expressions that help you establish the comparisons. ‣ Conclusion: Restate your thesis and conclude with your assessment or evaluation of the *Tema de presentación*. ◆ Use transitional phrases and cohesive devices to add fluency to your presentation. See the *Expresiones que facilitan la comunicación* in Apéndice C (p. 472).
Fully understandable, with ease and clarity of expression; occasional errors do not impede comprehensibility	◆ Avoid elementary errors and focus on correct word order. ◆ Conjugate verbs unless an infinitive is called for in a particular structure. ◆ Monitor the pace and flow of what you are communicating. For language support to help you speak continuously, see *Expresiones para la conversación* in Apéndice D (p. 474).
Varied and appropriate vocabulary and idiomatic language	◆ Concentrate on using rich vocabulary and culturally appropriate idiomatic expressions. ◆ Avoid overuse of elementary, common vocabulary. "Reach outside the box" to impress the reader.
Accuracy and variety in grammar, syntax and usage, with few errors	◆ Impress the AP® Exam Reader by raising your level of communication in presentational speaking as follows: ‣ Use a variety of structures, including compound sentences, rather than sticking to only careful, safe elementary structures. ‣ Consider inserting complex structures, such as clarifying appositive phrases and the subjunctive, where possible. ◆ Avoid elementary errors, which affect your score more adversely than errors made in taking risks with more advanced structures.
Mostly consistent use of register appropriate for the presentation	◆ This is a formal presentation. ◆ You are addressing your entire class. ◆ Although "you" should generally be avoided, if you must use it to make a point, make sure that you use *ustedes*.
Pronunciation, intonation and pacing make the response comprehensible; errors do not impede comprehensibility	◆ Show that you know what you are saying through your voice inflection. If you are stressing a point, enunciate and emphasize or strengthen your voice. ◆ Use correct, consistent pronunciation that is easily understood by native speakers.
Clarification or self-correction (if present) improves comprehensibility	◆ Paraphrase and use circumlocution to clarify or further explain what you are trying to communicate. ◆ Self-correct if you hear yourself make an error.

apéndice C Expresiones que facilitan la comunicación

Utiliza las expresiones para mejorar la coherencia y la fluidez de tu comunicación oral y escrita.

PARA PRESENTAR UN TEMA	
A partir de	*Beginning with*
Al principio	*At the beginning*
Como punto de partida	*As a starting point*
En primer lugar	*In the first place*
En segundo, tercer lugar	*In the second, third place*
Para empezar/comenzar	*To begin*
Primero	*First*

PARA EXPRESAR UNA IDEA	
a causa de	*on account of, because of*
a mi parecer	*in my opinion*
a pesar de todo	*in spite of everything*
actualmente	*presently*
ahora mismo	*right now*
al considerar	*upon considering*
claro	*of course*
como	*as in, as much as, since*
de ninguna manera	*by no means*
de todos modos	*at any rate*
en cuanto a	*regarding, with respect to*
en la actualidad	*presently*
en realidad	*actually*
en vista de que	*considering that*
es cierto que	*it is true that, it is certain that*
es seguro que	*it is certain that*
hace poco	*a short while ago*
hasta el momento, hasta la fecha	*until now*
hay que tomar en cuenta que	*one must realize that*
hoy día	*nowadays*
la verdad es que	*the truth is that*
lo esencial es que	*what is essential is that*
lo importante es que	*what is important is that*
lo que importa es que	*what matters is that*
sin duda	*without a doubt*
sobre todo	*above all*

PARA ELABORAR O CLARIFICAR	
además (de)	*furthermore, in addition*
a la (misma) vez	*at the same time*
además	*besides, furthermore*
al mismo tiempo	*at the same time*
asimismo	*likewise*
bastaría poner un ejemplo	*here is an example*
con respecto a	*with respect to*
conforme a	*according to*
constar que	*to make known that, to certify that*
de aquí (ahora, hoy) en adelante	*from now on*
de hecho	*in fact*
el caso es que	*the fact is that*
el hecho de que	*the fact that*
en otras palabras	*in other words*
entonces	*then*
es decir (que)	*that is to say, in other words*
específicamente	*specifically*
igualmente	*equally*
las razones por las que	*the reasons for which*
mientras tanto	*meanwhile*
o sea	*that is to say, in other words*
para continuar	*to continue*
para ejemplificar	*to exemplify*
para ilustrar	*to illustrate*
por añadidura	*as well, besides, in addition*
por eso	*therefore*
por ejemplo	*for example*
principalmente	*firstly, especially*
mientras	*while*
mientras tanto	*meanwhile, in the meantime*
para continuar	*to continue*
también	*also*
tampoco	*neither, nor either*

PARA COMPARAR Y CONTRASTAR IDEAS	
al contrario de	*in contrast to*
ambos	*both*
a pesar de que	*in spite of the fact that*
aunque	*although*
como	*since, given that*
dado que	*given that, since*
de la misma manera	*in the same way*
de lo contrario	*otherwise*
de otro modo	*on the other hand*
en cambio	*on the other hand*
en vez de	*instead of*
es cada vez más	*it is increasingly, every time is more*
igualmente	*similarly*
no obstante	*however, nevertheless*
pero	*but*
por la mayor parte	*for the most part*
por motivo que	*for the reason that*
por otro lado	*on the other hand*
por un lado	*on one hand*
sin embargo	*however, nevertheless*
sino	but
sino que	but rather
tanto mejor	all the better, even better
tanto X como Y	just as X..., Y

PARA DEMOSTRAR CAUSA Y EFECTO	
a causa de (que)	*because of*
al considerar	*upon consideration of*
al parecer	*seemingly, apparently*
ante esto	*in light of this*
ante tal hecho	*considering such a fact*
así que	*thus, so, therefore*
como	*since, inasmuch as*
como consecuencia	*as a consequence, result*
como resultado de	*as a result of*
debido a	*owed to, because of*
de manera que	*so that*
después de que	*after*
en todo caso	*in any case*
por	*because of*
por consiguiente	*accordingly, consequently*
por ese motivo	*for this reason, that's why*
por lo mismo	*for the same reason*
por lo tanto	*therefore, hence*
porque	*because*
puesto que	*since*
resulta que	*it results that*
se debe tomar en cuenta	*one must take into account that*
sigue que	*it follows*
ya que	*since, because, seeing that*

PARA CONCLUIR	
a fin de cuentas	*in the end, after all*
al fin	*finally, at last, in the end*
al fin y al cabo	*after all*
ante todo	*first, first of all*
de lo anterior, se ve que	*from the above, it is clear that*
de todas formas	*in any case, anyway*
de todo esto se deduce que	*in conclusion*
de todos modos	*at any rate*
en breve	*shortly, briefly, in short*
en conclusión	*in conclusion*
en definitiva	*in conclusion, definitely*
en fin	*finally, in short*
en resumen	*in summary*
en resumidas cuentas	*in short*
en todo caso	*in any case, anyway*
finalmente	*finally*
lo esencial es que	*what is essential is that*
mejor dicho	*rather, indeed*
para concluir	*to conclude*
para resumir	*to summarize*
para terminar	*to end, to close*
por fin	*finally*
por último	*lastly*
por siguiente	*consequently, thus*

Expresiones para la conversación

NOTA
Convierte los verbos a la forma *usted* cuando te encuentras en una conversación formal.

Existen expresiones que puedes aprovechar para relacionar las ideas, o para hacer una pausa para pensar tu respuesta durante una conversación. Te pueden servir para hacer una transición más fluida o para pedir que te aclaren una idea. *Nota*: conjuga los verbos con el pronombre *usted* cuando te encuentres en una conversación formal.

EXPRESIONES PARA RELACIONAR IDEAS O PARA HACER UNA PAUSA	
A ver…	*Let's see…*
Así que…	*So, therefore…*
Bueno…	*Well…*
Entonces…	*Then/So…*
Este…	*Umm…*
Pienso que…	*I think that…*
Pues...	*Well...*
Y bueno...	*And well...*

EXPRESIONES PARA MANIFESTAR ACUERDO	
Claro...	*Of course...*
Comprendo…	*I understand…*
Creo que sí...	*I think/believe so…*
Es obvio que…	*Obviously…*
Sí…	*Yes…*
Vale…	*Okay…*

EXPRESIONES PARA MANIFESTAR SORPRESA O INCREDULIDAD	
¡De ninguna manera!	*No way!*
¿En serio?	*Seriously?*
No es cierto. No es verdad.	*That's not true.*
¡No es posible!	*It isn't possible! It can't be!*
¡No me digas!	*No way! You're kidding!*
Parece mentira.	*It's hard to believe.*

EXPRESIONES PARA CLARIFICAR O EXPLICAR	
En otras palabras…	*In other words…*
Es que…	*It's that…*
¿Me entiendes?	*You know?*
O sea…	*I mean…*
Por eso…	*That's why…*
Quiero decir que…	*I would like to say…*
¿Sabes?	*You know?*
¿Sabes lo que quiero decir?	*Do you know what I mean?*

EXPRESIONES PARA CONFIRMAR COMPRENSIÓN O PEDIR CLARIFICACIÓN	
A ver si entiendo...	*Let me make sure I understand…*
Es decir que...	*In other words…*
O sea que...	*In other words…*
¿Qué quieres decir?	*What do you mean?*
¿Quiere decir que…?	*Does that/Do you (formal) mean…?*

Expresiones que indican registro

El *registro*, según la Real Academia Española, es el «modo de expresarse que se adopta en función a las circunstancias», es decir, indica si el modo de expresarse es *formal* o *informal*.

EN EL EXAMEN DE AP®

- Es preciso que uses el *registro formal* en la sección de Interpersonal Communication: E-mail Reply
- En la sección de Interpersonal Communication: Conversation, lee la introducción y el texto para decidir si debes usar el *registro formal* o *informal*.

	TÚ	**USTED**
TEMA	*Con amigos íntimos y familiares*	*En situaciones más formales, en los negocios, en las comunicaciones de oficina*
Saludos	Por escrito	Por escrito
	Hola amigo/a Querido/a Queridísimo/a Mi querido/a	Muy Señor mío Muy Señora mía Estimado Señor Estimada Señora Estimado Señor Pérez Estimada Señora González
	Conversación	Conversación
	Hola. ¿Qué tal? ¿Qué hay de nuevo? ¿Cómo estás?	Buenos días, señor/señora ______. Buenas tardes/noches, señor/señora ______. ¿Cómo está usted? Mucho gusto verlo/la.
Despedidas	Por escrito	Por escrito
	Un afectuoso saludo Un cordial saludo Mis mejores saludos Mis recuerdos a tu familia Afectuosamente Un beso Besos Un fuerte abrazo Abrazos Besos y abrazos Con todo mi cariño Con todo mi afecto Tu amigo/a	Le saluda atentamente Atentamente A usted atentamente Un cordial saludo Cordialmente Mis recuerdos a su familia
	Conversación	Conversación
	Adiós. Hasta luego. Hasta pronto. Hasta mañana.	Adiós, señor/señora/señorita. Muchas gracias por su tiempo. Le agradezco mucho su tiempo.
Adjetivos y pronombres posesivos	tu, tus, tuyo, tuya, tuyos, tuyas	su, sus, suyo, suya, suyos, suyas
Pronombres de objeto directo e indirecto	te	lo, la, le
Pronombres de objeto directo e indirecto	(a, por, para, etc.) ti	(a, por, para, etc.) usted

apéndice F Expresiones para citar fuentes

Enriquece tu repertorio de expresiones para hacer referencia a las fuentes de información. Esto le dará variedad a tu escrito o presentación y te ayudará a captar el interés del lector o del oyente.

PARA INDICAR COMPRENSIÓN	PARA INTERPRETAR	PARA ANALIZAR O EVALUAR
Según...	Como cree o piensa...	Como afirma...
Como afirma...	enfatiza...	apoya...
comenta...	expresa...	argumenta...
comunica...	insiste...	concluye...
dice...	interpreta...	destaca...
escribe...	opina...	distingue...
explica...	sostiene...	enfatiza...
indica...		formula...
informa...		justifica...
menciona...		resume...
muestra...		
relata...		
reporta...		

FUENTE DE INFORMACIÓN
...la primera (segunda, tercera) fuente,
...la fuente auditiva,
...el audio de *BBC Mundo*,
...el artículo de *El País*,
...la entrevista con,
...el gráfico (tabla),
...el locutor de la fuente auditiva,
...las tres fuentes,

EJEMPLOS
La tabla analiza los efectos de....
El locutor defiende la perspectiva de...
La fuente escrita resume el problema por...
El periodista reporta que....
Tanto el gráfico como la entrevista justifican la necesidad de...
Ambos políticos opinan que...

COGNADO FALSO/ PALABRA QUE CONFUNDE EN ESPAÑOL	LA DEFINICIÓN CORRECTA EN INGLÉS	EL INGLÉS CON LA PALABRA CORRECTA EN ESPAÑOL
actual	*current, present*	*actual* = verdadero, real
actualmente	*currently, presently*	*actually* = en realidad, realmente
el argumento	*plot of a story or novel*	*argument, disagreement* = la disputa
asistir a	*to attend*	*to assist, help, wait on* = ayudar a, atender (ie)
asumir	*to take on, adopt, accept*	*to assume, suppose* = suponer
la carpeta	*folder*	*carpet, rug* = la alfombra
chocar	*to crash, bump into*	*to choke* = ahogar, sofocar
la competencia	*competition, contest*	*competence* = la eficacia
la cualidad	*quality (of character)*	*quality (of merchandise)* = la calidad
la cuestión	*issue, problem*	*question* = la pregunta
la decepción	*disappointment*	*deception (as in deceive)* = el engaño
embarazada	*pregnant*	*embarrassed* = avergonzado/a
el éxito	*success*	*exit* = la salida
la ganga	*bargain, deal*	*gang, group of friends/pack* = la pandilla
gracioso	*funny, witty*	*gracious* = generoso, gentil
largo	*long*	*large, big* = grande
los parientes	*relatives*	*parents* = los padres
pretender	*to seek, claim, aspire to*	*to pretend* = fingir
quitar	*to take away, remove*	*to quit* = dejar, abondonar
realizar	*achieve, bring to fruition*	*to realize* = darse cuenta de
recordar	*remember*	*to record* = grabar
sensible	*sensitive*	*sensible* = razonable, sensato
últimamente	*lately*	*ultimately* = al final, finalmente

Lista de revisión de ensayos

Para revisar tu ensayo, léelo como si lo hubiera escrito otra persona. ¿Te convence? ¿Se presentan las ideas claramente? ¿Hay aspectos que te parecen aburridos? ¿Qué cambiarías? La práctica constante de revisión y corrección te ayudará a adquirir un buen ojo crítico.

Los pasos que se presentan en las tablas siguientes te ayudarán a revisar y corregir tu ensayo, desde sus características generales hasta los detalles.

PRIMER PASO: UNA VISIÓN PANORÁMICA

Tema	¿Responde el ensayo a la pregunta o al tema asignado?
Tesis	¿Has comunicado claramente tu tesis? ‣ La tesis no es lo mismo que el tema: es un argumento específico que determina la estructura del ensayo. ‣ La tesis debe aparecer en el primer párrafo, no debe perderse de vista en ningún momento del ensayo y debe resumirse, pero no simplemente repetirse, en la conclusión.
Lógica y estructura	Lee el ensayo de principio a fin, concentrándote en la organización de las ideas. ‣ ¿Se relaciona cada idea con la siguiente? Elimina cualquier brecha lógica. ‣ ¿Hay secciones irrelevantes o que debas cambiar de posición? ‣ ¿Has respaldado tu tesis con suficientes argumentos o faltan ejemplos?
Audiencia	El ensayo debe adecuarse al tipo de lector. ‣ Si el lector no está informado sobre el tema, asegúrate de incluir suficiente **contexto** para que pueda seguir tu razonamiento. Explica los términos que puedan confundirlo. ‣ Adapta el **tono** y el **vocabulario** a la audiencia. Siempre ten en mente a un lector inteligente y escéptico que no aceptará tus ideas a menos que lo convenzas. El tono nunca debe ser demasiado coloquial, pretensioso o frívolo.
Intención	Si quieres informar o explicar un tema, debes ser preciso y meticuloso. Un ensayo argumentativo debe caracterizarse por la objetividad; evita las opiniones personales subjetivas. Si buscas persuadir al lector puedes expresar opiniones personales o juicios de valor, siempre y cuando los defiendas con argumentos lógicos.

SEGUNDO PASO: EL PÁRRAFO

Luego, revisa cada párrafo con estas preguntas en mente.

Párrafos	◆ ¿Hay una oración tema en cada párrafo? La idea central no solo debe darle coherencia y unidad al párrafo, sino también vincularlo a la tesis principal del ensayo. ◆ ¿Cómo es la transición entre un párrafo y otro? Si es clara, el ensayo tendrá fluidez. Si es demasiado abrupta, puede confundir o irritar al lector. ◆ ¿Cómo empieza y cómo termina el ensayo? La introducción debe ser interesante y debe identificar la tesis. La conclusión no debe limitarse a repetir lo que ya dijiste: como cualquier otro párrafo, debe presentar una idea original. ◆ Lee el párrafo, de ser posible en voz alta, y presta atención al ritmo del lenguaje. Si todas las oraciones son iguales, la lectura se vuelve monótona y aburrida. Trata de variar la longitud y el ritmo de las oraciones.

TERCER PASO: LA ORACIÓN

Por último, lee detalladamente cada oración.

Oraciones	◆ Busca la palabra ideal para cada situación. Considera posibles sinónimos. Usa siempre un lenguaje directo, preciso y concreto. ◆ Evita la redundancia. Elimina toda oración o palabra que sea una distracción o repita algo que ya dijiste. ◆ Revisa la gramática. Asegúrate de que haya concordancia entre el sujeto y el verbo, entre los sustantivos y los adjetivos, y entre los pronombres y sus antecedentes. Asegúrate de usar las preposiciones correctas. ◆ Revisa la ortografía. Presta especial atención a los acentos.

EVALUACIÓN Y PROGRESO

Revisión	De ser posible, intercambia tu ensayo con el de un(a) compañero/a y háganse sugerencias para mejorar su trabajo. Menciona lo que cambiarías pero también lo que te gusta.
Correcciones	Cuando tu profesor(a) te devuelva un ensayo, lee sus comentarios y correcciones. En una hoja aparte, escribe el título «Notas para mejorar la escritura» y haz una lista de tus errores más comunes. Guárdala junto con el ensayo en una carpeta de trabajos y consúltala regularmente. Así podrás evaluar tu progreso y evitar caer siempre en los mismos errores.

Errores comunes que se deben evitar

GENDER

- Most -**ma** words from Greek origin are masculine: **el esquema, el poema, el drama**.
- Words ending in -**tad**, -**tud**, -**dad**, -**ed** are feminine: **la caridad, la salud, la pared.**
- Words ending in an accented vowel are usually masculine: **el rubí, el sofá.**
- Words ending in -**aje**, -**ambre**, -**or** are usually masculine: **el garaje, el hambre, el humor** (excepción: **la flor**).
- Words about illnesses –**itis** words are feminine: **la apendicitis, la bronquitis.**
- **Geographic names**: Generally speaking, all continents and islands are feminine; names of rivers and bodies of water are masculine; and mountains are masculine.

SPELLING AND PLURALIZATION

- **English «-tion» as the equivalent of Spanish *-ción***
  Words ending in *-ción* are always feminine in English (as are words ending in *-sión*). The plural of *emoción* drops the accent and adds *-es: emociones.*
- **Double consonants**: Except for the Spanish *ll*, *rr* and *cc* (where the second *c* is followed by *i* or *e*), Spanish generally doesn't use double letters in English cognates. So, the English impossible is *imposible*, and «illegal» is *ilegal.* Examples of *rr* or *cc* in cognates include *acción*, *acceso,* and *irregular.*
- **Spelling *inm-* instead of «*im-*» as prefixes:** Examples: *inmunidad* (immunity), *inmóvil* (immobile), and *inmigración* (immigration).
- **Spelling *cua* and *cuo* instead of «*qua*» and «*quo*»**
  Examples include *acuático* (acquatic) and *cuarto* (quart or quarter), and *cuota* (quota).
- **Spelling of -*i* where English would use –y**: Spanish usually doesn't use y as a vowel except in diphthongs, so ***i*** is used instead.

ANGLICISMS AND SPECIAL VOCABULARY ISSUES

- **To talk about school:** *El colegio* = junior high school or even elementary school. You cannot use this for higher education! *La universidad* is the correct term for college, even if the school calls itself a college. *El preparatorio / la preparatoria* = high school in most countries.
- **To know: *conocer* v. *saber:*** *Conocer* is to know, as in acquaintance (with a person, place, or thing). *Saber* is to know, as in facts or information (about a person, place, or thing). It can also mean to know how.
- **To work: *trabajar* v. *funcionar***: Use *trabajar* for the subject performing work as in toil, earning money, tasks. Use *funcionar* for to work, as in to function.
- **To ask: *pedir* v. *preguntar***: *Pedir* is for ordering or requesting something; *preguntar* is for asking a question.
- **To leave: *salir (de)* v. *dejar***: *Salir* is used when the subject leaves a place; *dejar* takes a direct object and means to leave something behind. Make sure that you use *de* after *salir* to say from where a person is leaving.

- **To apply: *aplicar* v. *solicitar:*** *Aplicar* is to apply as in applying a theory; *solicitar* is for applying for admission, a job, a scholarship, etc.
- **To love: *amar, querer* v. *encantar:*** Use *amar* and *querer* for loving people, pets. Use *me encanta, me encantan,* to state that you love something.
- **That (demonstrative adjective/pronoun): *este* v. *ese*:** «This and these have the t's.» So: *este, esta, estos, estas* = this/these AND *ese, esa, esos, esas* = that/those
- **Time: *el tiempo* v. *la vez* v. *la hora*:** *Tiempo* is for time in general. How much time do you have? = *¿Cuánto tiempo tienes?* Use *vez* for time, as in instances: *una vez, dos veces, muchas veces, la última vez,* etc. Use *hora* for asking time on the clock. *a tiempo* = on time...NOT *en tiempo*!
- **Good v. well/*bien* v. *buena:*** Just like in English... *bueno/a/os/as* = adjective; *bien* = adverb
- **To return: *volver* v. *devolver:*** Use *volver* when the subject himself/herself returns. Use *devolver* with a direct object.
- **To look for v. to look at; to find**: Remember to use *mirar* if you are looking at or watching. Use *buscar* for to look for or search for something. Use *encontrar* or *hallar* for finding what you want.

STRUCTURE AND GRAMMAR

- **Personal *a***: Remember to use the personal *a* before a direct object noun referring to a person or persons. This can also be a family pet.
- **More than: *más que* v. *más de:*** *más que* = more than, BUT use *más de* as more than before numbers.
- **Who: *que* v. *quien***: When you wish to say «who» as a relative pronoun, use *que* unless preceded by a comma, in which case you may use *quien*.
- **No or none of something: *ningún* v. *ninguna***: Shorten *ninguno* to *ningún* before masculine singular nouns, but DO NOT shorten *ninguna*.
- **Another: *otra, otro***: NEVER say *un otro* or *una otra*
- **To be interested in** = ***tener interés por*** in Spanish.
- **All the: *todo el dinero, toda la comida***, NOT *todo de*: Do not say all of in Spanish!
- **Prepositions** with places and locations
  en is in, on, at; *a* = to (Can mean "at" in other situations such as *a las tres*)
- **Infinitives after prepositions**: *Antes de* + inf. = Before doing; *Después de* + inf. = After doing
- ***Por* v. *para:*** Although both can mean "for", remember that they have specific uses. Briefly: *Para* implies purpose, destination, due date, comparison, or reason. *Por* refers to an agent by which something is done, an amount of time, in place of, going after something, and is used in exchanges. It also means "by, through."

Lo mágico, enigmático y místico en el arte de Remedios Varo

Josefa Zambrano Espinosa

Jueves, 29 de mayo de 2003
Para Larry Senger y Miguelito

Ábrete, ábrete pequeña hoja verde;
ábrete, ábrete gran puerta de piedra.
Leonora Carrington

«Soy mujer, pero tengo talento», clama Lisístrata desde la Acrópolis.

A través de los siglos, su voz es la de todas las mujeres. Mujeres que vivimos en un mundo donde la palabra y la agresividad viriles aún tienen la fuerza para hacer de la guerra, por ser «cosa de hombres», un arte, pero, afortunadamente, ese poder es insuficiente para hacer del arte una guerra, pues el talento, el genio, también es «cosa de mujeres».

De ahí que sean las mujeres quienes en las guerras han padecido y padecen las más terribles congojas, y en el arte sólo su avasallante talento, su genio, ha sido y es el que, trascendiendo el tiempo, avala el genuino valor artístico y universal de sus obras.

Este es el caso de Remedios Varo, una mujer signada por las guerras y el genio artístico. Creadora de una original, fascinante, enigmática y poco conocida obra, gracias a la cual, 37 años después de su muerte, el Museo Nacional de Mujeres Artistas en Washington, D. C. (único museo en el mundo dedicado a las obras de arte creadas por mujeres) ha exhibido una extraordinaria retrospectiva de su pintura, valorando así el nombre y el arte de «una de las pintoras más importantes del siglo pasado». Mas ¿quién es Remedios Varo?

Ecos de una vida

Los *connaisseurs* la presentan como una de las principales exponentes del «surrealismo mexicano tardío», pues fue en México —país de rasgos socio culturales señaladamente machistas— donde coincidencial y paradójicamente floreció la obra de tres mujeres vinculadas al movimiento surrealista: Leonora Carrington, Frida Kahlo y Remedios Varo.

María de los Remedios Varo Uranga, hija de la extravagante unión de un librepensador ingeniero hidráulico y de una devotísima católica, nació en Anglés, España, en 1908.

Debido a la profesión del padre, la familia viajaba frecuentemente a través de las geografías española y norteafricana. Para mantener entretenida a la niña, que ya daba muestras de su talento para el dibujo y la pintura, el padre la sentaba a su lado mientras trazaba los planos y diseñaba los aparatos mecánicos de sus proyectos hidráulicos, pero, a todas éstas, la madre consideraba que su hija no estaba recibiendo la formación apropiada para una niña de buena familia y decidió internarla en un colegio de monjas.

Cuando la familia se estableció definitivamente en Madrid en 1924, el padre, conocedor de su aptitud para la pintura, la estimula para que ingrese — a pesar del escándalo y disgusto de la madre y sus amigas— a la Academia de San Fernando, donde se convirtió en una de las primeras mujeres estudiantes de arte.

En San Fernado fue condiscípula de Dalí y de Gregorio Lizarraga, con quien se casó luego de graduarse. Juntos se marcharon primero a París y después a Barcelona —en ese momento la capital del modernismo español—, y allí se vincularon con Oscar Domínguez, Esteban Francés, Marcel Jean y otros artistas de vanguardia.

Al estallar la guerra civil española, Remedios se separó de Lizarraga y retornó a París.

Paris era luz y arte, y el arte era surrealista. Conoció a Benjamín Peret y se unieron sentimentalmente en 1937. Peret la introdujo en el círculo de los surrealistas e, inmediatamente, se creó la empatía y afinidad entre Breton, Eluard, Crevel, Desnos, Miró, Arp, Naville y ella.

¡Nuevamente la guerra! París cayó bajo los cascos, las botas, los tanques y la cruz gamada Nazis; Peret y Varo lo hicieron tras las rejas del gobierno de Vichy, el cual los mantuvo en un campo de concentración hasta finales de 1941 cuando con la ayuda del Comité para Rescates de Emergencia, pudieron escapar a México, donde serían acogidos por la inmensa comunidad de artistas exiliados en ese país.

Corría el año 1947 cuando Peret decidió regresar a París. Varo lo acompañó, pero ya no fue la misma en Europa. Era una mexicana en París y sentía que su antiguo grupo del círculo surrealista ya no era más su gente. Extrañaba al país y al pueblo que la habían acogido y que ella había hecho suyos. Retornó a México, y esta vez fue para siempre.

En 1952 contrajo matrimonio con Walter Gruen —un refugiado político austriaco—, quien, como su padre, al darse cuenta de su singular talento la estimuló y ayudó para que se dedicara exclusivamente a pintar, ya que desde su llegada a Ciudad de México se ganaba la vida como diseñadora y decoradora. De este modo nació el período más fructífero en la producción artística de Varo, el cual se vio truncado de manera intempestiva en 1963 cuando, víctima de un ataque cardiaco, falleció a la edad de 55 años.

Remedios Varo, según Luis Martín Lozano (el crítico que por conocer mayormente su obra, ha sido el curador de la exposición en el MNMA), «tiene un pie en la tradición, y el otro, en la experimentación, pues sus cuadros son como enigmáticas preguntas que no tienen una respuesta específica». Realmente, ante sus obras el espectador se tropieza con elementos que le resultan sumamente familiares y comienza a preguntarse: ¿dónde he visto este cuadro antes?

La memoria comienza a andar y desandar sin hallar la respuesta concreta, ya que ésta se encuentra en las experiencias infantiles, en los sueños y en las imágenes que pueblan el arte universal. Por lo tanto, lo ya visto está en las iluminaciones y las miniaturas medievales; en los cuadros de Giotto y Lorenzetti; en la pintura del Primer Renacimiento italiano, especialmente Fra Angélico; en Hyeronimus Bosch, Pieter y Jan Breughel y Lucas de Leiden, y desde luego, en el arte surrealista.

En su obra se amalgaman los sueños, los recuerdos de la infancia, las vivencias femeninas y los temores y horrores de la guerra; la búsqueda del conocimiento y la verdad a través de la ciencia, la religión y la filosofía. Su espíritu explora y se adentra en las teorías que van desde la de la gravitación universal hasta la de la relatividad; en el misticismo, el tantrismo y el budismo zen; en el psicoanálisis y, especialmente, los trabajos de Jung; en el Apocalipsis de San Juan y el Corpus Hermeticum que comprende algunos tratados de filosofía neoplatónica y gnóstica, así como también sobre el orfismo, la alquimia, la magia, la metapsíquica, la qabbalah, etc., y el tarot. Por eso, cuando en México conoció a la pintora y escritora Leonora Carrington, de inmediato se hicieron grandes amigas, pues la sensibilidad artística compartida llegaba a tal punto que Varo se refería a Carrington como «mi alma gemela en el arte».

El misticismo de un lenguaje visual

En la obra de Varo la imaginación, como decía Breton, no perdona.

Salvo en obras como «Hacia la torre» (1960), donde la naturaleza es sombría y predominan los colores oscuros tanto en las edificaciones como en los personajes, el lenguaje visual de Remedios Varo ilumina con su color y su magia la posibilidad de acceder a una realidad más allá de la cotidiana; de transportarse a fantásticos mundos en los cuales los hombres se transmutan en gatos, porque de ellos será el paraíso; las mujeres viajan en extrañas barcas o alimentan con puré de estrellas a la luna o reciben llamadas para ascender a otros planos de la existencia; los juglares hacen malabarismos con la piedra filosofal; las naturalezas muertas resucitan y en las nubes la Jerusalén celestial gira sin detener jamás su movimiento.

Para Varo todo es posible. Al hacer uso de la decalcomanía, el fumage y el frotagge —técnicas muy usadas por los pintores surrealistas—, metaforiza el mundo interior y los cambios existenciales, de ahí que en «Gato-hombre» (1943) logre transmutar un ser en otro. Nada la detiene en su búsqueda de nuevas dimensiones metafísicas y espaciales, y para hallar el perfecto equilibrio en «Tránsito en espiral» (1962), los personajes se mueven incansablemente a través de interminables circunvoluciones alrededor de su Jerusalén celestial. Igual sucede en «Naturaleza muerta resucitando» (1963), en la que, al trastocar los conceptos de tiempo, energía y cosmos, se aleja de la racionalidad de las ciencias, penetra en el reino de la metapsíquica y logra insólitos efectos visuales. También en «Paraíso de gatos» (1955), uno de sus más fascinantes cuadros, se vale de su exquisito humor y lo pone al servicio de la imaginación y el color para burlarse de los humanos que andamos tras el paraíso perdido, pues para alcanzarlo tendremos que trasmutarnos en gatos, ya que su edén está sólo reservado para las Cleopatras y los Renés Mermelados que maullarán y jugarán felices por toda la eternidad.

En consecuencia, ante la obra de Remedios Varo hay que admitir que las tonalidades, el movimiento, la alegría, la luz y los enigmas han hecho de su imaginario una expresión de lo maravilloso, por eso en sus autorretratos «La llamada» (1961) y «Exploración de las fuentes del Río Orinoco» (1959), su radiante figura avanza portando el divino elixir o navega en beatífica gracia, pues sabe que definitivamente ha abierto la «puerta de piedra» y revelado los arcanos de la existencia donde, como decía Breton, «solamente lo maravilloso es bello».

TEMA 1 ▸ LAS FAMILIAS Y LAS COMUNIDADES

Contexto 1 Las comunidades educativas

Lectura 1.1, Después de leer

1 1. b 2. a 3. a 4. c 5. b

Estructuras

(*En el mismo orden en que aparecen en el texto*) **pretérito**: fue (indicador: «primero»), se apoderó, llegó (indicador: «luego»), nació, subieron, jugaron, bastó, fueron, asumieron, nació, comenzó, adoptó, se pasó, se pasó, se pasó; **imperfecto**: esperaban, rodeaban, asediaban, habían, aquejaba, llegaban (indicador: «los sábados»), eran, sucedía (indicador: «cada sábado»), dependía, llevaban, tenían, se trataba, podían, solía

Lectura 1.2, Después de leer

1 (*Las respuestas pueden variar*). 1. El crecimiento económico depende de la calidad de la información, y ésta de la calidad de la educación. 2. Los creadores y productores de la información ocupan «el lugar privilegiado de la modernidad económica». 3. El 50% de los latinoamericanos que inician la educación primaria la terminan. 4. Hay que fortalecer la continuidad educativa, fortalecer el magisterio, ofrecer mejor entrenamiento a los profesores y aumentar sus salarios y su presencia social. 5. Se debe ampliar el concepto de politización más allá de la militancia partidista, mediante la inteligencia de que es en la escuela donde se implanta este concepto, para demostrar el concepto de que el poder reside con la gente. 6. La diversidad es la fundación de la unidad de un país. 7. El respeto por las diferentes razas y culturas forma la base de una unidad nacional o regional respetable. 8. El sector de la educación pública, el sector privado y el sector social tienen más influencia en la educación. 9. La educación debe ser un proyecto público apoyado por el sector privado y dinamizado por el sector social.

Audio, Después de escuchar

1 (*Las respuestas pueden variar*). 1. La orquesta es una comunidad que se basa en el objetivo esencial y exclusivo de concertarse entre sí misma. 2. La concertación es una práctica de un grupo que se conoce como interdependiente y en el que todos son responsables por todos los demás con el objetivo de generar belleza. 3. sentidos de armonía, de orden, de lo estético, de lo bello, de lo universal y del lenguaje de lo invisible 4. la solidaridad, la armonía, la mutua compasión, la capacidad de unirse y de expresar sentimientos sublimes 5. Transmite los más altos valores, y de esa manera influye en el desarrollo social. 6. Esta empresa va a empezar su extensión por América Latina porque el arte es lo que puede convertir una masa en un pueblo.

Contexto 2 Las redes sociales

Lectura 2.1, Después de leer

1 1. perfil 2. rastrear 3. dispositivos 4. ermitaño 5. aliados

2 1. c 2. b 3. b 4. d 5. c

Lectura 2.2, Antes de leer

3 (*Las respuestas pueden variar*). 1. el interés y el uso actual de las redes sociales, como Facebook, en Centroamérica 2. Gráfico 1: iLifebelt recopiló la información en 2011. Gráfico 2: iLifebelt recopiló la información en enero de 2012. 3. los países investigados 4. el porcentaje de usuarios de cada país con respecto a la población de cada uno 5. el número de usuarios de Facebook

4 (*Las respuestas pueden variar*). 1. Se trata del número de cuentas de Facebook con respecto a la población de cada país. 2. iLifebelt recopiló la información en 2012. 3. Guatemala, El Salvador, Honduras, Nicaragua, Costa Rica y Panamá. 4. la población de cada país y el número de cuentas en Facebook para cada país. 5. Las áreas en azul representan las poblaciones; las áreas sombreadas representan el número de cuentas en Facebook.

Lectura 2.2, Después de leer

1 1. b 2. a 3. c 4. d 5. d

2 1. 6.226.000 2. ND 3. ND 4. 16% 5. 1.257. 520 6. ND 7. 50%

Audio, Antes de escuchar

1 1. herramienta 2. acoso 3. penal 4. chavales

Audio, Después de escuchar

1 1. b 2. c 3. b 4. b 5. a

Léxico 1

1 1. a 10 kilómetros/cerca 2. agradable 3. enormes 4. Delante de/Detrás de 5. inmensa 6. de piedra/enormes 7. rojo 8. sobrecogedor/agradable 9. Detrás de/Delante de 10. oscuras 11. cerca/a 10 kilómetros 12. confiados

3 **ubicación geográfica/temporal**: en el interior, en medio de, en las cercanías, en los alrededores de, simultáneamente; **distancia**: a años luz, a cinco días en barco, en las cercanías, lejos de; **forma o tamaño**: arqueado, descomunal, minúsculo, ovalado; **material y características**: de cristal, delicadas, frágil, sólido, exhibir; **rasgos personales**: corpulento, risueño, sereno

Léxico 2

1 1. pequeño (vista), peludo (tacto), suave (tacto), blando (tacto), algodón (tacto) 2. sombras (vista), campanillas (olfato), fragancia de hierba (olfato), canciones (oído) 3. Pájaro Verde (vista), voz (oído), hilo de cristal (oído), acuoso (tacto), sombra (vista), canta (oído) 4. música (oído), sonaba (oído), voces (oído), rumor (oído), trueno (oído), murmurando (oído), zumbido (oído), gemía (oído) 5. aspiré (olfato), fragancia (olfato), madreselvas (olfato)

Contexto 3 La geografía humana

Desarrollo del vocabulario

2 1. Migración interna 2. Migración internacional 3. Cambios en la alimentación por influencias extranjeras 4. Influencia de los medios 5. Cambios en las celebraciones por influencia de otras culturas

Lectura 3.1, Después de leer

1 1. sacar provecho (de) 2. consagrar 3. el ámbito 4. atomizar 5. indagar 6. lamentarse 7. la parcela 8. la precipitación

2 1. c 2. b 3. c 4. b 5. d

3 (*Las respuestas pueden variar*). **el aislamiento**: Después de los años de violencia extrema, los pueblos superaron con precipitación excesiva el inmovilismo a causa del terror y de la falta de comunicación con el exterior. **el transporte**: En vez de viajar dos horas y media en barco y pagar cien o ciento veinte quetzales para ir desde Panajachel a San Pedro, el viaje hoy en día toma veinte minutos y cuesta poco más de un dólar por persona. **el uso y el valor de la tierra**: Cultivar maíz en las tierras que no estaban frente al lago fue una medida de la riqueza, pero ahora la riqueza se determina por el cultivo de cebollas y por vivir frente al lago. **los hábitos alimenticios y vestimentarios**: El número de hospedajes, restaurantes, vehículos y comercios de ropa y alimentos ha aumentado. **la mentalidad de los jóvenes**: Los jóvenes de hoy en día han adquirido una visión mediatizada del exterior y tienen más ambiciones y necesidades que antes. **las actividades económicas**: El desarrollo del turismo ha creado trabajos salariados en la hotelería y en las casas de fin de semana, y ha facilitado la venta de artesanías.

Lectura 3.2, Después de leer

1 (*Las respuestas pueden variar*). 1. para el público chileno 2. La gente dejó de ver la televisión los sábados por la tarde para ir de compras. 3. Son lugares seguros donde encontrarse, además de ser lugares de distracción. Sin embargo, los *malls* no son lugares de conversación, como las plazas. 4. En vez de quedarse en casa los fines de semana, la gente va a los *malls* y también experimenta tendencias estadounidenses, como consumir comida chatarra y productos congelados. 5. Se está viendo un regreso a los tiempos en la casa.

2 (*Las respuestas pueden variar*). 1. las culturas de Estados Unidos y Santiago de Chile 2. Los *malls* ocupan un lugar prominente en la cultura, pero la fascinación con ellos no es tan permanente como las costumbres caseras o familiares de Chile. 3. La cultura del *mall* se vincula con Estados Unidos porque allí nació el fenómeno de los *malls*. 4. Los *malls* surgieron 30 años antes de que llegaran a Santiago de Chile, pero con su introducción en 1982, los santiaguinos abandonaron algunas tradiciones familiares de los fines de semana, como visitar a los abuelos e ir a las plazas para conversar. También ha llegado a Chile la tendencia estadounidense de consumir comida chatarra. Al parecer, a ambas culturas les agradan los *malls*, aunque su gusto por ellos no dura mucho tiempo.

3 (*Las respuestas pueden variar*). **Antes del mall**: 1. La gente miraba la televisión en casa, visitaba a la familia extendida y disfrutaba de actividades en el hogar. 2. La gente pasaba los fines de semana con la familia extendida, como los abuelos. 3. Los eventos familiares se celebraban en la casa, con la familia. 4. El lugar típico para encontrarse era la plaza pública. 5. La comida preparada en casa componía una dieta típica. **Después**: 1. La gente va de compras con la familia nuclear y consume comida chatarra fuera de la casa. 2. La gente pasa los fines de semana con la familia nuclear. 3. Los eventos familiares se celebran en medio de desconocidos en lugares públicos. 4. El lugar típico para encontrarse es el *mall*. 5. La comida chatarra de los patios de comida y los productos congelados componen una dieta típica.

Estructuras

(*En el mismo orden en que aparecen en el texto*) antes de que, a pesar de que, debido a, después de que, sin embargo

Audio, Antes de escuchar

3 1. medidas 2. tasas 3. residuos 4. gestionar 5. generación

Audio, Después de escuchar

1 1. Falso: La gestión de residuos es el servicio más importante para los gobiernos municipales. 2. Falso: América Latina tiene una tasa de recolección muy alta, con un promedio del 80% de los residuos recolectados adecuadamente. 3. Falso: La tasa de residuos sólidos de la región latinoamericana es 1.1 kilos por persona al día. 4. Verdadero 5. Falso: Los ciudadanos pueden contribuir a la gestión de residuos. Deben pensar bien en lo que compran, comprar cosas que tengan vidas largas e implementar formas de manejar sus propios residuos.

2 1. América Latina tiene los mejores datos sobre la producción y el manejo de los residuos: tiene una tasa de recolección muy alta y una tasa de producción de residuos muy baja. 2. En quince años habrá más personas viviendo en las ciudades y van a producir más residuos por persona. Para evitar problemas en el futuro, los gobiernos municipales deben intentar mejorar el reciclaje y la reutilización de residuos, ofreciendo incentivos para cada uno. 3. Cree que la problemática de la basura será peor a causa de una gran cantidad de personas que vivirán en las ciudades. 4. pensar bien en lo que compran, pensar en comprar cosas con vidas largas e implementar formas de manejar sus propios residuos en sus casas

Contexto 4 Las tradiciones y los valores

Desarrollo del vocabulario

1 1. inaceptable 2. desacuerdo 3. incoherente 4. desconcertar 5. desconfiar 6. incongruente 7. inconsistente 8. indisciplina 9. injusto 10. desorientar 11. inseguridad 12. desunir

Lectura 4.1, Después de leer

1 (*Las respuestas pueden variar*). 1. Guillermo y Marta 2. quince años 3. la criada 4. Quiere que lo trate de *usted* porque ya no es un niño, es casi un adulto. 5. un amigo mayor de Daniel 6. en que Daniel puede salir por la noche y en que puede salir con Luis 7. Es demasiado grande para Daniel y tiene mala fama. 8. No, no quiere hablar con él y piensa que quiere alejarla de su hijo. 9. Piensa que es incongruente y que Guillermo es un padre demasiado protector. 10. Le dice mentiras a Guillermo para proteger a Daniel del enojo de su padre. 11. Las respuestas pueden variar. 12. la oposición de las perspectivas de Guillermo y Marta con respecto a cómo criar a su hijo

3 1. inculcar 2. sombrío 3. tutee 4. incongruente 5. se empeñen 6. desconciertan 7. se desequilibra 8. la compostura

Lectura 4.2, Después de leer

1 1. b 2. d 3. a 4. b 5. c

2 1. la superación 2. tallar 3. las gestoras 4. el rescate 5. la talabartería

Audio, Después de escuchar

1 1. Verdadero 2. Verdadero 3. Falso: Tienen raíces africanas e indígenas del Caribe. 4. Falso: Belice, Honduras, Nicaragua y Guatemala son parte de la comunidad garífuna. 5. Verdadero. 6. Falso: Hay inmigrantes garinagu en Estados Unidos, Canadá e Inglaterra. 7. Falso: Muchas veces hablan el lenguaje nacional del lugar donde viven, además del lenguaje garífuna. 8. Verdadero 9. Falso: Un gran porcentaje de los garinagu son católicos, pero otros practican aspectos tradicionales de las religiones africanas y amerindias.

Ortografía y puntuación 1

1 (*En el mismo orden en que aparecen en el texto*) sucedía, sábado, dependía, jóvenes, limitación, obstáculo, jóvenes, más, tenían, podían, harían, nació

Ortografía y puntuación 2

1 1. Cuando llegó Emilia, la cuñada de mi amiga, todo se aclaró. 2. Toda mi familia, incluido mi hermano, estaba de acuerdo. 3. Ayer me compré tres libros, un ordenador, una impresora y dos pares de zapatos. 4. No te vayas sin sacar a pasear al perro, recoger el correo y limpiar la casa. 5. Su hija mayor es alta; la pequeña, baja. 6. Hazlo si quieres, pero luego no digas que no te avisé.

Cinemateca, Mientras miras

1 1. No quiere sacar la foto porque no quiere que la madre del niño se entere de que gasta diez pesos en hacerlo. 2. Dice que va a buscar un banquito.

2 1. Se enoja porque no le gustan los animales y su esposo llevó la llama a casa. 2. Dice que si Carlos no deja a la llama, ella lo va a dejar.

3 1. A Carlos se le ocurre pedir dinero en la plaza por sacarse fotos con Coco. 2. Carlos elige una vida con Coco en lugar de una vida con Clara.

Cinemateca, Después de ver

1 1. Le dice que va a hacer un pulóver con ella porque está harto. 2. El hijo de Carlos quiere tener una mascota. 3. El dueño de la llama dice que va a buscar un banquito, pero deja a la llama con Carlos y Marcos y no vuelve. 4. A Clara no le gusta tener a la llama en casa y dice que se va a enfermar. 5. Carlos no tiene trabajo, así que tuvo que comprar la llama con dinero de ella. 6. Carlos trata de dar la llama al zoológico, a la Sociedad Protectora de Animales, a Segunda mano, a la veterinaria y a su mamá. Luego trata de dejarla en una calle. 7. Piensa que Coco tiene mejor carácter que su mujer. 8. Su esposa le exige que elija entre ella y la llama. 9. Carlos lleva la llama a la plaza y empieza a cobrar dinero por sacarse fotos con ella.

TEMA 2 ▸ LA CIENCIA Y LA TECNOLOGÍA

Contexto 1 Tecnología, individuo y sociedad

Lectura 1.1, Después de leer

1 1. c 2. e 3. c 4. b 5. a 6. b

2 1. d 2. a 3. b 4. b 5. b

Lectura 1.2, Después de leer

2 (*Las respuestas pueden variar*). 1. Verdadero. 2. Falso: 2168 es el año en que aparece la inyección para la inmortalidad. 3. Falso: La inyección solo sería efectiva en las personas menores de veinte años. 4. Falso: Con la inyección, los jóvenes serían inmortales. 5. Falso: Los inmortales estarían condenados a vivir en una prisión perpetua. 6. Falso: Solo un accidente podía acabar con la vida de quienes se aplicaban la inyección. 7. Falso: El narrador utiliza el asilo para ancianos como metáfora. 8. Verdadero.

3 7, 1, 2, 8, 5, 4, 3, 6

4 (*Las respuestas pueden variar*). 1. Es un cuento de ciencia ficción. 2. Al comienzo del cuento, el narrador siente esperanza y alegría por la noticia. 3. El descubrimiento de una inyección que previene la descomposición orgánica. 4. La segunda noticia anuncia que la inyección solo se puede aplicar a los menores de veinte años, lo que crea una división entre los jóvenes inmortales y los mayores mortales. 5. La primera vez que el narrador usa estas palabras, significan que los mayores no van a experimentar la inmortalidad. La última vez que las dice, significan que los mayores tienen suerte de no ser unos «perpetuos miserables». 6. El narrador comienza a creer que la muerte no es algo que se debe evadir porque ofrece la libertad de la «prisión perpetua de la vida». 7. Los mortales aman de nuevo a los inmortales cuando uno de ellos se suicida. 8. Estará caracterizado por la miseria de las personas a quienes se les impone la vida eterna.

Estructuras

(*Las respuestas pueden variar*). **Especulaciones (condicional)**: Los veríamos crecer, hacerse hermosos, continuar jóvenes y prepararse para la segunda inyección… Ellos no se encontrarían jamás con Dios. ¡Ahora cuánto nos costaría dejar la tierra! ¡Cómo nos iría carcomiendo una dolorosa envidia! **Predicciones (futuro)**: …la policía saldrá a buscar a miles de inmortales para imponérsela. Será horrenda la cacería. Serán perpetuos miserables.

Audio, Mientras escuchas

2 1. accidentes; peatones 2. movilidad 3. ambiental

3 1. fallecimientos 2. peatones 3. somnolencia 4. siniestro 5. semáforos

Audio, Después de escuchar

1 (*Las respuestas pueden variar*). 1. dieciocho empresas e instituciones públicas españolas. 2. En el proyecto se han invertido 35 millones de euros. 3. La visión nocturna que detecta peatones y el sistema de aviso que despierta a un conductor si este se duerme (el 35% de los accidentes hoy en día son causados por problemas de somnolencia). 4. Los conductores podrán adecuar su velocidad al saber cuánto tiempo les queda de verde en el semáforo y qué se van a encontrar en el cruce. 5. El usuario del coche va a poder planificar la ruta que tenga menor impacto medioambiental.

Contexto 2 El cuidado de la salud y la medicina

Desarrollo del vocabulario

1 1. c 2. e 3. d 4. f 5. g 6. b 7. a 8. h

2 1. g 2. d 3. a 4. c 5. b 6. e 7. h 8. f

Lectura 2.1, Después de leer

1 1. carecen 2. asesoró 3. arribaron 4. instaurado 5. acarrear 6. precisan

2 (*Las respuestas pueden variar*). 1. El propósito del artículo es informar a los lectores sobre las páginas de salud en línea: por qué son populares, qué beneficios tienen para los usuarios y qué opinan los expertos. Fue escrito para el lector boliviano, pero los asuntos que la autora discute son universales. 2. Según los tres médicos citados, la información que proporcionan las páginas no reemplaza a la visita médica habitual. Internet se debe usar como una herramienta de información, pero hay que confirmar los datos extraídos con un médico. No se debe usar Internet para diagnosticar enfermedades ni para automedicarse. 3. La autora muestra su oposición a las consultas sobre salud en la red. A lo largo del artículo, respalda su postura con opiniones y citas de tres médicos diferentes. 4. Quedar atrapado en intereses comerciales, el pedido de datos personales del paciente y la automedicación

Lectura 2.2, Después de leer

1 (*Las respuestas pueden variar*). 1. El propósito de la lectura es informar sobre el panorama de la medicina en la Edad Media. 2. En esta selección se exponen las posibles causas de la marginación a la que se refiere el título. 3. El punto de vista de la autora es neutral y objetivo. 4. El texto parece estar dirigido a un lector con cierto interés en la historia o en la medicina, y con determinado nivel cultural. 5. Según la ley visigoda, si un paciente era noble y moría, el médico pasaba a ser esclavo de los herederos. 6. La paradoja que presenta la autora es el hecho de que la Iglesia altomedieval prohibía el desmembramiento de cadáveres, pero el ámbito católico actual está plagado de reliquias de santos de aquella época, como la mano de S. Juan Bautista, el brazo de Sta. Teresa, etc. 7. Además de los médicos, los hechiceros y brujos también eran consultados para el cuidado de la salud. 8. Un «toque real» era el contacto que tenía el rey con el enfermo. Se creía que las enfermedades podían ser curadas por la imposición de las manos del soberano.

Audio, Después de escuchar

2 (*Las respuestas pueden variar*). 1. Según el doctor Carnielli, la ventaja más medible de las medicinas alternativas es la de marcar a la gente crédula. 2. En su opinión, las medicinas alternativas sí tienen algunos efectos adversos. El doctor menciona como ejemplos a personas que han quedado paralíticas a causa de la quiropraxia y casos de muertes en homeopatía. 3. Otra consecuencia de los tratamientos alternativos que señala el entrevistado es el retraso de la consulta a un médico con una terapia que sí puede funcionar.

Léxico 1

1 1. tuvo lugar 2. me dirigí 3. Me sentía 4. parecía/se sentía 5. asistir 6. me encontraba 7. provenían 8. Me acerqué

2 (*Las respuestas pueden variar*). 1. Se produjo un ruido muy extraño y todos se dirigieron al patio. 2. La estatua estaba hecha de madera y parecía quemada. 3. Mario lucía muy cansado, pero igualmente asistió a la fiesta.

4 acontecer: haber; alejarse: distanciar; consistir en: ser; elaborar: hacer(se); encaminarse: ir, venir; radicarse: estar

Léxico 2

1 tan pronto como 2. en cuanto 3. tan pronto como 4. hasta que 5. en cuanto 6. siempre 7. a menudo 8. de vez en cuando

3 (*Las respuestas pueden variar*). 1. En cuanto 2. antes de que 3. antes de/después de 4. inmediatamente 5. mientras 6. Desde 7. siempre

Contexto 3 La ciencia y la ética

Desarrollo del vocabulario

3 **Disciplinas**: genética, inmunología, microbiología, oncología **Personas**: científico, cirujano, filántropo, investigador **Procedimientos**: clonación, esterilización, terapia, vacunación

Lectura 3.1, Antes de leer

1 1. b 2. f 3. e 4. g 5. d 6. h 7. a 8. c

Lectura 3.1, Después de leer

1 1. d 2. a 3. b 4. c 5. d

Estructuras

(*En el mismo orden en que aparecen en el texto*) se salpicó de ocasionales intercambios: otra manera de expresar una acción pasiva; los neandertales se extinguieron en Gibraltar: otra manera de expresar una acción pasiva; la última reserva occidental que se había librado de nuestro acoso: otra manera de expresar una acción pasiva; clonar al neandertal se puede interpretar: otra manera de expresar una acción pasiva

Lectura 3.2, Después de leer

1 (*Las respuestas pueden variar*). 1. Los tres elementos básicos de la sustentabilidad son la sociedad, la economía y el medioambiente. 2. Este artículo fue elaborado para informar a los lectores sobre la sustentabilidad, los elementos en los que se basa y las relaciones entre ellos, y los desafíos y posibilidades que ofrece la sustentabilidad. 3. La esfera que más se ocupa de la justicia es la de economía y medioambiente. 4. La esfera a la que más le interesa el desarrollo del comercio es a la de sociedad y economía.

Audio, Mientras escuchas

2 1. d 2. g 3. h 4. a 5. b 6. e 7. i 8. c 9. f

Audio, Después de escuchar

1 (*Las respuestas pueden variar*). 1. Según Rafael Archondo, la ciencia y la política tienen que acompañarse. No puede haber desarrollo sostenible si la naturaleza no consigue recuperar su capacidad creadora. 2. Para el profesor Josh Farley, uno de los principales responsables de la situación económica de hoy ha sido la incesante búsqueda del crecimiento económico. 3. Según Josh Farley, el crecimiento deja de ser económico cuando el margen de costo excede al margen de beneficio. 4. Según Pedro Núñez Mosquera, «las múltiples crisis» de hoy son el reflejo de un orden económico internacional que les ha sido impuesto y que ha demostrado ser insostenible. 5. En la conferencia Río + 20 se discute el impacto que tiene la búsqueda del crecimiento económico sobre la continua erosión de la naturaleza asignada a las especies no humanas.

Contexto 4 Los fenómenos naturales

Desarrollo del vocabulario

1 1. f 2. g 3. e 4. h 5. i 6. a 7. d 8. c 9. b

Lectura 4.1, Antes de leer

1 1. c 2. b 3. d 4. e 5. a

Lectura 4.1, Después de leer

1 (*Las respuestas pueden variar*). 1. La pregunta central que discute el artículo es cuánto tiempo tardó el planeta en recuperarse de «La Gran Mortandad». 2. El artículo está dirigido a lectores interesados en la ciencia. 3. Después de la gran extinción, dominaban los hongos. 4. La era de los dinosaurios duró más de 80 millones de años. 5. Según un estudio de Zhong-Qiang Chen y Michael Benton fueron necesarios 10 millones de años para que los nuevos ecosistemas se estabilizaran después de la gran extinción. 6. La extinción del Pérmico se vio «alimentada» por toda una serie de graves crisis ambientales. 7. el calentamiento global, la lluvia ácida y la anoxia de los océanos

Lectura 4.2, Después de leer

1 1. b 2. a 3. a 4. b 5. d 6. b

Audio, Después de escuchar

1 (*Las respuestas pueden variar*). 1. Se asemeja en que todos estos desastres naturales causan la muerte y el desplazamiento de personas, pero las sequías resultan ser el peligro natural más destructivo del mundo por causar la muerte y el desplazamiento de más personas que los ciclones, las inundaciones y los terremotos juntos. 2. Se prevé que las sequías aumentarán en frecuencia e intensidad debido al cambio climático. 3. Estados Unidos, Rusia, y a veces Argentina y Brasil. 4. Sirven para mitigar los efectos de las sequías. 5. Estados Unidos, Nairobi y otras zonas de África ya tienen sistemas de alerta temprana. 6. Consiste en integrar todas las instituciones que ya tienen información y métodos de monitoreo para que puedan intercambiar sus métodos y tener un mejor análisis de la situación.

Ortografía y puntuación 1

1 1. él 2. Esta 3. tu 4. mí 5. mi 6. té 7. te 8. solo 9. más 10. Si 11. sí 12. dé; de

Ortografía y puntuación 2

1 —Hola, Inés. ¡Cuánto tiempo hace que no nos vemos!

—¡Qué sorpresa! —dijo Inés sorprendida—. La última vez que nos vimos éramos solamente unos niños.

—Es cierto. No puedo creer que todavía te acuerdes de mí —exclamó Pablo emocionado—. ¿Te apetecería que almorzáramos juntos un día de estos?

—Me encantaría; y así podríamos contarnos todo lo que nos ha pasado durante estos años.

—Perfecto. ¿Te viene bien el domingo por la tarde?

—No, lo siento. El domingo tengo una fiesta de cumpleaños —respondió Inés apenada—. ¿Qué te parece el sábado por la tarde?

—El sábado por la tarde es ideal. ¿A qué hora quedamos?

—A las doce y cuarto en el café Pascual —dijo Inés con tono seguro.

2 1. El policía nos preguntó: «¿Tienen ustedes algo que declarar?» 2. No comprendo muy bien qué es eso de la «movida madrileña". 3. Los delincuentes se escondieron en un «bosque». 4. El poema que mejor recuerdo es «Canción del jinete». 5. La historia comienza así: «Érase una vez un niño muy curioso». 6. Según dice el refrán: «A buen entendedor, pocas palabras». 7. Mi profesor siempre me decía: «¿Otro día sin el libro?» 8. «¿Todavía no se sabe el abecedario?» —le preguntó el profesor.

3 1. El próximo campeonato mundial de fútbol (2014) será en Brasil. 2. La ONU (Organización de Naciones Unidas) se fundó en 1945. 3. Creo haberte dicho ya (y si no lo digo ahora) que quien mucho abarca poco aprieta. 4. Los seres humanos estamos compuestos (en gran parte) por agua. 5. La célebre batalla de Vitoria fue perdida por José Bonaparte (Pepe Botella). 6. Juan Ramón Jiménez nació en Moguer (Huelva).

Cinemateca, Mientras miras

1 1. Los combustibles fósiles que se mencionan son el petróleo, el carbón y el gas natural. 2. Hoy en día, menos del 5% de la energía eléctrica del país es provista por fuentes de energía renovable.

2 1. Los ejemplos que menciona Manuel son la energía de red y generadores de diesel. 2. Lo único que hacían los jóvenes muy movidos que conocía Manuel era quejarse y hacer movimientos, pero realmente no actuaban.

3 1. Iluméxico es un proyecto que promueve el desarrollo a través de la electrificación rural y que diseña y manufactura sistemas de energía solar para la iluminación en zonas donde no hay acceso a la red eléctrica. 2. La ventaja de la energía solar es que se puede usar en cualquier lugar, como en las zonas rurales.

Cinemateca, Después de ver

1 1. Falso 2. Falso 3. Verdadero 4. Verdadero 5. Verdadero 6. Verdadero 7. Falso 8. Falso

TEMA 3 ▸ LA BELLEZA Y LA ESTÉTICA

Contexto 1 Definiciones de la belleza

Lectura 1.1, Después de leer

1 1. canon 2. donaire 3. agrado 4. morfológico/a 5. pujanza

2 1. c 2. d 3. b 4. b 5. a

Lectura 1.2, Después de leer

1 (*Las respuestas pueden variar*). 1. El autor realizó la encuesta para averiguar qué es lo que las personas encuentran atractivo en los demás. Los resultados fueron publicados en una revista para mostrar la aplicación práctica de este concepto espiritual. 2. Que, en general, la gente opina que la belleza viene de dentro. 3. El autor entrevistó a unas cuantas personas de ambos sexos, de todas las edades y de diferentes culturas. 4. En su artículo cita a nueve personas. 5. Seis de las personas citadas tienen entre 20 y 30 años. 6. Tres de las personas son chicas. 7. una persona que es afable, amable, simpática, tranquila, despreocupada

Audio, Mientras escuchas

1 (*Las respuestas pueden variar*). 1. El locutor piensa que la belleza es el reflejo de la autoestima de una persona. 2. Cuando uno se siente bien y se quiere es capaz de descubrir toda la belleza del universo. 3. Cuando se tiene autoestima se es capaz de ver las maravillas de la creación, de sentir el milagro de la belleza. 4. La belleza se puede sentir en todo: en la luz que entra por la ventana, en las flores, en el canto de los pájaros, en la sonrisa de una hija, en los edificios de una ciudad, en un libro, etc. 5. Las personas con una autoestima baja son menos sensibles a la belleza, están prisioneras de quejas y críticas, y eso les impide contemplar toda la belleza que existe a su alrededor.

Audio, Después de escuchar

1 1. autoestima; capaz; despliega 2. amas; sensibles 3. canto; cotidianos 4. conmueve 5. percepción 6. dignidad; correspondido 7. sentirse 8. ignorancia; sufrimiento 9. tesoro 10. amanecer; gesto; creación

Contexto 2 La moda y el diseño

Lectura 2.1, Después de leer

1 (*Las respuestas pueden variar*). 1. La característica que mejor define la moda de un *hipster* es el *look*. 2. La preferencia musical de un *hipster* consiste en escuchar grupos musicales nuevos y poco conocidos, o que él mismo descubre. 3. Los *hipsters* opinan que ellos son diferentes a la mayoría, la cual es y sigue lo *mainstream*. Según el autor, los *hipsters* no dirán que son mejores que los demás, pero seguramente lo piensan. 4. La subcultura *hipster* se asocia con Estados Unidos.

Estructuras

1. son: Describe el material del que está hecho un objeto. 2. son: Describe las características inherentes de un objeto. 3. es: Identifica a alguien o algo. 4. es: Indica el lugar donde ocurre el evento. 5. es: Indica posesión. 6. está: Indica la ubicación del objeto. 7. está: Describe un estado no inherente. 8. es: Describe las características inherentes del objeto. 9. está: Describe un estado temporal.

Lectura 2.2, Después de leer

1 (*Las respuestas pueden variar*). 2. El autor entrevistó a 1051 personas. 3. Según el resumen del autor, los beneficios de las marcas, de acuerdo a los entrevistados, son que proporcionan mayor calidad y más prestigio que otras prendas de vestir. 4. Según las gráficas, 296 personas dijeron que la ropa de marca no es de mejor calidad. El 17% de los encuestados nunca compra ropa por su marca. 5. Según el autor, los encuestados no compran ropa de marca con más frecuencia por sus altos precios. 6. Los datos sobre el prestigio y la calidad de la ropa sugieren que los entrevistados quieren comprar ropa de marca con más frecuencia. 7. Los comentarios de los entrevistados también ayudan al entrevistador a llegar a sus conclusiones.

2 (*Las respuestas pueden variar*). 1. El propósito de la encuesta fue determinar cuánta gente compra ropa de marca, qué piensan las personas de la ropa de marca y por qué. 2. La encuesta fue publicada en la sección «Cajón de sastre» del sitio *Tendencias hombre*, una empresa de Terra Networks. 3. La encuesta recibió 1051 respuestas. 4. Sabemos que la mayoría piensa que las marcas sí proporcionan más calidad y prestigio; sin embargo, solo compra ropa de marca en algunas ocasiones.

Léxico 1

1 1. o 2. e 3. pero 4. sino que 5. o 6. pues 7. ya que

2 1. de la misma forma 2. y 3. igual que 4. porque/y 5. porque/y 6. e 7. cuando 8. pero/y

Léxico 2

1 1. salmantinos 2. nicaragüense 3. porteños 4. daneses 5. berlineses 6. neoyorquinos 7. barceloneses 8. ecuatoriano

Contexto 3 El lenguaje y la literatura

Lectura 3.1, Después de leer

1 (*Las respuestas pueden variar*). 1. Para Mario Vargas Llosa, la literatura no es un pasatiempo de lujo porque es uno de los más enriquecedores quehaceres del espíritu y una actividad irremplazable para la formación de las personas. La literatura sirve para divertirse, pero también para aprender. Según el autor, nada enseña más que la literatura. 2. Según el autor, el desarrollo de la ciencia y la técnica, y sus correspondientes ramas, han facilitado la creciente especialización del conocimiento en las sociedades modernas actuales. 3. La principal desventaja de la especialización es que elimina las características comunes de la cultura que hace que las personas coexistan, se comuniquen y sean solidarias. 4. Los lectores de las grandes ficciones se entienden y se sienten miembros de la misma especie porque en esas obras se aprende sobre lo que es común a los seres humanos y está por encima de las diferencias culturales, raciales, étnicas, etc. 5. La literatura enseña qué y cómo es el ser humano, a pesar de las diferencias culturales o étnicas; muestra la integridad humana, las características comunes a todos. Además, la literatura hace dialogar a las personas, haciéndolas conscientes de un fondo común.

Lectura 3.2, Después de leer

1 1. hechizado 2. arrastrar 3. alboroto 4. carecer de 5. asomarse 6. empeñarse en 7. desentrañar 8. huerta

2 6, 2, 4, 1, 3, 7, 5

3 1. a 2. b 3. a 4. c 5. d

Audio, después de escuchar

1 1. Dice que no sabe hacer otra cosa, que no podría ganarse la vida de otra manera, porque nadie la emplearía a ella. 2. Es el día del año en que ella se sienta frente al ordenador con la mente en blanco dispuesta a escribir otro libro. 3. Requiere un ambiente tranquilo y evita el Internet, el fax y el teléfono. 4. Separa en su calendario unos cuantos meses libres de toda actividad, de viajes, de vida social y de familia. 5. En su vida actual ella está rodeada de adolescentes, y los adolescentes son precisamente el tema de su novela. 6. La inspiración le vino de los adolescentes que la rodean. Dice que el mundo de los adolescentes es muy distinto al mundo de los adultos. 7. Para ella escribir es como una terapia, una catarsis, un placer; es como enamorarse. 8. Los adolescentes en general. Es la historia de una joven de diecinueve años. 9. Porque le abrió el camino a los demás libros que ha escrito después y le cambió la vida. Fue como una salvación.

Contexto 4 Las artes visuales y escénicas

Desarrollo del vocabulario

1 1. c 2. e 3. g 4. i 5. f 6. j 7. h 8. b 9. a 10. d

Lectura 4.1, Después de leer

1 (*Las respuestas pueden variar*). 1. La biblioteca está abierta cuatro días a la semana. 2. La entrada para los estudiantes de arte es gratis. 3. Los encuentros del ciclo «Diálogos con la obra» tienen lugar en las salas de exposiciones y frente a las obras. 4. El museo difunde información de sus obras por medio de talleres, cursos, seminarios y encuentros, y por medio de la elaboración de material didáctico e informativo sobre la exposición permanente y las exposiciones temporales. 5. El museo intenta educar al público sobre las colecciones, las exposiciones del MNBA y las artes visuales en general. 6. El equipo de mediación y educación elabora el material didáctico sobre las exposiciones.

Lectura 4.2, Antes de leer

1 1. el cubismo 2. el expresionismo 3. el impresionismo 4. el surrealismo 5. el simbolismo

Lectura 4.2, Después de leer

1 1. d 2. b 3. a 4. a 5. b

Estructuras

(*Las respuestas pueden variar*). 1. ingeniero hidráulico (línea 2) 2. devotísima católica (línea 2) 3. extravagante unión (línea 1) 4. primeras mujeres (línea 10) 5. guerra civil española (líneas 13-14) 6. devotísima (línea 2)

Ortografía y puntuación

1 (*Las respuestas pueden variar*). 1. Según Perla Petrich, «Hasta el 2000, ir de Panajachel a San Pedro suponía un viaje de dos horas y media en barco y [...] [hoy] toma sólo veinte minutos». 2. La profesora Petrich sostiene: «Otro factor de gran importancia fue la llegada de la televisión, y, con ella, el acceso a una visión mediatizada [de las otras regiones]».

2 (*Las respuestas pueden variar*). 1. Según Perla Petrich, «La región del lago Atitlán se encontró en el epicentro de un conflicto de extrema violencia entre 1980 y 1992 como consecuencia de los enfrentamientos entre la guerrilla y el ejército»; a pesar del «terror y la falta de comunicación con el exterior» durante esa época, «Una vez normalizada la situación, los pueblos se incorporan mal que bien a la corriente de modernidad». 2. Petrich afirma que el desarrollo del turismo en los últimos diez años ha creado trabajos salariados en la hotelería y en las casas de fin de semana; ha facilitado la venta de artesanías, ha hecho conocer las drogas y ha introducido nuevos hábitos alimenticios y vestimentarios.

Contexto 5 La arquitectura

Desarrollo del vocabulario

1 1. f 2. e 3. g 4. h 5. a 6. j 7. c 8. i 9. d 10. b

Cinemateca, Mientras miras

1 1. Los dos ejemplos de objetos arqueológicos que ofrece el profesor Castillo como ejemplos son una cerámica mochica y un textil paraca. 2. Los objetos tienen valor cuando tienen un contexto que informa dónde, cuándo, quién y para qué los usó.

2 1. En cualquier museo grande del mundo nos podemos encontrar con objetos precolombinos. 2. Esos artefactos se distinguen de los objetos domésticos y cotidianos por su diseño, por su composición, por la forma como fueron hechos o por la belleza que tienen y las sensaciones que nos causan cuando los vemos.

3 1. Andrés Álvarez Calderón dice que muchas veces no entendemos los objetos arqueológicos porque no estamos familiarizados con este tipo de símbolos, los cuales representan la manera de entender el mundo por los antiguos peruanos.

Cinemateca, Después de ver

1 1. vitrinas 2. profanos 3. cosmovisión 4. cerámica; textiles 5. precolombino

2 1. Los artefactos que se van a exhibir en el museo se seleccionan por sus cualidades estéticas. 2. Los artefactos domésticos o cotidianos no suelen exhibirse porque no poseen la singularidad o las cualidades estéticas que poseen otro tipo de artefactos que sí se exhiben. 3. Las piezas arqueológicas se pueden explorar, por un lado, desde un punto de vista arqueológico, contextual, histórico y, por otro lado, desde el punto de vista de la estética, la que nos habla de los artesanos y los artistas que existieron en el pasado. 4. Representan la manera de entender el mundo de los antiguos peruanos. 5. Las artes coloniales generalmente representan símbolos religiosos vinculados a la vida de Cristo. Eran dirigidas por la religión católica. 6. Según la curadora Ulla Holmquist, los dos aspectos importantes que se combinan en estas piezas son la belleza y la riqueza de información iconográfica y tecnológica.

TEMA 4 ▸ LA VIDA CONTEMPORÁNEA

Contexto 1 La educación y las carreras profesionales

Desarrollo del vocabulario

1 1. f 2. a 3. d 4. h 5. g 6. b 7. c 8. e

Lectura 1.1, Después de leer

1 (*Las respuestas pueden variar*). 1. "Cierto vaivén" se refiere, figurativamente, al hecho de que hay un cambio en los dibujos que podríamos encontrar hoy en día de la escuela. Literalmente, hace referencia a las "escuelas flotantes", escuelas que flotan en el agua. 2. Las escuelas se instalan en lugares donde hay niños en edad escolar. 3. Los dos desafíos de la región son los terrenos inundables, los cuales no son aptos para edificar escuelas permanentes, y las características económicas de la zona. 4. Se les permite contemplar tardanzas y días perdidos, trabajar en contraturno o abrir sus puertas los fines de semana. 5. Olga, aparte de enseñar, también tiene que ir a buscar el gas y las provisiones para el comedor. 6. Este dicho significa que no hay que esperar a que algo ocurra, sino que hay que actuar. Si algo no puede ocurrir de una forma, ha de ocurrir de otra. Si los niños no pueden ir a la escuela, la escuela debe ir a los niños.

Estructuras

(*El texto que está sin subrayar deberá ir rodeado con un círculo*). dibujos en los cuales la escuela tiene cierto vaivén (línea 10), escuelas que flotan en el agua (línea 11), plataformas (...) que se amarran a la costa (línea 14), lugares donde hay niños en edad escolar (línea 23), razón por la cual las escuelas (...) (línea 24), barandas (...) que dibujan el perímetro (línea 29), prerrogativas que les permiten contemplar tardanzas (línea 33), niños en edad escolar que no están recibiendo educación sistemática (línea 46), una política en la que resuenan (...) (línea 48)

Lectura 1.2, Después de leer

1 1. c 2. d 3. a 4. b 5. a

2 (*Las respuestas pueden variar*). La seguridad: policía medioambiental, controlador de datos-basura; Los servicios médicos: fabricante de órganos humanos, nanomédico; Los servicios personales: ayudante de networking, psicólogo a distancia; Ingeniería/Productos novedosos: geomicrobiólogo, webgardener

Audio, Mientras escuchas

2 1966: firma de la Recomendación Conjunta de la UNESCO y la OIT relativa a la condición del personal docente; más de 60%: número de mujeres docentes mundialmente; las condiciones de la profesión docente: están deteriorándose; la presencia de mujeres docentes: resulta en muchas ventajas sociales; 2.000.000: número de maestros adicionales necesarios; educación universal para todos: meta del milenio; 2015: fecha para cumplir con la meta del milenio

Contexto 2 El entretenimiento y la diversión

Lectura 2.1, Antes de leer

1 1. frutas 2. carnes 3. verduras 4. especias 5. nueces y semillas

3 (*Las respuestas pueden variar*). 1. aproximadamente 5 cucharadas 2. 5.3 onzas 3. aproximadamente 1 taza 4. 9 cucharaditas 5. aproximadamente 3 gramos

Lectura 2.1, Después de leer

1 (*Las respuestas pueden variar*). 1. Para la receta se necesitan chiles mulatos, chiles anchos, chiles pasilla y chiles mecos. 2. Se requiere sal y azúcar al gusto. 3. Los chiles deben estar desvenados y en tiras antes de cocerlos. 4. Se necesita freír los ingredientes rápidamente, porque si el ajonjolí, los cacahuetes o los chiles se pasan de dorados, se amarga la salsa. 5. El plátano macho se debe freír hasta que esté dorado. 6. La receta produce 12 porciones. 7. Se puede acompañar con arroz rojo y fríjoles de la olla.

Lectura 2.2, Después de leer

1 (*Las respuestas pueden variar*). 1. FormulaTV.com quiso entrevistar a Marta Hazas porque ella es la protagonista principal de la serie *Bandolera*. 2. La historia de la serie está ambientada en el último tercio del s. XIX. 3. Los otros programas de televisión que se mencionan son *Hospital Central*, *Policías* y *El comisario*. Se hace alusión a ellos para destacar el hecho de que cuando se estrena una serie en televisión, suelen aparecer series similares, que tratan los mismos temas. Por otro lado, la actriz menciona la serie *El internado* para comparar su trabajo en esa serie con su trabajo en Bandolera. 4. *Bandolera* es una serie diaria que mezcla la pasión y el amor con aventuras, traiciones y emociones. Es una historia entre la realidad y la ficción, con personajes reales y ficticios, que transcurre en el último tercio del s. XIX. 5. Lo que más le gusta de su personaje es que se trata de una mujer de acción. 6. Hazas describe el lenguaje de la serie como un lenguaje muy cuidado y muy llano, de la Andalucía del s. XIX. No es un lenguaje muy elaborado. 7. El lenguaje de Sara Reeves es más culto. 8. Según Hazas, está trabajando mucho más en *Bandolera* que en su serie anterior.

Audio, Mientras escuchas

1 México, Patagonia, España, Islas Canarias, Salamanca, Ciudad de México, Guadalajara, Bolivia, Costa Rica, Cuba, Puerto Rico

2 idioma, español, definición, castellano, filología hispana, léxico, lectura, anglicismo, traducir textualmente, inglés

Audio, Después de escuchar

1 1. Falso 2. Cierto 3. Falso 4. Falso 5. Falso 6. Cierto

Léxico 1

1 1. sin embargo 2. A diferencia de 3. Después de todo 4. Por desgracia 5. En aquel entonces 6. Por lo general 7. ahora que 8. A partir de

2 (*Las respuestas pueden variar*). 1. Por desgracia 2. a pesar de 3. Debido a que 4. Sin embargo 5. debido a que 6. Al fin y al cabo 7. A causa de 8. a medida que 9. En otras palabras 10. En conclusión

Léxico 2

1 1. heladería 2. embarcadero 3. electorado 4. enriquecer 5. globalización 6. cancionero 7. altitud 8. dulzura 9. tolerancia 10. fluidez 11. planificar 12. elegible

2 1. perforación; a 2. robledo; g 3. toro; h 4. bibliotecario; f 5. cualificado; b 6. refranero; e 7. profesorado; d 8. elegante; c

Contexto 3 Los viajes y el ocio

Desarrollo del vocabulario

1 1. bicicleta 2. avión y barco 3. avión 4. avión 5. bicicleta 6. avión 7. avión 8. barco 9. bicicleta 10. avión

Lectura 3.1, Antes de leer

3 **A:** lenguaje coloquial, chistes, abreviaturas, tuteo, emoticones, anécdotas familiares; **P:** buena ortografía, expresiones de cortesía, lenguaje académico, ejemplos y opiniones

Lectura 3.1, Después de leer

1 (*Las respuestas pueden variar*). 1. María José es española. Escribe la carta desde Ginebra. 2. María José escribió la carta para saludar a su amiga norteamericana, Amy, y para mandar recuerdos a su familia. También quiere decirle lo guapos que estaban sus hijos en la foto de Halloween y preguntarle cómo están ella y su familia después del huracán Sandy. 3. María Belón es una de las protagonistas de la película *Lo imposible* a la que María José hace referencia. 4. María recomienda que lleven pañuelos porque la película es muy emotiva y los va a hacer llorar. 5. El detalle que le pareció más interesante es la buena colaboración que ha habido entre los vecinos. 6. Porque utiliza "suerte" con el significado de encadenamiento de sucesos, pero no en el sentido de favorable, positivo.

Lectura 3.2, Antes de leer

1 1. f 2. i 3. g 4. d 5. a 6. k 7. c 8. b 9. j 10. e 11. h

4 1. el estribor 2. la popa 3. el puente de mando 4. el babor 5. el ancla 6. la sala de máquinas 7. la proa 8. la cubierta

5 1. fondear 2. la flota 3. zarpar 4. el calado 5. filudo 6. diáfano/a

Lectura 3.2, Después de leer

1 (*Las respuestas pueden variar*). 1. Porque esos son los meses de verano en Chile. 2. En el sentido que esos hombres llevaban la misma vida que el capitán Ahab en Moby Dick. 3. El capitán conoció al tío del narrador durante sus correrías por España y con los maquis franceses. 4. Le dice esto para que no hable. No quería que hablara hasta que no hubiera visto el Faro de Ulloa. 5. Recibió del capitán un sobre con dinero.

Contexto 4 Las relaciones personales

Lectura 4.1, Antes de leer

1 1. e 2. f 3. b 4. c 5. a 6. d

Lectura 4.1, Después de leer

1 (*Las respuestas pueden variar*). 1. El propósito del artículo es explicar cómo la amistad evoluciona por las etapas de la vida. 2. La autora caracteriza la amistad entre los niños como sincera, simple, pura, sin caretas; la mejor en calidad. 3. Los factores fundamentales de la amistad son el factor aglutinante y el sentido de búsqueda/apertura. Son más fuertes en la niñez. 4. Según la autora, intentamos construir un mundo nuevo en la universidad. Esta es una etapa significativa porque compartir esa experiencia es el elemento más aglutinante de la experiencia humana. 5. "El espíritu del colegio" es un sello que marca de por vida, que acompaña las experiencias de vida en conjunto durante la escuela secundaria. 6. El tipo de amigo que buscamos es el que más se parece a nosotros. 7. Perdemos la ductilidad cuando establecemos rutinas, en la adultez. 8. La autora apoya sus argumentos con citas de expertos: un sociólogo y una psicóloga.

2 (*Las respuestas pueden variar*). 1. El artículo trata de la evolución de las amistades a lo largo de la vida. 2. La autora presenta información de sus propias experiencias personales y citas de un sociólogo y una psicóloga. 3. Sustenta sus argumentos con las opiniones de un sociólogo y una psicóloga.

Lectura 4.2, Después de leer

1. a 2. d 3. c 4. b 5. b

Ortografía y puntuación

1 1. tercer 2. quinta 3. segunda 4. quinceañera 5. cuarto 6. Un sexto 7. quinientos millones 8. seis mil millones 9. veinticinco

2 1. dos dólares con setenta y cinco céntimos 2. un diez por ciento 3. un cuarenta por ciento 4. veintitrés dólares con cuarenta y seis céntimos 5. veintitrés; dos mil; noveno 6. dos mil uno 7. un séptimo

Cinemateca, Mientras miras

1 (*Las respuestas pueden variar*). 2. El vendedor prefiere los huevos morenos.

2 (*Las respuestas pueden variar*). 1. José Andrés pone los huevos en el agua para mostrar si son frescos o viejos. 2. El primer huevo flota, el segundo se queda en el medio y el tercero se hunde.

3 1. La clara es la parte blanca del huevo que rodea a la yema.

Cinemateca, Después de ver

1 1. romero, tomillo, menta 2. gallina, codorniz, pata, oca, avestruz

2 (*Las respuestas pueden variar*). 1. Tiene que cambiar el menú porque se le ha olvidado la cartera en casa. Tiene 4 euros para hacer la compra. 2. Según José Andrés, el color del huevo no tiene que ver con su calidad. 3. El primer número nos dice si la gallina ha sido criada en granja (número 3), en suelo (número 2), si la gallina es campera (número 1) o si ha sido criada orgánicamente (número 0). 4. Porque las semillas de la guindilla pueden darle un toque de picor y un toque amargo. Además, es importante quitárselas para no encontrárselas después por la boca. 5. El experimento sirve para saber si el huevo es fresco o viejo. Los huevos más frescos se hunden. Los huevos viejos absorben aire por los poros, por eso flotan. 6. Ana ayuda a José Andrés con las tostadas de sobrasada. 7. Para que la cuchara coja la temperatura del aceite, así la clara no se pega a la cuchara.

TEMA 5 ▸ LOS DESAFÍOS MUNDIALES

Contexto 1 Los temas económicos

Lectura 1.1, Antes de leer

1 1. d 2. a 3. c 4. b 5. e

Lectura 1.1, Después de leer

1 1. b 2. c 3. b 4. d 5. c

Estructuras

Infinitivos usados como sustantivos: evitar (línea 19), enviar (línea 20), meterse (línea 27), invertir (línea 44), buscar (línea 54)

Infinitivos precedidos de preposiciones o verbos: saquear (línea 2), hacer (línea 9), construir (línea 9), trasladar (línea 9), promover (línea 10), distribuir (línea 11), emplear (línea 11), hablar (línea 12), hacer (línea 16), ampliar (línea 18), cargar (línea 21), usar (línea 26), traer (línea 29), venir (línea 32), irse (línea 33), haber (línea 34), liar (línea 36), desligarse (línea 45), montar (línea 48), perderles (línea 50), obtener (línea 56), dar (línea 62), obtener (línea 65), entender (línea 69), haber (línea 78), dar (línea 78), mantener (línea 85), expandir (línea 86),

Lectura 1.2, Antes de leer

1 1. micro 2. capacitación 3. iniciativa 4. autónoma 5. solidaridad 6. remunerado

Lectura 1.2, Después de leer

1 (*Las respuestas pueden variar*). 1. El objetivo de un micropréstamo es que los beneficiarios logren una autonomía económica que les permita desarrollar actividades acordes a su propio estilo de vida, en armonía con el entorno y con una calidad de vida superior a la economía de subsistencia. 2. El monto del préstamo depende de las características y necesidades del proyecto de desarrollo y de la capacidad de la Asociación MAPU. 3. Las ventajas que tienen los micropréstamos consisten en que el dinero que beneficia a un grupo puede beneficiar a otro cuando este dinero es devuelto. El acuerdo de devolver el dinero implica un compromiso con el éxito del proyecto, con quienes emprenden el proyecto y con quienes tienen o tendrán otros proyectos. 4. Aparte del capital, se necesita iniciativa, información, contactos, asesoramiento, técnicos, profesionales, estudios de mercado, etc. 5. Se atribuye a que los destinatarios de los beneficios no estaban interesados en ellos o no los consideraban como tales. 6. La Asociación MAPU prefiere los proyectos en grupo porque esto significa que tienen la idea de solidaridad, de organización, de responsabilidad como comunidad. 7. Cada micropréstamo es evaluado y sometido a votación por parte de los miembros de MAPU. En cada proyecto se evalúa la factibilidad y la posibilidad que tiene MAPU de aportar asistencia técnica y recurso humano para acompañar el proyecto. 8. El proyecto de micropréstamos se mantiene en una escala manejable con pocos recursos humanos. 9. Los miembros que no están presentes en Argentina se comunican por vía virtual. 10. Los fondos para los micropréstamos se recaudan a través de las cuotas de socios, de las cuotas de gestión de voluntarios y de actividades desarrolladas por la Asociación MAPU.

Audio, Antes de escuchar

1 1. c 2. f 3. e 4. d 5. a 6. b

2 (*Las respuestas pueden variar*). 1. El propósito de la entrevista es explicar las causas del incremento del número de personas en América Latina y el Caribe que han pasado a la clase media. 2. El entrevistado es Sergio Jellinek. 3. Los países y zonas que se mencionan son América Latina, el Caribe, Argentina, Colombia, Perú y Brasil. 4. El incremento de la clase media se debe a la combinación del crecimiento económico de la región en función de las políticas económicas equilibradas desde el punto de vista fiscal y a una vocación social fuerte en la gran mayoría de los países de la región. También se debe al mayor nivel educativo de los trabajadores, el mayor nivel de empleo formal y la mayor participación de las mujeres en la fuerza laboral. 5. El estudio abarca la última década. 6. El mayor nivel educativo tiene mucha importancia en el incremento de la clase media. 7. La mayor participación de las mujeres en el mundo del trabajo tiene un impacto muy fuerte en el incremento de la clase media.

Audio, Después de escuchar

1 (*Las respuestas pueden variar*). 1. Sergio Jellinek es el portavoz del Banco Mundial para la región. 2. Argentina, Colombia, Perú y Brasil son los países que han experimentado el mayor crecimiento. 3. Ha resultado en el incremento de la clase media. 4. Según Sergio Jellinek, los otros dos factores son el mayor nivel de empleo formal y la mayor participación de la mujeres en la fuerza laboral. 5. El mayor acceso de la educación secundaria y terciaria a diferentes estamentos de la sociedad latinoamericana ha contribuido a mejorar el nivel educativo de los trabajadores. 6. El fenómeno "histórico" al que Sergio Jellinek se refiere es el incremento de la clase media.

Contexto 2 Los temas del medioambiente

Lectura 2.1, Antes de leer

1 **sustantivos:** el poder, el avance, el peligro, el aumento; **verbos:** poder, calentar, peligrar, cubrir, aumentar; **adjetivos:** visto/a, caliente, avanzado/a, cubierto/a

Lectura 2.1, Después de leer

1 1. d 2. a 3. d 4. b 5. a 6. c

Estructuras

(*En el orden en que aparecen en el texto*) podría ser, suelen ocurrir, pueda pegar, puedo imaginar, pudiera quedar

Lectura 2.2, Antes de leer

1 1. c 2. f 3. e 4. a 5. d 6. b

Lectura 2.2, Después de leer

1 (*Las respuestas pueden variar*). 1. Los jóvenes entre 18 y 24 años se identifican más con el consumo verde. 2. El 6% de los encuestados está involucrado activamente en grupos que apoyan asuntos medioambientales y el 55% consideraría unirse a un grupo que apoye asuntos medioambientales. 3. El 78% de los encuestados tiene claro qué son los productos verdes.

Audio, Mientras escuchas

2 (*Las respuestas pueden variar*). 1. El objetivo del taller es facilitar información sobre la Ley 392 y, específicamente, sobre el derecho a un medioambiente sano y el deber que tienen los jóvenes de defender los recursos naturales. 2. Participan adolescentes y jóvenes de los municipios de Villanueva y Somotillo, en su mayoría promotores del medioambiente. 3. la organización Joven Siglo XXI 4. Se celebra para informar a los jóvenes sobre la Ley 392 y sobre cómo proteger el medioambiente. Los que estuvieron presentes en el taller de capacitación desarrollarán una campaña de sensibilización en defensa del medioambiente. 5. Beneficia a los jóvenes y al medioambiente. Los jóvenes reciben herramientas para conocer a fondo la Ley 392.

Audio, Después de escuchar

1 (*Las respuestas pueden variar*). 1. Le propone a los jóvenes el deber de defender los recursos naturales. 2. Dándoles herramientas a los jóvenes para que conozcan a fondo la Ley 392 3. Es un defensor de los recursos naturales. Según la grabación, los promotores del medioambiente son los jóvenes. 4. El taller brinda un foro sobre la elaboración de la Ley 392 y algunos derechos de la juventud. La Ley 392 se creó para que los jóvenes tuvieran representación legal y jurídica. 5. Lo hacen para desarrollar una campaña de sensibilización entre la población del lugar en defensa del medioambiente.

Léxico 1

1 1. director 2. dinero 3. gratuita 4. parientes 5. asistir 6. sensible 7. embarazada 8. Eventualmente 9. ensalada 10. champiñones

2 (*Las respuestas pueden variar*). 1. With the help of a lawyer, we will make a survey in my school. 2. We hope we don´t bother the students with this survey and that they answer the questions sincerely. 3. The questionnaire is a bit long, but it is important for the improvement of our institution. 4. We hope to have success with the survey and, possibly, with the results, obtain more money from the government.

Léxico 2

1 1. in- 2. pos- 3. poli-/multi- 4. mono- 5. des- 6. multi- 7. inter- 8. im- 9. extra-

2 1. atípico 2. semicírculo 3. ilógico 4. pronombre 5. disgustar 6. posguerra

Léxico 3

1 1. en; a 2. de; a 3. a; con 4. de; X 5. en/para; a 6. a; en 7. con 8. de; en; a

2 (*Las respuestas pueden variar*). 1. Acabo de terminar de limpiar la casa, así que, por favor, quítate los zapatos. 2. Le tomó cuatro días terminar el libro. 3. Este perro se niega a seguir órdenes. 4. Esteban se aprovechó de la situación. 5. Todos tenemos que comprometernos a trabajar juntos. 6. ¿Me puede enseñar a tocar la guitarra?

Contexto 3 La población y la demografía

Lectura 3.1, Después de leer

2 (*Las respuestas pueden variar*). 2. La historia tiene lugar en la oficina de una residencia de ancianos. Los personajes son una pareja que piensa llevar al padre de uno de ellos a una residencia, y la directora de la residencia. 3. La historia tiene lugar en otoño. 4. Las consideraciones que tienen en cuenta son el precio, los cuidados y la política de visitas, ya que no podrán ir a visitar al anciano muy a menudo. 5. El anciano de la última viñeta entra a la residencia solo.

Lectura 3.2, Antes de leer

1 1. f 2. g 3. d 4. e 5. a 6. j 7. i 8. h 9. b 10. c

Lectura 3.2, Después de leer

1 1. Falso: Para el año 2050, la población urbana mundial habrá aumentado un 75%. 2. Cierto 3. Cierto 4. Falso: De los países asiáticos, India tendrá el mayor aumento de población urbana. 5. Cierto 6. Cierto 7. Cierto 8. Cierto

2 1. África y Asia contribuirán principalmente al aumento de la población urbana en los próximos cuarenta años. 2. Entre los años 2011 y 2050, habrá una diferencia de 2300 millones de personas. 3. 6300 millones de personas vivirán en las zonas urbanas en 2050. Ese número representa un crecimiento del 75%. 4. India, China, Nigeria e Indonesia son los cuatro países donde se verá el mayor incremento en la población urbana. 5. El crecimiento de la población urbana de Estados Unidos es mayor que el crecimiento en Indonesia pero menor que el crecimiento en India, China y Nigeria. 6. La población concentrada en las áreas urbanas inspira nuevas oportunidades para mejorar la educación y los servicios públicos. 7. El crecimiento de la población urbana presenta los siguientes desafíos: suficiente empleo urbano, viviendas, energía e infraestructuras para mitigar la pobreza urbana, la expansión de los barrios marginales y el deterioro del medioambiente urbano. 8. En las ciudades, son más evidentes las presiones de la migración, la globalización, el desarrollo sostenible, la desigualdad social, la contaminación medioambiental y el cambio climático. Sin embargo, está en los núcleos urbanos donde se puede encontrar las soluciones a estos problemas.

Audio, Antes de escuchar

2 (*Las respuestas pueden variar*). 1. "Memoria del Mundo" es un programa diseñado para la protección del patrimonio documental en soportes de papel, digital o fílmico. 2. Los objetivos de "Memoria del Mundo" son facilitar la preservación de ese patrimonio con el uso de las técnicas más adecuadas, facilitar el acceso universal a esos documentos y crear una mayor conciencia sobre la importancia del patrimonio documental. 3. Los documentos relevantes de una sociedad se pueden encontrar en instituciones como archivos, museos, bibliotecas u otros. 4. Las instituciones que los postulan se comprometen con su preservación, acceso y diseminación. 5. Las nuevas tecnologías implican obstáculos, porque los documentos quedan registrados en formatos que ya no se pueden leer. 6. Es fundamental que los países creen políticas para la preservación del patrimonio digital.

Audio, Después de escuchar

1. (*Las respuestas pueden variar*). 1. La diferencia es que, además de preservar los documentos contemporáneos, también se lucha por conservar documentos que son muy viejos. 2. La UNESCO diseñó el programa "Memoria del Mundo" para proteger el patrimonio documental en soportes de papel, digital o fílmico. 3. Los objetivos de "Memoria del Mundo" son facilitar la preservación del patrimonio documental con el uso de las técnicas más adecuadas, facilitar el acceso universal a esos documentos y crear una mayor conciencia sobre la importancia de ese patrimonio 4. Los documentos relevantes de una sociedad se pueden encontrar en instituciones como archivos, museos, bibliotecas u otros. 5. Las instituciones se comprometen con su preservación, acceso y diseminación. 6. Un problema es el cambio de formatos. Con el cambio de las tecnologías, a veces no poseemos las herramientas necesarias para usar algunos dispositivos, por ejemplo, los disquetes. 7. Es fundamental que los países creen políticas para la preservación del patrimonio digital.

Contexto 4 El bienestar social

Lectura 4.1, Después de leer

1 (*Las respuestas pueden variar*). indebido aprovechamiento económico, cerramientos ilegales, endurecimiento de zonas verdes, estacionamiento de vehículos, pasacalles, avisos, vallas publicitarias y ventas informales

2 (*Las respuestas pueden variar*). **Causas:** violencia; venta callejera de comidas preparadas o alimentos sin cocinar, como productos cárnicos, donde se rompe la cadena de higiene y protección **Efectos:** Hubo un incremento del espacio público peatonal entre los años 2002 y 2003. Hay una alta impunidad en cuanto a las acciones relacionadas con el espacio público. Hay un incremento de la lista de vendedores que ocupan el espacio público.

Lectura 4.2, Antes de leer

1 1. g 2. a 3. f 4. h 5. b 6. c 7. d 8. e

Lectura 4.2, Después de leer

1 1. d 2. b 3. c 4. a 5. c 6. d

Audio, Mientras escuchas

2 (*Las respuestas pueden variar*). Los alcaldes han propuesto interactuar más y abrir los caminos de participación y debate con la comunidad. Es necesario ejercer control social del espacio público. Reconocen la importancia del patrullaje cercano a la ciudadanía, la cooperación ciudadana y la mejora de los espacios urbanos. Proponen también apostar por una política de desarme (tener una ciudad libre de armas): no portar armas en los espacios públicos ningún día ni a ninguna hora.

Audio, Después de escuchar

1 1. f 2. e 3. b 4. a 5. c 6. d

2 (*Las respuestas pueden variar*). 1. El crimen y la violencia bajan. 2. ONU Hábitat 3. Un grupo de alcaldes de diferentes partes del mundo (localidades de todos los continentes). 4. Compartir las políticas que han impulsado varios alcaldes de todo el mundo para mejorar la seguridad de sus ciudades y la calidad de vida de los ciudadanos. 5 Una política activa de participación ciudadana, patrullaje cercano de la ciudadanía, cooperación ciudadana y mejora de los espacios urbanos.
6. Fue la primera política pública de su gobierno: no se puede portar armas legales ni ilegales en espacios públicos en ningún momento durante todos los días, de manera permanente.

Ortografía y puntuación

1 1. lavaplatos 2. quehaceres 3. medianoche 4. teórico-práctico 5. Enhorabuena 6. altibajos 7. sofás cama

2 (*Las repuestas pueden variar*). abrebotellas, abrecartas, abrelatas, aguafiestas, aguanieve, bienamada, bienaventurado, bienvenidos, guardacostas, guardaespaldas, lavacoches, lavamanos, lavaplatos, portaequipajes, portafolios, portamonedas, portarretratos, quitamanchas, quitanieves, quitasol

Cinemateca, Mientras miras

1 (*Las respuestas pueden variar*). 1. Lucía le explica a María que la empresa para la que trabaja ha dado por finalizado su contrato por obra y servicio debido al cese de la actividad.

2. María reacciona de forma negativa. No entiende por qué ha finalizado su contrato y por qué sus compañeras siguen trabajando en lo mismo. La reacción de María comienza a cambiar cuando aparece Lola y le amenaza con no trabajar más en un futuro.

2 (*Las respuestas pueden variar*). 1. María se refiere a que no está siendo activa laboralmente. Está de baja a causa de su espalda. 2. Las demás compañeras siguen trabajando, se les ha renovado el contrato.

3 (*Las respuestas pueden variar*). 1. Le dice que si quiere volver a trabajar tiene que firmar el documento. 2. Si no firma el documento, debe irse para no regresar.

Cinemateca, Después de ver

1 1. indemnizaciones 2. ayudantes 3. firma 4. despedirme/echarme; de baja 5. improcedentes

2 (*Las respuestas pueden variar*). 1. Es el jefe de Lola. 2. Dice que la compañía debe dejar de pagar indemnizaciones porque si no van a tener que recortar o cerrar. 3. Lucía llama a María a su oficina para informarle de su "despido", pero en realidad las dos están actuando. 4. Según la actuación, María trabaja limpiando en una escuela, pero en realidad María trabaja para una agencia de trabajo. Su trabajo consiste en informar a las personas de sus despidos. 5. La explicación no tiene sentido para María porque en la escuela la sociedad sigue siendo la misma y debe ser limpiada igualmente.
6. En realidad, están recortando los puestos y han decidido prescindir de sus servicios.
7. Descubrimos que había sido todo una actuación, parte de un entrenamiento para despedir a personas eficazmente. 8. Despedirán a la más débil, a la que esté dispuesta a firmar.

TEMA 6 ▸ LAS IDENTIDADES PERSONALES Y PÚBLICAS

Contexto 1 La enajenación y la asimilación

Lectura 1.1, Antes de leer

1 1. c 2. f 3. d 4. e 5. b 6. a

Lectura 1.1, Después de leer

1 (*Las respuestas pueden variar*). 1. El "yo" se entera de lo que hace el otro Borges por correo y al ver su nombre en una terna de profesores o en un diccionario bibliográfico. 2. El otro Borges comparte esas preferencias de un modo vanidoso, convirtiéndolas en atributos de un actor. 3. El "yo" deja vivir al otro Borges para que pueda tramar su literatura. 4. "Nada me cuesta confesar que ha logrado ciertas páginas válidas". 5. Según el narrador, "lo bueno" de las páginas válidas no es de él ni del "otro", sino del lenguaje y la tradición. 6. Los dos Borges comparten la costumbre de falsear y magnificar. 7. El "yo" del cuento se reconoce por el uso de la primera persona. 8. El "otro" es un actor en el sentido que él es el que en realidad hace las cosas, el que escribe, el que publica, el que aparece en los diccionarios bibliográficos. 9. "El otro" le arrebata al "yo" las cosas que le pertenecen, que le gustan, con las que juega, por lo que el "yo" tendrá que seguir ideando cosas nuevas, de las que "el otro" se apropiará. 10. El narrador no sabe si es el "yo" o "el otro" quien escribe la página, ya que es "el otro" el que escribe, el que se queda con lo del "yo". Todo lo que haga el "yo" pasará a ser del "otro".

Lectura 1.2, Antes de leer

1 1. c 2. a 3. b 4. d 5. f 6. e

Lectura 1.2, Después de leer

1 (*Las respuestas pueden variar*). 1. La familia del narrador decidió trasladarse a Estados Unidos para escapar de la pobreza de México. 2. Cavaron un hoyo debajo del cerco de alambre y se deslizaron como serpientes hasta llegar al otro lado.
3. Vivieron en varias partes de California. Seguían las cosechas y vivían en campos para trabajadores migrantes. 4. Porque le gustaba aprender y sabía que no había escuelas en El Rancho Blanco, donde su familia había vivido. 5. Desahijaba lechuga y pizcaba zanahorias después de la clase y los fines de semana. 6. Porque podía quedarse en un solo lugar en vez de salir cada año. 7. Porque es algo que todos los estudiantes deben hacer; las ideas representan una ideología importante en Estados Unidos; el uso de "nosotros" lo hace inclusivo, debió haber hecho que Francisco se sintiera incluido.
8. Demuestra que no pertenece, legalmente al menos, al grupo de sus compañeros de clase, está alejado literalmente de la comunidad donde quiere asimilarse.

Audio, Antes de escuchar

2 (*Las respuestas pueden variar*). 1. El guaraní es una lengua originaria de los indígenas de Paraguay y de algunos países vecinos que sobrevivió a la Conquista y que se convirtió a una de las lenguas maternas más fuertes de la región. Lo hablan más del 80% de la población de Paraguay. 2. El guaraní se habla en Paraguay y en algunos países vecinos (hasta el Río de la Plata y desde el Atlántico hasta los Andes). 3. Es un idioma oficial desde 1992. Sin embargo, su uso no había sido legislado hasta el año pasado, en que se aprobó la Ley de Lenguas. 4. Susi Delgado es una escritora paraguaya que participó activamente en la campaña para la aprobación de esa ley.

5. Hoy en día lo hablan entre 10 y 12 millones de personas. 6. Es importante por el número de hablantes y por su estatus. 7. Las madres siempre han tenido un rol importante en la transmisión de la lengua desde la época de la Colonia.

Audio, Después de escuchar

1 1. Lo habla más del 80% de la población de Paraguay. 2. Es un idioma oficial desde 1992. Sin embargo, su uso no había sido legislado hasta el año pasado, en que se aprobó la Ley de Lenguas. 3. Es importante por su número de hablantes (hoy en día la hablan entre 10 y 12 millones de personas) y por su estatus. 4. Muchos especialistas hablan del guaraní como una de las lenguas americanas más importantes y más rigurosas, pese a toda la discriminación que ha sufrido. 5. Las madres han tenido un rol muy importante por el hecho de transmitir la lengua a sus hijos.

Contexto 2 La autoestima

Lectura 2.1, Después de leer

1 (*Las respuestas pueden variar*). 1. Para mantener la buena autoestima se aconseja defender los valores de uno mismo. 2. Se necesita la confianza en uno mismo para hacer frente a posibles problemas. 3. Se aconseja no pensar excesivamente en el pasado. 4. Se recomienda disfrutar de los aspectos agradables de la vida. 5. Llevarse bien con los demás indica una buena autoestima. 6. La indecisión crónica es una señal de la baja autoestima. 7. Una persona con baja autoestima siente culpabilidad excesiva con respecto a sus errores.

2 1. convivencia 2. superación 3. metas 4. culpabilidad 5. juicio

Lectura 2.2, Después de leer

1 1. b 2. c 3. a 4. d 5. c

Audio, Mientras escuchas

1 (*Las respuestas pueden variar*). 1. La esquina Borges es un grupo literario de jóvenes ciegos. 2. Jorge Luis Borges fue un escritor que quedó ciego. 3. Estos jóvenes estudian comunicación social, derecho e informática. 4. Trabajan arduamente para poder sacar adelante su antología. 5. Además de leer poesías, estos chicos también muestran su gusto por diferentes tipos de ritmos. Siempre buscan sustentarse en algo nuevo que les permita seguir avanzando.

Audio, Después de escuchar

1 (*Las respuestas pueden variar*). 1. La esquina Borges es un grupo literario de jóvenes ciegos. 2. Los jóvenes se reúnen para poder sacar adelante su antología, leer poesía, cantar, bailar, etc. 3. Porque son ciegos, como Jorge Luis Borges. 4. Un estilo de vida 5. Trabajan arduamente para poder sacar adelante su antología. 6. Además de leer poesías, estos chicos también muestran su gusto por diferentes tipos de ritmos. Siempre buscan sustentarse en algo nuevo que les permita seguir avanzando.

Léxico 1

1 (*Las respuestas pueden variar*). 1. Juan recibió una mala noticia y se enojó. 2. Después de tantos años de estudio, Teresa llegó a ser jueza. 3. Alejandra no ha venido a trabajar porque se puso enferma. 4. Cada vez que le pregunto, siempre cambia de opinión. 5. A base de trabajo y dedicación, se ha convertido en un escritor muy famoso. 6. Parece mentira; se ha convertido en todo un caballero. 7. Desde que ganó la lotería se ha vuelto insoportable. 8. En los años 70, los pantalones de campana se pusieron de moda. 9. Siempre que veo una película dramática, me entristezco. 10. Enrique ya no me cae bien; se ha vuelto un antipático.

3 (*Las respuestas pueden variar*). 1. Cuando oyó la noticia, los ojos se le agrandaron más y más. 2. Nunca te ha interesado la política, y ¿ahora quieres convertirse en el alcalde de nuestra ciudad? ¡Eso es ridículo! 3. Cayó prisionero. 4. Después de que se les acabó el agua, el viaje se hizo insoportable. 5. La música de grandes orquestas se puso de moda en los años 30 y 40. 6. Después de pasar todo el día al sol, me metí en la piscina para refrescarme. 7. Se enfadó mucho y me dijo que nunca volvería a dejarme utilizar su coche. 8. A lo largo de los años, se ha convertido en una persona muy liberal. 9. Se está haciendo de noche, volvamos a casa. 10. Carlos se ha convertido en un defensor de los derechos de los animales.

Léxico 2

1 1. especializado 2. no especializado 3. no especializado 4. especializado 5. no especializado 6. no especializado 7. especializado 8. no especializado 9. no especializado 10. especializado

2 (*Las respuestas pueden variar*). 1. La conclusión a la que llega el escritor carece de lógica y no está vinculada con las razones expuestas previamente por él. 2. Tanto los gatos como los leones pertenecen a la familia de los felinos. 3. Cuando sientas molestias estomacales, toma esta pastilla e intenta dormir. 4. Señor profesor: Mañana me resultará imposible tomar el examen. ¿Sería posible cambiarlo para la próxima semana? 5. Los grillos son unos insectos de color negro que emiten un sonido mediante el rozamiento de sus élitros. 6. El ecuador es un círculo imaginario que equidista de los polos de la Tierra. 7. José Zorrilla cultivó todos los géneros poéticos. 8. A Vargas Llosa le concedieron el Premio Nobel de Literatura. 9. El presidente del gobierno elogia la reforma del sistema financiero. 10. El gobierno repudia profundamente la violencia suscitada en la vía pública.

Léxico 3

1 1. j 2. c 3. h 4. e 5. a 6. f 7. g 8. i 9. d 10. b

2 1. Me compré unos **vaqueros** muy bonitos, pero como estoy un poco gordito, no me van bien. Por eso estoy comiendo comida **ligera** y jugando **baloncesto**. 2. Para nuestras próximas vacaciones de verano nos vamos a hospedar en un **centro vacacional** en el Caribe, con un **espectáculo** diferente cada día.

Contexto 3 La identidad nacional y la identidad ética

Lectura 3.1, Después de leer

1 (*Las respuestas pueden variar*). 1. Los dos lugares que visitaron los españoles antes de ir a la plaza mayor fueron las casas y las huertas. 2. Los españoles llamaron Huichilobos al dios principal de los aztecas. 3. Porque temía que hicieran algún deshonor a sus ídolos. 4. Viajaba en andas. 5. Subió a pie como señal de respeto a sus dioses. 6. No se extrañó porque los españoles siempre iban así. 7. Después de ver al gran cu, Cortés y sus soldados fueron a Tatelulco. Algunos se trasladaron a caballo, otros a pie. 8. Los esclavos no podían escapar porque estaban atados con cadenas a unas varas. 9. Le llamaron la atención su tamaño, la multitud de gente que había y la cantidad y gran variedad de productos que allí se vendían. 10. Díaz del Castillo compara las mercaderías que vio en la gran plaza con las ferias en su propia tierra, Medina del Campo.

Lectura 3.2, Después de leer

1 (*Las respuestas pueden variar*). 1. Son cubanos. Todos se fueron de la isla y la mayoría vive en España. Su abuelo ha muerto. 2. El propósito de la visita de la autora en 2009 fue forjar nuevas conexiones con el país natal de sus padres. 3. Chino y Lily son los anfitriones de la autora durante su visita a la isla. 4. Una casa particular es un apartamento privado registrado con el Estado que ofrece cuartos a turistas o estudiantes. 5. Una barbacoa es un entrepiso dentro del cuarto. 6. Prohibieron las barbacoas en Cuba porque muchas se derrumbaron e hirieron o mataron a los que vivían allí. 7. Las ruinas a las que se refiere la autora son las ruinas físicas y emocionales de las construcciones y de la gente. 8. Lily y Chino intercambiaron servicios y objetos viejos por artículos que les servían. 9. Las evidencias físicas de que la renovación marcha bien en la Plaza Vieja son un café, museos, promesas de un nuevo planetario, apartamentos y una escuela.

Estructuras

Me pregunté que si antes había *cuarteríos* (...), qué pasaba cuando se convertían en apartamentos donde solo unos cuantos podían quedarse. (línea 64)

Audio, Mientras escuchas

1 (*Las respuestas pueden variar*). 1. El Salto Ángel está en el Parque Nacional Canaima, en Bolívar, Venezuela. 2. Los pemones son indígenas de Venezuela. 3. Los pemones se ganan la vida con la caza, la agricultura familiar y la artesanía, aunque algunos jóvenes han encontrado en el turismo sostenible una nueva forma de ganarse la vida. 4. Dakó es un joven indígena que trabaja como guía turístico. 5. Dakó, aparte de hablarles sobre el paisaje, les describe su cultura. 6. La cultura de los pemones se basa en el equilibrio entre el hombre y la naturaleza. 7. Los tepuyes son una especie de meseta con paredes verticales y cimas muy planas.

Audio, Después de escuchar

1 (*Las respuestas pueden variar*). 1. El Salto Ángel es la cascada más grande del mundo, con casi 980 metros de altura. Se encuentra en el Parque Nacional Canaima, en el estado venezolano de Bolívar. Los tepuyes son una especie de meseta con paredes verticales y cimas muy planas. 2. Los pemones provienen de las antiguas tribus de los aborígenes Caribes. Los niños pemones cantan en su lengua. Estas comunidades viven de la caza, la agricultura familiar y la artesanía, aunque algunos jóvenes han encontrado en el turismo sostenible una nueva forma de ganarse la vida. La cultura de los pemones se basa en el equilibrio entre el hombre y la naturaleza. 3. Los turistas que suben al Salto Ángel, aparte de recibir información sobre la cascada, aprenden sobre la cultura de los pemones. 4. Según la cultura pemón, los dioses viven en los tepuyes y están en todas las cosas.

Contexto 4 Los intereses personales

Lectura 4.1, Después de leer

1 (*Las respuestas pueden variar*). 1. El negocio de los Carvotta empezó como un pasatiempo/*hobby*. 2. El taller de los Carvotta es una recreación de un bar de los años 20, con mesa de *pool* (billar), carteles, surtidor, insignias, objetos de autos históricos y fotos de coches restaurados. 3. Las "criaturas" recuperadas son los autos restaurados. 4. El proyecto "Ave Fénix" es la restauración de autos. 5. Porque tanto los autos como el ave Fénix resurgen de las cenizas. 6. La esposa de Luis lleva la contabilidad y les dice cuándo deben vender. 7. Tardan aproximadamente 30 días. 8. Diego hace una meticulosa investigación sobre las características de los vehículos. 9. Van a mostrar el proceso de la restauración de cinco autos y una moto. 10. Porque buscan objetos y piezas para las restauraciones y para su colección de antigüedades.

Lectura 4.2, Antes de leer

1 1. d 2. c 3. e 4. a 5. b 6. f

Lectura 4.2, Después de leer

1 1. d 2. b 3. b 4. c 5. b

Estructuras

imaginaba patrocinando (línea 2): acción progresiva; siguió poblándose (línea 4): acción progresiva; se fueron contaminando (línea 5): acción progresiva; retirada (línea 10): adjetivo; estarían jugando (línea 11): acción progresiva; dinero invertido (línea 13): adjetivo; estaría comparando (línea 15): acción progresiva; frustrado (línea 16): adverbio; convencido (línea 16): adverbio; sintiendo (línea 17): acción progresiva; descabellado desarreglo (línea 18): adjetivo; haber superado (línea 19): tiempo compuesto; mirando (línea 20): acción progresiva; estaba decidido (línea 23): adverbio; panza levemente rebajada (línea 26): adjetivo; corriendo (línea 26): acción progresiva; progreso alcanzado (línea 28): adjetivo; despejadas (línea 31): adjetivo; ignorado boquete (línea 33): adjetivo; pasaban volando (línea 35): acción progresiva; desconocido (línea 36): adjetivo; anonadados vecinos (línea 38): adjetivo; caminaba regodeado (línea 40): adverbio; saludando (línea 40): acción progresiva; preguntando (línea 40): acción progresiva; admirando (línea 41): acción progresiva; felicitando (línea 41): acción progresiva; arreglo hecho (línea 42): adjetivo; envidiando (línea 42): acción progresiva; automóvil recién adquirido (línea 42): adjetivo; libras perdidas (línea 44): adjetivo; pantalones más entallados (línea 47): adjetivo; cambios experimentados (línea 48): adjetivo; fortalecidas piernas (línea 53): adjetivo; posición erguida (línea 55): adjetivo; magacines especializados (línea 57): adjetivo; recién adquiridas aptitudes (línea 60): adjetivo; predios desconocidos (línea 63): adjetivo; haberla transitado (línea 64): tiempo compuesto; poco disfrutadas (línea 65): adjetivo; era alterado (línea 66): voz pasiva; hombres emboscados (línea 68): adjetivo; verlos agachados (línea 69): adverbio; entra encorvado (línea 74): adverbio; has cogido (línea 76): tiempo compuesto; observa pensativo (línea 80): adverbio; abrumado (línea 80): adverbio; ordena malhumorado (línea 83): adverbio

Audio, Mientras escuchas

1 (*Las respuestas pueden variar*). 1. Los horarios del festival son desde las siete de la noche hasta la una y media de la madrugada. 2. Nada; el festival es gratuito. 3. El festival se celebrará en la calle, en diferentes zonas (en cinco terrazas del Casco Histórico, en la plaza del ayuntamiento y en la plaza de Zocodover). 4. Es una propuesta que pretende servir para rejuvenecer las noches toledanas en los últimos coletazos del verano. 5. Colaboran músicos, cantantes, hosteleros, funcionarios y el ayuntamiento. 6. El tercer encuentro *Lindy Hop*. Micaela Campolo es la profesora. 7. Es un estilo similar al *swing* que nació a finales de los años veinte en Nueva York y que bailaba un grupo de afroamericanos.

Ortografía y puntuación

1 1. Martínez Domingo, José María. "Juan Ramón Jiménez y Rubén Darío: naturaleza e intimidad en 'Arias tristes'", *Anales de literatura hispanoamericana*, 1.23 (1994): pp. 237-247.

2. Cano Gaviria, Ricardo. "La novela colombiana después de García Márquez", en: *Manual de literatura colombiana*, Bogotá: Editorial Planeta, tomo 2, pp. 351-408.
3. Vargas Llosa, Mario. *El lenguaje de la pasión*, Madrid: Alfaguara (2001): pp. 15-30.

Cinemateca, Mientras miras

1 (*Las respuestas pueden variar*). 1. El hombre dice que fue a ponerse a disposición de su patria, ya que cree que el gobierno necesita un ejército profesional. 2. El hombre nació en Argentina, pero ha vivido en España toda su vida.

2 (*Las respuestas pueden variar*). 1. Le exige que se quite la chaqueta porque quiere comprobar si de verdad fue herido en el pecho. 2. El hombre tiene una cicatriz en el pecho.

3 1. Dice que si el inspector lo regresa a España, morirá. 2. Porque hay una carta de recomendación cuya autenticidad están comprobando.

Cinemateca, Después de ver

1 (*Las respuestas pueden variar*). 1. El acento del teniente es andaluz, de Cádiz. 2. Porque sus padres lo llevaron allí de niño. 3. en el ejército español 4. La botella contiene láudano. El teniente lo usa para aliviar sus dolores de pecho y de estómago. 5. Dice que arriesgó su vida porque no podía hacer otra cosa, porque era su obligación como soldado. 6. El inspector sospecha que el teniente puede ser espía de España, Francia o Inglaterra. 7. Porque dice que los franceses arrasaron con todo y España ya no existe, no se siente un traidor. 8. Sus última palabras son "Usted se equivoca; yo no soy su enemigo". 9. El corto dice al final que el teniente liberó medio continente del dominio español entre los años 1812 y 1821.

Photography and Art Credits

All images © Vista Higher Learning unless otherwise noted.

Cover

(tl) Janet Dracksdorf; (tm) © Fuse/Getty Images; (tr) © Angel Villalba/Getty Images; (bl) © Jetta Productions, Inc/Getty Images; (bm) © Neale Cousland/Shutterstock.com; (br) © 2010 Ara Aire/Getty Images.

Front Matter

iv (t) J Albert Studios; (mt) Courtesy of Cole Conlin; (mb) Courtesy of Max Ehrsam; (b) Courtesy of Elizabeth Millán; **vi** Ali Burafi; **vii** © Benjaminet/Dreamstime.com; **viii** Lauren Krolick; **ix** José Blanco; **x** Kathyrn Alena Korf; **xi** Pascal Pernix; **xiv** (l) © Petr Z/Shutterstock.com; (r) © DVARG/Shutterstock.com; **xv** © urfin/Shutterstock.com.

Tema 1

2–3 (full pg) Ali Burafi; **5** © León Darío Peláez; **6** © León Darío Peláez; **9** © Ulf Andersen/Getty Images; **10** Martín Bernetti; **15** Photo courtesy of Fotoeditores; **16** (t) © Foto de la Organización de Estados Iberomericanos. Oficina Bogotá- Colombia; (b) © SCOTT DALTON /The New York Times/Redux; **18** © ersinkisacik/iStockphoto; **20** © Carlos Ortega/epa/Corbis; **30** Corporación Involúcrate http://www.involucrate.cl; **38** © Borderlands/Alamy; **42** Martín Bernetti; **47** (t) © Robert Harding World Imagery/Alamy; (b) © CB2/ZOB/WENN.com/Newscom; **49** From the Walter Havighurst Special Collections, Miami University Libraries, Oxford, Ohio; **56** Artesanías de Colombia, cerámica artesanos Fundación Etnollano; **61** JAIVER NIETO/EL TIEMPO.

Tema 2

70–71 (full pg) © Benjaminet/Dreamstime.com; **74** © Neustockimages/iStockphoto; **77** Cortesía Patsy Adolph; **83** © David Freers/TRANSTOCK/Transtock/Corbis; **84** © MARIANA BAZO/REUTERS/Newscom; **86** © GosphotoDesign/Shutterstock.com; **90** Doctor taking a patient's pulse, illuminated letter Q from medical manuscript on Galen, 14th century, France, detail. Location: Bibliothèque Municipale Reims. Photo credit: Gianni Dagli Orti/The Art Archive at Art Resource, NY; **92** The Weird Sisters, Macbeth, Act IV Scene 1, illustration from 'Tales from Shakespeare' by Charles and Mary Lamb, 1905 (colour litho). © Price, Norman Mills/Bridgeman Art Library; **95** Carolina Zapata; **103** Martín Bernetti; **108** Janet Dracksdorf; **114** (t) © EFE/J.J. Guillén; (b) © Corbis/Age Fotostock; **116** Lauren Krolick; **120** © Jim Reed/Jim Reed Photography/Corbis; **121** © Jim Reed/Jim Reed Photography/Corbis; **126** © National Geographic/Getty Images; **127** © Ivan Lepe/UPI/Newscom.

Tema 3

140–141 (full pg) Lauren Krolick; **147** © Inga Ivanova/iStockphoto; **148** (all) © Fancy Photography/Veer; **149** (all) © Fancy Photography/Veer; **154** (t) Ruben Varela; (b) © Jose Luis Quintana/LatinContent/Getty Images; **156** © Aleksandar Petrovic/iStockphoto; **160** © Konradbak/Dreamstime.com; **167** (t) © Ocean/Corbis; (b) © Eduardo Verdugo/ASSOCIATED PRESS; **173** © MANUEL H DE LEON/EPA/Newscom; **177** © Miguel Tovar/AP/Corbis; **184** Detail. Titulo: MACONDO I. Formato: 0.80 x 1.20 CMS. Tecnica: ACRILICO SOBRE LIENZO. Autor: HERNANDO NOSSA CUADROS. Año: 2008. Crédito de la fotografía: HERNANDO NOSSA CUADROS; **186** © Chile DesConocido/Alamy; **190** Agencia de Noticias EL UNIVERSAL; **191** Varo, Remedios (1908–1963) *The Creation of birds*, c. 1957. © 2013 ARS, NY. Location: Museum of Modern Art, Mexico. Photo Credit: Gianni Dagli Orti/The Art Archive at Art Resource, NY; **198** Omar Xiancas/Festival Iberoamericano de Cine Digital, Municipalidad de Lima, Gerencia de Cultura; **202** José Blanco.

Tema 4

208–209 (full pg) José Blanco; **211** © Jorge Sánchez Arribas; **212** © Jorge Sánchez Arribas; **215** © alphaspirit/Shutterstock.com; **222** © EFE/Elvira Urquijo A; **229** © EFE; **235** © Michael DeFreitas Central America/Alamy; **242** Amy Baron; **246** © Elisa DiMarco/Milestone Media/EFEVISUAL; **252** Lauren Krolick; **254** Martín Bernetti; **257** © Andy Medina/iStockphoto; **260** © Sophie Bassouls/Sygma/Corbis; **267** Carolina Zapata.

Tema 5

278–279 (full pg) Kathyrn Alena Korf; **282** © Michael Brown/Dreamstime.com; **286** (l) Martín Bernetti; (m) Francisco Cevallos; (r) Martín Bernetti; **291** © Javier Larrea/Pixtal/Age Fotostock; **292** (t) © Richard Bickel/CORBIS; (b) © digi_guru/iStockphoto; **295** © Simeon Tegel; **301** © National Geographic Singles 65/Inmagine; **304** © Somotillo Tele Vision; **305** (t) © EFE/Alejandro Bolívar; (b) © Murray Richards/Icon SMI/Corbis; **319** From left to right. (t) © Fancy Photography/Veer; Gloria Elena Restrepo; © Fancy Photography/Veer; © Fancy Photography/Veer; © Fancy Photography/Veer; © Fancy Photography/Veer; (m) © Fancy Photography/Veer; © Fancy Photography/Veer; © Fancy Photography/Veer; © Fancy Photography/Veer; © Fancy Photography/Veer; Anne Loubet; (b) © Fancy Photography/Veer; © Fancy Photography/Veer; © Fancy Photography/Veer; © Fancy Photography/Veer; Anne Loubet; © Fancy Photography/Veer; **324** © DEA/M. SEEMULLER/Getty Images; **325** Mauricio Perez Gil; **327** © YESID LANCHEROS/El Tiempo de Colombia/Newscom; **331** © J.F.MORENO/EPA/Newscom; **333** © JUAN C. HIDALGO/EFE/EFEVISUAL; **336** Paula Díez; **338** (t) © EFE/Saúl Martínez; (b) © 1 minuto de vos.

Tema 6

348–349 (full pg) Pascal Pernix; **351** © Agencia el Universal GDA Photo Service/Newscom; **352** © Mosconi/ASSOCIATED PRESS; **355** © by Francisco Jiménez. Reproduced with Francisco Jiménez's permission. **356** © Phototreat/iStockphoto; **362** © JAIME RAZURI/AFP/Newscom; **364** © 2009 Florence Barreau/Getty Images; **365** © Sergey Peterman/Dreamstime.com; **375** © Robert Fried/Alamy; **385** © PRISMA ARCHIVO/Alamy; **386** © The Art Archive/Alamy; **388** Ruben Varela; **389** Erika Sologuren; **392** Pascal Pernix; **395** © Vadim Petrakov/Shutterstock.com; **396** (t) Simon Bolivar honoring the flag after Battle of Carabobo, June 24, 1821, by Arturo Michelena (1863–1898),1883, Detail, Spanish-American wars of independence, Venezuela, 19th century/De Agostini Picture Library/M. Seemuller/The Bridgeman Art Library; (b) © JTB MEDIA CREATION, Inc./Alamy; **399** © Kasiden/Dreamstime.com; **402** Courtesy of Juan Antonio Ramos; **406** © Brian Jannsen/Alamy; **408** © Festival de Jazz Ciudad de Toledo. Ayuntamiento de Toledo, Concejalía de Cultura. Autor: Agustín Puig 2012; **409** © Iwan Baan.

End Matter

437 Ruben Varela; **445** Paula Díez; **453** (tl) Martín Bernetti; (tr) Martín Bernetti; (bl) Martín Bernetti; (br) © Noam/Fotolia.com.

Text Credits

xii Copyright © 2012 The College Board. Reproduced with permission. http://apcentral.collegeboard.com. Instances of the Preguntas esenciales, Theme and Context names, Learning Objectives, Exam Format charts, Scoring Guidelines from the AP® Spanish Language and Culture Course and Exam Description, and Direction Lines for exam question types appear on the following pages: xiii, 3, 71, 141, 209, 279, 349, and 465–471.

Tema 1

6 By permission of Tiempo de Juego.
10 Carlos Fuentes «Educación», *En esto creo.* © Herederos de Carlos Fuentes, 2012.
13 By permission of Dr. Pere Marquès.
14 By permission of Fundación Musical Simón Bolívar and Cinevolve Studios.
19 Melba Escobar.
24 By permission of iLifebelt.
28 By permission of RNE (Radio Nacional de España).
37 By permission of Perla Petrich. From «Identidades de los pueblos del lago Atitlán de Guatemala,» published in *Amérique Latine Histoire et Mémoire. Les Cahiers ALHIM.*
42 By permission of *Diario La Tercera and* Marialí Bofill.
45 By permission of UN Radio. «Basura, un problema en aumento,» *Puntos Cardinales* 30 - 2012. Produced on September 8, 2012.
46 Source: The World Bank. Hoornweg, et al. *What a Waste: A Global Review of Solid Waste Management.*
50 «El niño y la niebla», incluido en la obra Teatro Completo I del autor Rodolfo Usigli. D.R. © (1963) Fondo de Cultura Económica. Carretera Picacho-Ajusco 227, C.P. 14738, México, D.F.
55 Artesanías de Colombia S.A., Alexandra Díaz y Vanessa Vallejo - Sistema de Información para la Artesanía-SIART.
59 By permission of Radio Nuevos Horizontes.
65 By permission of Irma Arriagada. Originally published in: «La diversidad y desigualdad de las familias latinoamericanas,» by Irma Arriagada.
66 By permission of Bernardita Pagés.

Tema 2

74 By permission of *El Mundo*, Spain.
78 Patsy Adolph (daughter of author).
82 By permission of RNE (Radio Nacional de España).
87 By permission of *La Prensa.*
91 © Ana de Diego.
95 From www.DrGEN.com.ar. By permission of Lisandro M. Carnielli.
104 © *El País.*
109 Source: http://paletalenta.blogspot.jp/p/proyecto.html.
112 By permission of UN Radio. «El desarrollo sostenible debe basarse en la ciencia.» Produced on May 24, 2012.
117 By permission of *Diario ABC.*
121 By permission of *Diario Público* (Público.es).
125 By permission of UN Radio. «Las sequías: el peligro natural más destructivo del planeta.» Produced on March 11, 2013.
133 Source: BBC News/GlobeScan, 2010.
134 Source: Guillermo A. Lemarchand (ed.), *National Science, Technology and Innovation Systems in Latin America and the Caribbean,* UNESCO, 2010.
136 © EcoFilm Festival 2012.

Tema 3

144 Source: Macroestetica.com, by M. Rodríguez and Ma. E. Rodríguez.
148 By permission of Andrew Mateyak and Activated. http://www.activated.org/es/vida/el-cuerpo/belleza/item/1106-encuesta-sobre-la-belleza.
152 By permission of Paréntepsis and Miguel Ángel Paredes.
157 (artículo) Fernando Massa / *La Nación* / Argentina / GDA; (ilustración) By permission of Eder Rosales, www.dtmtoluca.net.
161 By permission of Weblogs S.L.
165 By permission of RNE (Radio Nacional de España).
174 Mario Vargas Llosa. Fragmento de «La literatura y la vida». La verdad de las mentiras. © Mario Vargas Llosa, 1990, 2002.
178 Gabriel García Márquez. Fragmento de *Cien años de soledad.* © Gabriel García Márquez, 1967.
182 By permission of RNE (Radio Nacional de España).
187 By permission of Museo Nacional de Bellas Artes, Chile.
191 Josefa Zambrano Espinosa.
195 By permission of Museo Nacional Centro de Artes Reina Sofía.
196 Joaquín Salvador Lavado (QUINO) *Esto No Es Todo* – Ediciones de La Flor, 2001.
203 By permission of OverthinkingIt.com.
204 Source: TV Perú.

Tema 4

212 By permission of *El Monitor,* Ministerio de Educación, Presidencia de la Nación.

216 © *El País.*

220 By permission of UN Radio. «La equidad de género en la docencia.» Produced on May 10, 2011.

221 Source: Edward B. Fiske. *World Atlas of Gender Equality in Education,* UNESCO 2012.

225 Source: Laura B. de Caraza Campos.

229 By permission of Formula TV, http://www.formulatv.com.

233 By permission of Juan Andrés and Nicolás Ospina.

243 By permission of the author.

248 *Mundo del fin del mundo,* 1989.

252 By permission of RNE (Radio Nacional de España).

257 By permission of *Terra* Chile.

261 Julio Cortázar. Fragmento de «Cartas a mamá». *La autopista del Sur y otros cuentos.* © Herederos de Julio Cortázar, 2013.

265 © Radio Caracol.

272 Source: Instituto Nacional de Estadística. Encuesta de Empleo del Tiempo, 2009-2010.

274 © CRTBE SAU.

Tema 5

282 © Plinio Apuleyo Mendoza, Carlos Alberto Montaner, Álvaro Vargas Llosa. Fragmentos de «Somos pobres: la culpa es de ellos», de *Manual del perfecto idiota latinoamericano.* © 1996, Plinio Apuleyo Mendoza, Carlos Alberto Montaner, Álvaro Vargas Llosa.

286 By permission of Asociación MAPU.

290 By permission of UN Radio. «Clase media crece en América Latina y el Caribe.» Produced on November 14, 2012.

295 By permission of the author.

300 Study by Universidad Andrés Bello, Ipsos and Fundación Chile.

303 © Somotillo Televisión.

315 *Rides* by Paco Roca. © Guy Delcourt Productions – 2007

319 By permission of Efe News Services.

323 By permission of UN Radio. «Para preservar los recuerdos y la historia.» Produced on October 19, 2012.

328 © *El Nuevo Siglo* de Bogotá.

332 By permission of Carla Guimarães.

336 By permission of UN Radio. «Las ciudades son de los ciudadanos.» Produced on March 15, 2013.

341 Source: ChartsBin statistics collector team 2009, *Major Religions of the World Ranked by Number of Adherents,* ChartsBin.com, viewed 24th April, 2013, http://chartsbin.com/view/3nr.

342 © WHO 2012. http://gamapserver.who.int/mapLibrary/Files/Maps/phe_Global_water_2010.png. Accessed 2/27/13.

343 By permission of Carlos Bouvier.

Tema 6

352 «Borges y Yo» by Jorge Luis Borges. Copyright © 1995 by Maria Kodama, used by permission of The Wylie Agency LLC.

356 Copyright by Francisco Jiménez; reproduced with author's permission.

360 By permission of UN Radio.«Una ley para fortalecer el guaraní en Paraguay,» *Puntos Cardinales 25 - 2012.* Produced on May 7, 2012.

365 Sources: (ilustración) http://josemariacordobayumbo.edu.co/proyecto_vida/proyecto_vida/index; (gráfico) http://psidesarrollo2equipo21.wikispaces.com.

369 From CNNMéxico.com, March 22, 2012 © 2012. Cable News Network, Inc.. All rights reserved. Used by permission and protected by the Copyright Laws of the United States. The printing, copying, redistribution, or retransmission of this Content without express written permission is prohibited.

373 By permission of Fundación Dominicana de Ciegos and Proyecto Ágora Dominicana.

386 Bernal Díaz del Castillo.

390 By permission of Lucía M. Suárez.

394 By permission of UN Radio. «Visita al Salto Ángel de la mano de un guía indígena.» Produced on September 14, 2012.

399 By permission of Agustín Lafforgue. *La Nación,* Argentina.

403 Juan Antonio Ramos.

407 By permission of RTVE (Radio Televisión Española).

414 By permission of Secretaría de Cultura de la Nación.

Note: Every effort has been made to locate the copyright owner of the material reproduced in this component. Omissions brought to our attention will be corrected in subsequent editions.